Fritz Birk, Arthur Geller, Christina Horn, Gunnar Horn, Gerhard Kühn, Karl Lutz

Verkäuferinnen und Verkäufer praxisnah

1. Auflage

Bestellnummer 30201

Bildungsverlag EINS

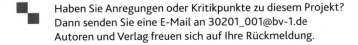

Haben Sie Anregungen oder Kritikpunkte zu diesem Projekt?
Dann senden Sie eine E-Mail an 30201_001@bv-1.de
Autoren und Verlag freuen sich auf Ihre Rückmeldung.

www.bildungsverlag1.de

Bildungsverlag EINS GmbH
Hansestraße 115, 51149 Köln

ISBN 978-3-427-**30201**-8

Vorwort

Liebe Auszubildende im Einzelhandel,

Sie haben es in Ihrem Berufsalltag mit anspruchsvollen und kritischen Kunden zu tun. Auf die individuellen Wünsche und speziellen Situationen der Kunden einzugehen, mit ihnen zu kommunizieren, mit den Mitarbeitern zu kooperieren und Probleme eigenständig zu lösen, erfordert Handlungs- und Sozialkompetenz.

Dieses Buch hilft Ihnen bei der Bewältigung dieser vielfältigen Aufgaben und dem Erwerb der hierzu notwendigen fachlichen und personellen Fähigkeiten.

Das vorliegende Buch enthält die Lernfelder 1 bis 10 mit den Lernstoff der ersten beiden Ausbildungsjahre und ist folgendermaßen aufgebaut:

◆ praxisorientierte und schülernahe **Einstiegssituationen** führen in das jeweilige Themenfeld ein

◆ der Verzicht auf ein spezielles Modellunternehmen gewährt Ihnen **branchenübergreifende** Einblicke

◆ durch abwechslungsreiche Beispiele sowie **zahlreiche Praxistipps** werden auch komplizierte Zusammenhänge interessant und leicht verständlich dargestellt

◆ jedes Kapitel enthält eine **Zusammenfassung** („Auf einen Blick") der wichtigsten Lerninhalte und Ergebnisse

◆ im Anhang finden Sie verschiedene **Methoden** zur erfolgreichen Durchführung selbstständiger Projekte und Präsentationen

◆ die Software **Microsoft Dynamics NAV®** wird konsequent eingebunden, um Ihnen die zentralen betrieblichen Kernprozesse praxisgerecht zu vermitteln.

Empfehlung: In den zugehörigen **Arbeitsmaterialien** (Bestellnr. 30202) finden Sie handlungs- und projektorientierte Übungsaufgaben zu den Themenbereichen des Lehrbuchs. Die Einteilung in „Wissen erarbeiten"/„Wissen trainieren"/„Wissen anwenden" ermöglicht eine übersichtliche, **gezielte Vorbereitung auf Klassenarbeiten und Abschlussprüfungen.**

Hinweis: In diesem Lehrbuch und den dazugehörigen Arbeitsmaterialien (Bestellnr. 30202) finden Sie Beispiele für die Anwendung einer integrierten Unternehmenssoftware im Einzelhandelsbetrieb. Mithilfe der Software Microsoft Dynamics NAV® können Sie die Beispiele an Ihrem Computer praxisnah nachvollziehen. Auf der Internetseite des Bildungsverlag EINS unter http://www.bildungsverlag1.de/buchplusweb/30202 finden Sie Hinweise zum Download und zur Installation der professionellen Unternehmenssoftware Microsoft Dynamics NAV®. Dort steht ebenfalls ein Antrag zur kostenlosen Lizenzierung der Software zum Download zur Verfügung.

Wir danken dem Landesinstitut für Schulentwicklung Baden-Württemberg sowie Herrn StD Hans-Jürgen Hahn und Herrn StD Gerd Häuber für die Genehmigung zur Verwendung der Unterrichtsdatenbank, die Sie nach der Installation von Microsoft Dynamics NAV® nutzen können.

Wir wünschen Ihnen viel Erfolg!

Die Verfasser

Inhalt

Lernfeld 2: Verkaufsgespräche kundenorientiert führen

Lernfeld 3: Kunden im Servicebereich Kasse betreuen

Lernfeld 4: Waren präsentieren

Lernfeld 5: Werben und den Verkauf fördern

Lernfeld 6: Waren beschaffen

Lernfeld 7: Waren annehmen, lagern und pflegen

Lernfeld 8: Geschäftsprozesse erfassen und kontrollieren

Lernfeld 9: Preispolitische Maßnahmen vorbereiten und durchführen

Lernfeld 10: Besondere Verkaufssituationen bewältigen

Lernübergreifender Anhang

Das Einzelhandelsunternehmen repräsentieren

1 Der Einzelhandel in der Gesamtwirtschaft

Situation

Die Auszubildende Katja Müller und Michael Schmidt unterhalten sich im Pausenraum der TRIAL GmbH.

Herr Schmidt:	*„Nun erzählen Sie doch mal, was Sie in der Berufsschule so machen."*
Katja:	*„Gestern haben wir besprochen, wie die Wirtschaft funktioniert."*
Herr Schmidt:	*„Hört, hört!"*
Katja:	*„Das ist ganz einfach. Von den Unternehmen bekommen wir die Konsumgüter,*

dafür müssen wir den ganzen Tag arbeiten. Einen Teil des Einkommens sparen wir bei den Banken. Diese geben das Geld als Kredite an die Unternehmen weiter. Vom Staat bekommen wir später die Rente und vielleicht Arbeitslosengeld, dafür müssen wir Steuern und Sozialversicherungsbeiträge zahlen. Vom Ausland kaufen wir Rohstoffe und Coke, die wir gegen unsere Autos und Maschinen eintauschen."

Herr Schmidt:	*„Das sollten Sie unserer Regierung mal erzählen. Die wollen schon wieder die Steuern und Beiträge erhöhen."*
Katja:	*„Die sollten sich das noch mal überlegen. Denn das hat ziemlich ungünstige Auswirkungen auf die Wirtschaft."*

1. Skizzieren Sie anhand des dargestellten Kreislaufmodells die Zusammenhänge, die Katja Müller in diesem Gespräch genannt hat.

Kreislaufmodell der Wirtschaft

Staat

Haushalte   Unternehmen   Ausland

Banken

- - - - - - - - = Güterstrom
————— = Geldstrom

2. Ergänzen Sie den Kreislauf, indem Sie alle Beziehungen benennen.
3. Wie wirken sich Lohnerhöhungen auf den Wirtschaftskreislauf aus?

1.1 Wirtschaftskreislauf – alles im Fluss

Wirtschaftssubjekte

Jeder Betrieb ist ein Teil der Gesamtwirtschaft (auch Volkswirtschaft genannt). Aus der Sicht der Gesamtwirtschaft bildet die Gesamtheit aller Betriebe das Wirtschaftssubjekt **Unternehmen**. Das Wirtschaftssubjekt Unternehmen hat Beziehungen zu anderen Wirtschaftssubjekten. Das können die Gesamtheit aller Verbraucher (**private Haushalte**), der **Staat** oder das Ausland sein. Das Wirtschaftssubjekt **Ausland** umfasst alle Betriebe, die ihren Sitz im Ausland haben. Die Gesamtheit der **Banken** bildet, aufgrund ihrer besonderen Bedeutung als Drehscheibe für das Geld einer Volkswirtschaft (Kapitalsammelstelle) ein eigenes Wirtschaftssubjekt.

Einfacher Wirtschaftskreislauf – Unternehmen und Haushalte

Im **einfachen Wirtschaftskreislauf** werden die Beziehungen der **Wirtschaftssubjekte Unternehmen und private Haushalte** dargestellt.

Die privaten Haushalte stellen den Unternehmen die **Produktionsfaktoren** zur Verfügung. Das sind im Wesentlichen die **Arbeitskraft**, die **Natur** (in Form von Grund und Boden) und das **Kapital** (in Form von Kapitaleinlagen). Mit diesen Produktionsfaktoren stellen die Unternehmen **Konsumgüter** her, die sie an die privaten Haushalte verkaufen. In der Gesamtwirtschaft werden also Produktionsfaktoren gegen Konsumgüter eingetauscht (**Güterkreislauf**).

Für die zur Verfügung gestellten Produktionsfaktoren erhalten die privaten Haushalte von den Unternehmen **Einkommen** (in Form von Arbeitsentgelten, Mieten, Zinsen und Gewinnen). Dieses Einkommen geben die Haushalte für Konsumgüter aus. Aus der Sicht der Unternehmen führen die Einkommen der Haushalte zu Ausgaben. Die **Konsumausgaben** der Haushalte stellen für die Unternehmen Einnahmen (Verkaufserlöse) dar. Dem Güterstrom fließt also immer ein Geldstrom entgegen (**Geldkreislauf**).

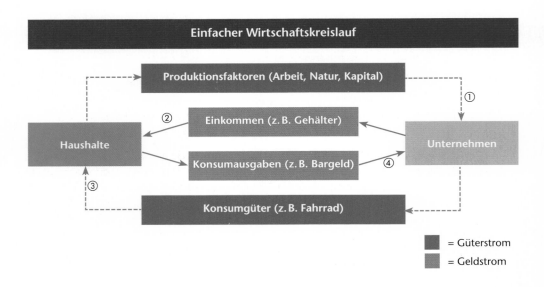

Ausgaben und Einnahmen aus der Sicht der privaten Haushalte:

Ausgaben	=	Einnahmen
Konsumausgaben	=	Einkommen

Ausgaben und Einnahmen aus der Sicht der Unternehmen:

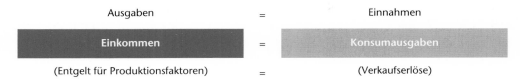

Ausgaben	=	Einnahmen
Einkommen	=	Konsumausgaben
(Entgelt für Produktionsfaktoren)	=	(Verkaufserlöse)

Erweiterter Wirtschaftskreislauf – mit Banken, Staat und Ausland

Im erweiterten Wirtschaftskreislauf werden die Wirtschaftssubjekte private Haushalte und Unternehmen um die Wirtschaftssubjekte **Banken, Staat und Ausland** ergänzt. So entsteht ein wirklichkeitsnäheres Abbild der wirtschaftlichen Zusammenhänge.

Die privaten Haushalte geben nicht ihr gesamtes Einkommen für Konsumgüter aus, sondern legen einen Teil davon als **Ersparnisse** bei den **Banken** an. Die Banken geben diese Gelder in Form von Krediten an die Unternehmen weiter. Die Unternehmen verwenden diese Kredite für **Investitionen** (z. B. neue Ladeneinrichtung). Die Ersparnisse der Haushalte, also ihr Konsumverzicht, sind also die Voraussetzung für Investitionen und damit für eine wachsende Wirtschaft.

Ausgaben und Einnahmen mit Banken aus der Sicht der privaten Haushalte:

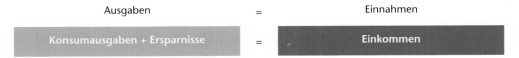

Ausgaben	=	Einnahmen
Konsumausgaben + Ersparnisse	=	Einkommen

Ausgaben und Einnahmen mit Banken aus der Sicht der Unternehmen:

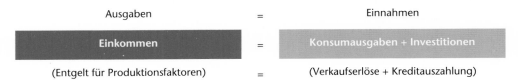

Ausgaben	=	Einnahmen
Einkommen	=	Konsumausgaben + Investitionen
(Entgelt für Produktionsfaktoren)	=	(Verkaufserlöse + Kreditauszahlung)

Unternehmen und private Haushalte müssen einen Teil ihrer Einnahmen als **Abgaben** (Steuern, Sozialversicherungsbeiträge) an den **Staat** abführen. Mit diesen Geldmitteln finanziert der Staat **Subventionen**[1] für sozial benachteiligte Haushalte und zur Förderung von Unternehmen in Form von Finanzhilfen (z. B. Arbeitslosen-, Kinder-, Erziehungsgeld, Zuschüsse für Existenzgründer) und Steuervergünstigungen (Abschreibungsmöglichkeiten, geringere Ökosteuer für energieintensive Unternehmen).

---

[1] von lat. subvenire = zu Hilfe kommen

In einer offenen Volkswirtschaft (Freihandel) beziehen Unternehmen viele Güter und Dienstleistungen aus dem Ausland (Importgüter, vor allem Rohstoffe). Dies führt zu **Importausgaben** an ausländische Unternehmen. Umgekehrt führen die Unternehmen einen Teil ihrer produzierten Güter und Dienstleistungen ins Ausland aus (Exportgüter, z. B. Automobile, Maschinen). Daraus erzielen sie **Exporteinnahmen**.

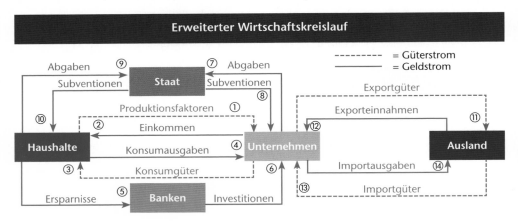

Ausgaben und Einnahmen mit Staat aus der Sicht der privaten Haushalte:

Ausgaben	=	Einnahmen
Konsumausgaben + Ersparnisse + Abgaben	=	Einkommen + Subventionen

Ausgaben und Einnahmen mit Staat und Ausland aus der Sicht der Unternehmen:

Ausgaben	=	Einnahmen
Einkommen + Abgaben + Importausgaben	=	Konsumausgaben + Investitionen + Subventionen + Exporteinnahmen

1.2 Stellung des Einzelhandels in der Gesamtwirtschaft

Die meisten Güter können nicht so verbraucht bzw. gebraucht werden, wie sie in der Natur vorkommen. Sie müssen also einen Herstellungs- bzw. Leistungserstellungsprozess durchlaufen. Die Leistungserstellung erfolgt stufenweise in verschiedenen Wirtschaftsbereichen.

Merke

Durch die Leistungserstellung entsteht eine **Wertschöpfung**, wenn der wertmäßige Output (Leistungsverwertung) höher ist als der wertmäßige Input (Vorleistung).

Gesamtwirtschaftliche Wertschöpfungskette

Die gesamtwirtschaftliche Wertschöpfungskette beginnt mit dem Wirtschaftsbereich **Urerzeugung** (z. B. Gewinnung von Rohstoffen, Energie), geht über die **Weiterverarbeitung** (z. B. Handwerk, Industrie) zur **Verteilung** der erstellten Güter (z. B. Groß-, Einzelhandel).

Betriebliche Wertschöpfungskette

Der einzelne Betrieb hat in einer arbeitsteiligen Gesamtwirtschaft nur einen mehr oder weniger großen Anteil am gesamtwirtschaftlichen Prozess der Leistungserstellung. Jeder Betrieb will Leistungen erbringen, für die am Markt ein Bedarf vorhanden ist.

Die betriebliche Wertschöpfungskette beginnt mit der Beschaffung der **Elementarfaktoren** (Input) Arbeitskräfte, Vorleistungen anderer Betriebe (z. B. Einkaufsgüter) und Betriebsmittel (z. B. Gebäude, Maschinen).

Unter Anleitung des **dispositiven Faktors** (Planung, Organisation, Kontrolle) erstellt der Betrieb damit marktfähige Sachgüter und Dienstleistungen (Output).

Aus dem Verkauf der erstellten Leistung (Leistungsverwertung, Output) fließen dem Betrieb Einnahmen zu, mit denen er die Ausgaben für die bereitgestellten Güter (Input) bezahlen kann. Dem Güterstrom fließt somit immer ein Geldstrom entgegen.

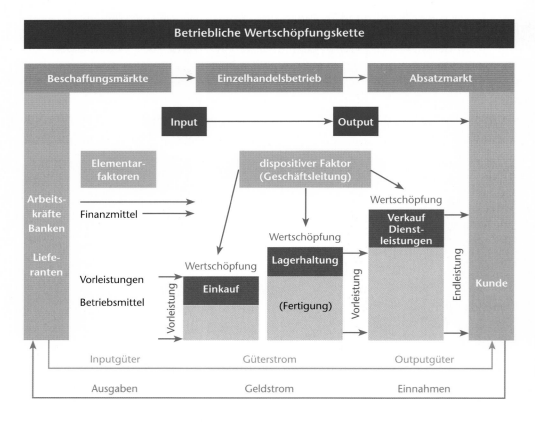

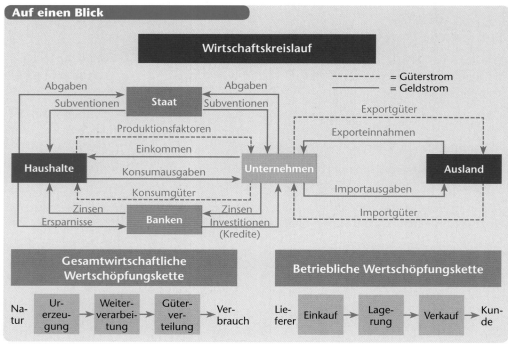

2 Aufgaben und Formen des Einzelhandels

Auf der wöchentlichen Abteilungsleitersitzung liest Peter Gasch, Geschäftsführer des Fahrradfachgeschäfts TRIAL GmbH, folgende Zeitungsmeldung vor:

Direktverkauf der Fahrradhersteller bereitet dem Einzelhandel Sorge

Der Fahrradeinzelhandel blickt mit Sorge auf Versuche der Fahrradindustrie, Fahrräder direkt an Endverbraucher zu verkaufen. „Das schwächt uns", meint Peter Müller, Geschäftsführer des Best-Bike-Fahrradfachmarkts. „Notfalls werden wir die günstigen Zubehör- und Ersatzteile auslisten. Dann müssten die Fahrradhersteller diese für viel Geld per Post direkt an die Endverbraucher ausliefern." Kritisch sieht Peter Müller auch die Möglichkeit, Fahrräder und Zubehör über das Internet zu bestellen: „Da hat der Endverbraucher, aber auch der Fahrradeinzelhändler, so gut wie keine Beratung. Nur wir haben den Marktüberblick, kennen die Stärken und Schwächen der verschiedenen Hersteller und wissen, was zusammenpasst und was nicht zusammenpasst." Allerdings nutzt auch die Best Bike GmbH das Internet, so Peter Müller, um die Kommunikation mit den Lieferern (Hersteller) und den Endverbrauchern zu verbessern.

Peter Gasch führt auf seinem Laptop die Homepage der Best Bike GmbH vor. Diese empfängt den Internetnutzer mit folgenden Worten:

Herzlich willkommen bei der Best Bike GmbH

Wir sind ein qualitätsbewusstes Fahrradeinzelhandelsgeschäft. Sollten Sie Endverbraucher sein, können Sie sich hier vor Ihrem Fahrradkauf über unsere Produkte informieren.

Diese Website ist kein Onlineshop und dient informativen Zwecken. Viel Spaß beim Betrachten unserer Seiten.

Ihr Best Bike Team

1. Suchen Sie nach Gründen, warum der Direktverkauf der Fahrradhersteller den Fahrradeinzelhändlern Sorgen bereitet.

2. Oft wird behauptet, dass der Handel die Transportwege vom Hersteller zum Verbraucher verlängere und die Waren unnötig verteuere. Sammeln Sie Argumente, die diese Behauptung widerlegen.

   Tipp
   Führen Sie eine *Kartenabfrage* (siehe BuchPlusWeb-Material Seite 2) durch und ordnen Sie Ihren Beiträgen Oberbegriffe zu.

2.1 Aufgaben des Einzelhandels

Einzelhandel betreiben Unternehmen, wenn sie Waren bei Erzeugern, Herstellern[1] oder Großhändlern einkaufen und diese ohne wesentliche Veränderungen in einer oder mehreren offenen Verkaufsstellen zum Verkauf an jedermann anbieten (EinzelhG).

Überbrückungsaufgaben des Einzelhandels

Aufgabe aller Handelsbetriebe ist die Verteilung (Distribution) der Waren. Einzelhandelsbetriebe stellen die Verbindung her zwischen Erzeugern bzw. Herstellern und Endverbrauchern.

Die erzeugte bzw. hergestellte und die nachgefragte Menge stimmen mengenmäßig oft nicht überein. Der verteilende Einzelhandel übernimmt hier den **Mengenausgleich**, indem er größere Mengen von den Erzeugern bzw. Herstellern erwirbt und kleine Mengen an seine Kunden (Endverbraucher) abgibt.

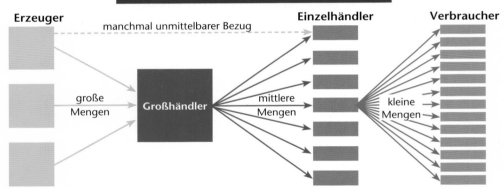

Der Einzelhandel bringt die Ware von den oft weit entfernten Produktionsorten (z. B. Schuhe aus Pirmasens, Mailand, Hongkong) in die Nähe der Verbrauchsorte (z. B. Schuhkäufer in Ulm). Diese **Raumüberbrückung** durch den Einzelhandel sorgt für ein reichhaltiges Warenangebot in den Läden des Einzelhandels. Der Verbraucher hat dadurch eine große *Warenauswahl vor Ort*, ohne selbst zu den verschiedenen Erzeugern bzw. Herstellern reisen zu müssen. Aufgrund der Sammel- und Raumüberbrückungsfunktion des Einzelhandels werden weite Wege vermieden. Das Verkehrsaufkommen und die damit verbundenen Umweltbelastungen und Transportkosten sind in einer Wirtschaft mit Einzelhandel erheblich geringer.

In einer Wirtschaft mit Einzelhandel haben es die Erzeuger bzw. Hersteller nur mit wenigen Händlern zu tun, die relativ große Mengen abnehmen. Das vermindert ihre Vertriebskosten und erleichtert die Produktionsplanung. Mit der Raumüberbrückung findet meist gleichzeitig ein **Preisausgleich** statt. Der Einzelhändler kauft die gleiche Ware (z. B. Kartoffelsorte „Sieglinde") bei verschiedenen Erzeugern in verschiedenen Regionen zu unterschiedlichen Preisen ein. Er bietet diese Ware seinen Kunden dann zu einem einheitlichen Preis an.

---

[1] **Erzeuger** bauen Rohstoffe an oder ab, z. B. Landwirtschaft, Viehzucht, Fischerei, Bergbau.
Hersteller sind weiterverarbeitende Betriebe (Handwerk, Industrie).

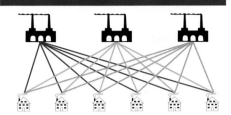

Der Einzelhandel überbrückt die Zeit von der Herstellung bzw. Ernte der Produkte bis zum Verbrauch durch fachgerechte Lagerung der Ware (**Zeitüberbrückung**). Der Kunde wiederum kann die Artikel unterschiedlicher Hersteller zu jeder Zeit (auch außerhalb der Erntezeit) in den Verkaufsstellen des Einzelhandels leicht miteinander vergleichen und sofort mitnehmen.

Die **Lagerhaltung** ist notwendig, wenn Produkte

◆ gleichmäßig hergestellt, aber nur zu bestimmten Zeiten im Jahr benötigt werden, z. B. Saisonwaren wie Bade-, Winterbekleidung, Spielwaren, Weihnachtsartikel,

◆ nur zu bestimmten Zeiten erzeugt werden können, aber über das ganze Jahr gleichmäßig nachgefragt werden, z. B. Obst für Obstkonserven, Erdbeeren für Erdbeerjogurt, Roggen für Roggenbrot,

◆ erst nach einem Reifeprozess verwendet werden können, z. B. Trocknungsphase für Holz, Nachreifen von Bananen, Lagerung von Wein.

Waren- und Serviceaufgaben des Einzelhandels

Der Einzelhandel übernimmt neben der **Veredelung** der Produkte durch sachgerechte Lagerung (Reifeprozesse) weitere **Manipulationsaufgaben**[1], die eine *Qualitätsverbesserung* bewirken. Dies geschieht bei bestimmten Waren durch *Mischen* (z. B. Bonbon-, Tabak-, Teemischungen) oder *Sortieren* nach Handels- und Güteklassen (z. B. Eier, Obst, Gemüse).

Aus dem vielfältigen Warenangebot in- und ausländischer Lieferanten wählt der Einzelhändler diejenigen Waren aus, die dem Bedarf seines Kundenkreises am ehesten entsprechen. Diese **Sortimentsbildung** ist dann optimal, wenn sie die Ansprüche der Kunden hinsichtlich Art und Umfang, Qualität und Preis der Produkte zufrieden stellt.

Die Gesamtheit aller Waren und Dienstleistungen, die ein Einzelhändler regelmäßig anbietet, bezeichnet man als Sortiment.

Beispiel: Sortiment des Fahrradfachgeschäfts TRIAL GmbH

Mountainbikes (eigene Marke), Rennräder (Marke Ventoux), Radtrikots, Radhosen, Radhandschuhe, Radhelme, Radunterhemden, Radsocken, Radschuhe, Windbreaker.

---

[1] manipulieren = handhaben

Bei der Sortimentsbildung achtet der Einzelhändler auf die Umwelt- und Gesundheitsverträglichkeit der Ware und ihrer Verpackung. Die Produktverantwortung bezieht sich auf den gesamten Lebensweg eines Produkts von der Produktion bis zum Konsum. Zur **Umweltschutzfunktion** des Einzelhändlers gehört auch, dass er selbst Entsorgungsmöglichkeiten anbietet, indem er Mehrwegverpackungen zurücknimmt, Pfand erhebt, Einwegverpackungen vorsortiert, sodass diese wieder in den Rohstoffkreislauf zurückfließen (Recycling); siehe hierzu Kapitel 3.2.

Durch Verkauf auf Kredit erleichtert der Einzelhandel den Kunden den Kauf teurer Waren. Beim *Ratenkredit* arbeitet der Einzelhandel mit Teilzahlungsbanken (z. B. Santander) zusammen. Mittels *Finanzkaufs* (Beispiel: „Sie kaufen heute und bezahlen erst in sechs Monaten") gewährt der Einzelhändler seinen Kunden ein großzügiges Zahlungsziel und erreicht dadurch, dass dieser mehr abnimmt, als er bezahlen kann. Damit hilft der Einzelhandel seinen Kunden, die Zeit zwischen der Warenlieferung und der Zahlung zu überbrücken. Diese **Kreditfunktion bzw. Finanzierungsfunktion** führt zu einer stärkeren Kundenbindung und wirkt absatzfördernd. Auch auf der Lieferantenseite finanziert der Einzelhandel oft größere Abnahmemengen vor, indem er An- und Vorauszahlungen leistet.

Unterstützt wird die Markterschließung durch die **Beratungsleistung** des Einzelhandels. Kunden müssen von Produktneuheiten überzeugt werden. Hilfreich ist hier ein ansprechendes Ambiente (Ladengestaltung, Warenpräsentation). Im persönlichen Gespräch berät der Einzelhändler als Fachmann die Kundschaft über Verwendungseigenschaften, Handhabung, Herkunft, Pflege und Zusammensetzung der Ware. Dadurch kennt er die Wünsche der Kunden und gibt diese an die Lieferer weiter. Bei der Beratung gilt ein besonderes Augenmerk der Umweltberatung. Der Einzelhändler informiert seine Kunden über mögliche Umweltbelastungen der Ware und ihrer Verpackung und zeigt Möglichkeiten ihrer Vermeidung und der fachgerechten Entsorgung auf.

Der Einzelhändler sorgt durch verschiedene Verkaufsmaßnahmen (Verkaufsprospekte, -veranstaltungen, Werbeanzeigen) dafür, dass neue Produkte bekannt und von seinem Kundenkreis angenommen werden. Die **Markterschließung** zielt nicht nur auf den bisherigen Kundenkreis, sie soll auch neue Kunden gewinnen und neue Märkte öffnen. Der Einzelhändler erfährt veränderte bzw. neue Kundenwünsche zuerst und informiert seine Lieferanten (z. B. Hersteller) entsprechend, sodass diese neue, marktgerechte Produkte entwickeln können.

Serviceleistungen kaufmännischer (z. B. Händlergarantien, Zustelldienst) und technischer Art (z. B. Installations-, Wartungs-, Ersatzteil-, Reparaturservice) sowie *Verkaufsfördermaßnahmen* wie regelmäßige Produktschulungen der Kunden und die Teilnahme an Ausstellungen festigen die Kundenbindung. Der Einzelhandel betreut seine Kunden vor, während und nach dem Kauf. Er bietet sowohl **kostenlose Dienstleistungen** (z. B. Ausmessen beim Teppichkauf, Probefahrt beim Autokauf, Aufstellen von Möbeln, Parkplätze, Schnellkasse, Rückgabegarantie, bequeme bargeldlose Kartenzahlung) als auch

entgeltliche Dienstleistungen wie Änderungsdienst, Reparatur-, Ersatzteilservice, Zustell-, Reinigungsdienst.

> ## Liebe Kunden,
> **wir möchten, dass Sie der Kauf bei uns rundum zufrieden stellt. Deshalb bieten unsere 100 Garten-Center eine umfangreiche Service-Palette. Wir freuen uns auf Ihren Besuch!**

Fachkompetenz

Unser speziell ausgebildetes Fachpersonal berät Sie kompetent und umfassend.

Einladehilfe

Brauchen Sie Hilfe beim Einladen? Ein Hinweis beim Kassenpersonal genügt. Wir helfen Ihnen gerne.

Montage-Service

Für Garten-, Gewächs- oder Holzhäuser organisieren wir Ihnen gerne die Montage.

Pflanzservice

Wir bepflanzen Schalen, Balkonkästen, Tröge und Kübel ganz nach Ihren Wünschen.

Zahlen mit Karte

Mit EC-Karte und allen gängigen Kreditkarten ist uns Ihre Zahlung willkommen.

Anwuchsgarantie

Wenn sachgemäß gesetzte Dehner-Baumschulpflanzen innerhalb eines Jahres nicht anwachsen sollten, bekommen Sie Ersatz oder das Geld zurück.

Rückgabe-Garantie

Umtausch oder Geld zurück. Kein Problem. Innerhalb von 30 Tagen nach Kauf und mit gültigem Kassenbon.

*Floristik. Nicht in allen Häusern

Für jeden Anlass die schönsten Sträuße – auch Saal- und Autodekoration sowie Trauerfloristik.

Wassertest

Haben Sie Probleme mit Ihrem Gartenteich? Wir testen kostenlos Ihre Teichwasserprobe.

Lieferservice

Zu groß, zu sperrig, zu schwer? Wir liefern zu günstigen Konditionen.

Geschenkverpackung

Ob Pflanze oder Boutiqueartikel – wir verpacken Ihren Einkauf als attraktives Geschenk.

Ratenkauf

Ratenkaufmöglichkeit von 250,00 EUR bis 4 000,00 EUR. Schnell und einfach. Ohne Anzahlung oder Abschlussgebühr. Fragen Sie uns!

www.dehner.de

Besuchen Sie uns im Internet – wann immer Sie möchten.

Geschenkgutscheine

Die Idee, die immer gut ankommt. Erhältlich in den Markt-Büros.

Reparatur-Service

Unsere zentrale hauseigene Rasenmäher-Werkstatt hilft Ihnen bei Problemen.

2.2 Betriebsformen des Einzelhandels

Merke Je nachdem, wie die Verkaufsstelle eines Einzelhandelsbetriebs beschaffen ist, in der er seine Waren anbietet, ergibt sich seine **Betriebsform**. Wesentliche Bestimmungsgrößen für die Betriebsform sind der Umfang des Sortiments und die Verkaufsform.

Sortimentsaufbau und Verkaufsformen

Der Aufbau eines Sortiments kann anhand der **Sortimentspyramide** beschrieben werden.

Sortimentspyramide

Sorte	Kaufbares Produkt, spezielle Ausführung eines Artikels, z. B. Herrenschuh, Größe 8, braun, Slipper
Artikel	Teil einer Artikelgruppe, z. B. Herrenschuhe
Artikelgruppe = Warengruppe	Teil eines Warenbereichs, z. B. Straßenschuhe
Warenbereich	Teil eines Fachbereichs, z. B. Schuhe
Fachbereich	Branche, z. B. Lederwaren

Merke Führt ein Einzelhändler viele verschiedene Fachbereiche (z. B. Schuhe, Textilien, Lebensmittel), dann hat er ein **breites Sortiment**. Beschränkt er sich auf wenige Fachbereiche, dann hat er ein **schmales Sortiment**. Führt ein Einzelhändler viele verschiedene Artikel eines Warenbereichs (Herren-, Damen-, Kinderschuhe bzw. Straßen-, Sport-, Hausschuhe), dann hat er ein **tiefes Sortiment**. Führt er nur wenige Artikel eines Warenbereichs (z. B. nur Herrenschuhe), dann liegt ein **flaches Sortiment** vor.

Wie der Einzelhändler den Kunden bei der Artikelauswahl unterstützt, wird mit der **Verkaufsform** beschrieben.

Begleitet der Verkäufer den Kunden vom Betreten bis zum Verlassen des Ladens, dann spricht man von **Vollbedienung**. Diese Verkaufsform ist bei beratungsintensiver (z. B. Computer, Fotoapparate), hochwertiger (z. B. Pelzmantel, Schmuck) und unverpackter Ware (z. B. Zuschnitt von Frischfleisch, Frischkäse) notwendig. Bleibt der Kunde im Laden sich selbst überlassen, dann liegt **Selbstbedienung** (kurz: SB) vor. Das Verkaufspersonal gibt allenfalls nur kurze Informationen. Beim **Vorwahlsystem (Teilbedienung)** informiert sich der Kunde zunächst selbst. Der Verkäufer beobachtet den Kunden und bietet gegebenenfalls seine Hilfe an.

Betriebsformen mit relativ breitem Sortiment

SB-Laden (Convenience Store[1])	Einzelhandelsgeschäft mit weniger als 200 m² Verkaufsfläche, in dem Lebensmittel und Artikel des täglichen Bedarfs *in Selbstbedienung* angeboten wird. Manche Produkte (Snacks, Getränke) können an einer Theke sofort verzehrt werden (z. B. Tankstellenshop).
SB-Markt	Einzelhandelsgeschäft mit 200 m² bis 400 m² Verkaufsfläche, in dem Frischware und Teile des Ge- und Verbrauchsgütersortimentes überwiegend *in Selbstbedienung* angeboten werden (z. B. Rewe-Läden).
Supermarkt	Selbstbedienungsgeschäft mit 400 m² bis 800 m² Verkaufsfläche, in dem Lebensmittel und Non-Food-Artikel *in Selbstbedienung* angeboten werden. Der Non-Food-Anteil beträgt höchstens 25 % der Verkaufsfläche. Der Sortimentsumfang liegt etwa zwischen 3 000 bis 5 000 Artikeln (z. B. Feneberg, Plus).
Verbrauchermarkt	Großflächiger Einzelhandelsbetrieb mit 800 m² bis 5.000 m² Verkaufsfläche mit breitem Sortiment des kurz- und mittelfristigen Bedarfs. Es werden sowohl Food- als auch Non-Food-Artikel *in Selbstbedienung* angeboten.
SB-Warenhaus	Großflächiges Einzelhandelsgeschäft mit mindestens 5.000 m² Verkaufsfläche, das seinen Standort außerhalb von Innenstädten hat und Lebensmittel sowie ein umfangreiches Sortiment an Ge- und Verbrauchsgütern des kurz-, mittel- und langfristigen Bedarfs *in Selbstbedienung* anbietet (z. B. Real, Marktkauf).
Warenhaus	Einzelhandelsgroßbetrieb, der Waren aus zahlreichen Branchen (z. B. Bekleidung, Hausrat, Elektrogeräte, Bürobedarf) in relativ breiten (bis zu 300 000 Artikel) und tiefen Sortimenten *im Vorwahlsystem* anbietet. In der Regel liegen Warenhäuser in den Stadtkernen und verfügen über eine Verkaufsfläche von etwa 10 000 m² (z. B. Kaufhof, Karstadt).

Betriebsformen mit relativ schmalem Sortiment

Fachgeschäft	Einzelhandelsgeschäft mit geringer Verkaufsfläche und begrenztem, relativ anspruchsvollem *tiefem Sortiment* (in der Regel ausgewählte Markenartikel). Die Ware wird bei gehobener Geschäftsausstattung durch gut ausgebildetes Fachpersonal zu relativ hohen Preisen *in Vollbedienung* angeboten.
Fachmarkt	Einzelhandelsgeschäft mit großer Verkaufsfläche und begrenztem relativ *tiefem Sortiment*. Die Ware wird bei einfacher Ladenausstattung durch gut ausgebildetes Fachpersonal zu relativ niedrigen Preisen *im Vorwahlsystem* an verkehrsgünstigen Standorten angeboten (z. B. Praktiker, Mediamarkt, Möbelmärkte).
Kaufhaus	Einzelhandelsgroßbetrieb, das Waren aus vorwiegend ein bis zwei Branchen (vorwiegend Bekleidung) in relativ tiefen Sortimenten *im Vorwahlsystem* anbietet. In der Regel liegen Kaufhäuser in den Stadtkernen und verfügen über eine Verkaufsfläche von mindestens 5 000 m² (z. B. Peek & Cloppenburg, C & A).
Discounter	Einzelhandelsgeschäft mit begrenztem, relativ *flachem Sortiment* (in der Regel etwa 500 bis 800 „problemlose" und umschlagstarke Artikel). Die Ware wird bei einfacher Ladenausstattung mit geringem Personaleinsatz zu Niedrigstpreisen *in Selbstbedienung* angeboten (z. B. Aldi, Lidl).

---

[1] „Convenience Store" bedeutet wörtlich übersetzt „Annehmlichkeitsgeschäft", SB = Selbstbedienung

Besondere Betriebsformen des Einzelhandels

Innerhalb eines Warenhauses oder Verbrauchermarktes werden mittels **Shop in Shop** Spezialabteilungen durch bewusste Zergliederung der Gesamtverkaufsfläche geschaffen (z. B. Shops verschiedener Bekleidungsmarken). Im Allgemeinen werden dort Fachgeschäftssortimente angeboten. Zum großen Teil sind diese Verkaufsstätten an „betriebsfremde" Betreiber verpachtet (z. B. Boutiquen). Der Kunde bemerkt nicht, dass er sich in jeweils verschiedenen Geschäften aufhält, sodass die Schwellenangst wegfällt.

In **Factory-Outlets** bzw. **Fabrikläden** verkaufen Markenhersteller (z. B. Boss, Benetton, WMF) eigene Erzeugnisse zu Niedrigpreisen direkt an preis- und markenbewusste Endverbraucher. Verkauft werden vorwiegend Waren zweiter Wahl, Retouren (Rückläufer) und Auslaufware aus Fachgeschäften und eigenen Lägern ohne Beratung in Selbstbedienung. In einem **Factory-Outlet-Center (FOC)** sind Fabrikläden verschiedener Markenhersteller zu einem Einkaufszentrum zusammengefasst.

Restpostengeschäfte bzw. **Partiediscounter** wechseln ihr Sortiment je nach Verfügbarkeit, mieten kurzfristig leer stehende Lagerflächen an und bieten überschüssige Aktions- oder Konkursware verschiedener Hersteller zu Schnäppchenpreisen in Selbstbedienung an.

Dem Handel mit Waren im Internet **(Online-shops)** werden große Wachstumschancen vorausgesagt. Der Kauf im Netz hat Vorteile wie günstige Preise, Öffnungszeiten rund um die Uhr, kein Einkaufsstress, unkomplizierte und schnelle Bestellabwicklung und große weltweite Auswahl. Die im Internet bestellten Waren können in Deutschland innerhalb 14 Werktagen zurückgegeben werden (innerhalb der EU innerhalb sieben Werktagen). Probleme können vermieden werden, wenn vor dem Kauf Namen, Adresse und Telefonnummer des Anbieters abgefragt werden. Sicherheit gibt das „Trusted-Shop-Siegel", ein Gütesiegel für Online-Shops, das Datenschutz, Liefersicherheit und eine Geld-Zurück-Garantie beinhaltet. Online werden vor allem Bücher (buch.de, Amazon.de) und Musik-CDs bestellt. Probleme bereitet noch die Bezahlung. Nur wenige Anbieter akzeptieren bei Erstbestellern die Lieferung gegen Rechnung.

Sehr bequem ist das Einkaufen mithilfe des Fernsehers **(Teleshopping)**. Beim *Direct Response* werden Spots des Teleshops im regulären Werbefernsehen gesendet. Nach der Bestellaufforderung werden die Bestellnummer des betreffenden Artikels und die Telefonnummer des Anbieters bzw. Versenders eingeblendet. Der Kunde bezahlt in der

Regel per Kreditkarte und bekommt die Ware zugeschickt. Bei den *Infomercials* (Wortverbindung von *information* und *commercial*) erläutert ein Moderator in einem Studio in Anwesenheit – mehr oder weniger – prominenter Gäste die Vorzüge des Produkts. Auch hier werden nach der Vorführung Bestell- und Rufnummer sowie Zahlungs- und Lieferungsbedingungen eingeblendet. In *Video-Malls* präsentieren mehrere Geschäfte ihre Waren in Form von Infomercials auf einem eigenen Fernsehkanal, z. B. QVC[1] in Bochum, HSE 24 (Home Shopping Europe in München), RTL-Shop in Hannover.

Online- und Teleshops sind Spielarten des Versandhandels. **Versandhandel** betreibt, wer gewerbsmäßig zum Verkauf an jedermann Waren versendet, die nach Katalog, Muster, Proben oder aufgrund eines sonstigen Angebotes bestellt sind (§ 1 EinzelhG).

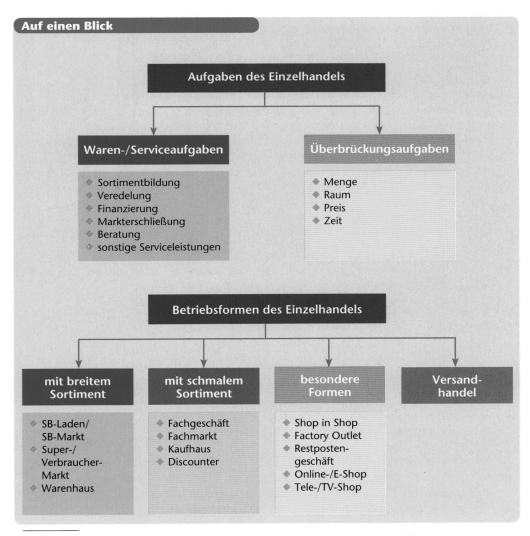

Auf einen Blick

Aufgaben des Einzelhandels

Waren-/Serviceaufgaben
- Sortimentbildung
- Veredelung
- Finanzierung
- Markterschließung
- Beratung
- sonstige Serviceleistungen

Überbrückungsaufgaben
- Menge
- Raum
- Preis
- Zeit

Betriebsformen des Einzelhandels

mit breitem Sortiment
- SB-Laden/ SB-Markt
- Super-/ Verbraucher- Markt
- Warenhaus

mit schmalem Sortiment
- Fachgeschäft
- Fachmarkt
- Kaufhaus
- Discounter

besondere Formen
- Shop in Shop
- Factory Outlet
- Restposten- geschäft
- Online-/E-Shop
- Tele-/TV-Shop

Versand- handel

---

[1] QVC steht für Qualität, Value und Convenience = Qualität, Wert und Bequemlichkeit

3 Unternehmensleitbild und Unternehmensziele

Situation

Darauf fährt die Belegschaft ab: Corporate Fashion in den Firmenfarben

In Riesenlettern springt der Schriftzug der Fahrradhandlung TRIAL GmbH, die bekannt ist für ihre flotten Werbesprüche, Kunden und Lieferanten entgegen. Blau, Weiß, Gelb sind die Unternehmensfarben. Und damit das Erscheinungsbild durchgängig ist, hat sich Unternehmenschef Peter Gasch mit der Textilgruppe Sander, München, zusammengetan und dem Servicepersonal ein gleiches Outfit verpasst.

1. Welche Idee steckt dahinter, wenn Unternehmen ihren Mitarbeitern ein einheitliches Outfit geben?

2. Mit welchen Wertvorstellungen verbinden Sie bekannte Unternehmen wie BMW, Siemens, Daimler usw.?

3. Stellen Sie einige unverwechselbare Merkmale Ihres Ausbildungsbetriebs vor.

3.1 Unternehmensleitbild – Anspruch und Verpflichtung

Merke

Das schriftlich festgehaltene **Unternehmensleitbild** enthält den Grundzweck des Unternehmens und seine wichtigsten Verhaltensregeln.

Grundzweck der Unternehmung sind die zu erbringenden Leistungen (Kernkompetenz). Hinzu kommen die besonderen Eigenschaften dieser Leistungen (z. B. Qualität, Image), die anzusprechenden Zielgruppen (Kunden) und die räumliche Abgrenzung des Marktes (z. B. Region, Inland, Ausland). Verhaltensregeln geben vor, wie sich Führungskräfte und Mitarbeiter gegenüber Kunden, Lieferanten, Kapitaleignern, Behörden und der Öffentlichkeit verhalten sollen.

Beispiel: Unternehmungsleitbild des Fahrradgeschäfts TRIAL GmbH

Wir bei TRIAL tun, was wir sagen ...

- Wir streben eine dauerhafte Beziehung zu unseren Kunden an, die von Vertrauen geprägt ist. Der Kunde ist unser wichtigster Mitarbeiter.
- Wir streben ein Sortiment an, das durch Qualität und Innovation überzeugt. Dadurch erlangen wir Wettbewerbsvorteile.
- Wir, Führung und Mitarbeiter, wollen unternehmerischen Erfolg, dieser Erfolg beginnt beim Menschen.
- Wir wollen ein weltoffenes Unternehmen gestalten, das für die Menschen, für die Marktpartner und für seine Umwelt einen Nutzen schafft.
- Wir fordern Leistung voneinander und honorieren diese entsprechend. Den Eigentümern sichern wir eine angemessene Kapitalrendite zu.
- Wir achten in unserem Unternehmen und bei allen Marktpartnern auf die Einhaltung verbindlicher Umwelt- und Sozialstandards. Wir legen Wert auf eine humane Arbeitsplatzgestaltung.
- Wir wollen ehrlich und konstruktiv miteinander umgehen. Alle Mitarbeiter erhalten gleiche Chancen für ihre berufliche Entwicklung.
- Wir leisten durch unser Mitdenken, Mitgestalten und Mitverantworten einen persönlichen Beitrag zum unternehmerischen Erfolg.

... und daran lassen wir uns messen

Leitbilder geben den Führungskräften, Mitarbeitern und Teams

- ◆ **Orientierungshilfen** (einheitliche Grundauffassung),
- ◆ schaffen ein **Wir-Gefühl** (Motivationsfunktion) und
- ◆ ein unverwechselbares Erscheinungsbild (**Corporate Identity**).

Im Unternehmensleitbild bekennt sich die Unternehmung zu ihrer **gesellschaftlichen Verantwortung** (Corporate Social Responsibility). Wichtig ist, dass das Leitbild Richtschnur des alltäglichen Handelns ist. Wenn sich Anspruch und Wirklichkeit widersprechen, dann schadet das Leitbild dem Ruf des Unternehmens eher, als es ihm nützt.

3.2 Unternehmensziele – nicht nur Gewinn

Auf dem Unternehmensleitbild bauen die Unternehmensziele auf.

Aufgaben von Unternehmenszielen

Unternehmensziele beschreiben Vorstellungen über einen zukünftigen Zustand der Unternehmung, der durch Maßnahmen hergestellt werden soll.

Ziele geben den Handelnden

- ◆ Vorgaben in Form von Sollgrößen (*Orientierungs- und Steuerungsfunktion*),
- ◆ einen Leistungsanreiz (*Motivationsfunktion*),
- ◆ Anhaltspunkte für die Zielerreichung (*Bewertungsfunktion*),
- ◆ Möglichkeiten zum Vergleich (*Kontrollfunktion*),
- ◆ einen Rahmen, der ihren Handlungsspielraum begrenzt (*Selektionsfunktion*).

Wenn ein Ziel seine Aufgaben erfüllen soll, dann muss es präzise formuliert (operationalisiert), werden. Nur so ist die Zielerreichung kontrollierbar.

Beispiel für ein operationalisiertes Ziel: *„Der Umsatz der Abteilung Mountainbikes soll in diesem Jahr um 5 % gesteigert werden."*

Der Zielinhalt eines gesellschaftlich verantwortungsvoll handelnden Unternehmens besteht aus einer Vielfalt von ökonomischen (wirtschaftlichen), sozialen und ökologischen Zielen.

Ökonomische Ziele – ohne Gewinn ist alles nichts

Das oberste Ziel jedes Unternehmens ist die Sicherung seiner Existenz. Dazu muss es *auf lange Sicht Gewinn erwirtschaften*. Mit dem Gewinn werden der Kapitaleinsatz, die Arbeitsleistung des Unternehmers und sein Risiko vergütet.

Gewinn ist der Überschuss der Erträge über die Aufwendungen. Er wird durch wirtschaftliches Handeln erreicht. Unternehmen handeln wirtschaftlich, wenn sie bei ihren Entscheidungen das **ökonomische Prinzip** beachten.

Die zwei Ausprägungen des ökonomische Prinzips:

Maximal-prinzip	Mit den vorhandenen Mitteln soll der größtmögliche Nutzen erzielt werden. **Beispiel:** Mit der vorhandenen Ladenfläche soll ein möglichst hoher Umsatz erzielt werden.
Minimal-prinzip	Ein bestimmter Nutzen soll mit geringstmöglichem Mitteleinsatz erzielt werden. **Beispiel:** Ein bestimmter Umsatz soll mit einer möglichst kleinen Ladenfläche erzielt werden.

Das Ziel einer langfristigen Gewinnerzielung wird durch weitere ökonomische Zielsetzungen unterstützt:

Formalziele Sie geben an, was erreicht werden soll.	◆ **Wachstumsziele** wie Steigerung des Umsatzes, der Mitarbeiterzahl, des Betriebsvermögens, des Eigenkapitals, der Bilanzsumme, des Marktanteils, der Kapazitäten usw. ◆ **Kostenziele** wie Senkung der Aufwendungen für Personal, Waren und Betriebsmittel usw. ◆ **Leistungsziele,** z. B. anzustrebende Umsatz-, Gewinnhöhe, zu erreichende Absatzmengen, Arbeits-, Raum-, Personalproduktivität[1] usw. ◆ **Finanzziele** wie Umsatzrentabilität (Gewinn in Prozent des Umsatzes), Kapitalrentabiltät (Gewinn in Prozent des eingesetzten Kapitals), Sicherung der Liquidität (Zahlungsbereitschaft) usw.
Sachziele Sie dienen der Erreichung der Formalziele durch konkrete Maßnahmen.	◆ Erhöhung der **Kundenzufriedenheit** durch bessere Waren- und Dienstleistungsqualität, flexible und schnelle Erfüllung von Kundenwünschen, verbesserte Serviceleistungen ◆ Durchsetzung von **Beschaffungsvorteilen** (bessere Lieferkonditionen für Waren, kürzere Lieferzeiten) ◆ Senkung der **Durchlaufzeiten** (von Informationen und Waren) durch Senkung der Lagerbestände und -dauer, Erhöhung des Lagerumschlags ◆ bessere **Ausnutzung** der vorhandenen Betriebsmittel-, Raum- und Personalkapazitäten durch längere Öffnungs- bzw. Arbeitszeiten ◆ usw.

---

[1] **Produktivität** ist das Verhältnis zwischen Output und Input, z. B. Umsatz pro Mitarbeiter, Umsatz pro Quadratmeter

Soziale Ziele – im Sinne der Menschen

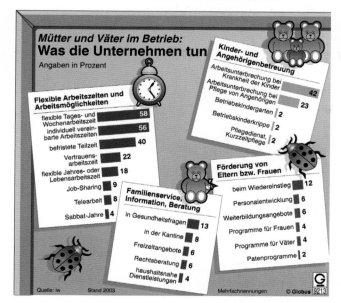

Während die ökonomischen Ziele mehr die Interessen der Anteilseigner (Shareholder) berücksichtigen, rücken mit den sozialen Zielen die Interessen der Mitarbeiter (Stakeholder = Inhaber von Arbeitsplätzen) und der Öffentlichkeit ins Blickfeld.

Männer wie Frauen wollen ihr Familienleben heute nicht mehr ganz dem Beruf unterordnen. Unternehmen haben es leichter, qualifizierte Mitarbeiter an sich zu binden, wenn sie ihren Mitarbeitern ermöglichen, *ein Familienleben mit Kindern und eine engagierte Berufstätigkeit miteinander zu verbinden.* Zufriedene und motivierte Mitarbeiter fehlen seltener und leisten mehr.

Wichtige soziale Ziele sind:

Arbeitsplätze sichern	Schaffung neuer und Sicherung der vorhandenen Arbeitsplätze, hohe Ausbildungsbereitschaft
Humane Arbeitsbedingungen	Zum Beispiel Arbeits-, und Gesundheitsschutz, flexible Arbeitszeiten, die den persönlichen Bedürfnissen der Mitarbeiter entgegenkommen (z. B. Gleitzeit, Jobsharing, Telearbeit)
Freiwillige Sozialleistungen	Zusätzliches Urlaubs- und Weihnachtsgeld, betriebliche Beiträge für die Altersversorgung (Betriebsrente), Betriebswohnungen für die Mitarbeiter, Betriebskantine mit Essenszuschüssen, Betriebsarzt usw.
Angebote zur Vereinbarung von Familie und Beruf	Zum Beispiel Finanzierung von Kinderkrippen und Kindergärten für die Mitarbeiter, Beurlaubung zur Kinderbetreuung, Beschäftigungsunterbrechungen mit Wiedereinstellungsgarantie (länger als die gesetzlich vorgeschriebenen drei Elternjahre)
Gerechte Personalpolitik	Zum Beispiel gerechte Entlohnungssysteme, Chancengleichheit bei der Personalbeförderung und -entwicklung
Mitbestimmungsorgane	Mitbestimmungsorgane einrichten und fördern, z. B. Betriebsrat, Jugend- und Auszubildendenvertretung
Sozial- und Kultursponsoring	Zum Beispiel Unterstützung sozialer Einrichtungen wie Schulen, Bibliotheken, öffentlicher Kindergärten, Jugendhäuser

Soziale Mindeststandards (z. B. menschengerechte Arbeitsbedingungen, Unterstützung bei Krankheit, Unfall oder Arbeitslosigkeit für einen angemessenen Zeitraum) sollten bei allen Marktpartnern eingefordert und kontrolliert werden. Sozial verantwortlich handelnde Unternehmen beteiligen sich nicht am weltweiten Unterbietungswettbewerb (Abwärtsspirale) bei den Umwelt- und Sozialstandards, sondern setzen sich *weltweit für sozial- und umweltverträgliche Lebens- und Arbeitsbedingungen* ein.

Gesellschaftliche Verantwortung **(Corporate Social Responsibility)** beweisen Unternehmen, wenn sie die Kehrseite des Wirtschaftens, die so genannten **externen Kosten** (z. B. Beseitigung von Umweltschäden, Aufrechterhaltung der Lebens- und Arbeitsqualität) nicht allein der Gesellschaft, d. h. dem Staat, aufbürden. Dazu gehört auch, dass Standorte nicht aus Kostengründen in so genannte Billiglohnländer mit geringen Sozialstandards verlegt werden. Gerade auf globalen Märkten muss das Unternehmensleitbild vorgelebt werden.

Ökologische Ziele – natürliche Lebensgrundlagen schützen

Das **Vorsorgeprinzip** verpflichtet die Unternehmen zu einer Wirtschaftsweise, die auch den zukünftigen Generationen eine lebenswerte Umwelt und natürliche Lebensgrundlagen garantiert. Durch Formulierung von **Umweltleitlinien** übertragen immer mehr Unternehmen ein Stück Verantwortung für den Erhalt einer lebenswerten Umwelt auf ihre Mitarbeiter.

Beispiel: Auszug aus den Umweltrichtlinien der TRIAL GmbH

> **Wir bei TRIAL**
> - streben einen vorbildlichen Standard im Umweltschutz an,
> - sorgen dafür, dass unsere Produkte über alle Stufen der Produktion bis hin zur Entsorgung umweltverträglich sind,
> - bieten unseren Kunden eine umweltorientierte Beratung,
> - informieren uns und die Öffentlichkeit umfassend über Umweltschutz.

Aufgrund der strengen Umweltgesetzgebung ist das Auftreten eines Umweltschadens nicht nur ein ökologisches, sondern zugleich ein ökonomisches Risiko für die einzelne Unternehmung. Das ökologische Unternehmensrisiko schließt somit auch ein ökonomisches Risiko mit ein, da wirtschaftliche Strafen drohen (z. B. Ordnungsgelder, Stilllegung, Schadenersatz, Imageschaden durch Umweltskandal), wenn ein Umweltschaden auftritt.

Das **Umweltmanagement** beachtet bei jeder Entscheidung folgende Faktoren:

- ◆ umweltbezogene Auflagen und nachträgliche Anordnungen von Behörden,
- ◆ umweltbezogene Eigenschaften von Produkten, Einsatzstoffen und Energieträgern,
- ◆ Haftungsrisiken bei umweltgefährdender Produktion oder Produkten,
- ◆ Druck der Öffentlichkeit und der Nachbarschaft,
- ◆ zunehmend umweltbewusstes Nachfrageverhalten der Konsumenten.

Viele Unternehmen unterziehen sich einer freiwilligen Umweltbetriebsprüfung (**Öko-Audit**) und verschaffen sich dadurch Wettbewerbsvorteile auf dem Weltmarkt. Grundlage ist die EU-Ökoaudit-Verordnung Nr. 1221/2009, die in Deutschland im Ökoaudit-Gesetz umgesetzt wurde und sich an **ISO 14000 ff.** orientiert.

Zieldreieck der nachhaltigen Entwicklung – Zielsystem

Unter **Nachhaltigkeit** wird eine Arbeits- und Lebensweise verstanden, bei der die natürlichen und kulturellen Grundlagen und die Lebensqualität aller Menschen überall auf der Welt in Gegenwart und in Zukunft, also auch für die nachfolgenden Generationen, erhalten bleiben oder verbessert werden.[1]

Jede Generation soll überall auf der Welt eine gute Lebensqualität vorfinden und diese weiter verbessern. Sie soll ihre Probleme selbst lösen und nicht ihren Kindern aufbürden. Sowohl die weltweite Chancengleichheit innerhalb einer Generation soll angestrebt werden als auch diejenige zwischen den Generationen. Dies setzt eine **gelebte Solidarität**[2], ein Mindestmaß an **sozialem Zusammenhalt** und eine **länderübergreifende Verantwortung** für Mensch und Natur voraus.

Eine nachhaltige Entwicklung verlangt, dass soziale, ökonomische und ökologische Ziele gleichrangig verfolgt werden. Ökologisch begründete Forderungen müssen deren ökonomische und soziale Auswirkungen beachten. Ebenso müssen sich ökonomische Ziele an ihrer ökologischen und sozialen Verträglichkeit messen lassen.

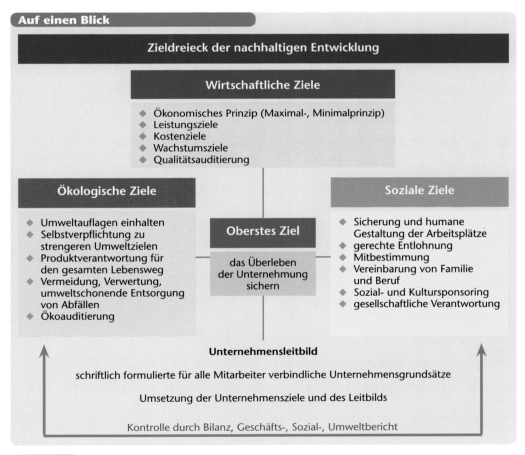

Auf einen Blick

Zieldreieck der nachhaltigen Entwicklung

Wirtschaftliche Ziele

- ◆ Ökonomisches Prinzip (Maximal-, Minimalprinzip)
- ◆ Leistungsziele
- ◆ Kostenziele
- ◆ Wachstumsziele
- ◆ Qualitätsauditierung

Ökologische Ziele

- ◆ Umweltauflagen einhalten
- ◆ Selbstverpflichtung zu strengeren Umweltzielen
- ◆ Produktverantwortung für den gesamten Lebensweg
- ◆ Vermeidung, Verwertung, umweltschonende Entsorgung von Abfällen
- ◆ Ökoauditierung

Oberstes Ziel

das Überleben der Unternehmung sichern

Soziale Ziele

- ◆ Sicherung und humane Gestaltung der Arbeitsplätze
- ◆ gerechte Entlohnung
- ◆ Mitbestimmung
- ◆ Vereinbarung von Familie und Beruf
- ◆ Sozial- und Kultursponsoring
- ◆ gesellschaftliche Verantwortung

Unternehmensleitbild

schriftlich formulierte für alle Mitarbeiter verbindliche Unternehmensgrundsätze

Umsetzung der Unternehmensziele und des Leitbilds

Kontrolle durch Bilanz, Geschäfts-, Sozial-, Umweltbericht

---

[1] Siehe hierzu Webseite: http://www.agenda21-treffpunkt.de/
[2] **Solidarität** ist wechselseitige Hilfe: Ich helfe anderen, wenn sie Hilfe brauchen, erwarte aber umgekehrt, dass mir geholfen wird, wenn ich selbst Hilfe brauche.

4 Betriebsorganisation und Arbeitsabläufe

Situation

Organisationsschaubild der TRIAL GmbH

Peter Gasch
Geschäftsführer

Markus Bundschuh	Lukas Reichert	Anna Lurka	Peter Gasch	Meral Öger
Abteilungsleiter Personal	Abteilungsleiter Einkauf	Abteilungsleiterin Verkauf	Abteilungsleiter Rechnungswesen	Abteilungsleiterin Lager
Stefanie Binder	**Jürgen Merkle**	**Thomas Horak**	**Thomas Ernst**	**Michael Müller**
Sachbearbeiterin Personal	Sachbearbeiter Einkauf	Sachbearbeiter Verkauf	Sachbearbeiter Rechnungswesen	Lagerverwalter

1. Beschreiben Sie den formellen Befehls- und Meldeweg (Dienstweg) für den Fall, dass Stefanie Binder (Personalabteilung) erreichen will, dass sie die Lohnscheine für die Lagerarbeiter schneller erhält, damit sie bei der Lohnabrechnung am Monatsende nicht immer in Zeitdruck gerät.

2. Erkundigen Sie sich in Ihrem Ausbildungsbetrieb über den organisatorischen Aufbau und die Aufgaben der einzelnen Abteilungen. Präsentieren Sie Ihre Ergebnisse in ansprechender Form vor Ihren Mitschülern.

4.1 Aufbauorganisation und Weisungssysteme

In einem Betrieb können Mitarbeiter nicht tun, was sie gerade für richtig halten – Chaos wäre die Folge. Um Chaos zu verhindern, sind Regelungen notwendig, die die Tätigkeiten der einzelnen Mitarbeiter in die richtigen Bahnen lenken.

Unter **Organisation** versteht man den Zusammenschluss mehrerer Personen, die ein gemeinsames Ziel erreichen wollen, wobei die einzelnen Aufgaben systematisch und dauerhaft geregelt sind.

Aufgaben der Aufbauorganisation

Die **Aufbauorganisation** grenzt für einen relativ langen Zeitraum die Aufgabenbereiche des Betriebes voneinander ab. Sie schafft die *Struktur* des Betriebes. Das ist vergleichbar mit der Anlage eines Straßennetzes.

Die Aufbauorganisation geht von der Zielsetzung der Unternehmung aus,
♦ gliedert die Unternehmung in **funktionsfähige Teileinheiten** (Stellen, Abteilungen),
♦ regelt die **dauerhaften Beziehungen** dieser Teileinheiten und
♦ schafft ein System von **Weisungsbefugnissen und Kommunikationswegen**.

Die kleinste organisatorische, funktionsfähige Einheit in einem Unternehmen wird als **Stelle** bezeichnet. Sie ist letztlich der Wirkungsbereich einer Arbeitskraft. Mehrere zusammengehörende Stellen bilden eine **Abteilung**.

Das Ergebnis der Aufbauorganisation ist eine **horizontale** (gleichgeordnete Abteilungen) und **vertikale** (über- und untergeordnete Abteilungen) Gliederung der Unternehmung. Diese Organisationsstruktur wird in einem Organisationsplan und -schaubild (**Organigramm**) dargestellt.

Für wichtige Stellen werden **Stellenbeschreibungen** abgefasst. Diese beinhalten

◆ die **Bezeichnung** der Stelle,

◆ eine ausführliche Beschreibung des **Aufgabenbereichs** der Stelle,

◆ die **Einordnung** der Stelle in die Unternehmenshierarchie (unter- und übergeordnete Stellen),

◆ Vollmachten und **Unterschriftsbefugnisse** des Stelleninhabers,

◆ **Anforderungen** an den Stelleninhaber (z. B. Ausbildung, Persönlichkeitsmerkmale).

Beispiel: Stellenbeschreibung für einen Sachbearbeiter im Einkauf eines Zweiradhändlers

Stellenbeschreibung Nr. 125
Hauptabteilung: *Kaufmännische Leitung* Abteilung: *Einkauf* Sachgebiet: *Warengruppe „Räder"*
1. Bezeichnung der Stelle: *Einkäufer für Räder*
2. Mit der Stelle verbundene Zeichnungsvollmacht: *im Auftrag (i. A.)*
3. Der Stelleninhaber ist unterstellt *dem Leiter der Abteilung Einkauf*
4. Der Stelleninhaber ist überstellt __
5. Der Stelleninhaber wird vertreten *durch den Einkäufer für Radbekleidung*
6. Der Stelleninhaber vertritt *den Leiter der Abteilung Einkauf*
7. Zielsetzung *Der Stelleninhaber soll den Bedarf an Rädern rechtzeitig in der gewünschten Qualität und Menge zu günstigen Preisen beschaffen.*
8. Der Stelleninhaber führt aus bzw. entscheidet über ◆ *Bestellungen aus seiner Warengruppe bis zum Werte von 25 000,00 EUR* ◆ *Vorbereitung von Einkaufs- und Vergabeverhandlungen, Vorschläge für die Festlegung* ◆ *Einkaufskonditionen* ◆ *Einholen von Angeboten* ◆ *Pflege der Lieferantendatei* ◆ *Führen neuester Prospekte und Preislisten* ◆ *Überwachung der Liefertermine* ◆ *Erteilung von Mängelrügen in Verbindung mit der Wareneingangsprüfung und Qualitätskontrolle*

9. Der Stelleninhaber berät seinen Vorgesetzten bei dessen Entscheidung über
   - ◆ *Bestellungen im Wert von mehr als 25 000,00 EUR*
   - ◆ *Einkaufs- und Vergabeverhandlungen*
   - ◆ *Einkaufskonditionen*
   - ◆ *Entsorgung/Verwertung von Verpackungsmaterial*

10. Der Stelleninhaber informiert seinen Vorgesetzten über
    - ◆ *Situation am Beschaffungsmarkt für Räder (Preise, Liefertermine, neue Lieferanten)*
    - ◆ *Einkaufsmengen*
    - ◆ *Beschaffungsengpässe*

11. Anforderungen an den Stelleninhaber:
    - ◆ *Vorbildung und Kenntnisse: Hauptschulabschluss, kaufmännische Ausbildung, Branchenkenntnisse, Warenkenntnisse*
    - ◆ *Persönlichkeitsmerkmale: selbstständig, zuverlässig, gewissenhaft, teamfähig*

Grundsätze der Aufbauorganisation

Merke

Werden die Abteilungen nach den Aufgabenbereichen (Funktionen) bzw. Verrichtungen gebildet, dann liegt eine **funktionsorientierte Aufbauorganisation (Funktionsprinzip)** vor.

Beispiel: Funktionsorientierte Aufbauorganisation

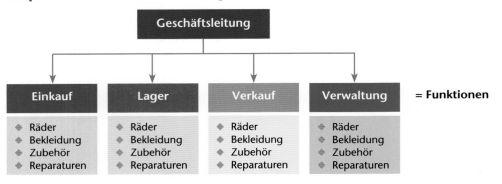

Der Hauptvorteil des Funktionsprinzips ist die Aufgabenspezialisierung der Stelleninhaber. Dafür werden mangelnde Kundennähe (nur die Verkaufsabteilung hat Kundenkontakt) und erschwerte Kontrollierbarkeit (jede Abteilung ist für alle Leistungen verantwortlich) in Kauf genommen.

Merke

Werden die Abteilungen nach den Leistungen bzw. Arbeitsobjekten gebildet, dann liegt eine **objektorientierte Aufbauorganisation (Objektprinizip)** vor.

Beispiel: Objektorientierte Aufbauorganisation

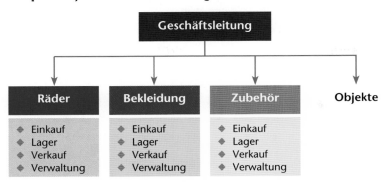

Die Hauptvorteile des Objektprinzips sind die große Kundennähe (alle Abteilungen haben Kundenkontakt), die leichte Kontrollierbarkeit der Stelleninhaber (jeder ist für ein bestimmtes Produkt verantwortlich) und die kurzen Transport- und Kommunikationswege. Dafür werden mangelnde Aufgabenspezialisierung, höhere Kosten durch Doppel- bzw. Mehrfacharbeit in Kauf genommen, da jede Abteilung alle Funktionen durchführt. Die Objektverantwortlichen konkurrieren stärker um die knappen Mittel, da sie am Erfolg gemessen werden. Sie neigen dazu, ihre Eigeninteressen über das Gesamtinteresse zu stellen, sodass die Zusammenarbeit leidet.

In der Praxis ist eine Mischung aus Funktionsprinzip und Objektprinzip verbreitet, sodass die Vorteile beider Prinzipien ausgeschöpft werden können.

Weisungssysteme – Über-, Unter-, Gleichordnung

Die Beziehungen zwischen Vorgesetzten und Untergebenen werden im **Weisungssystem** geregelt. Stellen, die anderen Stellen Weisungen erteilen dürfen, werden als **Instanzen** bezeichnet. Aufgrund dieses Instanzenaufbaus wissen alle Mitarbeiter/-innen, von wem sie Anweisungen bekommen können, und alle Vorgesetzten, wem sie Anweisungen erteilen dürfen. Jeder Betrieb schafft sich ein Weisungssystem, das seiner Größe und seinen Aufgaben am besten gerecht wird. So entsteht die **Hierarchie** der Unternehmung.

Einliniensystem

Bekommt jede Stelle nur von einer einzigen direkt übergeordneten Stelle (Instanz) Anweisungen und ist nur dieser Stelle verantwortlich, dann spricht man von einem **Einliniensystem**.

Dieses entspricht dem **Grundsatz der einheitlichen Auftragserteilung**. Verfolgt man alle Stellen von der Führungsebene bis zur Ausführungsebene, so erhält man jeweils eine Linie. Sie beschreibt den **Instanzenweg** (Dienstweg). Dieser legt den **Befehlsweg** (dieser ist bindend) nach unten und den **Meldeweg** (dieser ist nur informativ) nach oben fest. Die vertikale Linie ist der einzig zulässige **Kommunikationsweg** (Befehls- und Meldeweg). Horizontale Verbindungen sind nicht vorgesehen, gleichrangige Stellen können nur über die gemeinsame Vorgesetztenstelle kommunizieren. Es ist nicht zulässig, Instanzen zu überspringen.

Beispiel: Einliniensystem

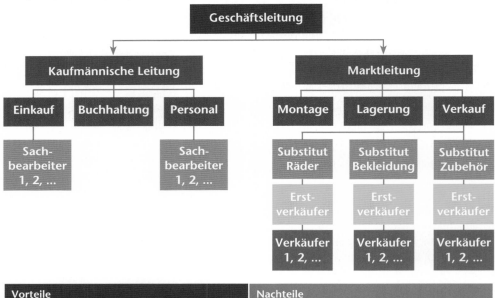

Vorteile	Nachteile
◆ eindeutige Anordnungsbefugnis ◆ keine Kompetenzstreitigkeiten ◆ erleichterte Kontrolle	◆ Überlastung der Führungsspitze ◆ Gefahr von Fehlentscheidungen, da der Führung Detailkenntnisse fehlen ◆ Informationsverluste aufgrund langer Dienstwege (Schwerfälligkeit)

Stabliniensystem – Stäbe unterstützen Instanzen

Aus dem Bestreben, das Einliniensystem zu erweitern, hat sich das **Stabliniensystem** entwickelt. Die fachliche Kompetenz der Geschäftsleitung und einzelner Hauptabteilungen wird verbessert, indem ihr bzw. ihnen Spezialisten (z. B. Juristen, Organisatoren, EDV-Fachleute usw.), so genannte **Stäbe**, als Berater zur Seite gestellt werden. Die Entscheidungen werden dadurch verbessert, ohne dass die Instanz zusätzlich belastet wird. Die systematische Entscheidungsvorbereitung obliegt den Stabsstellen, die Entscheidung selbst und damit die letzte Verantwortung trägt die Linienstelle. Die Stäbe haben **keine Weisungsbefugnisse**. Somit sind sowohl der Grundsatz der einheitlichen Auftragserteilung erfüllt als auch der Grundsatz der Arbeitsteilung.

Beispiel: Stabliniensystem

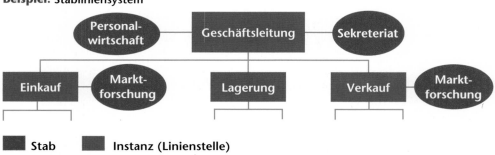

Vorteile	Nachteile
◆ eindeutige Weisungsbefugnisse ◆ keine Kompetenzüberschneidung ◆ gut vorbereitete Entscheidungen ◆ Entlastung der Führungsspitze	◆ Konflikt zwischen Stab und Linie (Stäbe haben als Experten die eigentliche Macht) ◆ Verantwortung und Entscheidungs-vorbereitung sind getrennt (Stäbe müssen Fehler nicht selbst „ausbaden")

Schwierige abteilungs- und unternehmensübergreifende Aufgaben **(Projekte)** werden Arbeitsgruppen (Projektteams) übertragen. Projektteams werden für eine bestimmte Zeit zusammengestellt und setzen sich aus Mitarbeitern der für das Projekt bedeutsamen Abteilungen zusammen (Projektorganisation). Die Teammitglieder können aus unterschiedlichen Hierarchieebenen stammen. Wenn das Projekt beendet ist, kehren alle Mitglieder an ihren ursprünglichen Arbeitsplatz zurück.

4.2 Ablauforganisation – kurzfristig veränderbar

Innerhalb der Aufbauorganisation (Struktur) regelt die **Ablauforganisation** die **Prozesse**, d. h. die Verkehrsführung durch das Straßennetz. Die Abläufe (Prozesse) sind kurzfristig veränderbar, sodass sich der Betrieb schnell an sich verändernde Bedingungen anpassen kann.

Aufgaben der Ablauforganisation

Die Ablauforganisation

◆ fügt einzelne **logisch zusammengehörige Teilaufgaben zu einem Vorgang** zusammen,

◆ bringt die einzelnen Teilaufgaben in eine **zeitliche und räumliche Reihenfolge** und

◆ sorgt für eine **reibungslose Aufgabenerfüllung**.

Im Einzelnen regelt die Ablauforganisation die Abläufe

◆ **zwischen verschiedenen Abteilungen** in Form von Fluss- und Ablaufdiagrammen,

◆ **innerhalb einer Abteilung** und

◆ **innerhalb einer Stelle** in Form von Arbeitsanweisungen (z. B. Kassieranweisung), die den genauen Ablauf der Tätigkeiten und die dabei einzusetzenden Arbeitsmittel enthalten.

Beispiel: Kassieranweisung

1. **Preis bzw. Balkencode** (d. h. Artikelnummer) der verkauften Artikel eingeben bzw. erfassen; bei Tippfehler eine Aufsichtsperson rufen
2. **Gesamtbetrag über die Kasse berechnen** und dem Kunden mitteilen; ggf. eine Kundenkarte durch das Lesegerät ziehen, um Bonuspunkte/Rabatte zu berücksichtigen
3. **Geldbetrag des Kunden entgegennehmen** und laut sagen; das Geld auf die Geldablage legen und den Wert in die Kasse eintippen
4. **Rückgeld aus der Kasse nehmen** und dem Kunden vorzählen; Grundsatz: erst Zahlung abwickeln, dann Ware herausgeben
5. **Geld von der Geldablage** geordnet in die Kasse legen
6. **Kassenbon und Artikel dem Kunden übergeben**; bei falschen Beträgen und Beschwerde des Kunden eine Aufsichtsperson rufen

Beispiel: Ablaufdiagramm als Zickzackdiagramm

Bearbeitung einer Eingangsrechnung in einem Kleinbetrieb

Istaufnahme						
Nr.	Ablaufschritt	Ablaufarten des Arbeitsgegenstandes	Menge	Wege in m	Ist-Zeit	Bemerkungen
1	Eintragung in Posteingangsbuch	○ ⇗ □ ▷ ▽			5	
2	im Ausgangskorb	○ ⇗ □ ▷ ▽			30	
3	zur Einkaufsabteilung	○ ⇗ □ ▷ ▽		150	5	
4	im Eingangskorb	○ ⇗ □ ▷ ▽			30	
5	Bestellkopie zur Rechnung	○ ⇗ □ ▷ ▽			10	
6	im Ausgangskorb	○ ⇗ □ ▷ ▽			60	
7	zur Abteilung Rechnungskontrolle	○ ⇗ □ ▷ ▽		60	5	
8	im Eingangskorb	○ ⇗ □ ▷ ▽			120	
9	Rechnungsprüfung	○ ⇗ □ ▷ ▽			10	
10	Bestätigung der Richtigkeit	○ ⇗ □ ▷ ▽			10	
11	im Ausgangskorb	○ ⇗ □ ▷ ▽			60	
12	zur Direktion	○ ⇗ □ ▷ ▽		100	5	
13	bei Sekretärin im Eingangskorb	○ ⇗ □ ▷ ▽			30	
14	persönliche Vorlage durch Sekretärin	○ ⇗ □ ▷ ▽		5	5	
15	Freigabe zur Zahlung	○ ⇗ □ ▷ ▽			5	
16	zurück ins Vorzimmer	○ ⇗ □ ▷ ▽		5	5	
17	im Ausgangskorb	○ ⇗ □ ▷ ▽			60	
18	zur Buchhaltung	○ ⇗ □ ▷ ▽		40	5	
19	im Eingangskorb	○ ⇗ □ ▷ ▽			90	
20	Verbuchung	○ ⇗ □ ▷ ▽			10	
21	im Ausgangskorb	○ ⇗ □ ▷ ▽			150	
22	zur Abteilungskasse	○ ⇗ □ ▷ ▽			5	
23	im Eingangskorb	○ ⇗ □ ▷ ▽			60	
24	Ausschreibung der Zahlung	○ ⇗ □ ▷ ▽			5	
25	im Ausgangskorb	○ ⇗ □ ▷ ▽			180	
26	zur Registratur	○ ⇗ □ ▷ ▽		200	5	
27	im Eingangskorb	○ ⇗ □ ▷ ▽			400	
28	Ablage	○ ⇗ □ ▷ ▽			5	

Symbole:	Bearbeitung ○	Transport ⇗	Kontrolle □	Verzögerung ▷	Ablage ▽

Aus einem Ablaufdiagramm kann der Durchlauf eines Vorgangs durch die verschiedenen Stellen und Abteilungen abgelesen werden. Anhand der Zeitangaben und der Symbole für die Verrichtungsarten (Bearbeitung, Transport, Kontrolle, Verzögerung, Ablage) lassen sich die Schwachstellen auf einfache Art aufdecken. Je mehr Ausschläge (Zacken) ein Vorgang hat, umso ungünstiger ist er organisiert, denn jeder Ausschlag bedeutet eine Unterbrechung des Ablaufs bzw. Prozesses.

Ziele der Ablauforganisation

Die Ablauforganisation verfolgt drei Ziele zugleich.

Zwischen diesen Zielen bestehen Zielkonflikte, sie können daher niemals zugleich voll erreicht werden (**Dilemma der Ablauforganisation**). Soll z. B. die Wartezeit (Durchlaufzeit) der Kunden an der Kasse minimiert werden, dann müsste das Kassierpersonal ständig bereit sein, um den Kassiervorgang sofort aufzunehmen, wenn der Kunde an der Kasse eintrifft. Das Kassierpersonal wäre dann aber nicht genügend ausgelastet.

Die Teilaufgaben und damit die **Informations-, Beleg- und Warenflüsse** müssen zeitlich so aufeinander abgestimmt werden, dass keine Engpässe, aber auch keine Leerläufe entstehen. Die räumliche Zuordnung der Aufgabenerfüllung muss so erfolgen, dass für Transporte möglichst kurze Wege notwendig sind.

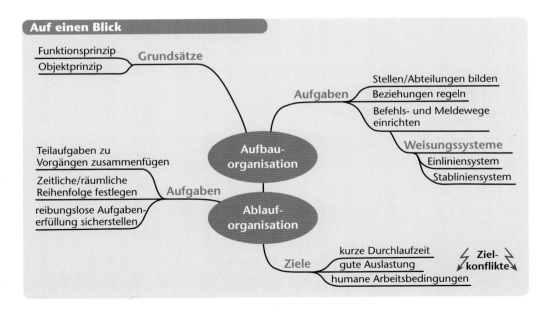

5 Rechtliche Grundlagen der Berufsausbildung

Situation

Lehrvertrag
Gruenberg und Biedenkopf, den 27. November 1864

Eduard Groos in Gruenberg einerseits und Philipp Walther in Biedenkopf andererseits haben folgende Uebereinkunft getroffen:

1. Groos nimmt den Sohn des Philipp Walther mit Namen Georg auf vier Jahre, und zwar vom Oktober 1864 bis dahin 1868, als Lehrling in sein Geschaeft auf.

2. Groos macht sich verbindlich, seinen Lehrling in Allen dem, was in seinem Geschaeft vorkommt, gewissenhaft zu unterrichten, ein wachsames Auge auf sein sittliches Betragen zu haben und ihm Kost und Logis in seinem Hause frei zu geben.

3. Groos gibt seinem Lehrling alle 14 Tage des Sonntags von 12 bis 5 Uhr frei; dabei ist es gestattet, dass er auch an des Sonntags, wo er seinen Ausgangstag nicht hat, einmal den Gottesdienst besuchen kann.

4. Groos verzichtet auf ein Lehrgeld, hat aber dagegen die Lehrzeit auf vier Jahre ausgedehnt.

5. Walther hat waehrend der Lehrzeit seines Sohnes denselben in anstaendiger Kleidung zu erhalten und fuer dessen Waesche besorgt zu sein.

6. Walther hat fuer die Treue seines Sohnes einzustehen und allen Schaden, den derselbe durch boesen Willen, Unachtsamkeit und Nachlaessigkeit seinem Lehrherrn verursachen sollte, ohne Einrede zu ersetzen.

7. Der junge Walther darf waehrend der Dauer seiner Lehrzeit kein eigenes Geld fuehren, sondern die Ausgaben, welche nicht von seinem Vater direkt bestritten werden, gehen durch die Haende des Lehrherrn und der Lehrling hat solche zu verzeichnen.

8. Hat der junge Walther seine Kleidungsstücke und sonstige Effekten auf seinem Zimmer zu verschließen, aber so, dass sein Lehrherr davon Kenntnis hat und dieser solche von Zeit zu Zeit nachsehen kann, sooft es diesem gewahrt ist, um ihn gehoerig zu ueberwachen.

9. Darf der Lehrling waehrend seiner Lehrzeit kein Wirtshaus oder Tanzbelustigung besuchen, er muesste dann ausdruecklich die Erlaubnis hierzu von seinem Vater oder Lehrherrn erhalten haben und dann besonders darf er auch nicht rauchen im Geschaeft oder außer demselben, es bleibt ihm ganz untersagt.

10. Wenn der junge Walther das Geschaeft der Groos verlaesst, so darf dieser in kein Geschaeft in Gruenberg gehen, ohne dass Groos dazu die Erlaubnis gibt.

11. Zur Sicherstellung, dass beide Teile diese Uebereinkunft treulich halten und erfuellen wollen, ist dieser Contract doppelt ausgefertigt. Jedem ein Exemplar ausgehaendigt und unterschrieben worden.

Groos Groos   *Walther* Walther

Quelle: Lehrvertrag von 1864, Zugriff am 25.03.2011 unter http://www.schule-bw.de/unterricht/faecher/ wirtschaft/material/unterrichtwi/bwl/berufsbild/ausbvertrag/lehrvertrag.pdf

1. Vergleichen Sie in einer Übersicht die Regelungen des dargestellten Lehrvertrags aus dem Jahre 1864 mit Ihrem Berufsausbildungsvertrag.

2. Beschreiben Sie die gesellschaftlichen Verhältnisse zur Zeit des oben dargestellten Lehrvertrags.

5.1 Berufsausbildung im dualen System – zwei Lernorte

Die Berufsausbildung hat die für die Ausübung einer qualifizierten beruflichen Tätigkeit in einer sich wandelnden Arbeitswelt notwendigen beruflichen Fertigkeiten, Kenntnisse und Fähigkeiten **(berufliche Handlungsfähigkeit)** in einem geordneten Ausbildungsgang zu vermitteln und den Erwerb der erforderlichen Berufserfahrungen zu ermöglichen (§ 1 [3] BBiG).

Um dieses anspruchsvolle Ziel zu erreichen, arbeiten die beiden Lernorte Ausbildungsbetrieb und Berufsschule im **dualen Ausbildungssystem** zusammen. Dabei legt der **Lernort Betrieb** seinen Schwerpunkt auf die Vermittlung fachtheoretischer Inhalte in Verbindung mit der fachpraktischen Anwendung am Arbeitsplatz. In der **Berufsschule** steht die fachtheoretische unternehmens- und branchenübergreifende Unterrichtung des Auszubildenden im Vordergrund. So kann der Auszubildende sowohl die notwendige Berufserfahrung als auch eine breit angelegte berufliche Grundbildung erwerben.

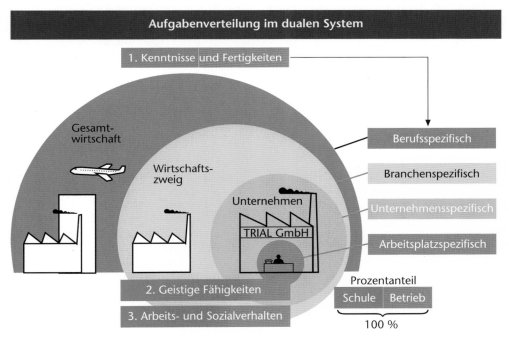

Die Ausbildungsordnung regelt nach § 5 BBiG

◆ die Bezeichnung des **Ausbildungsberufes**, der anerkannt wird,

◆ die **Ausbildungsdauer**, sie soll nicht mehr als drei und nicht weniger als zwei Jahre betragen,

◆ die Fertigkeiten, Kenntnisse und Fähigkeiten, die mindestens Gegenstand der Berufsausbildung sind **(Ausbildungsberufsbild)**,

◆ eine Anleitung zur sachlichen und zeitlichen Gliederung der Vermittlung der Fertigkeiten, Kenntnisse und Fähigkeiten **(Ausbildungsrahmenplan)**,

◆ die **Prüfungsanforderungen**.

Für die Berufsschulen erlassen die Kultusminister der Länder **Lehrpläne**, die mit der Ausbildungsordnung des Ausbildungsberufs und dem von der Kultusministerkonferenz (KMK) empfohlenen Rahmenlehrplan inhaltlich abgestimmt sind.

Rechtlich gehört die Berufsschule in die Zuständigkeit der Bundesländer, deren Schulpflichtvorschriften von allen Jugendlichen bis zum Alter von 18 Jahren den Schulbesuch verlangen.

5.2 Berufsausbildungsvertrag – Niederschrift erforderlich

Form und Mindestinhalt des Berufsausbildungsvertrags

Wer andere Personen zur Berufsausbildung einstellt (Ausbildende), hat mit den Auszubildenden einen **Berufsausbildungsvertrag** zu schließen (§ 10 BBiG).

Ausbildende haben unverzüglich nach Abschluss des Berufsausbildungsvertrages, spätestens vor Beginn der Berufsausbildung, den wesentlichen Inhalt des Vertrages schriftlich niederzulegen. Die **Niederschrift** ist von dem Ausbildenden, dem Auszubildenden und gegebenenfalls dessen gesetzlichen Vertreter zu unterzeichnen (§ 11 BBiG).

Die Niederschrift muss folgende **Mindestangaben** enthalten:

1. Art, sachliche und zeitliche Gliederung sowie Ziel der Berufsausbildung, insbesondere die Berufstätigkeit, für die ausgebildet werden soll,
2. Beginn und Dauer der Berufsausbildung,
3. Ausbildungsmaßnahmen außerhalb der Ausbildungsstätte,
4. Dauer der regelmäßigen täglichen Ausbildungszeit,
5. Dauer der Probezeit,
6. Zahlung und Höhe der Vergütung,
7. Dauer des Urlaubs,
8. Voraussetzungen, unter denen der Berufsausbildungsvertrag gekündigt werden kann,
9. Hinweis auf die Tarifverträge[1], Betriebs- oder Dienstvereinbarungen[2], die auf das Berufsausbildungsverhältnis anzuwenden sind.

Vereinbarungen in einem Berufsausbildungsvertrag, die zuungunsten des Auszubildenden von den Vorschriften des BBiG abweichen, sind nichtig (**Unabdingbarkeit** § 25 BBiG).

Rechte und Pflichten der Vertragspartner

Im Berufsausbildungsvertrag sind alle wesentlichen Rechte und Pflichten des Auszubildenden und des Ausbildenden festgehalten. Die Rechte des Ausbildenden sind zugleich die Pflichten des Auszubildenden und umgekehrt.

---

[1] Siehe LF 1 Kap. Tarifvertrag – Garant des sozialen Friedens
[2] Siehe LF 1 Kap. Mitbestimmung der Arbeitnehmer

Rechte	Die Ausbildenden haben
Berufsausbildung § 14 BBiG	◆ dafür zu sorgen, dass den Auszubildenden berufliche Handlungsfähigkeit vermittelt wird, die zum Erreichen des Ausbildungszieles erforderlich ist, um das Ausbildungsziel in der vorgesehenen Ausbildungszeit zu erreichen; ◆ selbst auszubilden oder einen Ausbilder ausdrücklich zu beauftragen; ◆ den Auszubildenden kostenlos die Ausbildungsmittel, insbesondere Werkzeuge und Werkstoffe, zur Verfügung zu stellen, die zur Berufsausbildung und zum Ablegen von Zwischen- und Abschlussprüfungen erforderlich sind; ◆ die Auszubildenden zum Besuch der Berufsschule sowie zum Führen von schriftlichen Ausbildungsnachweisen anzuhalten, soweit solche im Rahmen der Berufsausbildung verlangt werden, und diese durchzusehen.
Fürsorge § 14 BBiG	◆ dafür zu sorgen, dass Auszubildende charakterlich gefördert sowie sittlich und körperlich nicht gefährdet werden; ◆ den Auszubildenden nur Aufgaben zu übertragen, die dem Ausbildungszweck dienen und ihren körperlichen Kräften angemessen sind.
Freistellung § 15 BBiG	◆ die Auszubildenden für die Teilnahme am Berufsschulunterricht und an Prüfungen freizustellen. Das Gleiche gilt, wenn Ausbildungsmaßnahmen außerhalb der Ausbildungsstätte durchzuführen sind.
Zeugnis § 16 BBiG	◆ Auszubildenden bei Beendigung des Berufsausbildungsverhältnisses ein Zeugnis auszustellen. Dieses muss Angaben enthalten über Art, Dauer und Ziel der Berufsausbildung sowie über die erworbenen Fertigkeiten, Kenntnisse und Fähigkeiten des Auszubildenden **(einfaches Zeugnis)**. Auf Verlangen des Auszubildenden sind auch Angaben über Verhalten und Leistung aufzunehmen **(qualifiziertes Zeugnis)**.
Urlaub § 19 JArbSchG, § 3 BUrlG	◆ den nach dem Bundesurlaubsgesetz bzw. dem Jugendarbeitsschutzgesetz zustehenden Urlaub zu gewähren. Am 1. Januar noch nicht 16 Jahre: mindestens 30 Werktage Am 1. Januar noch nicht 17 Jahre: mindestens 27 Werktage Am 1. Januar noch nicht 18 Jahre: mindestens 25 Werktage Am 1. Januar 18 Jahre: mindestens 24 Werktage
Vergütung §§ 7, 9 BBiG	◆ den Auszubildenden eine angemessene Vergütung zu gewähren. Diese ist nach dem Lebensalter des Auszubildenden so zu bemessen, dass sie mit fortschreitender Berufsausbildung, mindestens jährlich, ansteigt; ◆ eine über die vereinbarte regelmäßige tägliche Ausbildungszeit hinausgehende Beschäftigung besonders zu vergüten oder durch entsprechende Freizeit zu vergüten; ◆ den Auszubildenden die Vergütung auch für die Zeit der Freistellung zu zahlen.

Pflichten	Auszubildende haben nach § 13 BBiG
Bemühung	◆ sich zu bemühen, die berufliche Handlungsfähigkeit zu erwerben, die erforderlich ist, um das Ausbildungsziel zu erreichen. Sie sind insbesondere verpflichtet, die ihnen im Rahmen ihrer Berufsausbildung aufgetragenen Aufgaben sorgfältig auszuführen.
Berufsschulbesuch	◆ an Ausbildungsmaßnahmen teilzunehmen, für die sie nach § 15 BBiG freigestellt sind.
Weisungsbefolgung	◆ den Weisungen zu folgen, die ihnen im Rahmen der Berufsausbildung vom Ausbildenden, vom Ausbilder oder von anderen weisungsberechtigten Personen erteilt werden.
Betriebsordnung	◆ die für die Ausbildungsstätte geltende Ordnung zu beachten.
Sorgfalt	◆ Werkzeuge, Maschinen und sonstige Einrichtungen pfleglich zu behandeln.
Stillschweigen	◆ über Betriebs- und Geschäftsgeheimnisse Stillschweigen zu wahren.

Beginn und Ende des Berufsausbildungsverhältnisses

Das Berufsausbildungsverhältnis beginnt mit der Probezeit. Diese muss mindestens einen Monat und darf höchstens vier Monate betragen (§ 20 BBiG). **Während der Probezeit** kann das Berufsausbildungsverhältnis jederzeit ohne Einhaltung einer Kündigungsfrist gekündigt werden (§ 22 BBiG).

Nach der Probezeit kann das Berufsausbildungsverhältnis nur bei Einhaltung bestimmter **Kündigungsgründe und -fristen** vorzeitig beendet werden (§ 22 BBiG):

Kündigungsgründe und Kündigungsfristen	
wichtiger Grund	Kündigung vom Ausbildenden oder Auszubildenden **ohne Einhalten einer Kündigungsfrist**, wenn die Fortsetzung des Ausbildungsverhältnisses nicht zugemutet werden kann. Die Kündigung muss **innerhalb von zwei Wochen** nach Bekanntwerden des wichtigen Grundes erfolgen.
Aufgabe bzw. Wechsel der Berufsausbildung	Kündigung vom Auszubildenden mit einer **Kündigungsfrist von vier Wochen**, wenn er die Berufsausbildung vorzeitig beenden bzw. sich für eine andere Berufstätigkeit ausbilden lassen will.

Die Kündigung muss **schriftlich** und bei Kündigung nach der Probezeit unter Angabe der Kündigungsgründe erfolgen. Wird das Berufsausbildungsverhältnis nach der Probezeit vorzeitig gelöst, so können der Ausbildende oder Auszubildende **Ersatz des Schadens** verlangen, wenn die andere Person den Grund für die Auflösung zu vertreten hat. Dies gilt nicht bei Aufgabe oder Wechsel der Berufsausbildung. Der Schadenersatzanspruch kann nur innerhalb von drei Monaten nach Beendigung des Berufsausbildungsverhältnisses geltend gemacht werden (§ 23 BBiG).

Das Berufsausbildungsverhältnis endet mit dem **Ablauf der Ausbildungszeit**. Bestehen Auszubildende vor Ablauf der Ausbildungszeit die Abschlussprüfung, so endet das Berufsausbildungsverhältnis mit **Bekanntgabe des Ergebnisses der Abschlussprüfung** durch den Prüfungsausschuss (§ 21 BBiG). Bei Nichtbestehen verlängert sich das Berufsausbildungsverhältnis auf Verlangen des Auszubildenden bis zur nächstmöglichen Wiederholungsprüfung, höchstens um ein Jahr. Wird der Auszubildende im Anschluss an das Berufsausbildungsverhältnis **weiterbeschäftigt**, ohne dass hierüber ausdrücklich etwas vereinbart worden ist, so wird ein Arbeitsverhältnis auf unbestimmte Zeit begründet (§ 24 BBiG).

Beispiel: Im Berufsausbildungsvertrag wurde für das Ende der Ausbildungszeit der 31. Juli vereinbart. Der letzte Prüfungstag (in der Regel die fachpraktische Prüfung) ist der 10. Juni.
Wird die Prüfung bestanden, so endet das Ausbildungsverhältnis am 10. Juni. Wird der Auszubildende weiterbeschäftigt, dann wird ab dem 11. Juni ein Arbeitsverhältnis auf unbestimmte Zeit begründet. Bei Nichtbestehen der Prüfung endet sein Ausbildungsverhältnis am 31. Juli; es sei denn, der Auszubildende beantragt eine Verlängerung es Ausbildungsverhältnisses bis zum nächsten Prüfungstermin.

Überwachung der Berufsausbildung

Die Überwachung der Berufsausbildung, soweit sie die anerkannten Ausbildungsberufe betrifft, ist Sache der „**zuständigen Stellen des BBiG**". Das sind vor allem die Industrie- und Handels-, Handwerks-, Steuerberater-, Ärzte- und Rechtsanwaltskammern. Bei der zuständigen Stelle ist ein **Berufsbildungsausschuss** eingerichtet, dem sechs Beauftragte der Arbeitgeber, sechs Beauftragte der Arbeitnehmer und sechs Lehrkräfte an berufsbildenden Schulen (Letztere mit beratender Stimme) angehören. Der Berufsbildungsausschuss ist in allen wichtigen Angelegenheiten der beruflichen Bildung zu unterrichten und zu hören (§§ 77 ff. BBiG).

Bei Streitigkeiten aus einem bestehenden Berufsausbildungsverhältnis darf das Arbeitsgericht erst dann angerufen werden, wenn zuvor eine Verhandlung vor dem **Schlichtungsausschuss der Kammer** durchgeführt wurde, sofern ein solcher besteht. Das gilt auch, wenn gekündigt wurde.

5.3 Jugendarbeitsschutz – fair geht vor

Jugendliche, die in einer Berufsausbildung stehen oder als Arbeitnehmer beschäftigt sind, werden durch das Jugendarbeitsschutzgesetz vor Überforderung, Überbeanspruchung und Gefährdung am Arbeitsplatz geschützt. **Jugendlicher** ist, wer 15 Jahre, aber noch nicht 18 Jahre alt ist. Als Mindestalter für die Beschäftigung Jugendlicher legt das Gesetz das 15. Lebensjahr fest. Die Beschäftigung von **Kindern** (Personen unter 15 Jahren) ist grundsätzlich verboten. Für Jugendliche, die noch der Vollzeitschulpflicht unterliegen, gelten die gleichen Schutzvorschriften wie für Kinder.

Für die Ausbildung wesentliche Regelungen des JArbSchG im Überblick	
Arbeitszeit (§§ 8, 12, 14, 15)	◆ Jugendliche dürfen nur an fünf Tagen in der Woche beschäftigt werden (in Ausnahmefällen auch an einem Samstag, Sonntag oder Feiertag).
	◆ Für Jugendliche gilt grundsätzlich eine Arbeitszeit von höchstens acht Stunden täglich und vierzig Stunden wöchentlich. Arbeitszeit ist die Zeit vom Beginn bis zum Ende der Beschäftigung ohne Ruhepausen. Kurzpausen unter 15 Minuten gelten als Arbeitszeit.

Für die Ausbildung wesentliche Regelungen des JArbSchG im Überblick	
	◆ Die Schichtzeit (Arbeitszeit einschließlich Ruhepausen) darf zehn Stunden nicht überschreiten.
	◆ Wenn an einzelnen Werktagen die Arbeitszeit unter acht Stunden beträgt, dann können Jugendliche an den übrigen Werktagen derselben Woche bis zu 8,5 Stunden beschäftigt werden.
	◆ Der Arbeitstag eines Jugendlichen beginnt frühestens um sechs Uhr morgens und endet spätestens um 20 Uhr abends. Ausnahmen gelten für Jugendliche über 16 Jahren, die im Gaststätten- oder Schaustellergewerbe, in mehrschichtigen Betrieben, in der Landwirtschaft oder in Bäckereien arbeiten.
Freistellung (§ 9)	Der Arbeitgeber hat den Jugendlichen für die Teilnahme am Berufschulunterricht bzw. an Prüfungen und außerbetrieblichen Ausbildungsmaßnahmen freizustellen. Darüber hinaus sind Jugendliche an dem Arbeitstag, der der schriftlichen Abschlussprüfung unmittelbar vorausgeht, freizustellen.
Berufsschulzeit (§ 9)	Auf die Arbeitszeit werden Berufsschultage mit mehr als fünf Unterrichtsstunden bzw. Berufsschulwochen mit mindestens 25 Stunden Unterricht mit acht bzw. 40 Stunden angerechnet[1]. Der Arbeitgeber darf den Jugendlichen nicht beschäftigen ◆ vor einem vor neun Uhr beginnenden Unterricht (dies gilt auch für volljährige Auszubildende), ◆ an einem Berufsschultag mit mehr als fünf Unterrichtsstunden von je 45 Minuten, einmal in der Woche, ◆ in Berufsschulwochen mit einem Blockunterricht von mindestens 25 Stunden an mindestens fünf Tagen.
Ruhepausen (§ 11)	Als Ruhepause gilt eine Arbeitsunterbrechung von mindestens 15 Minuten. Bei einer Arbeitszeit von mehr als 4,5 Stunden (bzw. 6 Stunden) müssen die Ruhepausen mindestens 30 Minuten (bzw. 60 Minuten) betragen.
Freizeit (§ 13)	Nach Beendigung der täglichen Arbeitszeit dürfen Jugendliche nicht vor Ablauf einer ununterbrochenen Freizeit von mindestens zwölf Stunden beschäftigt werden.

[1] Die Freistellung des Auszubildenden für den Berufsschulunterricht beinhaltet auch die Pausen in der Schule sowie die Wegezeit von der Berufsschule zum Betrieb. Die Anrechnung erfolgt nicht auf die betriebsübliche, sondern **auf die gesetzliche Höchstarbeitszeit**. Diese beträgt bei erwachsenen Auszubildenden pro Woche 48, bei jugendlichen Auszubildenden 40 Arbeitsstunden. Ein Berufsschultag mit 9 Unterrichtsstunden wird mit 8 Arbeitsstunden angerechnet; der Auszubildende muss anschließend nicht mehr in den Betrieb. Ein zweiter Berufsschultag von 8:40–11:25 Uhr und einer Wegezeit von 0,25 Stunden wird mit 3 Arbeitsstunden angerechnet. Insgesamt würden die beiden Berufsschultage mit 11 Stunden auf die gesetzliche Höchstarbeitszeit pro Woche angerechnet. Ein volljähriger Auszubildender müsste noch 37 Stunden, ein minderjähriger Auszubildender müsste noch 29 Stunden im Betrieb ableisten.

Für die Ausbildung wesentliche Regelungen des JArbSchG im Überblick	
Urlaub (§ 19)	Der Arbeitgeber hat Jugendlichen jährlich bezahlten Erholungsurlaub zu gewähren. Wenn der Jugendliche am 1. Januar des Jahres noch nicht 16 Jahre (bzw. 17 Jahre, bzw. 18 Jahre) alt ist, erhält er mindestens 30 Werktage Urlaub (bzw. 27 Werktage bzw. 25 Werktage). Der Urlaub soll in der Zeit der Berufsschulferien gegeben werden. Für jeden Urlaubstag, an dem die Berufsschule besucht wird, ist ein weiterer Urlaubstag zu gewähren.
Beschäftigungsverbote und -beschränkungen (§§ 22, 23)	◆ Kinder dürfen grundsätzlich nicht beschäftigt werden. ◆ Jugendlichen darf keine Arbeit übertragen werden, die ihre Leistungsfähigkeit übersteigt oder die besondere Unfallgefahren und gesundheitliche oder sittliche Gefahren in sich birgt. ◆ Akkordarbeit und andere tempoabhängige Arbeitsformen sowie Arbeiten unter Tage sind verboten.
Gesundheitsschutz (§§ 31, 32, 33)	Jugendliche dürfen vom Arbeitgeber nicht körperlich gezüchtigt werden. Kein Jugendlicher darf ohne ärztliches Gesundheitszeugnis (Erstuntersuchung), beschäftigt werden. Ein Jahr nach Arbeitsbeginn muss eine Nachuntersuchung stattfinden. Nach Ablauf jeden weiteren Jahres kann sich der Jugendliche erneut nachuntersuchen lassen.

Auf einen Blick

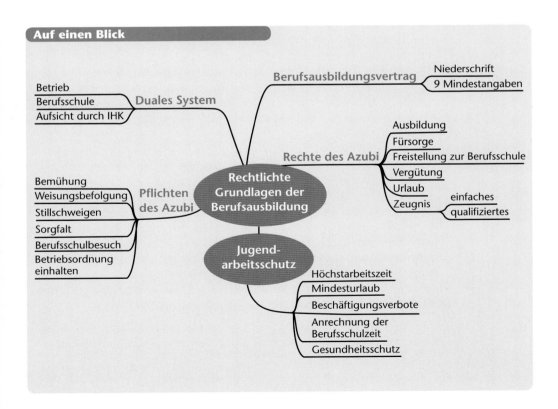

6   Tarifvertrag – Garant des sozialen Friedens

Situation

Gülcan Bilke (Kassiererin) und Sandra Zalovic (Auszubildende zur
Verkäuferin) sitzen im Pausenraum der FORUM Warenhaus KG.
Gülcan Bilke liest in der Tageszeitung. Sie wendet sich Sandra
Zalovic zu.

Gülcan Bilke: *„Weißt du es schon? Es gibt wieder Tarifverhandlungen. Bald bekommen wir wieder eine Gehalts-
erhöhung. Die Gewerkschaften fordern 5 % mehr
Lohn. Das wären ... Moment mal ... rund
100,00 EUR mehr im Monat, das sind glatte
1.200,00 EUR im Jahr – das reicht für zwei
Wochen Mallorca mit allem drum und dran."*

Sandra Zalovic: *„Das werden doch höchstens 2 %. Das ist doch jedes Jahr dasselbe Theater.
Warum können Arbeitgeber und Gewerkschaften nicht einfach gleich 2 %
Lohnerhöhung vereinbaren – und der Kuchen ist gegessen. Nein, da muss
alle Jahre wieder das große Säbelrasseln stattfinden."*

Gülcan Bilke: *„Hoffentlich kommt es zu keinem Streik. Ich bin doch nicht in der Gewerkschaft."*

Sandra Zalovic: *„Aha, Trittbrettfahrerin! Du solltest gar nichts bekommen. Ich zahle jeden Monat
meine Gewerkschaftsbeiträge – und du sahnst einfach auf meine Kosten ab."*

Gülcan Bilke: *„Gewerkschaft? Bleib mir vom Hals mit dem Sozi-Quatsch von vorgestern.
Gewerkschaften sind doch ein Überbleibsel aus der Steinzeit. Hast du nicht
gelesen, dass denen die Mitglieder scharenweise davonlaufen? Den Arbeit-
geberverbänden geht es nicht viel besser."*

Sandra Zalovic: *„Du blickst es wieder mal nicht. Willst du deine jährlichen Lohnerhöhungen
selbst aushandeln? Deine Angst vor dem Streik ist berechtigt. Ich glaube,
dass deine Ersparnisse nicht weit reichen würden. Auch für unseren Betrieb
kann es teuer werden, denk doch mal an die verärgerten Kunden, wenn wir
den Laden dicht machen."*

Drei Wochen später, Gülcan Bilke und Sandra Zalovic sitzen wieder im Frühstücksraum.

Gülcan Bilke: *„Hast du auch dieses Schreiben von der Geschäftsleitung bekommen?"*

Sandra Zalovic: *„Welches Schreiben?"*

Gülcan Bilke: *„Ja, richtig! Für euch Auszubildende gilt das alles nicht. Ich lese mal vor: ‚Die
Gewerkschaft führt einen Streik im Tarifgebiet Nordwürttemberg-Nordbaden.
Zur Abwehr dieses Streiks hat unser Arbeitgeberverband die Aussperrung
gegen alle Lohn- und Gehaltsempfänger ab 3. März beschlossen. Wir erklären
hiermit die Abwehraussperrung ab 15. März 0:00 Uhr. Von dieser Aussperrung
ausgenommen sind alle Auszubildenden, Praktikanten und diejenigen Arbeitnehmer, die durch besondere Mitteilung für den Notdienst bestimmt wurden.
Wir bedauern sehr ...' bla bla bla. Da haben wir den Salat!"*

1. Beschreiben Sie die Interessen der Arbeitgeber und Arbeitnehmer im Tarifkonflikt.

2. Wie kommen die Vertreter der Arbeitgeber- und Arbeitnehmerseite zu einer Einigung?

3. Weshalb ist Gülcan Bilke gegen einen Streik? Warum gefällt ihr die Aussperrung nicht?

6.1 Tarifvertragspartner – Arbeitgeberverband und Gewerkschaft

Im Gegensatz zum Arbeitsvertrag, der mit einem einzelnen Arbeitnehmer abge-schlossen wird (Individualarbeitsvertrag), gilt der Tarifvertrag für eine ganze Gruppe von Arbeitnehmern (Kollektivarbeitsvertrag). Er bedarf der Schriftform und muss im Betrieb ausgelegt werden.

Im Tarifvertrag vereinbaren die Tarifvertragsparteien (Sozialpartner) ihre Rechte und Pflichten sowie Vorschriften über den Inhalt, den Abschluss und die Beendigung von Arbeitsverhältnissen und über betriebliche und betriebsverfas-sungsrechtliche Fragen (§ 1 TVG).

Tarifvertragsparteien sind auf der Arbeitgeberseite entweder ein einzelner Arbeitgeber oder ein Arbeitgeberverband, auf der Beschäftigtenseite ausschließlich die für den Betrieb bzw. für die Branche zuständige Gewerkschaft. Die Tarifvertragsparteien handeln Tarifverträge in eigener Verantwortung ohne Einmischung des Staates aus **(Tarifauto-nomie)**. Die Tarifautonomie ist durch das Grundrecht der Vereinigungsfreiheit garantiert (GG Art. 9).

Tariffähig sind nicht die Dachorganisationen der Arbeitgeber (Bundesvereinigung der Deutschen Arbeitgeberverbände – BDA) bzw. der Gewerkschaften (Deutscher Gewerk-schaftsbund – DGB), sondern die regionalen Fachverbände bzw. Einzelgewerkschaften. In Baden-Württemberg sind für den Einzelhandel auf der Arbeitgeberseite der Landes-verband Baden-Württemberg des Handelsverbands BAG[1], auf der Arbeitnehmerseite die Fachgruppe Baden-Württemberg der Gewerkschaft ver.di[2] zuständig.

Tarifgebunden sind nur die Mitglieder der Tarifvertragsparteien (z. B. Mitglieder der entsprechenden Gewerkschaft bzw. des Arbeitgeberverbandes). Für sie gilt der Tarif-vertrag unmittelbar und zwingend (Grundsatz der **Unabdingbarkeit** (§ 3 TVG). Abweichende Abmachungen sind nur zulässig, wenn sie durch den Tarifvertrag gestattet sind (Tarifvertrag mit **Öffnungsklausel**) oder wenn sie Regelungen zugunsten der Arbeit-nehmer enthalten (**Günstigkeitsprinzip**, § 4 TVG, § 77 [3] BetrVG). Die Tarifgebunden-heit bleibt bestehen, bis der Tarifvertrag endet. Nach Ablauf des Tarifvertrags gelten seine Vereinbarungen weiter, bis sie durch eine andere Abmachung ersetzt werden **(Nachwirkung)**.

Auf Antrag einer Tarifvertragspartei kann der Bundesminister für Arbeit und Soziales einen Tarifvertrag oder einzelne Bestimmungen für allgemein verbindlich erklären. Mit der **Allgemeinverbindlicherklärung** gilt der Tarifvertrag auch für die nicht tarif-gebundenen Arbeitgeber und Arbeitnehmer.

6.2 Arten und Funktionen des Tarifvertrags

Tarifverträge können nach den beteiligten Tarifvertragsparteien, nach ihrem Inhalt und nach dem Tarifgebiet unterschieden werden:

---

[1] Bundesarbeitsgemeinschaft der Mittel- und Großbetriebe des Einzelhandels. Im BAG sind rund 5 000 Einzelhandelsgeschäfte organisiert.
[2] Vereinte Dienstleistungsgewerkschaft mit etwa 2,3 Mio. Mitgliedern (Stand: 2011)

Kriterium	Tarifvertragsarten
Tarifvertragsparteien	**Firmen- oder Haustarifvertrag:** Tarifvertrag zwischen einer Einzelgewerkschaft und einem einzelnen Arbeitgeber **Verbandstarifvertrag:** Tarifvertrag zwischen einer Einzelgewerkschaft und einem Arbeitgeber-Fachverband
Vertragsinhalt	**Entgelt- bzw. Vergütungstarifvertrag:** regelt die Höhe der Arbeitsentgelte und der Ausbildungsvergütungen (Laufzeit: etwa ein Jahr) **Mantel- und Rahmentarifvertrag:** regelt allgemeine Arbeitsbedingungen wie Wochenarbeitszeit, Urlaubsdauer und Urlaubsgeld, Einteilung der Lohn- und Gehaltsgruppen, Kündigungsfristen usw. (Laufzeit: meist mehrere Jahre)
Tarifgebiet	**Bundestarifvertrag:** gilt für das gesamte Bundesgebiet **Landestarifvertrag:** gilt für ein bestimmtes Bundesland **Bezirkstarifvertrag:** gilt für einen bestimmten Tarifbezirk (z. B. Nordhessen, Nordwürttemberg-Nordbaden)

Soziale Funktionen des Tarifvertrags

Friedensfunktion	Arbeitskämpfe sind während der Laufzeit eines Tarifvertrags ausgeschlossen (Wahrung des sozialen Friedens).
Ordnungsfunktion	Die Arbeitsverhältnisse sind für ganze Branchen einheitlich geregelt. Dadurch haben die Arbeitgeber in derselben Branche in etwa gleiche Kalkulationsgrundlagen für ihre Lohnkosten.
Schutzfunktion	Die Arbeitnehmer sind durch tarifliche Mindestarbeitsbedingungen gegen einseitige Festlegungen durch die Arbeitgeber geschützt. Weibliche und männliche Arbeitnehmer sind gleichgestellt.

6.3 Tarifvertragsverhandlungen – jedes Jahr das gleiche Ritual

Tarifverhandlungen laufen immer nach dem gleichen Ritual ab: Die Gewerkschaften fordern mehr, als sie durchsetzen können; die Arbeitgeber bieten weniger an, als sie am Ende zugestehen müssen.

Argumente der Arbeitnehmer und Arbeitgeber

Die Arbeitnehmer sagen	Die Arbeitgeber sagen
◆ Die Lebenshaltungskosten sind gestiegen. Wir brauchen mehr Geld. ◆ Die Unternehmen haben gut verdient. Wir wollen unseren Anteil, denn wir haben das durch unsere Arbeit erst möglich gemacht. ◆ Die Anforderungen am Arbeitsplatz steigen dauernd und die Belastungen nehmen zu. Da muss ein Ausgleich her.	◆ Wir müssen wettbewerbsfähig bleiben. Zu hohe Löhne führen zu Preisen, mit denen wir nicht mehr wettbewerbsfähig sind. ◆ Vielen Unternehmen geht es sehr schlecht. Sie können keine Lohnerhöhung verkraften, ohne dass weitere Arbeitsplätze gefährdet werden. ◆ Mehr Lohn heißt weniger Gewinn. Weniger Gewinn heißt weniger Investitionen für Arbeitsplätze.

Sind die Verhandlungen festgefahren, dann haben die Tarifpartner zwei Möglichkeiten: Sie erklären das Scheitern der Verhandlungen und streben eine friedliche Einigung (Schlichtung) an oder sie organisieren Arbeitskampfmaßnahmen.

Für die **Schlichtung** richten die Tarifpartner eine Schlichtungsstelle ein, in der beide Tarifpartner vertreten sind. Meistens kommt eine bekannte „neutrale Person" dazu. Der kleine Verhandlungskreis sprengt festgefahrene Positionen. Zudem können beide Tarifpartner einen unangenehmen Schlichterspruch des „Neutralen" wesentlich leichter mittragen, ohne ihr Gesicht zu verlieren. Lehnt einer der Tarifpartner den Einigungsvorschlag der Schlichtungsstelle ab, dann endet die **Friedenspflicht**. Als letztes Mittel, einen neuen Tarifvertrag zu erzwingen, bleibt nur noch der Arbeitskampf.

Das wichtigste Arbeitskampfmittel der Gewerkschaften ist der Streik, bei dem die betroffenen gewerkschaftlich organisierten Arbeitnehmer die Arbeit gemeinschaftlich niederlegen.

Voraussetzungen eines rechtmäßigen Streiks

Urabstimmung	**Mehrheitsbeschluss** (meistens 75 %) der betroffenen gewerkschaftlich organisierten Arbeitnehmer oder **Beschluss des Bundesvorstands** der Gewerkschaft. Damit mobilisieren die Gewerkschaften die Arbeitnehmer und zeigen dem Tarifgegner ihre Kampfbereitschaft („Säbelrasseln").
gewerkschaftlich organisiert	Ein Streik muss gegen die gegnerische Tarifvertragspartei geführt werden und gewerkschaftlich organisiert sein. Deshalb ist der **„wilde Streik"** rechtswidrig, ein kurzfristiger **Warnstreik** aber erlaubt.
Tariflich regelbares Ziel	Der Streik muss ein Ziel verfolgen, das der Tarifgegner erfüllen kann. Deshalb sind Streiks zur Durchsetzung politischer Ziele und **Generalstreiks** (hier legen Arbeitnehmer aller Branchen gleichzeitig die Arbeit nieder) und längere **Sympathiestreiks** (Arbeitnehmer anderer Branchen solidarisieren sich) rechtswidrig.

Der Streik wird meist mit der Annahme eines Verhandlungsergebnisses (z. B. Schlichtungsspruch der Schlichtungsstelle) durch eine Urabstimmung beendet, bei der mindestens 25 % der betroffenen gewerkschaftlich organisierten Arbeitnehmer für den Streikabbruch stimmen müssen. Ein Streik kann auch durch den Beschluss des Bundesvorstands der Gewerkschaft beendet werden.

Zur Abwehr eines Streiks haben die Arbeitgeber das Kampfmittel der **Aussperrung**. Dabei verweigern die Arbeitgeber sowohl streikenden als auch arbeitswilligen Arbeitnehmern den Zutritt in ihren Betrieb. Sämtliche Arbeitsverhältnisse sind auf bestimmte Zeit ausgesetzt **(suspendiert)**. Das bedeutet, dass die Lohnzahlungspflicht des Arbeitgebers während der Aussperrung entfällt. Nach Beendigung der Aussperrung werden die suspendierten Arbeitsverhältnisse fortgesetzt, die gelösten Arbeitsverträge müssen jedoch neu geschlossen werden, wenn der Tarifvertrag keine **Wiedereinstellungsklausel** enthält.

Die Aussperrung verschärft zwar den Arbeitskampf, beschleunigt aber den Abschluss eines neuen Tarifvertrags.

Spielregeln für den Arbeitskampf
am Beispiel des öffentlichen Dienstes

Tarifverhandlungen Gewerkschaften/Arbeitgeber, oft begleitet von Warnstreiks

Erklärung des Scheiterns

Schlichtungsverfahren, wenn von einer Seite gefordert

Beschluss des ver.di-Bundesvorstands über Ergebnis *oder* Urabstimmung über Ergebnis (über 25 % Zustimmung erforderlich); Streik-Ende

Neuer Tarifvertrag

Annahme oder Ablehnung des Schlichterspruchs

Neue Verhandlungen

Mögliche Gegenmaßnahme der Arbeitgeber: Aussperrung*

Streik

Neue Verhandlungsrunde

Beschluss des ver.di-Bundesvorstands über Streik *oder* Urabstimmung der Gewerkschaftsmitglieder über Streik (75 % Zustimmung erforderlich, falls nicht erreicht: Neue Verhandlungen)

dpa——
Grafik 7291   *im öffentl. Dienst bisher nicht praktiziert

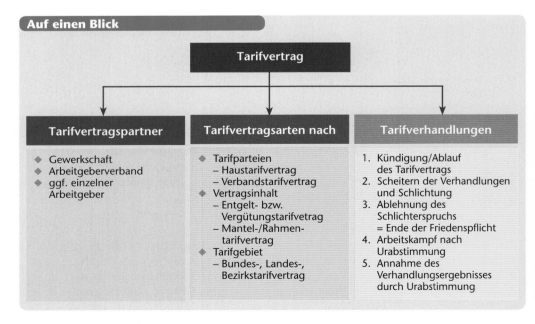

Auf einen Blick

Tarifvertrag		
Tarifvertragspartner	**Tarifvertragsarten nach**	**Tarifverhandlungen**

◆ Gewerkschaft
◆ Arbeitgeberverband
◆ ggf. einzelner Arbeitgeber
	◆ Tarifparteien
	  – Haustarifvertrag
	  – Verbandstarifvertrag
	◆ Vertragsinhalt
	  – Entgelt- bzw. Vergütungstarifvetrag
	  – Mantel-/Rahmentarifvertrag
	◆ Tarifgebiet
	  – Bundes-, Landes-, Bezirkstarifvertrag
		1. Kündigung/Ablauf des Tarifvertrags
		2. Scheitern der Verhandlungen und Schlichtung
		3. Ablehnung des Schlichterspruchs = Ende der Friedenspflicht
		4. Arbeitskampf nach Urabstimmung
		5. Annahme des Verhandlungsergebnisses durch Urabstimmung

7 Mitbestimmung der Arbeitnehmer

Katja Müller und Stefanie Binder unterhalten sich im Pausenraum.

Stefanie: *„Du kennst doch meinen Freund, den Giulio. Er ist gestern gekündigt worden. Völlig überraschend."*

Katja: *„Der Giulio? Gekündigt? Der arbeitet doch als Einkäufer bei der Sanitärhandlung Hieber KG? Da muss ich mich schon wundern. Was hat er denn ausgefressen?"*

Stefanie: *„Da war überhaupt nichts. Er hat eine ordentliche Kündigung mit dem Kündigungstermin 31. März bekommen. Wegen allgemein rückläufiger Umsätze. Wieso wunderst du dich?"*

Katja: *„Ich habe erst gestern eine Stellenanzeige gelesen. Da sucht die Sanitärhandlung Hieber KG einen Einkäufer."*

Stefanie: *„Das gibt es doch gar nicht!"*

Katja: *„Wir haben erst kürzlich in der Berufsschule das Thema Betriebsrat behandelt. Der hat da auch noch was zu sagen!"*

Stefanie: *„Meinst du? Soviel ich weiß, gibt es bei der Hieber KG sogar einen Betriebsrat. Danke für den Tipp."*

1. Stellen Sie das Gespräch in einem Rollenspiel nach.

2. Ist die Kündigung wirksam? Welche Rechte hat der Betriebsrat bei der Kündigung eines Arbeitnehmers?

Der Interessengegensatz zwischen Arbeitgeber (Kapital) und Arbeitnehmer (Arbeit) wird durch die **Mitbestimmung** der Arbeitnehmer entschärft.

Ebenen der Mitbestimmung		
Arbeitsplatzebene	**Betriebsebene**	**Unternehmensebene**
Unmittelbare Arbeitsumgebung des Arbeitnehmers; hier übt der einzelne Arbeitnehmer seine Arbeitstätigkeit aus.	Produktiver Bereich des Unternehmens; hier werden die Sach-Ziele (z. B. Produktion und Lagerung von Gütern) verwirklicht.	Rechtlicher Rahmen des wirtschaftlichen Tuns. Hier werden die Betriebe gelenkt und Formalziele (z. B. Gewinnmaximierung) verfolgt.
Mitbestimmung durch **Individualrechte** des Arbeitnehmers, z. B. aufgrund ◆ seines Arbeitsvertrags, ◆ der §§ 81 bis 84 BetrVG, ◆ von Arbeitsschutzvorschriften.	Mitbestimmung des Arbeitnehmers durch **Kollektivrechte** des **Betriebsrats** aufgrund ◆ von Tarifverträgen, ◆ der §§ 87 bis 112 BetrVG.	Mitbestimmung des Arbeitnehmers durch die Arbeitnehmervertreter im **Aufsichtsrat** aufgrund ◆ des § 1 DrittelbG, ◆ Mitbestimmungsgesetzes, ◆ Montan-Mitbestimmungs-Gesetzes.

7.1 Mitwirkungsrechte des einzelnen Arbeitnehmers

Recht auf Unterrichtung (§ 81 BetrVG)

Der Arbeitgeber hat den Arbeitnehmer u. a.

◆ über dessen Aufgabe und Verantwortung sowie über die Art seiner Tätigkeit und ihre Einordnung in den Arbeitsablauf des Betriebs zu unterrichten;

◆ vor Beginn der Beschäftigung über die Unfall- und Gesundheitsgefahren, denen dieser bei der Beschäftigung ausgesetzt ist, sowie über die Maßnahmen und Einrichtungen zur Abwendung dieser Gefahren zu belehren;

◆ über Veränderungen in seinem Arbeitsbereich rechtzeitig zu unterrichten.

Anhörungs- und Erörterungsrecht (§ 82 BetrVG)

Der Arbeitnehmer hat das Recht, in betrieblichen Angelegenheiten, die seine Person betreffen, von den nach Maßgabe des organisatorischen Aufbaus des Betriebs hierfür zuständigen Personen gehört zu werden. Er ist berechtigt, zu Maßnahmen des Arbeitgebers, die ihn betreffen, Stellung zu nehmen sowie Vorschläge für die Gestaltung des Arbeitsplatzes und des Arbeitsablaufs zu machen.

Der Arbeitnehmer kann verlangen, dass ihm die Berechnung und Zusammensetzung seines Arbeitsentgelts erläutert und dass mit ihm die Beurteilung seiner Leistungen sowie die Möglichkeiten seiner beruflichen Entwicklung im Betrieb erörtert werden.

Einsicht in die Personalakte (§ 83 BetrVG)

Der Arbeitnehmer hat das Recht, in die über ihn geführten Personalakten Einsicht zu nehmen. Erklärungen des Arbeitnehmers zum Inhalt sind der Personalakte auf sein Verlangen beizufügen.

Beschwerderecht (§ 84 BetrVG)

Jeder Arbeitnehmer hat das Recht, sich bei den zuständigen Stellen des Betriebs zu beschweren, wenn er sich vom Arbeitgeber oder von Arbeitnehmern des Betriebs benachteiligt oder ungerecht behandelt oder in sonstiger Weise beeinträchtigt fühlt. Er kann ein Mitglied des Betriebsrats zur Unterstützung oder Vermittlung hinzuziehen.

7.2 Betriebsrat – Interessenvertretung der Arbeitnehmer

Wahl des Betriebsrats

Mitwirkung, und **Mitbestimmung** der Arbeitnehmer sind durch den Betriebsrat garantiert. Sobald mindestens fünf **wahlberechtigte** Mitarbeiter[1] (sie müssen volljährig sein) in einem Unternehmen arbeiten, können sie für **vier Jahre** in freier, geheimer und unmittelbarer Wahl ihre Interessenvertreter wählen. **Wählbar** sind alle Wahlberechtigten, die **mindestens sechs Monate** dem Betrieb angehören (§§ 7 und 8 BetrVG).

Die Größe des Betriebsrats richtet sich nach der Zahl der Arbeitnehmer (siehe § 9 BetrVG). Ab drei Mitgliedern müssen weibliche und männliche Beschäftigte entsprechend ihrem zahlenmäßigen Anteil im Betriebsrat vertreten sein.

---

[1] Leitende Angestellte sind nach § 5 BetrVG keine Arbeitnehmer.

Aufgaben des Betriebsrats

Arbeitgeber und Betriebsrat sollen zum Wohl aller Betriebsangehörigen, des Betriebs und zum Gemeinwohl vertrauensvoll zusammenarbeiten.

Nach § 80 BetrVG hat der Betriebsrat insbesondere

◆ darüber zu wachen, dass die zugunsten der Arbeitnehmer geltenden Gesetze, Verordnungen, Unfallverhütungsvorschriften, Tarifverträge und Betriebsvereinbarungen durchgeführt werden;

◆ Anregungen von Arbeitnehmern und der Jugend- und Auszubildendenvertretung entgegenzunehmen und, falls sie berechtigt erscheinen, durch Verhandlungen mit dem Arbeitgeber auf eine Erledigung hinzuwirken; er hat die betreffenden Arbeitnehmer über den Stand und das Ergebnis der Verhandlungen zu unterrichten;

In der mindestens **vierteljährlich** stattfindenden **Betriebsversammlung** aller Arbeitnehmer berichtet der Betriebsrat über seine Arbeit. Der Arbeitgeber wird dazu eingeladen und kann, wie auch alle anderen Betriebsangehörigen, das Wort ergreifen (§ 43 BetrVG).

In Betrieben mit über 100 Beschäftigten wird ein **Wirtschaftsausschuss** gebildet, der mit drei bis sieben Mitgliedern besetzt ist. Mindestens ein Mitglied muss dem Betriebsrat angehören. Der Wirtschaftsausschuss berät wirtschaftliche Angelegenheiten mit dem Unternehmer, z. B. Fabrikations- und Arbeitsmethoden, Produktionsprogramm, die wirtschaftliche Situation des Unternehmens, die Produktions- und Absatzlage, und berichtet dem Betriebsrat (§ 106 BetrVG).

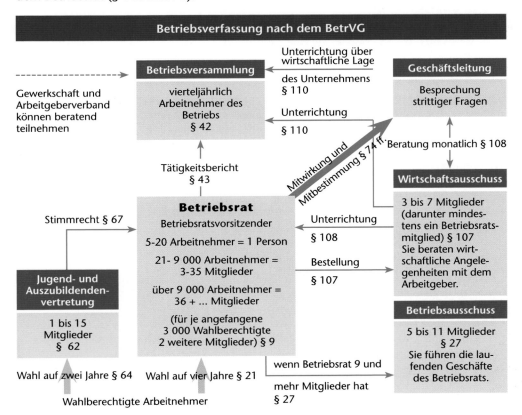

Betriebsverfassung nach dem BetrVG

Gewerkschaft und Arbeitgeberverband können beratend teilnehmen

Betriebsversammlung
vierteljährlich
Arbeitnehmer des Betriebs
§ 42

Unterrichtung über wirtschaftliche Lage des Unternehmens
§ 110

Unterrichtung
§ 110

Geschäftsleitung
Besprechung strittiger Fragen

Mitwirkung und Mitbestimmung § 74 ff.

Beratung monatlich § 108

Tätigkeitsbericht
§ 43

Wirtschaftsausschuss
3 bis 7 Mitglieder (darunter mindestens ein Betriebsratsmitglied) § 107
Sie beraten wirtschaftliche Angelegenheiten mit dem Arbeitgeber.

Stimmrecht § 67

Betriebsrat
Betriebsratsvorsitzender
5-20 Arbeitnehmer = 1 Person
21- 9 000 Arbeitnehmer = 3-35 Mitglieder
über 9 000 Arbeitnehmer = 36 + ... Mitglieder
(für je angefangene 3 000 Wahlberechtigte 2 weitere Mitglieder) § 9

Unterrichtung
§ 108

Bestellung
§ 107

Jugend- und Auszubildendenvertretung
1 bis 15 Mitglieder
§ 62

Betriebsausschuss
5 bis 11 Mitglieder
§ 27
Sie führen die laufenden Geschäfte des Betriebsrats.

Wahl auf zwei Jahre § 64   Wahl auf vier Jahre § 21

Wahlberechtigte Arbeitnehmer

wenn Betriebsrat 9 und mehr Mitglieder hat
§ 27

Mitwirkungs- und Mitbestimmungsrechte

Die Befugnisse des Betriebsrats sind in **sozialen und personellen Angelegenheiten** am wirksamsten, dagegen hat er in **wirtschaftlichen Angelegenheiten** nur Informations- und Beratungsrechte. **Soziale Angelegenheiten** betreffen eine **größere Gruppe** von Mitarbeitern (z. B. Gleitzeitvereinbarung). Von **personellen Angelegenheiten** spricht man, wenn nur **einzelne Arbeitnehmer** von einer bestimmten Maßnahme betroffen sind (z. B. Kündigung eines einzelnen Arbeitnehmers). **Wirtschaftliche Angelegenheiten** betreffen **Entscheidungen des Unternehmens** mit wirtschaftlichen Folgen (z. B. Umgestaltung von Arbeitsabläufen).

Der Betriebsrat verfügt über abgestufte Rechte:

Mitbestimmungs- und Initiativrecht

Echte Mitbestimmungsrechte in sozialen Angelegenheiten

Ohne eine Einigung mit dem Betriebsrat darf der Arbeitgeber eine Maßnahme nicht durchführen. Der Betriebsrat hat auch ein Initiativrecht, d. h. er kann von sich aus aktiv werden, um eine bestimmte Angelegenheiten (anders) zu regeln.
Bei Nichteinigung entscheidet die Einigungsstelle. Diese besteht aus der gleichen Anzahl von Beisitzern, die vom Arbeitgeber und Betriebsrat bestellt werden, und einem unparteiischen Vorsitzenden (§ 76 BetrVG).

Beispiele: Fragen der Betriebsordnung, Beginn und Ende der täglichen Arbeitszeit, vorübergehende Verlängerung bzw. Verkürzung der betrieblichen Arbeitszeit, Fragen der Leistungs- bzw. Verhaltenskontrolle der Arbeitnehmer mittels technischer Einrichtungen, Ausschreibung von Arbeitsplätzen, Aufstellung und Ausgestaltung eines Sozialplans (§§ 87, 91, 95, 98, 104, 112 BetrVG)

Mitwirkungsrechte

Widerspruchs- bzw. Zustimmungsrecht in personellen Angelegenheiten

Widerspricht der Betriebrat, dann entscheidet entweder die Einigungsstelle oder der Arbeitgeber kann die nicht erfolgte Zustimmung des Betriebsrats durch das Arbeitsgericht ersetzen lassen.

Beispiele: Einstellung, Ein-, Umgruppierung und Versetzung, Maßnahmen der Berufsausbildung, Personalfragebogen (§§ 87, 94, 95, 98, 99, 102, 103 BetrVG)

Beratungs- und Anhörungsrecht in wirtschaftlichen Angelegenheiten

Der Arbeitgeber kann Maßnahmen erst durchführen, wenn er sich mit dem Betriebsrat beraten bzw. seine Meinung gehört hat. Dabei geht es um die Anforderungen an die Arbeitnehmer und die Auswirkungen auf die Arbeit.

Beispiele: Planung technischer Anlagen, Umgestaltung von Arbeitsabläufen und Arbeitsplätzen, Personalplanung, arbeitgeberseitige Kündigungen (§§ 90, 92, 96, 97, 102, 106, 111 BetrVG)

Informationsrecht in wirtschaftlichen Angelegenheiten

Der Arbeitgeber kann Maßnahmen erst durchführen, wenn er den Betriebsrat informiert hat. Dabei geht es um die Anforderungen an die Arbeitnehmer und die Auswirkungen auf die Arbeit.

Beispiele: allgemeine Unterrichtung, Einstellung leitender Angestellter, betrieblicher Arbeits- und Umweltschutz, Beschäftigungssicherung (BetrVG §§ 80, 89, 90, 92, 92a, 93, 105, 106, 111)

Beispiel: (Lösung der Situation auf Seite 57) Die Voraussetzung einer betriebsbedingten Kündigung ist, dass der konkrete Arbeitsplatz tatsächlich wegfällt. Da die Sanitärhandlung Hieber KG gleichzeitig einen Einkäufer sucht, ist der Kündigungsgrund „rückläufige Umsätze" nicht ausreichend für die Kündigung. Der Betriebsrat ist vor jeder Kündigung zu hören. Dabei hat der Arbeitgeber die Kündigungsgründe darzulegen. Im vorliegenden Fall ist anzunehmen, dass der Betriebsrat nicht gehört wurde (er hätte sonst widersprochen). Damit ist die Kündigung nach § 102 (1) BetrVG unwirksam. Giulio sollte binnen einer Woche Einspruch beim Betriebsrat der Hieber KG einreichen (§ 3 KSchG), damit hat er alle Chancen, seinen Arbeitsplatz zu behalten.

Wissen plus

Europäischer Betriebsrat (EBR)

In europaweit tätigen Unternehmen sind **Europäische Betriebsräte** oder andere Verfahren zur grenzübergreifenden Unterrichtung und Anhörung der Arbeitnehmer einzurichten.

Europäische Betriebsräte

→ **Europäische Betriebsräte (EBR) sind einzurichten**

in europaweit tätigen Unternehmen oder Unternehmensgruppen

mit insg. mindestens 1 000 Arbeitnehmern in den Ländern des Europäischen Wirtschaftsraums

davon mindestens je 150 Arbeitnehmern in zwei Mitgliedstaaten

Ziel:
Grenzübergreifende Unterrichtung und Anhörung der Arbeitnehmer

→ **Freiwillige Vereinbarungen**

Arbeitnehmervertreter und zentrale Unternehmensleitung legen Zuständigkeiten, Arbeitsweise und Zusammensetzung des EBR fest

→ **Gesetzlicher EBR**

Kommt keine Vereinbarung zustande, wird spätestens nach drei Jahren ein EBR nach den gesetzlichen Standardvorschriften gebildet

ZAHLENBILDER

737 195   © Erich Schmidt Verlag

7.3 Jugend- und Auszubildendenvertretung – nur mit Betriebsrat

Wo ein Betriebsrat besteht und mindestens fünf jugendliche Arbeitnehmer oder Auszubildende beschäftigt sind, kann eine **Jugend- und Auszubildendenvertretung** gewählt werden. Die Jugend- und Auszubildendenvertretung ist folglich kein selbstständiges Organ der Betriebsverfassung, sondern bleibt **dem Betriebsrat nachgeordnet**; nur durch dessen Vermittlung kann sie auf den Arbeitgeber einwirken.

Vor oder nach jeder Betriebsversammlung kann im Einvernehmen mit dem Betriebsrat eine betriebliche Jugend- und Auszubildendenversammlung abgehalten werden; soll sie zu einem anderen Zeitpunkt stattfinden, muss auch der Arbeitgeber zustimmen.

Jugend- und Auszubildendenvertretungen werden in den Betrieben jeweils im Oktober oder November für eine **Amtszeit von zwei Jahren** gewählt.

Wahlberechtigt sind alle jugendlichen Arbeitnehmer(innen) unter 18 Jahren und alle Auszubildenden unter 25 Jahren (§ 60 BetrVG).

Wählbar sind die Arbeitnehmerinnen und Arbeitnehmer des Betriebs, wenn sie das 25. Lebensjahr noch nicht vollendet haben; sie dürfen nicht gleichzeitig dem Betriebsrat angehören (§ 61 BetrVG).

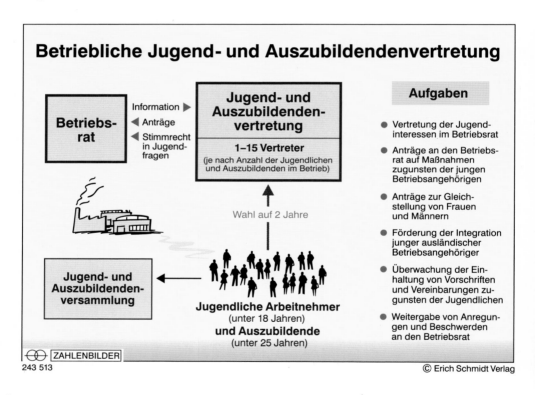

Die Mitglieder des Betriebsrats bzw. der Jugend- und Auszubildendenvertretung dürfen in der Ausübung ihrer Tätigkeit nicht gestört oder behindert werden. Sie dürfen wegen ihrer Tätigkeit nicht benachteiligt oder begünstigt werden; dies gilt auch für ihre berufliche Entwicklung (§ 78 BetrVG).

Beabsichtigt der Arbeitgeber, einen Auszubildenden, der Mitglied der Jugend- und Auszubildendenvertretung bzw. des Betriebsrats ist, nach Beendigung des Berufsausbildungsverhältnisses nicht in ein Arbeitsverhältnis auf unbestimmte Zeit zu übernehmen, so hat er dies drei Monate vor Beendigung des Berufsausbildungsverhältnisses dem Auszubildenden mitzuteilen (§ 78 a BetrVG).

7.4 Betriebsvereinbarung – Arbeitgeber mit Betriebsrat

In Betriebsvereinbarungen werden vom Betriebsrat und dem einzelnen Arbeitgeber für das jeweilige Unternehmen **betriebsinterne Regelungen** beschlossen (§ 77 BetrVG).

Solche betriebsinternen Bestimmungen betreffen z. B. Arbeitszeitregelung, Rauchverbot, Meldung von Unfällen, soziale Maßnahmen, Maßnahmen zur Unfallverhütung und des betrieblichen Umweltschutzes (§ 88 BetrVG).

Tarifvertragliche Regelungen dürfen grundsätzlich nicht Gegenstand einer Betriebsvereinbarung sein, es sei denn, der Tarifvertrag enthält eine Öffnungsklausel.

In Betriebsordnungen und Dienstordnungen, welche den Betriebsangehörigen z. B. durch Aushang zugänglich sein müssen, sind solche Betriebsvereinbarungen festgelegt.

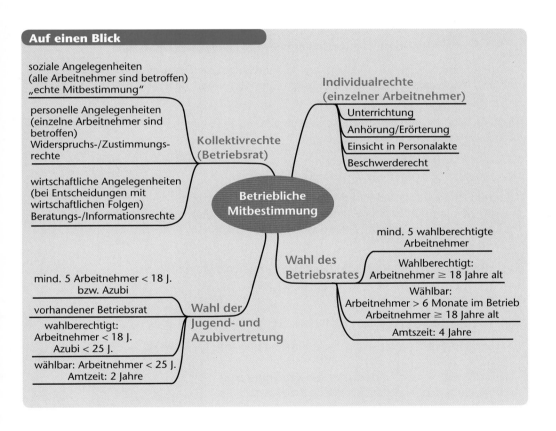

Auf einen Blick

soziale Angelegenheiten
(alle Arbeitnehmer sind betroffen)
„echte Mitbestimmung"

personelle Angelegenheiten
(einzelne Arbeitnehmer sind betroffen)
Widerspruchs-/Zustimmungsrechte

wirtschaftliche Angelegenheiten
(bei Entscheidungen mit wirtschaftlichen Folgen)
Beratungs-/Informationsrechte

**Kollektivrechte
(Betriebsrat)**

**Individualrechte
(einzelner Arbeitnehmer)**

Unterrichtung

Anhörung/Erörterung

Einsicht in Personalakte

Beschwerderecht

**Betriebliche
Mitbestimmung**

mind. 5 wahlberechtigte Arbeitnehmer

**Wahl des
Betriebsrates**

Wahlberechtigt:
Arbeitnehmer ≥ 18 Jahre alt

Wählbar:
Arbeitnehmer > 6 Monate im Betrieb
Arbeitnehmer ≥ 18 Jahre alt

Amtszeit: 4 Jahre

mind. 5 Arbeitnehmer < 18 J.
bzw. Azubi

vorhandener Betriebsrat

wahlberechtigt:
Arbeitnehmer < 18 J.
Azubi < 25 J.

wählbar: Arbeitnehmer < 25 J.
Amtzeit: 2 Jahre

**Wahl der
Jugend- und
Azubivertretung**

8   Sozialversicherung und private Vorsorge

Situation

Es geschah auf dem Weg zum Ausbildungsbetrieb

Es ist Mittwoch. Bernd Ehing ist auf dem Weg zu seinem Ausbildungsbetrieb. Eigentlich läuft alles bestens. Die Sonne scheint, das bevorstehende Wochenende fällt diesmal um zwei Tage länger aus, weil der Donnerstag ein Feiertag ist und er am Freitag einen Urlaubstag bekommen hat. Zudem hat seine Freundin Katja Müller auch Urlaub bekommen. Vergnügt tritt Bernd in die Pedale seines neuen Mountainbikes. Noch ein paar Meter, dann geht's links in die Industriestraße. Sein Ausbildungsbetrieb liegt auf der anderen Straßenseite. Endlich wieder Urlaub. Vier Tage Paris/Euro-Disneyland.

Da – ein kreischender Ton reißt ihn aus seinen Gedanken. Bremsen quietschen. Beinahe wie im Traum, als sei er gar nicht beteiligt, bemerkt Bernd den blauen Pkw unmittelbar vor sich.

Deutlich kann er hinter der Windschutzscheibe das entsetzte Gesicht der Fahrerin erkennen. Dann wird ihm schwarz vor Augen.

Er wacht erst wieder auf der Unfallstation auf. Ein Bein und einen Arm kann er nicht bewegen; beide Körperteile sind komplett eingegipst.

Alle möglichen Fragen schießen Bernd Ehing durch den Kopf. Wer kommt für die Krankenhausbehandlung auf? Wie lange wird meine Ausbildungsvergütung weiter bezahlt? Was passiert mit meinem Ausbildungsplatz? Was geschieht, wenn ich für den Rest meines Lebens gehbehindert bin? Wer kommt für eine mögliche Umschulung auf?

1. Helfen Sie Bernd Ehing bei der Beantwortung dieser Fragen.

8.1 Geschichte der Sozialversicherung

Die deutsche Sozialversicherung blickt auf eine bewegte Geschichte zurück. Reichskanzler Otto von Bismarck hat sich Ende des 19. Jahrhunderts der sozialen Frage angenommen, um den innerstaatlichen Frieden zu retten. Bismarck hatte den politischen Zündstoff, der in der mangelnden sozialen Sicherung weiter Bevölkerungskreise lag, erkannt. Am 17. November 1881 verkündete er vor dem Reichstag die „Kaiserliche Botschaft" von Kaiser Wilhelm I: *„Geben Sie dem Arbeiter das Recht auf Arbeit, solange er gesund ist, sichern Sie ihm Pflege, wenn er krank ist, sichern Sie ihm Versorgung, wenn er alt ist."*

Gründungsjahr	Versicherungszweig	Versicherungsträger
1883	Gesetzliche Krankenversicherung	Allgemeine Ortskrankenkasse (AOK), Innungs-, Betriebskrankenkassen, Ersatzkassen (DAK-Gesundheit, KKH Allianz, GEK Barmer usw.)
1884	Gesetzliche Unfallversicherung	Berufsgenossenschaften einzelner Branchen, Eigenunfallversicherungen (Bund, Länder, Gemeinden)
1889 bzw. 1911	Gesetzliche Rentenversicherung der Arbeiter bzw. Angestellten	Deutsche Rentenversicherung Bund (DRV) in Berlin mit Regionalträgern (z. B. DRV Schwaben, DRV Nordbayern, DRV Rheinland)
1927	Gesetzliche Arbeitslosenversicherung	Bundesagentur für Arbeit in Nürnberg mit Regionaldirektionen und Agenturen für Arbeit
1995	Gesetzliche und private Pflegeversicherung	Pflegekassen der gesetzlichen Krankenkassen bzw. der privaten Krankenkassen

8.2 Wesentliche Leistungen der Sozialversicherung

Versicherungszweig	Versicherungspflicht	Beiträge[1]	Wesentliche Leistungen
Gesetzliche Krankenversicherung (§ 21 SGB I, V)	Arbeitnehmer bis zur Versicherungspflichtgrenze, Rentner, Auszubildende, Wehr- und Zivildienstleistende	15,5 % des Bruttoentgelts, Arbeitnehmer 8,2 %, Arbeitgeber 7,3 %	Maßnahmen zur Früherkennung von Krankheiten, Krankenhilfe (ärztliche Behandlung durch Vertragsärzte, Arznei-, Verbands-, Heil-, Hilfsmittel, Zahn- und Krankenhausbehandlung), kostenlose Familienhilfe für Angehörige des Versicherten ohne eigenes Einkommen usw.[2]
Gesetzliche Unfallversicherung (§ 22 SGB I, VII)	Arbeitgeber muss seine Arbeitnehmer versichern lassen, unentgeltlich Hilfeleistende	Je nach Gefahrenklasse des Betriebs, Arbeitgeber bringt Beiträge alleine auf (ca. 1,5 % von der Lohnsumme)	Maßnahmen zur Unfallverhütung, Heilbehandlung nach Arbeitsunfall (auch Wegeunfall auf Arbeitsweg) oder bei Berufskrankheiten, Rehabilitationsmaßnahmen (Kur, Umschulung usw.), Verletzten-, Übergangsgeld, Unfallrente

---

[1] Ab der **Beitragsbemessungsgrenze (BBG)** bleibt der Beitrag in Euro unverändert (Höchstbeitrag). 2012 beträgt die monatliche BBG in der gesetzlichen **Renten- und Arbeitslosenversicherung** 5 600,00 EUR (alte Bundesländer) bzw. 4 800,00 EUR (neue Bundesländer), in der **gesetzlichen Kranken- und Pflegeversicherung** 3 825,00 EUR (alte und neue Bundesländer). Aus der gesetzlichen Kranken- und Pflegeversicherung kann der Arbeitnehmer austreten, wenn sein jährliches Bruttoentgelt die **Jahresarbeitsentgeltgrenze** (2012: 50 850,00 EUR pro Jahr = 4 237,50 EUR pro Monat) dreimal nacheinander übersteigt. Nach dem Austritt muss der Arbeitnehmer einer privaten Pflegeversicherung beitreten.

[2] Zahnersatz und Krankengeld muss der Arbeitnehmer allein versichern (Pauschalsatz 0,9%).

Versicherungs-zweig	Versicherungs-pflicht	Beiträge	Wesentliche Leistungen
Gesetzliche Renten-versicherung (§ 23 SGB I, VI)	Arbeitnehmer, Auszubildende, Wehr- und Zivil-dienstleistende, unentgeltlich tätige häusliche Pflegekräfte	19,6 % des Brut-toentgelts, Arbeitnehmer und Arbeitgeber je zur Hälfte, Bundeszuschuss	Regelaltersrente[3] ab dem 65. Lebens-jahr, Erwerbsminderungsrente bei ein-geschränkter Arbeitskraft (Leistungsver-mögen pro Tag weniger als 3 Stunden: volle Rente, weniger als 6 Stunden: halbe Rente) zunächst für maximal 3 Jahre, Rehabilitationsmaßnahmen
Gesetzliche und private Pflege-versicherung (§ 21a SGB I, XI)	Gesetzlich und privat Kranken-versicherte	1,95 % (geplant ab 2013: 2,05 %) des Bruttoent-gelts Arbeitneh-mer und Arbeit-geber[4] je zur Hälfte	**bei häuslicher Pflege:** Pflegegeld, Pflegesachleistungen je nach Pflegestufe 225,00–1 510,00 EUR, soziale Sicherung der häuslich unentgeltlich tätigen Pflegepersonen; **bei stationärer Pflege:** pflegebedingte Aufwendungen je nach Pflegestufe 1 023,00–1 510,00 EUR
Gesetzliche Arbeitslosen-versicherung (§ 19 SGB I, II, III)	Arbeitnehmer, Auszubildende	3,0 % des Brutto-entgelts, Arbeit-nehmer und Arbeitgeber je zur Hälfte, Arbeits-losengeld II wird aus Steuermitteln finanziert	Arbeitsvermittlung, Berufsberatung, Förderung der beruflichen Weiter-bildung, Arbeitslosengeld je nach Beschäftigungsdauer und Lebensalter längstens für 24 Monate (ohne Kind: 60 %, mit Kind: 67 % des Nettoent-gelts[5]), danach Arbeitslosengeld II (Regelsatz: 367,00 EUR), Insolvenzgeld (rückständiges Nettoentgelt der letzten drei Monate)

8.3 Grundprinzipien der Sozialversicherung

Nach Artikel 20 des Grundgesetzes ist die Bundesrepublik Deutschland ein demokrati-scher und sozialer Bundesstaat. Ein wesentlicher Baustein des vom Staat geknüpften sozi-alen Netzes ist die Sozialversicherung. Für jeden Beschäftigten besteht grundsätzliche **Versicherungspflicht.**

---

[3] Das Standardrentenniveau von etwa 70 % des durchschnittlichen Nettoentgelts erreichen Arbeit-nehmer, wenn sie 45 Jahre lang Rentenbeiträge eingezahlt haben („**Eckrentner**"). Wer früher in Rente geht, muss Rentenabschläge von 0,3 % pro Monat des früheren Rentenbeginns in Kauf nehmen. Bis 2029 wird das allgemeine Rentenniveau auf rund 67 % abgesenkt. Die Renteneintrittsalter wird von 2012 bis 2029 schrittweise auf 67 Jahre erhöht.

[4] Wer keine Kinder hat und das 23. Lebensjahr vollendet hat, zahlt statt 0,975 % (Arbeitnehmeranteil) 1,225 % (Ausnahme Sachsen: 1,725 %). In Sachsen zahlen die Arbeitnehmer den vollen Beitrag für die ersten 1 % an den restlichen 0,95 % beteiligen sich die Arbeitgeber zur Hälfte (Arbeitnehmer: 1,475 %, Arbeitgeber: 0,725 %).

[5] Anspruch auf Arbeitslosengeld haben Arbeitnehmer unter 65 Jahren, die arbeitslos sind, sich beim Arbeitsamt arbeitslos gemeldet haben und die Anwartschaftszeit erfüllt haben. Die Anwartschaft hat erfüllt, wer in den letzten zwei Jahren (Rahmenfrist) mindestens zwölf Monate versicherungspflichtig beschäftigt war. Die Dauer des Anspruchs richtet sich nach der Dauer der versicherungspflichtigen Arbeitsverhältnisse und nach dem Lebensalter des Arbeitslosen (§§ 118, 123, 124, 127 SGB III).

Als **Beschäftigung** gelten nach § 7 SGB IV

◆ die nichtselbstständige Arbeit, insbesondere in einem Arbeitsverhältnis. Anhaltspunkte für eine Beschäftigung sind eine Tätigkeit nach Weisungen und eine Eingliederung in die Arbeitsorganisation des Weisungsgebers;

◆ der Erwerb beruflicher Kenntnisse, Fertigkeiten oder Erfahrungen im Rahmen betrieblicher Berufsbildung;

◆ der Bezug von Krankengeld, Verletztengeld, Versorgungskrankengeld, Übergangsgeld oder Mutterschaftsgeld oder nach gesetzlichen Vorschriften Elterngeld oder die Inanspruchnahme der Elternzeit oder die Leistung des Wehr- oder Zivildienstes während des Bestands eines Arbeitsverhältnisses.

Beiträge und Leistungen der Sozialversicherung sind auf dem Prinzip der **Solidargemeinschaft** („Einer für alle – alle für einen") aufgebaut. Der Bruttoverdienst jedes Arbeitnehmers wird bis zur Beitragsbemessungsgrenze mit dem gleichen prozentualen Beitragssatz belastet; d. h., dass die besser Verdienenden einen höheren Eurobetrag aufbringen. Auf der anderen Seite erhalten jedoch alle Versicherten die gleichen Leistungen.

Ein weiterer Grundsatz der Rentenversicherung ist der **Generationenvertrag**. Die Generation der Erwerbstätigen finanziert mit ihren Beiträgen die Renten der nicht mehr erwerbstätigen Generation. Dadurch erwerben die Jüngeren ihrerseits das Recht, im Alter von der nachfolgenden Generation versorgt zu werden **(Umlageverfahren)**. Sozialer Friede und soziale Gerechtigkeit sind maßgeblich mit der Einhaltung dieses Generationenvertrags, der nirgendwo schriftlich festgehalten ist, verknüpft. Mit jährlichen Rentenanpassungen sollen die Rentner an der allgemeinen Erhöhung der Nettolöhne teilhaben **(Rentendynamisierung)**. Die Rentenanpassung enthält jedoch einen **Nachhaltigkeitsfaktor**, der das Verhältnis zwischen Beitragszahlern und Rentnern berücksichtigt.

Sinkt dieses Verhältnis z. B. um 0,7 % und erhöhen sich die Nettolöhne um 1,2 %, dann erhöhen sich die Renten nur um 0,5 %. Negative Rentenanpassungen sind ausgeschlossen **(Schutzklausel**, § 255 e SGB VI).

8.4 Probleme der Sozialversicherung

Die gesetzliche Sozialversicherung, einst als Maßnahme zur Sicherung des sozialen Friedens eingeführt, wird zunehmend selbst zur Gefahr für den sozialen Frieden. Die **Überalterung** der Bevölkerung bei gleichzeitig anhaltend **hoher Arbeitslosigkeit** hat die gesetzliche Sozialversicherung in **Finanzierungsnöte** gebracht. Da die lohnabhängigen Beiträge bereits die Schmerzgrenze erreicht haben, blieb nichts anderes übrig, als durch **Reformen** die Leistungen zu kürzen. Der Generationenvertrag gerät in eine Schieflage, wenn immer weniger Beitragszahlern immer mehr Leistungsempfänger (z. B. Rentner, Arbeitslose) gegenüberstehen. Entscheidend für die nachhaltige Finanzierung der gesetzlichen Rentenversicherung ist der Abbau der Arbeitslosigkeit, wirtschaftliches Wachstum, der Aufbau neuer sozialversicherungspflichtiger Beschäftigung und die Förderung der privaten Eigenvorsorge und Eigenverantwortung.

In Zeiten des globalen Wettbewerbs beeinträchtigen die hohen **Lohnnebenkosten** (vor allem durch die gesetzlich vorgeschriebenen Sozialleistungen, z. B. Arbeitgeberanteile zur gesetzlichen Sozialversicherung) die Wettbewerbsfähigkeit der deutschen Wirtschaft. Experten sehen in der **Abkoppelung der Sozialversicherungsbeiträge** von den Löhnen

(z. B. Kopfpauschalen bei der Krankenversicherung) bzw. durch eine **Verbreiterung der Bemessungsgrundlage** (z. B. Krankenkassenbeiträge auch auf Zins- und Mieteinkünfte) eine Entlastungsmöglichkeit für die Arbeitgeber.

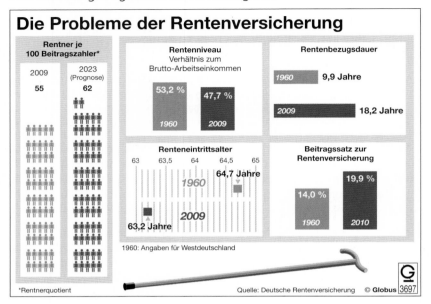

8.5 Private Vorsorge – Versorgungslücke schließen

Die gesetzliche Rente allein wird in Zukunft keine ausreichende Versorgung mehr im Alter gewährleisten können. Je mehr ein Arbeitnehmer verdient, desto größer wird bei einer Berufsunfähigkeit oder im Alter seine **Versorgungslücke** (Unterschied zwischen dem letzten Nettoeinkommen und der Höhe der gesetzlichen Rente) und damit die Gefahr des sozialen Abstiegs. Zukünftig wird die gesetzliche Rente eines „Standardrentners" nur noch rund 50 % seines letzten Nettoeinkommens betragen.

Um ihren Lebensstandard im Alter halten zu können, müssen Erwerbstätige dreifach vorsorgen **(Dreischichten-Modell)**. Die **Basisversorgung** durch die gesetzliche Rente und

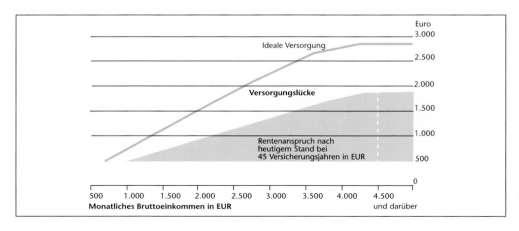

die private Basisrente (erste Schicht) muss ergänzt werden durch eine **Zusatzversorgung** mit der Betriebs- und der Riesterrente (zweite Schicht) und eine zusätzliche **private Vorsorge** durch Versicherungen und andere Kapitalanlagen (dritte Schicht).

Basisversorgung durch gesetzliche Rente und private Basisrente

Der Arbeitnehmer ergänzt seine Grundabsicherung durch die gesetzliche Rentenversicherung, indem er Beiträge an eine private Rentenversicherung zahlt. Die Beiträge sind steuerfrei, wenn die **private Rentenversicherung** dem Versicherten eine monatliche lebenslange **Leibrente** garantiert **(Rürup-Rente[1])**. Die Leistungen dürfen erst nach dem 60. Lebensjahr des Versicherten ausgezahlt werden. Ansprüche aus der Basisrente sind nur an engste Hinterbliebene (Ehepartner, Kinder) vererbbar. Sie sind nicht übertragbar, beleihbar, veräußerbar oder kapitalisierbar (d. h. in einem Betrag auszahlbar).

Zusatzversorgung – betriebliche Altersvorsorge und Riesterrente

Verspricht der Arbeitgeber seinen Beschäftigten bei Erreichen des Renteneintrittalters eine **Betriebsrente**, dann liegt eine betriebliche Altersvorsorge vor.

Durchführungswege der betrieblichen Altersvorsorge	
Interne Anlageformen	◆ **Betriebliche Direktzusage:** Der Arbeitgeber leistet keine laufenden Einzahlungen und zahlt die Betriebsrenten aus den laufenden Erträgen des Unternehmens. ◆ **Betriebliche Unterstützungskasse:** Der Arbeitgeber zahlt in eine betriebseigene Pensionskasse ein und bringt die Betriebsrenten aus dieser Pensionskasse und laufenden Erträgen auf.
Externe Anlageformen	◆ **Betriebliche Direktversicherung:** Der Arbeitgeber zahlt für seine Beschäftigten Beiträge an eine private Lebens- bzw. Rentenversicherung (Direktversicherung). ◆ **Betriebliche Pensionskasse:** Der Arbeitgeber zahlt für seine Beschäftigten Beiträge an ein berufsständisches Versorgungswerk (Pensionskasse). ◆ **Betriebliche Pensionsfonds:** Der Arbeitgeber legt Kapitalbeträge für seine Beschäftigten bei einer Kapitalanlagegesellschaft an (Pensionsfonds).

Nur bei den externen Anlageformen kann der Arbeitnehmer beim Wechsel des Arbeitgebers sein Vorsorgeguthaben zum neuen Arbeitgeber mitnehmen. Daher werden nur diese steuerlich gefördert.

Um sich die so genannte **Riester-Rente[2]** zu sichern, zahlt der Arbeitnehmer 4 % seines Nettoentgelts (maximal förderfähige Anlage) in einen zertifizierten Altersvorsorgevertrag ein. Dafür erhält er eine staatliche Zulage, die die Finanzämter nachträglich gutschreiben. Nach dem Altersvermögensgesetz (AVmG) gibt es die Altersvorsorgezulage (Grund- und Kinderzulage) nur dann in voller Höhe, wenn der Anleger den Mindesteigenbeitrag (4 % des Nettoentgelts abzüglich Zulagen) aufbringt. Es werden nur Anlagen gefördert, die bis zur Vollendung des 60. (ab 2012: 62.) Lebensjahres des Anlegers gebunden sind. Bei Renteneintritt dürfen 30 % des Vorsorgekapitals sofort ausgezahlt werden.

---

[1] Bert Rürup war Mitglied im Expertenkreis des Bundesarbeitsministers zur Vorbereitung der Rentenreform 2001
[2] Walter Riester war von 1998 bis 2002 Bundesminister für Arbeit und Sozialordnung.

Wenn ein Arbeitnehmer jährlich 4% seines Bruttoeinkommens für die Riester-Rente anlegt und 30 Jahre lang spart, dann kann er bei einem monatlichen Anfangseinkommen von 1 700,00 EUR (bzw. 2 500,00 EUR) bei einer jährlichen Einkommenssteigerung von 3% ab dem 60. Lebensjahr eine zusätzliche Riester-Rente von 376,00 EUR (bzw. 564,00 EUR) erwarten (Globus Infografik GmbH, Nc-7643 vom 18.03.2002)

Beispiele: Riesterförderung an drei Beispielen

Geförderte Person	Single	berufstätige Alleinerziehende mit 1 Kind	berufstätiges Ehepaar mit 2 Kindern
Bruttoeinkommen des Vorjahres	30 000,00 EUR	30 000,00 EUR	50 000,00 EUR
Maximale förderfähige Anlage höchstens 2.100,00 EUR pro Jahr	4% p. a. 1 200,00 EUR	4% p. a. 1 200,00 EUR	4% p. a. 2 000,00 EUR
– Maximale Grundzulage pro Jahr – Maximale Kinderzulage pro Jahr	– 154,00 EUR – 0,00 EUR	– 154,00 EUR – 185,00 EUR[1]	– 308,00 EUR – 370,00 EUR
= Rechnerischer Mindesteigenbeitrag (mindestens 60,00 EUR)	1 046,00 EUR	861,00 EUR	1 322,00 EUR
Zulagen in % vom Mindesteigenbeitrag	14,72%	39,37%	51,29%

Ergänzende private Vorsorge – Versicherungen und Geldanlagen

Mit **Personenversicherungen** kann der Versicherungsnehmer seinen gesetzlichen Versicherungsschutz ergänzen und verbessern. Der Versicherungsschutz beginnt grundsätzlich mit der Zahlung des Beitrags.

Wichtige Personenversicherungen	
Risikolebens- versicherung	Sie dient dem Hinterbliebenenschutz (Ehepartner, Kinder) im **Todesfall**. Der Beitrag richtet sich nach der abgeschlossenen Versicherungssumme, dem Gesundheitszustand des Versicherten, dem Alter bei Versicherungsbeginn und der Vertragslaufzeit.
Kapitallebens- versicherung	Hier wird die Versicherungssumme nach Ablauf der Versicherungsdauer (meist zwölf Jahre und mehr) oder Erreichen eines bestimmten Lebensalters fällig. Im **Erlebensfall** bekommt der Versicherte selbst die Versicherungssumme (Garantiesumme plus Überschussanteile) ausgezahlt. Stirbt der Versicherte während der Vertragslaufzeit, dann sind seine Hinterbliebenen bis zur Höhe der Versicherungssumme abgesichert.
Berufs- unfähigkeits- versicherung[2]	Nach der **Pauschalregel** bekommen die Versicherten eine vereinbarte Rente erst ab einer Berufsunfähigkeit von mindestens 50%. Nach der **Staffelregel** zahlen die Versicherer bereits ab einem Berufsunfähigkeitsgrad von 25%, dann aber auch nur 25% der vereinbarten Rente. Die Rentenhöhe wächst gleichmäßig mit dem Grad der Berufsunfähigkeit. Erst ab einer 75-prozentigen Berufsunfähigkeit wird die volle vereinbarte Rente ausgezahlt.

---

[1] Für die ab 1.1.2008 geborenen Kinder: 300,00 Euro jährlich

[2] **Berufsunfähigkeit** liegt vor, wenn eine Person ihren erlernten Beruf wegen Krankheit oder Behinderung nicht mehr ausüben kann. Dabei muss die Erwerbsfähigkeit gegenüber einer gesunden Person, die denselben Beruf ausübt, um mindestens 50% geschmälert sein.

Wichtige Personenversicherungen	
Private Renten-versicherung mit Kapital-wahlrecht	Das Altersvorsorgekapital kann bei Renteneintritt auf einmal ausgezahlt oder in Form einer lebenslangen Monatsrente ausgezahlt werden. Wird der Auszahlungs-zeitraum begrenzt, dann ist die monatliche Rente höher („abgekürzte Leibrente"). Als Einmalbeitragsversicherung bezahlt der Versicherungsnehmer bei Vertrags-abschluss die Versicherungssumme voll ein und erhält bei Eintritt in den Ruhe-stand eine „Sofortrente" ausbezahlt.

Bei allen nach 2005 abgeschlossenen Rentenversicherungen mit Kapitalwahlrecht und Kapitallebensversicherungen ist die Hälfte der Kapitalauszahlung steuerpflichtig.

Auf einen Blick

Soziale Sicherung	
Grundprinzipien	◆ Versicherungspflicht ◆ Solidaritätsprinzip ◆ Generationenvertrag ◆ Nachhaltigkeitsfaktor
Krankenversicherung	◆ Krankenhilfe ◆ Familienhilfe ◆ Krankengeld ◆ Früherkennung
Rentenversicherung	◆ Altersrente ◆ Erwerbsminderungsrente ◆ Reha-Maßnahmen
Pflegeversicherung	◆ häusliche Pflege ◆ stationäre Pflege
Unfallversicherung	◆ Unfallverhütung ◆ Heilbehandlung ◆ Unfallrente
Arbeitslosenversicherung	◆ Arbeitsvermittlung ◆ Arbeitslosengeld 1 und 2
Private Vorsorge	Dreischichten-Modell ◆ Grundversorgung 　– gesetzliche Rente 　– private Leibrente (Rürup-Rente) ◆ Zusatzversorgung 　– Betriebsrente 　– Riesterrente ◆ ergänzende Vorsorge 　– Personenversicherungen 　– Geldanlagen

1 Kundenorientierung: Erwartungen der Kunden erfüllen

Situation

1. Bietet dieses Geschäft Ihrer Meinung nach eine
   a) freundliche Verkaufsatmosphäre,
   b) große Auswahl,
   c) individuelle Beratung?
   Begründen Sie Ihre Aussagen.

2. a) Wie versucht diese Verkäuferin die Kundin zu überzeugen?
   b) Was halten Sie davon?

3. Was erwarten Kunden von Verkäufern?

4. Sie machen sich Gedanken zur Kundenorientierung:
   a) Was können Sie als Auszubildender dazu beitragen?
   b) Was sollte Ihr Geschäft dazu beitragen?

1.1 Die Bedeutung der Kundenorientierung

Eines der wichtigsten Ziele eines Einzelhändlers besteht darin, Gewinne zu erwirtschaften. Erst durch die Bereitschaft des Kunden, Güter und Dienste gegen Entgelt in einem bestimmten Geschäft zu erwerben, können Gewinne entstehen. Deshalb richtet der erfolgreiche Einzelhändler seine unternehmerische Aktivität an den individuellen Wünschen seiner Kunden aus und zeigt „**Kundenorientierung**":

Kundenorientierung bedeutet: Einzelhändler erbringen Leistungen, die sich an den Wünschen und Erwartungen der Kunden orientieren und diese erfüllen.

Merke

Kundenorientierung

Leistungen des Einzelhandels	Beispiele für Leistungen	Erwartungen des Kunden
	◆ gute Auswahl an Produkten ◆ hochwertige Produkte ◆ qualifizierte Beratung ◆ freundliche Verkäufer ◆ günstiges Preis-Leistungs-Verhältnis ◆ nützliche Serviceleistungen ◆ informative Werbung ◆ attraktive Warenpräsentation	

Kundenorientierung bewirkt, dass

◆ Kunden mit den angebotenen Leistungen zufrieden sind und wiederkommen; es entsteht Kundenbindung,

◆ Geschäfte sich im Wettbewerb erfolgreich behaupten.

Stimmt die Kundenorientierung nicht, kehrt der Kunde dem Geschäft den Rücken und wendet sich dorthin, wo er glaubt, bessere Leistungen zu finden. Deshalb ist es für ein Geschäft wichtig zu wissen, weshalb Kunden unzufrieden sind und welche Möglichkeiten bestehen, dies zu ändern.

Als Mitarbeiter/in im Einzelhandel erbringen wir Dienste, wir sind also „Dienstleister". Wenn auch Sie sich Kundenorientierung zum **Leitbild des beruflichen Denkens und Handelns** machen, werden Sie persönlich und beruflich erfolgreich sein und dann macht die Arbeit Spaß.

Kundenorientierung bedeutet:

◆ Kunden stehen im Mittelpunkt des betrieblichen Geschehens, auch wenn der Kontakt zu ihnen mehr oder weniger intensiv ist wie z. B. bei der Selbstbedienung.

◆ Die Wünsche, Bedürfnisse und Probleme der Kunden, die in jeder Betriebs- und Verkaufsform zum Ausdruck kommen, nehmen wir ernst.

◆ „Kunden bringen uns den Zahltag", d. h., indirekter Arbeitgeber sind unsere Kunden, denn „ohne sie läuft nichts". Deshalb stellen wir uns auf sie ein.

1.2 Erwartungen an den Verkäufer

Welche grundlegenden Erwartungen stellen Kunden an Verkäufer? Antworten aus Befragungen ergaben:

Erwartungen an den Verkäufer

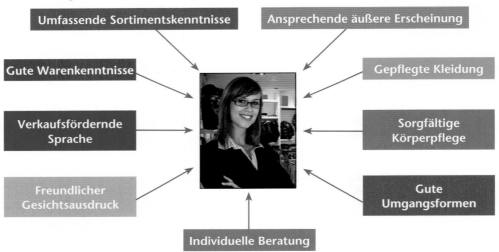

Bemühen sich Verkäufer um diese Eigenschaften/Verhaltensweisen, wirken sie sympathisch.

Ansprechende äußere Erscheinung

Merke Der erste Eindruck, den der Kunde vom Verkäufer gewinnt, geht von seiner äußeren Erscheinung aus; insbesondere von seiner Kleidung und seiner Körperpflege.

Die Kleidung des Verkäufers

Damit ein **positiver sympathischer** Eindruck entsteht, werden im Allgemeinen folgende Anforderungen an die Kleidung gestellt. Sie soll

◆ sauber, gepflegt, zweckmäßig sein, z. B. funktionell im Baumarkt,

◆ zum Stil des Geschäfts bzw. der Abteilung passen, z. B. modisch in der Boutique,

◆ zur Person des Verkäufers passen, z. B. zu Alter, Figur und Typ.

Körperpflege macht sympathisch

Gepflegtes Aussehen erleichtert die Kontaktaufnahme und **macht Menschen einander sympathisch**. Darum sollte man achten auf

◆ eine ansprechende Frisur,

◆ gepflegte Hände und Fingernägel,

◆ angenehme Körperfrische,

◆ gekonntes Make-up, pflegend oder dekorativ, das zum Typ passt.

Zur Erhaltung der körperlichen Fitness und als Ausgleich zum langen Stehen tragen viele Sportarten bei, die außerdem Spaß bereiten.

Gute Umgangsformen schaffen eine positive Verkaufsatmosphäre

Gute Umgangsformen sind Ausdruck der Sozialkompetenz und Wertschätzung. Dadurch tragen sie zur positiven, verkaufsfördernden Atmosphäre bei, schaffen Sympathie und Vertrauen.

Grundsätze im Umgang mit Menschen sind: Jeder Mensch strebt danach, „belohnt" und nicht „bestraft" zu werden.

Verhaltensweisen des Verkäufers, die belohnend wirken	Verhaltensweisen des Verkäufers, die bestrafend wirken
◆ freundlich grüßen, Blickkontakt aufnehmen, höflich und behilflich sein ◆ Engagement, Interesse zeigen ◆ zuhören, zustimmen ◆ wahrhaftig, redlich, ehrlich, zuverlässig, korrekt, sorgfältig, pünktlich sein	◆ mangelnde Höflichkeit, Kunden unfreundlich anstarren, Blickkontakt meiden, plumpe Komplimente machen, Hilfe unterlassen ◆ mangelndes Engagement und Desinteresse, Lustlosigkeit, Gleichgültigkeit ◆ weghören, überhören, ins Wort fallen, widersprechen ◆ besserwisserisch sein, abfällige Werturteile abgeben, mit „Tricks" arbeiten, aufdringlich sein, unwahre Auskünfte geben, Notlügen und Ausreden vorbringen

Individuelle Beratung

Viele Produkte, die der Einzelhandel anbietet, sind beratungsintensiv, z. B. technische Geräte, Handys, Computer (Hard- und Software), festliche Kleidung, Einbaumöbel u. Ä. Oft wünschen Kunden Beratung, weil sie wenig Produktwissen besitzen und Problemlösungen suchen.

Freundlichkeit und Blickkontakt

Die beiden Fotos zeigen dieselbe Person mit unterschiedlichem Gesichtsausdruck: links freundlich und einladend, rechts unfreundlich und abweisend. Kein Kunde verlangt vom Verkäufer ein ständiges Lächeln (wirkt unnatürlich und unecht). Ein freundlicher, entspannter Gesichtsausdruck, ein kurzes, freundliches Lächeln zeigen Charme und lassen uns sympathisch erscheinen. Wir halten Blickkontakt zum Kunden, ohne ihn anzustarren.

vgl.
Kapitel 3

Konfliktfreie, verkaufsfördernde Sprache

Sprache ist ein wichtiges Mittel der Verständigung (Kommunikationsmittel).

> **Praxistipp**
>
> **Geschulte Verkäufer**
>
> - **vermeiden Gesprächsstörer, die das Verkaufsgespräch abwürgen,**
>
> - **verwenden Gesprächsförderer, die Vorstellungen von Kunden offenlegen,**
>
> - **wenden Formulierungen an, die auf Vorteile des Produkts hinweisen,**
>
> - **formulieren positiv, anregend und überzeugend,**
>
> - **nutzen die Fragetechnik, um das Verkaufsgespräch weiterzubringen.**

vgl.
Kapitel 2

Produkt- und Warenkenntnisse

Kunden sind zunehmend informierter und interessierter, aber auch kritischer. Wir beraten auf Wunsch umfassend über Eigenschaften, Vorteile, Einsatz, Verwendung, Qualitätsmerkmale, Pflege, Umweltfreundlichkeit der Ware u. Ä. Durch **gründliche Produkt- und Warenkenntnisse** und verkaufskundliches Wissen erhalten wir die **fachliche Kompetenz** und die nötige **Sicherheit für das Verkaufsgespräch**. Dadurch sind wir in der Lage, Produktinformationen zu geben, die Produkte vorzuführen sowie individuell und qualifiziert zu beraten.

vgl.
Lernfeld 4

Sortimentskenntnisse

Unter „**Sortiment**" versteht man die Gesamtheit aller Produkte, die ein Geschäft anbietet. Sortimentskenntnisse helfen uns im Verkaufsgespräch, Auskunft zu geben, **welche Artikel** der verschiedenen Hersteller wir führen, **wo** die gewünschten Produkte im Geschäft zu finden sind, **welche** Artikel sinnvoll miteinander **kombiniert werden können**, welche **Preislagen** und **Qualitäten** wir führen, welche **Werbeaktionen** gerade laufen usw. Je genauer wir darüber Bescheid wissen und diese Kenntnisse richtig anwenden, desto besser gehen die individuellen Erwartungen der Kunden in Erfüllung.

1.3 Erwartungen an das Geschäft

Jeder Kunde hat unterschiedliche Erwartungen an das Geschäft. Folgende Erwartungen sind von besonderer Bedeutung:

Kundenorientiertes Sortiment

vgl. Lernfeld 4

Der Kunde erwartet bei seinen Einkäufen stets eine **Auswahl an Waren, also ein Sortiment, das seinen Wünschen entspricht**. Will er sich z. B. Jeans kaufen (Bedarf), so erwartet er eine Auswahl an verschiedenen Schnitten, Preislagen, Qualitäten, Größen, Farben und Formen unterschiedlicher Hersteller.

Attraktive, erlebnisorientierte Warenpräsentation und interessante Verkaufsatmosphäre

vgl. Lernfeld 4

Wirkungsvolle Präsentation und Platzierung sollen

◆ das Warenangebot dem Kunden vorstellen (Bedürfnisse wecken),

◆ Produktinformationen geben,

◆ Kunden rational und/oder emotional erlebnisorientiert ansprechen,

◆ Kaufentscheidungen auslösen.

Der Kunde erwartet insbesondere beim Einkauf höherwertiger Gebrauchsgüter, z. B. bei festlicher Kleidung, edlem Schmuck, eleganten Schuhen, hochpreisigen Armbanduhren, eine angenehme Kaufatmosphäre, die positive Gefühle und Empfindungen hervorruft und das Einkaufen zum Erlebnis werden lässt.

Verlässliche Informationen und qualifizierte Beratung

Kunden sind wählerisch, kritisch, mündig, interessiert und gut informiert. Zeitungen, Kataloge, Prospekte, Testberichte, Verbrauchersendungen, Internet u. Ä. bieten ihnen umfassende Produktinformationen. Deshalb verlangen die Kunden von uns Verkäufern verlässliche Informationen und **qualifizierte, situationsgerechte Beratung,** möglichst verbunden mit Produktvorführungen.

vgl.
Kapitel 12

Nützliche Serviceleistungen

Viele Geschäfte bemühen sich, das Einkaufen so angenehm wie möglich zu gestalten. Dazu tragen z. B. Parkplätze, eine übersichtliche, klar gegliederte Raumgestaltung, eine zweckvolle oder dekorative Ladeneinrichtung, kurze Einkaufswege im Geschäft, Rolltreppen, Fahrstühle und Klimaanlagen bei.

Typische **Serviceleistungen**, die der Einzelhändler anbietet, sind z. B.:

- Telefon-, Fax- und/oder
- Online-Bestellannahme
- reparieren
- Farbe mischen
- Kochrezepte mitgeben

- zuschneiden
- Auswahl mitgeben
- umtauschen
- ausmessen
- Kredit gewähren

- zustellen
- verlegen
- anleiten
- montieren
- Kartenzahlung akzeptieren

Bei vielen technischen Artikeln löst der Einzelhändler im Auftrag des Herstellers die Garantieverpflichtung ein, z. B. Reparatur in eigener Werkstatt, Umtausch.

1.4 Erwartungen an das Produkt

Merke

Der Kunde, der ein Produkt kauft, will dadurch seine Wünsche erfüllen und Bedürfnisse befriedigen. Unterschiedliche Kunden haben unterschiedliche Bedürfnisse. Deshalb stellen Käufer vielfältige Erwartungen/Ansprüche an ein Produkt.

Beispiel: Ein Kunde wünscht ein sportliches Fahrrad, das gut läuft, ein geringes Gewicht hat, schön aussieht und viele nützliche Gebrauchseigenschaften besitzt. Vielleicht könnte dieses Herren-Mountainbike seinen Erwartungen entsprechen.

Nützliche Gebrauchseigenschaften

- leichter Rahmen
- bequemer Aufstieg
- leistungsfähige Scheibenbremsen
- verstärkte Nirosta-Speichen
- ergonomischer Gelsattel
- Mehrfachlackierung
- leichtgängige Schaltung

Schönes Aussehen (hoher Geltungswert)

- modische Zweifarblackierung
- ansprechender Sportlenker
- dynamisch-sportliches Aussehen
- sportlich wirkende Stollenreifen
- pfiffige Aufkleber

Umweltfreundliches Produkt

- belastet die Natur wenig
- verursacht keinen Lärm
- verursacht keine Abgase

Günstiger Preis

- günstiges Preis-Leistungs-Verhältnis
- viele vorteilhafte Eigenschaften

Merkmale	Erläuterung	Beispiel
Gebrauchswert	Darunter versteht man die nützlichen Eigenschaften eines Produkts für einen bestimmten Einsatzbereich.	*„Das Fahrrad ist aus Aluminium, deshalb ist es sehr leicht und erfordert kaum Pflege."*
Geltungswert/-nutzen	Darunter versteht man Eigenschaften eines Produkts, die z. B. schönes Aussehen, Aufmerksamkeit, Geltung und Ansehen (Prestige) bewirken. Geltungswerte sind also gefühlsmäßige Werte.	*„So ein exklusives Mountainbike sieht flott aus. Man wird sie beneiden."*
Qualität	Unter Qualität versteht man eine Vielzahl nützlicher Eigenschaften, die der Kunde bei der Verwendung des Produkts erwartet.	*„Das Mountainbike besitzt einen leichten Chrom-Molybdän-Stahlrahmen, die Kettenschaltung ist wartungsarm und besonders leicht zu bedienen."*
Umweltfreundliches Produkt	Solche Produkte sind aus schadstoffarmen Rohstoffen ressourcenschonend hergestellt, lassen sich wiederverwerten und verursachen wenig Abfall.	*„Der Rahmen des Rads besteht aus hochwertigem Molybdänstahl, ein wertvoller Rohstoff in der Wiederverwendung."*
Preis	Der Kunde erwartet, dass die Ware ihren Preis wert ist. Der Fachverkäufer kennt den Wert seiner Ware und kann diesen dem Kunden verständlich machen.	*„Der Einführungspreis dieses Rades ist besonders günstig, wir bieten es für ... an."*

Auf einen Blick

◆ Kundenorientierung bedeutet, sich an den Wünschen und Erwartungen der Kunden zu orientieren und sich zu bemühen, diese zu erfüllen.

◆ Kundenorientierung ist der Schlüssel zum Erfolg. Entsprechen die Leistungen des Geschäfts und der Verkäufer den Wünschen und Erwartungen der Kunden, so kauft er in diesem Geschäft.

◆ Kunden erwarten von Verkäufern gepflegtes Aussehen (Kleidung und Körperpflege) und Sympathie fördernde Umgangsformen (Sozialkompetenz).

◆ Im Umgang mit Kunden achten wir auf Verhaltensweisen, die Kunden „belohnen".

◆ Fachkompetenz in Form von Fachwissen sowie Sortimentskenntnisse sind Voraussetzungen für erfolgreiches Verkaufen.

◆ Bieten wir in unserem Geschäft dem Kunden ein bedarfsorientiertes Sortiment, eine attraktive Warenpräsentation, verlässliche Informationen und zusätzlichen Service, dann entscheidet er sich zum Kauf bei uns.

◆ Erwartungen des Kunden an das Produkt lassen sich zusammenfassen in hohem Gebrauchswert, hohem Geltungswert bzw. -nutzen, umweltfreundlichem Produkt, guter Qualität und günstigem Preis.

2 Das Warenwissen als Grundlage fachkundiger Beratung

Situation

Profi-Mountainbike

27-Gang-Kettenschaltung

Ahead-Lenkervorbau

Superleichter ALU-Rahmen

SUNTOUR Federgabel

AERO-Hohlkammerfelgen

1. Was bewirken Warenkenntnisse im Verkaufsgespräch?

2. Zeigen Sie an Beispielen, wie man Produktkenntnisse im Verkaufsgespräch sinnvoll einsetzen kann.

3. Welche Warenkenntnisse sind Ihrer Meinung nach notwendig, um Kunden beraten zu können?

2.1 Produktkenntnisse erleichtern die Verkaufstätigkeit

Interessierte und kritische Verbraucher wünschen konkrete Informationen, insbesondere bei erklärungsbedürftigen Artikeln. Eine qualifizierte und individuelle Beratung geht auf die Wünsche und Vorstellungen des Kunden ein und versucht, diesen vom guten Preis-Leistungs-Verhältnis des Produktes zu überzeugen.

Wer die Ware kennt, kann

- ◆ vorteilhaft präsentieren,
- ◆ sachlich, objektiv informieren,
- ◆ überzeugend argumentieren,
- ◆ Entscheidungshilfen geben,

- ◆ Problemlösungen bieten,
- ◆ Fragen richtig beantworten,
- ◆ Vertrauen schaffen,
- ◆ Empfehlungen geben.

Gute Produktkenntnisse machen uns zu einem kompetenten Berater.

2.2 Warenkundliche Informationsquellen

Warenkenntnisse können wir uns auf vielerlei Wegen aneignen:

Informationsquellen innerbetriebliche	Informationsquellen außerbetriebliche
◆ Produktinformationen der Hersteller, z. B. Prospekte, Kataloge, Gebrauchsanweisungen, Betriebsanleitungen, Verpackungsaufschriften ◆ Schulungen, Seminare, Lehrgänge auf betrieblicher Ebene ◆ Gespräche mit Fachkollegen, Ausbildungsleitern, Vorgesetzten ◆ aktiver Umgang mit der Ware	◆ Fachbücher, Fachzeitschriften ◆ Besuch von Messen, Ausstellungen ◆ überbetriebliche Fort- und Weiterbildung auf Kursen, Seminaren, Lehrgängen ◆ Besuch von Berufs- und Fachschulen ◆ Informationen durch Verbraucher- und Erzeugervereinigungen ◆ Gesetze, Verordnungen

2.3 Produktbeschreibungen fördern das Fachwissen

Merke

Produktbeschreibungen mittels Warenbeschreibungsbogen bieten die Möglichkeit, die Ware und das Sortiment unseres Geschäfts kennenzulernen. Aus einem Warenbeschreibungsbogen lassen sich gezielt Verkaufsargumente ableiten.

Beispiel einer Produktbeschreibung:

Digitalkamera Vorteile (V)/Nutzen (N)	
Artikelbezeichnung	Digitale Spiegelreflexkamera
Hersteller, Herkunftsland	CANON, Japan V/N: hoher Qualitätsstandard, große Betriebssicherheit
Einsatzmöglichkeiten	Einzelbilder, Serienbilder, Landschaftsbilder, Schnappschüsse, Nachtaufnahmen, Nahbereichsaufnahmen, manuelle Blitzzuschaltung/-abschaltung V/N: vielfältig einsetzbar, jeder Situation gewachsen
Produktmerkmale	◆ 18,7 Megapixel ◆ Objektivanschluss: EF- und EFS-Objektive ◆ Brennweite: 1,6fach ◆ Sucheranzeige: AF-Messfelder, Schärfenindikator ◆ integriertes Blitzgerät ◆ Wiedergabeformate: Einzelbild mit Stufen, Diaschau ◆ Stromsparschaltung ◆ Abmessungen: 128,8 x 97,3 x 62 mm ◆ Gewicht: ca. 530 g mit Akku und Speicherkarte
Zubehör	externe Blitzgeräte, Fernauslöser, Akkuladegerät, Netzadapter, Lithium-Ionen-Akku, Tasche V/N: überall aufladbar, stets einsatzbereit

2.4 Qualitätsmerkmale

Merke

Unter **Qualität** versteht man eine Vielzahl nützlicher Eigenschaften eines Produkts für einen bestimmten Einsatzbereich. Die Qualität eines Produkts drückt sich in einem hohen Gebrauchs- und/oder Geltungsnutzen aus.

Der Gebrauchsnutzen

Merke

Alle nützlichen Eigenschaften eines Produkts für einen bestimmten Einsatzbereich bilden deren Gebrauchsnutzen.

Beispiel: Porzellan-Service

Eigenschaften, Nutzen, Wirkungen

◆ stabiles Hartporzellan, spülmaschinenfest, mikrowellengeeignet, stapelbar

◆ bestehend aus:

A Dessertteller	D Grillteller
B tiefe Teller	E Kaffeetassen mit Untertassen
C flache Teller	F Kaffeebecher

Der Geltungsnutzen

Alle Eigenschaften und Merkmale eines Produkts, die auf Ansehen, Geltung, Emotionen, schönes Aussehen zielen, bilden den Geltungsnutzen eines Produkts.

Beispiel: iPad

Geltungsnutzen

◆ hochauflösendes IPS-Display mit LED-Hintergrundbeleuchtung, schnell reagierendes Multi-Touch-Display, leistungsstarker Chip

◆ flaches und leichtes Design

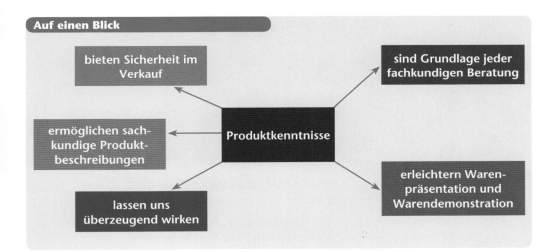

3 Kommunikation: Die Sprache ist mehr als ein Mittel der Verständigung

Situation 1

Die Auszubildende Maja ist im Supermarkt u. a. für die Warenpflege bei Obst und Gemüse zuständig. Am Montagmorgen ergab sich folgendes Gespräch mit einem Kunden:

Kunde: *(er „sortiert" beim Gemüse; die Verkäuferin Maja kommt hinzu) „Sie, Fräulein, da schauen Sie mal her, faulige Tomaten, das sieht ja nicht gerade einladend aus!"*

Maja: *„Wenn ich später Zeit habe, sortiere ich die fauligen Tomaten aus, ist doch nicht meine Schuld! Sie müssen diese Tomaten ja auch nicht kaufen!"*

1. Was beanstandet der Kunde?
2. Welche „Botschaft" vermittelt die Verkäuferin dem Kunden?
3. Wie wirkt sich eine missglückte Gesprächsbeziehung zwischen Verkäufern und Kunden wohl aus?

Situation 2

Eine Verpackungsaufschrift lautet:

> Dieses Traumeis für verwöhnte Feinschmecker ist mit vielen Walnüssen wundervoll bereichert und zeichnet sich durch vollendete Geschmacksharmonie aus. Diese unvergleichliche Eis-Kreation wird nach Original Schweizer Rezepten unter Verwendung allerbester Zutaten hergestellt.

Welche Worte sind geeignet, angenehme Empfindungen auszulösen?

3.1 Die Sprache – wichtiges „Werkzeug" zur Verständigung

Die Sprache ist das wichtigste Mittel der Verständigung. Folgende **Situationen** zeigen dies:

◆ Der Verkäufer ermittelt durch geschickte Fragen den Bedarf des Kunden.

◆ Der Kunde gibt Auskunft über seine Wünsche und Vorstellungen.

◆ Der Verkäufer zeigt Produkte, führt diese vor, nennt Vorteile, berät, empfiehlt.

◆ Der Kunde fragt nach Einzelheiten, hat Einwände.

◆ Der Verkäufer nimmt dazu Stellung.

Kommunikation heißt Verständigung, Mitteilung und Austausch von Informationen.

Damit beim Bedienen und Beraten leichter störungsfreie und positive, verkaufsfördernde Gespräche geführt werden können, befassen wir uns mit der Kommunikation durch Sprache als wichtiges „Werkzeug" des Verkäufers **(Kommunikationsmittel)**.

3.2 Gespräche werden auf der Beziehungsebene und der Sachebene geführt

Kommen Menschen miteinander ins Gespräch, so führen sie die Gespräche auf zwei „Ebenen". Am Beispiel der Situation 1 im Supermarkt lässt sich dies folgendermaßen verdeutlichen:

◆ Die „**Sachebene**": Auf dieser Ebene übermitteln wir Sachinformationen, also Informationen, die **klar, vernünftig, rational (verstandesmäßig)** sind. Der Verkäufer nennt z. B. Produkteigenschaften, Preise, Serviceleistungen usw., der Kunde fragt nach diesen oder ähnlichen Dingen. In der Situation 1 spricht der Kunde von „fauligem Blumenkohl".

◆ Die „**Beziehungsebene**": **Auf dieser Ebene übermitteln wir Emotionen** (= Gefühle), z. B. was wir über unseren Gesprächspartner oder über andere denken. Doch aufgepasst: Wir können positive oder negative Gefühle auslösen, die sich auf unsere Beziehungen zu unseren Geschäftspartnern auswirken. Die Aussage in Situation 1: „Ist doch nicht meine Schuld, Sie müssen den fauligen Blumenkohl ja auch nicht kaufen" belastet das weitere Verkaufsgespräch und kann zum erfolglosen Ende des Verkaufsgesprächs führen.

Sachebene übermittelt Sachinformationen: z. B. zum Produkt, Service usw.

← →

Beziehungsebene übermittelt Gefühle: Negativ übermittelte Gefühle wirken sich verkaufshemmend, positive verkaufsfördernd aus.

← →

Eine negative Beziehungsebene entsteht z. B. durch empfundene Minderwertigkeit, Enttäuschung, Frust, Lustlosigkeit, Neid, Aggression, was nicht nur für Verkäufer, sondern für alle Menschen gilt.

Eine positive Beziehungsebene entsteht meist durch positive Einstellung, durch Zufriedenheit, Freude, Engagement, Humor, Empfinden von glücklichen Augenblicken usw.

Ziel des erfolgreichen Verkaufs- und Beratungsgesprächs ist es,

◆ auf der Sachebene Kunden sinnvolle Informationen zum gewünschten Produkt, zu seinen Eigenschaften, Vorteilen und Einsatzmöglichkeiten zu geben (oder zu erfragen),

◆ auf der Beziehungsebene das Gespräch positiv zu gestalten, um eine angenehme, verkaufsfördernde Atmosphäre zu schaffen.

3.3 Gesprächsstörer

Darunter versteht man Aussagen und Verhaltensweisen, welche das Verkaufsgespräch erschweren bzw. abwürgen. Wir vermeiden:

Killerphrasen, Reizworte	Befehle	Überredungsversuche („Aufschwatzen")	Vorwürfe	Dämpfung der Kundenerwartungen

Killerphrasen und Reizworte

Beispiele:

◆ *„Davon haben Sie keine Ahnung!"*

◆ *„Das sehen Sie völlig falsch!"*

◆ *„Sie wollen mir als Fachmann doch nicht …!"*

Solche und ähnliche Äußerungen sind „Killerphrasen". Sie wirken verletzend, herausfordernd und gesprächsstörend. **Ein verlorener Kunde ist der größte Verlust.**

Befehle

Beispiele:

◆ *„Sie müssen noch einen Augenblick warten, Sie sehen doch, dass …"*

◆ *„Mit der Beschwerde müssen Sie sich woanders hinwenden!"*

◆ *„Entscheiden Sie sich endlich!"*

Befehle, die häufig in dem Wort „müssen" zum Ausdruck kommen, lassen erkennen, dass sich der **Verkäufer über den Kunden stellt**. Wir verzichten auf solche Aussagen. Sie sind geeignet, Widerstände beim Kunden auszulösen.

Überredungsversuche

Beispiele:

◆ *„Nehmen Sie doch diese wunderschöne Handtasche!"*

◆ *„Zögern Sie nicht lange, sonst ist dieses einmalige Kleid anderweitig verkauft!"*

◆ *„An Ihrer Stelle würde ich nicht zögern, sondern sofort zugreifen!"*

Die Entscheidung für ein Produkt soll der Kunde und nicht der Verkäufer treffen. Wir wollen den Kunden nicht bevormunden und unser Geschäftsabschlussinteresse über das Anliegen des Kunden stellen. Massiver Einfluss („Hochdruckverkauf") auf den Kunden und Versuche, um jeden Preis einen Kauf abzuschließen, bewirken das Gegenteil.

Vorwürfe machen

Beispiele:

◆ *„Ich habe Sie doch gerade ausdrücklich darauf hingewiesen, dass ..."*

◆ *„Haben Sie trotz meines Hinweises nicht beachtet, dass ..."*

◆ *„Wären Sie gleich gekommen, dann hätten wir ..."*

Verhält sich der Kunde nicht so, wie dies der Verkäufer empfiehlt, sind häufig Vorwürfe zu hören. Für den Kunden wird es schwierig, sich zu rechtfertigen. Er gerät in eine Konfliktsituation.

Kundenerwartungen dämpfen

Beispiele:

◆ Ein Kunde sucht ein Geschenk. Verkäufer: *„Oh je, das ist natürlich schwierig!"*

◆ Der Verkäufer findet nicht das richtige Produkt für den Kunden. Verkäufer: *„... da habe ich höchstens noch ...!"*

◆ Kunde sucht nach etwas Besonderem. Verkäufer: *„Das kostet aber ..."*

Solche Aussagen dämpfen die Kundenerwartungen und verunsichern. Wir nehmen dem Kunden die Hoffnung, etwas Geeignetes zu finden. Er könnte daraus schließen, dass seine Wünsche nicht erfüllbar sind.

3.4 Positives Denken und positive Einstellung fördern das Verkaufsgespräch

Es ist einleuchtend, dass positiv denkende Menschen/Verkäufer sympathisch und beliebt sind. Sie stellen sich anspruchsvollen Aufgaben und meistern schwierige Situationen. Positives Denken und positive Einstellungen übertragen sich auf Kunden und schaffen eine verkaufsfördernde Gesprächsatmosphäre.

Beispiele für positive Beziehungen/Einstellungen des Verkäufers:

Positive Einstellung zu(m)	Beispiele
sich	◆ Er akzeptiert sich, hat positive Gedanken und Gefühle, ist optimistisch, besitzt Selbstvertrauen, glaubt an seine Fähigkeiten, gestaltet das Verkaufsgespräch aktiv, ◆ er betrachtet Misserfolge im Verkauf nicht als Fehlschläge, sondern als Lernerfahrung und Anregung für künftiges Verhalten, lernt aus eigenen und fremden Fehlern, lässt Frust, Ärger, Stress und schlechte Stimmung nicht aufkommen, die positives Denken und Handeln blockieren, ◆ er ist gelassen, freundlich, partnerschaftlich, hilfsbereit, fair und humorvoll.
Kunden	◆ Er akzeptiert ihn, wie er ist, vermeidet Auseinandersetzungen, die nicht zu gewinnen sind, macht ihn nicht zur „Beute", ◆ er ist offen für die Wünsche der Kunden und versucht, diese bestens zu erfüllen; er erbringt für den Kunden viele gefragte, wertvolle und nützliche Dienste und ist ein fairer Partner.
Geschäft	Er bejaht die Zusammenstellung des Warenangebots, akzeptiert Mitarbeiter und Vorgesetzte und bringt sich aktiv, positiv und kreativ in das Unternehmen ein.
Kollegen	Er arbeitet mit Kollegen zusammen, lernt von ihnen, unterstützt sie, hilft ihnen, bildet ein Team und kann mit deren Mitarbeit und Unterstützung, Kollegialität und eventuell Freundschaft rechnen.
Sortiment	Er identifiziert sich weitgehend mit dem Warenangebot, er behandelt die Ware sorgfältig, macht sie nicht schlecht, sondern erkennt ihre vielen positiven Eigenschaften und Vorzüge.

3.5 Gesprächsförderer

Merke Unter Gesprächsförderern versteht man Aussagen und Verhaltensweisen, die dem Kunden signalisieren: Bitte sprechen Sie ausführlich über Ihre Wünsche und Erwartungen, ich möchte Ihre Anliegen verstehen, damit ich Sie gut bedienen und beraten kann; Sie sind mir sympathisch.

Zuhören

Uns allen sind folgende Klagen vertraut: *„Der hört ja nie richtig zu!"*, *„Der hört nicht auf mich!"* Die Aussage *„Der hört auf mich"* enthält Anerkennung und Wertschätzung. Dies trifft auch auf uns Verkäufer zu.

gut zuhören

Merke

Zuhören ist die Kunst, dann zu schweigen, wenn der Kunde anfängt, Wünsche, Vorstellungen, Absichten, Meinungen oder Einwände vorzubringen.

Ob wir **interessiert zuhören**, merkt der Kunde an folgenden, häufig anzutreffenden **Verhaltensweisen**: Weit geöffnete Augen, Blickkontakt, bestätigendes Nicken oder Worte wie *„jaaa"*, *„ah ja"*, *„aha"*, *„mm"*, *„interessant"*, *„tatsächlich"*, *„darüber sollten wir uns unterhalten"*. Wenn wir zudem nochmals die inhaltlichen und die gefühlsmäßigen Aussagen der Kunden mit eigenen, veränderten Worten wiederholen, zeigen wir, dass wir gut zuhören. Dies alles signalisiert dem Kunden Interesse und bedeutet für ihn: Hier werde ich gehört und verstanden, hier gehen meine Wünsche in Erfüllung.

Zustimmen

Jeder Mensch strebt nach Bejahung, Zustimmung, Anerkennung. Je mehr wir dem Kunden dieses Gefühl in Worten und Verhaltensweisen geben, desto verstandener fühlt er sich, desto sympathischer findet er uns und desto günstiger ist die Gesprächsatmosphäre.

Merke

Beispiele für Zustimmung:

„Ja." *„Richtig."* *„Sehr recht."* *„Sie sagen ganz richtig, dass ..."* *„Sie haben recht."* *„Das stimmt."* *„Jawohl, gerne."* *„Sie haben gut gewählt."* *„Sie sind auf diesem Gebiet sachkundig."* *„Ich kann Sie gut verstehen."*

Nachfragen

Beispiel:

Kunde: *„Ich suche da nach etwas, womit ich ... Was gibt es denn in dieser Hinsicht Geeignetes?"*

Verkäufer: *„Könnten Sie bitte noch weitere Angaben hierzu machen, damit wir das Richtige leichter finden?"*

Merke

Durch Fragen zeigt der Verkäufer Interesse für die Anliegen seines Kunden und macht es ihm leicht, darüber zu berichten. Mit geeigneten Fragen können wir das Verkaufsgespräch weiterbringen.

vgl. Kapitel 5

Denkanstöße geben

Beispiel:

Kunde: *„Ich weiß nicht, ob ich das teure oder das preiswerte Fahrrad nehmen soll."*

Verkäufer: *„Das teure aus Aluminium rostet nicht. Das ist doch vorteilhaft!"*

Mit dem Denkanstoß wollen wir die Entscheidung dem Kunden nicht abnehmen, sondern ihn veranlassen, Gründe für oder gegen etwas zu suchen. Eine Entscheidung, die er selbst trifft, trägt und verteidigt er besser als eine vom Verkäufer empfohlene!

Beispiele für Denkanstöße:

◆ *„Ist es für Sie ein Vorteil, wenn der Artikel …?"*

◆ *„Ein wichtiger Vorteil dieser Ware ist …"*

◆ *„Haben Sie daran gedacht, dass …?"*

3.6 Kundenorientierte Sprache

Zwischen Kunde und Verkäufer gibt es einen Dialog, in dem die Gesprächspartner Informationen austauschen und versuchen, sich gegenseitig zu beeinflussen. Die kundenorientierte Sprache umfasst Möglichkeiten, wie der Verkäufer die Gesprächsatmosphäre günstig beeinflussen kann, um leichter das gewünschte (Abschluss-)Ziel zu erreichen.

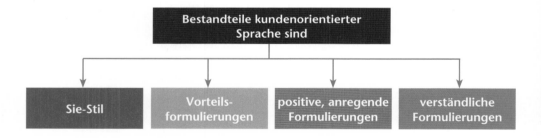

Sie-Stil

Die Sprache des Verkäufers drückt aus, ob die Anliegen des Kunden oder seine eigenen Interessen im Mittelpunkt stehen. Aussagen in „Ich"-Form enthalten häufig Meinungen, Anweisungen und Befehle. **Geschulte Verkäufer sprechen kundenorientiert im Sie-Stil** und verwenden die Anreden „Sie", „Ihr", „Ihre", „Ihnen". Dies wirkt persönlicher und interessierter.

Beispiele:

statt „ich" und „wir":	besser: „Sie"
◆ *„Ich zeige jetzt einen Artikel, der …"*	◆ *„Sehen Sie bitte, diesen Artikel …"*
◆ *„Wir haben da eine große Auswahl an …"*	◆ *„Bei uns finden Sie eine große Auswahl an …"*
◆ *„Ich empfehle diesen Artikel wegen …"*	◆ *„Sehen Sie, dieser Artikel hat folgende Vorteile …"*
◆ *„Ich finde, Sie sollten …"*	◆ *„Was meinen Sie zu …?"*
◆ *„Dagegen möchte ich einwenden …"*	◆ *„Bitte bedenken Sie …"*

Vorteilsformulierungen

Darunter versteht man Formulierungen im Sie-Stil, die gleichzeitig durch ein Tätigkeitswort **den Kunden auf (gewünschte) Vorteile hinweisen.**

Beispiele für Vorteilsformulierungen	
◆ *„Das bringt Ihnen …"*	◆ *„Das garantiert Ihnen …"*
◆ *„Das hilft Ihnen …"*	◆ *„Das fördert Ihre …"*
◆ *„Sie sparen dadurch …"*	◆ *„Damit erhöhen Sie …"*
◆ *„Damit erreichen Sie …"*	◆ *„Das verbessert Ihre …"*
◆ *„Das sichert Ihnen …"*	◆ *„Bei dieser Packung sparen Sie …"*

Durch solche und ähnliche Vorteilsformulierungen verdeutlichen wir dem Kunden kurz und treffend die Vorteile eines bestimmten Produkts. Solche Aussagen bilden das Fundament unserer kundenbezogenen Argumente.

vgl. Kapitel 10 „Verkaufsargumente"

Positive, anregende Formulierungen

Positive, anregende Formulierungen eines Verkäufers wirken auf den Kunden ansprechender als negative Formulierungen. Der Aussagegehalt bleibt derselbe.

Beispiele:

statt: negativen, nicht anregenden Aussagen	besser: positive, anregende Aussagen
◆ *„Oh je, das Glas ist schon halb leer."*	◆ *„Das Glas ist noch halb voll."*
◆ *„Gar nicht schlecht, wie dieses Kleid aussieht."*	◆ *„Wie hübsch dieses Kleid mit den frischen Farben aussieht."*
◆ *„Die Creme verhindert Gesichtsfalten."*	◆ *„Die Creme glättet die Haut."*
◆ *„So eine Kost verhindert Verstopfung."*	◆ *„Diese Kost fördert die Verdauung."*
◆ *„Da haben Sie keinen schlechten Kauf getätigt."*	◆ *„Sie haben gut gewählt."*

Verständliche Formulierungen

Die nachfolgende Tabelle zeigt, durch welche sprachlichen Merkmale unsere Aussagen im Verkaufsgespräch leichter oder schwerer verständlich werden.

Beispiele:

statt: schwer verständlich	besser: leicht verständlich
◆ lange, verschachtelte Sätze	◆ kurze, einfache Sätze, wenige Nebensätze
◆ Vielzahl unwichtiger Argumente	◆ wenige, zugkräftige Argumente
◆ passive Satzkonstruktion („werden", „wird")	◆ aktive Satzkonstruktionen
◆ nicht erklärte Fachausdrücke	◆ erklärte Fachausdrücke
◆ Verwendung langsilbiger Hauptwörter („...ung", „...keit")	◆ Verwendung treffender Eigenschafts- (Adjektive) und passender Tätigkeitswörter (Verben)
◆ Dialekt	◆ mundartliches Sprechen

Treffende **Adjektive beschreiben** Produkte, Vorgänge, Situationen genau.

Beispiele:

◆ „Zartes Fondue-Fleisch aus saftigen, argentinischen Rinderhüften, gut abgehangen!"

◆ „Deutscher Stangenspargel, mit weißen Köpfen, geschält!"

Passende **Verben (Zeit- bzw. Tätigkeitsworte) verkürzen** Sätze, bezeichnen Vorgänge und Handlungen.

Beispiele:

◆ „Durch diese Zusatzgeräte kann die Küchenmaschine kneten, mixen, rühren, reiben, raspeln, zerkleinern und pürieren!"

◆ „Unsere Werkstatt repariert, wartet und pflegt Ihr Fahrzeug!"

Statt des Konjunktivs (hätte, könnte, wollte, täte) verwenden wir den **Indikativ**, der eine klare Aussage macht.

Beispiel:

statt: „Ich könnte Ihnen etwas zeigen ..."

besser: „Bitte sehen Sie hier ..."

3.7 Die richtige Sprechtechnik wirkt angenehm

Wir beachten folgende Punkte:

Sprechtempo	◆ Zu schnell wirkt nervös und verwirrend. ◆ Zu langsam klingt lustlos und ermüdend. ◆ Zu gleichförmig klingt monoton und sachlich.
Lautstärke	◆ Zu leise wirkt unsicher und erfordert hohe Aufmerksamkeit. ◆ Zu laut wirkt unangenehm und aufdringlich.
Stimmhöhe	◆ Zu tief wirkt brummig und träge. ◆ Zu hoch klingt piepsig und kindlich.
Sprechpausen	◆ Zu lange Pausen wirken wenig anregend und überzeugend. ◆ Pausenloses Reden wirkt geschwätzig und aufdringlich.
Aussprache	◆ Mangelnde Bewegungen von Mund, Lippen und Zunge führen zu schlechter Aussprache (Laute und Silben werden verschluckt), was unverständlich wird.

Auf einen Blick:

◆ Die Sprache ist eines der wichtigsten Mittel der Verständigung (Kommunikationsmittel) und eines der bedeutendsten „Werkzeuge" im Verkaufsgespräch. Wir gestalten die Sachebene und die Beziehungsebene positiv.

◆ (Verkaufs-)Gespräche werden auf der Beziehungs- und der Sachebene geführt. Wir gestalten diese positiv.

◆ Verkaufsgespräche sollen störungsfrei, dialogfördernd und kundenorientiert geführt werden. Positives Denken und positive Einstellungen helfen uns dabei.

◆ Unter Gesprächsstörern versteht man Aussagen, welche das weitere Gespräch erschweren oder abwürgen. Die wichtigsten Gesprächsstörer sind: „Killerphrasen", Befehle, Überredung, von sich reden, Vorwürfe machen, Kundenerwartungen dämpfen.

◆ Gesprächsförderer sind Aussagen und Verhaltensweisen, die dem Kunden signalisieren: Ich möchte Ihr Anliegen verstehen, um Sie gut bedienen und beraten zu können. Wichtige Gesprächsförderer sind Zuhören, Zustimmen, Nachfragen, Denkanstöße geben.

◆ Wir wenden eine kundenorientierte Sprache an im Sie-Stil, mit Vorteilsformulierungen, mit positiven, anregenden Formulierungen, in einfachen, kurzen Sätzen.

◆ Die richtige Sprechtechnik wirkt angenehm.

4 Kommunikation durch Körpersprache: Mitteilungen des Körpers

Situation

1. Zwei junge Leute finden sich offenbar besonders sympathisch. Woran erkennen Sie das?

2. Körpersprachliche Signale lassen sich aus dem Gesichtsausdruck, der Haltung des Körpers und aus dem Distanzverhalten ableiten. Beschreiben Sie diese für die beiden anderen jungen Leute.

3. Auch der Kunde sendet stumme Signale aus. Geben Sie dazu drei verschiedene Beispiele und beschreiben Sie, was diese bedeuten (können).

4.1 Körpersprache: Mitteilungen des Körpers

Wir haben die Sprache als ein wichtiges Mittel der Verständigung (Kommunikationsmittel) kennengelernt. Darüber hinaus sendet der Körper stumme Signale aus, die Empfindungen, Gefühle und Interessen „verraten". Der erhobene, warnende Zeigefinger, der missbilligende Blick, die interessierten, weit geöffneten Augen, das Heben und Senken der Schultern sind vielsagende **„nonverbale Kommunikation"**.

| Blick | Mimik | Gestik | Körperhaltung |

Wenn wir Produkte vorlegen oder vorführen, Einwände beantworten usw., sendet der Körper Signale aus, d. h., er **macht Aussagen, Mitteilungen, er gibt Botschaften von sich**. Damit wir diese richtig deuten, müssen wir sie stets in ihrer Gesamtheit beobachten und im Zusammenhang mit der vorliegenden Situation sehen.

Körpersprachliche Signale entspringen dem Unterbewusstsein

Werden körpersprachliche Signale spontan, d. h. verzögerungsfrei, ausgelöst, entspringen sie dem Unterbewusstsein. **Der Körper „lügt" nicht**, er „verrät" gegebenenfalls etwas, was man eigentlich für sich behalten wollte. Nur „geschauspielerte" Körpersignale nehmen den Umweg über das Bewusstsein und werden deshalb zeitlich später gesendet. Für unsere Beobachtungen sind die spontanen Signale besonders aussagefähig.

Richtig gedeutete Körpersprache bringt Vorteile

Praxistipp

Wer körpersprachliche Signale **beobachtet und richtig** zu **deuten** weiß, **hat** folgende **Vorteile**:

- Er erfährt in Verkaufssituationen auch wortlos Einstellungen, Empfindungen, Absichten seines Kunden.
- Er kann bestehendes Interesse, Desinteresse sowie bestehende Abneigungen, Meinungsverschiedenheiten schneller erkennen und darauf reagieren.
- Er kann den Kunden besser verstehen und sich leichter auf ihn einstellen.

4.2 Blickkontakt

Der Verkäufer stellt zum Kunden **Blickkontakt** her und bringt auf diese Weise zum Ausdruck: *„Ich bin für Sie da", „Was kann ich für Sie tun?"*. Dieser Blick darf nicht zu intensiv und zu streng fixierend sein: Der Kunde könnte dies als unangenehm, aufdringlich, abschätzend oder sogar als beleidigend empfinden.

Die **Blicke** des Kunden (und unsere) **können vielsagend sein:**

Beispiele:

beobachtete Signale	mögliche Bedeutung	mögliche Reaktion
◆ offener, zugewandter Blick des Kunden	◆ Interesse, Zuwendung, Zuneigung, Sympathie, Offenheit, Wertschätzung, Freude	◆ weitermachen hinsichtlich Gesprächsinhalt, der Warenvorführung und der Verkaufsargumente
◆ Kunde schaut verlegen weg, fehlender Augenkontakt	◆ Desinteresse, Teilnahmslosigkeit, Ablehnung („keines Blickes würdigen")	◆ Interesse wecken durch andere Ware, anderen Gesprächsinhalt, andere Argumente
◆ Blick „von oben herab"	◆ Überlegenheit, Stolz, Hochmut, Verachtung, soll Unsicherheit erzeugen	◆ nichts unternehmen, was die Spannung weiter steigern könnte
◆ wandernder Blick	◆ Kunde vergleicht Waren, sucht nach weiteren Möglichkeiten, Unentschlossenheit	◆ beim Warenvergleich behilflich sein, neue Waren zeigen, zugkräftige Argumente bringen

4.3 Mimik

Darunter versteht man den **Gesichtsausdruck.** Er entsteht durch Bewegungen der Stirnpartie, der Augen, der Nase und des Mundes. Der Beobachter nimmt den Gesichtsausdruck als Gesamteindruck wahr. Er kann z. B. vielsagend, offen, freundlich, interessiert, aber auch unsicher, verschlossen, angespannt, ablehnend und feindselig auf den Gesprächspartner wirken.

Die Mimik des Kunden **gibt Auskunft über** seine **innere Einstellung:**

Beispiele:

positive Einstellung des Kunden:	negative Einstellung des Kunden:
Interesse, Offenheit **Signale:** freundliches Gesicht, Lachen oder Lächeln, wobei der Mundwinkel und gegebenenfalls die Augenbrauen nach oben gezogen sind, voll geöffnete Augen, waagerechte Stirnfalte über der Nasenwurzel (Konzentrationsfalte bei starkem Interesse)	**Unlust, Unzufriedenheit, Unbehagen** **Signale:** starrer Gesichtsausdruck, senkrechte Stirnfalten, herabgezogene Mundwinkel, Nasenfalte zwischen Nase und Mund („Nase rümpfen"), wobei sich der Nasenflügel und die Oberlippe heben, „saurer" Gesichtsausdruck, wahrnehmbare Spannungen in den Lippen

4.4 Gestik

Darunter verstehen wir die **Ausdrucksbewegungen, die vom Kopf, Arm, der Hand und den Fingern ausgeführt werden**. Auch damit werden Botschaften übermittelt.

Der Griff zur Nase kann z. B. je nach Gesamtsituation Zeichen der Betroffenheit, des „Ertapptseins" sein oder die Befürchtung signalisieren, „ertappt" zu werden („sich an der eigenen Nase fassen"); der erhobene Zeigefinger kann mahnend, belehrend oder warnend wirken, die Hände in der Tasche können von innerer Unsicherheit oder Desinteresse zeugen.

Beispiele:

Interesse, Zuwendung, Aufmerksamkeit	Unsicherheit, Nachdenklichkeit, Unentschlossenheit, Zweifel	Ablehnung, negative Einstellung, Unlust, Unzufriedenheit
Signale: bestätigendes Nicken mit dem Kopf; die Griffhand bewegt sich, als wolle sie etwas er- bzw. begreifen; von unten nach oben offene Handfläche; genießerisches Aneinanderreiben der Hände	**Signale:** Hin- und Herbewegung des Kopfes; geneigter Kopf; hochgezogene Schultern; die Schultern heben und senken sich; verkreuzte Arme; ausgestreckter Zeigefinger am Lippenrand	**Signale:** Abkehr des Gesichts vom Gesprächspartner; Handflächen mit gespreizten Fingern bewegen sich nach unten, als wollten sie mildern, abwehren, ablehnen

4.5 Körperhaltung

Bewegungen des Kopfes, des Oberkörpers und der Beine signalisieren:

◆ *„Was Sie mir zeigen und sagen, interessiert mich überhaupt nicht!" oder*

◆ *„Das ist ja sehr interessant, was Sie gerade zeigen oder sagen, bitte machen Sie weiter!"?*

Beispiele:

Zustimmung, Interesse, Zuwendung, positive Einstellung	Ablehnung, Desinteresse, negative Einstellung
Signale: Zuwendung des Körpers zum Produkt oder zum Verkäufer; aufgerichteter Kopf als Zeichen der Aufgeschlossenheit; Vorwärtsbewegung von Kopf und Oberkörper	**Signale:** Abwendung des Körpers vom Produkt oder vom Verkäufer; der Betreffende sucht Schutz in größerer Entfernung; Zurücknehmen des Kopfes und des Oberkörpers oder nach vorn fallender Oberkörper („er sinkt in sich zusammen")?

4.6 Probleme beim Umgang mit der Körpersprache

Um Falschdeutungen vorzubeugen ist es wichtig, dass wir möglichst viele Signale erfassen, die in einer bestimmten Verkaufssituation, z. B. der Warenvorlage, während des Argumentierens, erkennbar sind. Alle **wortlosen Mitteilungen ergänzen sich wechselseitig**, weil sie dasselbe aussagen und der Körper nicht „lügt". Nur eine genaue, vorurteilsfreie Beobachtung und viel Erfahrung können **vor Fehldeutungen schützen**.

4.7 Verkäufer: positive Signale senden

Körpersprachliche Signale des Kunden zeigen uns, „wo er innerlich steht". Umgekehrt erkennen Kunden aus unseren körpersprachlichen Signalen „unsere Lust und unseren Frust", was wir denken und ob wir selbst von dem überzeugt sind, was wir sagen. Positives Denken produziert positive körpersprachliche Signale, die wiederum wie Stimmungsaufheller gegenüber Kunden wirken und somit helfen, eine günstige emotionale Beziehung aufzubauen.

Beispiele für positive Signale an Kunden:

◆ Blickkontakt zeigt Interesse für Kunden. Fehlt dieser, geht der Kontakt zum Kunden verloren.

◆ Der freundliche Gesichtsausdruck signalisiert Offenheit, Zuwendung und: Sie sind willkommen.

◆ Offene Augen, leicht nach oben gezogene Augenbrauen und leicht zur Seite geneigter Kopf vermitteln entspannte Atmosphäre.

◆ Leicht nach vorne geneigter Oberkörper bedeutet Zuwendung.

◆ Eine geöffnete Hand, Zeigen der Innenhandfläche lassen auf Offenheit für Gedanken, Einwände usw. schließen.

◆ Wir lassen ohne viel Training ungekünstelte Gesten zu, die unserer Stimmung entsprechen.

Wichtig ist, dass bei Verkaufsgesprächen Gesprächsinhalte und körpersprachliche Signale zusammenpassen. Seien Sie mutig und lassen Sie sich negativ wirkende Signale von Kollegen oder im Rollenspiel anhand von Videoaufzeichnungen sagen bzw. zeigen. Wenn Sie selbstkritisch durch diese „harte Schule" gehen, profitieren Sie persönlich und Ihr Geschäft! Nutzen Sie die Chance, Ihre Persönlichkeit noch besser zur Geltung zu bringen.

Auf einen Blick

◆ Unser Körper und der unseres Kunden senden unbewusst stumme Signale, Mitteilungen und Botschaften aus, die vieles über Empfindungen, Gefühle und Interessen „verraten".

◆ Körpersprachliche Signale gehen vom Blick, der Mimik, Gestik und Haltung aus.

◆ Genau beobachtete und richtig gedeutete Ausdrucksbewegungen helfen uns, den Kunden leichter und besser zu verstehen, um individueller auf ihn eingehen zu können.

◆ Von besonderer Bedeutung sind die körpersprachlichen Signale, die während des Gesprächs mit dem Kunden auf Interesse, Unentschlossenheit und Ablehnung schließen lassen.

◆ Um Fehldeutungen vorzubeugen, ist es wichtig, dass wir möglichst viele Ausdrucksbewegungen erfassen. Diese ergänzen sich wechselseitig, weil sie dasselbe aussagen. Vorurteilsfreie Beobachtung und viel Erfahrung schützen vor Fehldeutungen.

◆ Senden auch Sie bewusst positive Signale, denn diese schaffen eine positive Verkaufsatmosphäre.

5 Fragetechnik: Gezielte Fragen bringen das Verkaufsgespräch weiter

Situation

Im Bau- und Gartenmarkt: Eine junge Familie mit Kleinkind interessiert sich für Gartenmöbel. Sie schauen sich nach einem Verkäufer um. Angenommen, der Verkäufer stellt bei der Bedarfsermittlung eine dieser Fragen:

1. *„Sie wünschen sich doch bestimmt Gartenmöbel der oberen Preisklasse?"*

2. *„Sollen es preiswerte Gartenmöbel sein oder lieber hochwertigere, teurere?"*

3. *„Welche Gartenmöbel-Hersteller bevorzugen Sie?"*

4. *„Welche Anforderungen stellen Sie an die gewünschten Gartenmöbel?"*

5. *„Sonnenschirm brauchen Sie keinen?"*

1. Welche Frage deckt am besten die Wünsche der Kunden auf? Begründen Sie Ihre Entscheidung.

2. Bei welcher Frage versucht der Verkäufer, den Kunden einzureden, bestimmte Gartenmöbel zu nehmen, wobei er sich für die eigentlichen Wünsche der Kunden wohl kaum interessiert?

3. Ist es sinnvoll, gleich zu Beginn der Bedarfsermittlung zu fragen: *„Sollen es preiswerte Gartenmöbel sein oder lieber hochwertigere, teurere?"*

5.1 Vorteile, die mit der richtigen Anwendung von Fragen verbunden sind

Die richtige Anwendung von Fragen bringt für das Verkaufsgespräch Vorteile. Wer fragt,

◆ spricht weniger und erfährt mehr vom Kunden (Bedarf, Vorstellungen, Einwände);

◆ regt den Kunden zum Nachdenken an;

◆ zeigt Interesse am Kunden und löst Interesse bei ihm aus;

◆ sorgt für angenehme Gesprächsatmosphäre und vermeidet Konflikte;

◆ lenkt und verkürzt das Gespräch in Richtung Kaufentscheidung.

5.2 Wichtige Frageformen im Verkaufsgespräch

Hinter jeder Frage, die der Fragesteller (Verkäufer) an seinen Gesprächspartner (Kunden) richtet, **steckt eine bestimmte Absicht**. Die verschiedenen Frageformen, die damit verbundenen Absichten, Beispiele und ihre Anwendung in unterschiedlichen Verkaufssituationen wollen wir nun kennenlernen.

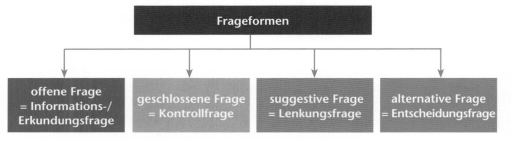

Die offene Frage (Informations-/Erkundungsfrage)

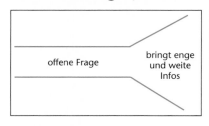

Die offene Frage veranlasst den Kunden, sich zu äußern und **bringt enge und weite Informationen** über seine Wünsche, Vorstellungen, Meinungen, Gedanken. Häufig beginnt die Frage mit den Fragewörtern **wer, wie, wo, was, wann oder warum** („**W-Fragen**").

Beispiele für offene Fragen

◆ „Was soll das Gerät können?"

◆ „Zu welchem Anlass möchten Sie ...?"

◆ „Was darf ich Ihnen zeigen?"

◆ „Welche Bedenken haben Sie bei ...?"

◆ „Was meinen Sie zu ...?"

◆ „Wie gefällt Ihnen ...?"

◆ „Wie finden Sie ...?"

◆ „Welche Vorstellungen haben Sie zu ...?"

Die offene Frage eignet sich bei der Bedarfsermittlung, um Wünsche und Vorstellungen kennenzulernen, bei der Warenpräsentation, um Gedanken und Meinungen zur Ware zu hören, bei Kundeneinwänden, um Bedenken zu erfahren.

Die geschlossene Frage (Kontrollfrage)

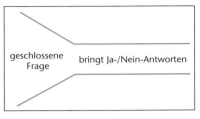

Wünscht der Fragesteller von seinem Gesprächspartner eine **kurze, knappe Antwort**, ist eine geschlossene Frage angebracht. Sie engt die Antwort auf die Möglichkeiten z. B. „Bitte in Größe 40", „Ja" oder „Nein" ein und beschränkt so den Dialog. Deshalb wird sie auch als Kontrollfrage bezeichnet.

Beispiele für geschlossene Fragen:

◆ *„Tragen Sie Größe 38?"*

◆ *„Haben Sie beachtet, dass …?"*

◆ *„Werden Sie schon bedient?"*

◆ *„Arbeiten Sie mit diesem Gerät …?"*

◆ *„Sind Sie damit einverstanden, dass …?"*

◆ *„Können Sie das Gerät selbst bedienen?"*

◆ *„Nehmen Sie diesen Pullover?"*

Suggestivfrage (Lenkungsfrage)

Suggestivfragen[1] wollen den Kunden beeinflussen, ihn in eine bestimmte Richtung lenken, ihm eine Antwort „in den Mund legen".

Die **positive Suggestivfrage soll zur Antwort „Ja" führen**. In den Fragen sind vielfach Wörter wie **doch, bestimmt, sicher, auch, meinen Sie auch, gerade, lieber gleich** enthalten.

Beispiele für positive Suggestivfragen (bzw. suggestive Aussagen):

◆ *„Sie finden sicher auch, dass …?"*

◆ *„Meinen Sie auch, dass …?"*

◆ *„Das Kleid sieht doch gut aus!"*

◆ *„An dem Gerät haben Sie bestimmt lange Spaß, weil es …"*

◆ *„Sie möchten sicher die größere Packung, Sie sparen dadurch …"*

◆ *„Gerade die Automatik dieser Kamera garantiert bestmögliche Bilder!"*

Doch Vorsicht, die Suggestivfrage „**riecht**", wenn sich der Verkäufer nicht der Mühe unterzieht seinen Kunden durch Argumente (Vorteile) zu überzeugen. „Durchschaut" der Kunde den Verkäufer, dem nur am Umsatz, nicht aber an den eigentlichen Interessen des Kunden liegt, stellt er gegebenenfalls eine „**entlarvende**" Gegenfrage.

Beispiel für diese Situation:

Verkäufer: *„Sie finden doch auch, dass für Sie nur dieses Kleid infrage kommt?"*

Kundin: *„Wieso, was veranlasst Sie zu dieser Annahme? Woher wissen Sie, was ich eigentlich suche?"*

Doch aufgepasst: **Negative Suggestivfragen** führen meist zur Antwort „Nein". Dadurch geht ein Verkaufsgespräch schnell zu Ende, die Verkaufschancen nehmen ab.

---

[1] von „suggerieren" = beeinflussen

Beispiele für negative Suggestivfragen

◆ *„Sie sind nicht an ... interessiert?"*

◆ *„Daran haben Sie kein Interesse?"*

◆ *„Eine Krawatte zum Hemd brauchen Sie nicht?"*

◆ *„Sonst brauchen Sie nichts?"*

◆ *„Sonst noch was?"*

◆ *„Das wär's wohl?"*

Alternativfrage (Entscheidungsfrage)

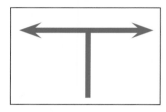

Bei der Alternativfrage bieten wir dem Gesprächspartner (Kunden) die **Wahl zwischen zwei Möglichkeiten**. Der Kunde soll sich zwischen beiden Möglichkeiten (Alternativen) entscheiden, nachdem eine ausführliche Warenvorführung mit überzeugenden Verkaufsargumenten vorausgegangen ist. Auf diese Weise **bereiten** wir **die Entscheidung vor** und führen das Gespräch zum positiven Abschluss.

Beispiele für Alternativfragen:

◆ *„Bevorzugen Sie die helle oder die dunkle Ledertasche?"*

◆ *„Sagt Ihnen der flauschige Angora-Pulli besser zu als der aus feiner Merino-Wolle?"*

◆ *„Möchten Sie lieber diese Waschmaschine mit dem Super-Sparprogramm oder die einfache, preisgünstigere?"*

Auf einen Blick

◆ Fragen dienen der Informationsbeschaffung, sie beweisen Interesse am Kunden, beteiligen ihn aktiv, lenken und verkürzen das Verkaufsgespräch in Richtung Kaufabschluss.

◆ Offene Fragen veranlassen den Kunden, ausführlich über seine Wünsche, Vorstellungen, Interessen, Meinungen, Einwände zu berichten. Sie bringen enge oder weite Informationen.

◆ Geschlossene Fragen sind angebracht, wenn Ja-/Nein-Antworten des Kunden erwünscht sind.

◆ Positive Suggestivfragen beeinflussen den Kunden positiv und führen zu der Antwort „Ja", negative zu „Nein"! Wir achten auf faire Empfehlungen.

◆ Alternativfragen engen die Auswahl ein und führen den Kunden häufig schneller an die Entscheidung heran.

6 Kontaktaufnahme mit Kunden

Situation

1. Welche Verkaufsformen liegen hier vor?
2. Nennen Sie die erkennbaren Produktgruppen aus den Bildern 1 und 2.
3. Auf welche Weise stellen Sie als Verkäufer Kontakt her mit Kunden
   a) bei Erlebniskäufen,
   b) bei Versorgungskäufen?

6.1 Kontaktaufnahme ist situationsabhängig

Täglich finden viele Millionen verschiedenartiger Einkäufe statt. Wir wollen zunächst zwei Arten mit unterschiedlichen Kaufabsichten kennenlernen. Daraus ergeben sich entsprechende Kontaktaufnahmen mit Kunden.

Es gibt Warenbereiche, die sowohl dem Erlebnis- als auch dem Versorgungskauf zugeordnet werden können (vgl. LF 4, Abschnitt 2.4).

Erlebnis-/Beratungskäufe	Versorgungs-/Aushändigungskäufe
◆ Es sind meist Produkte aus dem Erlebnis- und verschiedenen Lebensbereichen, z. B. „Alles für Ihre Schönheit", „Alles fürs Kind", Produkte des gehobenen Bedarfs, neue Elektronikartikel usw. ◆ Die Produkte sind erklärungsbedürftig, z. B. neue Elektronikprodukte wie Plasma-TV oder Produkte, die nach gesetzlichen Vorschriften nur in Bedienungsform verkauft werden dürfen, z. B. offene Lebens-, Arzneimittel usw. ◆ Verkaufsformen: meist Bedienung und Vorwahl	◆ Es sind meist Produkte des täglichen Bedarfs, z. B. Lebensmittel, Schreibwaren, die der Kunde kennt ◆ Die Eigenschaften dieser Produkte sind allgemein bekannt und bedürfen beim Kauf üblicherweise keiner Beratung/Erklärung ◆ Verkaufsformen: meist Selbstbedienung

6.2 Kontaktaufnahme im Beratungsgespräch/Bedienung

Beispiel im Fachgeschäft/Warenhaus mit Fachgeschäftscharakter:
Der Kunde will z. B. ein technisches Gerät kaufen und wünscht Beratung. Er erwartet sofortige Zuwendung, Spaß und Erlebnis sowie qualifizierte, individuelle Beratung.

Wir signalisieren dem Kunden mit einem freundlichen, entspannten Gesichtsausdruck und einem Lächeln:

◆ Sie sind uns willkommen und wir freuen uns, dass Sie zu uns kommen und uns eine Verkaufschance geben.

◆ Wir finden Sie als Kunden sympathisch.

◆ Wir bemühen uns, Sie zu verstehen.

◆ Wir möchten Sie situationsgerecht, fachmännisch und individuell beraten und Ihnen Problemlösungen vorschlagen.

Folgende Verhaltensweisen des Verkäufers wirken kontaktfördernd oder kontaktstörend:

Beispiele:

kontaktfördernd	kontaktstörend
rasche Hinwendung zum Kunden; freundliche Begrüßung; aktiv zuhören; auf Interessen, Wünsche, Vorstellungen, Meinungen des Kunden eingehen; zustimmen; verständlich erklären; sich engagieren	Kunden nicht beachten; Privatgespräche fortführen; Kunden ins Wort fallen; Interessen, Wünsche, Vorstellungen übergehen; lustloses, gleichgültiges, arrogantes, geringschätziges Verhalten; unhöflich sein; widersprechen usw.

Im Folgenden beachten wir weitere kontaktfördernde Verhaltensweisen des Verkäufers, die insbesondere für das Beratungsgespräch wichtig sind.

Augenkontakt herstellen

Der **Augenkontakt** stellt eine zwischenmenschliche Beziehung dar und **bedeutet Interesse und Wertschätzung** des Gesprächspartners. Wir halten Augenkontakt, indem wir unserem Gesprächspartner in die Augen bzw. auf die Nasenwurzel schauen, ohne ihn anzustarren oder durch ihn hindurchzusehen, als wäre er Luft. Blickkontakt strahlt Sicherheit, Offenheit, Ehrlichkeit und Zuwendung aus!

Wir grüßen den Kunden

Entsprechend dem heutigen Lebensstil sind die Grußformen freier. Drei Grundsätze gelten:

◆ Situationsgerecht grüßen, wobei Alter, Geschlecht, berufliche Position, Bekanntheitsgrad, regionale Gepflogenheiten bestimmend sind.

◆ Wir grüßen den Kunden so, wie er dies von uns erwartet.

◆ Jeder Kunde hört gern seinen Namen. Das schafft persönliche Atmosphäre. Insbesondere Stammkunden sprechen wir mit dem Namen an. Falls uns der Name unbekannt ist, können wir diesen von Kollegen, durch Änderungswünsche, Hauszustellungen, Kartenzahlung oder vom Kunden selbst erfahren. *„Ich sehe, Sie kaufen öfter bei uns ein. Ich möchte Sie gerne mit Ihrem Namen ansprechen. Darf ich darum bitten?"*

Beispiele, wie wir den Kunden ansprechen können:

◆ *„Guten Tag, wie kann ich Ihnen behilflich sein?"*

◆ *„Grüß Gott, was kann ich für Sie tun?"*

◆ *„Bitte schön, was darf ich Ihnen zeigen?"*

◆ *„Ja?"* (mit fragender Betonung, die beabsichtigt, die Wünsche des Kunden zu erfahren)

Der richtige Gesprächsabstand

Der richtige Gesprächsabstand zwischen Kunde und Verkäufer ist der, bei dem sich beide wohlfühlen. Je nachdem, in welcher „Beziehung" die Gesprächspartner zueinander stehen, ergeben sich unterschiedliche **Distanzzonen**, die das Wohlbefinden fördern oder beeinträchtigen.

◆ Der Verkäufer „tritt dem Kunden zu nahe", der Kunde fühlt sich dann bedrängt und zieht sich zurück.

◆ Der Verkäufer nimmt eine zu große Distanz ein; er wirkt distanziert, kühl und uninteressiert.

Verlangt unser verkäuferisches Tun, in der „intimen" Distanz des Kunden tätig zu sein, z. B. beim Umlegen einer wertvollen Halskette, bitten wir den Kunden um sein Einverständnis. Dadurch schließen wir eine Verletzung seiner Gefühle aus, z. B.: *„Darf ich Ihnen behilflich sein, diese Kette umzulegen?"*

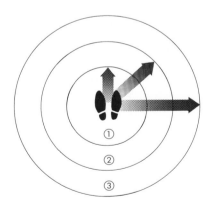

Standort des Kunden

① „Intime" Distanz:
z. B. Familienangehörige, ca. bis. 50 cm

② „Persönliche" Distanz:
z. B. Freunde, Bekannte; 50 cm–1,20 m

③ „Gesellschaftliche" Distanz:
z. B. Geschäftspartner; 1,20 m–3 m

Zuhören bringt uns Informationen und bedeutet Interesse am Kunden

„Reden ist Silber, Schweigen ist Gold." Dies gilt besonders dann, wenn uns der Kunde seine Wünsche, Vorstellungen, Interessen, Ansichten, Meinungen und Einwände mitteilt. Dadurch erhalten wir nützliche Informationen für das weitere Verkaufsgespräch.

Merke

Aktives Zuhören deutet der Kunde als Interesse und Zuwendung. Wir zeigen dieses, indem wir uns für ihn Zeit nehmen, Nebenarbeiten beenden, ihm nicht ins Wort fallen, unsere Blicke auf ihn richten, zustimmend nicken, Bemerkungen von uns geben wie „jaa", „das ist ja sehr interessant", „ahhh" usw.

Gemeinsame Kontaktbereiche ansprechen

So verschieden Kunden auch sind, zwei Ebenen stehen uns zur Verfügung, um mit ihnen in Kontakt zu kommen: die **Sachebene** und die **Beziehungsebene (emotionale Ebene)**. Auf dieser Ebene sprechen wir insbesondere Stammkunden oder Bekannte an. Wir greifen mit ein paar freundlichen Worten Angenehmes und Positives auf und können z. B. vom Urlaub, Kindern, Erziehung, Hobbys und Wetter sprechen. Doch alsbald „kommen wir zur Sache". Im sachlichen Bereich geben wir Informationen z. B. zum Produkt, zu seinem Aussehen, seinen Gebrauchseigenschaften und Vorteilen, zum Einsatz, Preis, zu Serviceleistungen usw.

6.3 Kontaktaufnahme bei Vorwahl

Bei der Vorwahl beschäftigt sich der Kunde bereits mit dem Produkt: Er holt den Artikel aus dem Regal, nimmt ihn prüfend in die Hand, hält z. B. die Jeans vor sich hin usw. Wir können ein (großes) **Interesse für das Produkt** feststellen.

Die Gedanken des Kunden kreisen dann wahrscheinlich um folgende Fragen: *„Ist das für mich die richtige Ware?",* *„Welche vorteilhaften Eigenschaften hat sie?", „Wie ist der Preis?"* usw. Wir sollten den Kunden nicht plötzlich aus seinen Gedanken herausreißen, sondern uns einige Sekunden wartend neben ihn stellen, bis er, z. B. durch Blickkontakt, seine Gesprächsbereitschaft signalisiert. Durch die kurze Wartezeit können Kunde und Verkäufer sich leichter aufeinander einstellen.

Warenbezogene Kontaktaufnahme

Wir nutzen die Chance, mit dem Kunden „über das Produkt" ins Gespräch zu kommen. Was wir sagen, soll ihn informieren, ihm weiterhelfen und das Interesse für das Produkt verstärken. Durch unsere Beratung wird der Kunde häufig erst auf die Ware und ihre besonderen Vorzüge aufmerksam, die er ohne unsere Hilfe übersehen hätte.

Beispiele im Jeansshop:

Kunde	Aussagen des Verkäufers
◆ macht Griffprobe	– *„Diese Jeans sind auf der rechten Warenseite leicht geschmirgelt und fühlen sich deshalb weich an!"*
◆ hält Jeans an sich hin	– *„Bitte probieren Sie diese Jeans einmal unverbindlich an, die Kabine hier ist frei!"*
◆ liest das Preisetikett	– *„Markenqualität im neuesten Schnitt, sehr preiswert!"*
◆ sucht nach weiteren Jeans in einer bestimmten Größe	– *„Am nächsten Rundständer führen wir weitere Jeans in Ihrer Größe!"*
◆ liest das Pflegeetikett	– *„Diese Stretch-Jeans bitte nicht in den Trockner stecken, sonst laufen sie ein!"*

Solche oder ähnliche Aussagen sind situationsgerechter als Fragen, wie z. B. *„Was darf es sein?"*, *„Bitte schön?"*, *„Was kann ich für Sie tun?"*

6.4 Kontaktaufnahme beim Aushändigungskauf

Beim Aushändigungsverkauf erfüllt der Verkäufer einen relativ genau geäußerten Kundenwunsch. Häufig stehen Fragen nach dem gewünschten Produkt und der Menge im Vordergrund. Solche Verkäufe gibt es nicht nur an der Fleisch- und Wurst-theke, beim Obst und Gemüse. Sie sind bei vielen verschieden-artigen Produkten denkbar. Darüber hinaus nutzen wir die Möglichkeit, Kunden positiv mit wenigen verkaufsfördernden und nützlichen Argumenten zu beeinflussen. Nach einer freundlichen Begrüßung erfolgt eine warenbezogene Kontakt-aufnahme.

Beispiel: an der Fleisch- und Wursttheke

Der Kunde äußert einen klaren Wunsch hinsichtlich Artikel und Menge.

Kunde: (weist mit dem Finger in die Theke) *„Bitte davon drei Filets!"*

Verkäufer: *„Gerne, diese Filets sind sehr saftig und mager. Sie brauchen sie nur kurz anzubraten!"* (Verkäufer hält das Messer an das Fleisch, zeigt die Stückgröße und fragt) *„Größere oder kleinere Stücke?"*

6.5 Kontaktaufnahme mit Kunden, die sich „nur mal umschauen" wollen

Viele Kunden, die ein Geschäft aufsuchen, interessieren sich für das Warenangebot, „was es alles so gibt", „was alles kostet". Sie wollen sich umsehen, orientieren, informieren und inspirie-ren lassen. Die offene Warendarbietung, die attraktive und erlebnisorientierte Präsentation der Ware und das verlockende Sortiment sollen Kaufimpulse auslösen.

Merke

Das Interesse für unser Geschäft ist etwas Positives. Wer ungestört Kontakt zur Ware aufnehmen und sich unbeeinflusst mit ihr beschäftigen kann, bei dem wird der Besitzwunsch geweckt und die Kaufentscheidung vorbereitet; Aufdringlichkeit verjagt Kunden!

Wie wir uns verhalten

Wenn sich der Kunde längere Zeit mit dem Produkt beschäftigt, wollen wir ihn einerseits ansprechen, andererseits nicht aufdringlich sein. Diese anscheinend unlösbare Aufgabe bewältigen wir, wenn wir zum Ausdruck bringen, dass der Kunde

◆ alles in Ruhe ansehen und gegebenenfalls an- bzw. ausprobieren kann,

◆ sich gerne unverbindlich bedienen und beraten lassen kann,

also in keiner Weise zum Kauf verpflichtet ist. Demnach kommt es darauf an, Formulierungen zu verwenden, die nicht missverstanden werden können.

Beispiel:

Verkäufer: *„Guten Tag!" (Nachdem der Kunde den Gruß erwidert hat:) „Dieses hübsche Poloshirt ist aus reiner Baumwolle und pflegeleicht ausgerüstet"*

Kunde: *„Vielen Dank, ich wollte mich nur mal umsehen!"*

Verkäufer: *„Bitte schauen Sie sich um, weitere Modelle finden Sie ..."*

oder: *„Selbstverständlich gerne! Ich führe Ihnen auch unverbindlich andere Teile vor!"*

Wenn der Kunde keine Bedienung und Beratung wünscht, **respektieren** wir dies und ziehen uns mit freundlichen Worten und ohne „saure" Miene zurück: *„Wenn Sie irgendwelche Fragen haben, stehe ich Ihnen gerne und unverbindlich zur Verfügung!"* Es ist nämlich das gute Recht eines jeden Kunden, **„Nein" zu sagen**. Bei einem „Nichtkauf" darf sich die Enttäuschung nicht gegen die Person des Kunden richten.

Geben Sie Ihrem Kunden noch nützliche, verkaufsfördernde Tipps, z. B.:

◆ *„Preiswerte Einzelpaare in Ihrer Größe haben wir ..."*

◆ *„Ganz modische Bikinis sind dort drüben bei ..."*

◆ *„Die neuesten Modelle finden Sie dort bei ..."*

6.6 Kontaktaufnahme bei Selbstbedienung

Beim Kauf von Waren des tägliches Bedarfs, z. B. Lebensmitteln, Schreibwaren, problemlosen Textilien usw., begegnet der Kunde Verkaufsmitarbeitern, die mit dem Bestücken und Nachfüllen von Waren, der Warenpflege, der Warenplatzierung oder Warenpräsentation beschäftigt sind.

Auch wenn bei der Selbstbedienung Kontakte mit dem Warenangebot wesentlich intensiver sind als mit Kunden, so wollen wir doch beachten, dass ein positives Verhalten die Kundenorientierung und die Kundenbindung stärkt, wie folgende Negativ- und Positivbeispiele veranschaulichen:

Beispiele:

falsch	richtig
◆ Der Verkäufer eilt mit griesgrämigem Gesicht und gesenktem Kopf durch die Regalreihen.	◆ Der Verkäufer grüßt freundlich und nimmt für einen Augenblick Augenkontakt auf.
◆ Der Kunde sucht vergeblich nach einem Verkäufer, der, obwohl er erkennt, dass er gebraucht wird, eilt weiter.	◆ Der Verkäufer wendet sich dem Hilfe suchenden Kunden zu.
◆ Der Kunde findet ein bestimmtes Produkt nicht und erwartet Hilfe. Verkäufer: *„Gehen Sie zuerst nach links, dann zweimal nach rechts, dann sehen Sie das gewünschte Produkt."*	◆ Verkäufer: *„Ich zeige Ihnen, wo Sie das Produkt finden."* Der Verkäufer geht zusammen mit dem Kunden zum Regal und händigt es mit einer nützlichen Information aus.
◆ Der Kunde wünscht Auskunft über eine bestimmte Packungsgröße, Verkäufer: *„Schauen Sie doch selbst nach, ich habe jetzt dafür keine Zeit."*	◆ Verkäufer sieht selbst nach, ob die gewünschte Packungsgröße vorrätig ist und händigt diese aus.

Für viele Kunden erfolgt die Kontaktaufnahme mit Verkäufern erst an der Kasse. Auch hier gilt: Der erste Eindruck (über das Geschäft) ist der entscheidende, der letzte der Bleibende. Im Interesse der Kundenorientierung und -bindung verhalten wir uns entsprechend. vgl. LF 3

Auf einen Blick

◆ Die Kontaktaufnahme mit Kunden ist situationsabhängig. Erlebnis-/Beratungskäufe erfordern eine andersartige Kontaktaufnahme als Versorgungs-/Aushändigungskäufe.

◆ Die Kontaktaufnahme im Beratungsgespräch wird durch kontaktfördernde Maßnahmen erreicht: auf den Kunden zugehen, einen situationsgerechten freundlichen Gruß, freundlichen Gesichtsausdruck, Augenkontakt, richtigen Gesprächsabstand, aktives Zuhören u. Ä.

◆ Der gute Kontakt ermöglicht eine angenehme Gesprächsatmosphäre, schafft Sympathie, Vertrauen und ist kundenorientiert.

◆ Bei der Vorwahl beschäftigt sich der Kunde bereits mit dem Produkt, die Kontaktaufnahme erfolgt am besten über die Ware (warenbezogene Kontaktaufnahmen).

◆ Die Kontaktaufnahme beim Aushändigungskauf, bei welchem der Kunde einen relativ genau geäußerten Wunsch nennt, ist warenbezogen. Der Verkäufer nennt wenige, wichtige, überzeugende Eigenschaften/Verkaufsargumente.

◆ Kunden, die sich „nur mal umschauen" wollen, drängen wir nichts auf, signalisieren aber unsere Kontaktbereitschaft und stehen auf Wunsch des Kunden zur Verfügung.

◆ Die Kontaktaufnahme bei der Selbstbedienung ist zwar nicht häufig, doch sollte sie als Chance für positiv gestaltete Kundenorientierung und -bindung genutzt werden.

7 Kaufmotive geben Auskunft über die Nutzenerwartungen des Kunden

Situation

Für den Verkäufer eines Autohauses, das über einen größeren Bestand an Neu- und Gebrauchtwagen verfügt, ergeben sich folgende Situationen:

◆ Eine vierköpfige Familie sucht einen größeren, gebrauchten Pkw, in dem die Familie bequem Platz hat. Der Kofferraum soll groß genug sein, um die Campingausrüstung aufnehmen zu können.

◆ Eine etwa 20-jährige Frau interessiert sich für einen preiswerten Gebrauchtwagen mit geringem Benzinverbrauch.

◆ Ein Mann mittleren Alters bittet um Prospekte für besonders umweltfreundliche Wagen und wünscht hierzu technische Angaben.

◆ Der Versicherungsvertreter A, ein Stammkunde, hat eine Probefahrt im neuesten Luxusmodell gemacht, die ihn von der hervorragenden Technik und der fantastischen Ausstattung überzeugte. Ein Kauf wird in Aussicht gestellt.

1. Obwohl die Kunden alle an Autos interessiert sind, liegen in jedem Einzelfall spezielle Bedürfnisse und Beweggründe vor. Ermitteln Sie diese.

2. Warum wäre es nicht sinnvoll, wenn der Verkäufer in allen Verkaufsgesprächen von der Größe, Höchstgeschwindigkeit, Leistung des Motors u. Ä. sprechen würde?

3. Welche Vorteile bringt es, wenn man Beweggründe beim Kauf klar erkennt?

7.1 Kaufmotive und Nutzenerwartungen

Kaufmotive[1] geben Auskunft, was den Kunden zum Kauf bewegt bzw. welchen Nutzen oder Vorteil er von dem gewünschten Produkt erwartet. Jedes Produkt hat einen Nutzen.

Beispiele:

Artikel	Nutzen
Nahrung	sichert Grundbedürfnisse
Geschirrspüler	Arbeitsersparnis, Bequemlichkeit, mehr Freizeit
teures Luxusauto	Anerkennung (Prestige), Geltung, sicheres, bequemes Reisen
einfacher Gebrauchtwagen	Bequemlichkeit, Unabhängigkeit, Sparsamkeit
gutes Spielzeug	Beschäftigung, Zuwendung, Entdeckung, Bildung
Heimwerkerartikel	Unabhängigkeit, Ersparnis, Entdeckung

Werden im Verkaufsgespräch Kaufmotive oder Nutzenerwartungen erkennbar, können wir

◆ leichter ein kundenorientiertes Warenangebot unterbreiten,

◆ gezielter Produkte zeigen und vorführen,

◆ individueller argumentieren.

7.2 Häufige Kaufmotive

Welche Kaufmotive hat der Kunde? Wir beschränken uns in dieser Darstellung auf solche, die häufig vorkommen und auf die wir im Verkaufsgespräch gut eingehen können.

Die nebenstehende Pyramide „bewertet" die verschiedenen Motive von einer untersten Ebene (Grundbedürfnisse) bis zur höchsten Spitze (Geltung, Anerkennung); über die Rangordnung innerhalb der Pyramide lässt sich streiten, sie ist subjektiv.

An-
sehen,
Geltung

Neugierde,
Entdeckung

Bequemlichkeit

Sicherheit,
Zuverlässigkeit, Garantie

Ertrag, Sparsamkeit,
geringe Kosten, Rationalisierung

Gesundheit, Wohlbefinden

Grundbedürfnisse

Grundbedürfnisse

Um leben zu können, müssen grundlegende Bedürfnisse befriedigt werden. Der Kunde kauft Nahrungsmittel, um Hunger und Durst zu stillen; Kleidung, um nicht zu frieren ... (Versorgungskäufe). Der Kunde kennt diese Produkte und deren Preise; häufig verhält er sich sehr preisbewusst.

---

[1] Motiv = Beweggrund oder Ziel des Handelns

Gesundheit und Wohlbefinden

Bei vielen Kunden gewinnen als Kaufgründe **die Gesundheit, das Wohlbefinden und die Umweltfreundlichkeit** zunehmend an Bedeutung. Einige Beispiele für Artikelgruppen und Lebensbereiche, in welche diese Motive hineinwirken, sind:

◆ gesündere Nahrungsmittel,

◆ Naturkosmetik, Naturheilkunde,

◆ Gebrauchsgegenstände aus umweltgerechten Materialien, z. B. Textilien aus Naturfasern, Schuhe aus Leder,

◆ Fitnessartikel für den Freizeitbereich usw.

Ertrag, Sparsamkeit, geringe Kosten und Rationalisierung

Kunden, die sich von diesen Motiven leiten lassen, wollen einen **Vorteil**, der sich **in Geld** ausdrücken lässt.

Beispiele: Für einen bestimmten Betrag eine möglichst große Menge, Portion, Packung einkaufen können; hohe Ertrags- oder Gewinnchancen mitnehmen (Kapitalanlage); preiswert einkaufen können; günstigen Verbrauch erzielen (Geräte mit Sparprogramm); Sonderangebote wahrnehmen usw.

Sicherheit, Zuverlässigkeit und Garantie

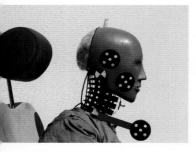

Kunden, die sich von solchen Motiven leiten lassen, möchten sich vor möglichen Risiken und Verlusten schützen. Die Erwartungen hinsichtlich **Sicherheit und Zuverlässigkeit** stehen hier im Vordergrund. Folgende Kundenäußerungen lassen dies erkennen: *„Ist das Gerät auch wirklich sicher, entspricht dies … ?"*, *„Können Sie mir die Garantie geben, dass das Material …?"*, *„Verliere ich nichts, wenn … ?" „Wie sicher kann ich sein …?"*

Bei technischen Geräten, Maschinen, Autos, Versicherungen spielen solche Motive eine Rolle!

Bequemlichkeit

Kunden mit diesem Motiv legen Wert auf **Erleichterung. Bequemlichkeit** und mühelose Abwicklung einer Tätigkeit werden angestrebt, z. B.: *„Das Spülen von Hand ist mir zu aufwendig, zu umständlich. Ich suche jetzt nach …"*

Solche Erwartungen können sich an Haushaltsgeräte, Werkzeuge, Fertiggerichte, pflegeleichte Textilien, Möbel, Einbauküchen, Schuhe, automatische Kameras, Autos mit Automatik-Getriebe usw. richten.

Neugierde und Entdeckung

Kunden mit diesen Motiven sind an **Neuheiten** sehr interessiert. Sie wollen gleich von Anfang an dabei sein, ausprobieren, nichts versäumen, erleben, entdecken usw.

Neugierde, Wünsche auf Erlebnisse, Entdeckung, Abenteuerlust sind die treibenden Kräfte, die z. B. bei Büchern, Zeitschriften, neuester Mode, Hobbyartikeln, Spielzeug, PC, Pkw, Freizeiterlebnissen, Abenteuerurlauben, Besuchen besonderer Veranstaltungen usw. vorliegen können.

Ansehen und Geltung

Äußerungen des Kunden oder sein Verhalten lassen erkennen, dass er nach **Anerkennung, Beliebtheit, Einfluss, Ansehen und Geltung** strebt, z. B.: *„Die Leute sollen sehen, wer man ist und was man sich leisten kann!"*

Bei Waren des gehobenen Bedarfs wie Delikatessen, aufwendigen Autos, Designerkleidung, wertvollen Pelzmänteln und Teppichen, exklusiven Möbeln, kostbaren Schmuckstücken und Luxusartikeln sind solche Motive von Bedeutung. Viele Kunden sind empfindlich und fühlen sich bloßgestellt, wenn der Verkäufer dieses Motiv offen anspricht. Deshalb sind Umschreibungen notwendig wie: *„Dieser Ring ist sehr kostbar, er ist aus …"*, *„Dies ist etwas Erlesenes, das nicht jeder trägt …"*, *„Dieses Modellkleid ist etwas ganz Einmaliges und Exklusives …"*.

Gefühls- und verstandesbetonte Kaufmotive

Kaufmotive werden auch in gefühls- und verstandesbetonte Motive eingeteilt, eine exakte Trennung ist jedoch nicht immer möglich. Fachleute sind der Meinung, dass mehr als 80 % der Kaufentscheidungen gefühlsbetont getroffen werden. Die Motive der Bedürfnispyramide lassen sich wie folgt in gefühlsbetonte und/oder verstandesbetonte Motive einteilen:

gefühlsbetont	verstandesbetont
◆ Ansehen, Geltung, schönes Aussehen	◆ Ertrag, Sparsamkeit, geringe Kosten, Rationalisierung
◆ Neugierde, Entdeckung, Mode, Freude	◆ Bequemlichkeit, Qualität
◆ Gesundheit, Wohlbefinden, Genuss	◆ Sicherheit, Zuverlässigkeit, Garantie
◆ Spiel- und Arbeitstrieb, Vergnügen	◆ Umweltschutz

7.3 Kaufmotive erkennen und entsprechend handeln/ argumentieren

Beispiele:

Kundenwünsche und erkannte Kaufmotive	mögliche Antworten
„Was haben Sie diese Woche an Fleisch im Angebot?" **Motiv: Sparsamkeit**	*„Diese Woche haben wir Schweinefilets im Angebot, das Beste und Feinste, zum Kurzbraten oder als Medaillons, das Pfund kostet nur ..."*
„Ich suche elegante Schuhe!" **Motiv: schönes Aussehen, Ansehen, Geltung**	*„Bei eleganten Schuhen sind wir gut sortiert, wir führen namhafte modische Schuhe von italienischen und deutschen Herstellern, bitte sehen Sie ..."*

Auf einen Blick

◆ Hinter dem Wunsch des Kunden, ein bestimmtes Produkt zu kaufen, stehen Nutzenerwartungen.

◆ Kaufmotive geben darüber Auskunft, was den Kunden zum Kauf bewegt (Nutzenerwartungen).

◆ Die häufigsten Kaufmotive sind
  – Grundbedürfnisse sichern,
  – Gesundheit, Wohlbefinden,
  – Ertrag, Sparsamkeit, geringe Kosten, Rationalisierung,
  – Sicherheit, Zuverlässigkeit,
  – Bequemlichkeit,
  – Neugierde, Entdeckung,
  – Ansehen, Geltung.

◆ Sind Kaufmotive durch Äußerungen oder Verhaltensweisen des Kunden erkennbar, können wir leichter ein kundenorientiertes Warenangebot unterbreiten, gezielt Produkte zeigen und vorführen sowie kunden- bzw. motivbezogen argumentieren.

8 Bedarfsermittlung bei beratungsintensiver Ware

Im Lederwarengeschäft mit Vorwahl/Vollbedienung geht eine Kundin auf eine Verkäuferin zu.

Verkäuferin: *„Guten Tag! Was darf ich Ihnen zeigen?"*

Kundin: *„Ich suche eine schicke Handtasche!"*

Verkäuferin: *„Bei schicken Handtaschen sind wir gut sortiert. Wir werden bestimmt das Richtige für Sie finden. Wozu soll die Tasche passen?"*

Kundin: *„Zu einem eleganten Kostüm."*

Verkäuferin: *„Welche Farbe soll denn die Tasche haben?"*

Kundin: (Kundin zeigt einen ratlosen Gesichtsausdruck.) *„Ach, ich weiß nicht, vielleicht Braun?"*

Verkäuferin: *„Bitte kommen Sie hier herüber!"* (Verkäuferin holt zunächst drei verschiedene elegante Taschen unterschiedlicher Form in echt Leder und in Kroko.) *„Ich möchte Ihnen gerne diese Taschen, ihre Innenausstattung und ihre Verarbeitung zeigen, damit Sie unser Sortiment kennenlernen."*

Kundin: (Verkäuferin zeigt und führt vor.) *„Aah, das ist ja sehr interessant! Sie führen wunderschöne Taschen …"*

1. Was können folgende Aussagen der Verkäuferin bei der Kundin bewirken?
   a) *„Bei schicken Handtaschen sind wir gut sortiert!"*
   b) *„Nun schauen wir, damit wir eine schicke Tasche für Sie finden!"*

2. Auf welche Frage konnte die Verkäuferin der Kundin sofort Taschen zeigen, die den Vorstellungen der Kundin nahe kamen?

3. Welche Fragen sind geeignet, den Bedarf des Kunden zu ermitteln?

8.1 Vertrauensauslöser verwenden

Der Kunde, der Bedienung oder Beratung wünscht, gibt dies dadurch zu erkennen, dass

◆ er sich suchend nach einem Verkäufer umschaut bzw.

◆ er geht auf den Verkäufer zu oder wartet, bis ein Verkäufer „frei" ist.

Nach der Begrüßung und nachdem der Kunde seinen **Wunsch** genannt hat, vermeiden wir Aussagen, welche die Erwartungen des Kunden dämpfen.

Beispiele:

Vertrauensauslöser	Aussagen, welche Kundenerwartungen dämpfen können
◆ „Wir schauen, damit wir das Richtige für Sie finden." ◆ „In dem Artikelbereich haben wir eine große Auswahl." ◆ „Wir haben uns auf diese Wünsche und Probleme eingestellt."	◆ „Oh je, das ist natürlich schwierig." ◆ „Leider führen wir den Artikel nicht, da hätte ich höchstens noch …" ◆ „Mit diesem Wunsch werden Sie sich schwertun."

Wir verwenden Vertrauensauslöser. Diese verstärken beim Kunden das Gefühl: Hier bin ich in einem leistungsfähigen Geschäft mit fachkundigen Verkäufern, hier bin ich willkommen.

8.2 Direkte Bedarfsermittlung

Mit offenen Fragen den speziellen Bedarf ermitteln

Bei dieser Methode der Bedarfsermittlung stellt der Verkäufer offene Fragen, um Hinweise über die Beschaffenheit des gewünschten Produkts zu erhalten. Kaufwünsche wie „eine Jacke" sind noch unbestimmt, sie enthalten also keine konkreten Angaben, z. B. über Größe, Material, Qualität, Ausführung, gewünschte Eigenschaften. Beim Kauf von beratungsintensiven Waren wissen die meisten Kunden nicht genau, wie der gewünschte Artikel beschaffen sein soll. Ziemlich genaue Angaben können sie aber darüber machen,

◆ zu welchem **Zweck, Anlass,** zu welcher **Gelegenheit,**

◆ zu welchem **Einsatzbereich** das gewünschte Produkt dienen soll,

◆ welche **Anforderungen/Erwartungen** sie an das Produkt stellen.

Alle Fragen, die den Kunden veranlassen, über seinen Bedarf oder Kaufmotiv nachzudenken und sich darüber zu äußern, geben uns Hinweise über die gewünschte Ware, ihr Aussehen und ihre gewünschten Eigenschaften.

Beispiele:

Verkäuferfragen	mögliche Kundenantworten
◆ „Wozu soll die Handtasche passen?" ◆ „Zu welcher Gelegenheit wollen Sie die Jacke tragen?" ◆ „Welche Anforderungen stellen Sie an den Computer?"	◆ „Zum hellen Blazer und …" ◆ „Die Jacke möchte ich vorwiegend in der Freizeit tragen." ◆ „Soll ausbaufähig sein für …"

Die Antworten ermöglichen uns, Rückschlüsse auf das Produkt zu ziehen und solche Waren zu zeigen, die den Wünschen des Kunden am nächsten kommen.

Unpassende und falsche Fragen

Beispiele:

unpassende Fragen	falsche Fragen
◆ *„Tragen Sie Größe 38?"* ◆ *„Welche Größe tragen Sie?"* ◆ *„Suchen Sie etwas Bestimmtes?"*	◆ *„Welche Farbe soll's denn sein?"* ◆ *„Wie viel Geld möchten Sie ausgeben?"* ◆ *„Soll der Pulli aus Wolle oder Baumwolle sein?"*

Bei all den Beispielen liegen geschlossene Fragen vor. Solche und ähnliche Fragen, die bereits bei der Bedarfsermittlung gestellt werden, haben folgende Nachteile:

◆ Wir verlangen vom Kunden bei der Bedarfsermittlung eine **Entscheidung**, obwohl er das Produkt, seine Eigenschaften und Vorzüge noch gar **nicht kennt**;

◆ die **Produktauswahl**, die Verkäufer dann vorzeigen und vorführen können, wird kleiner;

◆ **Kunde und Verkäufer sind eingeengt und „festgelegt"**, das Verkaufsgeschehen lässt sich kaum noch steuern.

Geschlossene Fragen eignen sich gut beim Aushändigungsverkauf. Hier erfüllt der Verkäufer einen relativ genauen Kundenwunsch (vgl. Kapitel 6.4).

Beispiel: Der Kunde sucht für die Digitalkamera einen Speicherchip

Verkäufer: *„Wollen Sie außer Bildern auch Filme speichern?"*

8.3 Indirekte Bedarfsermittlung

Bei dieser Methode der Bedarfsermittlung stellt der Verkäufer möglichst wenig Fragen. Er legt, nachdem die Kundenwünsche bekannt sind, sofort ein **„Testangebot"** von zwei bis drei infrage kommenden Artikeln vor und wartet die Reaktion des Kunden ab. Der Verkäufer kann dann daraus **Rückschlüsse** auf die gewünschten Eigenschaften des Artikels, auf dessen Aussehen, Einsatz, Verwendung, Pflege usw. **ziehen**. Wenn das zuerst gezeigte Produkt noch nicht den Kundenvorstellungen entspricht, kommen die anschließend vorgeführten Artikel seinen Wünschen näher.

Beispiel im Baumarkt beim Autozubehör:

Verkäufer: *„Guten Tag!"*

Kundin: *„Ich suche Sitzbezüge für das neue Modell …!"*

Verkäufer: *„Dann müsste die Größe A passen."*

Kundin: *„Ich hoffe, diese Größe passt!"*

Verkäufer:	(Kundin und Verkäufer gehen an das Regal für Sitzbezüge. Der Verkäufer zieht drei heraus und führt diese vor.) *„Wenn Sie die besonders fröhlich bedruckten aus dem unempfindlichen Polyamid-Stoff mögen, dürften diese von besonderem Interesse für Sie sein. Bevorzugen Sie dagegen eher ruhigere Farbtöne, wären diese Bezüge eine interessante Alternative!"*
Kundin:	*„So in der Art, vielleicht könnte ... "*

Merke

Die indirekte Bedarfsermittlung bringt folgende **Vorteile**:

◆ Es findet kein unnötiges „Ausfragen" von Kunden statt. Sie äußern sich zu der vorgelegten Ware selbst, was uns Rückschlüsse ermöglicht.

◆ Wir richten das Interesse des Kunden gleich auf die infrage kommenden Artikel, was den Besitzwunsch verstärkt.

Auf einen Blick

◆ Beim Beratungsverkauf können Vertrauensauslöser verkaufsfördernd, Aussagen, welche Kundenerwartungen dämpfen, verkaufshemmend wirken.

◆ Bei der direkten Bedarfsermittlung beratungsintensiver Ware
   – bringen offene Fragen, die den Kunden veranlassen, über seinen Bedarf nachzudenken und sich darüber zu äußern, das Verkaufsgespräch weiter,
   – engen geschlossene Fragen und Entscheidungsfragen Kunden und Verkäufer ein bzw. legen beide fest. Die Produktauswahl wird sehr klein, der Verkäufer kann seiner eigentlichen Beraterrolle kaum gerecht werden.

◆ Bei der indirekten Bedarfsermittlung stellt der Verkäufer möglichst wenig Fragen und legt sofort ein „Testangebot" von zwei bis drei infrage kommenden Artikeln vor. Der Kunde äußert sich dann, was Rückschlüsse auf seine genauen Wünsche ermöglicht.

9 Warenvorlage: Gut gezeigt ist halb verkauft

Situation

1. Welche Vorteile bringt bei beratungsintensiven Waren eine Warenvorführung durch den Verkäufer?

2. Nehmen Sie zu folgenden Aussagen eines Verkäufers Stellung:
   a) *„Gut gekleideten Kunden kann man teure Waren vorlegen!"*
   b) *„Ich stelle möglichst viele Fragen zur Bedarfsermittlung, dann kann ich gleich die richtige Ware vorlegen und muss nachher weniger Ware wegräumen!"*
   c) *„Ich beginne bei der Warenvorführung mit der obersten Preislage, dann stimmt mein Umsatz am Monatsende!"*

3. Was halten Sie davon, bei der Warenvorführung die Sinne des Kunden anzusprechen?

9.1 Warenvorführung durch den Verkäufer wirkt verkaufsfördernd

Bei beratungsintensiven und erklärungsbedürftigen Produkten braucht der Kunde (meist) unsere Hilfe. Nur der Fachmann kennt die Vorzüge des Produkts. Er kann diese dem Kunden anschaulich zeigen und auf seine speziellen Wünsche eingehen.

Praxistipp

Der Kunde will, dass wir

- die Produkte zeigen und auf deren Besonderheiten hinweisen;
- diese in ihrem Einsatz bzw. in der Anwendung vorführen;
- Entscheidungshilfen bieten.

Eine gekonnte Warendarbietung

Merke

- ◆ verkürzt das Verkaufsgespräch: Das Auge nimmt schnell viele Informationen auf,
- ◆ weckt die Aufmerksamkeit und das Interesse beim Kunden,
- ◆ steigert den Besitzwunsch.

9.2 Grundsätze der Warenvorlage

Welche Waren legen wir vor?

Die vorangegangene Bedarfsermittlung gibt uns Hinweise über den Zweck bzw. Anlass des Kaufs, die Einsatzmöglichkeiten und Qualitätsanforderungen an das Produkt. Danach sollten wir möglichst rasch verschiedene Artikel vorlegen.

Beispiel:

Verkäufer:	*„Was darf ich Ihnen zeigen?"*
Kundin:	*„Ich suche eine Creme für trockene Haut!"*
Verkäufer:	*„Hier eine Auswahl. Legen Sie Wert auf eine bestimmte Duftnote?"*
Kundin:	*„Nein, die Creme soll nur gut einziehen!"*
Verkäufer:	(Nimmt drei Cremes von verschiedenen Herstellern aus dem Regal.) *„Bitte sehen Sie, wie gut wir sortiert sind, für jeden Hauttyp eine breit gefächerte Auswahl an verschiedenen Markenprodukten ..."*

In welcher Preislage legen wir vor?

Wenn der Kunde keine Angaben über den Preis macht, legen wir zunächst Artikel in **unterschiedlichen Preislagen** vor, ohne dass wir Extrempreislagen auswählen. Wir können dann aufgrund sprachlicher oder körpersprachlicher Signale **auf untere oder obere Preislagen ausweichen**. Beginnen wir dagegen mit der höchsten Preislage, haben wir keinen Handlungsspielraum mehr, überfordern den Kunden möglicherweise und lösen dadurch Kaufhemmungen aus, was ihn gegebenenfalls veranlasst, unser Geschäft zu verlassen. Beginnen wir mit der unteren Preislage, schränken wir die Auswahl ein.

Beispiele für Kundenhinweise zum Preis des Produkts:

Hinweise auf Produkte mit höherem Preis	Hinweise auf preiswerte Produkte
◆ *„Ich möchte ein besonderes Geschenk!"* ◆ *„Ich möchte gern etwas Gutes!"* ◆ *„Das beste Fleisch soll für das Fest gerade gut genug sein!"* ◆ *„Ich suche besonders hochwertige Markenschuhe!"*	◆ *„Sie haben doch heute ein Sonderangebot!"* ◆ *„Haben Sie kein Einzelstück?"* ◆ *„Ich suche ein TV-Auslaufmodell!"* ◆ *„Ich möchte ein Geschenk, es soll nicht mehr als 20,00 EUR kosten!"*

Wie viele Artikel legen wir vor?

Der Kunde erwartet eine Auswahl, um einzelne Artikel miteinander vergleichen und dann entsprechend auswählen zu können.

Wenn wir **zu viele Artikel** vorlegen, **verwirren** wir den Kunden. Er kann sich dann eventuell nicht entschließen und verlässt unser Geschäft. Werden **zu wenige** Artikel vorgelegt, gibt es **keine Vergleichsmöglichkeiten**. Es fällt dem Kunden schwer, eine geeignete Ware zu finden. Der Verdacht liegt nahe, der Verkäufer habe kein Interesse und das Geschäft keine Auswahl.

Wenn wir dem Kunden drei Artikel vorlegen, dann ist das nicht zu viel und nicht zu wenig. Wir bieten dadurch eine echte Auswahl an. Sollte diese nicht ausreichen, reagieren wir auf die Hinweise des Kunden und holen weitere Artikel herbei, die seinen Wünschen näher kommen. Die Artikel, die der Kunde ablehnt, räumen wir beiseite.

vgl.
Kap. 10 ## 9.3 Wir unterstützen unsere Warenvorlage durch treffende Aussagen

Dies soll am Beispiel eines Kindersitzes verdeutlicht werden.

Beispiel:

Frau Baumgart kommt in das Autohaus Fritz: Sie ist wenig sachkundig und sucht für ihren zwei-
jährigen Sohn einen Kindersitz, um mit der Familie auf Reisen gehen zu können. Der Kindersitz sollte
sich leicht ein- und ausbauen lassen, Sicherheit bieten, eine vorbildliche Sitzhaltung ermöglichen,
mitwachsen, sich mit einem Handgriff in einen bequemen Schlafsitz verwandeln lassen!

◆ Der Verkäufer holt den Kindersitz aus dem Regal und stellt ihn auf den Vorführtisch.

◆ Der Verkäufer erläutert die **Gebrauchs- und Verwendungsmöglichkeiten**: *„Dieser Sitz hat eine
speziell ausgeformte Sitzfläche, eine körpergerecht geformte Kopfstütze, eine altersgerecht verstellbare
Gurtführung für die Sicherheit. Wenn Ihr Kind unterwegs schlafen möchte, verwandeln Sie diesen Sitz
mit einem Handgriff in einen bequemen Schlafsitz ..."*

◆ Der Verkäufer weist auf **Besonderheiten** hin: *„Aluminium-Rohrrahmen sind stabil und verringern
so das Verletzungsrisiko Ihres Kindes! ..."* *„Mit wenigen Handgriffen wächst der Kindersitz wie Ihr
Kind mit ..."*

◆ Der Verkäufer weist auf die **Vorteile** des Produkts hin: *„Der Sitz ist platzsparend und transport-
freundlich. Sie klappen einfach die Lehne um und können den Sitz leicht transportieren!"*
„Der stabile, verstellbare Aluminium-Rahmen wirkt bei einem Crash wie eine Fahrgastzelle!"
*„Die Bezüge aus reiner Baumwolle sind hautfreundlich, abnehmbar und bis 40 °C in der Wasch-
maschine waschbar!"*

Durch sorgfältige Behandlung der vorgeführten Produkte werten wir diese auf.

9.4 Wir sprechen die Sinne unserer Kunden an

Vielen Kunden macht das Einkaufen Spaß: Sie wollen aussuchen, anprobieren, prüfen,
vergleichen und in ihrer Gefühlswelt angesprochen werden. Bei einer Vielzahl von Erlebniskäufen bieten wir emotionales Erleben: Wir sprechen möglichst viele Sinne der Kunden an.

Sehen	Das **Auge** (Sehsinn) nimmt rasch die schönen Dinge des Lebens auf: z. B. das moderne Design der Möbel, die hübsche Form der Schuhe, die aktuelle Farbe der Jacke, das dekorative Make-up.
Hören	Auch dem **Ohr** (Hörsinn) bieten wir Freude, z. B. Klangfreude und -genuss aus der Stereoanlage, dem CD-Player, dem Musikinstrument. Eindrucksvoll führen wir das geringe Geräusch des Föhns, Staubsaugers, Rasenmähers usw. vor.
Fühlen	Der **Tastsinn** des Kunden soll bestätigen, wie fein und weich z. B. das Textil auf der Haut liegt, wie gut die kleine Digitalkamera in der Hand liegt, wie zart die Creme sich verreiben lässt.
Riechen/ Schmecken	Der **Geruchssinn** schmeichelt der Nase, z. B. das dezente Parfüm der Verkäuferin, die verlockenden Düfte im Teeladen; der **Geschmackssinn** schmeichelt dem Gaumen, z. B. der würzige Käse einer Kostprobe, die echten belgischen Pralinentrüffel sind ein Hochgenuss.

> **Auf einen Blick**
>
> ◆ Verkaufsfördernd wirken das Zeigen, Vorlegen und Vorführen der Produkte.
>
> ◆ Durch die wirkungsvolle Warenvorführung des Verkäufers kommen die Besonderheiten der Ware erst richtig zur Geltung. Dadurch wird die Kaufentscheidung erleichtert.
>
> ◆ Grundsätze der Warenvorlage:
> - Wir legen Waren in unterschiedlichen Preislagen vor.
> - Zu viele Artikel verwirren den Kunden, zu wenige erschweren den Kauf.
> - Wir zeigen die Vorzüge des Produkts, wenn möglich, in ihren Verwendungs- und Gebrauchsmöglichkeiten, in ihren Besonderheiten und verwenden treffende Aussagen.
> - Eine anschauliche Warenvorführung, die den Kunden einbezieht, überzeugt am besten.
> - Wir sprechen die Sinne unserer Kunden an.

10 Verkaufsargumente: Entscheidungshilfen für den Kunden

Situation

Eine Mutter sucht in der Schreibwarenabteilung für ihre 15-jährige Tochter einen geeigneten Taschenrechner. Ein Verkäufer ist ihr dabei mit folgenden Worten behilflich:

Verkäufer: *„Darf ich Sie fragen, ob Ihre Tochter an einem wissenschaftlichen Rechner interessiert ist, den man in den höheren Klassen des Gymnasiums braucht?"*

Kundin: *„Unsere Tochter besucht eine kaufmännische Schule."*

Verkäufer: *„Gerade bei Schulrechnern können wir Ihnen eine große Auswahl zeigen. Darf ich Ihnen dieses Modell* (Verkäufer nimmt einen bewährten Schulrechner in die Hand) *einmal vorführen?"*

Kundin: *„Bitte sehr, allerdings verstehe ich nicht allzu viel davon."*

Verkäufer: *„Sie schalten hier ein und aus."* (Verkäufer demonstriert dies) *„Diese Solarzellen versorgen den Rechner mit Strom. Auch bei ungünstigen Lichtverhältnissen lassen sich diese großen Zahlen mühelos ablesen."*

Kundin: (Nickt wohlwollend) *„Das wäre ja günstig."*

Verkäufer: *„Gibt man irrtümlich mitten in eine Rechnung eine falsche Zahl ein, so kann diese durch die Korrekturtaste hier* (Verkäufer tippt auf Korrekturtaste) *wieder* *gelöscht werden und anschließend richtig eingegeben werden, die bisherige Rechnung bleibt erhalten."*

Kundin: *„Kann man mit diesem Rechner auch schwierige kaufmännische Rechnungen lösen?"*

Verkäufer: *„Gerade im kaufmännischen Bereich sind Prozentrechnungen und Rechnungen mit Konstanten sehr häufig. Mit der hier vorhandenen Prozent- und Konstanten-Taste lassen sich solche Aufgaben leicht lösen. Beispiel: 3 % von 149,00 EUR, bitte, tippen Sie selbst ein (Verkäufer übergibt den Rechner der Kundin): 149 · 3, dann Prozenttaste drücken."*

Kundin: *„Das geht ja blitzschnell und ist einfach. Diesen Rechner nehme ich …"*

Verkäufer: *„Die Bedienungsanleitung zeigt Ihnen, dass der Rechner noch mehr kann …"*

1. Welche Verkaufsargumente überzeugen die Kundin vom Nutzen des Rechners?

2. Vergleichen Sie die waren- und die kundenbezogenen Verkaufsargumente. Welche sind wirksamer?

3. Überlegen Sie, wie Sie bei erklärungsbedürftigen Artikeln individuell beraten können.

10.1 Verkaufsargumente

Verkaufsargumente sind Begründungen und Beweise, die dem Kunden die mit dem Kauf des Produkts verbundenen Vorteile (Nutzen) verständlich machen und ihn überzeugen sollen.

Die Art und Weise, wie wir den Kunden wirkungsvoll von seinem persönlichen Nutzen zu überzeugen versuchen, nennt man **Argumentation**. Diese ist erlernbar und hat nichts mit Überredung oder Überrumpelung zu tun.

10.2 Woraus wir Verkaufsargumente ableiten

Damit wir über einen genügenden Vorrat an Verkaufsargumenten verfügen, zeigt die folgende Tabelle, aus welchen Bereichen wir Verkaufsargumente ableiten können:

Bereich (woher)	Beispiele für Verkaufsargumente (wie)
1. Produkt, z. B.	
Aussehen	*„Diese Schuhe wirken betont modisch."*
Gebrauchseigenschaften	*„Die stufenlose Schlag- und Drehzahlsteuerung ist für verschiedene Materialien geeignet."*
Pflege	*„Diese Bluse aus Baumwolle mit Polyester ist pflegeleicht."*
Rohstoff, Material	*„Der Rahmen dieses Fahrrads ist aus Aluminium und sehr leicht."*

Bereich (woher)	Beispiele für Verkaufsargumente (wie)
2. Einsatz (Verwendung), z. B.	
Beruf	*„Dieser PC erfüllt Ihre beruflichen Anforderungen."*
Reise	*„Dieses Kofferkleid aus Feinjersey ist ideal für die Reise, es ist leicht und problemlos zu pflegen."*
3. Preis, z. B.	
preiswert	*„In dieser Woche sind Grillwürste im Angebot."*
Preis als Qualitätsgarantie	*„Der Preis dieses Toasters gibt Ihnen Garantie für eine solide Ausführung."*
Preis spielt keine Rolle	*„Dieses ist ein kostbares, erlesenes, echt französisches Parfüm, etwas für Kenner."*
4. Service-Leistungen, z. B.	
Änderung	*„Innerhalb einer Stunde ändern wir Ihnen die Hose."*
Umtausch	*„Falls Ihrer Tochter der Pulli nicht gefällt, tauschen wir ihn gerne um."*

10.3 Warenbezogene Verkaufsargumente bringen Sachinformationen

Darunter versteht man Sachinformationen zum Produkt, also **Argumente, die etwas über das Produkt, seine Eigenschaften und Merkmale, den Einsatz, den Preis sowie über Serviceleistungen zu dieser Ware aussagen.**

Warenbezogene Verkaufsargumente bzw. Produktinformationen zum Situationsbeispiel auf S. 122 können z. B. sein:

Beispiel:

Bereich	Beispiele für Verkaufsargumente
Produkt	Taschenrechner besitzt große LCD-Anzeige, starke Solarzellen, einen Speicher, Prozentrechnung, Wurzelfunktion, Vorzeichenwechsel, ist handlich, hat geringes Gewicht
Preis	preiswert
Einsatz (Verwendung)	Schulrechner
Serviceleistung	wir bieten drei Jahre Garantie

Vorteile warenbezogener Verkaufsargumente

Diese eignen sich:

◆ **als „Einstieg" in die Verkaufsargumentation**, nachdem sich der Kunde bereits mit dem Produkt beschäftigt hat;

Beispiel: Ein Kunde betrachtet Schulrechner.

Verkäufer: *„Dieser Rechner besitzt eine Prozenttaste, damit können Sie …"*

◆ bei **Kunden mit Fachwissen oder bei Fachleuten**. Diesem Personenkreis zeigen wir das Sortiment mit ausgewählten Produktinformationen.

Nachteile warenbezogener Verkaufsargumente

◆ Sie sind sachbezogen und stellen das Produkt mit seinen Merkmalen und Eigenschaften in den Mittelpunkt des Verkaufsgesprächs. Nur Kunden mit Fachwissen sind in der Lage, z. B. beim Taschenrechner aus Speicher, Prozentautomatik usw. Vorteile abzuleiten.

◆ Wünscht der Kunde bei erklärungsbedürftigen Waren Bedienung und Beratung, muss der Vorteil (Nutzen), den die Ware mit sich bringt, verständlich gemacht werden. Dafür ist der Verkäufer als Fachberater zuständig und notwendig.

10.4 Kundenbezogene Verkaufsargumente verdeutlichen Kundennutzen

Kunden interessieren sich für Nutzen

Kunden interessieren sich weniger für die Eigenschaften eines Produkts als vielmehr für den Nutzen, den diese Eigenschaften mit sich bringen.

Kundenbezogene Verkaufsargumente verdeutlichen die Vorteile/Vorzüge des Produkts so, dass Kunden den praktischen Nutzen bzw. den Geltungsnutzen für sich persönlich erkennen können.

Die folgende Tabelle zeigt, welchen **Nutzen (Vorteil)** der Taschenrechner dem Kunden bietet:

Beispiel:

Produktmerkmale	Produktnutzen/Wert
Solarzellen	machen den Rechner unabhängig von Stromquellen
Korrekturtaste	bei falsch eingetippten Zahlen braucht die bisherige Rechnung nicht nochmals von vorn begonnen zu werden
Prozentautomatik	durch Drücken der Prozenttaste ergibt sich blitzschnell der Prozentwert
saldierender Permanentspeicher	nach dem Abschalten bleibt der Speicherinhalt erhalten
handlich	passt in jede Tasche, ohne viel Platz zu beanspruchen
Gewicht 20 Gramm	sehr leicht und somit keine Last

Ein planvoll angelegtes Verkaufsgespräch versucht, Kunden den **Nutzen** zu erläutern. Solche Überlegungen zu erklärungsbedürftigen Produkten unseres Sortiments sind das Fundament erfolgreichen Argumentierens.

Um Vorteile des Produkts schnell deutlich zu machen, sind **treffende Eigenschaftswörter, die auf Vorteile** hinweisen, günstig.

Beispiele: preiswerter Taschenrechner; große, deutlich ablesbare LCD-Anzeige; nützliche und Zeit sparende Prozentautomatik; saldierender Permanentspeicher.

Vorteils- und Sie-Formulierungen

Damit der Kunde seinen persönlichen Nutzen (Vorteil) leicht erkennt, wenden wir **Vorteilsformulierungen** an. Diese enthalten treffende Verben (Tätigkeitswörter), welche kurz und verständlich den Vorteil verdeutlichen. Wir können die Wirksamkeit kundenbezogener Verkaufsargumente weiter erhöhen, wenn wir gleichzeitig die Sie-Formulierung anwenden. Dadurch bewirken wir eine Identifikation mit den Kundenwünschen.

Beispiele für Vorteilsformulierungen mit Tätigkeitswörtern, die mit der Sie-Form verbunden sind:

- *„Das bringt Ihnen …"*
- *„Das hilft Ihnen …"*
- *„Damit sparen Sie …"*
- *„Das sichert Ihnen …"*
- *„Das garantiert Ihnen …"*
- *„Das erhöht Ihren …"*
- *„Das fördert Ihre …"*
- *„Damit können Sie …"*

- *„Das sorgt für Ihre …"*
- *„Das erleichtert Ihnen …"*
- *„Das nützt Ihnen …"*
- *„Das schafft Ihnen …"*
- *„Das verringert Ihre …"*
- *„Das verbessert Ihre …"*
- *„Das ermöglicht Ihnen …"*

Beispiele für Vorteilsformulierungen:

- *„Eine Beimischung von 3 % Lycra bringt Ihnen bei dieser Hose 20 % mehr Dehnfähigkeit und damit mehr Bewegungsfreiheit und Bequemlichkeit!"*
- *„Diese Spezialcreme pflegt Ihre Haut!"*

Produktmerkmale wie Bestandteile, Rohstoffe, Eigenschaften usw.	+	Nutzen/Wert ableiten durch Vorteilsformulierung und Formulierung in Sie-Form	=	Kundenbezogene Verkaufsargumente

10.5 Umweltbezogene Verkaufsargumente sind ein Beitrag zum Umweltschutz

Eine der wichtigsten Aufgaben unserer Zeit ist der Umweltschutz. Der Schutz der Natur als Grundlage des Lebens tritt immer stärker in das Bewusstsein der Menschen. Durch umweltbezogene Verkaufsargumente

- sprechen wir das Umweltbewusstsein unserer Kunden an,
- fördern wir den Absatz umweltverträglicher Produkte und Dienstleistungen,
- schützen wir die Umwelt.

Wichtige Gesichtspunkte beim Argumentieren sind:

Rohstoffverwendung	Wiederherstellung von Rohstoffen (Recycling)	Abfallvermeidung
Ist der Einsatz eines bestimmten Rohstoffs für ein Produkt umweltschonend? **Beispiele:** quecksilberfreie Batterien, phosphatfreie Reinigungsmittel	Können die Grundstoffe einer Ware/Verpackung wieder verwertet werden? **Beispiele:** Glas, Papier, Pappe, Kunststoff	Ist die Verpackung notwendig und umweltschonend? **Beispiele:** Plastiktüten, die mehrfach wieder verwendet und dann ohne Umweltbelastung beseitigt werden können

Beispiele für umweltbezogene Verkaufsargumente:

◆ *„Dieses Gemüse stammt aus garantiert ökologisch kontrolliertem Anbau. Der Erzeuger lädt zur Besichtigung seines Musterbetriebs ein."*

◆ *„Diese umweltschonenden Wasch- und Reinigungsmittel enthalten abbaubare Inhaltsstoffe, welche das Grundwasser nicht schädigen!"*

10.6 Motivbezogene Verkaufsargumente helfen, Kundenprobleme zu lösen

Beispiele:

◆ *„Ich suche eine dekorative Halskette!"*

◆ *„Finde ich hier das richtige Geschenk für meinen Verlobten?"*

Solche und ähnliche **Kundenäußerungen** geben Auskunft, welche Vorstellungen, Nutzenerwartungen der Kunde hat, welche Probleme er lösen will, welche **Beweggründe** ihn zum Kauf veranlassen. vgl. Kap. 7

Sind für uns Kaufmotive klar erkennbar, wenden wir bei motivbezogenen Verkaufsargumenten die Vorteilsformulierung in Sie-Form an. **Motivbezogene Verkaufsargumente** sind besonders individuell, weil sie auf die persönlichen Wünsche, Vorstellungen und Nutzenerwartungen des Kunden eingehen und helfen wollen, seine Probleme zu lösen!

Beispiele für Vorteilsformulierungen mit entsprechenden Verben, die zu den Kaufmotiven passen:

Ersparnis	„bringt", „erhöht", „steigert", „vermehrt"
Ansehen und Geltung	„zeigt", „gewinnt", „gibt", „schafft", „bestätigt", „steigert"
Bequemlichkeit	„erleichtert", „vereinfacht", „ermöglicht", „erspart"
Sicherheit	„garantiert", „sichert", „gewährleistet", „vermindert"
Gesundheit	„hilft", „schützt", „vermeidet", „steigert", „verhindert"
soziales Mitgefühl	„schenkt", „gibt", „hilft", „bringt"
Entdeckung	„zeigt", „erlebt", „gibt", „ermöglicht"

Beispiel:

Verfolgen wir den Verlauf eines motivbezogenen Verkaufs-gesprächs am Beispiel eines jungen Mannes, der ein ge-brauchtes Auto kaufen möchte:

Kunde: *„Ich suche ein Fahrzeug mit geringem Benzin-verbrauch, günstiger Versicherung und günstiger Steuer! Als Auszubildender verfüge ich über ein bescheidenes Einkommen, möchte mir aber trotzdem ein Auto gönnen!"*
(Problem: geringes Einkommen, Wunsch nach einem gebrauchten Fahrzeug, das wenig Kosten verursacht. Motive: Sparsamkeit, Bequemlich-keit u. Ä.)

Verkäufer: *„Dieses Modell ist sehr sparsam. Laut DIN-Norm braucht es nur 5,5 Liter auf 100 Kilometer. Im Vergleich zum nächst größeren Modell sparen Sie 2 Liter pro 100 Kilometer und einiges Geld!"*

10.7 Wie wir den Kunden am besten überzeugen (Argumentationstechnik)

Bei der Argumentationstechnik geht es darum, wie wir den Kunden am besten überzeu-gen.

Erkennen, welche Sinnesorgane der Kunde nutzt

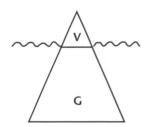

Die so genannte „Eisbergtheorie" besagt: Ca. 1/7 der Kaufent-scheidungen des Kunden werden von seinem Verstand (V) gesteuert; ca. 6/7 dagegen vom Gefühl (G)[1]. Deshalb ist es wich-tig und günstig, die Argumentation nicht nur auf die verstandes-mäßige, sondern auch auf die gefühlsmäßige Ebene auszurichten.

Wir sammeln Informationen über Produkte, indem wir unsere Sin-nesorgane einsetzen: Wir sehen, hören, riechen, schmecken, berühren. Diese Sinne sind bei jedem Menschen unterschiedlich stark ausgeprägt. Deshalb tauschen Kunde und Verkäufer (Produkt-)Informationen im Verkaufsgespräch auf verschiedenen „Sinneskanälen" aus:

Der auf **Sehen** stärker ausgerichtete Verkäufer vermittelt seine Informationen über sichtbare (visuelle) Produktvorteile; der visuell veranlagte Kunde möchte möglichst die Produktvorteile sehen/gezeigt bekommen, z. B. die Funktionen eines Handys.

Beispiel: *„Bitte sehen Sie, wie leicht sich eine SMS-Mitteilung an eine Person aus Ihrem Adressverzeichnis übermitteln lässt. Sie geben hier ..."*

---

[1] Wie beim Eisberg, von ihm sind 1/7 sichtbar, 6/7 unsichtbar.

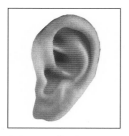

Der auf das **Hören** stärker ausgerichtete Verkäufer vermittelt seine Informationen über Worte (auditiv), z. B. treffende Eigenschaftswörter, Vorteils- und Sie-Formulierungen. Der auditiv veranlagte Kunde nimmt deshalb Informationen verstärkt über das gesprochene Wort auf; er hört gerne waren- und kundenorientierte Verkaufsargumente.

Beispiel: *„Garantieschäden an Ihrem neuen Handy sind während der 24-monatigen Vertragslaufzeit voll abgedeckt."*

Der auf **Riechen, Schmecken, Berühren, Betasten und Fühlen** stärker ausgerichtete Verkäufer vermittelt seine Botschaften über diese Sinneskanäle. Der so veranlagte Kunde schätzt eine angenehme, freundliche und gefühlsbetonte Verkaufsatmosphäre.

Beispiel: *„Bitte nehmen Sie eine Duftprobe!" „Fühlen Sie, wie fein und weich dieser Kaschmirschal ist."*

Besonders erfolgreich verläuft ein Verkaufsgespräch, wenn der Verkäufer erkennt, welche Sinneskanäle sein Kunde verstärkt nutzt, und auf diesem Sinneskanal „sendet".

Eine erfolgreiche Argumentation beruht auf drei Säulen

Eine erfolgreiche Argumentation besteht aus drei zusammengehörigen Merkmalen/Säulen, die wir im Verkaufsgespräch miteinander verbinden. Wir führen planvoll möglichst viele Situationen herbei, die den Kunden so aktivieren, dass er sich selbst von den Vorzügen des Produkts überzeugt. So be-„greift" und überzeugt er sich selbst.

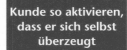

Verkaufsargumente ◆ warenbezogen ◆ kundenbezogen ◆ motivbezogen	+	**Ware anschaulich zeigen und vorführen**	+	**Kunde so aktivieren, dass er sich selbst überzeugt**
Beispiel: 9,2 Megapixel-Kamera, Display mit 65.536 Farben (208 x 208 Pixel), Bluetooth™ und Infrarot, MP3-Player/ Radio		**Beispiel:** *„Sehen Sie, wie bedienungsfreundlich die Menüführung dieses Fotohandys ist …"*		**Beispiel:** *„Bitte probieren Sie selbst, wie einfach das Fotografieren ist."*

Beispiele:

Kunden zum Handeln auffordern	**Meinung erfragen, Kontrollfragen stellen**
◆ *„Probieren Sie selbst, ob Sie diese Handy-Funktionen bereits beherrschen!"* ◆ *„Machen Sie doch eine Probefahrt und überzeugen Sie sich von …"* ◆ *„Fühlen Sie, wie weich dieses feine Leder ist!"*	◆ *„Soll ich Ihnen diese Handy-Funktionen nochmals langsam in Verbindung mit der Kurzanleitung vormachen?"* ◆ *„Was hat sich bei der Probefahrt für Sie ergeben …?"* ◆ *„Sind Sie von der Feinheit und Weichheit überzeugt?"*

Merke

Gestalten wir unsere Argumentation auf diese Weise, kann sich der Kunde selbst überzeugen und sich leichter für die Ware entscheiden.

Auf einen Blick

◆ Verkaufsargumente sind Begründungen, Beweise und Hinweise über Eigenschaften, Vorteile, Nutzen eines Produkts, seinen Einsatz, Preis und Service usw. Damit erleichtern wir dem Kunden die Kaufentscheidung.

◆ Unter Argumentation versteht man die Art und Weise, wie Verkäufer wirkungsvoll und überzeugend den Kunden den persönlichen Nutzen einer Ware vermitteln.

◆ Warenbezogene Verkaufsargumente sind sachliche Informationen über das Produkt, ohne eine direkte Beziehung mit dem jeweiligen Kunden herzustellen.

◆ Kundenbezogene Verkaufsargumente leiten aus Eigenschaften und Merkmalen eines Produkts Nutzen für den Kunden ab. Der Kunde kauft, was praktischen Nutzen und Geltungsnutzen bringt. Als wirkungsvolle Formulierung wählen wir die Sie-Form und die Vorteilsformulierung.

◆ Motivbezogene Verkaufsargumente sind treffend und individuell, weil diese von erkennbaren Nutzenerwartungen (Kaufmotiven) ausgehen. Häufig helfen sie, Problemlösungen zu finden.

◆ Mit umweltbezogenen Verkaufsargumenten fördern wir den Absatz umweltverträglicher Waren und Dienstleistungen und damit zugleich den Umweltschutz.

◆ Eine wirkungsvolle und überzeugende Argumentation besteht aus dem Zusammenwirken einer
  – verständlichen, kurzen, klaren Nutzenargumentation,
  – anschaulichen Warendemonstration: Zeigen und Vorführen von Waren,
  – Aktivierung des Kunden, denn der Beweis, den sich der Kunde selbst liefert, überzeugt am besten.

11 Preisgespräche überzeugend führen

Situation

Eine junge Frau befasst sich mit sportlichen Jacken aus Leder. Ein Verkäufer kommt hinzu.

Verkäufer: *„Guten Tag, Sie interessieren sich für diese Nappa-Jacke?"*

Kundin: *„Ja, die gefällt mir gut. Was kostet sie denn?"*

Verkäufer: *„Diese sportliche Jacke ist aus feinem Ziegen-Nappa. Sicher haben Sie festgestellt, wie weich und geschmeidig dieses wertvolle Leder ist und welche ausgezeichneten Trageeigenschaften es hat. Durch die handwerklich gearbeiteten Details mit Stehbundkragen, Manschettenärmeln, Leistentaschen, gestrecktem Taillenbund ist sie aufwendig verarbeitet. Sie kostet 198,00 EUR. Bitte schlüpfen Sie doch einmal hinein, damit Sie sich von der bequemen Passform und den angenehmen Trageeigenschaften überzeugen können!"*

1. Aus welchem Grund hat der Verkäufer nicht gleich den „nackten" Preis genannt, sondern ihn zuerst in Verkaufsargumente „verpackt"?

2. Nennen Sie die Verkaufsargumente, die geeignet sind, bei Kunden Wertvorstellungen eines Produkts zu erhöhen.

3. Auf welche Weise gelingt es, „höherpreisige" Produkte zu verkaufen?

11.1 Das „Preis-Leistungs-Verhältnis"

Es kommt darauf an, Kunden glaubhaft zu machen, dass sie für ihr Geld einen reellen Gegenwert erhalten. Dann stimmt das Preis-Leistungs-Verhältnis.

Merke

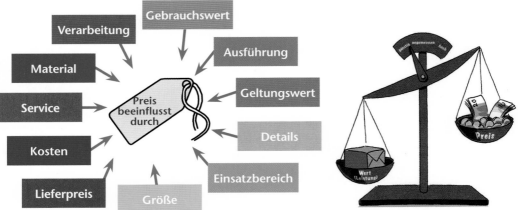

Die linke Darstellung zeigt, welche Merkmale den Preis eines Produkts beeinflussen; die rechte verdeutlicht: Der Kunde setzt bewusst oder unbewusst den Preis in Beziehung zum Wert bzw. zur Leistung eines Produkts. Das führt zu persönlichen (subjektiven) **Wertvorstellungen wie hoher, angemessener oder günstiger Preis**.

Merke

Es kommt darauf an, Kunden glaubhaft zu machen, dass sie für ihr Geld einen reellen Gegenwert erhalten. Dann stimmt das „Preis-Leistungs-Verhältnis".

11.2 Wir „verpacken" den Preis in Kundennutzen („Sandwich-Methode")

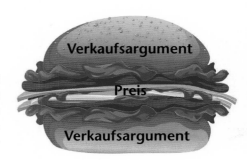

Kunden kaufen, was ihnen nützt. Gerade bei erklärungsbedürftigen Produkten, bei denen Kunden unsere Beratung wünschen, leiten wir aus Produktmerkmalen den Nutzen ab. Ein überzeugendes Preisgespräch schafft **Nutzen- und Wertvorstellungen**, z. B. durch

◆ waren- und kundenbezogene Verkaufsargumente,

◆ anschauliches Zeigen und Vorführen,

◆ geschicktes Aktivieren des Kunden, damit er sich selbst überzeugt.

Bei der so genannten „Sandwich-Methode" „verpacken" wir den Preis (wie bei einem Sandwich den Belag) in Nutzen, der Preis steht somit nie allein, nie „nackt", da.

Beispiel: *„Dieser tragbare MP3-Player mit seinem außergewöhnlichen Erschütterungsschutz schafft einen Hörgenuss ähnlich wie eine große Hi-Fi-Anlage. Sie haben einen umfangreichen Titelspeicher, können einzelne Titel auswählen, Lieblingstitel wiederholen. Das Gerät besitzt eine automatische Lautstärkebegrenzung. Sie erhalten Garantie ..."*

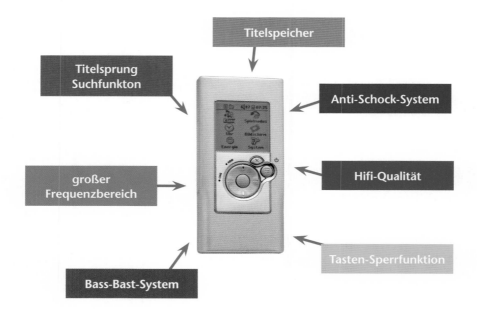

11.3 Der richtige Zeitpunkt, um den Preis zu nennen

Ein **überzeugend geführtes Preisgespräch** stellt im Beratungsverkauf zuerst den Nutzen eines Produkts in den Vordergrund. Der Vorteil dieser Vorgehensweise besteht darin, dass zuerst Nutzenvorstellungen im Kunden aufgebaut werden und daraus leichter die Überzeugung folgt, dass die gezeigten und vorgeführten Produkte ihr Geld wert sind.

Beispiel:

Verkäufer: *„Dieses Blouson besteht aus weichem Lammvelour, es ist superleicht, herrlich bequem, wirkt durch Stehbundkragen und Strickbund sehr sportlich!"*

Kunde: (nickt wohlwollend) *„Was kostet dieses Blouson?"*

Verkäufer: *„In dieser hervorragenden Ausstattung kostet es 279,00 EUR. Bitte schlüpfen Sie doch in dieses handschuhweiche Lammvelours-Blouson hinein, um sich von den außergewöhnlichen Trageeigenschaften zu überzeugen!"*

Nennen wir den Preis vorzeitig, ohne dass es uns gelungen ist, den Wert des Produkts verständlich zu machen, so **lenken wir das Interesse des Kunden auf den Preis** und nicht auf die Vorteile des Produkts. Weil es leichter und angenehmer ist, Nutzenvorstellungen im Kunden aufzubauen, als mögliche Preiseinwände auszuräumen, sollten Preise nicht vorzeitig genannt werden. Selbst wenn der Kunde gleich nach dem Preis des Produkts fragt, wirken wenige, starke Argumente werterhöhend.

Ist der Kunde **vor allem an preisgünstiger Ware interessiert** und können wir diese vorlegen, **gehen wir sofort auf den Preis ein**, denn dann ist der Preis unser Argument.

Beispiel:

Kunde: *„Was haben Sie diese Woche an Fleisch im Angebot?"*

Verkäufer: *„Im Sonderangebot führen wir in gewohnter Qualität …"*

Wir achten darauf, dass dem Kunden bei preisgünstigen Produkten vermittelt wird, ein vollwertiges Produkt zu erhalten.

11.4 Wie wir den Preis nennen

Fragt der Kunde nach dem Preis, so nennen wir ihn, nachdem wir diesen in Nutzen verpackt haben, sicher, mit klarer, deutlicher Stimme, **ohne** Betonung und **eigene Wertung**, als wäre der Preis nichts Besonderes. Verkäuferäußerungen wie *„Das kostet aber …"*, *„Das ist aber sehr teuer …"*, *„Das kostet allerdings …"*, *„Da kann ich Ihnen höchstens noch das teurere Modell zeigen …"* signalisieren dem Kunden, er könne sich den Artikel nicht leisten oder der Artikel sei den geforderten Preis nicht wert. Solche Äußerungen wirken kaufhemmend.

11.5 Wie wir Preisschocks verhindern

Vier Techniken bei der Preisargumentation können vermeiden, dass der Kunde den Preis einer Ware als zu hoch einschätzt und deshalb vom Kauf Abstand nimmt.

Optische Verkleinerung

Wir führen den Preis eines Artikels auf eine kleinere Menge oder Anzahl zurück oder wir „verteilen" ihn auf die gesamte Nutzungsdauer der Ware.

Beispiele:

◆ *„Das einzelne Schaumbad kostet nur ... Cents."*

◆ *„Diese Geschirrspülmaschine hat eine durchschnittliche Lebensdauer von zwölf Jahren. Die Kosten pro Jahr betragen nur 50,00 EUR, das sind weniger als 5,00 EUR im Monat."*

Zerlegungsmethode

Wir zerlegen die Gesamtleistung in Teilleistungen.

Beispiel: Kauf eines Pkw:

„Das Grundmodell kostet 18 598,00 EUR, in Komfortausstattung mit elektrischem Schiebedach weitere 1 000,00 EUR, für einen CD-Player und Boxen kommen noch 350,00 EUR hinzu."

Vergleichsmethode

Wir vergleichen den Artikel, für den sich der Kunde interessiert, mit einem teureren. Dadurch erscheint der Preis des gewünschten Artikels nicht mehr so hoch.

Beispiel: (Nach der Warenvorführung mit entsprechenden Argumenten) *„Bitte vergleichen Sie doch einmal diese Küchenmaschine für 158,00 EUR, die doch ganz Ihren Wünschen und Vorstellungen entspricht, mit der teureren für 248,00 EUR. Handhabung und Möglichkeiten unterscheiden sich unwesentlich, Sie sparen also 90,00 EUR."*

Verharmlosungsmethode

Wir verharmlosen den Aufpreis des teureren Produkts.

Beispiel: *„Das Handy kostet 89,00 EUR, das preiswertere 79,00 EUR. Da Ihnen das Handy A mehr zusagt, fällt der Preisunterschied von 10,00 EUR kaum ins Gewicht."*

11.6   Wir stellen uns auf die Preisvorstellungen des Kunden ein

Im Verkaufsalltag können wir beobachten, dass Kunden bei **Versorgungseinkäufen**, z. B. Nahrungsmittel u. Ä., **sehr preisbewusst** sind und nach günstigen Angeboten Ausschau halten. Dieselben Kunden achten bei längerlebigen, hochwertigen Gebrauchsgütern, z. B. technischen Geräten wie Geschirrspüler, Autos, häufiger auf gute Qualität und sind bereit, dafür einen höheren Preis zu zahlen. Bei **Erlebniseinkäufen**, bei denen Kunden ihr **Geltungsbedürfnis** zum Ausdruck bringen, z. B. Exklusivartikel, Luxusartikel, **spielt der Preis meist eine untergeordnete Rolle**.

Hat der Kunde bestimmte Preisvorstellungen, respektieren wir diese und stellen uns darauf ein.

Beispiel:

Preiserwartungen	Wir stellen uns darauf ein
Kunde will preiswert kaufen („Schnäppchenjäger").	◆ Wir begründen den Preisvorteil und geben Kunden das Gefühl einer vollwertigen Ware. ◆ Preisgünstige Produkte gibt es bei Räumungsverkäufen, kleinen Fehlern, Restposten, Einzelteilen u. Ä.
Kunde sieht den Preis als Garantie für gute Qualität („Qualitätskäufer").	◆ Wir zeigen Markenartikel. ◆ Wir vergleichen die Qualität verschiedener Artikel. ◆ Wir weisen auf die längere Nutzungsdauer hin. („Das Teuerste ist oftmals auf die Dauer das Billigste.")
„Der Preis spielt keine Rolle" (Preis ist Ausdruck des Geltungsbedürfnisses).	Wir zeigen, veranschaulichen, erklären das Außergewöhnliche, Luxuriöse, Einmalige, z. B. Modellkleid, Antiquität, Teppich usw.
Kunde setzt sich eine Preisgrenze.	Wir zeigen Produkte in dieser Preislage und weisen auf entbehrliche Extras, spätere Komplettierung, Ratenkauf, Alternativangebote hin.
Kunde will besonders hochwertige Ware preiswert kaufen („Smart-Shopper").	Kauf im Factory-Outlet-Center, im Internet, eventuell Sonderangebote im Fachhandel.

Auf einen Blick

◆ Ein überzeugendes Preisgespräch „verpackt" den Preis in Nutzen durch situationsgerechte Warendemonstration und kundenbezogene Verkaufsargumente (Sandwich-Methode).

◆ Preisschocks lassen sich durch Methoden wie optische Verkleinerung, das Zerlegen, Vergleichen und Verharmlosen vermeiden.

◆ Wir nennen den Preis erst dann, wenn der Kunde danach fragt und vorher verkaufsfördernde Argumente genannt wurden, ohne Betonung und eigene Wertung.

◆ Wir stellen uns auf unterschiedliche Erwartungen des Kunden hinsichtlich des Preises ein.

12 Kundendienst – Serviceleistungen

Qualität und unser Service gehören zusammen

Wenn Sie sich für ein Haushaltsgerät entscheiden, wissen Sie, Qualität zahlt sich immer aus. Und die Serviceleistung kommt von uns, Ihrem Fachhändler.

Das sind die besonderen Vorteile für Sie:

- Beratung durch geschulte Fachkräfte
- Anlieferung frei Haus
- Aufstellung und fachgerechte Inbetriebnahme
- Elektro- und Wasserinstallation auf Wunsch
- Zuverlässiger Kundendienst schnell und preiswert
- Vollgarantie für drei Jahre

Im Service liegt unsere Stärke.

1. Welchen Service bietet dieses Geschäft beim Kauf von Haushaltsgeräten an?

2. Zählen Sie Serviceleistungen Ihres Geschäfts auf.

3. Welche Vorteile bringen Serviceleistungen
    a) dem Kunden,
    b) dem Geschäft?

4. *„Serviceleistungen wirken verkaufsfördernd."* Was halten Sie von dieser Meinung?

Dem Kundendienst kommt eine wachsende Bedeutung zu. Kunden kaufen heute nicht nur Produkte, sondern wünschen umfassende Problemlösungen, z. B. beim Kauf eines PC, die den Nutzen eines Produkts erhöhen und den Kaufvorgang erleichtern und gegebenenfalls angenehmer gestalten. Nützlicher Service und umfassende Betreuung des Kunden, auch nach dem Kauf (After-Sales-Service), geben häufig den Ausschlag für die Kaufentscheidung.

Merke

Serviceleistungen sind Dienstleistungen, die Kunden allgemein, in Verbindung mit dem Kauf eines Produkts oder nach erfolgtem Kauf angeboten werden. Diese **Leistungen sollen den Kunden an das Geschäft binden** und ihn zum Stammkunden machen.

12.1 Serviceleistungen helfen verkaufen

Serviceleistungen bringen dem Kunden zusätzliche Vorteile. Werden sie richtig angeboten, wirken sie verkaufsfördernd. Folgende Beispiele zeigen dies:

Beispiele:
◆ *„Unser technischer Kundendienst schließt kostenlos das Fernsehgerät an und stellt die Sender ein!"*

◆ *„Selbstverständlich liefern wir die Schrankwand unentgeltlich!"*

◆ *„Wir übernehmen drei Jahre Vollgarantie. Innerhalb dieser Zeit beheben wir alle auftretenden Mängel kostenlos!"*

◆ *„Die regelmäßig anfallenden Wartungsarbeiten führen wir für Sie in unserer eigenen Werkstätte kostengünstig durch!"*

◆ *„Nutzen Sie doch unsere Kundenkarte! Wir führen für Sie ein Konto, über das Sie nach Belieben verfügen können!"*

Die angebotenen Serviceleistungen sollen dem Kunden die Kaufentscheidung erleichtern. So entschließt sich jemand beispielsweise eher zum Kauf eines Geschenks, wenn ihm das Umtauschrecht zugesichert wird. Ein anderer Kunde kauft ein Fernsehgerät in dem Geschäft, welches das Gerät durch geschultes Personal fachmännisch aufstellen und anschließen lässt.

12.2 Kundendienstleistungen im Überblick

Zum **Kundendienst** gehören Serviceleistungen, die allen unseren Kunden zugute kommen, auch wenn sie nichts kaufen, und Leistungen, die wir nur in Verbindung mit dem Kauf eines Produkts oder bei der Bezahlung, entgeltlich oder unentgeltlich, anbieten.

Allgemeine Serviceleistungen	Serviceleistungen in Verbindung mit dem Kauf eines Produkts	Serviceleistungen bei der Bezahlung (vgl. LF 3, Kapitel 2)
◆ Parkplätze	◆ fachgerechte Warenverpackung; Geschenkverpackung	◆ Electronic Cash
◆ Kinderbetreuung		◆ Kundenkarte
◆ Einkaufswagen	◆ Warenzustellung	◆ Kreditkarte
◆ Fahrstühle	◆ Aufstellen, Anschließen, Einstellen von Geräten	◆ Kauf auf Rechnung
◆ Rolltreppen		◆ Ratenkauf
◆ Sitzplätze	◆ Wartungs- und Reparaturdienst	◆ Inzahlungnahme von Gebrauchtgeräten
◆ Imbissstube	◆ Sonderbestellungen	
◆ Cafeteria	◆ Auswahlsendung	◆ Mietkauf
◆ Vermietung von Werkzeugen und Geräten	◆ Zurücklegen von Waren	◆ Leasing
◆ Annahme telefonischer Warenbestellung	◆ Garantie	
◆ Kundenzeitschrift	◆ Umtausch	
◆ Internet/E-Mail	◆ Rücknahme von Verpackungen	

Parken am Haus

12.3 Allgemeine Serviceleistungen erleichtern den Einkauf

Je angenehmer der Einkauf für den Kunden ist, desto leichter entscheidet er sich für ein bestimmtes Geschäft. Anziehend wirken beispielsweise ausreichende Parkmöglichkeiten in unmittelbarer Nähe des Geschäfts. Die Kunden brauchen nicht lange nach freien Parkplätzen zu suchen und können nach dem Einkauf die Waren auf kurzen Wegen zu ihren Fahrzeugen bringen.

Eltern mit Kindern kaufen dort ein, wo sie ihre „Sprösslinge" in der Spielecke oder bei hilfsbereitem Verkaufspersonal gut versorgt wissen. Andere Kunden schätzen es, wenn sie sich nach dem Einkauf oder zwischen mehreren Einkäufen etwas entspannen können und dafür Sitzgelegenheiten oder eine Cafeteria zur Verfügung stehen.

12.4 Serviceleistungen, die mit der Ware verbunden sind

Produktbezogene Serviceleistungen erhöhen und erhalten den Gebrauchswert der Ware. Sie ermöglichen dem Kunden einen bequemen Einkauf. Da sich viele Produkte in Qualität und Preis kaum noch unterscheiden, fällt der Kunde seine Kaufentscheidung häufig nach den angebotenen Serviceleistungen.

Fachgerechte Verpackung der Ware

Geschenkverpackung

Durch eine fachgerechte Verpackung des Produkts erleichtern wir den Transport und bewahren es vor möglichen Schäden. Mehrere zerbrechliche Gegenstände, z. B. Glas oder Porzellan, schlagen wir einzeln in Seidenpapier ein und verpacken sie erst dann gemeinsam.

Warenzustellung

Kann der Kunde das gekaufte Produkt nicht selbst transportieren, z. B. Kühltruhe, Waschmaschine, Schrankwand, bieten wir ihm die Zufuhr durch betriebseigene Pkw bzw. Lkw an oder stellen ihm einen Leihwagen oder -anhänger zur Verfügung.

Lieferservice

Aufstellen, Anschließen, Einstellen gekaufter Produkte

Montage-Service

Kauft ein Kunde technische Geräte, z. B. Fernseher, Stereo-Anlagen, oder Möbel und kann er anfallende Montagearbeiten vor Inbetriebnahme oder Benutzung nicht selbst ausführen, übernehmen wir durch entsprechend ausgebildete Fachkräfte diesen Service. Diese Arbeiten erledigen wir in der Regel kostenlos. Wünscht der Kunde darüber hinausgehende weitere Leistungen, z. B. die Elektro- und Wasserinstallation für eine Waschmaschine, bieten wir ihm diese Serviceleistung zu einem günstigen Preis an.

Sonderbestellung

Möchte ein Kunde einen Artikel, den wir im Augenblick nicht vorrätig haben, und lehnt er unser Alternativangebot ab, führen wir eine Sonderbestellung durch. Wir bieten dies an, sofern der Kunde die Ware nicht sofort benötigt, diese noch lieferbar ist und von uns bestellt werden kann.

Artikel nicht gefunden? Wir bestellen sofort!

– exklusive Sondermodelle
– alle Größen
– alle Farben und Designs
– kurzfristig lieferbar

Sonderbestellung

Auswahlsendung

Kann sich ein Kunde im Geschäft nicht für einen Artikel entscheiden, z. B. welche der vorgelegten Tischdecken zu seinem Kaffeeservice und zur Einrichtung passt, oder kauft er nicht für sich selbst, z. B. bei Geschenken, geben wir, wenn er persönlich bekannt ist, eine Auswahl mit. Der Kunde kann dann zu Hause in aller Ruhe prüfen und entscheiden, was für seine Zwecke am besten geeignet ist.

Auswahlschein

Prüfen Sie in Ruhe zu Hause!

Auswahlsendung

Wartungs- und Reparaturdienst

Ist ein Artikel defekt, bieten wir die Reparatur in eigener Werkstätte an oder senden den Artikel an den Hersteller. Bringt ein Kunde einen solchen Artikel, nehmen wir den genauen Schaden und dessen vermutliche Ursache auf, prüfen die Reparaturmöglichkeit und erstellen einen Kostenvoranschlag. Kleinere Arbeiten erledigen wir kostenlos.

Reparatur-Service

Garantie

Zahlreiche Hersteller und Händler übernehmen für ihre Produkte eine Teil- oder Vollgarantie, d. h., sie beseitigen alle innerhalb einer bestimmten Frist auftretenden Mängel ganz oder teilweise kostenlos. Hat der Kunde den Schaden durch unsachgemäße Behandlung oder Handhabung verursacht, erlischt der Garantieanspruch ebenso wie bei eigenhändigen Reparaturversuchen. Der Kunde muss die Garantiekarte vorlegen, damit wir seinen Anspruch auf Garantie überprüfen können.

inkl. 5 Jahre GARANTIE*

Garantie

Umtausch aus Kulanz

Will der Kunde eine gekaufte Ware umtauschen, bieten wir ihm unsere Hilfe an. Wenn die Ware nicht vom Umtausch ausgeschlossen ist und außerdem nicht benutzt, getragen, verändert oder beschädigt ist, tauschen wir sie um (vgl. LF 10, Kap. 8, Umtausch).

Rückgabe-Garantie

12.5 Besondere Finanzdienstleistungen

Ratenkauf

Viele Kunden wollen sofort kaufen, können aber erst später bezahlen. Diesem Wunsch kommen wir entgegen. Insbesondere bei langlebigen, höherwertigen Gebrauchsgütern wie Möbeln, Elektrogeräten, Autos, deren Kaufpreis der Kunde nicht auf einmal aufbringen kann, bieten wir den Ratenkauf an. Der Kunde kann dann, entsprechend seinen finanziellen Möglichkeiten, den Kaufpreis in monatlichen Raten entrichten.

Bei der **Wunsch-Teilzahlung** wird der Kaufpreis in 3, 6 oder 10 Monatsraten gezahlt. Der geringe Zinsaufschlag berechnet sich so: **Barpreis · monatlicher Zinsaufschlag · Anzahl der gewählten Monatsraten : 100**.

Beispiel:

Polsterecke EUR 1 400,00

Zinsaufschlag bei 10 Monatsraten

$$\frac{1\,400,00 \cdot 0,7 \cdot 10}{100} = \textbf{EUR 98,00}$$

Wunsch-Teilzahlungspreis

EUR 1 400,00 (Barpreis) +

EUR 98,00 (Zinsaufschlag)

= **EUR 1 498,00**

Sie zahlen also monatlich

$$\frac{1\,498,00}{10} = \textbf{EUR 149,80}$$

Barpreis in Euro	Konditionen/Wunsch-Teilzahlungspreis in Euro		
	3 Monatsraten	6 Monatsraten	Monatsraten
1,00	1,02	1,04	1,07
10,00	10,25	10,44	10,70
50,00	51,23	52,19	53,50
100,00	102,46	104,38	107,00
500,00	512,23	521,90	535,00
1 000,00	1 024,60	1 043,80	1 070,00
2 000,00	2 049,20	2 087,60	2 140,00
3 000,00	3 073,80	3 131,40	3 210,00
monatlicher Zinsaufschlag	0,82 %	0,73 %	0,70 %
effektiver Jahreszins	14,94 %	15,51 %	16,20 %

Kauf auf Probe

Beim Kauf auf Probe kann der Kunde Gegenstände, z. B. eine Kamera, Stereo-Anlage, Filmprojektor, kostenlos ausprobieren und danach zurückgeben. Behält er die Ware oder gibt er innerhalb der vereinbarten Frist nicht zu erkennen, dass er sie nicht behalten will, kommt ein Kaufvertrag zustande.

Mietkauf

Der Kunde kann Gegenstände für einen längeren Zeitraum auch mieten, z. B. Musikinstrumente. Er zahlt eine monatliche Miete, die, falls er sich nach Ablauf der Mietzeit zum Kauf entschließt, auf den Kaufpreis angerechnet wird.

Leasing

Gegen einmalige Mietsonderzahlung und monatliche Mietzahlungen kann der Kunde insbesondere Fahrzeuge, Computer, Fotokopiergeräte auch leasen (mieten). Nach Ablauf der vertraglich festgelegten Leasingdauer muss er die Ware dem Händler zurückgeben, kann sie kaufen oder zu einer geringeren Leasingrate weiter leasen.

Die Vorteile von Mietkauf und Leasing sind:

◆ Kunde erhält das neueste Gerät,

◆ Wartungs- und Reparaturarbeiten werden vom Vermieter/ Leasinggeber durchgeführt,

◆ Kaufpreis braucht nicht auf einmal aufgebracht zu werden.

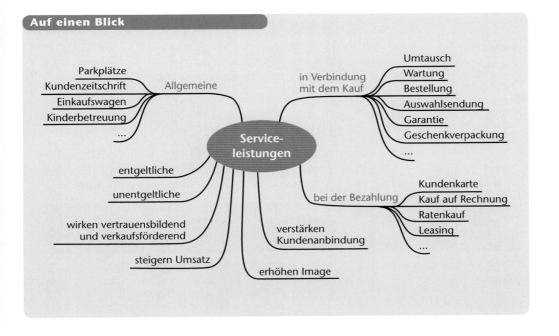

13   Kundeneinwände: lästige Kaufwiderstände oder nützliche „Wegweiser"?

1. Wogegen richten sich meist die Einwände der Kunden in Ihrem Geschäft?

2. Warum bringen Kunden Einwände vor?

3. a) Welche Aufgabe fällt Verkäufern zu, wenn Kunden Einwände vorbringen?
   b) Wie gehen Sie dabei vor?

13.1   Gründe für Einwände

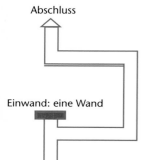

Jeder Kauf verlangt von Kunden eine Entscheidung, die mit finanziellen „Opfern" verbunden ist. Deshalb ist es verständlich, wenn Bedenken, Widerstände, Hemmungen und Einwände auftreten, die wie **eine Wand** wirken. Sie bieten uns die Möglichkeit, die Vorstellungen und Erwartungen des Kunden näher kennenzulernen, sind also **nützliche „Wegweiser"** für das weitere Verkaufsgespräch.

Kunden äußern Einwände auf verschiedene Weise; sie fragen, zweifeln, sind kritisch, aber auch sachlich und ruhig, manchmal vage, erregt, abfällig, verletzend usw.

Kunden möchten, dass wir ihre Einwände ernst nehmen. Deshalb verstehen wir Einwände nicht als kränkende Angriffe auf unsere Person, sondern als „Wegweiser". Ist der Grund für einen Einwand erkannt, können wir gezielt darauf antworten.

Kunde wünscht weitere Informationen	Kunde ist noch nicht überzeugt	Kunde sucht einen Vorwand bzw. benutzt eine Ausrede
über Eigenschaften, Einsatz, Vorteile	vom Geschäft, Verkäufer, Preis, von den Verkaufsargumenten, den Eigenschaften der Ware	um das Geschäft ohne „Gesichtsverlust" verlassen zu können
Beispiele: ◆ „Ist das auch wirklich die neueste Mode?" ◆ „Hat die Creme sonst keine Vorteile?" ◆ „Kommt für mich sonst nichts mehr in Frage?" ◆ „Trifft es tatsächlich zu, dass ..."	Beispiele: ◆ „Davon bin ich noch nicht so ganz überzeugt!" ◆ „Die rote Farbe der Bluse gefällt mir gut, ist sie auch waschmaschinenfest?"	Beispiele: ◆ „Ich wollte mich ja nur mal unverbindlich umschauen, ob ..." ◆ „So viel Geld habe ich jetzt gar nicht dabei." ◆ „Ich komme später noch mal wieder!"

Worauf sich Kundeneinwände beziehen

Kundeneinwände können sich beziehen auf

◆ **das Produkt;**

Beispiele:
- *„Das Gemüse sieht nicht gerade frisch aus!"*
- *„Die Schuhe dürften ruhig ein wenig flotter aussehen!"*
- *„Ich suche Jeans stone washed und keine Edeljeans!"*

◆ **den Preis;**

Beispiele:
- *„Das ist aber teuer!"*
- *„Ich zweifle, ob die Kaffeemaschine das wert ist, was sie kostet!"*
- *„Für den geringen Preis kann die Ware wirklich nichts wert sein!"*

◆ **das Geschäft und den Verkäufer;**

Beispiele:
- *„Hören Sie mal, schon wieder muss ich feststellen, dass Sie diesen Artikel nicht führen!"*
- *„Service kennt dieses Haus wohl nicht?"*

◆ **die Argumentation.**

Beispiele:
- *„Können Sie mir das nicht einfacher ohne Fachchinesisch erklären?"*
- *„Ich möchte jetzt endlich wissen, welche Vorteile das Gerät besitzt!"*

13.2 Verhaltensweisen bei Kundeneinwänden

Wir können Einfluss auf den Verlauf und damit auf den Erfolg des Verkaufsgesprächs nehmen. Die folgende Tabelle stellt positives und negatives Verkäuferverhalten gegenüber.

13.3 Einwände, die wir nicht entkräften

Dazu gehören

◆ **Ausreden**, um das Geschäft ohne Einkauf verlassen zu können. Sie sind keine wirklichen Einwände und stehen in keinem Zusammenhang mit vorangegangenen Argumenten. Ausreden und Vorwände sind Schutzbehauptungen, um sich dahinter zu verstecken. Wir respektieren dies und ermöglichen dem Kunden einen freundlichen, ungetrübten Abgang.

Die Kaufstimmung wird verbessert ☺	Die Kaufstimmung wird verschlechtert ☹
◆ Kunden ausreden lassen, ruhig, sachlich, freundlich, verständnisvoll zuhören: Der Kunde fühlt sich dann verstanden ◆ respektieren der Meinung des Kunden, denn jeder Mensch strebt nach Bejahung und Anerkennung ◆ nachfragen, unterschiedliche Ansichten „herunterspielen", Einwand „beantworten"	◆ ungeduldig, unsachlich, unhöflich sein, spannungserhöhende Redensweise: Der Kunde wird zum Gegner ◆ belehren, rechthaberisch sein, Einwand zerreden: Der Kunde empfindet dies als Herabsetzung ◆ direkten Widerspruch herausfordern ◆ Kunden verbal angreifen

◆ **Vorurteile und vorgefasste Meinungen.** Wer z. B. der Ansicht ist, dass Grün eine unausstehliche Farbe ist, fällt diese Entscheidung gefühlsmäßig. Mit verstandesmäßigen Argumenten ist hier nicht beizukommen. Wir lassen den Kunden bei seiner Ansicht.

◆ **Waren, die den Kunden in seinem Wohlbefinden stören,** einengen, unbequem sind, nicht passen.

Beispiel:

Kunde: *„Die Schuhe drücken!"*

Verkäufer: *„Das ist aber genau Ihre Größe, das kann ich gar nicht verstehen!"*

◆ Solche „Argumente", Beteuerungen, Versprechungen helfen dem Kunden nicht weiter, sie ärgern ihn. Deshalb zeigen wir andere, passende, das Wohlbefinden fördernde Produkte.

13.4 Auf welche Weise wir Einwände beantworten

Die Verkaufspraxis kennt mehrere Methoden, um Kundeneinwände zu beantworten. Diese können uns eine wirksame **Hilfe** sein, **wenn sie** nicht schematisch, sondern **situations- und kundenbezogen angewandt werden.**

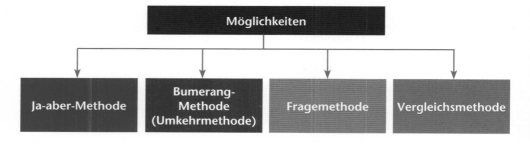

„Ja-aber"-Methode

Hier gibt der Verkäufer dem Kunden erst einmal Recht. Auf die **Zustimmung folgt das Gegenargument**, also die nicht gesehene Seite des Problems.

Beispiel:

Kunde: *„Die Tischtennisplatte ist aber teuer!"*

Verkäufer: *„Sie haben Recht, auf den ersten Blick ist das eine Menge Geld, (aber) bedenken Sie bitte, dass die Platte aus Leichtmetall und schlagfest ist."*

Vom Wörtchen „aber" sollten wir möglichst wenig Gebrauch machen. Für den Kunden wirkt es wie ein Warnsignal: *„Aha, jetzt kommt der ‚Pferdefuß'"*.

Einige Formulierungsbeispiele, die Zustimmung und Gegenargumente enthalten, sind:

Beispiele:

Zustimmung (Ja)	Gegenargument (Aber)
◆ „Es stimmt, die Farbe dieser Jacke ist empfindlich …"	◆ „… (aber) Sie können diese Jacke selbst leicht waschen"
◆ „Ich stimme Ihnen völlig zu …"	◆ „… (aber) Beachten Sie bitte, …"
◆ „Ich stimme Ihrer Auffassung zu …"	◆ „… vergleichen Sie andererseits bitte …"
◆ „Im Allgemeinen ist das richtig, …"	◆ „… allerdings darf ich Sie darauf hinweisen, dass …"
◆ „Richtig, dass Sie …"	◆ „… die Frage ist nur, ob …"
◆ „Sicher ist das wichtig, dass …"	◆ „… nur sollten Sie sich im Klaren sein, ob …"

Bumerang-Methode (Umkehrmethode)

Hier versucht der Verkäufer, deutlich zu machen, dass der **vermeintliche Nachteil in Wirklichkeit für den Kunden einen Vorteil** bedeutet, den er bisher noch nicht gesehen hat. Jede Sache hat zwei Seiten, es kommt nur auf die Betrachtungsweise an.

Beispiel:

Kunde: „Die Tischtennisplatte ist ja aus Leichtmetall!"

Verkäufer: „Gerade deshalb ist sie leichter als Holz, sie kann sich nicht verziehen, auch nicht bei Regen. Sie ist absolut wetter- und schlagfest!"

Der Verkäufer stimmt auf diese Weise dem Einwand des Kunden zu, wandelt diesen dann in ein Argument **für** das Produkt um.

Wir leiten die Umkehrmethode mit folgenden Formulierungen ein:
◆ „gerade deshalb ist …"   ◆ „aus diesem Grund"
◆ „deswegen"   ◆ „dafür"

Fragemethode

Sie eignet sich gut, wenn wir aufgrund der sprachlichen und körpersprachlichen Signale des Kunden erkennen, dass Einwände vorliegen. **Wir fordern den Kunden, auf seine Bedenken offen zu äußern**, um dann gezielt darauf einzugehen.

Beispiel:

Kunde: „Ich glaube, das ist doch nicht das Richtige für mich!"

Verkäufer: „Sie haben offensichtlich noch Bedenken. In welcher Hinsicht?"

Die Fragemethode hat folgende **Vorteile**:

◆ *Wir zeigen durch unsere Fragen Interesse am Einwand.*

◆ *Der Kunde kann seine Erwartungen an das Produkt verdeutlichen und erhält Gelegenheit, davon zu sprechen.*

◆ *Wir erfahren Gründe für die Einwände.*

Beispiele:

◆ *„Bitte sagen Sie ruhig, was Ihnen an dem Produkt noch nicht gefällt, damit wir zusammen das Richtige für Sie finden."*

◆ *„Bitte äußern Sie Ihre Bedenken!"*

◆ *„In welcher Hinsicht sagt Ihnen das Produkt noch nicht so recht zu?"*

Vergleichsmethode

Wir schwächen den Einwand des Kunden durch Vergleiche mit anderen Produkten ab, um zu zeigen, dass die **vorgelegte Ware die meisten Vorteile besitzt**.

Beispiel:

Kunde:	*„Vielleicht würde mir eine Tischtennisplatte aus Holz anstelle einer Aluminium-Verbundplatte genügen!"*
Verkäufer:	*„Wenn Sie die Platten aus Aluminium und Holz vergleichen, haben Sie bei der aus Aluminium den Vorteil, dass diese sich nicht verzieht, draußen im Regen stehen kann und absolut wetter- und schlagfest ist. Das sind entscheidende Vorteile gegenüber Holz!"*

Preiseinwände, kein Grund zur Kapitulation

Einwände des Kunden gegen den Preis eines Produkts erfordern besondere Verhaltensweisen des Verkäufers:

Beispiele:

Preiseinwände	mögliches Verhalten
„Ist der Artikel auch wirklich sein Geld wert? Ich möchte mehr darüber wissen!"	◆ Argumente anführen, die den Wert der Ware verdeutlichen ◆ darauf hinwirken, dass der Kunde die Vorteile der Ware selbst ermittelt
„Der Preis ist mir zu hoch, ich kann mir den Artikel nicht leisten!"	◆ dies respektieren und ◆ preiswertere Artikel mit ähnlichen Eigenschaften anbieten
„Die Konkurrenz bietet denselben Artikel zu einem günstigeren Preis an!"	◆ beim Vergleich der Artikel auf ähnliches Aussehen, **möglicherweise** unterschiedliche Qualität hinweisen ◆ Die Konkurrenz hat ein Sonderangebot für Artikel A, wir diese Woche für Artikel B

(Zu sonstigen Techniken der Preisargumentation: siehe Kapitel 11 „Preisgespräche überzeugend führen".)

Auf einen Blick

◆ Jeder Kauf erfordert eine Entscheidung. Daher können Bedenken, Hemmnisse, Kaufwiderstände und Einwände aufkommen.

◆ Der Kunde signalisiert uns Einwände sprachlich oder körpersprachlich. Sie sind nützliche „Wegweiser" für das Verkaufsgespräch.

◆ Häufige Ursachen für Einwände sind:
  – Kunden sind vom Geschäft, dem Verkäufer, seiner Argumentation, dem Produkt, dem Preis noch nicht überzeugt und wünschen noch weitere Informationen.
  – Sie suchen nach einem/r Vorwand/Ausrede und möchten das Geschäft verlassen, ohne zu kaufen.

◆ Negative und positive Verhaltensweisen des Verkäufers beeinflussen den weiteren Verlauf und damit den Erfolg des Verkaufsgesprächs.

◆ Wir respektieren Einwände, die sich auf einen zu hohen Preis, Vorurteile oder Ausreden beziehen, denn Kunden müssen nicht kaufen!

◆ Wirksame situations- und kundengerechte Einwandmethoden sind:
  – die „Ja-aber"-Methode, die Zustimmung und Gegenargumente bringt,
  – die Umkehr-Methode, die aus vermeintlichen Nachteilen Vorteile macht,
  – die Fragemethode, welche Gründe für die Einwände aufdeckt,
  – die Vergleichsmethode, die Einwände durch Vergleich ähnlicher Produkte abschwächt und Vorteile herausstellt.

◆ Preiseinwände haben verschiedene Gründe, die besondere Verhaltensweisen erfordern.

14 Bei Kaufbereitschaft auf den Abschluss hinwirken

Situation

Nach einem ausführlichen Verkaufsgespräch mit anschaulicher Warenvorführung und vielen guten Verkaufsargumenten denkt der Verkäufer über folgende Aussagen nach:

– *„Entschließen Sie sich bitte bald, morgen könnte dieser günstige Drucker verkauft sein ..."*

– *„Ich packe Ihnen den Drucker ein!"*

– *„Diesen Drucker müssen Sie nehmen, nur dieser kommt für Sie infrage, sonst habe ich nichts Geeignetes. Greifen Sie doch zu!"*

– *„Sagt Ihnen Drucker A oder Drucker B besser zu?"*

– *„Welchen Drucker halten Sie nun für Ihre Zwecke für am besten geeignet?"*

1. a) Welche dieser Aussagen setzt den Kunden unter Druck?
   b) Auf welche Weise reagiert normalerweise der Kunde auf „Druck"?
   c) Welche Aussage/Frage halten Sie für die beste?

2. a) Kaufbereite Kunden sagen nicht alle *„Das nehme ich"*, sondern drücken ihre Kaufbereitschaft „verschlüsselt" mit sprachlichen und körpersprachlichen Mitteln (Gestik, Gesichtsausdruck, Haltung) aus. Geben Sie hierzu Beispiele.
   b) Was können Sie als Verkäufer tun, wenn Sie bei Kunden Kaufbereitschaft feststellen?

3. *„Sagt Ihnen Drucker A oder Drucker B besser zu?"*
   a) Welche Frageart liegt hier vor?
   b) Was bezweckt diese?

14.1 Das Beratungsgespräch nähert sich dem Ende

Wenn das Beratungsgespräch in die letzte „Runde" geht, sind folgende drei Situationen typisch:

1. Die Wünsche des Kunden sind (immer noch) nicht erfüllbar; er drückt ein klares oder umschreibendes Nein aus, z. B. *„Das muss ich mir nochmals überlegen"*, oder lässt durch körpersprachliche Signale Ablehnung erkennen, z. B. abweisende Handbewegung.

2. Der Kunde drückt seine eindeutige Zustimmung aus, z. B.: *„Gut, das nehme ich."*

3. Der Kunde signalisiert durch sprachliche oder körpersprachliche Mitteilungen seine Kaufbereitschaft.

Bei der dritten Situation steht das Verkaufsgespräch kurz vor dem Ziel. **Der Kunde zeigt Interesse, ist kaufbereit, zögert aber noch** und denkt z. B.: *„Ich würde ja gern kaufen, aber tue ich das Richtige?"* Wenn unser Produktangebot im Interesse des Kunden liegt und er Kaufbereitschaft zeigt, bemühen wir uns um den Abschluss des Beratungsgesprächs.

14.2 Der Kunde signalisiert Kaufbereitschaft

Wirklich vorhandene Kaufbereitschaft erkennen wir an sprachlichen und körpersprachlichen Mitteilungen des Kunden. Überhören oder übersehen wir solche Signale, erlahmt das Kaufinteresse, der Kunde „steigt aus", die Früchte einer planvollen Argumentation erntet dann vielleicht ein anderes Geschäft. Wir achten auf folgende Signale:

Beispiele:

sprachliche Kaufsignale	körpersprachliche Kaufsignale
◆ Kunde erkundigt sich nach Einzelheiten ◆ Kunde sagt z.B.: *„gefällt mir sehr gut"*, *„das suche ich schon lange"*, *„das ist das Richtige"*, *„passt genau"* ◆ Kunde sichert Entscheidung ab, indem er unsere Argumente wiederholt ◆ der Kunde stellt Fragen nach Zahlungsweise, Skonto, Zugabe, Art der Zustellung, Zeitpunkt der Lieferung u. Ä. ◆ Kunde nickt zustimmend	◆ strahlende Miene mit nach oben gezogenem Mundwinkel, die Augen leuchten ◆ genießerisches Aneinanderreiben der Hände, mehrmals in die Hand nehmen und Besitzergreifen der Ware ◆ Griff nach dem Geldbeutel, Scheckkarte, Kreditkarte o. Ä.

14.3 Abschlusstechniken

Stellen wir ein oder mehrere Kaufsignale fest, versuchen wir, den Kauf zum Abschluss zu bringen (**„Abschlusstechnik"**). Dazu gibt es folgende vier Möglichkeiten:

Kontrollfragen stellen	Alternativfragen stellen	Wichtige Vorteile zusammenfassen	Empfehlungen mit Begründung

Kontrollfragen stellen, welche der Kunde mit „Ja" beantwortet

Beispiele:

Kunde:	*„... schwierig mich zu entscheiden!"*
Verkäufer:	*„Sie sagten, Sie wollten ein großes Frottier-Strandtuch ..."*
Kunde:	*„Ja!"*
Verkäufer:	*„... und darauf sollten bequem zwei Leute liegen!"*
Kunde:	*„Ja!"*
Verkäufer:	*„Gefällt Ihnen nach wie vor dieses weiche, große, dekorative Strandtuch?"*
Kunde:	*„Ja!"*

Verkäufer:	*„Dann ist es das Richtige für Sie!"*
Kunde:	*„Ja, das nehme ich, das gefällt mir wirklich gut!"*

Der Verkäufer stellt einige **Kontrollfragen, die der Kunde** mit großer Wahrscheinlichkeit **mit „Ja" beantwortet**, und versucht, ihn auf dieses „Ja hinzuführen". Da im Laufe des Verkaufsgesprächs der Verkäufer die Vorstellungen und Meinungen des Kunden kennenlernen konnte, sind solche Fragen möglich. Die letzte Frage zielt auf die Zustimmung und den Abschluss.

Alternativfragen führen direkt zur Entscheidung und damit zum Abschluss

Beispiele:

◆ *„Möchten Sie lieber die elektrische Zahnbürste der Marke A oder B?"*

◆ *„Sagt Ihnen die dekorative oder die rustikale Tischdecke mehr zu?"*

vgl.
Kapitel 5
Bei dieser Methode bieten wir dem Gesprächspartner die **Wahl zwischen zwei möglichen Artikeln**. Voraussetzung ist, dass er diese selbst als vorteilhafte Alternativen anerkennt. Dadurch engen wir die Auswahl ein und stellen den Kunden vor die Wahl, sich für den einen oder anderen Artikel zu entscheiden.

Zusammenfassen der wichtigen Vorzüge

Beispiele:

Kunde:	*„Ich kann mich noch nicht so richtig entscheiden!"*
Verkäufer:	*„Sie legen, wie Sie sagten, Wert auf einen einfach zu bedienenden DVD-Player mit besonderem Design!"*
Kunde:	*„Ja, das sind so meine Vorstellungen!"*
Verkäufer:	*„Dieses Gerät hier besitzt alle gewünschten Vorzüge!"*

Alle wichtigen Vorzüge, die der Kunde wünscht, **fassen wir nochmals zusammen**. Der Kunde erkennt: Wenn ich diesen Artikel nehme, gehen meine Wünsche und Vorstellungen in Erfüllung.

Empfehlung und Begründung

Beispiele:

Kunde:	*„Was soll ich jetzt machen?"*
Verkäufer:	*„Ich empfehle Ihnen dieses 15-teilige Tee-Service im chinesischen Dekor. Es erfüllt alle Ihre Wünsche und Vorstellungen hinsichtlich ..."*

Unsere Empfehlung kann dem Kunden die Entscheidung erleichtern. Eine Entscheidung, die der Kunde selbst trifft, verteidigt oder begründet er vor sich und anderen besser als eine, die der Verkäufer für den Kunden trifft. Deshalb begründen wir unsere Empfehlung mit wichtigen, vorteilhaften Eigenschaften und weisen auf den besonderen Kundennutzen hin.

14.4 Abschlussverstärker

Wenn sich Kunden für ein bestimmtes Produkt entschieden haben, treten gelegentlich Zweifel auf: Ist die Entscheidung richtig? Stimmen der Preis und die Qualität? ... Hätte ich vielleicht noch ...

Zweifel an der getroffenen Entscheidung lassen sich durch „Abschlussverstärker" zurückdrängen, indem die wichtigsten Vorteile des Produkts nochmals angesprochen werden.

Beispiele:

◆ *„Ihre Entscheidung ist deshalb richtig, weil Sie ..."*

◆ *„Mit dieser kostbaren Handtasche gehen alle Ihre Wünsche wie ... in Erfüllung, weil ..."*

◆ *„Sie haben gut gewählt, weil ..."*

Verwenden wir solche Abschlussverstärker mit Begründungen oder weisen gegebenenfalls auf Umtausch hin, kann der Kunde die getroffene Entscheidung leichter vor sich selbst rechtfertigen. Dadurch sichern wir die Entscheidung des Kunden ab.

14.5 „Hochdruckverkauf" schadet

Beispiele:

◆ *„Entschließen Sie sich bitte gleich!"*

◆ *„Kaufen Sie jetzt, sonst ..."*

◆ *„Warum zögern Sie, greifen Sie doch zu!"*

◆ *„Das müssen Sie nehmen!"*

Fordert der Verkäufer zum Kauf auf, geht es ihm vordergründig um sein Interesse und um seinen Vorteil. Aufforderungen, Aufdringlichkeit, den Kunden unter Druck setzen sind Erpressung. Wer will schon Opfer solcher Methoden werden? Will der Kunde sich den Kauf nochmals überlegen, respektieren wir dies, ohne beleidigt oder verstimmt zu reagieren. Sind wir bis zum Schluss freundlich, ist es durchaus möglich, dass der Kunde zu uns zurückkommt und dann rasch entschlossen kauft oder eines Tages mit anderen Wünschen zu uns kommt.

14.6 Die gekonnte Verabschiedung schafft eine positive Nachwirkung

Der erste Eindruck ist zwar entscheidend, aber der letzte ist bleibend. Ziel der Verabschiedung ist es, eine positive Nachwirkung beim Kunden zu erreichen, also eine „belohnende" Wirkung zu erzielen und so eine Grundlage für den nächsten Kauf zu schaffen.

Beispiele für Verhaltensweisen, die der Kunde positiv aufnimmt:

◆ Wir bieten dem Kunden an, sich bei Problemen mit dem Produkt an uns zu wenden, damit wir eine Lösung suchen können, z. B. *„Sollten Sie wider Erwarten Probleme mit dem Produkt haben, lassen Sie es uns wissen um Ihnen weiterzuhelfen!"*

◆ Wir bedanken uns für den Einkauf: *„Vielen Dank für den Einkauf!"* und begleiten den Kunden zum(r) Packtisch/Kasse.

Auf einen Blick

◆ Bejaht der Kunde den Kauf, so drückt er eindeutig Zustimmung aus oder signalisiert durch sprachliche oder körpersprachliche Mitteilungen („Kaufsignale") Kaufbereitschaft.

◆ Die Bemühung des Verkäufers, zum Kaufabschluss zu kommen, heißt Abschlusstechnik.

◆ Wichtige Abschlusstechniken sind:
  – Kontrollfragen stellen, auf die der Kunde mit „Ja" antwortet.
  – Alternativfragen führen direkt zur Entscheidung und zum Abschluss.
  – Alle wichtigen Vorteile eines Produkts zusammenfassen.
  – Empfehlungen aussprechen und begründen.

◆ Abschlussverstärker helfen dem Kunden, getroffene Entscheidungen leichter vor sich selbst oder gegenüber anderen zu rechtfertigen.

◆ „Hochdruckverkauf" ist Erpressung und daher abzulehnen.

◆ Ziel der „richtigen" Verabschiedung ist, eine positive Nachwirkung im Kunden zu erreichen und so eine Grundlage für neue Einkäufe zu schaffen.

15 Alternativangebote richtig unterbreiten

Situation

Verkäufer: *„Tut mir leid ... is gerade nicht mehr vorrätig."*

1. Wie hätten Sie gehandelt?

2. Nennen Sie Artikel aus Ihrem Sortiment, die andere ersetzen können (Alternativangebote).

3. Warum ist es besser, dem Kunden Alternativangebote zu unterbreiten, als nur zu sagen, dass wir das gewünschte Produkt nicht führen?

4. Formulieren Sie Sätze, die geeignet sind, den Kunden für Ihr Alternativangebot zu interessieren.

15.1 Alternativen anbieten

Verlangt der Kunde einen Artikel, den wir in dieser Ausführung, Farbe, Form oder Aufmachung nicht vorrätig haben, können wir ihm oft weiterhelfen, wenn wir erfahren, warum er gerade diesen Artikel möchte oder wofür er ihn verwenden will. Es fällt uns dann nicht schwer, einen Artikel zu finden, der die Wünsche des Kunden genauso gut erfüllt wie der zunächst verlangte.

Ein **Alternativangebot** ist ein Artikel, der in seinen Eigenschaften und Verwendungsmöglichkeiten, seiner Verarbeitung, Haltbarkeit und Bedienungsfreundlichkeit ebenso gut oder besser ist als der ursprünglich verlangte.

Beispiele:

Der Kunde wünscht	Wir bieten als Alternative an
◆ Fleischwolf ◆ Trockenbügelautomaten ◆ Tennisschläger der Marke X	◆ Universalzerkleinerer ◆ Dampfbügelautomaten ◆ Tennisschläger der Marke Y

Alternativangebote bedeuten für

den Kunden	den Verkäufer	das Geschäft
◆ der scheinbar nicht erfüllte Wunsch geht doch noch in Erfüllung ◆ kein weiterer Zeitaufwand	◆ Kunde muss nicht weggeschickt werden ◆ Anerkennung bei Kunden und Geschäftsinhaber	◆ kein Umsatzverlust ◆ keine Imageeinbuße wegen Sortimentslücken

15.2 Auf die richtige Formulierung kommt es an

Beispiele:

ungeschickte Formulierungen	bessere Formulierungen
◆ „Dieser Artikel ist uns im Moment ausgegangen." ◆ „Kaffeemaschine A führen wir nicht, ich kann Ihnen höchstens die von B zeigen." ◆ „Ersatzweise kann ich Ihnen statt einer roten Bluse eine in Rosa anbieten."	◆ „Darf ich Ihnen einen gleichwertigen Artikel zeigen, der ..." ◆ „Die Kaffeemaschine B hat gegenüber A den Vorteil, dass ..." ◆ „Wir finden bestimmt eine farblich passende Bluse zu ..."

Weicht der Preis unseres Alternativangebots wesentlich ab, begründen wir dies. Dabei heben wir den Nutzen unseres Angebots noch einmal hervor.

Beispiel: *„Dieser Stahlgürtelreifen zeichnet sich nicht nur durch hohe Kilometerleistung und mehr Sicherheit gegen Aquaplaning aus, sondern garantiert Ihnen darüber hinaus durch seine Bauweise einen tadellosen Geradeauslauf und besonders gute Kurvenstabilität."*

15.3 Die gewünschte Marke wird nicht geführt

Fragt ein Kunde nach einer bestimmten Marke, kann dies verschiedene Gründe haben. Entweder hat er selbst mit Artikeln dieser Marke gute Erfahrungen gemacht oder Freunde und Bekannte haben ihm zu dieser Marke geraten.

Falsch wäre es jetzt, dem Kunden die Marke „ausreden" zu wollen oder diese gar herabzusetzen. Stattdessen führen wir dem Kunden einen gleichwertigen Artikel einer von uns geführten Marke vor.

Manchmal verwechseln Kunden auch Markennamen mit Sachbezeichnungen. Sie verlangen z. B. eine bestimmte Sorte Dübel und meinen allgemein Kunststoffspreizdübel oder sie wünschen eine besondere Marke Kleber, wollen aber lediglich einen Alleskleber usw. Legen wir dem Kunden ein ähnliches Produkt vor, erfahren wir sofort, ob er den Markennamen mit der Sachbezeichnung gleichgesetzt hat oder ob er tatsächlich die Marke meint.

Will der Kunde dennoch seiner Marke treu bleiben und lehnt er unser Angebot ab, bestellen wir die gewünschte Marke, sofern dies möglich und der Kunde damit einverstanden ist.

Auf einen Blick

◆ Verlangt ein Kunde ein Produkt, das wir nicht führen oder das gerade ausgegangen ist, bieten wir ihm ein ähnliches, gleichwertiges Produkt an (Alternativangebot).

◆ Wirkungsvolle Verkaufsargumente und anschauliche Warenpräsentation überzeugen den Kunden von unserem Alternativangebot.

◆ Weicht der Preis unseres Alternativangebots wesentlich ab, begründen wir dies.

◆ Kundenwünsche und „Markentreue" sind nicht unerschütterlich. Wir verzichten daher nicht auf die Chance des Alternativkaufs.

---

16 Zusatzangebote nicht vergessen

Situation

Verpackungsinhalt
- Kamera
- Lithium-Ionen-Batterie
- Batterie-Ladegerät
- Netzkabel
- USB-Kabel
- CD-ROM*
- Tragriemen
- 2 GB SD MemoryCard

Sonderzubehör

Kameratasche

AC Adapter
Modell. Nr. AC-9E

Lithium-Ionen-Batterie

Felix, Verkäufer im Fotofachgeschäft „Rapid", wurde von seinem Abteilungsleiter aufgefordert, künftig mehr auf den Verkauf von Zubehör zu achten. Nach einigen Tagen berichtet Felix stolz:

„Gestern kam ein Kunde und wollte eine Digitalkamera. Als er sich für ein Modell von ZX entschieden hatte, sagte ich: ‚Zum bequemeren Transport und zum Schutz Ihrer Kamera empfehle ich Ihnen diese Fototasche aus strapazierfähigem Polytex. Darin können Sie auch weitere nützliche Zubehörteile verstauen.' Der Kunde freute sich über den Vorschlag und kaufte auch die Fototasche."

1. Hat der Verkäufer Ihrer Meinung nach richtig gehandelt?

2. Warum gehört zur individuellen und fachmännischen Beratung, dass wir dem Kunden Zusatzartikel anbieten?

3. a) Zählen Sie Zusatzartikel aus Ihrer Branche auf, die ein Kunde unbedingt benötigt, um einen gekauften Hauptartikel verwenden zu können.
   b) Welche Artikel würden Sie einem Kunden darüber hinaus empfehlen?

4. Manche Verkäufer finden es aufdringlich, Zusatzangebote zu machen. Wie denken Sie darüber?

16.1 Zusatzangebote bringen zusätzlichen Nutzen

Zu einer individuellen und fachmännischen Beratung gehört auch, dass wir Zusatzartikel anbieten. Das sind nicht irgendwelche überflüssigen Dinge, die wir dem Kunden aufschwatzen, sondern **nützliche** Produkte, die zum Hauptartikel passen, diesen sinnvoll ergänzen, aufwerten oder überhaupt erst einsatzfähig machen.

Beispiele:

verbessern den praktischen Wert	verbessern das Aussehen
◆ Bohrmaschine **und** Bohrer, Zusatzhandgriff, Bohrtiefenanschlag, Bohrständer	◆ Jacke **und** Schal, Kette, Anstecknadel, Gürtel
◆ Camcorder **und** Ladegerät, Akku, Kabelsatz, Tragegurt, Fernbedienung	◆ Anzug **und** Hemd, Krawatte, Pullunder, Socken

Zusatzangebote bringen Vorteile für

Kunden	Verkäufer
ersparen dem Kunden Ärger, Zeit und Geld, falls der Zusatzartikel erst die Einsatzbereitschaft des Hauptartikels gewährleistet	steigern Umsatz und Gewinn, stärken die Kundenbindung

Funktionsnotwendige Zusatzartikel

Zusatzartikel gibt es zu fast allen Produkten. Funktionsnotwendige Zusatzartikel sind solche, die einen Hauptartikel erst einsatzbereit oder verwendbar machen.

Beispiele:

◆ Batterien zur Taschenlampe,

◆ Leuchtmittel zur Lampe,

◆ Software zum Computer,

◆ Ladegerät zum Handy.

Funktionsnotwendiges Zubehör empfehlen wir immer, auch wenn gerade großer Kundenandrang herrscht oder der Kunde in Eile ist.

Werterhaltende und wertsteigernde Zusatzartikel

Merke

Wir weisen den Kunden auch auf **werterhaltende und -steigernde Artikel** hin, **die den Hauptartikel sinnvoll ergänzen, ihn aufwerten, seine Einsatz- und Verwendungsmöglichkeiten erhalten bzw. erweitern.**

Beispiele:

- ◆ Frisierdüse, Tischständer und Trockenhaube zum Haartrockner,
- ◆ Blitzgerät, Stativ, Zusatzobjektive, Vorsatzlinsen, Tasche zur Kamera,
- ◆ Pflegemittel zur Lederbekleidung.

16.2 Zusatzverkäufe richtig planen

An unserem Zusatzangebot erkennt der Kunde, dass wir uns für seine Probleme interessieren und bemüht sind, Artikel auszuwählen, die für seine Zwecke oder die Lösung seiner Probleme geeignet sind. Dabei sollten wir folgende Verhaltensweisen beachten.

Fehler vermeiden

Wir vermeiden Fragen und Formulierungen, welche die wahrscheinliche Antwort *„Nein"* bewirken („negative Suggestivfragen").

Beispiele:

- ◆ *„Eine Krawatte zum Hemd benötigen Sie wohl nicht?"*
- ◆ *„Brauchen Sie auch noch ein Blitzgerät?"*
- ◆ *„Benötigen Sie sonst nichts mehr?"*

Auch gleichgültig vorgetragene Fragen lassen kein Interesse am Kunden erkennen.

Vorteilhafte Formulierungen lassen den Kunden über weiteren Bedarf nachdenken

Vorteilhaft sind Formulierungen, die den Kunden anregen, über den Ergänzungsbedarf nachzudenken.

Beispiele:

- ◆ *„Wenn Sie mit Ihrer Kamera nicht nur Außenaufnahmen machen wollen, empfehle ich Ihnen dieses Blitzgerät!"*
- ◆ *„Mit dem Zusatzmesser für Gefriergut können Sie nicht nur Tiefgefrorenes, sondern auch Geflügel und Kleinwild schneiden!"*

16.3 Der richtige Zeitpunkt für Zusatzangebote

Einen bestimmten, unbedingt einzuhaltenden Zeitpunkt gibt es nicht. Bei Artikeln, die das Aussehen und damit die optische Wirkung verbessern, kann es sinnvoll sein, bereits **während der Präsentation** und Argumentation zum Hauptartikel den Zusatzartikel vor zulegen. Dies gilt auch, wenn der Kunde die vielfältigen Verwendungsmöglichkeiten des Hauptartikels nicht kennt.

Beispiele:

◆ *„Das sportlich-elegante Hemd kommt durch diese passende Krawatte erst richtig zur Geltung!"*

◆ *„Durch das reichhaltige Zubehör wird Ihr Föhn-Styler zum ganz privaten Frisiersalon. Mit den drei verschiedenen Rundbürsten können Sie bei jeder Haarlänge schwungvolle Innen- und Außenrollen legen. Mit dem Aufsteck-Doppelkamm können Sie trockenkämmen, Wellen legen und auflockern. Die Ondulierbürste formt schnell und schonend Locken!"*

Obwohl sich der Kunde noch nicht zum Kauf entschlossen hat, kann bereits jetzt der Zusatzartikel den Wert des Hauptartikels erhöhen und die Attraktivität zusammengehörender und zusammenpassender Artikel verstärken und verdeutlichen. Der Kunde kann sich auf diese Weise auch selbst von der Zweckmäßigkeit und Nützlichkeit unseres Zusatzangebots überzeugen. Hat sich der Kunde für den Hauptartikel entschieden, ist es für das Zusatzangebot höchste Zeit. Nutzen wir die Kaufstimmung, an der Kasse ist es zu spät.

16.4 Kunden von der Nützlichkeit des Zusatzangebots wirkungsvoll überzeugen

Um den Kunden von der Nützlichkeit unseres Zusatzangebots zu überzeugen müssen wir

◆ verständlich argumentieren,

◆ die Produkte anschaulich präsentieren sowie

◆ den Kunden im Beratungsgespräch und bei der Präsentation aktivieren, damit er sich selbst von den Vorteilen des Produkts überzeugen kann.

Beispiele für den Zusatzverkauf bei entsprechender Herausstellung des Kundennutzens:

◆ *„Das praktische Ergänzungsprogramm macht Ihre Küchenmaschine noch vielseitiger. Mit dem Schnitzelwerk können Sie Bohnen schneiden, Kohl schnitzeln, Mohrrüben reiben oder Nüsse raspeln."*

◆ *„Der Mixaufsatz quirlt Frucht- und Gemüsesäfte, püriert Tomaten, Äpfel und Säuglingsnahrung, schlägt Majonäse und macht herrliche Milchshakes!"*

Beispiele für den Zusatzverkauf bei entsprechender Produktpräsentation:

◆ Den Anzug präsentieren wir mit Hemd und passender Krawatte;

◆ den Staubsauger führen wir abwechselnd mit Bodendüse, Fugendüse, Polsterbürste und Blasdüse vor.

Beispiel für den Zusatzverkauf bei entsprechender Aktivierung des Kunden:

„Bitte legen Sie einmal die dekorative Kette um und sehen Sie in den Spiegel. Das Kleid wirkt so noch lebhafter!"

Auf einen Blick

funktions-
notwendige:
machen einen
Hauptartikel

einsatzbereit
oder verwendbar

Zusatzangebote

werterhaltende,
wertsteigernde:
ergänzen den Hauptartikel sinnvoll,
werten ihn auf,
erhalten oder erweitern seine Einsatz-
und Verwendungsmöglichkeiten

bieten
Vorteile für

Kunden
Geschäft
Verkäufer

wir **überzeugen** den Kunden
vom Wert des Zusatzangebots
durch

anschauliches Präsentieren
verständliche Argumente
aktive Einbeziehung in die
Verkaufshandlung

Kunden im Servicebereich Kasse betreuen

1 Kundenservice an der Kasse

Situation

Verkäufer: *„Sie sind schon der Dritte mit einem großen Schein"*

Verkäufer: *„Vielen Dank für Ihren Besuch Frau Berben. Ich wünsche Ihnen viel Freude und Hörgenuss mit Ihrem neuen DVD-Player."*

Verkäufer: *„Bei diesem Artikel fehlt die Artikelnummer. Bitte haben Sie etwas Geduld, ich muss die Nummer bei meinem Kollegen erfragen."*

Verkäufer: *„Haben Sie für die schönen, modischen Schuhe auch geeignete Pflegemittel?"*

Verkäufer: *„Ich bin mir ganz sicher, dass Sie mir einen 10,00-EUR-Schein und keinen 20er gegeben haben."*

1. Wie wirken die Äußerungen auf die Kunden?

2. Durch welches Verhalten zeichnet sich ein professionelles Kassenpersonal besonders aus?

3. Wie können wir an der Kasse zu einer verstärkten Kundenbindung beitragen?

4. Welche vorbereitenden Maßnahmen müssen vor Öffnung des Geschäftes an der Kasse getroffen werden?

1.1 Kassensysteme und Kassenabrechnung

Eine kundenfreundliche Kassenorganisation und ein professionelles Verkaufspersonal an der Kasse stellen eine wichtige Voraussetzung für jedes Einzelhandelsunternehmen dar. Welches Kassensystem ein Geschäft verwendet, hängt von verschiedenen Faktoren ab.

Die wichtigsten sind

◆ die Größe des Geschäfts: Kleinbetriebe verwenden nur eine Kasse, Großbetriebe wie Warenhäuser viele,

◆ die Betriebsform, z. B. Discounter, Fachgeschäfte, Verbrauchermärkte etc.,

◆ das betriebsinterne Warenwirtschaftssystem,

Dabei stehen nachfolgende Aspekte im Vordergrund:

◆ einfache Bedienung,

◆ schnelle Abwicklung,

◆ hohe Betriebssicherheit,

◆ Erfassung der Bareinnahmen und bargeldloser Zahlungen,

◆ Erstellung aussagefähiger Belege für Kunden und Einzelhändler z. B. bei Reklamationen,

◆ Erfassung vieler betrieblicher Daten, z. B. welche Artikel verkauft wurden.

Verkaufsform und Betriebsgröße bestimmen die Art des Kassierens:

Einzelkassierung	Sammelkassierung	Zentralkassierung
In kleineren Geschäften, aber auch an Verkaufstheken in Kauf- und Warenhäusern mit Bedienung ist das Verkaufspersonal für den Kassiervorgang verantwortlich.	In großen Fachgeschäften und einzelnen Abteilungen von Kauf- und Warenhäusern wird der Kassiervorgang meist über eine Sammelkasse abgewickelt. Speziell geschultes Personal nimmt die Zahlung entgegen.	In Selbstbedienungsgeschäften, Abteilungen von Kauf- und Warenhäusern mit Vorwahl und Selbstbedienung wird häufig mit mehreren Kassen zentral kassiert. Ausgebildetes Personal nimmt Zahlungen der Kunden entgegen, nachdem der Kunde die Ware selbst zur Kasse gebracht hat.

1.2 Kasse vorbereiten und Kassieranweisungen

Schlangestehen verärgert Kunden. Perfekte Organisation im Kassenbereich bringt den Kunden und dem Geschäft Vorteile, denn Zeit ist Geld.

Optimale Vorbereitungen beeinflussen das Kassieren positiv:

◆ Ordnung und Sauberkeit wirken positiv.

◆ Genügend Wechselgeld und Ersatzkassenrollen verhindern unnötige Wartezeiten.

◆ Packmaterial und Tüten in den erforderlichen Größen und Mengen beschleunigen den Kassiervorgang.

◆ Formulare wie Kaufbelege, Quittungen, Personalkaufbelege usw. sind in ausreichender Menge bereitzulegen.

◆ Schreibgeräte sollten funktionieren, Bleistifte gespitzt sein – oftmals sind Stempel und Stempelkissen erforderlich.

Die wichtigsten Kassierregeln lauten:

◆ Grüßen Sie zuerst den Kunden.

◆ Scannen oder registrieren Sie die erfassten Artikel.

- Nennen Sie laut den Endbetrag, um Kunden Klarheit zu verschaffen.
- Nehmen Sie das Geld entgegen, zählen Sie es nach und nennen Sie laut den Betrag.
- Tippen Sie das erhaltene Kundengeld in die Kasse ein.
- Legen Sie abgezähltes Münzgeld sofort in die Kasse.
- Stecken Sie größere Geldscheine in den Geldscheinhalter.
- Zählen Sie Rückgeld laut vor und geben den Bon heraus.
- Legen Sie Geldscheine von Kunden erst in die Kasse, wenn der Kunde das Wechselgeld akzeptiert hat.
- Schließen Sie nach Herausgabe des Rückgeldes sofort die Kasse.

Grundsätze des Kassierens

- **Kein Mitarbeiter darf Käufe für sich oder für seine Angehörigen kassieren.**
- **Es ist nicht gestattet, Privatgeld mit an die Kasse zu nehmen.**
- **Erst das Geld – dann die Ware zusammen mit dem Kassenbon aushändigen.**
- **Kassenschublade nach jedem Kassiervorgang schließen.**

Weshalb sind Kassierregeln notwendig?

Um dem Kunden Wartezeit zu ersparen	Um einen einheitlichen Ablauf zu gewährleisten	Um Kassen- und Inventurdifferenzen zu vermeiden

Folgende Sonderfälle können an der Kasse entstehen:

- Der Kunde reklamiert das Wechselgeld einige Zeit nach dem Kassiervorgang. In diesem Fall ist es ratsam, eine Aufsichtsperson hinzuzuziehen. Lässt sich der Fall nicht klären, führen Sie einen Kassensturz, d. h. einen vorzeitigen Kassenabschluss, durch.
- Das Öffnen der Kasse, ohne zu kassieren, ist entsprechend der betriebsinternen Organisation abzuwickeln.
- Eingaben sind zu stornieren, sofern falsche Mengeneinheiten eingegeben wurden.
- Beim Personalkauf sind die unternehmensinternen Vorschriften zu beachten.

1.3 Umgang mit Kunden im Kassenbereich

Chancen zur Kundenbindung

Im Kassenbereich bieten sich Chancen zur Kundenbindung, die häufig nicht wahrgenommen werden. Die häufigsten Fehler sind:

- **Vorauslaufen**: Negativ ist, wenn Sie vorauseilen. Die Möglichkeit, das bisherige Gespräch aufrechtzuerhalten, ist vertan, Chancen für Zusatzverkäufe oder eine stärkere Kundenbindung sind vergeben.
- **Hinterherlaufen**: Wenn Sie dem Kunden hinterherlaufen – womöglich noch im Abstand von ein paar Metern – erwecken Sie den Eindruck, dass dieser Ihnen nach der Zustimmung zum Kauf gleichgültig ist.

◆ **Weglaufen**: Laufen Sie nicht einfach vom Kunden weg und hin zur Kasse, nachdem sich ihr Kunde z. B. für Hallenschuhe entschieden hat und diese noch in der Hand hält. Warten Sie, bis Ihr Kunde das körpersprachliche Signal gibt: *„Ich bin so weit, bitte begleiten Sie mich zur Kasse."*

◆ **Wegnehmen**: Nehmen Sie „glücklichen" Kunden das erworbene Produkt nicht aus der Hand. Kunden möchten den wertvollen Artikel gerne selbst zur Kasse tragen.

Die Kundenbetreuung und -aussprache sollten vielmehr nach folgenden Regeln erfolgen.

Auf dem Weg zur Kasse

◆ Halten Sie Kontakt auf dem Weg zur Kasse. Nutzen Sie Chancen für Zusatzinformationen und Zusatzangebote. Dabei bietet sich der Dreisatz zum Thema Zusatzverkauf an.

Beispiel:

Der Kunde hat sich für Laufschuhe entschieden.

1. Schritt: Verkäufer: *„Hier haben wir übrigens funktionelle Laufsocken."*

2. Schritt: Verkäufer: *„Diese Laufsocken haben keine Naht, die aufträgt."*

3. Schritt: Verkäufer: *„Nehmen Sie doch ein Paar mit, Sie werden überrascht sein, wie gut es sich damit laufen lässt."*

◆ Sammeln Sie persönliche Informationen, die für eine weitere Kundenbetreuung sinnvoll sind. Kunden, die wiederkommen, sind begeistert, wenn Sie sich an die eine oder andere Kleinigkeit erinnern.

Beispiel:

Verkäufer: *„Wo werden Sie Ihre neuen Laufschuhe zum ersten Mal zum Einsatz bringen?"*

◆ Unser Name ist eines der angenehmsten Wörter die wir kennen. Achten Sie besonders auf dem Weg zur Kasse darauf, den Namen Ihres Kunden zu wiederholen und richtig auszusprechen.

Beispiel:

Verkäufer: *„Da haben Sie sich eine sehr anspruchsvolle Joggingstrecke ausgesucht, Herr Kranz."*

◆ Überreichen Sie eine persönliche Visitenkarte, sofern dies in Ihrem Geschäft üblich ist.

Kundenansprache im Kassenbereich

Höflichkeitsformen sind ein wichtiger Bestandteil des Kassiervorgangs. Begrüßen Sie die Kunden mit einem freundlichen *„Guten Tag", „Grüß Gott", „Hallo"* oder stellen Sie einfach Blickkontakt her.

Kartenzahlung ermöglicht, die Namen der Kunden zu ermitteln und sie persönlich anzusprechen. Weisen Sie gegebenenfalls die Kunden darauf hin, dass der Kassenbon Nachweis für Garantie ist bzw. falls notwendig Umtausch und Reklamation erleichtert. Wir verabschieden die nicht mehr anonymen Kunden freundlich mit ihrem Namen.

Beispiel:

Verkäufer: *„Auf Wiedersehen, Herr Merkle, viel Spaß mit Ihren neuen Inlinern und ein schönes Wochenende."*

Auch bei anonymer Barzahlung verabschieden wir die Kunden mit einem Lächeln und den ortsüblichen Grußformel.

Es gilt: Der erste Eindruck ist der Entscheidende, der letzte der Bleibende!

Umgang mit Kundenkarten und Gutscheinen

Kundenkarten zielen darauf ab, Käufer längerfristig an das Einzelhandelsgeschäft zu binden. Mit der Kundenkarte erhält der Kunde geldwerte Vorteile, Zusatzleistungen oder andere Vergünstigungen. Auf diese Weise kehren die Kunden immer wieder zu den Einzelhandelsgeschäften zurück. Außerdem ermöglichen Kundenkarten dem Geschäft Analysen zum Einkaufverhalten, z. B. wann, was, wie viel der Kunde kauft. Daneben ist durch das Vorhandensein der Kundenkarte im Geldbeutel die Firma ständig präsent.

An den Kundenkarten wird kritisiert, dass sie den Einblick in die Einkaufsgewohnheiten des Kunden ermöglichen.

Arten von Kundenkarten

Bonuskarten des Handels	Die beiden bedeutendsten Programme sind Payback bzw. Deutschland-Card. An diesen Systemen beteiligen sich Unternehmen aus dem Handel und im Internet. Durch das Sammeln von Punkten erhält man eine Art Rabatt bzw. eine Prämie wie z. B. Musicalkarten oder Warengutscheine usw.
CityCards	Dabei handelt es sich um den Zusammenschluss mehrerer Unternehmen vor Ort wie z. B. Werbegemeinschaften, welche eine gemeinsame Kundenkarte ausgeben.
Kundenkarten mit Zahlungsfunktion	Mit ihnen können die Kunden bezahlen und dabei Punkte sammeln.

Geschenkgutscheine

Der Kunde, der nicht weiß, was er schenken soll, findet den **Geschenkgutschein** als passende Geschenkidee gut, denn der Beschenkte weiß selbst am besten, was ihm gefällt, woran er eine Freude hat.

Geschenkgutschein vom Forum Warenhaus – immer eine gute Idee!

Alle Vorteile auf einen Blick:

◆ Immer eine passende Geschenkidee, denn der Empfänger erfüllt sich gerne seine individuellen Wünsche.

◆ Der Beschenkte kann aus einem Sortiment von über 100.000 verschiedenen Artikeln auswählen.

◆ Zeitlich unbegrenzt gültig.

Forum Warenhaus KG

97004 Würzburg · Königstraße 20–22 · Tel.: 0931 56100-0

Geschenkgutschein

über **50,00** EUR

Gutschein Nr. 3547   Datum: 30. 11. ...

Die Vorteile des Geschenkgutscheins umfassen

◆ für das Geschäft: Umsatzsteigerung, Kundenbindung,

◆ für den Kunden: sinnvolle Geschenkidee, die (fast immer) gut „ankommt",

◆ für den Beschenkten: Er erfüllt sich individuelle Wünsche.

Für unterschiedliche Anlässe gibt es entsprechende attraktive Geschenkscheinmotive, z. B. Geburtstag u. Ä.

Es gibt auch **Gutscheine in Zeitschriften**, Anzeigen, Prospekten, als Handzettel usw. Solche Gutschein-Aktionen sind zeitlich begrenzt. Ziele des Einzelhändlers sind,

◆ neue Kunden zu gewinnen,

◆ „alte" Kunden zu binden.

Siehe auch Kapitel Verkaufsförderung

FEIERN SIE MIT UNS GEBURTSTAG!

Sonntag verkaufsoffen!

• Im Adler Modemarkt Senden
• Am 15. Oktober von 13 bis 18 Uhr

- ✂ - -

GESCHENK-COUPON

Eine nette **Überraschung** erhalten Sie am 15. Oktober 20.. gegen Abgabe dieses Coupons im Modemarkt Senden an der Information. Jeder Kunde erhält ein Geschenk.

Adler Modemarkt, im Marktkauf-Einkaufszentrum, Berliner Straße 9, an der B 19, 89250 Senden

1.4 Kassieren an modernen Datenkassen

Situation

Karin Lüders ist seit zwei Wochen Auszubildende bei der PELIKANO BÜROBEDARF GmbH, einem Fachmarkt für Büroartikel und Bürotechnik in Konstanz.

Heute wird Karin Lüders zum ersten Mal an der Kasse eingesetzt. Die Kollegin Frau Endres wird ihr den Aufbau der modernen Datenkasse erklären und die ersten Kassiervorgänge mit ihr gemeinsam durchgehen.

„Guten Morgen, ich bin Monika Endres. Ich arbeite seit zwei Jahren bei der PELIKANO BÜROBEDARF GmbH an der Kasse.

Sie werden sehen, das Kassieren ist bei uns ganz einfach. Zum Glück haben wir eine moderne Datenkasse, die mit unserem Zentralcomputer verbunden ist.

Deshalb müssen Sie nur den Strichcode auf den Artikeln einscannen. Fehlende Preisschilder, Tippfehler und plötzliche Preisänderungen sind für uns kein Problem mehr. Seien Sie froh, dass Sie jetzt erst mit der Ausbildung anfangen. Früher war das alles viel schwieriger!"

1. Lernen Sie die Kasse der Unternehmenssoftware Microsoft Dynamics NAV® kennen und führen Sie selbst Kassierungen damit durch. Lesen Sie dafür die Erklärungen von Frau Endres und nutzen Sie die Schritt-für-Schritt-Anleitung in den Arbeitsmaterialien. Hinweise zur Lizenzierung und zur Installation der Software finden Sie im BuchPlusWeb-Angebot der Arbeitsmaterialien.

2. Finden Sie heraus, warum Frau Endres das Arbeiten mit einer Datenkasse viel einfacher findet als früher! Wo liegen die Unterschiede zwischen einer Datenkasse und älteren Kassensystemen?

1.4.1 Wie ist ein modernes Kassensystem aufgebaut?

Karin Lüders trifft Monika Endres eine halbe Stunde, bevor der Laden öffnet. Frau Endres möchte ihr zunächst die Geräte zeigen, aus denen die Kassensysteme der PELIKANO BÜROBEDARF GmbH bestehen.

„Unsere Datenkasse ist eigentlich ein ganz normaler Computer. An diesen Computer sind einige spezielle Geräte angeschlossen, die uns hier an der Kasse die Arbeit erleichern, z.B. der Scanner, die Kassentastatur und der Bondrucker.

Die Kassentastatur ist eine Tastatur mit verschiedenen Funktionstasten, einem Nummernblock sowie einer Enter-Taste und der Leertaste, die Sie auch von der normalen Computertastatur kennen.

Der Kassenbildschirm ist ein kleinerer Flachbildschirm, der mit dem Kassencomputer

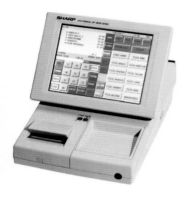

verbunden ist. Er zeigt eine Vorschau auf den Kassenbon des Kunden, indem er alle gescannten Artikel mit Preis, Menge und Artikelbezeichnung aufführt.

Um die Arbeit des Kassierers zu erleichtern, ist die Bildschirmanzeige einfach gegliedert und die Bildschirmelemente erscheinen besonders groß. Manche Kassenbildschirme haben eine Touchscreen-Funktion.

Wie ein Drucker an einen PC angeschlossen ist, ist auch der Bondrucker an den Kassencomputer angeschlossen. Er arbeitet aber nicht mit normalem Papier, sondern mit Thermopapier. Das kann schnell und leise bedruckt werden, hat aber den Nachteil, dass es mit der Zeit verblasst.

Mit dem Kassencomputer ebenfalls verbunden ist das Kundendisplay, auf dem die Kunden die Preise der kassierten Artikel und den zu zahlenden Gesamtpreis sehen können.

Die Kassenschublade sollte aus Sicherheitsgründen meist geschlossen sein. Da sie mit dem Kassencomputer verbunden ist, öffnet sie sich automatisch, wenn der Kunde zahlt und der Zahlbetrag in die Kasse eingetippt wurde.

Strichcode

Global Trade
Item Number

Der Scanner ist das Gerät zum Lesen des Strichcodes auf den Artikeln. In diesem Strichcode ist die Global Trade Item Number GTIN (früher EAN – Europäische Artikelnummer) maschinenlesbar verschlüsselt. Der Scanner tastet den Strichcode mit einem Laserstrahl ab und liefert die GTIN an den Computer.

Wenn der Scanner den Strichcode aber einmal nicht lesen kann, dann kann man die Global Trade Item Number auch von Hand eintippen. Sie steht ja unter dem Strichcode.

Seitdem wir die Strichcodes mit einem Scanner abtasten können, geht das Kassieren viel schneller als früher, als wir noch jeden Preis einzeln in die Kasse eintippen mussten."

Merke

Ein modernes Kassensystem besteht aus
- ◆ einer Zentraleinheit (PC oder PC-ähnliches Gerät),
- ◆ Dateneingabegeräten (Kassentastatur, Scanner),
- ◆ Datenausgabegeräten (Bondrucker, Bildschirm, Kundendisplay),
- ◆ einer Kassenschublade.

Auf einen Blick

1.4.2 Wie kassiert man mit einer modernen Datenkasse?

Situation

Nachdem ihr Monika Endres das Kassensystem gezeigt hat, kassiert Karin Lüders zur Übung einen Artikel gemeinsam. Auf dem Kassenbildschirm erscheint diese Anzeige:

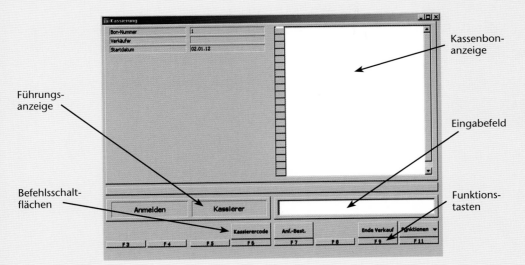

Monika Endres: *„Morgens vor der Ladeneröffnung starte ich den Kassencomputer und unsere Unternehmenssoftware Microsoft Dynamics NAV®. Dann öffne ich das Programmmodul ‚POS-Kasse' und melde mich als Kassiererin an.*

Jetzt erscheint das Bedienfenster unserer Kasse. Ich bediene die Kasse ausschließlich mit dem Nummernblock und den Funktionstasten auf der Kassentastatur. Im rechten Bereich des Bedienfensters sehe ich den Kassenzettel so, wie er später ausgedruckt werden wird. Im unteren Teil werden mir die Funktionstasten angezeigt die ich gerade benutzen kann.

Besonders wichtig für mich ist die Führungsanzeige im mittleren Teil des Bedienfensters. Sie zeigt mir, an welcher Stelle im Kassenvorgang ich gerade stehe und was ich als Nächstes eingeben muss."

1. Lesen Sie die folgenden Erklärungen von Frau Endres zu den Abläufen während einer Kassierung.

2. In den Arbeitsmaterialien finden Sie eine Anleitung zum Kassieren mithilfe der Unternehmenssoftware Microsoft Dynamics NAV®. Führen Sie diese Kassierung selbst durch.

1. Datenerfassung mithilfe der Datenkasse

„Kassieren wir nun einmal zur Probe diese Packung Laserdruckerpapier. Auf der Packung finden Sie den Strichcode mit der darin verschlüsselten Global Trade Item Number (GTIN).

Mit dem Scanner lesen Sie den Strichcode auf der Packung ein. Die eingelesene Global Trade Item Number erscheint automatisch im Eingabefenster.

Damit kennt die Kasse aber noch nicht den Preis des Artikels. Der Preis steht in der Artikel-

Quelle: HP

datenbank unseres Unternehmens.

Wie erfährt die Kasse nun den Preis des Artikels?

Wenn Sie sich einmal die Rückseite des Kassen-PCs anschauen, sehen Sie, dass er an ein Datenkabel ange-

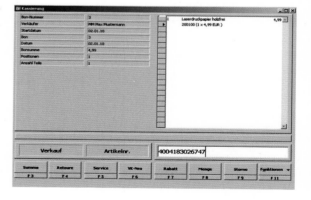

schlossen ist. Unsere Kasse ist über dieses Kabel mit dem Zentralcomputer unseres Unternehmens verbunden und kann mit ihm Daten austauschen. Das ist der Grund, warum Kassen wie unsere „Datenkassen" heißen. Die Artikeldatenbank kann also über das Internet wenn nötig aktualisiert werden.

Nachdem wir die Global Trade Item Number (GTIN) eingescannt haben, sucht der Kassencomputer in der Artikeldatenbank, ob er einen Artikel mit der eingescannten GTIN finden kann.

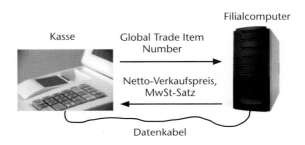

Dieser „Suchauftrag" dauert nur wenige Sekundenbruchteile.

Die Kasse gibt anschließend den Bruttoverkaufspreis auf dem Kassenbon und dem Kundendisplay aus.

2. Bargeld einnehmen

Die Kasse fordert uns auf, die GTIN des nächsten Artikels einzugeben.

Wir kassieren zur Probe 5 Kugelschreiber und schließen den Bon ab.

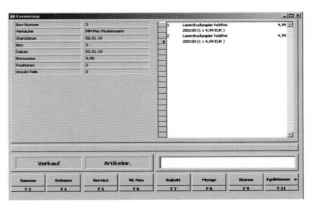

Nun sollen wir die Zahlungsart eingeben.

Wir können zwischen Bar, Scheck, Kartenzahlung oder Rechnung wählen. Zur schnellen Auswahl drücken wir einfach die richtige Funktionstaste.

Soweit der Kunde nichts anderes möchte, wählen wir die Zahlungsart „Bar".

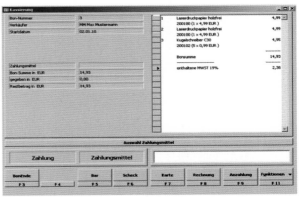

Der Kunde gibt uns das Geld. Wir wiederholen den gegebenen Betrag und tippen ihn in die Kasse ein. Die Datenkasse berechnet dann sofort den Rückgeldbetrag und zeigt ihn auf dem Bildschirm an.

Das bezahlte Geld legen wir auf die Kassenablage und prüfen dabei die Scheine auf Echtheit.

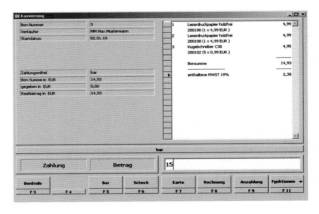

3. Rückgeld und Ware übergeben

Nun schließen wir den Bon mit der entsprechenden Funktionstaste ab. Der Bondrucker druckt den Bon aus und die Kassenschublade öffnet sich. Sie nehmen den Rückgeldbetrag aus der Kassenschublade und zählen das Rückgeld dem Kunden vor.

Anschließend legen wir das vom Kunden bezahlte Geld in die Kassenschublade und schließen sie.

Den Kassenzettel reißen wir ab, verpacken ihn mit der Ware und übergeben beides dem Kunden

4. Automatische Meldung des Warenabgangs und der Einnahmen

Während wir das tun nimmt der Kassencomputer ein weiteres Mal Kontakt mit dem Filialcomputer auf und meldet, welche Artikel gerade in welchen Mengen verkauft wurden.

Der gespeicherte Lagerbestand wird entsprechend verringert, sodass der Computer rechtzeitig Nachbestellungen auslösen kann.

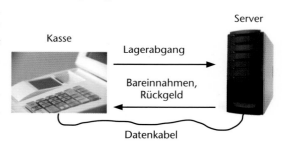

Gleichzeitig werden auch die Einnahmen und der Rückgeldbetrag weitergegeben, damit sie später verbucht werden können."

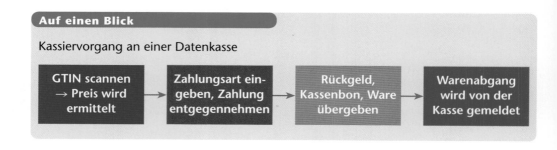

Auf einen Blick

Kassiervorgang an einer Datenkasse

| GTIN scannen → Preis wird ermittelt | → | Zahlungsart eingeben, Zahlung entgegennehmen | → | Rückgeld, Kassenbon, Ware übergeben | → | Warenabgang wird von der Kasse gemeldet |

1.5 Kassenabrechnung

Situation

Karin Lüders ist seit zwei Wochen Auszubildende bei der PELIKANO BÜRO-BEDARF GmbH, einem Fachmarkt für Büroartikel und Bürotechnik in Konstanz.

Heute hat Karin Lüders zum ersten Mal an der Kasse gearbeitet. Nach Geschäftsschluss hilft ihr Frau Endres die Kassenabrechnung durchzuführen.

Karin Lüders:	*„Vier Stunden Kasse – das reicht für heute: Jetzt bin ich zu nichts mehr zu gebrauchen! Bin ich froh, wenn ich jetzt nach Hause komme."*
Frau Endres:	*„So ging's mir am Anfang auch. Aber noch sind Sie nicht fertig. Nach jeder Schicht an der Kasse müssen Sie eine Kassenabrechnung machen."*
Karin Lüders:	*„Warum denn das?"*
Frau Endres:	*„Sind Sie denn ganz sicher, dass Sie immer richtig kassiert haben und immer das richtige Rückgeld gegeben haben?"*
Karin Lüders:	*„Na ich hoffe mal!"*
Frau Endres:	*„Hoffen ist leider nicht genug. Der Chef und das Finanzamt wollen genau wissen, ob die Kasse stimmt oder nicht. Also, lassen Sie uns mal schauen, wie viel Sie in der Kasse haben."*

Unterstützen Sie Karin Lüders bei der Kassenabrechnung. Nutzen Sie dafür den folgenden Informationstext sowie das Lösungsschema in den Arbeitsmaterialien.

Das Gesetz verpflichtet jeden Einzelhändler, täglich eine Kassenabrechnung durchzuführen. In der Praxis wird die Kassenabrechnung beim Personalwechsel an der Kasse und abends nach Geschäftsschluss vorgenommen. Um schnell voranzukommen und Fehler zu vermeiden, halten die Kassierer dabei eine bestimmte Schrittfolge ein, die im Folgenden dargestellt wird.

1.5.1 Ist-Kassenbestand ermitteln – Wie viel Geld ist in der Kasse?

Schritt 1:

Zunächst entnimmt der Kassierer das Münzgeld aus der Kassenschublade und zählt es. Das Zählergebnis wird in eine Zählliste geschrieben. Anschließend wird das Scheingeld aus der Kassenschublade entnommen und gezählt. Dabei wird jede Geldscheinsorte getrennt gezählt. Die Anzahl der Scheine jeder Sorte wird in die Zählliste eingetragen.

Beispiel für eine Zählliste:

Zählliste									
	Scheingeld							Münz-geld	Summe
	500,00 EUR	200,00 EUR	100,00 EUR	50,00 EUR	20,00 EUR	10,00 EUR	5,00 EUR		
Gesamt									

Schritt 2: Danach werden mithilfe der Zählliste die Summe und damit der Ist-Bestand der Kasse ermittelt.

Schritt 3: Der Kasseneinsatz (das Wechselgeld) wird anschließend zurück in die Kasse gelegt.

Beispiel:

Frau Müller mit der Kassierer-Nummer 32 zählt einen Kleingeldbestand von 13,34 EUR. Außerdem hat sie einen 200,00-EUR-Schein, einen 100,00-EUR-Schein, 25 50,00-EUR-Scheine, 18 20,00-EUR-Scheine, 15 10,00-EUR-Scheine und drei 5,00-EUR-Scheine in der Kasse. Sie trägt die Anzahl der Scheine in die Zählliste ein und errechnet einen Ist-Bestand von 2 683,34 EUR.

Zählliste									
	Scheingeld							Münz-geld	Summe
	500,00 EUR	200,00 EUR	100,00 EUR	50,00 EUR	20,00 EUR	10,00 EUR	5,00 EUR		
	0	1	1	25	18	15	2	13,34	
Gesamt	0,00	200,00	100,00	1 250,00	360,00	150,00	10,00	13,34	2 683,34

Einige Einzelhandelsgeschäfte nutzen zur schnelleren Zählung ihrer Kassenbestände eine Geldwaage. In diesen Geschäften entfällt die Handzählung des Geldes. Stattdessen wird jedes Münzfach im Kassenschieber getrennt auf die Geldwaage gestellt. Die Waage erkennt anhand des Gewichts, wie viele Münzen sich im Münzfach befinden. Nach demselben Verfahren wird auch das Scheingeld abgewogen.

Nach dem Wiegen des Geldes gibt die Waage den Ist-Bestand der Kasse auf dem Display aus. Fehler beim Zählen des Geldes werden auf diese Weise ausgeschlossen.

1.5.2 Bargeldlose Zahlungen erfassen

Bargeld ist nur eines von vielen Zahlungsmitteln an der Kasse. Viele Kunden zahlen bargeldlos, z. B. mit EC-Karte, Gutscheinen und Schecks. Auch diese Zahlungen müssen bei der Kassenabrechnung erfasst werden.

Aufgabe des Kassierers ist es, die in der Kassenschublade aufbewahrten Belege der bargeldlosen Zahlungen zu sortieren und zu summieren. Moderne Kassensysteme zeigen dem Kassierer an, welche Summen bargeldlos kassiert wurden. So kann der Mitarbeiter noch während der Kassenabrechnung prüfen, ob alle erforderlichen Belege vorhanden sind.

1.5.3 Kassenentnahmen erfassen

In der Praxis fließt im Laufe eines Arbeitstages nicht nur Geld in die Kasse. In regelmäßigen Abständen werden aus Sicherheitsgründen Geldbeträge aus der Kasse entnommen. Diesen Vorgang nennt man „Kassenabschöpfung". In kleineren Einzelhandelsunternehmen werden auch die laufenden Barzahlungen an Lieferanten aus der Ladenkasse entnommen.

Aufgabe des Kassierers ist es, Belege über jede Entnahme von Bargeld aus der Kasse anzufertigen. Am Ende des Tages werden diese Belege summiert.

1.5.4 Kassenbericht erstellen

Der Kassenbericht ist das Ergebnis der Kassenabrechnung. Er enthält in übersichtlicher Form alle Einnahmen der Kasse sowie die Kassenentnahmen. Aus diesen Zahlen wird der zu erwartende Kassenendbestand errechnet (Soll-Bestand). Dieser Soll-Bestand wird dann dem Ist-Bestand gegenübergestellt, um zu prüfen, ob die Kasse „stimmt". Treten Abweichungen zwischen Soll-Bestand und Ist-Bestand auf, so weist der Kassenbericht als Ergebnis eine Kassendifferenz aus.

Beispiel:

Die folgende Abbildung zeigt die Kassenabrechnung der Kasse 3 der PELIKANO BÜRO-BEDARF GmbH.

Kassenbericht **Pelikano Bürobedarf GmbH**	Filiale Konstanz Kasse 3 02.01.20.. 20:06 UHR
① Tagesumsatz (Tageslosung)	6.013,56 EUR
② – EC Kartenzahlungen – Scheckzahlungen – eingelöste Gutscheine	3.494,68 EUR 0,00 EUR 70,00 EUR
③ = Tagesumsatz bar – Kassenentnahmen/Abschöpfungen + Kassenanfangsbestand (Wechselgeld)	2.448,88 EUR 500,00 EUR 300,00 EUR
④ = Kassenendbestand (Soll) (zu erwartender Kassenbestand) – Kassenendbestand (Ist) (tatsächlicher Bestand laut Zählliste)	2.248,88 EUR 2.245,34 EUR
= Kassendifferenz (Fehlbetrag, Überschuss)	3,54 EUR

Erläuterung des Kassenberichtes:

① Moderne Registrierkassen addieren im Hintergrund die Bonsummen aller Kunden eines Tages und können nach Geschäftsschluss auf Knopfdruck den Tagesumsatz ausgeben. Dieser Tagesumsatz wird auch „Tageslosung" genannt. Sie ist die Grundlage des Kassenberichts.

② Von der Tageslosung werden sämtliche bargeldlosen Zahlungen abgezogen. Moderne Kassensysteme erfassen die bargeldlosen Zahlungen der Kunden getrennt nach EC-Zahlungen, Gutscheinen usw. Nach Abzug der bargeldlosen Zahlungen erhält man den Tagesumsatz an Bargeld.

③ In den seltensten Fällen ist der gesamte Tagesumsatz am Ende des Tages noch in der Kasse. Also müssen Abschöpfungen und andere Kassenentnahmen abgezogen werden. Hinzuaddiert wird dagegen das Wechselgeld, das bereits bei der Kasseneröffnung in der Kasse vorhanden war.

④ Als Zwischenergebnis erhält man nun den zu erwartenden Kassenendbestand (Soll-Bestand). Von diesem wird der Ist-Bestand, der mithilfe der Zählliste ermittelt wurde, abgezogen. Das Ergebnis der Rechnung ist die Kassendifferenz.

Der Kassenbericht und die einzelnen Kassenbons werden von einer modernen Unternehmenssoftware automatisch in elektronischer Form archiviert. Ältere Registrierkassen ohne Netzwerkanschluss drucken am Ende des Tages einen Tagesendsummenbon aus. Dieser Bon ist ein wichtiger Beleg für die Buchhaltung und muss zehn Jahre lang aufbewahrt werden.

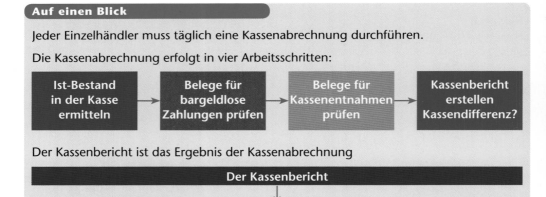

Auf einen Blick

Jeder Einzelhändler muss täglich eine Kassenabrechnung durchführen.

Die Kassenabrechnung erfolgt in vier Arbeitsschritten:

Ist-Bestand in der Kasse ermitteln	→	Belege für bargeldlose Zahlungen prüfen	→	Belege für Kassenentnahmen prüfen	→	Kassenbericht erstellen Kassendifferenz?

Der Kassenbericht ist das Ergebnis der Kassenabrechnung

Der Kassenbericht

... mit Registrierkasse, die die Tageslosung automatisch errechnet

	Tagesumsatz (Tageslosung)
–	EC-Kartenzahlungen
–	Scheckzahlungen
–	eingelöste Gutscheine
=	Tagesumsatz bar
–	Kassenentnahmen/Abschöpfungen
+	Kassenanfangsbestand
=	Kassenendbestand (Soll)
–	Kassenendbestand (Ist)
=	Kassendifferenz

2 Zahlungsmöglichkeiten der Kunden

Situation

Katja Müller holt heute ihr repariertes Mountainbike ab. Der Inhaber der Fahrradhandlung ist nicht anwesend. So nimmt der Angestellte Fritz Franke den Rechnungsbetrag von 110,00 EUR entgegen. Katja ist froh, dass ihr Mountainbike wieder in Ordnung ist, und radelt davon. Drei Tage später ruft der Inhaber der Fahrradhandlung an: *„Frau Müller, ich sehe gerade, dass Sie die Reparaturrechnung für Ihr Mountainbike noch nicht bezahlt haben. Bringen Sie die 110,00 EUR doch in den nächsten Tagen vorbei."* Katja ist baff!

Plastikgeld legt zu

Immer weniger Kunden zahlen an den Kassen des Einzelhandels in bar. Mitte der 90er Jahre griffen noch 79 % der Käufer zum Portemonnaie, bis zum Jahr 2006 ist der Anteil der Barzahler auf unter 62 % zurückgegangen. Stark zulegen konnte im gleichen Zeitraum das so genannte Plastikgeld; der Anteil von Electronic-Cash-Karte, Kreditkarten und anderen Karten wuchs von 6 auf fast 34 %. Anders ausgedrückt: Jeder dritte Umsatz-Euro fließt via Karte in die Kassen des Einzelhandels. Das Bezahlen mit Scheck oder nach Zusendung der Rechnung per Überweisung spielt heute nur noch eine geringe Rolle.

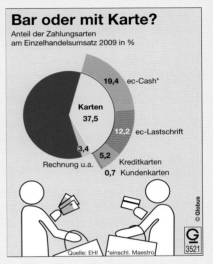

1. Beschreiben Sie die Fehler bei der Zahlungsabwicklung, die zu dem oben beschriebenen Missverständnis geführt haben.

2. Interpretieren Sie die obigen Schaubilder und vergleichen Sie die Ergebnisse mit Ihren eigenen Erfahrungen an der Kasse.

2.1 Zahlungsmittel und Zahlungsarten

Bei der Zahlung werden Zahlungsmittel von einer Person auf eine andere übertragen. Dabei werden Geld oder Geldersatz als **Zahlungsmittel** verwendet. Geld ist entweder *Bargeld* (Münzen und Banknoten) oder Buchgeld. *Buchgeld* entsteht durch Einzahlung von Bargeld auf ein Konto oder durch Kreditgewährung. *Geldersatz* sind Schecks, Wechsel, Bank- und Kreditkarten.

Übergibt der Zahler dem Zahlungsempfänger Bargeld, dann liegt eine *Barzahlung* vor. Bei der *bargeldlosen Zahlung* wird Buchgeld von einem Konto auf ein anderes Konto übertragen. Verwendet eine Seite Bargeld und die andere Buchgeld, dann spricht man von *halbbarer Zahlung* (z. B. Zahler zahlt bei seiner Bank Bargeld ein und lässt es auf ein Konto des Zahlungsempfängers gutschreiben). Die Barzahlung, die halbbare und die bargeldlose Zahlung sind **Zahlungsarten**.

2.2 Barzahlung an der Kasse – von Hand zu Hand

Die Barzahlung ist nach wie vor die häufigste Zahlungsart im stationären Einzelhandel. Der Kunde händigt dabei dem Kassenpersonal Bargeld aus.

Gesetzliche Zahlungsmittel

Auf Euro lautende Banknoten sind *unbeschränkte* **gesetzliche Zahlungsmittel** und müssen vom Zahlungsempfänger in jeder Höhe angenommen werden. Münzen sind *beschränkte* gesetzliche Zahlungsmittel und müssen nur bis zu 50 Einzelstücken pro Zahlungsvorgang im Gesamtwert von höchstens 100,00 EUR angenommen werden (MünzG § 3).

Die *sieben Banknoten* unterscheiden sich in Größe und Farbe. Sie lauten auf 5,00, 10,00, 20,00, 50,00, 100,00, 200,00, und 500,00 EUR. Die acht *Münzwerte* unterscheiden sich in Größe, Farbe und Dicke. Sie lauten auf 1, 2, 5, 10, 20, 50 Cent sowie 1,00 und 2,00 EUR.

Wer **Falschgeld** („Blüten") annimmt, erhält dieses von der Bundesbank nicht ersetzt und macht sich strafbar, wenn er es wissentlich wieder in Umlauf bringt (StGB § 147). Kassenpersonal muss deshalb speziell geschult und informiert sein, damit es mit den Banknoten und Münzen, ihren Stückelungen, Farben und Motiven vertraut ist. Banknoten enthalten eine Reihe von **Sicherheitsmerkmalen**, sodass eine echte Banknote auf einen Blick zu erkennen ist[1]. Der Rand der 2,00-EUR-Münze ist mit einer Schriftprägung versehen.

---

[1] Siehe hierzu Webseite http://www.ecb.europa.eu/euro/banknotes/security/html/index.de.html

Die Sicherheitsmerkmale

Stichtiefdruck
Baumwollpapier macht verschiedene Bildelemente ertastbar

Spezialfolien-Element
Beim Kippen erscheint ein Hologramm

Vorderseite

Durchsichts-register
Beim Betrachten im Gegenlicht wird die Wertzahl (hier: 50) sichtbar

sichtbar!   ertastbar!

Wasserzeichen
Im Gegenlicht sind Architekturmotiv und Wertzahl zu sehen

sichtbar!   sichtbar!

sichtbar!

Sicherheitsfaden
Im Gegenlicht wird eine dunkle Linie sichtbar

Rückseite

Farbwechsel
Beim Kippen des Scheins wechselt die Farbe der Wertzahl

dpa——
Grafik 5671

Euro-Banknoten sind mit Infrarot-Farbe ausgestattet, die nur unter Infrarotstrahlung für Geräte mit entsprechenden Sensoren „sichtbar" ist.

Technische Hilfsmittel zur Falschgelderkennung:

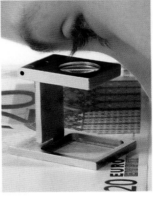

◆ Zählmaschinen (sie prüfen nur maschinenlesbare Merkmale)

◆ UV-Lampen,

◆ Infrarot-Leser,

◆ Magnetierungsleser,

◆ Silberstreifen-Messgerät,

◆ chemischer Prüfstift,

◆ Mikroschriftleser.

Merke

Wissen plus

Geldfälscher lieben Stresssituationen, um das Risiko, dass der Schein geprüft wird, zu verringern. Diese sind im Kassenbetrieb unvermeidlich: kurz vor Ladenschluss, lange Warteschlangen, Schichtwechsel, unerfahrenes Personal, das sich noch geniert, zu prüfen oder sonst etwas „falsch" zu machen.

Geldfälscher suchen Geldwechselsituationen, um ihre „Blüten" in Echtgeld zu wechseln – nach dem Motto: kleiner Kauf, großer Schein. Der Schein „passt" oftmals nicht zum Kunden; dieser wird nervös, wenn der Schein untersucht wird.

Kassenbelege

Im Normalfall erhält der Kunde als Beweis für seine Zahlung einen **Kassenbon**. Dieser wird von der Kasse ausgedruckt. Eine Durchschrift des Kassenbons wird auf eine mitlaufende zweite Kassenrolle der Kasse gedruckt oder, bei Datenkassen, automatisch gespeichert. Wenn die Warenausgabe bzw. Dienstleistung (z. B. Reparatur) und der Kassiervorgang innerhalb des Ladens an verschiedenen Orten stattfinden, dann erstellt das Verkaufspersonal einen **Kassenzettel**. Der Kunde erhält die Ware erst, wenn er bezahlt hat. Dabei wird der **Kassenzettel** an der Kasse quittiert („Zahlung erfolgt"). Der Kunde behält das Original des Kassenzettels (ggf. mit angehefteten Kassenbon), eine Durchschrift behält der Einzelhändler als Beweis für die Zahlung.

In vielen Fällen benötigt der Kunde für die Barzahlung einen Buchungsbeleg, damit er seine Zahlung steuermindernd als Aufwendungen geltend machen kann. Der Zahlungsempfänger muss dem Zahler eine Empfangsbestätigung in Form einer **Quittung** ausstellen, wenn er dies verlangt (BGB § 368). Der **Quittungsvordruck** muss dabei sechs Bestandteile enthalten.

Die sechs Bestandteile einer Quittung

1. Geldbetrag mit Währungsangabe (in Ziffern und in Worten) mit gesondertem Ausweis der Umsatzsteuer[1], wenn der Nettobetrag über 150,00 EUR liegt,
2. Name und Adresse des Zahlers,
3. Zahlungsgrund (z. B. gekaufter Artikel, Rechnungsnummer),
4. Empfangsbestätigung („... dankend erhalten"),
5. Ort und Datum der Zahlung,
6. Unterschrift, Name und Adresse des Zahlungsempfängers (z. B. Stempel).

Beispiel:

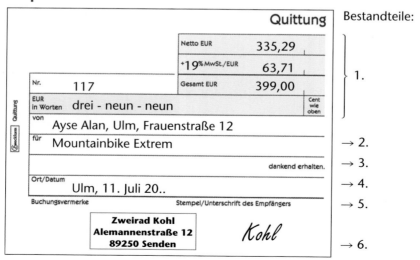

---

[1] Regelsteuersatz: 19 %. Für Lebensmittel, Pflanzen, Holz, Verlagserzeugnisse, Kunstgegenstände gilt der ermäßigte Umsatzsteuersatz in Höhe von 7 % (UStG Anlage zu § 12).

Vor- und Nachteile der Barzahlung

Einzelhändler sind auf Barzahlung angewiesen. Angesichts der oft geringen Geldbeträge und der großen Zahl von Kunden wäre es für den Einzelhandel äußerst aufwändig, Rechnungen auszustellen und vor allem den rechtzeitigen Zahlungseingang zu kontrollieren. Ein Einzelhändler müsste wahrscheinlich an einer Vielzahl von Gerichtsorten gleichzeitig klagen und Mahnbescheide veranlassen.

Aufgrund ihrer einfachen Abwicklung ist die Barzahlung für kleine Geldbeträge die schnellste, kostengünstigste und daher beliebteste Zahlungsart. Für den Kassiervorgang reicht eine offene Ladenkasse, es ist keinerlei technische Ausstattung notwendig. Eine aufwändige Überprüfung der Identität und Bonität (Kreditwürdigkeit) des Kunden entfällt. Bargeld kann der Zahlungsempfänger sofort wieder für eigene Zahlungen verwenden.

Nachteilig ist, dass Bargeld gezählt werden muss. In Stresssituationen führt das umständliche Vor- und Nachzählen zu Fehlern bei der Geldannahme bzw. der Geldrückgabe. Gegebenenfalls entstehen Verluste durch Falschgeld und Diebstahl. Größere Bargeldbestände in der Kasse erhöhen das Risiko eines Raubüberfalls im Laden und beim Geldtransport zur Einzahlung bei der Bank (meist in den Abendstunden). Kassendifferenzen („Manko") können das Vertrauensverhältnis des Geschäftsinhabers zu seinem Kassenpersonal belasten.

2.3 Bargeldlose Zahlung an der Kasse

Wer ein Konto hat, der kann am bargeldlosen Zahlungsverkehr teilnehmen und so das Mitführen und Versenden größerer Bargeldbeträge mit der damit verbundenen Verlust- und Diebstahlgefahr vermeiden.

Zahlung mit der girocard am Point of Sale[1]

Die in Deutschland am meist verbreiteste Debit-Karte ist die girocard (vormals EC[2]-Karte) (ca. 93 Mio. Stück) und wird häufig mit der Maestro-Funktion kombiniert. Maestro ist eine Funktion auf der girocard, die weltweit bargeldlose Zahlungen im Handel und Geldabhebungen an Geldautomaten ermöglicht.

---

[1] Point Of Sale (POS) steht für Ort des Verkaufs. Zahlung am POS meint also die Zahlung im Einzelhandelsgeschäft.

[2] EC = Eurocheque. Ein europaweit gültiger Scheck, der früher nur gemeinsam mit der EC-Karte eine Einlösungssumme von 200,00 EUR garantierte. Heute wird EC als Abkürzung für Electronic Cash genutzt.

Die girocard ist eine *reine Guthabenkarte (Debitkarte)*. Der Karteninhaber hat also keinen Kreditrahmen, über den er mit dieser Karte verfügen könnte. Die girocard erhält jeder Kontoinhaber von seiner kontoführenden Bank (Issuer). Eine Bonitätsprüfung ist nicht nötig, da er mit der girocard nur über das Guthaben seines Girokontos verfügen kann. Dieses wird bei der Zahlung sofort belastet (debitiert).

Der Inhaber einer girocard der Bank kann an automatisierten Kassen bargeldlos zahlen, wenn der Einzelhändler am **Electronic-Cash-Zahlungssystem**[1] teilnimmt. Der Kunde erkennt dies am EC-Logo im Eingangsbereich des Ladens.

Für die Zahlungsgarantie zahlt der Händler an die Karten ausgebende Bank ein Entgelt in Höhe von 0,3 % des Umsatzes, mindestens 0,08 EUR. Für Unternehmen der Mineralölindustrie (Tankstellen) gelten 0,2 % des Umsatzes, mindestens 0,04 EUR. Der Bezahlvorgang wird über ein EC-Terminal abgewickelt.

Allgemeiner Ablauf einer Electronic-Cash-Zahlung

1. Betrag wird in die Datenkasse eingegeben.
2. Die girocard wird verlangt und mithilfe des Kartenlesers (EC-Terminal) wird der Magnetstreifen oder der Chip ausgelesen.
3. Das Sicherheitsmodul wird aktiviert und verlangt die Eingabe der PIN (Persönliche Identifikationsnummer).
4. Das Kommunikationsmodul baut die Verbindung zum Provider auf und meldet sich dort für den Datenaustausch an.
5. Per Datenaustausch werden über die Kommunikationsverbindung die Plausibilitätsprüfungen durchgeführt.
6. Ein Eintrag der verwendeten Karte in der Sperrdatei, eine falsch eingegebene PIN sowie ein Zahlungsbetrag, der den verfügbaren Finanzrahmen übersteigt, führen dazu, dass die Zahlung nicht genehmigt (autorisiert) werden kann.
7. Das Kommunikationsmodul meldet sich beim Provider ab und beendet die Verbindung. Der Drucker erstellt ein Protokoll über Zahlung bzw. Abweisung. Das Display zeigt entsprechendes an.
8. Das Ergebnis „Zahlung erfolgt" garantiert dem Händler bei rechtzeitiger Einreichung seine Zahlung.
9. Der Kunde erhält eine Quittung über den getätigten Umsatz.

Geht die girocard verloren oder wird sie gestohlen, ist eine unkomplizierte Sperrung unter der Telefonnummer 49 180 5021021 möglich.

---

[1] Abzugrenzen ist Electronic Cash von **ELV** (Elektronisches Lastschriftverfahren) bzw. **OLV** (Online-Lastschriftverfahren). Beim kostenlosen ELV erfolgt keine PIN-Eingabe und keine Sperrdateiabfrage. Es wird keine Telefonverbindung zum Provider aufgebaut („Offline-System"). Das System erstellt mittels der auf dem Magnetstreifen gespeicherten Daten eine Lastschrift, die der Zahler unterschreibt.

Der Inhaber einer Giro- oder Maestro-Karte muss verschiedene Pflichten beachten, wie folgender Auszug aus den Bank-Bedingungen zeigt:

Allgemeine Sorgfalts- und Mitwirkungspflichten des Kunden

1. Unterschrift

Der Karteninhaber hat die EC- bzw. Maestro-Karte nach Erhalt unverzüglich auf dem Unterschriftsfeld zu unterschreiben.

2. Aufbewahrung der Maestro-Karte

Die Maestro-Karte ist mit besonderer Sorgfalt aufzubewahren, um zu verhindern, dass sie abhanden kommt und missbräuchlich genutzt wird. Insbesondere darf die Maestro-Karte nicht unbeaufsichtigt im Kraftfahrzeug aufbewahrt werden.

3. Geheimhaltung der persönlichen Geheimzahl (PIN)

Der Karteninhaber hat dafür zu sorgen, dass keine andere Person Kenntnis von der persönlichen Geheimzahl erlangt. Die Geheimzahl darf insbesondere nicht auf der Maestro-Karte vermerkt oder in anderer Weise zusammen mit dieser aufbewahrt werden.

4. Unterrichtungs- und Anzeigepflichten

Stellt der Karteninhaber den Verlust seiner Maestro-Karte oder missbräuchliche Verfügungen fest, so ist die kontoführende Bank unverzüglich zu benachrichtigen. Der Verlust kann auch beim Zentralen Sperrannahmedienst angezeigt werden. Darüber hinaus ist unverzüglich Anzeige bei der Polizei zu erstatten. Die kontoführende Bank sperrt nur die abhanden gekommene Maestro-Karte. Der Zentrale Sperrannahmedienst sperrt alle für das betreffende Konto ausgegebenen Maestro-Karten für die weitere Nutzung an Geldautomaten und automatisierten Kassen.

Die girocard ist für den Handel ein bequemes, vollautomatisiertes, sicheres, zuverlässiges Zahlungssystem mit geringem Risiko (z. B. geringe Geldbestände in der Kasse, kein Falschgeldrisiko). Die Zahlungsbeträge werden schnell gutgeschrieben, die Kunden tätigen vermehrt Spontankäufe. Die Kunden gelangen leicht in den Besitz der Karte und können damit einfach, bequem und sicher zahlen. Die Karte wird weltweit akzeptiert. Der Karteninhaber kann damit überall an Geldautomaten Bargeld abheben, hat jederzeit Geld in Höhe seines Girokonto-Guthabens dabei und kann in jeder Währung zahlen.

Zahlung mit der Geldkarte am Point of Sale

Um ein wirtschaftliches Verfahren zur bargeldlosen Abwicklung von Kleinzahlungen zu bieten, wurde von den Banken die GeldKarte entwickelt.

Die **GeldKarte** ist eine „elektronische Geldbörse" in Chipform, die vorrangig als Kleingeldersatz dient. Der goldene Chip befindet sich auf der Girokarte der kontoführenden Bank und kann an Geldautomaten oder an speziellen Ladeterminals mit bis zu 200,00 EUR aufgeladen werden. Der Betrag wird dem Girokonto des Kunden belastet. Es handelt sich also um eine *Prepaid-Karte*. Ist die Bankkarten-Gültigkeit überschritten, dann ist das Guthaben im Geldkarten-Chip weitere sechs Monate nutzbar.

Der Kunde erkennt am GeldKarte-Logo, ob der Einzelhändler diese akzeptiert. Der Karteninhaber bleibt beim Zahlungsvorgang anonym. Die Legitimation erfolgt rein über den Besitz der Karte. Da weder PIN noch Unterschrift nötig sind, wird der Zahlungsvorgang beschleunigt und der Einsatz an Automaten erleichtert. Der Einzelhändler muss ein Autorisierungsentgelt zahlen und hat dafür die Zahlungsgarantie.

Zahlungsvorgang mit der Geldkarte:

1. Der Betrag wird in die Datenkasse eingegeben.
2. Die Girokarte mit dem GeldKarte-Chip wird verlangt und mithilfe des Kartenlesers (GeldKarte-Terminal) ausgelesen.
3. Der Zahlungsbetrag wird vom Chip-Guthaben abgebucht.
4. Beim Ergebnis „Zahlung erfolgt" wird der Zahlungsbetrag im GeldKarte-Terminal des Händlers gutgeschrieben.
5. Der Kunde erhält eine Quittung über den getätigten Umsatz.

Aufgrund der Zusatzfunktionen des Chips wie dem Jugendschutz an Zigaretten- bzw. Getränkeautomaten und im Internet, dem Elektronischen Fahrschein oder der Verwaltung von Bonuspunkten wird die GeldKarte künftig an Bedeutung gewinnen.

Zahlung mit einer Kreditkarte am Point of Sale

Der Begriff **Kreditkarte** ist nicht eindeutig. Je nach **Abrechnungsverfahren** werden vier verschiedene Formen der Kreditkarte unterschieden:

Formen der Kreditkarte nach dem Abrechnungsverfahren

Charge Card	Bei dieser in Deutschland gängigsten Variante werden die Kreditkartenumsätze gesammelt und dem Karteninhaber **einmal monatlich in Rechnung gestellt.** Der Karteninhaber kann bis zu einem vereinbarten Verfügungsrahmen (Kartenlimit) mit seiner Kreditkarte am POS zahlen. Die einzelnen Zahlungsvorgänge werden gesammelt und einmal monatlich per Lastschriftverfahren vom Girokonto des Karteninhabers abgebucht. Vom Zeitpunkt des Einkaufs bis zur Kontobelastung erhält der Karteninhaber einen zinslosen Kredit.
Credit Card	Unter einer Credit Card versteht man eine Kreditkarte im klassischen Sinne, die dem Karteninhaber durch Einsatz seiner Kreditkarte einen tatsächlichen Kredit einräumt. Wie bei der Charge Card hat der Karteninhaber einen Verfügungsrahmen. Nach Erhalt der monatlichen Abrechnung hat er dann die Möglichkeit, den Abrechnungsbetrag entweder sofort in einer Summe oder **später in Raten zurückzuzahlen.** Bei der Rückzahlung in Raten werden dem Karteninhaber für den in Anspruch genommenen Kredit Zinsen in Rechnung gestellt. Meist legt das Karten ausgebende Institut dabei auch einen Mindestrückzahlungsbetrag fest.

Debit Card	Bei einer Kreditkarte mit Debit-Card-Funktion werden die Umsätze unmittelbar (sofort) dem Girokonto des Karteninhabers belastet. Dem Karteninhaber wird **kein Zahlungsaufschub** bis zur Rechnungsstellung gewährt, er muss gleich bezahlen.
Prepaid Card	Die Prepaid Card wird auch als Guthaben- oder Wertekarte bezeichnet. Hier muss der Karteninhaber ein **Guthaben** auf sein Kreditkartenkonto **einzahlen**, bevor er mit der Kreditkarte bezahlen kann. Die Einzahlung kann entweder mittels Überweisung vom Girokonto oder als Bareinzahlung geschehen.

Die Kreditkarten von American Express (Amex) und Diners Club entsprechen einer Charge bzw. Credit Card („echte Kreditkarte"), da sie durch das Kreditkarteninstitut selbst ausgegeben und die verfügten Beträge als Kredit gewährt werden. Dieser Kreditrahmen wird am Ende des Monats entweder in einem Betrag oder in Raten zurückgezahlt. Diese Rückzahlung erfolgt entweder per Überweisung oder per Lastschrifteinzug über ein hinterlegtes Girokonto.

Die Vergabe von VISA- und Mastercard-Kreditkarten erfolgt in Deutschland meist durch die Hausbank. Solche Kreditkarten, die von einer Bank in Partnerschaft mit einem anderen Unternehmen ausgestellt werden, sind Co-branded-Karten. Sie sind keine „echten Kreditkarten", da die Hausbank den offenen Betrag immer über das Girokonto des Kunden einzieht und gegenüber dem Kreditkarteninstitut eine Garantie für die Verfügungen des Kunden gibt. Ein „Kredit" wird somit nur im Rahmen des Girokontos und nicht direkt bei der Kreditkartengesellschaft gewährt.

Zahlungsvorgang mit der Kreditkarte

1. Der Betrag wird in die Datenkasse eingegeben.

2. Die Kreditkarte wird in den Kartenleser (Kreditkarten-Terminal) eingeführt. Die Kreditkartendaten werden samt Zahlungsinformationen an die Clearingstelle (Bank bzw. Kreditkartenorganisation) weitergeleitet.

3. Es erfolgt eine Sperrdateiabfrage und die Prüfung, ob der Zahlungsbetrag innerhalb des Kredit- bzw. Verfügungsrahmens liegt, und die Freigabe (Autorisierung) der Zahlung.

4. Der Händler erstellt den Leistungsbeleg mit Durchschlag für den Kunden.

5. In der Regel unterschreibt der Kunde den Beleg. Das Original bleibt beim Händler.

6. Der Händler reicht den Leistungsbeleg bei der Clearingstelle ein und erhält meist eine Woche später die Gutschrift.

7. Die Clearingstelle bucht den Zahlungsbetrag (in der Regel einmal monatlich bzw. sofort) vom Bankkonto des Kunden ab.

Abwicklung der Zahlung mit Kreditkarte

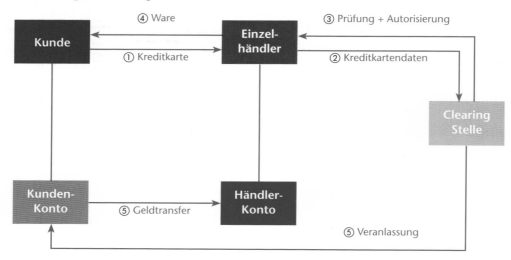

Kreditkarten haben dieselben Vorteile wie Electronic-Cash-Debitkarten (girocard bzw. Maestro-Karte). POS-Zahlungen sind mit der Kreditkarte noch einfacher – es genügt die Unterschrift. Die PIN wird lediglich bei Bargeldabhebungen an Geldautomaten benötigt. Gegenüber einer EC-Karte ist die Zahl der Akzeptanzstellen deutlich höher[1], es wird bei Mietwagenbuchungen keine Kaution fällig und die monatliche Abrechnung bringt für den Kunden Zinsvorteile. Nachteilig sind die Kreditkartengebühren für die Kunden (etwa 10,00 bis 60,00 EUR pro Jahr) und für den Einzelhändler (1,6 % vom Umsatz). Echte Kreditkarten erhalten nur Kunden mit guter Bonität.

Zahlung mit dem Handy am Point of Sale

In naher Zukunft werden sich mobile Zahlungssysteme mittels Internethandy oder Smartphone verbreiten.

Wer bereits einen Account bei der E-Bay-Finanztochter PayPal hat, kann sich das Zahlungsprogramm ("App") von PayPal auf sein Smartphone herunterladen. An der Kasse aktiviert der Kunde sein App, tippt den Zahlungsbetrag in die Eingabemaske ein und hält sein Smartphone an das Internethandy des Einzelhändlers, der ebenfalls einen Account bei PayPal hat. Sekunden später bucht PayPal den Zahlungsbetrag vom Girokonto des Kunden per Lastschrift ab und schreibt ihn auf dem Girokonto des Einzelhändlers gut.

Noch einfacher soll es künftig mit dem MPass-Dienst der Funknetzbetreiber Deutsche Telekom, Vodafone und O2 gehen. Dabei wird ein Funkchip im Handy integriert (z.B. in der SIM-Karte oder als SD-Karte). Damit kann der Kunde kontaktlos bezahlen, indem er sein Handy an das Lesegerät des Händlers hält. Mithilfe der übertragenen TAN (Transaktionsnummer) wird der Bezahlvorgang sicher durchgeführt.

In den USA testet Google zurzeit das Bezahlsystem "Google Wallet", das ebenfalls die NFC-Funktechnologie (NFC = Near Field Communication) nutzt.

---

[1] In mehr als 240 Ländern stehen mehr als 30 Millionen Akzeptanzstellen für Kreditkarten zur Verfügung. Im Ausland außerhalb der EU wird der Kunde mit 1 % bis 2 % des Umsatzes belastet.

2.4 Bargeldlose Zahlung einer Rechnung über das Girokonto

Ausstellung einer Rechnung
Die Erstellung der Ausgangsrechnung wird **Fakturierung** genannt. Der Rechnungsausgang wird im *Rechnungsausgangsbuch* registriert und, solange sie nicht vollständig bezahlt ist, in der Debitorendatei als *offener Posten* geführt.

Bausteine einer Ausgangsrechnung nach UStG §§ 14 (4), 14 b

1. Vollständige **Namen** und **Anschriften** des Leistungserstellers (Lieferant) und des Leistungsempfängers (Kunde).
2. **Steuernummer** des Rechnungsausstellers oder die durch das Bundeszentralamt für Steuern erteilte 11-stellige **Umsatzsteuer-Identifikationsnummer** (USt-Id-Nr.) des leistenden Unternehmers (Lieferant)
3. **Rechnungsdatum**
4. Fortlaufende **Rechnungsnummer**
5. Genaue Angabe der **gelieferten Artikel** und der Menge bzw. der Art der Dienstleistung (Einzel- und Gesamtpreise), Zahlungsbedingungen
6. **Datum der Lieferung** bzw. Leistung
7. **Rechnungsbetrag** netto, **Umsatzsteuer** (Prozentsatz und Betrag) oder Hinweis auf Befreiung von der Umsatzsteuer, Rechnungsbetrag brutto
8. Hinweis auf die zweijährige **Aufbewahrungsfrist** (wenn der Leistungsempfänger ein Endverbraucher ist)

Eine Bankverbindung, ein Bezug zur Bestellung des Kunden (Auftrag) ein Dank für den Auftrag müssen auf die Rechnung, auch wenn sie nicht im Gesetz stehen.

Ein Unternehmer ist verpflichtet eine Rechnung auszustellen, wenn er eine Lieferung oder eine Leistung für einen anderen Unternehmer ausführt (UStG § 14 [2]). Bei höheren Einkaufsbeträgen, bei der Zustellung sperriger Artikel (z. B. Möbel, Elektrogeräte) oder bei Ziel- und Finanzkäufen liefern Einzelhändler die Ware **auf Rechnung**. Der Einzelhändler händigt dem Kunden die Ware entweder unter der Bedingung des Eigentumsvorbehalts aus und schickt dem Kunden die Rechnung auf dem Postweg zu oder die Rechnung geht dem Kunden zusammen mit der zugestellten Ware zu.

Beispiel:
Die Fahrradhandlung TRIAL GmbH erhält eine Rechnung der Firma Zacher GmbH.

ZACHER GMBH

Kerschensteiner Str. 5
76532 Rastatt

Eingegangen am:
5. März 20..

TRIAL GmbH
Franz-Sigel-Str. 188
69111 Heidelberg

3. März 20..

Rechnungs-Nr.:	4711
Kunden-Nr.:	97964
Steuer-Nr.:	154/265
USt-Id-Nr.:	DE147033654
Telefon:	49 7222 923

Bestell-Nr.	Artikel	Menge	Preis
9879	Schaltwerk	160	7.798,32 EUR
	Shiatsu Ultra	+ 19 % MwSt.	1.481,68 EUR
		Rechnungsbetrag	9.280,00 EUR

Bei einem Rechnungsausgleich innerhalb von 14 Tagen dürfen Sie 3 % Skonto abziehen.

Mit freundlichen Grüßen

i. V. *Caroline Zimmer*

Post it

Zahlungsbetrag ab-
züglich 3 % Skonto:
9.280 · 97 % =
9.001,60 EUR

Volksbank Baden-Baden Rastatt BLZ (66290000) bzw. BIC VBRADE6K

Konto-Nr.: 4646546 bzw. IBAN DE0666290000004646546

Zahlung einer Rechnung mit Banküberweisung

Die bargeldlose Übertragung eines Geldbetrags vom Girokonto des Zahlers (Schuldner) auf das Girokonto des Zahlungsempfängers (Gläubiger) wird **Überweisung** genannt. Auf dem Girokonto des Zahlers wird der Betrag abgebucht (**Lastschrift**), auf dem Girokonto des Zahlungsempfängers erfolgt die **Gutschrift**.

Beispiel: Zahlungsweg der Überweisung

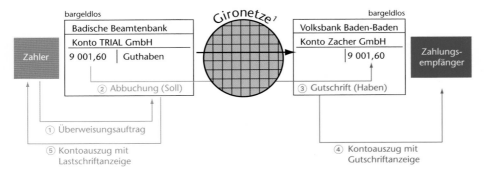

Die Zahlungspflicht des Geldschuldners ist bereits erfüllt, wenn er den ausgefüllten Überweisungsvordruck bei seiner Bank einreicht und für ein ausreichendes Guthaben auf seinem Konto sorgt (Geldschulden sind Schickschulden → siehe Erfüllungsort). Überweisungen müssen im Inland **innerhalb von drei Bankgeschäftstagen** abgewickelt werden. Innerhalb einer Hauptstelle oder einer Zweigstelle eines Geldinstituts dürfen Überweisungen nur einen Tag unterwegs sein, von einer Zweigstelle zur Hauptstelle eines Geldinstituts höchstens zwei Bankgeschäftstage.

Beispiel: Ausgefüllter Überweisungsvordruck

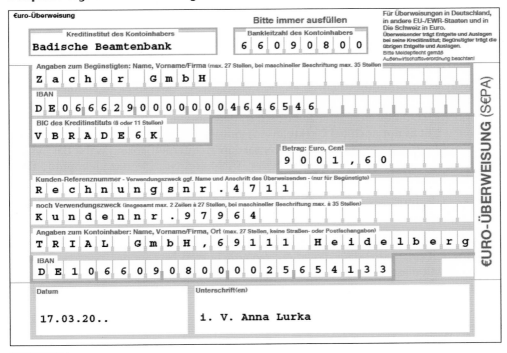

---

1 Über die Gironetze stehen alle Geldinstitute in Kontoverbindung miteinander. Deshalb ist es gleichgültig, bei welchen Geldinstituten Zahler und Zahlungsempfänger ihre Konten führen. Es können problemlos Geldbeträge z. B. von einem Konto der Deutschen Bank, Filiale Ulm, auf ein Konto bei der Postbankfiliale Mannheim übertragen werden.

❶ Bank des Zahlers (Zahlstelle)

❷ Name/Firma des Zahlungsempfängers

❸ Kontoverbindung des Zahlungsempfängers

❹ Zahlungsbetrag

❺ Zahlungsgrund (z. B. Rechnungsnummer) und Name/Firma des Zahlers

❻ Kontonummer des Zahlers

❼ Datum der Zahlung und Unterschrift des Zahlers

Alle Zahlungsvorgänge (Zahlungsausgänge und -eingänge) werden mittels **Kontoauszug** dokumentiert. Dieser dient als Nachweis und als **Buchungsbeleg** für den Zahlungsvorgang.

Mit der **SEPA-Überweisung**[1] können Zahlungen in Euro in unbegrenzter Höhe innerhalb der Länder des Europäischen Wirtschaftsraums (EWR) sowie der Schweiz und Monaco genauso einfach überwiesen werden wie im Inland. Dazu muss der Zahler seine internationale Kontonummer (**IBAN** = International Bank Account Number) und die internationale Kontonummer sowie die internationale Bankleitzahl (**BIC** = Bank Identifier Code) des Zahlungsempfängers in das Formular eintragen.

Zahlung einer Rechnung per Internetbanking

Alle Inhaber eines Girokontos können bei Ihrer Bank oder bei speziellen Internetbanken ohne Filialen (Direktbanken, z. B. ING-DiBa, DKB) Bankgeschäfte mittels Internet abwickeln. Mit dem **Internetbanking** können Bankgeschäfte rund um die Uhr bequem erledigt werden.

Zur Teilnahme muss bei der Bank ein Antrag auf Freischaltung des Internetbanking gestellt werden. Nach der Freischaltung erhält der Bankkunde von der Bank eine **PIN** und **Transaktionsnummern** (TAN) als indizierte Liste, als SMS oder als animierte Grafik für einen TAN-Generator. Der Nutzer kann seine PIN unter Verwendung einer TAN jederzeit ändern. Zum besseren Schutz vor dem so genannten „Phishing"[2] sind die TAN-Listen (diese gibt es nur noch bei Direktbanken) indiziert (**iTAN-Verfahren**), d. h. von 1 bis 100 fortlaufend nummeriert. Bei jeder Transaktion im Internetbanking wählt das System per Zufallsgenerator eine Nummer aus der iTAN-Liste. Nur die dazugehörende iTAN kann für die Transaktion verwendet werden.

Viele Kreditinstitute ersetzen die iTAN-Listen durch die neuen TAN-Verfahren smsTAN und chipTAN.

Beim **smsTAN-Verfahren** wird innerhalb weniger Sekunden eine SMS mit den Daten des Auftrags und einer speziell für diesen Auftrag errechneten TAN auf das registrierte Handy gesendet. Mit dieser TAN kann der Zahler den Auftrag freigeben.

---

[1] **SEPA** = Single Euro Payments Area

[2] Im Allgemeinen beginnt eine Phishing-Attacke mit einer persönlich gehaltenen, offiziell anmutenden E-Mail. Der Empfänger soll eine betrügerische Website, die Startseite der Internetbank besuchen, die täuschend ähnlich ist und unter einem Vorwand zur Eingabe seiner Zugangsdaten auffordert. Der Betrüger kann dann die Identität seines Opfers übernehmen und in dessen Namen Handlungen (z. B. Zahlungen) ausführen.

Beim **chipTAN-Verfahren** erscheint nach Absenden des Auftrags eine animierte Grafik. Der Zahler führt nun seine girocard in den TAN-Generator (muss bei der kontoführenden Bank erworben werden) ein. Danach hält er den TAN-Generator an den Bildschirm auf die animierte Grafik. Darauf werden auf dem Display des TAN-Generators die Daten des Auftrags und eine für diesen Auftrag errechnete TAN angezeigt.

Über seine Internetverbindung loggt sich der Bankkunde *direkt* auf der Startseite (Homepage) seiner Bank ein. Nach Eingabe einer Kundennummer und der PIN hat er Zugriff auf sein Girokonto. Er kann z. B. Online-Überweisungen sofort ausführen oder auf Termin legen lassen. Dabei kann er auf bereits hinterlegte ausgefüllte Vorlagen zurückgreifen. Jedes Bankgeschäft (Transaktion) wird mit einer sechsstelligen Transaktionsnummer abgeschlossen.

Wird dreimal hintereinander eine falsche PIN bzw. TAN eingegeben, dann sperrt die Bank den Internetbanking-Zugang des Kontoinhabers. Die Bank informiert den Kontoinhaber sofort, wie er das Internetbanking wieder freischalten kann.

Aufbau des Internetbanking-Überweisungsformulars

8 Regeln für sicheres Onlinebanking

Das können Nutzer von Onlinebanking für die Sicherheit tun.

Fremde Computer. Loggen Sie sich nie von einem unbekannten Computer aus in die Bank ein. Besonders Internetcafés bieten oft keine sichere Plattform für das Onlinebanking.
Virenscanner. Nutzen Sie Programme, die Ihren Computer regelmäßig auf Viren und auf so genannte Trojaner (spionieren Passwörter aus) untersuchen. Aktualisieren Sie diese Programme regelmäßig.
Software. Installieren Sie niemals Software aus unbekannter Quelle auf dem eigenen Computer.
Löschen. Wenn Sie den Computer mit teilweise unbekannten Leuten teilen, soll-

ten Sie nach dem Onlinebanking den Zwischenspeicher (Browser-Cache) löschen. Im Internet-Explorer geht das über Extras>Internetoptionen>Allgemein>Temporäre Internetdateien>Dateien löschen, bei Firefox über Bearbeiten>Einstellungen>Erweitert>Cache>Speicher-Cache löschen>Festplatten-Cache löschen.

Passwort. Ändern Sie regelmäßig Ihr Passwort für das Onlinebanking. Bewahren Sie es getrennt von der TAN-Liste oder Signaturdiskette auf. Wählen Sie ein leicht zu merkendes Passwort. Allerdings sollte es nicht leicht zu erraten sein, z. B. mehr als vier Stellen haben und keine Namensteile enthalten. Bessere Sicherheit gibt eine Kombination aus Zahlen und Zeichen.

Sicherheitszertifikat. Sobald auf Ihrem Bildschirm das Fenster zum Einloggen angezeigt wird, sollten Sie prüfen, ob Ihre Bank für diese Seite ein Sicherheitszertifikat vorweisen kann. Klicken Sie einfach auf das im Rahmen erscheinende Schlüsselsymbol.

Verhalten. Halten Sie alle Daten, die den Zugang zu Ihrem Bankkonto ermöglichen (Passwörter, TAN-Listen) geheim. Lassen Sie sich beim Einloggen nicht über die Schulter schauen.

Prüfen. Nehmen Sie sich regelmäßig Zeit, die Onlinekontoauszüge zu überprüfen. So kommen Sie Missbrauch und anderen Unregelmäßigkeiten schnell auf die Spur. Es erhöht die Sicherheit, wenn Sie mit Ihrer Bank eine Höchstgrenze für Überweisungen vereinbaren.

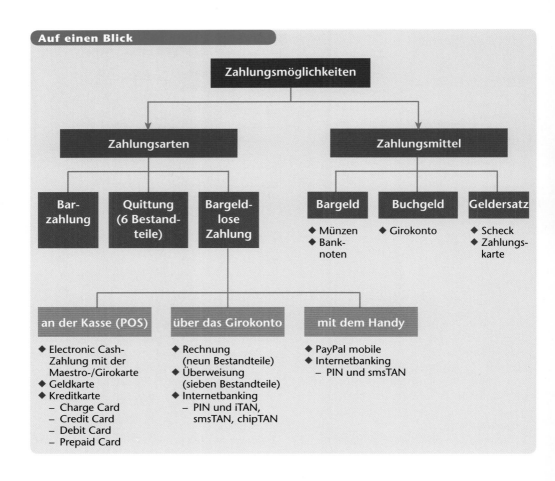

3 Rechtliche Grundlagen des Kaufvertrags

Situation

Ayse Alan (sie ist 17 Jahre alt) beschließt, ein Mountainbike zu kaufen. Ayse erkundigt sich zunächst bei verschiedenen Fahrradhändlern am Ort nach Preis, Ausführung und Zubehör.

Die Fahrradhändler beraten sie jeweils ausführlich und nennen ihre Preise. Das Y-Bike des Fahrradhändlers Zweirad Kohl sagt ihr wegen des günstigen Preises besonders zu. Nur die Farben der am Lager befindlichen Räder gefallen Ayse überhaupt nicht. Sie stellt sich etwas Besonderes vor: ein Mountainbike in vier Farben.

26er Fullsuspension MTB

24-Gang Shimano Acera, Fullsuspension A-Design-Frame HiTen, Federgabel RST 156, Schalthebel Gripshift MRX, V-Brakes-ProMax, Alu-Hohlkammerfelgen mit Alu-Naben, MTB-Lenker mit Ahead-Set-Vorbau, Barends, vormontiert

Extra sparen 399,00 EUR

„*Kein Problem, unser Hersteller ist für Sonderwünsche offen*", so der Verkäufer der Fahrradhandlung Zweirad Kohl. „*Du musst jetzt nur noch den Auftrag unterschreiben, dann bekommst du dein Rad in zwei Wochen.*" Ayse unterschreibt und nimmt den Durchschlag der Bestellung mit nach Hause.

Zwei Wochen später ist Ayse wieder im Fahrradgeschäft Zweirad Kohl: „*Sie teilten mir telefonisch mit, dass mein Mountainbike fertig ist. Ich möchte es gleich mitnehmen.*" Der Verkäufer bringt das Fahrrad. Ayse: „*Wow, das sieht ja super aus. Genau so wollte ich es haben. Ich habe im Moment jedoch nicht so viel Geld dabei.*"

„*Kein Problem, ich habe ja deine Adresse. Ich stelle dir eine Rechnung aus. Ich schreibe dort hinein, dass du das Fahrrad in mehreren Monatsraten bezahlen kannst. Am besten in zehn Raten zu je 50,00 EUR*", entgegnet der Verkäufer.

Ayse ist damit einverstanden und fährt mit ihrem neuen Mountainbike gleich zur Vorführung bei ihrer Freundin Katja vorbei. Am nächsten Tag hebt sie die ersten 50,00 EUR von ihrem Sparbuch ab und überweist den Rechnungsbetrag an die Fahrradhandlung Zweirad Kohl.

1. Vollziehen Sie die einzelnen Schritte dieses Kaufes nach.

2. Durfte der Fahrradhändler das Mountainbike ohne weiteres an Ayse verkaufen?

3. Ab wann sind Ayse und das Fahrradgeschäft Verpflichtungen eingegangen?

4. Wann wird Ayse Eigentümerin des Mountainbikes?

5. Beurteilen Sie die Rechtslage insgesamt.

3.1 Grundrecht der Vertragsfreiheit

Im GG Art. 2 ist die **Vertragsfreiheit** als Grundrecht garantiert. Der Grundsatz der Vertragsfreiheit bedeutet, dass jedes Rechtssubjekt in eigener Verantwortung frei darüber entscheiden kann,

◆ ob, wann und mit wem es ein Rechtsgeschäft abschließen will **(Abschlussfreiheit)**,

◆ ob und wann ein abgeschlossener Vertrag wieder aufgelöst werden soll **(Auflösungsfreiheit)**,

◆ welchen Inhalt es in seinen Rechtsgeschäften aushandelt **(Inhaltsfreiheit)**.

3.2 Rechts- und Geschäftsfähigkeit

Die Gesamtheit aller Rechtsvorschriften, die das Zusammenleben der Menschen regeln, nennt man die **Rechtsordnung** des Staates. Die Rechtsordnung stellt sicher, dass in einem Staat nicht das Recht des Stärkeren gilt.

Die handelnden Personen in einer Rechtsordnung werden als **Rechtssubjekte** bezeichnet.

Natürliche Personen	Alle Menschen
Juristische Personen	Künstliche Gebilde in Form von Personenvereinigungen oder Vermögensmassen. Es werden unterschieden: ◆ Juristische Personen des privaten Rechts, z. B. private Körperschaften (z. B. Aktiengesellschaften, Gesellschaften mit beschränkter Haftung, eingetragene Vereine, Genossenschaften) und private Stiftungen (z. B. Stiftungen der politischen Parteien, Stiftung Warentest). Sie entstehen durch Eintragung in ein Register (z. B. Handelsregister). ◆ Juristische Personen des öffentlichen Rechts, z. B. öffentliche Körperschaften (z. B. Gebietskörperschaften – Bund, Länder, Gemeinden), Einrichtungen (z. B. öffentliche Schulen und Bibliotheken, Arbeitsagenturen), Kammern (z. B. IHK, Handwerkskammer) und öffentliche Stiftungen (z. B. Deutsche Studienstiftung). Sie entstehen durch die Verleihung oder durch ein Gesetz.

Merke Alle Rechtssubjekte können Träger von Rechten und Pflichten sein und haben damit die **Rechtsfähigkeit** im Sinne der Rechtsordnung.
Können Rechtssubjekte rechtswirksame Erklärungen im eigenen Namen abgeben und entgegennehmen, dann besitzen sie die **Geschäftsfähigkeit**.

Alle juristischen Personen sind mit Erlangen der Rechtsfähigkeit unbeschränkt geschäftsfähig. Natürliche Personen erwerben die Geschäftsfähigkeit in drei Stufen. Damit will der Gesetzgeber Kinder, Jugendliche und geistig schwache Menschen schützen.

Stufen der Geschäftsfähigkeit	Umfang der Geschäftsfähigkeit
Geschäftsunfähigkeit (BGB § 104) ◆ Personen, die das siebte Lebensjahr noch nicht vollendet haben ◆ Personen, deren Geistestätigkeit auf Dauer krankhaft gestört ist	Geschäftsunfähige können keine rechtswirksamen Erklärungen abgeben. Ihre Willenserklärungen sind nichtig. Für sie handeln die gesetzlichen Vertreter (z. B. Eltern) oder Betreuer.
Beschränkte Geschäftsfähigkeit Minderjährige, die das siebte Lebensjahr vollendet haben und noch nicht 18 Jahre alt sind	Beschränkt Geschäftsfähige können nach BGB § 106 rechtswirksame Erklärungen nur abgeben mit ◆ Einwilligung (vorheriger Zustimmung) oder ◆ Genehmigung (nachträglicher Zustimmung) des gesetzlichen Vertreters. Schließt der Minderjährige einen Vertrag ohne die Einwilligung des gesetzlichen Vertreters, dann hängt die Wirksamkeit von der Genehmigung des Vertreters ab, das Rechtsgeschäft ist so lange schwebend unwirksam (BGB § 108).[1]
Unbeschränkte Geschäftsfähigkeit Personen, die das 18. Lebensjahr vollendet haben	Erklärungen von unbeschränkt Geschäftsfähigen sind rechtlich von Anfang an voll wirksam.

Kann ein **Volljähriger** aufgrund einer psychischen Krankheit oder einer körperlichen, geistigen oder seelischen Behinderung seine Angelegenheiten ganz oder teilweise nicht besorgen, dann bestellt das Vormundschaftsgericht auf seinen Antrag oder von Amts wegen für ihn einen **Betreuer** (BGB § 1896). Der Aufgabenkreis des Betreuers umfasst die Verwaltung des Vermögens der Betreuten, die Bestimmung des Aufenthalts und die Entscheidung über die Zustimmung zu ärztlichen Behandlungsmaßnahmen.

Ohne Zustimmung des gesetzlichen Vertreters können Minderjährige rechtswirksame Erklärungen abgeben, wenn

◆ damit nur **rechtliche Vorteile** verbunden sind, z. B. Annahme einer Schenkung (BGB § 107),

◆ sie mit Mitteln bewirkt werden, die vom gesetzlichen Vertreter oder mit dessen Zustimmung von einem Dritten zu diesem Zweck oder zur freien Verfügung (Taschengeld) überlassen worden sind (**Taschengeldgeschäft**; BGB § 110).

---

[1] Im Zweifel muss der Vertragspartner des beschränkt geschäftsfähigen Käufers die Zustimmung des gesetzlichen Vertreters nachweisen. Deshalb kann es sinnvoll sein, dass der Vertragspartner des Minderjährigen den gesetzlichen Vertreter ausdrücklich zur Genehmigung auffordert. Im letzteren Fall muss dieser die Genehmigung innerhalb von zwei Wochen nach der Aufforderung erteilen, sonst gilt sie als verweigert.

Wissen plus

Wissenswertes zum Thema Taschengeld

Es gibt keinerlei Verpflichtung der Eltern, Taschengeld zu zahlen. Jedoch kann das Kind den Umgang mit Geld nur erlernen und den Wert des Geldes nur feststellen, wenn es mit eigenem Geld Dinge kaufen kann. Mit einem monatlichen Taschengeldbudget lernt es, Entscheidungen zu treffen (Was soll ich kaufen, was nicht?) und sich das Geld einzuteilen (Soll ich alles gleich ausgeben oder für später  sparen?). Über 15-jährige Jugendliche sollten etwa 25,00 bis 40,00 EUR erhalten, 18-Jährige rund 60,00 EUR.

Das Taschengeld steht zur freien Verfügung und die Kinder brauchen davon **keine regelmäßigen Bedarfsartikel** zu finanzieren (z. B. Kleidung, Schulsachen, Geburtstagsgeschenke, Schwimmbadeintritt).

Beispiel: (Lösung der Situation auf Seite 191)
Ayse Alan ist 17 Jahre alt und somit beschränkt geschäftsfähig. Sie hat den Vertrag mit dem Fahrradhändler Zweirad Kohl ohne Einwilligung ihrer Eltern (gesetzliche Vertreter) abgeschlossen. Das Geschäft ist schwebend unwirksam, bis ihre Eltern es genehmigen. Sind Ayses Eltern mit dem Vertrag nicht einverstanden, dann ist das Geschäft nicht rechtsgültig. Der Fahrradhändler darf das Fahrrad nicht an eine Minderjährige verkaufen. Ein Taschengeldgeschäft liegt hier nicht vor, da der zu zahlende Geldbetrag in Höhe von 399,00 EUR den Rahmen des Taschengelds zweifelsohne übersteigt. Die Raten in Höhe von jeweils 50,00 EUR werden nach vorherrschender Auslegung des Taschengeldparagrafen nicht als Taschengeldgeschäft angesehen, da es hier auf die Summe aller Raten (also auf die Gesamtverpflichtung) ankommt.

Ermächtigt der gesetzliche Vertreter den Minderjährigen

◆ mit der Genehmigung des Vormundschaftsgerichts zum **selbstständigen Betrieb** eines Erwerbsgeschäftes (BGB § 112, 1822) oder

◆ in ein Berufsausbildungs-, Dienst- oder **Arbeitsverhältnis** einzutreten (BGB § 113, 1822, BBiG § 10),

dann ist der Minderjährige für alle damit zusammenhängenden Rechtsgeschäfte unbeschränkt geschäftsfähig. Die Ermächtigung kann vom gesetzlichen Vertreter (im ersten Fall nur mit Genehmigung des Vormundschaftsgerichts) zurückgenommen oder eingeschränkt werden.

Wissen plus

Die Ermächtigung in ein Dienst- oder Arbeitsverhältnis zu treten (§ 113 BGB)

Durch die Ermächtigung wird der Minderjährige für sämtliche Rechtsgeschäfte unbeschränkt geschäftsfähig, die die Eingehung, Erfüllung und Aufhebung des Dienst- oder Arbeitsverhältnisses der gestatteten Art mit sich bringen. Er kann, anders als den Berufsausbildungsvertrag (§ 11 Abs. 2 BBiG), den Arbeitsvertrag selbstständig abschließen und Vereinbarungen über Lohn und sonstige Arbeitsbedingungen treffen.

Der Minderjährige kann auch wirksam Rechtsgeschäfte abschließen, die mit der Erfüllung der beiderseitigen Rechte und Pflichten in Zusammenhang stehen (kündigen, Schadenersatzansprüche geltend machen, den Lohn annehmen usw.).

Insbesondere deckt § 113 BGB den Gewerkschaftsbeitritt des minderjährigen Arbeitnehmers. Wegen der heute ganz allgemein üblichen bargeldlosen Lohnzahlung wird die Eröffnung des Lohn- und Gehaltskontos ebenfalls von § 113 BGB erfasst. Weiter werden durch § 113 BGB die Beförderungsverträge für die Fahrt zur Arbeit, Kaufverträge für Berufskleidung und Arbeitsmaterialien, Essen in der Kantine (Bewirtungsvertrag mit dem Kantineninhaber) gestattet.

Über den Arbeitslohn generell (also abgesehen von den gerade dargestellten Fällen) kann auch der minderjährige Arbeitnehmer nicht wirksam verfügen, sondern muss ihn abliefern. Im Einzelfall kann dem Minderjährigen der Arbeitslohn zur freien Verfügung überlassen sein (§ 110 BGB). Dies ist aber keinesfalls als Regelfall anzusehen.

Oft werden unter § 113 BGB auch die Berufsausbildungsverhältnisse gefasst. Dies ist jedoch nicht richtig. Sie sollen vielmehr die für die Ausbildung einer qualifizierten beruflichen Tätigkeit notwendigen fachlichen Fertigkeiten und Kenntnisse vermitteln (§ 1 Abs. 2 BBiG). Gleiches gilt für Volontärverhältnisse und Anlernverträge. Die Ausbildungsvergütung des Auszubildenden kann dieser also nicht im Rahmen des § 113 BGB eigenverantwortlich ausgeben.

Falls seine gesetzlichen Vertreter ihm nicht im Rahmen des § 110 BGB Geld zur freien Verfügung belassen, muss er die gesamte Vergütung gemäß dem Willen des gesetzlichen Vertreters verwenden, sie also beispielsweise auf ein Sparbuch einzahlen, falls dies gefordert würde. Im Rahmen des Unterhaltsanspruchs des Kindes gegenüber seinen Eltern (§ 1601 ff. BGB) wird man heute allerdings gewisses Taschengeld als zum Unterhalt gehörig ansehen können.

Nach: Prof. Dr. Schmitt, Jochem; Münchener Kommentar zum Bürgerlichen Gesetzbuch; S. 1278 ff.; 5. Auflage 2007; Verlag C. H. Beck München

3.3 Willenserklärungen am Beispiel des Kaufvertrags

Arten von Willenserklärungen

Eine **Willenserklärung** ist die rechtlich wirksame Äußerung einer geschäftsfähigen Person, durch welche sie bewusst eine Rechtsfolge herbeiführen will, z. B. Angebot, Kündigung, Anfechtung, Rücktritt vom Vertrag.

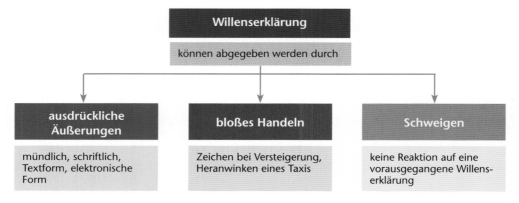

Durch Willenserklärungen entstehen **Rechtsgeschäfte**.

Jede geschäftsfähige Person kann ein Rechtsgeschäft tätigen und dadurch ein Rechtsverhältnis nach seinem Willen begründen und gestalten.

Man unterscheidet zwischen einseitigen und mehrseitigen Rechtsgeschäften. **Einseitige Rechtsgeschäfte** enthalten nur eine Willenserklärung, die entweder schon bei Abgabe rechtswirksam sein kann (z. B. Testament) oder erst nach Empfang durch einen anderen wirksam wird (z. B. Kündigung, Angebot, Bestellung).

Mehrseitige Rechtsgeschäfte (Verträge) kommen durch **übereinstimmende Willenserklärungen** von zwei oder mehreren Personen zustande. Sie begründen in der Regel beiderseitige Verpflichtungen. So ist z. B. beim Kauf der Käufer verpflichtet, den Kaufpreis zu zahlen, und der Verkäufer verpflichtet, die Sache zu übergeben und dem Käufer das Eigentum daran zu verschaffen. Nur einseitig verpflichtend ist dagegen die Schenkung. Die Person, die ihre Willenserklärung zuerst abgibt, stellt, rechtlich gesehen, einen Antrag. Ein Antrag ist immer an eine **bestimmte Person** gerichtet. Diese zweite Person kann mit einer Annahme oder Ablehnung antworten.

Verpflichtungsgeschäft am Beispiel des Kaufvertrags

Der Kaufvertrag ist ein zweiseitiges Rechtsgeschäft, bei dem beide beteiligten Personen (Käufer und Verkäufer) Verpflichtungen eingehen.

Pflichten der Kaufvertragspartner nach § 433 BGB	
Pflichten des Verkäufers	◆ Übergabe der mangelfreien Kaufsache an den Käufer ◆ Übertragung des Eigentums an der Sache auf den Käufer
Pflichten des Käufers	◆ Zahlung des vereinbarten Kaufpreises an den Verkäufer ◆ Abnahme der gekauften Sache

Das **Verpflichtungsgeschäft** zwischen Käufer und Verkäufer (Kaufvertrag) kommt üblicherweise durch zwei inhaltlich übereinstimmende Willenserklärungen (Antrag und Annahme) zustande. Dabei kann der Antrag bzw. die Annahme sowohl vom Käufer als auch vom Verkäufer abgegeben werden.

Beispiel 1: Entstehung des Kaufvertrags durch Antrag des Verkäufers (Angebot) und inhaltlich übereinstimmende Annahme des Käufers (Bestellung)

Beispiel 2: Entstehung des Kaufvertrags durch Antrag des Käufers (Bestellung) und inhaltlich übereinstimmende Annahme des Verkäufers (Bestellungsannahme)

Wenn ein Kaufvertrag durch die Bestellung des Käufers zustande kommen soll, dann **muss eine Bestellungsannahme** (Auftragsbestätigung) erfolgen, wenn der

◆ Bestellung des Käufers kein Angebot des Verkäufers vorausging (BGB § 151),

◆ Bestellung des Käufers ein Angebot mit Freizeichnungsklausel vorausging (BGB § 145), z. B. „unverbindlich", „freibleibend", „ohne Obligo",

◆ Käufer in seiner Bestellung ein vorausgegangenes Angebot abgeändert hat (BGB § 150),

◆ Käufer auf ein vorausgegangenes Angebot zu spät bestellt (BGB § 150).

Beispiel: Ayse hat durch die Erklärung, dass sie das Fahrrad nimmt, wenn die Farben geändert werden, rechtlich gesehen einen Antrag abgegeben. Zweirad Kohl hat diesen Antrag angenommen, indem der Verkäufer sich mit dem Satz *„Kein Problem, unser Hersteller ist für Sonderwünsche offen"* zur Lieferung verpflichtet hat. Somit liegen Antrag und Annahme vor, sodass ein Kaufvertrag zustande gekommen ist.

Schweigen als Willenserklärung auf einen Antrag gilt in der Regel als Ablehnung (vgl. z. B. BGB §§ 146, 147). Geht einem Gewerbetreibenden, der regelmäßig mit einem anderen Gewerbetreibenden Geschäfte ausführt, z. B. Handelsvertreter, Handelsmakler, Kommissionär, ein Antrag von diesem zu, so gilt Schweigen als Annahme des Antrags. Will ein Gewerbetreibender einen Antrag ablehnen, dann muss er unverzüglich antworten.

Die **Bindung** an den Antrag **erlischt**, wenn dieser vom Empfänger

◆ abgelehnt bzw. abgeändert wurde,

◆ verspätet angenommen wurde:

   – Ein Antrag gegenüber **Anwesenden** kann nur sofort angenommen werden. Dies gilt auch bei telefonischem Antrag (BGB § 147). Die Parteien müssen unmittelbar von Person zu Person kommunizieren, z. B. Gespräch unter Anwesenden, Telefonat, Videokonferenz.

   – Ein Antrag gegenüber **Abwesenden** kann nur bis zu dem Zeitpunkt angenommen werden, bis unter regelmäßigen Umständen – Hinsendung, Überlegungsfrist, Rücksendung – eine Antwort erwartet werden kann (BGB § 147). Eine per E-Mail oder Telefax abgegebene Willenserklärung gilt als Willenserklärung unter Abwesenden. Es muss auf mindestens gleich schnellem Wege geantwortet werden, z. B. Antrag durch Telefax, dann unverzügliche Annahme durch Telefax oder Telefon.

   – Ist eine Frist gesetzt (z. B. „... gilt bis 15. März ..."), dann ist die Annahme nur innerhalb der Frist möglich (BGB § 148).

Wird ein Antrag verspätet angenommen oder abgeändert, so gilt die Annahme als neuer Antrag, der dann selbst wieder angenommen werden muss (BGB § 150).

Beispiel: Entstehung eines Rechtsgeschäftes trotz verspäteter oder inhaltlich abweichender Antwort

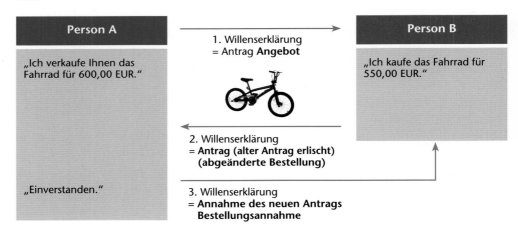

Der Anbietende kann die Bindung von vornherein durch **Freizeichnungsklauseln** ausschließen, wie freibleibendes Angebot, Zwischenverkauf vorbehalten, solange Vorrat reicht, ohne Gewähr (BGB § 145).

3.4 Verfügungsgeschäft am Beispiel des Kaufvertrags

Grundsätzlich gilt: Ein **Verpflichtungsgeschäft** (z. B. Kaufvertrag) legt den Vertragspartnern nur die Pflicht auf, die angestrebte Rechtswirkung durch eine Verfügung herbeizuführen.

Durch den Kaufvertrag (Verpflichtungsgeschäft) erwirbt der Käufer noch kein dingliches Recht an der gekauften Sache, sondern nur einen Anspruch auf Erfüllung des Kaufvertrags durch Lieferung der Sache durch den Verkäufer.

Erst durch das **Verfügungsgeschäft** (auch Erfüllungsgeschäft genannt), d. h. mit der Übergabe und Inbesitznahme des Kaufgegenstands, erwirbt der Käufer das rechtliche Eigentum an der Sache. Ebenso gelangt der Verkäufer erst durch das sich dem Verpflichtungsgeschäft anschließende Erfüllungsgeschäft in den rechtmäßigen Besitz des Zahlungsbetrags.

Beispiel: Erfüllung des Kaufvertrags durch das Verfügungsgeschäft

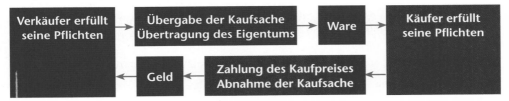

Eigentumsübertragung

Eigentum ist die rechtliche Herrschaft über eine Sache (BGB § 903). Der Eigentümer einer Sache kann mit ihr nach Belieben verfügen und andere von jeder Einwirkung ausschließen. **Besitz** ist die tatsächliche Herrschaft über eine Sache (BGB § 854).

Das Eigentum wird meistens durch Kaufvertrag erworben. Hierzu sind die **Einigung** der Parteien über die Eigentumsübertragung (Verpflichtungsgeschäft) und die **Übergabe** der Kaufsache (Verfügungsgeschäft) notwendig (BGB § 929).

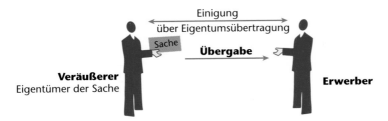

Beispiel: Der Kaufvertrag (Verpflichtungsgeschäft) ist hier gleichbedeutend mit der Einigung. Durch das Verfügungsgeschäft (Übergabe des Rades) ist Ayse Alan Eigentümerin geworden. Sie hat somit auf rechtsgeschäftlichem Weg das Eigentum an dem Mountainbike erworben. Dass das Mountainbike noch nicht vollständig bezahlt ist, spielt für die Eigentumsübertragung keine Rolle. Hier kommt es lediglich auf die Einigung und die Übergabe der Sache an.

Einfacher Eigentumsvorbehalt – sicher ist sicher

Die Vertragsklausel „Die Ware bleibt bis zur vollständigen Bezahlung unser Eigentum!" soll den Verkäufer schützen, wenn er die Ware geliefert hat. Der **Käufer** wird **Besitzer**, der **Verkäufer** bleibt **Eigentümer**, bis die Ware vollständig bezahlt ist (BGB § 449).

Der Eigentumsvorbehalt ist bei Raten- und Zielverkäufen angebracht. Kommt der Käufer mit der Zahlung in Verzug, hat der Verkäufer das Recht, die **Ware zurückzunehmen** und vom **Vertrag zurückzutreten**. Bei einem Insolvenzverfahren[1] des Käufers hat er ein Aussonderungsrecht und bei Pfändung der Ware einen **Anspruch** auf **Freigabe** der gepfändeten Sache (BGB § 449, InsO § 47).

Der **einfache Eigentumsvorbehalt** erlischt, wenn die Ware

◆ vollständig bezahlt wird,

◆ an einen gutgläubigen Dritten veräußert wird (BGB § 932),

◆ verarbeitet, verbraucht oder zerstört wird (BGB § 950),

◆ mit einem Grundstück fest verbunden wird, z. B. unter Eigentumsvorbehalt gelieferte Rohre werden eingebaut (BGB § 946).

3.5 Anfechtung von Rechtsgeschäften – Irren ist menschlich

Wenn Rechtsgeschäfte aufgrund bestimmter Gründe im Nachhinein ungültig gemacht werden können, dann spricht man von **Anfechtbarkeit**. Anfechtbare Verträge bleiben bis zur rechtsgültigen Anfechtung gültig und werden erst danach von Anfang an ungültig.

Anfechtungsgrund	Beispiele
Irrtum BGB §§ 119, 120 gewollte und tatsächliche Erklärung stimmen nicht überein	◆ **Irrtum in der Erklärungshandlung**, z. B. Sprechfehler, Schreibfehler, z. B. nennt der Verkäufer in seinem Angebot einen Preis von 18 000,00 EUR, meint aber in Wirklichkeit 80 000,00 EUR ◆ **Irrtum über wesentliche Eigenschaften einer Person oder Sache** (Inhaltsirrtum), z. B. ein Unternehmen stellt einen Fahrer ein, der jedoch keinen Führerschein besitzt ◆ **Irrtum bei der Übermittlung** der Erklärung, z. B. ein Bote richtet etwas falsch aus, der Angebotspreis in einem Fax ist verstümmelt (es sind nur die ersten zwei Ziffern zu lesen, z. B. 10,00 statt 10 000,00 EUR) ◆ **Irrtum über die Bedeutung** der Erklärung (Inhaltsirrtum), z. B. Bernd möchte einen Motorroller kaufen, er unterschreibt aber einen Leasingvertrag
Arglistige Täuschung BGB § 123	Verträge, die aufgrund der Vorspiegelung falscher Tatsachen zustande kommen, z. B. ein Unfallwagen wird trotz besseren Wissens des Verkäufers dem ahnungslosen Kunden als unfallfrei verkauft
Widerrechtliche Drohung (BGB § 123)	Verträge, die durch mittelbare oder unmittelbare Bedrohung eines Vertragspartners zustande kommen, z. B. ein Staubsaugervertreter erzwingt die Unterschrift vom Käufer, indem er androht, dass er sonst dessen Vorstrafen in der Nachbarschaft erzählt

---

[1] Insolvenz = Zahlungsunfähigkeit

Nicht jede Drohung ist widerrechtlich. So ist die Androhung eines gerichtlichen Mahnbescheids in Zusammenhang mit dem Zahlungsverzug eines Käufers nicht zu beanstanden. Bei einer **widerrechtlichen Drohung** muss eine **Verwerflichkeit** zwischen Drohung und angestrebtem Zweck vorliegen.

Elektronisch abgegebene und **übermittelte Willenserklärungen** können wie jede andere Willenserklärung angefochten werden. Auch so genannte Computererklärungen, die mithilfe eines Computerprogramms **automatisiert erzeugt** und **elektronisch übermittelt** werden, sind anfechtbar, da es sich um Willenserklärungen handelt, die letztendlich auf eine willentliche Entscheidung eines Menschen zurückgehen.

Beispiel: Ein Computer-Händler bietet ein Notebook zum Listenpreis von 2 650,00 EUR an. Dieses Notebook erscheint wegen eines Softwarefehlers auf der Website des Computer-Händlers für 245,00 EUR. Ein Käufer erwirbt dieses Notebook zu diesem Schnäppchen-Preis. In diesem Fall liegt seitens des Händlers ein **Irrtum in der Erklärungshandlung** vor (Schreibfehler). Der Händler kann den Kaufvertrag wegen Irrtums anfechten.

Nicht zur Anfechtung berechtigen der **Motivirrtum**, also der Irrtum im Beweggrund (z. B. jemand kauft Aktien in der Erwartung von Kurssteigerungen – wenig später fallen die Aktienkurse), und der **Kalkulationsirrtum** (z. B. ein Angebotspreis wurde aufgrund falsch ermittelter Zuschlagssätze zu niedrig kalkuliert). In beiden Fällen stimmen gewollte und tatsächliche Erklärung überein, sodass kein rechtserheblicher Irrtum vorliegt. Der Irrtum besteht sowohl beim Motivirrtum als auch beim Kalkulationsirrtum darin, dass sich der Erklärende vor der Abgabe seiner Erklärung etwas anderes versprochen bzw. vorgestellt hat, als dann in Wirklichkeit eintrat.

Der Anfechtende muss seinem Vertragspartner **Schadenersatz** leisten, wenn dieser einen Schaden dadurch erleidet, dass er der Gültigkeit des Vertrags vertraute (BGB § 122). Die Anpassung eines Vertrags kann verlangt werden, wenn sich die Geschäftsgrundlage, die für den Vertragsschluss maßgebend war, wesentlich verändert hat (z. B. schwere Krankheit eines Vertragspartners, neue Gesetzeslage) und den Parteien das Festhalten am Vertrag nicht zugemutet werden kann. Ist eine Anpassung nicht möglich oder einem Teil nicht zumutbar, dann kann die benachteiligte Partei vom Vertrag zurücktreten (BGB § 313 – **Störung der Geschäftsgrundlage**).

Anfechtungsgrund	Anfechtungsfrist
Irrtum (BGB § 121)	**unverzüglich**, d. h. ohne schuldhaftes Zögern, nachdem der Irrtum entdeckt wurde. Nach 10 Jahren seit Abgabe der Willenserklärung ist die Anfechtung ausgeschlossen.
Arglistige Täuschung bzw. widerrechtliche Drohung (BGB § 124)	**innerhalb eines Jahres** nach Kenntnis der Täuschung bzw. Aufhören der Zwangslage. Nach 10 Jahren seit Abgabe der Willenserklärung ist die Anfechtung ausgeschlossen.

Irrtum korrigierbar

KARLSRUHE • Ein Käufer, der mit einem Notebook für nur 245,00 EUR ein Schnäppchen gemacht zu haben glaubte, muss seinen Computer wieder an den Internet-Händler zurückgeben. Der tatsächliche Preis sollte mit 2.600,00 EUR mehr als das Zehnfache betragen. Durch einen Softwarefehler war das Notebook aber zum Super-Angebot auf die Website des Computer-Händlers geraten. [...] Nach dem jetzt veröffentlichten Urteil des Bundesgerichtshofs unterlag der Händler einem Erklärungsirrtum und kann deshalb den Kaufvertrag wirksam anfechten. Das Schnäppchen muss vom Käufer zurückgegeben werden (Az.: BGH VIII ZR 79/04).

Quelle: AP, in Südwestpresse, 23.02.2005, S. 7

3.6 Nichtigkeit von Rechtsgeschäften – von vornherein ungültig

Wenn Rechtsgeschäfte aufgrund bestimmter rechtlicher Mängel von vornherein ungültig sind, dann spricht man von **Nichtigkeit**. Nichtige Verträge werden so behandelt, als wären sie nicht abgeschlossen worden.

Nichtigkeitsgrund	Beispiele
Fehlende Geschäftsfähigkeit BGB §§ 105 (1), 108	◆ Verträge mit **Geschäftsunfähigen** ◆ Verträge mit **Minderjährigen ohne Einwilligung** und wenn der gesetzliche Vertreter die Genehmigung verweigert
Fehlen des rechtsgeschäftlichen Willens BGB §§ 105 (2), 117, 118	◆ Verträge, die im Zustand der Bewusstlosigkeit oder vorübergehenden **Störung der Geistestätigkeit** abgeschlossen werden, z. B. Verkauf eines Neuwagens für 1 000,00 EUR im volltrunkenen Zustand ◆ **Scheingeschäfte** – Verträge, die zum Schein abgeschlossen werden, z. B. Arbeitsvertrag mit dem Ehegatten zwecks steuerlicher Geltendmachung von Betriebsausgaben – tatsächlich arbeitet dieser nicht ◆ **Scherzgeschäfte** – Verträge, die nicht ernst gemeint sind, z. B. Verkauf des Ehegatten für 100 000,00 EUR
Verbotener rechtsgeschäftlicher Inhalt BGB §§ 134, 138	◆ Verträge, die gegen **gesetzliche Verbote** verstoßen, z. B. Menschen-, Rauschgifthandel, Handel mit Diebesgut – Hehlerei ◆ Verträge, die **gegen die guten Sitten** verstoßen, d. h., wenn ein auffälliges Missverhältnis zwischen Leistung und Gegenleistung besteht oder wenn sich jemand unter Ausnutzung einer Zwangslage, der Unerfahrenheit, des mangelnden Urteilsvermögens eines anderen Vorteile verschafft **(Wucher)**
Nichteinhaltung einer Formvorschrift BGB § 125	Verträge, die **gegen eine gesetzliche Formvorschrift** oder -vertraglich vereinbarte Form verstoßen, z. B. Grundstückskaufvertrag ohne notarielle Beurkundung

Stundenlohn von 5,20 Euro war sittenwidrig

Die Stundenlöhne von 5,20 Euro für zwei beim Textildiscounter Kik beschäftigte Frauen sind vom Landesarbeitsgericht Hamm als sittenwidrig eingestuft worden. Es gebe ein auffälliges Missverhältnis zwischen Lohnhöhe und Arbeitsleistung, erklärte das Gericht gestern und bestätigte damit zwei Entscheidungen des Arbeitsgerichts Dortmund. Angemessen ist vielmehr ein Stundenlohn in Höhe von rund acht Euro. Das ergibt sich aus einem Vergleich mit den branchenüblichen Tariflöhnen. Das Unternehmen muss den Frauen nun den fehlenden Lohn nachzahlen. (LAG Hamm 18.03.2009, 6 Sa 1284 u. 1372/08)

Quelle: ap, in: Handelsblatt, 19.03.2009, Seite 14

3.7 Kaufvertragsarten

Je nach den Vereinbarungen zwischen Käufer und Verkäufer können die Verträge nach verschiedenen Kriterien unterteilt werden.

Kaufverträge nach der rechtlichen Stellung der Vertragspartner

Bürgerlicher Kauf	Beide Vertragspartner handeln als **Privatpersonen** (Verbraucher). Für beide gilt nur das BGB (§§ 433 ff.). **Verbraucher** ist jede natürliche Person, die ein Rechtsgeschäft zu einem Zweck abschließt, der weder ihrer gewerblichen noch ihrer selbstständigen beruflichen Tätigkeit zugerechnet werden kann (BGB § 13). **Beispiel:** Frau Schulze verkauft einen gebrauchten Kinderwagen an ihre Nachbarin.
Einseitiger Handelskauf	Ein Vertragspartner ist Unternehmer. Für ihn gilt neben dem BGB (z. B. BGB §§ 433 ff.) insbesondere das Handelsgesetzbuch (HGB §§ 345, 373 ff.). **Unternehmer** ist eine natürliche oder juristische Person oder eine rechtsfähige Personengesellschaft (z. B. OHG, KG), die bei Abschluss eines Rechtsgeschäfts in Ausübung ihrer gewerblichen oder selbstständigen beruflichen Tätigkeit handelt (BGB § 14, Rechtsformen siehe LF4). **Beispiel:** Herr Klein kauft im Schuhgeschäft Braun ein Paar Skistiefel.
Zweiseitiger Handelskauf	**Beide** Vertragspartner sind **Unternehmer** (HGB §§ 343). **Beispiel:** Der Einzelhändler Müller kauft einen Computer von der Büromaschinengroßhandlung Klein GmbH.

Kaufverträge nach Art und Beschaffenheit der Ware

Stückkauf	Eine ganz bestimmte Sache **(Speziessache)** wird gekauft. Diese kann nicht durch eine andere ersetzt werden, z. B. Modellkleid, Originalgemälde, Gebrauchtwagen, Antiquitäten.
Gattungskauf	Hier handelt es sich um den Kauf von vertretbaren Sachen **(Gattungssachen)**. Das sind solche, die nach Maß, Zahl oder Gewicht bestimmt zu werden pflegen, z. B. alle mehrfach gefertigten Gegenstände wie Bücher, Serienmöbel, Konserven (BGB § 91, vgl. auch BGB § 243!).

Kaufverträge nach Liefer- und Zahlungsbedingungen

Spezifikationskauf Bestimmungskauf	Eine gekaufte Warenmenge wird innerhalb einer vereinbarten Frist erst genauer bestimmt, z. B. nach Größe, Farbe, Maß, Form. Verstreicht die Frist, so kann der Verkäufer selbst bestimmen (spezifizieren) und eine Nachfrist zur anderweitigen Bestimmung durch den Käufer setzen. Lässt dieser auch die Nachfrist verstreichen, so gilt die vom Verkäufer vorgenommene Einteilung (HGB § 375). **Vorteile des Bestimmungskaufs:** Sicherung von Produktionskapazität, Risiko des Modewandels gering halten (z. B. bei Stoffen).
Kauf auf Probe	Der Verkäufer gestattet dem Käufer die Untersuchung des Kaufgegenstandes innerhalb einer vereinbarten Frist **(Billigungsfrist)**. Dem Käufer steht es frei, ob er die Kaufsache nach Ablauf der Billigungsfrist abnimmt oder zurückgibt. Schweigen gilt als Billigung (BGB §§ 454 f.). **Beispiel:** Ein Käufer interessiert sich für Lautsprecher. Der Verkäufer gibt ihm die Lautsprecher für drei Tage mit nach Hause, damit er die Klangwirkung in seiner Wohnung testen kann. Nach Ablauf der vereinbarten Frist kann der Käufer von seinem **Rückgaberecht** Gebrauch machen oder die Lautsprecher abnehmen.
Kauf auf Abruf	Die gekaufte Ware soll **in Teilmengen** oder ganz auf besondere Anweisung des Käufers später geliefert werden. **Vorteil:** Günstigere Preise wegen größere Abnahme, Einsparung von Lagerkosten beim Käufer.
Barkauf	**Zahlung des Kaufpreises bei Übergabe der Ware,** „Zug um Zug" (BGB § 271).
Fixkauf	Kauf, bei dem ein **fester** Termin bzw. eine fest vereinbarte Lieferfrist wesentlicher Vertragsbestandteil ist (BGB § 323 (2) Nr. 2, HGB § 376). **Beispiel:** „Liefern Sie bis zum 15.10.20.. fix."
Zielkauf	Käufer muss den Kaufpreis erst einige Zeit nach der Lieferung bezahlen. **Beispiel:** „Zahlung 14 Tage nach Zustellung", „Zahlung bis 31.07.20.."

Kaufverträge nach dem Erfüllungsort

Platzkauf	Käufer und Verkäufer haben **am selben Ort** den Geschäfts- bzw. Wohnsitz. Erfüllungsort ist immer der Geschäfts- bzw. Wohnort des Verkäufers.
Versendungskauf	Der Verkäufer sendet die Ware auf Verlangen des gewerblichen Käufers **an einen anderen Ort als den Erfüllungsort**. Die Gefahr für Beschädigung oder Vernichtung geht mit der Übergabe an das Transportunternehmen, z. B. Post, Bahn, Spediteur, auf den Käufer über (BGB § 446).

Besonderheiten beim Streckengeschäft

Beim Streckengeschäft lässt der Einzelhändler (Streckenhändler) die Ware **direkt durch den Hersteller** oder Großhändler an seine Kunden ausliefern. Im Übrigen gelten die Bedingungen, die im Kaufvertrag zwischen dem Einzelhändler und seinem Kunden festgelegt sind.

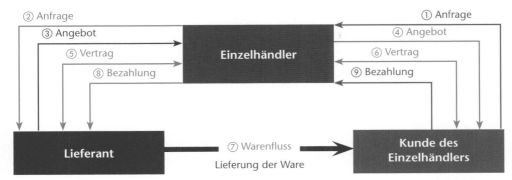

Streckenlieferungsverträge werden vereinbart, wenn

◆ aus **zeitlichen Gründen** Direktlieferungen an die Kunden notwendig sind, z. B. Frischware, die möglichst bald zum Endverbraucher gelangen soll;

◆ wichtige **Liefertermine** (z. B. Fixkauf) leichter eingehalten werden sollen;

◆ für den Kunden keine ausreichende **Betreuung** möglich ist (z. B. für Randsortimente);

◆ **Fracht-, Verlade- und Lagerkosten** eingespart werden sollen;

◆ **Umladekosten** und die **Gefahr von Transportschäden** durch Umladen vermieden werden sollen, z. B. bei schwerer, voluminöser Ware (Stahl, Holz usw.) oder teuren und empfindlichen Gütern (Glas, Messinstrumente, Maschinen usw.).

Besonderheiten eines Kommissionskaufs

Beim Kommissionskauf übergibt der Lieferer (Kommittent) die Ware in Kommission[1]. Der Einzelhändler (Kommissionär) muss die Kommissionsware erst bezahlen, wenn er sie verkauft hat. Werden die Waren innerhalb des vereinbarten Zeitraums (Kommissionsfrist) nicht verkauft, dann kann der Kommissionär die Ware an den Kommittenten zurückgeben. Durch dieses **Rückgaberecht** hat der Einzelhändler keinerlei Absatzrisiko. Er kann die Kommissionsware auch jederzeit selbst erwerben (Selbsteintrittsrecht) und dann auf eigenes Risiko weiterverkaufen.

Der Kommissionskauf eignet sich für Waren, die neu in den Markt eingeführt werden sollen, die einen geringen Umschlag aufweisen (z. B. Schmuck, Möbel, Autos) oder die besonders teuer sind.

---

[1] lat. comittere = anvertrauen, siehe hierzu HGB §§ 383 ff.

Rechtsbeziehungen bei einem Kommissionskauf

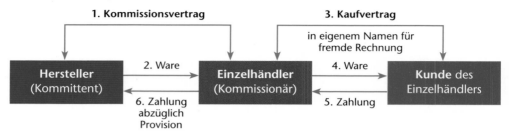

Auf einen Blick

Rechtliche Grundlagen des Kaufvertrags	
Rechts-/Geschäftsfähigkeit	◆ Juristische Personen ◆ Natürliche Personen – 1–6 Jahre: geschäftsunfähig – 7–17 Jahre: beschränkt geschäftsfähig – ab 18: unbeschränkt geschäftsfähig
Willenserklärung	Arten: ◆ Verpflichtungsgeschäft – Antrag und Annahme (Einigung) ◆ Verfügungsgeschäft – Übergabe/Eigentumsübertragung – Zahlung

Rechtliche Grundlagen des Kaufvertrags	
Kaufvertragsarten	◆ nach der rechtlichen Stellung ◆ nach Lieferungs-/Zahlungsbedingungen ◆ Streckengeschäft
Nichtigkeit	◆ fehlende Geschäftsfähigkeit ◆ fehlender Wille ◆ verbotener Inhalt ◆ Verstoß gegen Formvorschrift
Anfechtbarkeit	◆ Irrtum ◆ arglistige Täuschung ◆ widerrechtliche Drohung
Vertragsfreiheit	◆ Abschluss ◆ Auflösung ◆ Inhalt

4 Besondere Bedingungen beim Verkauf an Verbraucher

Situation

Lisa Gerber möchte sich einen Kleinwagen kaufen. Es ergibt sich folgendes Verkaufsgespräch:

Lisa: *„Ich möchte dieses neue Modell da kaufen."*

Händler: *„Ein vernünftiger Entschluss, gnädige Frau."*

Lisa: *„Das hängt allerdings davon ab, ob Sie meinen alten Wagen in Zahlung nehmen und was ich dafür noch bekomme."*

Händler: *„Aber, Gnädige Frau! Kein Problem! Ich schau ihn mir gleich mal an. – Na, ich denke ... 1 000,00 EUR können wir Ihnen dafür geben."*

Lisa: *„Prima, dann kann ich den neuen Wagen kaufen."*

Händler: *„Dann wollen wir mal! – Hier ist der Kaufvertrag für Ihren alten Wagen. Und hier ist der Vertrag für den neuen."*

Einige Wochen später kann Lisa den Wagen beim Händler abholen.

Händler: *„So, da steht das neue Prachtstück."*

Lisa: *„Herrlich! Und hier ist der Scheck über die restlichen 7 999,00 EUR."*

Händler: *„Tut mir leid, gnädige Frau. Aber das reicht leider nicht mehr. In der Werkstatt mussten wir leider feststellen, dass Ihr gebrauchtes Fahrzeug nur noch 500,00 EUR wert ist."*

Lisa: *„Aber ... Sie haben doch den Kaufvertrag unterschrieben!"*

Händler: *„Sehr richtig. Nur, in dem Kleingedruckten hier steht ... dass wir uns vorbehalten, den Kaufpreis zu ändern."*

Lisa: *„Das ist ja die Höhe!"*

1. Was würden Sie anstelle von Lisa Gerber unternehmen? Schlagen Sie im BGB §§ 305 ff. nach.
2. Begründen Sie anhand dieses Falls die Notwendigkeit des Verbraucherschutzes.

4.1 Verbrauchsgüterkauf – nur für bewegliche Sachen

Schließt ein Unternehmer mit einem Verbraucher einen Kaufvertrag, dann liegt ein **einseitiger Handelskauf** vor (HGB § 345). Kauft ein Verbraucher von einem Unternehmer eine bewegliche Sache, dann gelten die besonderen Schutzvorschriften des **Verbrauchsgüterkaufs** (BGB § 474).

Beim Verbrauchsgüterkauf

◆ findet der Gefahrübergang bei einem Versendungskauf erst bei Übergabe an den Verbraucher statt (BGB § 474 [2]) siehe LF 6,

◆ entfallen die Prüf- und Aufbewahrungspflicht bei Schlechtleistung (HGB gilt nicht für Verbraucher),

◆ verlängert sich die Anzeigepflicht bei Mängeln auf zwei Jahre (BGB § 438),

◆ trägt der Verkäufer die Beweislast, wenn der Verbraucher einen Mangel innerhalb von sechs Monaten anzeigt (BGB § 476).

Bei einseitigen Handelskäufen gelten besondere Verbraucherschutzvorschriften (insbesondere BGB §§ 305 ff., 312 ff., 355 ff.). Sie sollen den in rechtlichen Dingen meist unerfahrenen Verbraucher vor übereiltem Vertragsabschluss durch Überrumpelung und vor Übervorteilung durch den gewerblichen Verkäufer bewahren.

4.2 Recht der Allgemeinen Geschäftsbedingungen

Werden von einer Vertragspartei (Verwender) Vertragsbedingungen für eine Vielzahl von Verträgen vorformuliert, liegen **Allgemeine Geschäftsbedingungen** vor (BGB § 305). Allgemeine Geschäftsbedingungen (kurz: AGB) liegen nicht vor, soweit die Vertragsbedingungen zwischen den Vertragsparteien im Einzelnen ausgehandelt sind. Solche **Individualabreden haben Vorrang** vor vorformulierten Allgemeinen Geschäftsbedingungen (BGB § 305b).

Die AGB vereinfachen die Abwicklung des Tagesgeschäfts. Sie werden häufig auf der Rückseite des Auftragsformulars in kleiner Schrift abgedruckt („Kleingedrucktes"). Der Vertragspartner sollte die AGB sorgfältig durchlesen, bei Verständnisproblemen nachfragen und benachteiligende Klauseln streichen lassen.

Voraussetzungen für Allgemeine Geschäftsbedingungen (BGB § 305)

Allgemeine Geschäftsbedingungen werden gegenüber Verbrauchern nur dann Vertragsbestandteil, wenn der Verwender bei Vertragsabschluss

◆ den Käufer **ausdrücklich auf sie hinweist** (wenn dies nur unter unverhältnismäßigen Schwierigkeiten möglich ist, genügt ein deutlich sichtbarer Aushang am Ort des Vertragsabschlusses);

◆ dem Käufer die Möglichkeit verschafft, **in zumutbarer Weise von ihrem Inhalt Kenntnis zu nehmen** (z. B. muss das Kleingedruckte leserlich sein)

◆ und wenn der Käufer **mit ihrer Geltung einverstanden ist**.

Strenge Regeln für Internet-AGB

Sollen die AGB Vertragsbestandteil sein, dann genügt es nicht, wenn ein Internetshop dem Vertragspartner bei seiner Suche nach einem Angebot die Möglichkeit gibt, bei seiner Recherche mehr oder weniger zufällig auf die AGB des Anbieters zu stoßen. Es ist erforderlich, dass der Internetanbieter entweder jedes Einzelangebot mit seinen AGB verbindet oder aber für eine wirklich sichere Kenntnisnahme sorgt. Dies kann durch die Verknüpfung des AGB-Textes mit den Angeboten erfolgen oder durch einen eindeutigen Hinweis auf die AGB an einer Stelle, die jeder Nutzer passieren muss.

Quelle: Oberlandesgericht Hamburg, Az.: 3 U 168/00

Allgemeine Schutzrechte – „Auffangklauseln"

AGB-Klauseln die so ungewöhnlich sind, dass der Vertragspartner mit ihnen nicht zu rechnen braucht (**überraschende Klauseln**), werden nicht Vertragsbestandteil. Zweifel bei der Auslegung der AGB (**mehrdeutige Klauseln**) gehen zulasten des Verwenders (BGB § 305c). AGB, die den Vertragspartner des Verwenders entgegen den Geboten von Treu und Glauben unangemessen benachteiligen, sind unwirksam (BGB § 307). Eine **unangemessene Benachteiligung** liegt vor, wenn eine Bestimmung von einer gesetzlichen Regelung abweicht, wenn sie wesentliche Rechte oder Pflichten erheblich einschränkt oder nicht klar und verständlich ist. Diese Schutzbestimmungen gelten auch gegenüber einem Unternehmer (BGB § 310 [1]).

Einige AGB-Klauseln sind gegenüber Verbrauchern in jedem Fall verboten (Klauseln **ohne Wertungsmöglichkeit**, BGB § 309), andere Klauseln je nach Auslegung des Einzelfalls (Klauseln **mit Wertungsmöglichkeit**, BGB § 308).

Unwirksame AGB-Klauseln ohne Wertungsmöglichkeit

Unwirksam sind z. B. folgende Klauseln in Allgemeinen Geschäftsbedingungen:

◆ **Kurzfristige Preiserhöhungen** (BGB § 309 Nr. 1)
Verträge dürfen keine Preiserhöhungsklauseln enthalten, wenn innerhalb vier Monaten nach Vertragsabschluss geliefert werden soll.

Beispiel: Die Klausel „Bei allen Lieferungen behalten wir uns eine Preiserhöhung vor" ist unzulässig. Zulässig wäre sie, wenn die Lieferzeit über vier Monate betragen würde.

◆ **Ausschluss der Mängelansprüche** und Verweisung auf Dritte (BGB § 309 Nr. 8 b) aa))

Beispiel: Die Klauseln „Jegliche Sachmängelhaftung ist ausgeschlossen" oder „Lackschäden sind von der Gewährleistung ausgenommen" sind unzulässig, weil sie die gesetzlichen Mängelansprüche (BGB § 437) des Käufers ausschließen. Die Klausel eines Elektrohändlers „Der Käufer hat nur Ansprüche gegenüber dem Hersteller" ist unwirksam, da er selbst als direkter Vertragspartner für die ordnungsgemäße Lieferung haftet. Dem steht nicht entgegen, dass er die defekte Ware an den Hersteller schickt und sie dort reparieren lässt.

◆ **Beschränkung der Mängelansprüche** auf Nacherfüllung (BGB § 309 Nr. 8 b) bb))

Beispiel: Die Klausel „Der Käufer kann nach Wahl nur Ersatz oder Nachbesserung verlangen. Weiter gehende Ansprüche sind ausgeschlossen" ist unzulässig. Sie müsste heißen: „Gelingt die Nachbesserung nicht oder wird kein Ersatz geliefert, kann der Kauf rückgängig gemacht werden oder Minderung des Kaufpreises gefordert werden."

◆ **Beschränkung des Aufwandersatzes** bei Nacherfüllung (BGB § 309 Nr. 8 b) cc))

Beispiel: Die Klausel „Fahrtkosten sowie Fracht- und Verpackungskosten übernimmt im Gewährleistungsfall der Käufer" ist unzulässig, wenn die Mängel innerhalb der Gewährleistungsfrist festgestellt wurden.

◆ **Vorenthalten der Nacherfüllung** (BGB § 309 Nr. 8 b) dd))
Der Verkäufer darf die Mängelbeseitigung nicht von der vollständigen Bezahlung des Kaufpreises abhängig machen.

Beispiel: Die Klausel „Nachbesserung oder Ersatzlieferung wird nur gewährt, wenn der Käufer einen Großteil des Kaufpreises bezahlt hat" ist unzulässig.

◆ **Ausschlussfrist für die Mängelanzeige** bei versteckten Mängeln (BGB § 309 Nr. 8 b) ee))
Bei versteckten Mängeln darf die Zeit für die Mängelanzeige nicht kürzer sein als die Verjährungsfrist. Rügefristen sind nur für offensichtliche Mängel zulässig.

Beispiel: Die Klausel „Jegliche Mängel müssen innerhalb acht Tagen angezeigt werden" ist unzulässig, wenn es sich um versteckte Mängel handelt.

◆ **Verkürzung der Verjährungsfrist** (BGB § 309 Nr. 8 b) ff))

Beispiel: Die Klausel „Die Gewährleistungsfrist beträgt in allen Fällen drei Monate" ist unzulässig, da sie die gesetzliche Gewährleistungsfrist (z. B. zwei Jahre) verkürzt.

Unwirksame AGB-Klauseln mit Wertungsmöglichkeit

Nach § 308 BGB sind u. a. folgende Klauseln in AGB unwirksam:

◆ Vorbehalt einer unangemessen langen oder ungenauen Annahme- oder Ablehnungsfrist für ein Angebot oder für die Erbringung einer Leistung oder für die Stellung einer Nachfrist,

◆ Rücktritts- und Änderungsvorbehalt ohne sachlichen Grund,

◆ unangemessen hohe Vergütung für die Nutzung einer Sache im Rücktrittsfall bzw. unangemessen hoher Ersatz von Aufwendungen.

Die Schutzvorschriften der §§ 308 und 309 finden keine Anwendung gegenüber einem Unternehmer (BGB § 310 [1]).

Beispiel: Das Autohaus hat nicht ausdrücklich auf seine Allgemeinen Geschäftsbedingungen (AGB) hingewiesen. Die AGB-Klausel „Wir behalten uns vor, den Kaufpreis zu ändern" wurde damit nicht Bestandteil des Kaufvertrags, sodass der vereinbarte Kaufpreis gilt. Diese Klausel ist außerdem unwirksam, da kurzfristige Preiserhöhungen nicht zulässig sind, wenn innerhalb vier Monaten geliefert werden soll (BGB § 309 Nr. 1). Lisa Gerber muss nur noch den ausstehenden Betrag in Höhe von 7 999,00 EUR bezahlen und hat einen Anspruch auf Lieferung des gewünschten Fahrzeugs.

4.3 Verbraucherrechte bei Ratenkäufen

Kann ein Käufer den Kaufpreis nicht sofort in voller Höhe bezahlen, dann bieten viele Einzelhändler die Möglichkeit der Ratenzahlung. Bei einem solchen Abzahlungs- oder Ratenkauf wird der Kaufpreis in mehreren Teilbeträgen (Teilzahlungen, Raten) beglichen.

Beispiel: Informationen eines Einzelhändlers zum Finanzkauf

FINANZKAUF
Wenn Sie bei uns Waren im Gesamtwert ab 149,00 EUR kaufen, ist eine Ratenzahlung in folgenden Staffelungen möglich:

Einkaufswert gesamt

ab 149,00 EUR	→	**6 Monate**
ab 250,00 EUR	→	**12 Monate**
ab 300,00 EUR	→	**20 Monate**
ab 500,00 EUR	→	**36 Monate**

Keine Anzahlung, Service durch unsere Hausbank.

Bitte Folgendes mitbringen: Bis 4 000,00 EUR Personalausweis und entweder EC-/Maestro- oder Kreditkarte. Ab 4 000,00 EUR Personalausweis, Verdienstnachweis und entweder EC-/Maestro- oder Kreditkarte.

Effektiver Jahreszins 7,9 % (inkl. Gebühren)

Wird ein entgeltlicher Darlehensvertrag zwischen einem Unternehmer als Darlehensgeber und einem Verbraucher abgeschlossen, dann liegt ein **Verbraucherdarlehensvertrag** vor (BGB § 491). **Verbraucherdarlehensverträge** sind in *Schriftform* abzuschließen (BGB § 492). Die elektronische Form (z. B. Fax, E-Mail) ist ausgeschlossen.

Die vom Darlehensnehmer zu unterzeichnende Vertragserklärung muss Angaben über Barzahlungspreis, Teilzahlungspreis, Betrag und Fälligkeit der Teilzahlungen, effektiven Jahreszins (Gesamtbelastung in Prozent des Barzahlungspreises pro Jahr), Kosten einer abzuschließenden Versicherung, Vereinbarung eines Eigentumsvorbehalts oder einer anderen Sicherheit enthalten (BGB §§ 492, 502).

Dem Verbraucher steht ein **Widerrufsrecht** nach § 355 BGB zu. Der Widerruf muss keine Begründung enthalten und in *Textform innerhalb von zwei Wochen* erfolgen. Zur Fristwahrung genügt die *rechtzeitige Absendung*. Die Frist beginnt mit dem Zeitpunkt, zu dem der Verbraucher eine deutlich gestaltete *Belehrung über sein Widerrufsrecht* erhalten hat. Die **Widerrufsbelehrung** muss Namen und Anschrift des Widerrufsempfängers, einen Hinweis auf den Fristbeginn und die Zwei-Wochen-Frist enthalten. Ist der Fristbeginn streitig, so trifft die Beweislast den Unternehmer. Das Widerrufsrecht erlischt spätestens sechs Monate nach Vertragsschluss.

Hat ein Darlehensvertrag die Lieferung einer Sache oder die Erbringung einer anderen Leistung zum Gegenstand, so kann anstelle des Widerrufsrechts ein zweiwöchiges **Rückgaberecht** eingeräumt werden (BGB § 356). Der Widerruf wird dann durch fristgerechte Rücksendung der Sache erklärt. Beträgt der Wert der gelieferten Ware nicht mehr als 40,00 EUR, dann trägt der Verbraucher die Kosten der Rücksendung (BGB § 357). Der Verbraucher muss eine Wertminderung ersetzen, die durch den Gebrauch der Sache entstanden ist, wenn er vorher auf diese Rechtsfolge hingewiesen wurde.

Hat der Verbraucher sein Widerrufs- bzw. Rückgaberecht geltend gemacht, dann ist er auch an einen mit dem Darlehensvertrag **verbundenen Vertrag** (z. B. Kaufvertrag) nicht mehr gebunden (BGB § 358). Der Darlehensnehmer kann die Rückzahlung des Darlehens verweigern, soweit *Einwendungen aus dem verbundenen Kaufvertrag* (z. B. Schlechtleistung, Nicht-rechtzeitig-Lieferung) ihn dazu berechtigen. Dies gilt nur, wenn der finanzierte Kaufpreis 200,00 EUR überschreitet.

4.4 Verbraucherrechte bei Haustürgeschäften

Haustürgeschäfte haben nach § 312 BGB eine entgeltliche Leistung zum Gegenstand und kommen zwischen einem Unternehmer und einem Verbraucher zustande durch **mündliche Verhandlungen**

◆ an seinem Arbeitsplatz oder in seiner Wohnung,

◆ anlässlich einer Freizeitveranstaltung (z. B. Kaffeefahrt),

◆ im Anschluss an ein überraschendes Ansprechen in Verkehrsmitteln oder im Bereich öffentlich zugänglicher Verkehrsflächen.

Einem Verbraucher steht bei Haustürgeschäften mit einem Unternehmer ein **Widerrufsrecht** (BGB § 355) oder **Rückgaberecht** (BGB § 356) zu.

Der Widerruf muss keine Begründung enthalten und in Textform oder durch Rücksendung der Sache innerhalb von zwei Wochen erfolgen. Zur Fristwahrung genügt die rechtzeitige Absendung. Die Frist beginnt mit dem Zeitpunkt, zu dem der Verbraucher eine deutlich gestaltete Belehrung über sein Widerrufsrecht erhalten hat. Die **Widerrufsbelehrung** muss Namen und Anschrift des Widerrufsempfängers sowie einen Hinweis auf den Fristbeginn und die Zwei-Wochen-Frist enthalten. Das Widerrufsrecht erlischt spätestens sechs Monate nach Vertragsschluss.

Das Widerrufs- oder Rückgaberecht besteht nicht, wenn die mündlichen Verhandlungen auf vorhergehende Bestellung des Verbrauchers geführt worden sind oder die Leistung bei Abschluss der Verhandlungen sofort erbracht und bezahlt wird und das Entgelt 40,00 EUR nicht übersteigt.

4.5 Verbraucherrechte bei Fernabsatzverträgen

Fernabsatzverträge sind Verträge über die Lieferung von Waren oder über die Erbringung von Dienstleistungen, die zwischen einem Unternehmer und einem Verbraucher unter ausschließlicher Verwendung von Fernkommunikationsmitteln abgeschlossen werden. Fernkommunikationsmittel sind insbesondere Briefe, Kataloge, Telefonanrufe, Telekopien, E-Mails sowie Rundfunk, Tele- und Mediendienste (BGB § 312b).

Beim Abschluss von Fernabsatzverträgen müssen der geschäftliche Zweck und die Identität des Unternehmers für den Verbraucher eindeutig erkennbar sein (BGB § 312c). Der Unternehmer hat den Verbraucher rechtzeitig über alle wesentlichen Elemente des Vertrags zu informieren. Die Informationen sind dem Verbraucher spätestens bei Lieferung auf einem dauerhaften Datenträger zur Verfügung zu stellen.

Bei Fernabsatzverträgen mit einem Unternehmer steht dem Verbraucher ein **Widerrufs- bzw. Rückgaberecht** nach BGB §§ 355, 356 zu.

Die Frist für das Widerrufs- und Rückgaberecht beginnt bei Fernabsatzverträgen nicht vor Erfüllung der Informationspflichten, bei der Lieferung von Waren nicht vor dem Tag ihres Eingangs beim Empfänger, bei der wiederkehrenden Lieferung gleichartiger Waren nicht vor dem Tag des Eingangs der ersten Teillieferung und bei Dienstleistungen nicht vor dem Tag des Vertragsabschlusses (BGB § 312d [2]).

Nach § 312 d (4) BGB besteht **kein Widerrufsrecht** des Verbrauchers, bei Verträgen, die

◆ zur Lieferung von Waren, die speziell nach Kundenwunsch angefertigt werden oder die nicht für eine Rücksendung geeignet sind oder schnell verderben können oder deren Verfalldatum überschritten würde,

◆ zur Lieferung von Audio- oder Videoaufzeichnungen oder von Software, sofern die gelieferten Datenträger vom Verbraucher entsiegelt worden sind,

◆ zur Lieferung von Zeitungen, Zeitschriften und Illustrierten,

◆ zur Erbringung von Wett- und Lotterie-Dienstleistungen oder

◆ die in der Form von Versteigerungen (§ 156 BGB)

geschlossen werden.

Widerrufsrecht bei Bestellung individuell gefertigter Ware

Im Versandhandel bestellte Waren können nach einem Urteil des Bundesgerichtshofs auch dann zurückgegeben werden, wenn der Artikel speziell nach Kundenwünschen angefertigt worden ist. Eine spezielle Ausfertigung liegt dann nicht vor, wenn der Artikel (hier: Laptop) nach den Wünschen des Käufers aus vorgefertigten Standardbauteilen zusammengesetzt wurde, die mit relativ geringem Aufwand wieder auseinander gebaut werden können. Damit gilt künftig das Widerrufsrecht nicht nur für Massenprodukte, die bei Rückgabe problemlos an den nächsten Kunden verkauft werden können.

Quelle: Bundesgerichtshof, Az.: VIII ZR 295/01

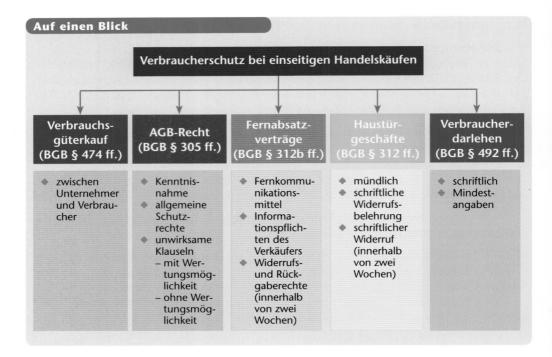

Auf einen Blick

Verbraucherschutz bei einseitigen Handelskäufen

Verbrauchs-güterkauf (BGB § 474 ff.)	AGB-Recht (BGB § 305 ff.)	Fernabsatz-verträge (BGB § 312b ff.)	Haustür-geschäfte (BGB § 312 ff.)	Verbraucher-darlehen (BGB § 492 ff.)
◆ zwischen Unternehmer und Verbraucher	◆ Kenntnisnahme ◆ allgemeine Schutzrechte ◆ unwirksame Klauseln – mit Wertungsmöglichkeit – ohne Wertungsmöglichkeit	◆ Fernkommunikationsmittel ◆ Informationspflichten des Verkäufers ◆ Widerrufs- und Rückgaberechte (innerhalb von zwei Wochen)	◆ mündlich ◆ schriftliche Widerrufsbelehrung ◆ schriftlicher Widerruf (innerhalb von zwei Wochen)	◆ schriftlich ◆ Mindestangaben

5   Training kaufmännisches Rechnen

5.1   Dreisatz

5.1.1   Dreisatz mit geradem Verhältnis

Situation

Katrin Weber ist Auszubildende im Lebensmittelmarkt Hilgrein. Am liebsten arbeitet sie an der Fischtheke, da dort für gewöhnlich nicht viel los ist. Heute hat sie es jedoch recht schwer, da die Preiseingabefunktion an der Waage defekt ist. Katrin muss deshalb die Preise für die Fische der Kunden von Hand ausrechnen.

Kundin: *„Ich hätte gerne zwei schöne Seelachfilets!"*

Katrin Weber: *„Sind Sie mit den beiden hier einverstanden?"*

Kundin: *„Ja, die sind genau richtig!"*

Katrin Weber: *„Das sind 556 Gramm. Der Seelachs ist heute in Angebot: 100 Gramm kosten 59 Cent!"*

Helfen Sie Katrin Weber auszurechnen, wie teuer der Fisch der Kundin ist. Nutzen Sie für Ihre Berechnungen den folgenden Informationstext sowie das Lösungsschema in den Arbeitsmaterialien S. 117.

Was ist ein Dreisatz mit geradem Verhältnis?

Bei der Dreisatzrechnung wird aus mehreren bekannten Größen eine gesuchte Größe errechnet. Dabei ist es zunächst wichtig zu erkennen, in welchem Verhältnis die einzelnen Größen zueinander stehen.

Ein Dreisatz mit geradem Verhältnis (Proportionalität) liegt vor, wenn sich die Einheiten der gegebenen und gesuchten Größe in gleicher Richtung verändern.

Beim Dreisatz mit gerademVerhältnis gibt es also zwei Beziehungen:

1.

je weniger … → desto weniger …

Beispiel:

Je **weniger** Sie kaufen, desto **weniger** müssen Sie bezahlen.

2.

je mehr … → desto mehr …

Beispiel:

Je **mehr** Sie kaufen, desto **mehr** müssen Sie bezahlen.

Wie löse ich einen Dreisatz mit geradem Verhältnis?

1. Schritt: Bedingungssatz aufstellen

Der Bedingungssatz enthält die beiden bekannten Größen.

Beispiel:

Bedingungssatz:	1 500 g Äpfel	kosten	2,49 EUR

2. Schritt: Fragesatz aufstellen

Der Fragesatz enthält die gesuchte Größe **x**.

Beispiel:

Fragesatz:	224 g Äpfel	kosten	**x** EUR

Bei der Aufstellung von Bedingungs- und Fragesatz müssen gleiche Einheiten (z. B. EUR, Std.) immer untereinander stehen.
Die gesuchte Größe x steht immer rechts.

3. Schritt: Bruchsatz aufstellen

Mithilfe des Bruchsatzes berechnen Sie nun die gesuchte Größe x. Dies geschieht, indem zunächst von den bekannten Größen auf den Wert einer Einheit geschlossen wird.

Beispiel:

Wenn 1 500 g Äpfel 2,49 EUR kosten,
dann kostet 1 g Äpfel 2,49 EUR : 1 500
Da jedoch gefragt ist, was 224 Gramm Äpfel kosten, und nicht, was 1 g kostet, muss das Ergebnis nochmals mit 224 multipliziert werden.

Folglich lautet der Bruchsatz:

Beispiel:

Bruchsatz:	$x = \dfrac{2{,}49\ \text{EUR} \cdot 224\ \text{g}}{1\,500\ \text{g}}$
	$x = 0{,}37\ \text{EUR}$

Praxistipp:

Wenn Sie Bedingungs- und Fragesatz ordnungsgemäß untereinander geschrieben haben, so können sie nach folgender Faustregel vorgehen:

Bedingungssatz:	1500 g Äpfel	kosten	2,49 EUR.
Fragesatz:	224 g Äpfel	kosten	**x** EUR.

→ **Multiplikation der Werte in der Diagonalen und Division durch den dritten Wert**

Auch so erhalten Sie den Bruchsatz:

Bruchsatz:	$x = \dfrac{2{,}49\ \text{EUR} \cdot 224\ \text{g}}{1\,500\ \text{g}}$
	$x = 0{,}37\ \text{EUR}$

4. Schritt: Antwortsatz

Zum Schluss wird das Rechenergebnis in einem Satz zusammengefasst.

Beispiel:

Wenn 1,5 Kilogramm Äpfel 2,49 EUR kosten, dann kosten 224 Gramm Äpfel 37 Cent.

Auf einen Blick

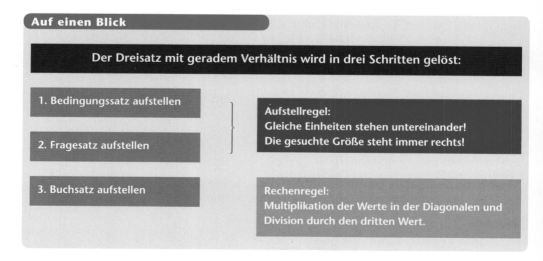

Der Dreisatz mit geradem Verhältnis wird in drei Schritten gelöst:

1. Bedingungssatz aufstellen

2. Fragesatz aufstellen

Aufstellregel:
Gleiche Einheiten stehen untereinander!
Die gesuchte Größe steht immer rechts!

3. Buchsatz aufstellen

Rechenregel:
Multiplikation der Werte in der Diagonalen und Division durch den dritten Wert.

5.1.2   Dreisatz mit ungeradem Verhältnis

Situation

Katrin Weber unterstützt seit vier Wochen drei ihrer Kolleginnen beim Auffüllen und Umsortieren der Obst- und Gemüseabteilung. Anfänglich fiel Katrin diese Arbeit recht schwer, mit der Zeit entwickelte sie sich aber zu einer vollen Arbeitskraft. Ihre Kollegin Olga Sanowa klopft ihr deshalb anerkennend auf die Schulter.

Olga: *„Mensch Katrin, wenn ich dran denke, wie du dich noch vor vier Wochen beim Aussortieren angestellt hast ... So langsam müssen wir ja fast schon aufpassen, dass du unseren Schnitt nicht versaust."*

Katrin: *„Na, jetzt übertreib mal nicht."*

Olga: *„Im Ernst! Bevor du hier mit angefangen hast, haben wir für die Gemüsetheke immer so eineinhalb Stunden gebraucht, und jetzt... na ja, sieht schon ganz anders aus."*

Berechnen Sie, wie lange die Mitarbeiterinnen für das Auffüllen und Pflegen der Gemüsetheke brauchen, seitdem Katrin ihnen hilft. Gehen Sie dabei davon aus, dass Katrin genauso schnell arbeitet wie ihre drei Kolleginnen.

Nutzen Sie für Ihre Berechnungen den folgenden Informationstext sowie das Lösungsschema in den Arbeitsmaterialien S. 119.

Was ist ein Dreisatz mit ungeradem Verhältnis?

Ein Dreisatz mit ungeradem Verhältnis (Antiproportionalität) liegt vor, wenn sich die Einheiten der gegebenen und gesuchten Größen in entgegengesetzter Richtung verändern.

Beim Dreisatz mit ungeradem Verhältnis gibt es als zwei Beziehungen:

1.

   Beispiel:

   Je **mehr** Mitarbeiter bei der Inventur helfen, desto **weniger** Zeit wird gebraucht.

2.

   Beispiel:

   Je **weniger** Mitarbeiter bei der Inventur helfen, desto **mehr** Zeit wird gebraucht.

Wie löse ich einen Dreisatz mit ungeradem Verhältnis?

1. Bedingungssatz aufstellen

Der Bedingungssatz enthält die beiden bekannten Größen.

Beispiel: Inventur

Bedingungssatz:	20 Mitarbeiter	brauchen	6 Stunden.

2. Fragesatz aufstellen

Der Fragesatz enthält die gesuchte Größe.

Beispiel:

Fragesatz:	18 Mitarbeiter	brauchen	**x** Stunden.

Merke Bei der Aufstellung von Bedingungs- und Fragesatz müssen gleiche Einheiten (z. B. EUR, Std.) immer untereinander stehen. Die gesuchte Größe x steht immer rechts.

3. Bruchsatz aufstellen

Mithilfe des Bruchsatzes lässt sich die gesuchte Größe x berechnen. Dies geschieht, indem zunächst von den bekannten Größen auf den Wert einer Einheit geschlossen wird.

Beispiel:

Wenn 20 Mitarbeiter für die Inventur 6 Stunden brauchen,
dann braucht ein Mitarbeiter alleine die 20-fache Zeit, also 20 · 6 Stunden.

Da im Beispiel jedoch gefragt ist, wie lange 18 Mitarbeiter und nicht wie lange 1 Mitarbeiter für die Inventur bräuchten, muss das Ergebnis von Satz 2 nochmals durch 18 dividiert werden. Denn 18 Mitarbeiter brauchen gemeinsam nur den 18. Teil eines Mitarbeiters.

Folglich lautet der Bruchsatz:

Beispiel:

Bruchsatz:	$x = \dfrac{6 \text{ Std.} \cdot 20}{18} = 6 \text{ Std. } 40 \text{ min}$

Praxistipp

Wenn Sie Bedingungs- und Fragesatz ordnungsgemäß untereinander geschrieben haben, so können sie nach folgender Faustregel vorgehen:

Bedingungssatz:	20 Mitarbeiter	brauchen	6 Stunden.

Fragesatz:	18 Mitarbeiter	brauchen	**x** Stunden.

→ **Multiplikation der Werte auf einer Ebene und Division durch den dritten Wert**

Auch so erhalten Sie den Bruchsatz.

Bruchsatz:	$x = \dfrac{6 \text{ Std.} \cdot 20}{18}$ $x = 6 \text{ Std. } 40 \text{ min}$

4. Schritt: Antwortsatz

Zum Schluss wird das Rechenergebnis in einem Satz zusammengefasst.

Beispiel:

Wenn 20 Mitarbeiter für die Inventur 6 Stunden brauchen, benötigen 18 Mitarbeiter 6 Stunden und 40 Minuten.

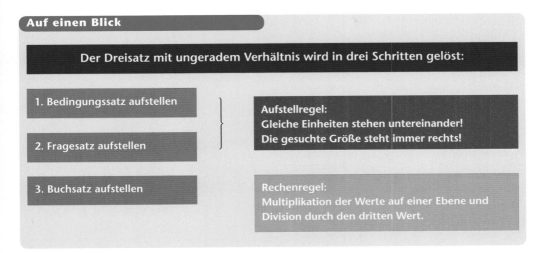

5.1.3 Gemischte Dreisatzaufgaben

In der Praxis werden Sie sowohl Dreisatzaufgaben mit geradem Verhältnis, wie auch Dreisätze mit ungeradem Verhältnis lösen müssen. Um Fehler zu vermeiden, müssen Sie genau erkennen können, welche Dreisatzart vorliegt. Gehen Sie dazu wie folgt vor:

In der Praxis werden Sie sowohl Dreisatzaufgaben mit geradem Verhältnis wie auch Dreisätze mit ungeradem Verhältnis lösen müssen. Um Fehler zu vermeiden, müssen Sie genau erkennen können, welche Dreisatzart vorliegt. Gehen Sie dazu wie folgt vor:

1. Bedingungssatz und Fragesatz aufstellen

Beispiel:

Bedingungssatz:	5 Arbeiter	brauchen	4 Stunden.
Fragesatz:	6 Arbeiter	brauchen	x Stunden.

2. Verhältnis festlegen

Stellen Sie fest, ob sich gegebene und gesuchte Größe in dieselbe oder verschieden Richtungen verändern. Überlegen Sie zuerst, wie sich die *gegebene* Größe verändert. Wird sie größer oder klener?

Beispiel:

5 Arbeiter ≙ 4 Stunden

6 Arbeiter ≙ x

Überlegen Sie dann, wie sich die *gesuchte* Größe verändern wird. Wird sie größer oder kleiner?

Beispiel:

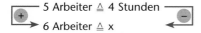

5 Arbeiter ≙ 4 Stunden

6 Arbeiter ≙ x

Sie stellen fest: Die gegebene und gesuchte Größe verändern sich in verschiedene Richtungen. Wir sprechen deshalb von einem ungeraden Verhältnis.

Auf einen Blick

Wenn sich die gegebene und die gesuchte Größe in dieselbe Richtungen verändern, dann liegt ein *gerades Verhältnis* vor:

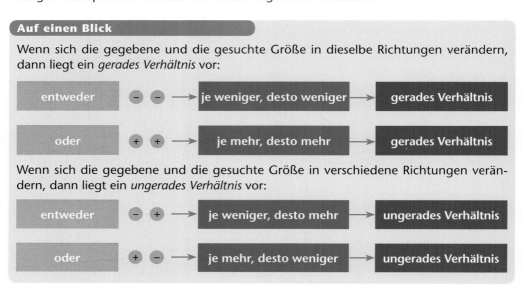

| entweder | − − → | je weniger, desto weniger → | gerades Verhältnis |
| oder | + + → | je mehr, desto mehr → | gerades Verhältnis |

Wenn sich die gegebene und die gesuchte Größe in verschiedene Richtungen verändern, dann liegt ein *ungerades Verhältnis* vor:

| entweder | − + → | je weniger, desto mehr → | ungerades Verhältnis |
| oder | + − → | je mehr, desto weniger → | ungerades Verhältnis |

5.2 Durchschnittsrechnung

5.2.1 Einfacher Durchschnitt

Situation

Onur Yargi ist seit einer Woche Auszubildender bei der Kaufhauskette Allkauf in Hannover. Nach Geschäftsschluss druckt er gemeinsam mit seiner Ausbilderin Frau Kinzig die Kassenabrechnung aus und staunt über den Umsatz an seiner Kasse.

Onur: „Mann, so viel Umsatz haben wir gemacht. Das gibt bestimmt eine Prämie."

Frau Kinzig: „Nun mal langsam! Eine Prämie gibt es erst, wenn du einen überdurchschnittlichen Umsatz gemacht hast."

Umsätze am Samstag, 20.03.20..	
Kasse 1	8 483,19 EUR
Kasse 2	9 742,50 EUR
Kasse 3	13 740,47 EUR
Kasse 4	8 595,73 EUR
Kasse 5	4 738,84 EUR
Kasse 6	11 749,01 EUR
Kasse 7	14 931,70 EUR
Kasse 8	7 406,99 EUR
Kasse 9	9 211,93 EUR

Onur:	„Ja, aber bei den Zahlen!"
Frau Kinzig:	„Na ja, heute war auch Samstag. Da sind die Umsätze an allen Kassen höher als sonst. Hier sind die Umsatzzahlen aller Kassen von heute. Rechne doch mal den durchschnittlichen Umsatz pro Kasse aus. Wenn wir an Kasse 2 mindestens 2 000,00 EUR über dem durchschnittlichen Umsatz aller Kassen liegen, gibt's die Prämie."

1. Zeichnen Sie die Umsätze aller Kassen in das Diagramm in den Arbeitsmaterialien auf Seite 123 ein.

2. Helfen Sie Onur, den durchschnittlichen Umsatz des Allkauf Hannover zu berechnen. Nutzen Sie für Ihre Berechnungen den folgenden Informationstext sowie das Lösungsschema in den Arbeitsmaterialien auf Seite 124.

3. Zeichnen Sie den errechneten Durchschnitt als waagerechte Linie in das Diagramm ein.

4. Stellen Sie fest, ob Onur eine Prämie bekommt. Begründen Sie Ihre Entscheidung.

Mithilfe der Durchschnittsrechnung berechnet man den Mittelwert mehrerer Zahlen, z. B. den durchschnittlichen Umsatz pro Tag, den durchschnittlichen Verbrauch eines Autos, den Notendurchschnitt einer Klassenarbeit.

Wie berechnet man den einfachen Durchschnitt?

1. Schritt: Einzelwerte aufschreiben

Schreiben Sie die gegebenen Einzelwerte in einer Tabelle untereinander (z. B. die Umsätze aller einzelnen Kassen, die Verbrauchswerte Ihres Autos, die Noten aller einzelnen Schüler einer Klasse).

2. Schritt: Summe der Einzelwerte bilden

Addieren Siedie Einzelwerte.

3. Schritt: Durchschnitt berechnen

Wenden Sie die folgende Formel zur Berechnung des Durchschnittswertes an:

$$\text{einfacher Durchschnitt} = \frac{\text{Summe der Einzelwerte}}{\text{Anzahl der Einzewerte}}$$

5.2.2 Gewogener Durchschnitt

Situation

Im Baumarkt Haus und Heim können sich die Kunden Wandfarbe nach ihrem persönlichen Geschmack mischen lassen. Nach dem Mischen druckt die Mischmaschine einen Zettel aus, auf dem die Mengen der verbrauchten Farbtöne stehen.

Der Kunde Herr Schmid kauft 20 Liter lila-blassblaue Farbe für das Kinderzimmer seiner Tochter.

Die Maschine druckt folgenden Beleg:

Farbmischung	Preis pro l	Menge
Dudena Deckweiß	2,98 EUR	18 l
Dudena Spezial-Abtönfarbe blau	5,49 EUR	1,25 l
Dudena Abtönfarbe rot	4,98 EUR	0,75 l
Gesamt		20 l

Berechnen Sie, wie viel Herr Schmid an der Kasse bezahlen muss. Was kostet ihn ein Liter der lila-blassblauen Farbe?

Nutzen Sie für Ihre Berechnungen den folgenden Informationstext sowie das Lösungsschema in den Arbeitsmaterialien S. 125.

Merke

Wir brauchen den gewogenen Durchschnitt (gewichteter Mittelwert), um bei Mischungen, bei denen die einzelnen Zutaten (Einzelposten) in unterschiedlichen Mengen vorkommen, einen Durchschnittspreis pro Mengeneinheit angeben zu können.

Wie berechnet man den gewogenen Durchschnitt?

1. Schritt: gegebene Werte aufschreiben

Erstellen Sie eine Tabelle, die alle Einzelposten (Zutaten) enthält, die in die Mischung eingegangen sind. Schreiben Sie für jeden Einzelposten auf, in welcher Menge er in die Mischung eingegangen ist und welchen Preis pro Mengeneinheit er hat.

2. Schrtt: Werte der Einzelposten ermitteln

Berechnen Sie den Wert jedes einzelnen Postens der Mischung. Nutzen Sie dabei die Formel:

Wert eines Postens = Menge des Postens · Preis pro Mengeneinheit

3. Schritt: Gesamtwert der Mischung berechnen

Berechnen Sie den Gesamtwert der Mischung, indem Sie die Werte der Einzelposten addieren.

4. Schritt: Gesamtmenge berechnen

Berechnen Sie die Gesamtmenge der Mischung, indem Sie die Mengen der Einzelposten adieren.

5. Schritt: Durchschnitt berechnen

Wenden Sie die folgende Formel zur Berechnung des gewogenen Durchschnittswertes an:

$$\text{gewogener Durchschnitt} = \frac{\text{Gesamtwert der Mischung}}{\text{Gesamtmenge}}$$

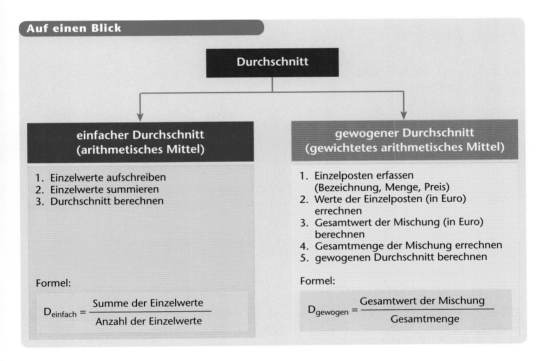

Auf einen Blick

Durchschnitt

einfacher Durchschnitt (arithmetisches Mittel)

1. Einzelwerte aufschreiben
2. Einzelwerte summieren
3. Durchschnitt berechnen

Formel:

$$D_{einfach} = \frac{\text{Summe der Einzelwerte}}{\text{Anzahl der Einzelwerte}}$$

gewogener Durchschnitt (gewichtetes arithmetisches Mittel)

1. Einzelposten erfassen (Bezeichnung, Menge, Preis)
2. Werte der Einzelposten (in Euro) errechnen
3. Gesamtwert der Mischung (in Euro) berechnen
4. Gesamtmenge der Mischung errechnen
5. gewogenen Durchschnitt berechnen

Formel:

$$D_{gewogen} = \frac{\text{Gesamtwert der Mischung}}{\text{Gesamtmenge}}$$

5.3   Prozentrechnung

5.3.1   Prozentrechnung vom Hundert

Situation

Paul und Alfonso haben gemeinsam ihre Ausbildung zum Einzelhandelskaufmann abgeschlossen und arbeiten nun beide als selbstständige Handelsvertreter für Büroeinrichtungen im Verkaufsbezirk Hessen bzw. Rheinland-Pfalz. Wie schon während ihrer Ausbildungszeit treffen sie sich einmal in der Woche in ihrer Stammkneipe in Frankfurt/ Main auf ein Bier. Paul ist heute besonders gut drauf.

Paul:　*„Mensch, das war eine super Woche! Ich habe eine komplette Chefetage einge-richtet und insgesamt 45 000,00 EUR Umsatz gemacht. Das sind 3 600,00 EUR Provision und das in einer Woche."*

Alfonso:　*„Wow, nicht schlecht. Mein Umsatz lag diese Woche nur bei 5 600,00 EUR. An Provision fielen da nur 840,00 EUR ab."*

Paul:　*„Da muss ich heute wohl einen ausgeben. Also, zum Wohl und auf weiterhin gute Verkaufserfolge!"*

Beim Nachhausegehen denkt Paul noch einmal nach. Irgendwie hatte Alfonso, obwohl sein Umsatz in dieser Woche nicht so hoch war, doch schon ganz schön viel Provision bekommen. Er beschließt, am nächsten Tag nachzurechnen, welchen Provisionssatz Alfonso im Vergleich zu ihm bekommt.

1. Helfen Sie Paul bei der Berechung der beiden Provisionssätze. Nutzen Sie für Ihre Berechnungen den folgenden Informationstext sowie das Lösungsschema in den Arbeitsmaterialien auf Seite 128.

2. Wer von beiden hat den besseren Vertretungsvertrag. Begründen Sie!

Was ist Prozentrechnung?

Die Prozentrechnung hilft dem Einzelhandelskaufmann, Zahlenwerte, wie z. B. Preisnachlässe, Umsatzsteigerungen oder Provisionen, besser miteinander vergleichen zu können. Dazu bezieht man die zu vergleichenden Zahlen auf eine gemeinsame Grundzahl – die Zahl 100.

Beispiel: Auf den ersten Blick scheint die Provision des Büromöbelvertreters Paul viel höher zu liegen als die von Alfonso. Doch die beiden Zahlen sind nicht direkt miteinander vergleichbar, weil Paul ja auch viel mehr Umsatz gemacht hat. Um festzustellen, wer von den beiden den besseren Vertrag hat, stellen wir uns vor, beide hätten ein Möbelstück zu einem Preis von 100,00 EUR verkauft. Mithilfe des Dreisatzes berechnen wir, wie viel Euro Provision die beiden dann erhalten hätten. Als Ergebnis erhalten wir die Provision der beiden pro 100,00 EUR.

Erst das Anlegen eines einheitlichen Vergleichsmaßstabes ermöglicht es dem Einzelhändler, auf einen Blick zu erkennen, z. B. welche Abteilung die höchste Umsatzsteigerung erzielt hat oder welcher Lieferant die stärksten Preisnachlässe gibt.

Der Ausdruck „Prozent" („%") stammt aus dem Lateinischen und bedeutet soviel wie „pro Hundert".

Beispiel: Für eine Lieferung Fernsehgeräte mit einem Rechnungsbetrag von 10 000,00 EUR erhalten Sie 1 500,00 EUR Preisnachlass. Das entspricht einem Rabatt von 15,00 EUR pro Hundert Euro Rechnungsbetrag, oder kürzer ausgedrückt: 15 %.

Grundwert, Prozentwert, Prozentsatz – Wichtige Begriffe der Prozentrechnung

In der Prozentrechnung haben Sie die Aufgabe, entweder den Prozentsatz, den Grundwert oder den Prozentwert zu errechnen. Sie sollten diese Begriffe unterscheiden und aus einer Textaufgabe herauslesen können.

Beispiel: Der Elektronik-Fachmarkt Uranos in Kiel machte am vergangenen Samstag einen Gesamtumsatz von 20 000,00 EUR. Peter Hanser saß den ganzen Tag an Kasse 3 und kassierte insgesamt 5 000,00 EUR. Das entspricht einem Prozentsatz von 25 %.

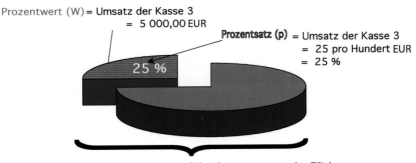

Prozentwert (W) = Umsatz der Kasse 3
= 5 000,00 EUR

Prozentsatz (p) = Umsatz der Kasse 3
= 25 pro Hundert EUR
= 25 %

Grundwert (G) = Gesamtumsatz der Filiale
= 20 000,00 EUR

Grundwert (G)   ist die Gesamtgröße, die der Prozentrechnung zugrunde liegt. Im Beispiel ist es der Gesamtumsatz der Filiale (20 000,00 EUR). Der Grundwert entspricht immer 100 %.

Prozentwert (W)   ist ein durch den Prozentsatz bestimmter Teil des Grundwertes. Er wird in derselben Einheit angegeben wie der Grundwert. Im Beispiel ist es der Umsatz der Kasse 3 in Prozent (5 000,00 EUR).

Prozentsatz (p)   gibt den Prozentwert im Verhältnis zur Vergleichszahl 100 an. Im Beispiel beträgt er 25 von Hundert, also 25 %.

Berechnung des Prozentsatzes

Beispiel: Eine Bluse kostet 59,99 EUR. Sie wollen 10,00 EUR Rabatt geben. Wie hoch ist der Rabatt in Prozent?

1. Schritt: Aufgabe analysieren

Wenn Sie den **Prozentsatz** berechnen wollen, so müssen Grundwert und Prozentwert gegeben sein.

Beispiel:

a) Was ist gesucht?
   Rabatt in Prozent = Prozentsatz (p)

b) Was ist gegeben?
   Auszeichnungspreis der Bluse = Grundwert (G) = 59,99 EUR
   Rabatt in EUR = Prozentwert (W) = 10,00 EUR

2. Schritt: Dreisatz aufstellen

Merke

Gleiche Einheiten stehen untereinander.
Die gesuchte Größe steht immer rechts! (hier: der Prozentsatz)!

Bedingungssatz:	Grundwert G		100 %
Fragesatz:	Prozentwert W	≙	**p** %

Faustregel: Multiplikation der Werte in der Diagonalen und Division durch den dritten Wert.

$$\text{Bruchsatz:} \quad p = \frac{\text{Prozentwert W} \cdot 100}{\text{Grundwert G}}$$

Beispiel:

59,99 EUR   ≙   100 %

10,00 EUR   ≙   p %

$$p = \frac{10,00 \text{ EUR} \cdot 100}{59,99 \text{ EUR}}$$

$$p = 16,67 \text{ %}$$

3. Schritt: Antwortsatz

Stellen Sie das Ergebnis Ihrer Rechnung in einem ganzen Satz dar.

Beispiel: Der Rabatt für die Bluse beträgt 16,67 %.

Berechnung des Prozentwerts

Beispiel: Eine Hose kostet 79,99 EUR. Sie wollen 20 % Rabatt geben. Wie hoch ist der Rabatt in EUR?

1. Schritt: Aufgabe analysieren

Wenn Sie den **Prozentwert** berechnen wollen, so müssen Grundwert und Prozentwert gegeben sein.

Beispiel:

a) Was ist gesucht?

    Rabatt in Prozent   = Prozentwert (W)

b) Was ist gegeben?

    Auszeichnungspreis der Hose   = Grundwert (G) = 79,99 EUR

    Rabatt in Prozent   = Prozentsatz (p) = 20 %

2. Schritt: Dreisatz aufstellen

Gleiche Einheiten stehen untereinander.
Die gesuchte Größe steht immer rechts (hier: der Prozentwert)!

Bedingungssatz:	100 %	≙	Grundwert G

Fragesatz:	Prozentsatz (p)	≙	**W** EUR

Faustregel: Multiplikation der Werte in der Diagonalen und Division durch den dritten Wert.

$$\text{Bruchsatz:} \quad W = \frac{\text{Grundwert } G \cdot 100}{\text{Prozentsatz } p}$$

Beispiel:

100 %   ≙   79,99 EUR

20 %   ≙   W EUR

$$W \quad = \quad \frac{20 \cdot 79,99 \text{ EUR}}{100}$$

W   =   16,00 EUR

3. Schritt: Antwortsatz

Stellen Sie das Ergebnis Ihrer Rechnung in einem ganzen Satz dar.

Beispiel: Der Rabatt für die Hose beträgt 16,00 EUR.

Berechnung des Grundwerts

Beispiel: Ein Baumarkt gewährt seinen Kunden in dieser Woche 20 % Rabatt auf alles. Ihr Nachbar spart bei seinen Einkäufen dadurch 34,23 EUR. Wie hoch war seine Rechnung?

1. Schritt: Aufgabe analysieren

Wenn Sie den **Grundwert** berechnen wollen, so müssen Prozentsatz und Prozentwert gegeben sein.

Beispiel:

a) Was ist gesucht?

    Rechnungsbetrag in Euro   = Grundwert (G)

b) Was ist gegeben?

    Rabatt in Prozent   = Prozentsatz (p)   = 20 %

    Rabatt in EUR   = Prozentwert (W)   = 34,23 EUR

2. Schritt: Dreisatz aufstellen

Merke

Gleiche Einheiten stehen untereinander.

Die gesuchte Größe steht immer rechts (hier: der Grundwert)!

Bedingungssatz:	Prozentsatz p		Prozentwert W

Fragesatz:	100 %	△	**G** EUR

Faustregel: Multiplikation der Werte in der Diagonalen und Division durch den dritten Wert.

$$\text{Bruchsatz:} \quad G = \frac{100 \cdot \text{Prozentwert W}}{\text{Prozentsatz p}}$$

Beispiel:

20 %   △   34,32 EUR

100 %   △   G EUR

$$G = \frac{100 \cdot 34,32 \text{ EUR}}{20}$$

G = 171,60 EUR

3. Schritt: Antwortsatz

Stellen Sie das Ergebnis Ihrer Rechnung in einem Satz dar.

Beispiel: Der Rechungsbetrag des Nachbarn lag bei 171,60 EUR.

Auf einen Blick

Die Prozentrechnung ist eine Vergleichsrechnung mit der Zahl 100 als Bezugsgröße. In der Prozentrechnung rechnet man mit drei Größen:

Prozentsatz (p)	Prozentwert (W)	Grundwert G
Der Prozentsatz gibt den Prozentwert im Verhältnis zur Vergleichszahl 100 an.	Ein durch den Prozentsatz bestimmter Teil des Grundwertes.	Gesamtgröße, die der Prozentrechnung zugrunde liegt.
Formel:	Formel:	Formel:
$\text{Prozentsatz} = \dfrac{\text{Prozentwert} \cdot 100}{\text{Grundwert}}$	$\text{Prozentw.} = \dfrac{\text{Grundw.} \cdot \text{Prozentsatz}}{100}$	$\text{Grundwert} = \dfrac{\text{Prozentwert} \cdot 100}{\text{Prozentsatz}}$

5.3.2 Prozentrechnung bei vermindertem und vermehrtem Grundwert

Situation

Heike Häßler ist Auszubildende beim Möbelhaus Mittelstaedt. Diese Woche feiert das Möbelhaus sein 20-jähriges Bestehen und hat seine Preise deshalb um 20 % gesenkt. Eine Kundin überlegt ...

Kundin: *„Ich war letzte Woche schon einmal da und hatte mich für einen ganz ähnlichen Bürostuhl interessiert. Wenn ich mich richtig erinnere, hatte der an die 300,00 EUR gekostet. Dieser Stuhl hier ist jetzt mit 239,00 EUR ausgezeichnet. Ob das derselbe Stuhl ist? Wie viel hat der denn vor der Aktion gekostet?"*

Berechnen Sie für die Kundin den Preis des Bürostuhls vor der Jubiläumsaktion.

Nutzen Sie für Ihre Berechnungen den folgenden Informationstext sowie das Lösungsschema in den Arbeitsmaterialien S. 134.

Bisher konnten Sie sich bei jeder Aufgabe zur Prozentrechnung darauf verlassen, dass der Grundwert sich nie veränderte und immer 100 % entsprach. Dies gilt bei der Prozentrechnung bei vermindertem und vermehrtem Grundwert nicht mehr:

◆ Beim verminderten Grundwert wird der ursprüngliche Grundwert um einen bestimmten Prozentsatz verringert.

◆ Beim vermehrten Grundwert wird der ursprüngliche Grundwert um einen bestimmten Prozentsatz vermehrt.

Prozentrechnung bei vermindertem Grundwert (Prozentrechnung im Hundert)

Beim verminderten Grundwert wird der ursprüngliche Grundwert (G) um einen bestimmten Prozentsatz (p) verringert:

$$G_{vermindert} = G - p$$

Beispiel: Frau Müller kauft ein um 30 % reduziertes Kleid für 103,99 EUR. Was kostete das Kleid ursprünglich?

1. Schritt: Aufgabe analysieren:

Wenn Sie den **ursprünglichen Grundwert** berechnen wollen, so müssen der verminderte Grundwert und der Prozentsatz gegeben sein.

Beispiel:

a) Was ist gegeben?

reduzierter Preis des Kleids	= verminderter Grundwert G ($G_{vermindert}$)	= 103,99 EUR
Rabatt in Prozent	= Prozentsatz (p)	= 30 %

b) Was ist gesucht?

ursprünglicher Preis des Kleids	= ursprünglicher Grundwert (G)

2. Schritt: Dreisatz aufstellen

Gleiche Einheiten stehen untereinander.
Die gesuchte Größe steht immer rechts (hier: der ursprüngliche Grundwert in Euro)!

Bedingungssatz:	100 %	≙	verminderter Grundwert ($G_{vermindert}$) in Euro

Fragesatz:	100 %	≙	ursprünglicher Grundwert G in Euro

Faustregel: Multiplikation der Werte in der Diagonalen und Division durch den dritten Wert.

$$\text{Bruchsatz:} \quad G = \frac{100 \cdot G_{vermindert}}{100 - p}$$

Beispiel:

$$100\ \% - 30\ \% = 70\ \% \triangleq 103,99\ \text{EUR}$$
$$100\ \% \triangleq G$$

$$G = \frac{100 \cdot 103,99\ \text{EUR}}{70}$$
$$G = 129,99\ \text{EUR}$$

3. Schritt: Antwortsatz

Stellen Sie das Ergebnis Ihrer Rechnung in einem ganzen Satz dar.

Beispiel: Das Kleid von Frau Müller kostete ursprünglich 129,99 EUR.

Prozentrechnung bei vermehrtem Grundwert
(Prozentrechnung auf Hundert)

Natalie Wagenknecht spart schon, seit sie 18 Jahre alt ist, auf ein ei- genes Auto. Von ihrem Freund Ingo Scholz erfährt sie heute eine tolle Neuigkeit.

Ingo: *„Sag mal Natalie, du schwärmst doch schon seit Monaten vom neuen Q5."*

Natalie: *„Ja schon, bisher scheitert's nur leider immer noch am Geld."*

Ingo: *„Hey, da habe ich vielleicht eine super Nachricht für dich. Wenn du dich noch in diesem Monat dafür entscheidest, dir einen Q5 zu kaufen, dann bekommst du beim Autohaus Hübner die 19 % Mehrwertsteuer geschenkt. Was sagst du dazu?"*

Natalie: *„Das ist ja cool! Das Ding hat letzte Woche noch 11 100,00 EUR gekostet! Wenn ich da jetzt die 19 % abziehe, dann bleiben noch ... Moment – wie war das noch mal mit der Mehrwertsteuer?"*

Helfen Sie Natalie auszurechnen, wie viel Geld ihr Traumauto jetzt noch kostet.

Nutzen Sie für Ihre Berechnungen den folgenden Informationstext sowie das Lösungs- schema in den Arbeitsmaterialien S. 135.

Beim vermehrten Grundwert wird der ursprüngliche Grundwert (G) um einen be- stimmten Prozentsatz (p) erhöht:

$$G_{vermehrt} = G + p$$

Beispiel: Die unverbindliche Preisempfehlung eines Stiefels liegt bei 99,90 EUR. Von diesem Ladenpreis muss die gesetzliche Mehrwertsteuer von 19 % an das Finanzamt abgeführt werden. Welcher Erlös bleibt einem Schuhhaus nach Abzug der Mehrwertsteuer?

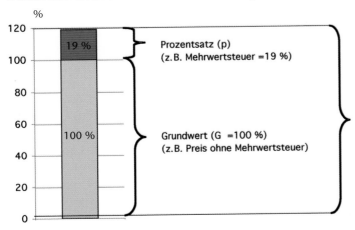

1. Schritt: Aufgabe analysieren

Wenn Sie den **ursprünglichen Grundwert** berechnen wollen, so müssen der vermehrte Grundwert und der Prozentsatz gegeben sein.

Beispiel:

c) Was ist gegeben?

unverbindliche Preisempfehlung	= vermehrter Grundwert ($G_{vermehrt}$)	= 99,90 EUR
Mehrwertsteuer in Prozent	= Prozentsatz (p)	= 19 %

d) Was ist gesucht?

Preis ohne Mehrwertsteuer = ursprünglicher Grundwert (G)

2. Schritt: Dreisatz aufstellen

Gleiche Einheiten stehen untereinander.
Die gesuchte Größe steht immer rechts (hier: der ursprüngliche Grundwert in Euro)!

Bedingungssatz:	100 % + p	≙	vermehrter Grundwert ($G_{vermehrt}$) in Euro

Fragesatz:	100 %	≙	ursprünglicher Grundwert G in Euro

Faustregel: Multiplikation der Werte in der Diagonalen und Division durch den dritten Wert.

$$\text{Bruchsatz:} \quad G = \frac{100 \cdot G_{vermehrt}}{100 + p}$$

Beispiel:

$$100\ \% + 19\ \% = 119\ \% ≙ 99{,}90\ \text{EUR}$$
$$100\ \% ≙ G$$
$$G = \frac{100 \cdot 99{,}90\ \text{EUR}}{119}$$
$$G = 83{,}95\ \text{EUR}$$

3. Schritt: Antwortsatz

Stellen Sie das Ergebnis Ihrer Rechnung in einem ganzen Satz dar.

Beispiel: Mit einem Paar Stiefel werden nach Abzug der Mehrwertsteuer 83,95 EUR erlöst.

Waren präsentieren

1 Verkaufsformen und Betriebsformen, in denen wir arbeiten

Situation

1. Welche Verkaufsformen liegen hier vor?

2. Welche Vorteile bringen die dargestellten Verkaufsformen
   a) dem Kunden,
   b) dem Geschäft?

3. Worin bestehen die Tätigkeiten eines Verkäufers
   a) im Selbstbedienungsgeschäft,
   b) im Bedienungsgeschäft?

4. Welche Erwartungen haben Kunden gegenüber Verkäufern im Bedienungsgeschäft?

Der Einzelhandel bietet Produkte in seinen Ladengeschäften überwiegend in der **Verkaufsform der Selbstbedienung, der (Voll-)Bedienung oder der Vorwahl** an. Diese Verkaufsformen, die z. B. in einem Warenhaus auch gleichzeitig auftreten können, wollen wir mit ihren Besonderheiten kennenlernen.

1.1 Bedienung/Vollbedienung

Diese Verkaufsform bietet eine Menge Leistungen: qualifizierte und individuelle Beratung, eine angenehme Verkaufsatmosphäre, wertvolle Geschäftsausstattung, hochwertige

Markenqualität, eventuell Luxusartikel. Das Einkaufen in dieser Betriebsform soll für den Kunden zum Erlebnis werden (Erlebniskauf).

Merke

Die Bedienung ist die Verkaufsform, bei der gewöhnlich alle Stufen des Verkaufsgesprächs durchlaufen werden:

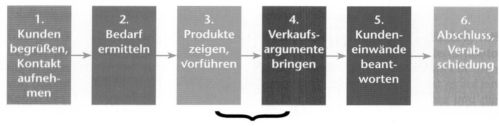

| 1. Kunden begrüßen, Kontakt aufnehmen | 2. Bedarf ermitteln | 3. Produkte zeigen, vorführen | 4. Verkaufsargumente bringen | 5. Kundeneinwände beantworten | 6. Abschluss, Verabschiedung |

Argumentation

Zeigt z. B. ein junges Paar Interesse an einer schönen Halskette, lässt sich das Beratungsgespräch wie folgt aufbauen:

1. Freundliche **Begrüßung** schafft Sympathie und erleichtert die Kontaktaufnahme:

   Beispiel: *„Guten Tag."* (Verkäufer schaut Kunden freundlich an und hält Blickkontakt.)

2. Weil der Kunde weiß, für welchen **Anlass, Zweck oder Einsatzbereich** er ein Produkt benötigt, stellen wir Fragen, die uns darüber Auskunft geben. Wir ermitteln den Bedarf.

   Beispiel: *„Welche Wünsche hinsichtlich der Kette haben Sie?"*

   Wir erfahren dadurch die Vorstellungen, Absichten, Tragegelegenheiten usw.

3. Wir zeigen Produkte, die den Vorstellungen des Kunden entsprechen, führen diese vor, weisen auf Vorteile hin, zeigen Besonderheiten und Einsatzmöglichkeiten und beziehen den Kunden aktiv mit ein.

   Beispiel: Der Verkäufer zeigt die Schönheit der Kette, das edle Material, die Verarbeitung, die Details usw.

4. Wir machen Aussagen über die Eigenschaften, Vorteile, den Nutzen des Produkts, um dem Kunden die Kaufentscheidung zu erleichtern.

   Beispiel: *„Dieses Modell aus Gold mit …"*

5. Ist der Kunde noch nicht überzeugt und bringt Einwände vor, betrachten wir diese als „Wegweiser" und versuchen, die Hindernisse aus dem Weg zu räumen.

   Beispiel: Der Kunde ist sich noch nicht sicher, ob er eine bestimmte Kette kaufen soll.

   Verkäufer: *„Gerne zeige ich Ihnen ähnliche dekorative Ketten …"*

6. Signalisiert der Kunde seine Kaufbereitschaft, bringen wir den Kauf zum **Abschluss**. Wir bedanken uns für den Kauf, begleiten den Kunden zur Kasse und verabschieden ihn freundlich.

   Beispiel: *„Vielen Dank, Sie haben eine gute Wahl getroffen. Auf Wiedersehen."*

Dieser Aufbau gilt für das Beratungsgespräch bei Vollbedienung und gegebenenfalls Vorwahl.

Die Bedienungsform eignet sich besonders für

◆ erklärungsbedürftige und beratungsintensive Waren, z. B. Schmuck, festliche Kleidung, sowie für Luxusartikel und viele technische Geräte, z. B. Computer, Software u. Ä.,

◆ Produkte, bei denen sich aus hygienischen Gründen eine Selbstbedienung des Kunden verbietet, z. B. bei Fleisch und Wurstwaren,

◆ Artikel, bei denen aus Sicherheitsgründen der Kunde keinen Zugriff haben soll, z. B. Arzneien, Uhren, Schmuck.

Viele solcher Käufe werden vom Kunden geplant (**Plankäufe**), die Kaufentscheidung erfolgt häufig nach vorangegangener Überlegung.

Vorteile der Bedienung für das Geschäft	Vorteile der Bedienung für den Kunden
◆ es bietet anspruchsvollen Kunden in gehobener Verkaufsatmosphäre hochwertige, beratungsintensive Ware ◆ es beschäftigt Verkäufer mit hoher Fachkompetenz	◆ er findet eine geeignete Auswahl hochwertiger Waren (Qualität, Aussehen) ◆ er findet eine qualifizierte Beratung vor und die Erfüllung seiner anspruchsvollen Wünsche bzw. Problemlösungen

1.2 Selbstbedienung

Bei dieser Verkaufsform wählt der Kunde ohne Mitwirkung der Verkäufer griffbereit liegende, abgepackte Produkte aus, bringt sie zur Kasse und bezahlt. Selbstbedienung (SB) eignet sich nicht nur für **einfache, problemlose Waren des täglichen Bedarfs**, deren Eigenschaften der Kunde kennt, sondern auch für höherwertige Produkte. Diese Verkaufsform hat sich nicht nur bei Lebensmitteln, sondern z. B. auch bei Drogerieartikeln, Schreibwaren, Heimwerkerbedarf, Lederwaren, Textilien, Elektronikartikeln u. Ä. als vorteilhaft erwiesen. Deutlich sichtbare Wandbeschriftungen oder Deckenabhänger weisen auf die einzelnen Warengruppen hin, damit das gewünschte Produkt leicht zu finden ist. Das jeweilige Sortiment ist übersichtlich in Regalen, Ständern, Gondeln, Truhen und so genannten „Stolperkörben" dargeboten und bietet somit direkten Kontakt mit der Ware.

Informationen über die Eigenschaften der Produkte, ihr Gewicht, ihren Preis u. Ä. lassen sich aus Hinweisen am Regal, an der Verpackung oder der Ware selbst entnehmen. Eine auffällig gestaltete Verpackung, ein günstiger Preis oder eine verkaufswirksame Platzierung solcher Produkte kann spontane Kaufimpulse auslösen (**Impulskäufe**), die Kaufentscheidung fällt oft spontan.

Vorteile der SB für das Geschäft	Vorteile der SB für den Kunden
◆ weniger Personalkosten und Geschäftskosten ◆ verkaufswirksame Präsentation führt zu Impulskäufen, also zu Mehrumsatz ◆ höherer Umsatz je Verkäufer und je Verkaufsfläche	◆ der freie Zugang zur Ware ermöglicht Sortimentsüberblick, Informationen über das Produkt und erinnert an den Bedarf ◆ individuelle Einkaufsgestaltung ◆ keine Einflüsse durch Verkäufer ◆ günstige Preise

Tätigkeiten des Verkäufers

Warenannahme	Bestücken	Nachfüllen	Bedienen	Kassieren	Entsorgen
◆ auspacken	◆ auszeichnen	◆ ordnen	◆ vorbereiten	◆ erfassen	◆ sammeln
◆ kontrollieren	◆ auffüllen	◆ Lagercheck	◆ aushändigen	◆ abrechnen	◆ ordnen
◆ erfassen der Daten		◆ auffüllen			◆ transportieren
		◆ Lagerpflege			
◆ lagern					◆ lagern
◆ aufteilen nach Abteilung					

1.3 Vorwahl

Möchte sich der Kunde **selbst zwanglos und ohne Verkäufer** über das Warenangebot **informieren**, aber bei sich ergebenden Fragen Beratung in Anspruch nehmen, ist die Vorwahl die geeignetste Verkaufsform. Diese in vielen Branchen anzutreffende Verkaufsform ist eine Kombination aus Bedienung und Selbstbedienung. Wir finden sie bei Textilien, Leder-, Haushaltswaren, im Elektrobereich usw.

Hat der Kunde eine Vorauswahl getroffen und **gibt er zu erkennen, dass er beraten werden möchte**, wird er fachkundige Auskünfte erhalten. Die Vorwahl bietet die Vorteile der Selbstbedienung, hinzu kommt die Möglichkeit einer Beratung.

1.4 Sonderformen

◆ **Automatenverkauf**
Bei dieser Verkaufsform trifft der Käufer selbst die Auswahl eines bestimmten Artikels und entnimmt diesen nach Eingabe der Zahlungsmittel, z. B. Getränkeautomat.

◆ **Versandhandel**
Der Versandhandel gibt verkaufswirksam gestaltete Kataloge bzw. Prospekte an Interessenten ab. Diese bestellen dann schriftlich, telefonisch oder über Internet Waren, die zugestellt werden. Spezialversender beschränken ihr Sortiment auf wenige Warenbereiche, z. B. Naturtextilien, Computer.

◆ **Teleshopping**
Rundfunk- und TV-Sender werben in ihren Programmen für Waren, z. B. Schmuck und Dienstleistungen wie Reisen, welche der Kunde schriftlich oder telefonisch bestellen kann. Bezahlt wird z. B. nach Erhalt der Rechnung, per Nachnahme oder per Lastschrift/Kreditkarte.

◆ **E-Commerce**
Millionen Haushalte können z. B. über Internet online in Katalogen verschiedener Warenanbieter blättern, um deren Sortimente kennenzulernen: Ein Klick mit der Maus und auf dem Bildschirm erscheint das Produkt abgebildet mit wichtigen Produktinformationen.

Vorteil für Kunden: Sie können zeitunabhängig das Sortiment des betreffenden Anbieters (bisher meist Warenhäuser, Konzerne, Versender, Filialisten) kennenlernen, Preise verschiedener Anbieter vergleichen und online bestellen. Sie erhalten die gewünschten Produkte ins Haus geliefert.

1.5 Wichtige Betriebsformen im Überblick

Wo kaufen Kunden ein? Waren des täglichen Bedarfs in Verbraucher- oder Supermärkten u. Ä., beratungsintensive Produkte in Warenhäusern, Fach- oder Spezialgeschäften u. Ä. Mit folgenden Merkmalen lässt sich das **Erscheinungsbild der Geschäfte (Betriebsform)** gut beschreiben: Kundenzielgruppe, Nähe des Geschäfts zum Kunden/Standort, Größe/Fläche des Geschäfts, Art der Warenpräsentation, Sortiment, Preisniveau, Service, Personal/Beratung.

In der mehr als 100-jährigen Geschichte des Einzelhandels haben sich verschiedene Betriebsformen entwickelt. In welcher sind Sie tätig.

Herkömmliche Betriebsformen

Die folgende Tabelle zeigt und vergleicht typische Merkmale wichtiger herkömmlicher Betriebsformen im Einzelhandel.

Merkmale	Fachgeschäft Spezialgeschäft	Warenhaus/ Kaufhaus	Supermarkt	Gemischtwaren
1. Kunden/ Zielgruppe	anspruchsvoll, qualitätsorientiert	breite Zielgruppe	breite Zielgruppe	meist immobile Kunden in der Nähe
2. Standort/ Fläche	meist in der City, kleine/große Fläche	City, große Fläche über 3 000 m^2	Kundennähe 400–1 000 m^2	ländlicher Raum, kleinere Fläche
3. Präsentation	attraktive, erlebnisorientierte Atmosphäre	funktionell: einfach bis hoch	funktionell bis attraktiv	funktionell
4. Sortiment	Qualitäts- und Spitzenprodukte, tiefes Sortiment	Warenhaus: breit/tief[1], Kaufhaus: tief	breit und flach, food und non-food[2]	breit[1] und flach, food und non-food[2]
5. Preise	mittel/hoch	mittel/hoch	niedrig/mittel	tendenziell hoch

[1]　breites Sortiment = viele verschiedene Warengruppen
　　tiefes Sortiment = in einer Warengruppe viele verschiedene Ausführungen
[2]　food = Lebensmittel
　　non-food = Sortiment ohne Lebensmittel

Merkmale	Fachgeschäft Spezialgeschäft	Warenhaus/ Kaufhaus	Supermarkt	Gemischtwaren
6. Service	viele waren-typische Service-leistungen	tendenziell hoch	begrenzt und warentypisch	begrenzt
7. Personal	(hoch-)-qualifiziert	differenziert	häufig angelernte und gelernte Fachkräfte	inhaberabhängig

Neuere Betriebsformen

Die folgende Tabelle zeigt und vergleicht typische Merkmale wichtiger neuer Betriebs-formen im Einzelhandel.

Merkmale	Fachmarkt	Discounter	Verbraucher-markt/ SB-Warenhaus	Einkaufs-zentrum
1. Kunden/ Zielgruppe	anspruchsvoll bis preisbewusst	sehr preisbewusst	preisbewusst, Autokunden	breite Zielgruppe
2. Standort/ Fläche	City oder Stadt-rand, große Fläche	City oder Stadt-rand, eher kleine Fläche	Stadtrand, großflächig: 1 000– 2 000 m^2	City oder Stadt-rand, meist groß-flächig
3. Präsentation	ebenerdig, über-sichtlich	einfach, funktionell	einfach, funktionell	sehr anspruchs-voll bis funktio-nell
4. Sortiment	tief: spezialisiert auf ein Waren- oder Bedarfssorti-ment, z. B. Bau-markt	schmal und flach, Waren des täglichen Bedarfs, Aktionssorti-mente	breit und tief, food und non-food	breite Mischung, versch. Handels- und Dienstleis-tungsbetriebe
5. Preise	tendenziell mittel/niedrig	sehr günstig, Dauerniedrig-preise	normal/günstig	hoch/günstig
6. Service	sortiments-bezogen	begrenzt	allgemeiner Service	begrenzt/hoch
7. Personal	fachliche Bera-tung möglich	wenig Personal	tendenziell weni-ger qualifiziert	hoch- bis weni-ger qualifiziert

Neuere **Einkaufszentren in der Stadt** bieten eine Menge an Einkaufserlebnissen. Mit meist über 50 Einzelgeschäften unter einem Dach bieten sie einen interessanten **Branchenmix**. Dieser besteht aus Waren des täglichen Bedarfs, einer Reihe exklusiver Geschäfte und Dienstleistungsunternehmen, z. B. Reisebüros, Friseure, Gaststätten, Kinos u. Ä. Sie lockern die Einkaufsatmosphäre auf, laden zum Treffen mit Freunden und Bekannten, zum Kaffeetrinken, zum Verweilen und Einkaufen ein.

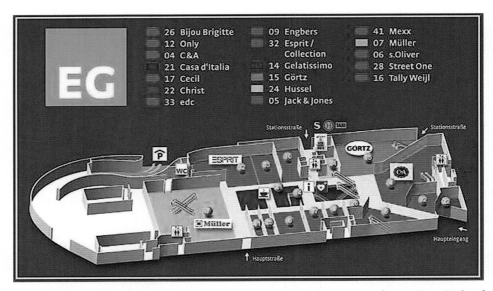

Der oben abgebildete Lageplan zeigt ausschnittweise das Erdgeschoss eines Einkaufszentrums mit verschiedenen Branchen.

Factory Outlet

Das Factory Outlet (FO) ist ein an den Hersteller (z. B. Boss, Esprit, Salamander, Adidas, WMF usw.) angeschlossener Einzelhandelsbetrieb, der Produkte zu günstigen Preisen verkauft (Fabrikverkauf): Das Sortiment beschränkt sich auf den Verkauf von zweiter Wahl, Retouren des Fachgeschäfts, Überproduktion u. Ä. Die FO sind meist fabriknah oder an verkehrsorientierten Standorten (Autobahnen). Verkauft wird mit einem Minimum an Beratung, ohne Service (Umtausch/Reklamation) in Selbstbedienung.

Factory Outlet Center

Das Factory Outlet Center (FOC) ist eine großflächige Betriebsform, die aus Amerika bzw. England kommt. Sie ermöglicht günstigere Einkäufe durch Fabrikläden und Discounter, gleichzeitig verbunden mit Unterhaltungsangeboten wie Kinos, Cafés u. Ä. Angesprochen werden marken- und preisbewusste Kunden, so genannte „**Smart-Shoppers**" (besondere Schnäppchenjäger), die keine billigen Marken, sondern Markenware preiswert kaufen wollen. Außerdem wird der Besuch als beliebter Familienausflug genutzt. An den Wochenenden kommen die Kunden aus der weiteren Umgebung und tätigen Erlebniskäufe.

1.6 Bevorzugte Betriebs- und Verkaufsformen

Welche Betriebs- und Verkaufsformen von einem Kunden bevorzugt werden, hängt hauptsächlich von der Art seiner Bedürfnisse/Wünsche ab:

◆ Bei **Versorgungskäufen** kauft der Kunde Waren des täglichen Bedarfs, z. B. Lebensmittel, wenig erklärungsbedürftige Textilien, Haushaltswaren u. Ä. Meist kennt er diese

Produkte und braucht selten Beratung. Er sucht deshalb Geschäfte auf, die in Selbstbedienung oder Vorwahl, in nüchterner Kaufatmosphäre und zu günstigen Preisen diese Artikel anbieten. Wenn er dazu wenige Geschäfte aufsuchen muss, spart er Wege, Zeit und Kosten.

◆ Bei **Erlebniskäufen** wünscht sich der Kunde Artikel aus seinem **Lebensbereich**, z. B. schöne Möbel, „Alles für Ihre Schönheit", aus seinem **Erlebnisbereich**, z. B. Freizeitartikel, Produkte der Unterhaltungselektronik usw., oder auch Produkte für besondere Anlässe, z. B. „Für den schönsten Tag", „Ihr Urlaub" usw. Bei solchen Käufen will der Kunde freundlich und fachkundig angesprochen und beraten werden. Der Einkauf in angenehmer und anspruchsvoller Atmosphäre soll Spaß machen und ein Erlebnis darstellen, der Kunde will mit möglichst vielen Sinnen genießen. Hier ist Bedienung bzw. Vorwahl eine bevorzugte Verkaufsform.

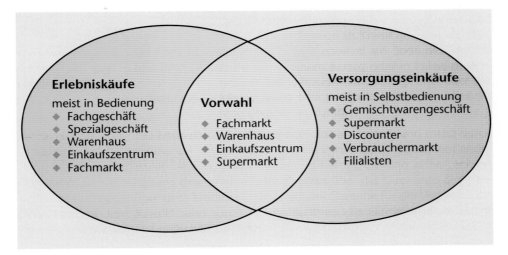

Die Darstellung zeigt Tendenzen, welche Betriebs- und Vertriebsformen der Kunde für Versorgungs- bzw. Erlebniskäufe aufsucht, wobei Überschneidungen möglich sind.

Zwischen **Qualitäts-, Preiserwartung des Kunden und Betriebsform**, z. B. Fachgeschäft, besteht ein mehr oder weniger starker Zusammenhang:

◆ Unterschiedliche Betriebsformen haben typische Preislagen; Fachgeschäfte höhere, Discounter niedrigere.

◆ Jede Betriebsform bietet Produkte in oberen, mittleren und günstigen Preislagen an.

◆ „Benachbarte" Betriebsformen, z. B. Warenhaus Fachgeschäft, haben meist ähnliche Preislagen.

◆ Je höher die Qualität, desto höher ist der Preis.

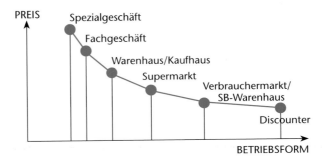

Auf einen Blick

◆ Der Einzelhandel bietet seine Waren in den Verkaufsformen Bedienung, Selbstbedienung und Vorwahl an.

◆ Vor dem Kauf steht der Kunde vor der Wahl, für welches Geschäft und für welche Verkaufsform er sich entscheidet. Art der Ware, Vorstellungen über die Ware, den Preis, den Standort des Geschäfts und die Beratung beeinflussen die Entscheidung.

◆ In einem Geschäft können mehrere Verkaufsformen je nach Artikel gleichzeitig vorkommen. Unterschiedliche Verkaufsformen sind mit unterschiedlichen Tätigkeiten des Verkäufers verbunden.

◆ Das Sortiment der in Vollbedienung geführten Abteilungen umfasst vorwiegend langlebige, beratungsintensive Gebrauchsgüter und Luxusartikel. Persönlicher Kontakt, qualifizierte Beratung und gehobene Geschäftsausstattung bedingen höher kalkulierte Preise.

◆ Das Sortiment der in Selbstbedienung geführten Abteilungen umfasst vorwiegend problemlose Waren des täglichen Bedarfs. Die Ladengestaltung ermöglicht große Freizügigkeit, zwanglose Auswahl, guten Sortimentsüberblick, rasche Abwicklung des Verkaufs, günstig kalkulierte Preise und geringere Personalkosten.

◆ Die Vorwahl vereinigt die Vorteile der Bedienung und Selbstbedienung und bietet zusätzlich auf Wunsch des Kunden Beratungsmöglichkeiten.

◆ Die Ware gelangt über verschiedene Betriebsformen vom Einzelhändler zum Kunden. Typische Merkmale dieser Betriebsformen sind: Kunden- bzw. Zielgruppe, Standort und Fläche, Präsentation der Ware, Sortiment, Preisniveau, Service und Personal.

◆ Bei Versorgungskäufen bevorzugt der Kunde meist Selbstbedienung bzw. Vorwahl. Bei Erlebniskäufen bevorzugt der Kunde meist Bedienung bzw. Vorwahl.

◆ Zwischen Qualitäts-, Preiserwartung und Betriebsform besteht ein Zusammenhang.

2 Das kundenorientierte Sortiment ist Voraussetzung für geschäftlichen Erfolg

Situation

1. Verlockendes Sortiment, wer möchte da nicht zugreifen?
   a) Welche Art von
      ◆ Verkaufsform,
      ◆ Betriebsform liegt vor (mehrere Möglichkeiten)?

   b) Nennen Sie auf dem Bild erkennbare
      ◆ Artikel,
      ◆ Waren-/Produktgruppen.

2. Welche Warengruppen sind in Ihrem Geschäft mengenmäßig und wertmäßig die erfolgreichsten?

3. Ermitteln Sie den Aufbau des Sortiments Ihres Geschäfts anhand der Sortimentspyramide (vgl. Abschnitt 2.2).

Unter **Sortiment** versteht man die Gesamtheit der angebotenen Waren eines Geschäfts. Eine der wichtigsten Voraussetzungen für geschäftlichen Erfolg ist das Sortiment, das den Wünschen der Kunden (kundenorientiert) entspricht.

2.1 Gesichtspunkte bei der Zusammenstellung von Sortimenten

Es sind fünf wichtige Gesichtspunkte, die über Art und Umfang eines kundenorientierten Sortiments bestimmen.

Das kundenorientierte Sortiment

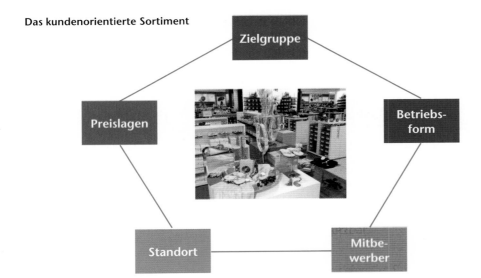

Gesichtspunkte/ Merkmale	Erläuterung
Betriebsform	Art des Geschäfts, z. B. Warenhaus, Kaufhaus, Fachgeschäft, Supermarkt, Discounter, Verbrauchermarkt, Einkaufszentrum usw. Die betreffende Betriebsform führt meist „typische" Sortimente.
Zielgruppe	Personenkreis, welcher die angebotenen Produkte nachfragt, z. B. modebewusste Frauen, aktive Senioren, Teenager usw. Die betreffende Zielgruppe bevorzugt zielgruppentypische Sortimente.
Preisgestaltung	Preisfindung, z. B. werden Luxusartikel höher kalkuliert als Produkte des täglichen Lebens. Bei diesen herrscht meist ein starker Wettbewerb.
Standort	Ort des Geschäftssitzes: Er ist meist abhängig von der Betriebsform, z. B. bietet die Fußgängerzone in der City die beste Lage für Fachgeschäfte, Waren- und Kaufhäuser. Am Stadtrand finden wir meist Fachmärkte, Verbrauchermärkte, betriebsformtypischen Sortimenten.
Mitbewerber	Mitbewerber führen teils gleiche oder ähnliche Sortimente, z. B. Textilgeschäfte u. Ä. Solche Geschäfte unternehmen große Anstrengungen, sich in den Sortimenten zu unterscheiden.

2.2 Sortimentsaufbau

Ein Warenhaus verkauft z. B. über 150 000 verschiedene Artikel, in der Schlemmerabteilung gibt es 20 verschiedene Sorten an Schinken. Um die Sortimente genauer beschreiben zu können, was natürlich für den Einkauf und den Verkauf, die Platzierung usw. von besonderer Bedeutung ist, beschäftigen wir uns mit dem Aufbau der Sortimente.

Der Aufbau des Sortiments lässt sich als **Pyramide** darstellen.

Sortiment	Erläuterung	Beispiele
Sorte	ganz spezielles Produkt hinsichtlich Marke, Größe, Farbe	Handy, Marke S, Typ SL45, Fotohandy …
Artikel	spezieller Artikel der betreffenden Artikelgruppe	Handy, Marke S, in verschiedenen Ausführungen
Artikelgruppe = Produktgruppe	gleichartige Ware innerhalb eines Warenbereichs	Handys verschiedener Hersteller und Ausführungen
Warenbereich	gleichartige Warengruppe im betreffenden Fachbereich	Telekommunikation
Fachbereich	kennzeichnet die Branche bzw. den Verwendungsbereich	Technik, Lebensmittel, Textilien, Haushalt

2.3 Sortimentsstruktur

Die Sortimentsstruktur gibt Auskunft über die **Beschaffenheit des Sortiments hinsichtlich verschiedener Gesichtspunkte** wie Sortimentsbreite, -tiefe, Kern- und Randsortiment, Standard- und Aktionssortiment, Herstellerartikel (Markenartikel) und Handelsmarken.

Hier wichtige Sortimentsbegriffe mit Erläuterungen.

Sortimente	Erläuterungen
Breites Sortiment **Beispiel:** Warenhaus Lebensmittel Frischemarkt — Welt der schönen Dinge — Damenwelt: Kleidung, Schuhe — Herrenwelt: Bekleidung, Schuhe	Das Geschäft führt viele Produkte aus den verschiedensten Warenbereichen
Schmales Sortiment **Beispiel:** Juweliergeschäft Uhren — Juwelierwaren	Das Geschäft führt Produkte aus wenigen Warenbereichen
Tiefes Sortiment **Beispiel:** Fahrrad-Fachmarkt Warenbereich Fahrräder: — Zubehör: Tourenräder — Reifen Mountainbikes — Mäntel Sporträder — Kindersitze Damenräder usw. — Beleuchtung usw.	Das Geschäft führt in einem Warenbereich viele Produktgruppen, Artikel und Sorten
Flaches Sortiment **Beispiel:** Marktstand Frischeier Nudeln	Das Geschäft/der Marktstand führt nur ausgewählte Artikel

Die Sortimentsbegriffe **Kern- und Randsortiment** geben Auskunft, welche Produktgruppen besonders stark/eher schwach gefragt sind.

1. **Das Kernsortiment** enthält Produktgruppen bzw. Produkte, die am stärksten gefragt sind, also solche, mit welchen der Einzelhändler wichtige Umsätze macht. Kernsortimente sind besonders zu pflegen, um Umsatz- und Kundenverluste zu vermeiden.

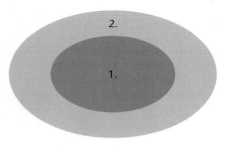

2. **Das Randsortiment** enthält Produktgruppen bzw. Produkte, die zu Hauptartikeln gehören, passen oder diese sinnvoll ergänzen. Sie bieten Kunden nützliche Zusatzartikel und bringen dem Geschäft einen beachtlichen Mehrumsatz.

Beispiel Baumarkt:

Der Kunde braucht nicht nur Malerfarbe, sondern auch Pinsel, Schleifpapier usw.

Weitere Unterscheidungen der Sortimente sind möglich:

◆ **Vollsortiment**, wenn das Geschäft **alle gängigen Artikelgruppen** führt, die für diesen Geschäftszweig üblich sind. So führt z. B. ein Warenhaus etwa 100 000 bis 300 000 verschiedene Artikel. Beim Aufsuchen eines solchen Geschäfts kann der Kunde viele verschiedene Produkte ansehen und kaufen, er braucht nur **einen** Einkaufsweg zurückzulegen;

◆ **Standardsortiment**, wenn es dem Kern-, Basis- oder Grundsortiment entspricht und ein wichtiger Umsatzbringer ist, z. B. Lebensmittel im Supermarkt;

◆ **Trendsortiment**, wenn es Produkte enthält, die herausragendes Thema für eine bestimmte Zeit sind, z. B. Handys, DVD, City-Roller, Kickboards, Ökoprodukte und andere „Lifestyle"-Produkte;

◆ **Sortimentssegment**, wenn Ausschnitte, also **Teile eines Sortiments**, gemeint sind. So sind z. B. Milchprodukte ein Teil (Segment) des Supermarkt-Sortiments.

◆ **Bekanntheitsgrad des Artikels:**

  – **Markenartikel:** Der Hersteller bringt sein qualitativ hochwertiges und (meist) hochpreisiges Produkt unter einheitlicher Aufmachung, gleich bleibender Qualität und intensiver Werbung auf den Markt, z. B. Suchard, Langnese, Adidas, Bosch, Boss, Daimler.

  – **Premiummarke:** Solche Produkte, z. B. Premiumbiere, Säuglingsnahrung, zeichnen sich durch hohe Qualität (und Preis) aus. Meist ist ein Zusatznutzen verbunden, z. B. eine neue Geschmacksrichtung, aufwändige Verpackung, Garantie.

  – **Handelsmarke:** Der Einzelhändler/Filialist bringt eigene Produkte unter seiner (Handels-)Marke mit einem deutlichen Preisvorteil gegenüber bekannten Markenartikeln auf den Markt, z. B. ein namhafter Discounter das Waschmittel „Tandil" (Aldi), „AS" (Körperpflegemittel, „Schlecker").

  – **No-name-Produkte** sind meist schlicht verpackte, niedrigpreisige Waren, z. B. Hygienepapier, Waschpulver u. Ä. mit Angabe der Vertriebsgesellschaft.

2.4 Zusammenstellung der Sortimente nach Bedarfsbündeln

vgl. Abschnitt 3.4

Der Kunde, der z. B. sportliches Radfahren als Hobby betreibt, möchte oftmals gleich beim Einkaufen zusammengehörende Waren kennenlernen, also Helme, Regenbekleidung, Radtaschen usw.

Bedarfsbündel nach Erlebnisbereichen

Das sind zusammengehörende oder -passende Artikel eines bestimmten Erlebnisbereichs.

Beispiel: „Alles für Ihren Badeurlaub" umfasst Bade- und Strandbekleidung, Badetuch, Strohhut, Sonnenbrille und -schutzmittel, Badeschuhe und -tasche. Ein Badefreund muss nicht verschiedene Geschäfte/Abteilungen aufsuchen, er findet hier alles.

Weitere Beispiele: „Ihr Campingurlaub", „Lesen, die schönste Freizeitbeschäftigung", „Pflegen Sie Ihr Hobby", „Die komplette Ausstattung für Reiter, Bergsteiger", „Alles für die Hochzeit"

Bedarfsbündel nach Lebensbereichen

Das sind zusammengehörende oder -passende Artikel eines bestimmten Lebensbereichs, wie z. B. Wohnzimmer, Arbeitszimmer, Kinderzimmer, Küche, Bad, Familie, Kind etc. Im „Haus des Kindes" findet die junge Familie alles, was zu dem Lebensbereich „Kind" gehört: Umstandsmoden, Babyausstattung, vom Fläschchen bis zur Waage, Windeln, Hochstühle, Kinderwagen, Reisebetten, ein umfangreiches Kinder-Textilsortiment, klassisch, sportlich usw. Ähnliche Bedarfsbündel sind z. B. „Alles fürs Büro", „Für den Waschtag", „Für Ihre Schönheit" u. Ä.

Die Zusammenstellung der Sortimente nach **Bedarfsbündeln bringt Vorteile:**

◆ Der Kunde kann den gesamten Bedarf seines Lebens- oder Erlebnisbereichs decken,
◆ er spart Zeit, weil er „alle" Produkte in einem/r Geschäft/Abteilung findet,
◆ dort werden ihm Problemlösungen angeboten,
◆ dem Geschäft entstehen zusätzliche Absatzchancen.

2.5 Sortiment und Umweltschutz

Das Umwelt- und Gesundheitsbewusstsein der Verbraucher nimmt immer weiter zu. Der Einzelhandel hat dies erkannt und bietet, wenn möglich und gewünscht, Alternativen im Sortiment. So sind umweltverträgliche Produkte sowie deren Kennzeichnung durch verschiedene Prüfsiegel auf dem Vormarsch.

Branche	Problem	Beispiele
Ernährung/Lebensmittel	Rückstände von Agrar- und Industrie-Chemikalien, die in die Nahrungskette gelangen	Produkte aus ökologisch kontrolliertem Anbau
Textil/Bekleidung	chemische Behandlung der Textilien für besseres Aussehen und Gebrauchswert	Alternativen kaum vorhanden; Textilien, die auf der Haut getragen werden, vorher waschen u. Ä.
Wasch- und Reinigungsmittel	chemische Inhaltsstoffe bewirken zwar das Reinigen, sind aber für Abwasser und Flüsse nicht unbedenklich	biologisch abbaubare und umweltverträgliche Inhaltsstoffe; keine Überdosierung (siehe Herstellerempfehlung) u. Ä.
Kosmetik/Körperpflege	Allergien bei hautempfindlichen Menschen und unnötige Tierversuche	Naturkosmetik
Elektronik/Elektrogeräte	(hoher) Energieverbrauch, Problem der Entsorgung	Energie sparende Haushaltsgeräte, FCKW-freie Kühl- und Gefrierschränke, wieder aufladbare Batterien

(In Anlehnung an Karstadt: „Umweltbewusst handeln")

Auf einen Blick

◆ Das kundenorientierte Sortiment ist Voraussetzung für den geschäftlichen Erfolg.

◆ Die Gliederung des Sortiments erfolgt hinsichtlich
  - der Artikelgruppe (breit/schmal),
  - des Umfangs (Vollsortiment/Sortimentssegment),
  - der Anzahl der Artikel in einer Warengruppe (tief/flach),
  - der Zuordnung nach Branchen oder nach Bedarfsbündeln (branchenübergreifend).

◆ Die Zusammenstellung der Sortimente erfolgt verstärkt nach Bedarfsbündeln. Das sind zusammengehörende bzw. -passende Produkte eines bestimmten Erlebnis- oder Lebensbereichs. Sie bieten dem Handel zusätzliche Absatzchancen, dem Kunden Zeitersparnis und Problemlösungen.

3 Wirkungsvolle Ladengestaltung wirkt verkaufsfördernd

Situation

1. In welcher Bedienungsform werden in diesem Geschäft Waren verkauft?

2. Welche Gedanken/Stimmungen kommen bei Kunden auf, die dieses Geschäft zum ersten Mal betreten?

3. Machen Sie Aussagen
   a) zur Verkaufsatmosphäre,
   b) zur Art des Sortiments,
   c) zur Präsentation des Sortiments mit seinen Warenträgern,
   d) zur Übersichtlichkeit/Ordnung,
   e) zum Kundenkreis, der sich in diesem Geschäft wohlfühlt.

4. Beurteilen Sie die Ladengestaltung Ihres Geschäfts.

3.1 Ladengestaltung nach außen und innen, ein Überblick

Das Thema Ladengestaltung hat viele Aspekte. Hier ein Überblick:

Ladengestaltung			
Fassade mit Außenpräsentation von Waren	Schaufenster	Verkaufsraum: Präsentieren und Platzieren von Waren	Visual Merchandising

Um eine **eigene, individuelle Ladengestaltung** zu erreichen, legt das Geschäft seine Ziele fest.

Es möchte

◆ sein individuelles „Profil" (Geschäftscharakter) schaffen, das sich von Mitbewerbern abhebt;

◆ das eigene Image (guter Ruf des Geschäfts) verbessern;

◆ neue Kunden gewinnen, sie zum Kauf motivieren, Impulskäufe auslösen;

◆ die Kundenfrequenz erhöhen: Bisherige Kunden sollen häufiger einkaufen;

◆ die Zufriedenheit und das Wohlbefinden der Kunden verbessern.

3.2 Ladengestaltung mit unterschiedlichen Strategien

Bei der **Gestaltung des Ladens** sind zwei Gedanken vorherrschend: der **Erlebniskauf** und der **Versorgungskauf**.

Merkmale Erlebniskauf	Merkmale Versorgungskauf
◆ Der Einkauf soll Spaß, Freude, Vergnügen bereiten. ◆ Gekauft werden hochwertige Produkte aus allen Lebens- und Erlebnisbereichen, die zum gehobenen/höheren Lebensstandard gehören. ◆ Übliche Verkaufsform: Vorwahl bzw. Vollbedienung ◆ Übliche Betriebsform: z. B. Warenhaus, Fachgeschäft, Spezialgeschäft, City-Einkaufszentrum, Fachmarkt	◆ Der Einkauf dient der Bedarfsdeckung mit preisgünstigen Produkten des täglichen Bedarfs. ◆ Die Produkte sind wenig bzw. nicht erklärungsbedürftig und allgemein bekannt. ◆ Übliche Verkaufsform: Selbstbedienung ◆ Übliche Betriebsform: Super-, Verbrauchermarkt, Discounter, Waren-, Kaufhaus, Fachmarkt

Es gibt Warenbereiche, die sowohl dem Erlebniskauf, als auch dem Versorgungskauf zugeordnet werden können.

Beispiele:

Warenbereiche	Erlebniskauf	Versorgungskauf
Textilien/Schuhe	hochwertige/teure Designerkollektionen/Luxusartikel	preiswerte Markenqualität und günstige Importwaren
Nahrungs-/Genussmittel	edle Feinkost- und Schlemmerprodukte, hochwertige Bioartikel	preiswerte Konsumartikel
Drogerie/Kosmetik	hochwertige/teure Depotprodukte, Luxusparfüms	Standardware, günstige Handelsmarken, No-Name-Produkte

Die Tabelle ließe sich für weitere Warenbereiche fortsetzen. Wir sehen, der Übergang zwischen Erlebniskauf und Versorgungskauf kann je nach Größe des Geschäfts und der Betriebsform „fließend" sein.

3.2.1 Das funktionelle Erscheinungsbild der Geschäfte bei Versorgungskäufen

Der funktionelle Baustil z. B. des Discounters signalisiert:

◆ „Sie kennen uns bereits an der Fassade. Das Erscheinungsbild unserer Filialen ist Ihnen bundesweit bekannt und unverwechselbar", z. B. Lidl, Aldi, Norma, Netto u. a.

◆ In unserem Geschäft finden Sie preisgünstige Sortimente des täglichen Bedarfs.

◆ In der Verkaufsform der Selbstbedienung können Sie sich ungestört und unbeeinflusst umsehen und kaufen.

◆ Die Ladengestaltung mit ihren Warenträgern ist bewusst funtkionell gehalten.

◆ Wir bieten Ihnen Parkplätze und tauschen Ihnen Waren, die Ihnen nicht gefallen oder fehlerhaft sind, um.

3.2.2 Die attraktive Fassade der Geschäfte bei Erlebniskäufen

Potenzielle Kunden sind solche, die möglicherweise kaufen, und jene, die einen Kauf beabsichtigen. Nähern sich diese einem Geschäft als Fußgänger, Radfahrer oder Autofahrer, bei Tag oder bei Nacht, nehmen sie zuerst die Außenfassaden, die Schaufenster und eventuell die im Außenbereich präsentierten Produkte wahr. Bereits jetzt entscheidet es sich, ob ein starker Eindruck entsteht und ob die Botschaft „rüberkommt": *„Wir sind ein attraktives Geschäft, Sie sind bei uns herzlich willkommen!"*

Eine **einladende Wirkung** entsteht durch

◆ helle, frische, freundliche und attraktive Fassadengestaltung,

◆ einsehbare Glasfassaden und helle Beleuchtung der Innenräume, die offen wirken,

◆ ansprechende Präsentationen von Waren auf wetterfesten Warenträgern im Außenbereich; dort sollen sowohl reduzierte als auch reguläre Waren im ordentlichen und sauberen Zustand Aufmerksamkeit finden.

◆ Grünpflanzen, Buchs- oder kleine Laubbäume, blühende Kletterpflanzen u. Ä.; diese laden zum Betreten des Geschäfts ein,

◆ der Name des Geschäfts/das Firmenlogo darf nicht fehlen!

3.3 Schaufenster, Visitenkarte des Geschäfts

Ziele der Schaufensterpräsentation

Das Schaufenster als „Visitenkarte" des Geschäfts will eine Botschaft vermitteln: *„Wir laden Sie alle herzlich ein, unser Geschäft zu betreten."* Ein ansprechendes Thema, z. B. „Ihr Sommerurlaub", beflügelt die Fantasie, weckt Sehnsüchte, macht neugierig, verlangt nach weiteren Informationen und will einen Vorgeschmack auf das geben, was das Geschäft bietet. Es ist dann erfolgreich, wenn es „Appetit auf mehr" macht.

Zunächst die Frage: **Welche Waren** sollen im Schaufenster präsentiert werden? Der erlebnisorientierte Einzelhandel gibt folgende Antworten:

◆ aktuelle, neu eingetroffene Artikel, z. B. die neue Frühjahrskollektion, neue Handys,

◆ besonders ansprechende Waren, die einen repräsentativen Querschnitt des Geschäfts darstellen, sowie „beliebte Klassiker" aus erfolgreichen Sortimenten,

◆ beworbene Waren, z. B. Waren für Aktionen wie Weihnachten, Schulanfang, „Schnäppchen" u. Ä.

Schaufenstertypen

Nach der Gestaltung des Schaufensters/Schaufenstertyps unterscheiden wir

◆ **Das thematische Schaufenster:** Es nimmt z. B. Themen wie „Weihnachten", „Ihre Freizeitaktivitäten" usw. ideen- und fantasiereich auf; ein „Leitgedanke" steht im Mittelpunkt.

◆ **Das Preis-Aktions-Fenster:** Es zielt auf einen schnellen Abverkauf von preisreduzierter Ware ab, z. B. Auslaufmodelle. Zusätzliche Werbemaßnahmen wie Prospekte unterstützen die Aktion.

◆ **Das Markenfenster:** Es spricht markenbewusste, qualitätsorientierte Kunden an, die z. B. höherwertige Kleidung, Schuhe, Unterhaltungselektronik usw. kaufen wollen.

◆ **Das Faszinationsfenster:** Es bringt Überraschung und Verblüffung mit sich und löst somit hohe Aufmerksamkeit aus.

Beispiel: Jeansbekleidung wird in Verbindung mit einem chromblitzenden Motorrad präsentiert.

◆ **Das transparente Schaufenster,** auch Einblick- oder Durchblickfenster genannt: Es gibt den Blick in den Verkaufsraum frei, macht neugierig, bringt zusätzlich Tageslicht ins Innere und symbolisiert Offenheit.

Die Schaufensterbeleuchtung

Sie muss nicht nur Helligkeit bringen, sondern „Produktwelten" wirkungsvoll in Szene setzen durch:

◆ breitstrahlendes Licht, z. B. Halogen-Metalldampfleuchtmittel dienen der allgemeinen Aufhellung,

◆ tiefstrahlendes Licht (Spotlicht), ist besonders hell und wirkt auf bestimmte, kleine Flächen, z. B. auf Uhren, Schmuck u. Ä.,

◆ farbiges Licht, schafft bezaubernde Atmosphäre und erhöht die Aufmerksamkeit.

◆ **Für die Anzahl der Objekte im Schaufenster gilt: Weniger Produkte bewirken mehr, einzelne Produkte wirken wertvoller.**

◆ **Eine häufig wechselnde Schaufensterdekoration, insbesondere bei stark frequentierten Straßen, wirkt attraktiv.**

◆ **Preisschilder und Produktbezeichnungen sollen den entsprechenden Waren eindeutig und gut lesbar zugeordnet sein.**

3.4 Begriff und Ziele der Warenpräsentation bzw. -platzierung

Bei der Warenpräsentation geht es um die Frage, wie, bei der Platzierung um die Frage, wo die Waren am zweckmäßigsten gezeigt werden.

Wirkungsvolle Präsentation und Platzierung wollen

◆ das Warenangebot dem Kunden vorstellen (Bedürfnisse wecken),

◆ Produktinformationen geben,

◆ Kunden rational und/oder emotional ansprechen,

◆ Kaufentscheidungen auslösen.

Drei Merkmale beeinflussen die Präsentation:

◆ Das Produkt in seiner Art und Beschaffenheit; so werden z. B. Tiefkühlgerichte in Kühltheken, Freizeitanzüge auf Kreuzständern dargeboten;

◆ betriebliche Gegebenheiten, wie die Verkaufsform, der -raum und die -fläche; so wird z. B. der Supermarkt mit übersichtlichen Regalreihen, eine Boutique mit ansprechenden Wandregalen und modern gestylten Warenträgern ausgestattet;

◆ rationale und/oder emotionale Aspekte; so verwendet ein Lebensmittel-Discounter einfache Regale (rationaler Aspekt), dagegen präsentiert sich z. B. ein Fachgeschäft in stilvoller Ausstattung mit Marmorboden, Edelhölzern, modernen Warenträgern, „warmem Licht" u. Ä. (emotionaler Aspekt).

3.5 Grundsätze der Warenpräsentation

Sortimentsüberblick geben

Kunden, die ein Geschäft betreten, fragen sich: *„Wo finde ich was?"* Sind verschiedene Warenbereiche und -gruppen z. B. über mehrere Stockwerke verteilt, geben Infostände, Hinweise an Rolltreppen, Kundentelefone, Deckenabhänger u. Ä. Auskunft über den Standort der gewünschten Artikelgruppen. Bei kleineren Verkaufsräumen tragen bauliche Elemente, z. B. Seiten- und Rückwände, zur besseren Orientierung bei.

Produktgruppen bilden

Wir stellen unser Sortiment nach Produktgruppen zusammen, z. B. Staubsauger, Haartrockner. Werden viele verschiedene Artikel innerhalb der Produktgruppen angeboten, liegt ein tiefes Sortiment vor: Der Kunde kann aus einer Vielzahl ähnlicher Produkte verschiedener Hersteller, Qualitäten, Preisstufen u. Ä. das für ihn geeignetste Produkt auswählen.

Bedarfsbündel herausstellen

Werden Sortimente als „**Bedarfsbündel**" angeboten, kann der Kunde seinen gesamten Bedarf eines bestimmten Lebensbereichs, z. B. „Alles für das Kind", oder eines Erlebnisbereichs, z. B. „Alles für den Radfahrer", finden. Diese Präsentation spricht Kunden an, steigert die Fantasie, weckt Wünsche und zeigt Möglichkeiten, diese zu erfüllen.

Aktions- und Zweitplatzierungen planen

Beispiele für „Aktionen":

◆ Produktneuheiten, z. B. Handys der neuesten Generation, DVD-Brenner;

◆ Saisonwaren wie aktuelle Schuhmode, Textilien;

◆ Sonderangebote, Aktionsware, Süßwaren u. Ä.

Durch solche Aktionen gelingt es, das **Interesse** des Kunden zu **verstärken**. Das gleiche Ziel verfolgen Zweitplatzierungen: Artikel werden mehrfach an verschiedenen Standorten platziert, z. B. Schokolade bei Süßwaren und als Zweitplatzierung/Display vor der Kasse. Dadurch wird ein erheblicher Mehrumsatz erzielt.

Gleichbleibende Standorte erleichtern das Auffinden

Eine ständige Veränderung der Standorte für Waren erschwert das Auffinden. Deshalb behalten wir feste Standorte bei. Der Kunde findet dann schnell die gewünschte Ware, z. B. im Supermarkt.

Produkte informativ präsentieren

Eine informative Präsentation

◆ zeigt das Produkt im Betrieb (z. B. eingeschalteter Fernseher) oder in seiner Verwendung,

◆ nennt Rohstoffe, Zusammensetzung, z. B. bei Textilien, Cremes,

◆ enthält Hinweise über Pflege und Behandlung, z. B. Waschanleitung bei Pullovern aus Schurwolle,

◆ weist auf Umweltfreundlichkeit, z. B. geringen Energieverbrauch, hin,

◆ gibt Preisinformationen.

Shop-in-Shop einrichten

Größere Geschäfte wollen bestimmte Teile des Sortiments räumlich hervorheben. Spezialabteilungen heben die Präsentationen deutlich von übrigen Abteilungen ab.

Beispiele:

◆ Qualitativ höherwertige Sortimente wie hochwertige Markentextilien oder teuere Kosmetik erhöhen die Attraktivität des Geschäfts.

◆ Brot- und Metzgerei-Shops in Verbrauchermärkten und Warenhäusern bringen zusätzliche Kunden.

Verantwortliche Betreiber der Shop-in-Shops sind entweder die Einzelhändler selbst (auch als Franchisenehmer) oder fremde Unternehmer, welche die Verkaufsflächen mieten.

Ordnung und Sauberkeit wirken verkaufsfördernd

Unordentliche, verschmutzte Warenträger und Waren wirken abstoßend. Deshalb

◆ tauschen wir angeschmutzte und beschädigte Waren aus, z. B. Textilien, Porzellan,

◆ reinigen wir Warenträger und sonstiges Mobiliar,

◆ ordnen wir die Artikel richtig und übersichtlich ein,

◆ füllen wir Regale auf,

◆ lassen wir Grifflücken zum leichteren Entnehmen der Ware,

◆ achten wir auf gepflegte und attraktive Warenvorlage bei Obst, Gemüse, Fleisch, Wurst u. Ä.

Betriebliche Gegebenheiten optimal nutzen

Wir nutzen Verkaufsraum, -form, -fläche, Warenträger und unser Sortiment, um die Produkte informativ und attraktiv darzubieten. Wir präsentieren die Ware zweckmäßig und individuell.

Beispiele:

Spezifische Präsentation		Zusammenstellung des Sortiments	
◆ hängend:	Textilien	◆ Artikel:	Ski alpin
◆ liegend:	Schreibwaren	◆ Rohstoff:	Holz-, Kunststoffspielzeug
◆ stehend:	Waschmaschinen	◆ Größen:	Schuhe, Bekleidung
◆ geschüttet:	preiswerte Socken	◆ Hersteller:	Marken, Eigenmarken
◆ zeitlich geordnet:	Lebensmittel (Verfallsdatum)	◆ Farben:	Stoffe, Hemden
		◆ Preislagen:	günstig – mittel – hoch

3.6 Visual Merchandising: Ziele und Maßnahmen

Ziele

Visual Merchandising (visuelle Verkaufsförderung) will

◆ eine visuelle Warenpräsentation mit fazinierenden Warenwelten, die die Blicke auf sich ziehen,

◆ Kunden in stimmungsvolle Gefühlswelten versetzen, um „Lust auf Ware" zu bekommen,

◆ Präsentationsmöglichkeiten/-strategien entwickeln, um sich auf diese Weise unverwechselbar und einzigartig von Mitbewerbern abzuheben.

Visual Merchandising – Maßnahmen

Wege-führung	Präsen-tations-strategien	Farb- und Größen-sortierung	Faszina-tions-punkte	Wand-Präsen-tation	Licht und Beleuch-tung	Musikali-sche Un-termalung und Duft-erlebnisse

Wegeführung

Die Wege, die der Kunde vom Betreten bis zum Verlassen des Geschäfts zurücklegt, werden geplant. Er soll möglichst viel Interessantes sehen und erleben, damit er lange verweilt und immer wieder Kaufimpulse erhält.

Präsentationsstrategien

◆ **Die Ware frontal präsentieren:** Lange Ständerreihen, die z. B. nur „Ärmel für Ärmel" bieten, zeigen wenig Wareninformationen. Wesentlich attraktiver wirken Einzelständer, welche die **Produkte** frontal, am besten **nach allen vier Seiten, zeigen**. Das einzelne Produkt, z. B. der Blazer, zeigt sein gesamtes Erscheinungsbild und alle Details, er zeigt sich von seiner schönsten Seite. Vieles spricht für diese platzaufwändige Präsentation!

◆ **Das Arena-Prinzip:** Wie in einer Arena steigt der **Aufbau** von Warengruppen (siehe nebenstehendes Bild) **stufenweise** an.

Beispiel: vorne auf Tischen unterschiedlicher Höhe pastellfarbene Sommerhosen, dahinter Blazer und Blusen in Verbindung mit attraktiver Rückwand-Dekoration mittels großflächigen Postern und frontal präsentierten Blazern.

Der freie Blick auf alle drei Warenebenen zeigt, **wo** und **was** das Geschäft bietet, es ermöglicht eine klare Orientierung.

◆ **Weniger ist mehr:** Dieser Grundsatz (engl. „less is more") scheint sich speziell bei hochwertigen Produkten immer mehr als Präsentationsgrundsatz durchzusetzen: **wenige Artikel** pro Quadratmeter Verkaufsfläche. Dies gilt für Schaufenster wie für Verkaufsräume. Dahinter steckt der Gedanke: Weniger Produkte sind leichter wahrzunehmen, sie wirken wie wertvolle Einzelstücke und ermöglichen einen relativ hohen Gewinn. Andererseits darf nicht der Eindruck entstehen, das Sortiment sei stark ausgedünnt und übrig geblieben sei dieser „kümmerliche Rest"!

Farb- und Größensortierung

Farben sprechen Menschen **emotional**, also über das Gefühl, an. Sie sind z. B. warm, fröhlich, lebhaft, ruhig, klar. Farblich geordnete Sortimente können sowohl beruhigen als auch ruhige Flächen beleben, z. B. werden in der Jeansabteilung mit der dominierenden blauen Farbe belebende andere Farben zwischensortiert. Geeignetes Licht/ Strahler unterstützen die Farbgestaltung.

Häufig geht der Kunde auf eine bestimmte Farbe zu, z. B. bei Textilien, und sucht dann seine Größe. Durch die Farb- und Größensortierung findet der Kunde „seine" Ware schnell. Abverkaufte Ware lässt sich häufig wegen der fehlenden Farbe leichter nachbestücken.

Faszinationspunkte

Faszinationspunkte

◆ sind Dekorationsflächen oder -podeste wie Verkostungs-stände von Käse, Wein, Textildekorationen mit dazugehöri-ger Ware u. Ä.;

◆ werden auf große Entfernungen wahrgenommen;

◆ dienen als Lockmittel, eine Abteilung oder einen Gang zu betreten;

◆ weisen auf das angesprochene Sortiment, das in unmittelba-rer Nähe des Faszinationspunktes aufgebaut ist, hin;

◆ sprechen Kunden in ihrer Gefühlswelt stark an, schaffen Emotionalität und Atmosphäre.

Wandpräsentation

Ihr kommt große Bedeutung zu: Ist sie attraktiv, dringt der Kunde bis zu ihr vor und tritt auf dem Weg dorthin in Kontakt mit der platzierten Ware. Die Wandpräsentation muss deshalb einen interessanten Anziehungspunkt darstellen.

Licht und Beleuchtung

Im Mittelpunkt des Verkaufsgeschehens steht das Produkt, das ins „richtige Licht" zu rücken ist: Leuchten und Beleuchtung (Hochdruck-Metall-Halogendampf-Lampen und Natrium-Me-talldampf-Lampen) tragen dazu bei, Aufmerksamkeit zu erzie-len, Wünsche zu wecken und eine angenehme Kaufstimmung hervorzurufen.

Beispiele:

◆ Obst sollte so ausgeleuchtet sein, dass der Kunde zugreifen und zu-beißen will.

◆ Fleisch- und Wurstwaren zeigen dank Beleuchtung noch mehr Frische und Attraktivität.

◆ Wertvoller Schmuck erhält durch punktuelles Licht Inszenierung, Glanz, Schönheit und Exklusivität.

Musikalische Untermalung und Dufterlebnisse

Passende **Musik** erfreut auch Kunden. Es ist Aufgabe des Geschäfts, den „guten Ton" zu finden, der zum Wohlbefinden beiträgt, den Geschäftscharakter verkörpert und die Kauflaune verbessert. Teenies lieben aktuelle Hits aus den Charts, die zu Jugendshops passen; dezente „Klassik" verbreitet dagegen eine gehobene Stimmung, vor allem bei älteren Kunden.

Feine, angenehme, zum individuellen Geschäftscharakter passende **Düfte** können den Geruchsinn der Kunden ansprechen und zur Wohlfühl-Atmosphäre beitragen. Wie appetitanregend sind doch die Backdüfte in Bäckereien, wie heben doch verführerische Düfte in Parfümerien die Stimmung!

Visual Merchandising und Verkäufer

Beim Visual Merchandising bietet sich Verkäufern die Chance, kundenpsychologisch ausgefeilte Präsentationen zu verstehen und mitzugestalten! Neben der Waren- und Sortimentspflege sowie dem beratenden Verkaufen hochwertiger Produkte erschließt sich Verkäufern ein weiteres, interessantes und Erfolg versprechendes Betätigungsfeld: stimmungsvolle Gefühlswelten mitzugestalten. Verkäufer, die sich mit diesen Gedanken vertraut machen, identifizieren sich mit unternehmerischem Denken, dessen Ziel lautet: gemeinsam verkaufswirksam, kundengerecht und betriebswirtschaftlich erfolgreich handeln!

3.7 Die Ladeneinrichtung mit SB-Regalen

Die Ladeneinrichtung mit SB-Regalen zeigt folgende **Merkmale**:

◆ Der Kunde
- hat freien Zugang zu den SB-Regalen,
- kann sich schnell und ungestört alles ansehen,
- findet Markenartikel, preiswerte Handelsmarken und Produktinformationen,
- kennt viele Produkte durch Werbung des Herstellers und aus Erfahrung.

◆ Der Einzelhändler wünscht sich von SB-Regalen
- Flexibilität in der Gestaltung der Platzierung innerhalb des Warenträgers je nach Art, Größe und Auswahl der Produkte,
- optimale Flächennutzung im Verkaufsraum,
- Flächenproduktivität, d. h., das Regal soll die gewünschten Umsätze und Rentabilitäten erbringen.

3.7.1 Platzierung entsprechend dem Kundenlauf und der Regalwertigkeit

Kunden-Laufstudien zu Versorgungskäufen

Wie können bei Waren des täglichen Bedarfs eine **verkaufsfördernde Präsentation und Platzierung** erreicht werden? Erfahrungen und umfangreiche Untersuchungen führten zu folgenden Ergebnissen:

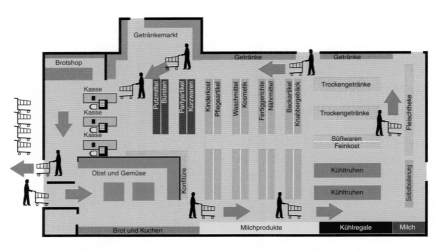

Faszinationspunkte an Wegkreuzungen sollen Kunden in verkaufsschwache Zonen locken.

◆ In der Regel geht der Kunde in **entgegengesetzter Richtung zum Uhrzeiger**, er bevorzugt dabei eine Laufrichtung entlang der Wände.

◆ Laufstudien besagen, dass ca. 80 % der Kunden wie im Straßenverkehr einen **Rechtsdrall** haben und deshalb bevorzugt rechts laufen, nach rechts blicken, nach rechts greifen. Deshalb werden hier bevorzugt Produkte platziert, die aufgrund ihrer besonderen verkaufswirksamen Aufmachung/Verpackung Kaufimpulse (Impulskäufe) auslösen bzw. höhere Gewinnspannen ermöglichen.

◆ Viele Kunden wollen den **Eingangsbereich schnell durchlaufen** und haben dann weniger Gelegenheit, sich mit den Produkten zu beschäftigen bzw. diese zu kaufen. Also gilt es, den Kunden zu bremsen, z. B. durch attraktive Angebote oder Großgebinde, die „mitten im Weg" stehen und den Kunden stoppen.

◆ **Mittelgänge und Warenträger**, die links vom Kundenlauf liegen, müssen **aktiviert** und attraktiv gestaltet werden, damit das Kundeninteresse geweckt wird, z. B. durch Verkaufsförderungs-Aktionen von Herstellern, Video-Vorführungen von Produkten, attraktive Angebote, Podeste mit Aktionsplatzierung von Neuheiten, Tipps usw.

◆ Weil Kunden **Ecken und Nischen** gerne meiden und Wege abkürzen, muss der Kunde in die Ecken gelockt werden, z. B. durch **attraktive Präsentationen**, Sonderangebote oder Faszinationspunkte, die den Kunden emotional stark ansprechen.

Demzufolge gibt es Zonen, denen der Kunde mehr Aufmerksamkeit schenkt, die deshalb verkaufsstärker, und solche mit geringerer Beachtung, die verkaufsschwächer sind.

Verkaufsstarke und verkaufsschwache Zonen

Aus dem Kundenlauf ergeben sich **verkaufsstarke und verkaufsschwache Zonen**, woraus sich eine geplante und umsatzfördernde Warenplatzierung ableiten lässt.

Verkaufsstarke Zonen und Folgen für die Warenplatzierung	Verkaufsschwache Zonen und Folgen für die Warenplatzierung
◆ Außengänge, rechts vom Kunden liegende Wege und Hauptwege (Artikel mit hoher Kalkulation und Impulsartikel) ◆ Auflaufpunkte und Stirngondeln (aktuelle Artikel, die immer gekauft werden, und günstige Angebote) ◆ Kassenzone mit längerer Verweildauer (üblicherweise Artikel, die wenig mit der Branche zu tun haben und eine höhere Kalkulation aufweisen)	◆ Eingangszone (attraktive Angebote, größere, preisgünstige Gebinde, Verkaufsförderaktionen, Auflaufpunkte) ◆ Mittelgänge und Warenträger links vom Kundenlauf (Verkaufsförderungsaktionen, herausragende Podeste und Aktionsplatzierung, attraktive Preise) ◆ Ecken und Nischen sind „Sackgassen" (attraktives Warenangebot = Magnetartikel, interessante Faszinationspunkte)

Man erkennt, dass die Wege des Kunden und sein Verhalten den Abverkauf beeinflussen. Deshalb greift man bei Ladenplanung und -gestaltung auf solche Erfahrungen zurück und denkt sich „Wegeführungen" aus, um die Verweildauer des Kunden zu erhöhen. Dadurch erhöhen sich die Verkaufschanchen.

3.7.2 Platzierung innerhalb der Warenträger/Regalzonen

Auch im Regal gibt es Plätze, die zu einem guten Umsatzerfolg führen, und weniger gute Zonen. Beobachtungen und Studien haben ergeben:

◆ Kunden schauen auf die Mitte des Warenträgers/Regals.

◆ Die Blicke gehen leicht nach rechts. Dies bewirkt, dass dort platzierte Artikel stärker wahrgenommen werden.

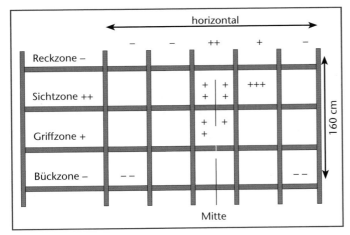

Erläuterung:
+ = was der Kunde wahrnimmt;
– = was der Kunde nicht wahrnimmt.

Die Darstellung zeigt diesen Sachverhalt. Wir sehen die klassische Unterteilung des Regals in Reck-, Sicht-, Griff- und Bückzone. Deutlich wird, welche Zonen große Beachtung finden und somit hohe Abverkäufe mit sich bringen.

Mit jeder Regalzone ist eine **verkaufswirksame „Wertigkeit"** verbunden, wie folgende Darstellung zeigt.

Zone:	Höhe:	Wertigkeit:
Reckzone	über 150 cm	drittbeste Platzierung, gut für Plankäufe
Sichtzone = Augenhöhe rechts	ca. 120–150 cm	beste Platzierung, gut für Impulskäufe und höher kalkulierte Artikel
Griffzone	ca. 80–120 cm	zweitbeste Platzierung, gut für Impuls- und Plankäufe
Bückzone	unter 80 cm	viertbeste Platzierung, gut für Plankäufe

(Regal-Abbildung links: Reckzone, Sichtzone, Griffzone, Bückzone)

Welche Platzierung ist die erfolgreichere, die **horizontale oder die vertikale Anordnung** der Waren?

Beispiele:

Gebäck A	Gebäck B	Gebäck C	Gebäck D
Pralinen	Pralinen	Pralinen	Pralinen
Schoko-lade	Schoko-lade	Schoko-lade	Schoko-lade
Süßwaren	Süßwaren	Süßwaren	Süßwaren

Gebäck A	Pralinen	Schoko-lade	Süßwaren
Gebäck A	Pralinen	Schoko-lade	Süßwaren
Gebäck A	Pralinen	Schoko-lade	Süßwaren
Gebäck A	Pralinen	Schoko-lade	Süßwaren

◆ **Horizontale Platzierung:** Die Artikel einer Warenart werden **nebeneinander** im Regal platziert. In unserem Beispiel gibt es dafür zwei nahe liegende Gründe: Pralinen, an denen gut verdient wird, kommen in die bevorzugte Sichtzone; Süßigkeiten werden oft von Kindern gekauft und kommen in das untere Regalfach.

◆ **Vertikale Platzierung:** Hier werden die Warenarten **untereinander** platziert. Diese Platzierung ist übersichtlicher. Damit sind die Chancen für Impulskäufe größer, was insbesondere bei Bedarfsbündeln gilt. Die vertikale Platzierung ist also verkaufsaktiver.

◆ **Deckenhänger** mit Bezeichnungen der Warengruppen erleichtern das Auffinden der gesuchten Artikel.

◆ **Regallängen** von 4 m sind überschaubar, größere Längen erschweren die Übersicht.

◆ **Informationsschienen** am Regal sollen über die genaue Artikelbezeichnung, die DV-Artikelnummer und den Preis (Preisauszeichnungspflicht beachten) Auskunft geben.

◆ Die **Produktbeschriftung** sollte gut lesbar sein.

◆ Die **Abstände** zwischen den Regalen müssen die Begegnung zweier Einkaufswagen ermöglichen.

◆ Eine **bestimmte Artikelgruppe** wird meist waagerecht angeordnet, seltener werden verschiedene Präsentationshöhen gewählt.

3.8 Warenträger

Die meisten Kaufentscheidungen fallen im Geschäft, also am „Point of Sale". Deshalb braucht eine wirkungsvolle Warenpräsentation die Unterstützung durch Warenträger. Diese „stummen Helfer" bringen die Ware erst richtig zur Geltung und setzen sie in Szene.

Welche grundlegenden Anforderungen werden an die verschiedenen Warenträger gestellt?

◆ **Wand-/Trägersysteme** geben Orientierung und stiften Atmosphäre;

◆ **Regale** in verschiedenen Ausführungen erfüllen funktionelle (praktische) Wirkung;

◆ **Podeste:** ideale Warenträger für das Arena-Prinzip;

◆ **Tische:** ideal für Gerätevorführung und Dekorationen aller Art;

◆ **Gittersysteme u. Ä.:** funktionelle Warenträger für Schüttplatzierung (Massenartikel/Angebote);

◆ **Figuren/Torsos:** hochwertige Produkte, auf Figuren platziert, wirken wertvoller;

◆ **Köpfe:** Artikel lassen sich wirkungsvoll in Szene setzen;

◆ **Ständer:** in vielfältigen Ausführungen; typische Warenträger für den Textileinzelhandel;

◆ **Vitrinen:** wirken wie „Schatztruhen", die kostbare Produkte enthalten;

◆ **Displays:** typische Verkaufsförderer für Aktions- und Zweitplatzierungen.

3.9 Technische Neuerungen

In den letzten Jahren haben sich für den Einzelhandel einige Neuerungen ergeben:

smartCLICK Retail-Konzept by AWEK

Mit smartCLICK verschmelzen Kasse, Waage, Infoterminal und Kiosk und ermöglichen eine Vereinfachung des gesamten Konzeptes. Dank der verschiedenen Einsatzmöglichkeiten sorgt smartCLICK für maximale Veführbarkeit überall und jederzeit. Das innovative Wartungskonzept reduziert Kosten und bringt neue Freiräume für besseren Kundenservice.

Self Scanning

Self Scanning ermöglicht z. B. im Super- oder Verbrauchermarkt gewünschte Produkte selbst an besonderen Scanner-Kassen einzuscannen und dann bar, mit EC- oder Kreditkarte zu zahlen. Das Warenwirtschaftssystem erfasst dabei alle Daten. Mitarbeiter an Monitoren überprüfen die Vorgänge, z. B. bei Verkauf/der Abgabe von alkoholischen Getränken, bei Zigaretten und beim Zahlungsvorgang.

Future Store

Der Metro-Verbrauchermarkt in Rheinberg bei Düsseldorf testet das Einkaufen in Selbstbedienung (nahezu) ohne Verkäufer. Folgende Ziele stehen im Vordergrund:

◆ Der Einzelhändler will individuelle Bedürfnisse der Verbraucher besser erkennen und schneller darauf reagieren.

◆ Lagerung und Verkauf sollen optimal aufeinander abgestimmt werden, was zu Kosteneinsparungen führt.

◆ Die an diesem Projekt beteiligten Hersteller von Konsumgütern, Einzelhändlern, Informationstechnologen entwickeln und testen außerdem Anwendungen, die dem Kunden mehr Informationen, Service und Komfort beim Einkauf ermöglichen sollen.

Auf einen Blick

◆ Die Ladengestaltung umfasst die Themen Fassade, Außenpräsentation von Waren, Schaufenster, Verkaufsraumgestaltung, insbesondere Präsentation und Platzierung von Waren.

◆ Schaufenster sind „Visitenkarten" des Geschäfts und wollen Kunden einladen, das Geschäft zu betreten. Hinsichtlich der Gestaltung unterscheiden wir das Preis-Aktions-Fenster, das thematische Schaufenster, das Marken- und das Faszinationsfenster.

◆ Unter Warenpräsentation versteht man, wie Waren gezeigt, vorgelegt und vorgeführt werden.

◆ Bei der Platzierung geht es um die Frage, wo die Artikel im Geschäft aufgebaut werden sollen; Ergebnisse von Kundenlaufstudien und zur Wertigkeit von Regalhöhen sind zu beachten.

◆ Wirkungsvolle Präsentation und Platzierung informieren, sprechen Gefühle an und fördern Impulskäufe.

◆ Allgemeine Grundsätze der Warenpräsentation und -platzierung gelten für jedes Geschäft. Wie und wo das jeweilige Geschäft seine Ware zeigt, hängt ab von der Art und

Besonderheit des Produkts, den betrieblichen Gegebenheiten wie Ladeneinrichtung, Warenträgern, Fläche, Verkaufsform usw.

◆ Visual Merchandising ist das effektvolle Sichtbarmachen des Warenangebots in ansprechender Ladengestaltung, mittels einer Wegeführung, die zum Verweilen anregt, einer interessanten Warenpräsentation an der Rückwand, einer abgestimmten Farb- und Größensortierung, mit verführerischen Faszinationspunkten und einladenden Schaufenstern.

◆ Unterschiedliche Warenträger unterstützen die Warenpräsentation und erfüllen vielfältige Anforderungen wie funktionell, dekorativ, produktgemäß, flexibel usw.

4 Warenkennzeichnung und Preisauszeichnung

Situation

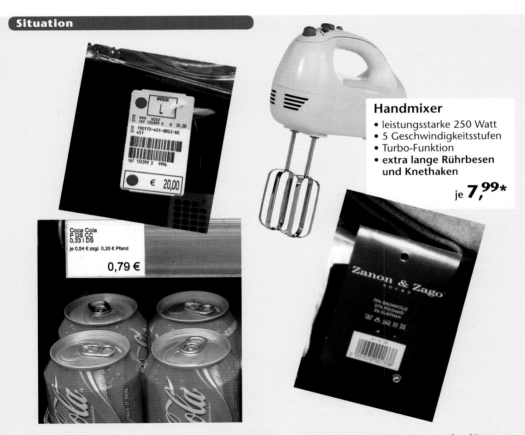

1. Nennen Sie Beispiele für Warenkennzeichnungen aus Ihrem Sortiment und erläutern Sie deren Bedeutung.

2. Welche Angaben muss ein Preisschild nach der Preisangabenverordnung (PAnGV) enthalten?

4.1 Produkt-/Markenkennzeichnung

Waren sind u. a. mit Namen, Zahlenangaben, Symbolen, Artikel- oder Bestellnummern gekennzeichnet. Hinter diesen Kennzeichen verbergen sich beispielsweise Informationen über Beschaffenheit, Materialien, Verwendungsmöglichkeiten, Eigenschaften, Sicherheit, Güte, Bedienung, Wartung, Pflege. Kunden wünschen, dass wir ihnen diese Produktinformationen erklären können.

Marken

Mit Marken werden Artikel gekennzeichnet, die in Aufmachung und Qualität gleichbleibend sind. Die Hersteller wollen damit erreichen, dass die Kunden ihre Artikel von denen anderer Hersteller unterscheiden können.

Beispiele:

Gütezeichen

Gütezeichen werden von RAL für Produktgruppen und Dienstleistungskategorien anerkannt. Die Einhaltung der Gütebestimmungen wird durch regelmäßige Eigen -und kontinuierliche neutrale Fremdüberwachung kontrolliert.

Beispiele:

Schutz- und Prüfzeichen

Diese Zeichen garantieren einen bestimmten Mindestsicherheitsstandard der Erzeugnisse bzw. die Einhaltung vorgeschriebener DIN-Normen. Erzeugnisse erhalten diese Zeichen, wenn sie den anerkannten Regeln der Technik sowie den Arbeitsschutz- und Unfallverhütungsvorschriften entsprechen.

Beispiele:

Warnzeichen

Symbole auf Verpackungen und Waren warnen vor Gefahren oder gefährlichen Stoffen und sollen vor Unfällen und Gesundheitsschäden schützen.

Beispiele:

Warnung vor feuergefährlichen Stoffen, z. B. Flüssigkeiten mit einem Flammpunkt unter 21 °C.

Warnung vor explosionsgefährlichen Stoffen, z. B. Feuerwerkskörper, Spraydosen.

Warnung vor giftigen Stoffen, Körperkontakt vermeiden (Einatmen, Verschlucken, Berührung mit der Haut), da sonst erhebliche Gesundheitsschäden auftreten, möglicherweise Tod.

Warnung vor ätzenden Stoffen, Dämpfe nicht einatmen, keine Berührung mit Haut, Augen, Kleidung, zerstörende Wirkung.

Reizend wirkende Stoffe, Dämpfe nicht einatmen, keine Berührung mit Haut und Augen, Reizwirkung.

Typenschilder und Produktinformationen

Diese an den Produkten angebrachten Informationsträger enthalten wichtige Angaben für den Verbraucher, sie ermöglichen den Vergleich mit anderen Produkten und erleichtern ihm die Kaufentscheidung.

Beispiele:

Informationen zum Energie- und Wasserverbrauch auf einer Spülmaschine sowie Angaben zur Reinigungs- und Trockenwirkung.

Angaben zur Abriebfestigkeit, Rutschhemmung und Frostsicherheit bei Bodenplatten.

Zahlenangaben

Zahlenangaben auf Produkten sagen etwas aus über verwendete Materialien, Zusammensetzungen, Maße, Gewichte, Volumen, Energieverbrauch, elektrische Spannung, Leistung, Herstellungs- und Abfülldaten, Baujahr, Haltbarkeit usw.

Beispiele:

585	auf Goldschmuck:	**585 von 1 000** Gewichtsstellen sind Feingold 415/1 000 andere Metalle.
18/8	auf Geschirr:	Das Geschirr ist aus Chrom-Nickel-Stahl **(18 % Chrom, 8 % Nickel)**, es ist rostfrei und beständig gegen gebräuchliche Säuren und Laugen.
220 V ~	auf Elektrogeräten:	Das Gerät kann an jede Steckdose mit **220 Volt** Wechselspannung angeschlossen werden.
42 % Vol.	auf einer Rumflasche:	**42 % des Rauminhalts** der Flüssigkeit sind reiner Alkohol.
45 % Fett i.TR.	auf Käsepackung:	**45 % Fettgehalt** in der Trockenmasse = Käse der Vollfettstufe.

Umweltzeichen

Beispiele:

Umweltfreundliche Produkte und Verpackungen erhalten ein Umweltzeichen, weil sie

◆ aus schadstoffarmen Materialien hergestellt sind, z. B. Spielwaren ohne die Schwermetalle Cadmium und Blei, phosphat- und dioxanfreie Wasch- und Reinigungsmittel, asbestfreie Bremsbeläge, Tragetaschen aus chlor- und schwefelfreiem Polyethylen, textile Erzeugnisse ohne Krebs erregende Farbstoffe;

◆ mittels rohstoff- und energiesparenden Verfahren erzeugt werden, z. B. umweltfreundliches Papier aus 100 % Altpapier, Getränkeflaschen (Mehrwegflaschen) aus Altglas, runderneuerte Reifen aus Altreifen. Die Wiederverwendung von Altwaren, Nebenprodukten, Abfällen für die Herstellung neuer Produkte bezeichnet man als **Recycling;**

◆ lärmarm konstruiert sind, z. B. Rasenmäher, Leichkrafträder, Haushaltsgeräte;

◆ umweltschonend eingesetzt werden können, z. B. Spraydosen zur Körper-, Schuh-, Wäsche-, Möbelpflege ohne das Treibmittel Fluorchlorkohlenwasserstoff, Elektrorasenmäher, Pkw mit Katalysatoren, Rußfiltern.

Diese Produkte senken die Umweltbelastung mit Müll, verringern Lärm, Wasser-, Boden- und Luftverschmutzung, schonen die Gesundheit der Bevölkerung und helfen Rohstoffe und Energie zu sparen.

Öko-Siegel und Bio-Label

Zahlreiche Lebensmittel werden mit Öko-Siegeln und Bio-Labeln versehen. Die so gekennzeichneten Produkte stammen aus ökologischem Anbau, der auf chemische Unkrautvernichtung und Schädlingsbekämpfung mit chemisch-synthetischen Insektiziden verzichtet. Die Düngung erfolgt durch hofeigene, organische Dünger oder mit kaliumhaltigen und phosphorhaltigen Gesteinsmehlen. Beim ökologischen Anbau wird auf Monokulturen und Massentierhaltung verzichtet. Dagegen werden Mischkulturen und standortgerechte Sortenwahl sowie artgerechte Tierhaltung verwirklicht.

Beispiele:

Pflegekennzeichnung

Pflegekennzeichen dienen der materialgerechten Pflege und Wartung von Textilien, verhindern Schäden durch unsachgemäße Behandlung und helfen, die Gebrauchfähigkeit von Produkten zu erhalten, zu verlängern und möglicherweise wieder herzustellen, z. B. verschmutzte Kleidung.

Beispiele:

Waschen bei 60 °C im Schonwaschgang. — *Keine chlorhaltigen Waschmittel verwenden.* — *Bei mittlerer Temperatureinstellung bügeln.* — *Chemisch reinigen mit Perchlorethylen.* — *Schonendes Trocknen bei maximal 60 °C.*

Bedienungszeichen

Bedienungszeichen erleichtern die Handhabung von Produkten, helfen, Bedienungsfehler zu vermeiden, beugen Störungen vor, zeigen einen bestimmten Bedienungsstand an und ermöglichen die Kontrolle des Betriebsablaufs.

Beispiele: Symbole für Waschmaschinen

   1/2

Waschen mit 95 °C Maximaltemperatur. — *Schleudern.* — *Stopp nach dem letzten Spülvorgang.* — *Halbe Füllmenge.*

Transportvorschriften

Transportvorschriften schützen die Waren auf dem Transport vor unsachgemäßer Behandlung.

Beispiele:

[1]

Wiedergegeben mit Erlaubnis des DIN Deutsches Institut für Normung e.V. Maßgebend für das Anwenden der DIN-Norm ist deren Fassung mit dem neuesten Ausgabedatum, die bei der Beuth Verlag GmbH, Burggrafenstraße 6, 10787 Berlin, erhältlich ist.

4.2 Preisauszeichnung

Die Preisangabenverordnung

Merke

Die Preisangabenverordnung (PAngV) verpflichtet den Einzelhändler, die angebotenen Produkte und Dienstleistungen auszuzeichnen. Dies geschieht im Handel meist durch Preisschilder. Ein Preisschild muss enthalten:

◆ **Endpreis** für die tatsächlich verkaufte Einheit (Bruttopreis = Preis einschließlich Umsatzsteuer) und sonstige Preisbestandteile, z. B. Pfand,

◆ **Grundpreis** für alle Artikel, die lose oder in Fertigpackungen nach Gewicht, Volumen, Länge oder Fläche verkauft werden; die Mengeneinheit für den Grundpreis ist jeweils ein Kilogramm, ein Liter, ein Kubikmeter, ein Meter oder ein Quadratmeter. Der Grundpreis ist in unmittelbarer Nähe des Endpreises anzugeben. Er darf jedoch nicht besonders hervorgehoben werden. Dies würde gegen den Grundsatz der Preiswahrheit und Preisklarheit verstoßen.

Der Grundpreis ist beispielsweise nicht anzugeben, wenn die angebotenen Artikel
  – ein Nenngewicht unter 10 g oder ein Nennvolumen unter 10 ml haben,
  – in Getränke- oder Verpflegungsautomaten angeboten werden,
  – von kleineren Direktvermarktern oder Einzelhandelsgeschäften im Wege der Bedienung verkauft werden,
  – im Rahmen einer Dienstleistung angeboten werden.

Die Grundpreisauszeichnung entfällt auch bei kosmetischen Mitteln, die ausschließlich der Färbung der Haut, der Haare und der Nägel dienen, sowie bei Parfums und Duftwässern, die mindestens 70 Volumenprozent reinen Äthylalkohol enthalten.

◆ **Gütebezeichnung**, z. B. Handelsklassen: Extra I, II, III oder Güteklassen: A, B.

Preisschilder müssen dem Angebot eindeutig zugeordnet, leicht erkennbar und deutlich lesbar sein.

Beispiele:

Perlosan	Verlegeband,	Speisefrühkartoffeln Berber
echte Silikonharzfarbe mit Abperleffekt, hohe Wasserdampfdurchlässigkeit,	für alle Bodenbeläge mit Vliesrücken,	vorwiegend festkochend, vielseitig verwendbar, *Klasse I*
10 l (1 l = 9,15 EUR)	1 m EUR 0,66	*1 kg = EUR 1,02* *1,5-kg-Netz*
EUR 91,50	10 m **EUR 6,60**	**EUR 1,53**

[1] DIN 55 402-1:1988-04

Die **Auszeichnungspflicht** gilt im Handel für Waren, die

◆ im Geschäft zum Verkauf bereitgehalten werden,

◆ in Schaufenstern, Schaukästen, Regalen, Verkaufstheken, Vitrinen ausgestellt sind,

◆ nach Musterbüchern, Katalogen, Warenlisten oder Bildschirm (E-Commerce) angeboten werden.

Nicht auszeichnen muss der Einzelhändler dagegen

◆ Kunstgegenstände, Antiquitäten, Sammlerstücke,

◆ Blumen und Pflanzen, die unmittelbar vom Freiland oder Treibhaus weg verkauft werden,

◆ Waren, die in Warenvorführungen angeboten werden, wenn der Preis genannt wird.

Neben den gesetzlichen Angaben kann die Auszeichnung aus betrieblichen Gründen noch folgende Daten enthalten:

◆ Artikelnummer,

◆ Größe, Form, Farbe,

◆ Eingangsdatum,

◆ Lagernummer,

◆ Lieferant, Liefernummer,

◆ Einkaufspreis u. Ä.

Daten, die nicht für den Kunden bestimmt sind, werden verschlüsselt.

Die Auszeichnungstechnik

Normalsymbol
13-stellige Version
(Originalgröße)

Kurzsymbol
8-stellige Version
(Originalgröße)

Zur Auszeichnung der Artikel stehen zahlreiche Geräte und Etikettarten zur Verfügung. Die Auszeichnung erfolgt entweder von Hand oder mit Auszeichnungsgeräten oder -maschinen.

Durch die Code-Etikettierung entfällt vielfach die unmittelbare Preisauszeichnung an der Ware. Der Preis steht nur noch am Regal. Der Artikel selbst enthält in einem Streifenetikett alle wichtigen Angaben, außer dem Verkaufspreis.

Die bekannteste Artikelnummerierung ist der EAN-Balkencode (Europäische Artikel-Nummerierung). Der Hersteller bringt diese Kennzeichnung auf der Verpackung oder auf der Ware an.

Die 13-stellige EAN hat folgenden Aufbau:				
Länder-kenn-zeichen	Bundeseinheitliche Betriebsnummer „bbn"	Individuelle Artikelnummer des Herstellers		Prüf-ziffer
4 0	1 2 2 0 0	0 3 2 9 4		7
Bundes-republik Deutsch-land	Carl Kuehne 22761 Hamburg	Röstzwiebeln		99 % Sicher-heit

Die internationale Artikelnummer ist im Normalfall 13-stellig, für besonders kleine Artikel wurde jedoch ein 8-stelliges Kurzsymbol geschaffen.

Die verbreiteteste Schrift, die sowohl von Maschinen als auch von Menschen gelesen werden kann, ist die OCR-Schrift (Optical Character Recognition). Sie eignet sich besonders für Etiketten, die mehrere Informationsfelder enthalten, z. B. für Größe, Farbe, Material, Preis. Für den Kunden sind solche Etiketten aussagekräftiger.

An der Kasse werden diese Informationen durch ein bewegliches oder im Kassentisch fest eingebautes Lesegerät (Scanner) mittels Lichtstrahl abgetastet. Der Rechner ermittelt dann den Verkaufspreis und druckt den Kassenzettel aus.

Stationärer Scanner.

Beweglicher Scanner.

Eine moderne Art der Preisauszeichnung ist die **elektronische Regalauszeichnung**, Electronic Shelf Labeling (ESL) genannt. Sie ersetzt, insbesondere im Lebensmittelhandel, die Regaletiketten aus Papier durch elektronische Regaletiketten.

Die Informationen auf diesen Etiketten und am POS können durch Tastendruck am Back-Office-PC über Funk jederzeit geändert werden. Auf diese Weise kann die Geschäftsleitung schnell Preisanpassungen vornehmen, auf Preisänderungen der Mitbewerber reagieren, Sonderangebote anzeigen oder Happy-Hour-Preisaktionen zur Kundenbindung starten.

Durch diese zuverlässige und flexible Art der Preisauszeichnung entfällt die arbeits- und fehleranfällige Papierauszeichnung. Preisdifferenzen zwischen Regalauszeichnung und Kasse sind ausgeschlossen. Dadurch werden Preisdiskussionen in der Checkout-Zone vermieden und Warteschlangen verhindert.

Die elektronische Preisauszeichnung bietet Kunden und Mitarbeitern mehr Information, erhöht das Vertrauen in die Preisauszeichnung, wertet das Erscheinungsbild und das Image des Geschäfts auf, spart Verbrauchsmaterial und Personal ein und signalisiert dem Kunden nicht zuletzt die Innovationsbereitschaft des Händlers.

http://www.wincor-nixdorf.com

Auf einen Blick

Warenkennzeichnungen enthalten aussagekräftige Produktinformationen; es gibt verschiedene Arten:

Warenzeichen	Gütezeichen	Schutz- und Prüfzeichen
kennzeichnen Markenartikel, die in Aufmachung und Qualität gleich bleibend sind.	garantieren eine bestimmte Mindestqualität.	werden für einen bestimmten Mindestsicherheitsstandard vergeben.
Warnzeichen	**Typenschilder**	**Zahlenangaben**
machen auf Gefahren aufmerksam, die von der Ware ausgehen können.	enthalten wichtige Informationen über das Produkt.	sagen etwas aus über verwendete Materialien, Zusammensetzungen, Maße, Gewicht, Herstellungsdaten, Haltbarkeit.
Umweltzeichen	**Pflegekennzeichen**	**Bedienungszeichen**
tragen umweltfreundliche Produkte und Verpackungen.	dienen der materialgerechten Wartung und Pflege des Produkts.	erleichtern die Handhabung und helfen, Bedienungsfehler zu vermeiden.

Ein **Preisschild muss nach der Preisangabenverordnung** (PAngV) enthalten:

◆ **Endpreis** = Bruttopreis einschließlich Umsatzsteuer,

◆ **Grundpreis** für alle Artikel, die lose oder in Fertigpackungen nach Gewicht, Volumen, Länge oder Fläche verkauft werden.

Werben und den Verkauf fördern

Situation

Werbe-Wirkung

Von je 100 Befragten finden Werbung (besonders) überzeugend

im Fernsehen	52
in Geschäften	43
in Prospekten von Warenhäusern	39
vor Geschäften	38
in Beilagen der Tageszeitung	38
in Tageszeitungen	37
in Zeitschriften	37
in Beilagen von Anzeigenblättern	34
in Anzeigenblättern	33
in Beilagen von Zeitschriften	31
im Kino	29
im Radio	28
durch persönl. Werbebriefe	28
auf Plakaten an Straßen	24
beim Sport (Bandenwerbung)	20
an Verkehrsmitteln (z. B. Bussen)	19
im Internet	16

.köstlich!

Mehrfachnennungen   Stand 2004   Quelle: Horizont

© Globus 9437

1. Halten Sie Werbung für notwendig oder überflüssig? Begründen Sie ausführlich Ihre Meinung.

2. *„Werbung verführt die Verbraucher und veranlasst sie zu unüberlegten Handlungen!"* Wie denken Sie darüber?

3. Was erwarten Sie als mündiger Verbraucher von der Werbung?

4. Welche Ziele verfolgt Ihr Geschäft mit einzelnen Werbemaßnahmen?

5. Schildern Sie, wofür und auf welche Art und Weise Ihr Geschäft wirbt.

1 Werbung

1.1 Begriffsbestimmungen und Ziele der Werbung

Werbung begegnet uns überall, offen, versteckt, aggressiv oder unterschwellig. Sie vermittelt dem Verbraucher Informationen und Orientierung, sie schafft Markttransparenz und sorgt für Preiswettbewerb. Über 90 % der Bundesbürger stehen laut Umfrage des Zentralausschusses der Werbewirtschaft zu der Aussage: *„Werbung gehört in unsere Welt und sollte erhalten bleiben."*

Werbung ist der absichtliche und zwangfreie Einsatz verschiedener Kommunikationsmittel, um bestimmte Personen zu einem Verhalten zu veranlassen, das der Erfüllung der Werbeziele dient.

Werbeziele können ökonomisch und/oder außerökonomisch sein. Ökonomische Ziele lassen sich in Geld oder Stückzahlen ausdrücken. Außerökonomische Ziele betreffen die Beziehungen zu den Umworbenen.

Beispiele:

ökonomische Ziele	außerökonomische Ziele
◆ Umsatzsteigerung ◆ Erhöhung des Marktanteils ◆ Kostensenkung ◆ Gewinnerhöhung	◆ Aufmerksamkeit wecken ◆ Informationen liefern ◆ Bekanntheitsgrad steigern ◆ Image aufbauen

Dem Einzelhandelsunternehmen stehen zahlreiche Möglichkeiten zur Verfügung, „Werbung" zu betreiben. Die wichtigsten Formen sind die klassische Absatzwerbung, Sales Promotion und Public Relations.

Absatzwerbung	Sales Promotion	Public Relations
Maßnahmen, die erfolgen, um Kunden zu gewinnen, zu informieren, zu überzeugen und zum Kauf zu animieren	Kaufanreize während des Kaufs zur Unterstützung der Absatzwerbung	Maßnahmen, die geeignet sind, die Beziehungen zur Öffentlichkeit zu pflegen und zu verbessern
Beispiele: Anzeigen, Prospekte, Werbebriefe, Werbespots, Plakate, E-Mails	**Beispiele:** Warenvorführungen, Verkostungen, Displays, Lautsprecherdurchsagen, Preisausschreiben, Gewinnspiele	**Beispiele:** Betriebsbesichtigungen, Modenschauen, Feste, Kundenzeitschriften, Presseberichte

1.2 Das Werbemodell

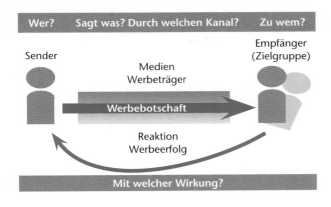

- ◆ Werbetreibender (Sender),
- ◆ Umworbener (Empfänger/Zielgruppe),
- ◆ Werbeträger (Medien),
- ◆ Werbebotschaft (Inhalt der Werbung),
- ◆ erzielte Wirkung (Reaktion, Werbeerfolg).

Die Darstellung (in Anlehnung an das **Werbe-Kommunikationsmodell** von Lasswell) zeigt die an Werbemaßnahmen beteiligten Personen und die eingesetzten Medien: Der Werbetreibende („Sender") schickt Werbebotschaften über Werbeträger („Medien") wie Schaufenster, Zeitungen u. Ä. an zu umwerbende Kunden („Empfänger/Zielgruppe"). Diese sollen zu einer gewünschten Reaktion, meist zum Kauf, veranlasst werden. Sollte die gewünschte Reaktion eintreten, ist die Werbemaßnahme erfolgreich.

1.3 Wer wirbt um die Gunst der Kunden?

Der Einzelhändler kann allein oder zusammen mit anderen werben:

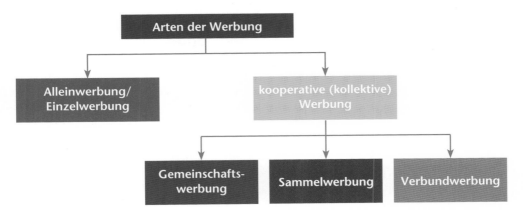

Alleinwerbung/Einzelwerbung	Vorteile
Werbung eines einzelnen Unternehmens für eigene Ziele, z. B. Erhöhung des Images, Vorstellung des Sortiments, Einführung eines neuen Produkts	◆ nützt allein dem Einzelhändler ◆ dient der Abgrenzung gegenüber der Konkurrenz

Kooperative (kollektive) Werbung	Vorteile
Gemeinschaftswerbung Der einzelne Unternehmer ist bei der Werbemaßnahme nicht zu erkennen, z. B. Werbung für Wein, Milchprodukte, Teppiche, Blumendünger	◆ kostengünstiger/wirtschaftlicher als Einzelwerbung ◆ unterstützt die Einzelwerbung

der besondere Luxus

Sammel-/Aktionswerbung

Der einzelne Unternehmer ist bei der Werbemaßnahme zu erkennen, z. B. Werbetafeln an Stadteinfahrten, ortsansässige Handwerker werben auf einer Seite der Lokalpresse

◆ kostengünstige Werbung
◆ schlagkräftiger als Einzelwerbung
◆ wertet benachteiligte Standorte auf

Kooperative (kollektive) Werbung	Vorteile
Verbundwerbung Unternehmen unterschiedlicher Branchen schließen sich zusammen, um Produkte eines bestimmten Bedarfs anzubieten.	◆ Bedarfsbündel werden vorgestellt ◆ Problemlösungen werden angeboten ◆ Markenartikel werden gemeinsam verkauft

2 Werbeplanung

Jede erfolgreiche Werbemaßnahme beruht auf einer durchdachten **Werbeplanung**, die Teil der Marketingplanung ist. Sie wird beispielsweise erstellt für einen bestimmten Zeitraum und umfasst damit alle Werbemaßnahmen innerhalb dieses Zeitraums.

Die Werbeplanung besteht aus folgenden Schritten

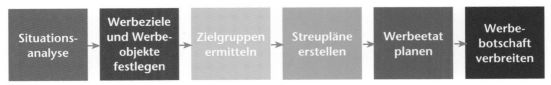

2.1 Situation analysieren

Zunächst gilt es, folgende Fragen des werbenden Unternehmens zu klären:

◆ Wie denken die Kunden über das Geschäft, sein Sortiment, seine Preise und Leistungen?

◆ Wie sieht die Kundenstruktur aus hinsichtlich Alter, Geschlecht, Einkommen, Bedürfnissen, Gewohnheiten?

◆ Wie groß ist das Einzugsgebiet?

◆ Welche Sortiments- und Preispolitik betreiben die Mitbewerber?

◆ Welche Trends zeichnen sich ab?

Antworten auf diese Fragen erhalten wir beispielsweise durch **Marktforschungsinstitute**, die mittels Beobachtungen und Befragungen den aktuellen Stand ermitteln können, oder durch Befragung unserer Kunden.

Merke

Wichtig ist, dass wir die eigene Situation nach der Auswertung der erhobenen Daten nicht beschönigen, um Fehlplanungen zu vermeiden.

Beispiel für eine Situationsanalyse:

Der Fragebogen

Sehr geehrte Kundin, sehr geehrter Kunde,

wir sind bestrebt, unsere Buchhandlung attraktiver zu machen. In diesem Bemühen können Sie uns unterstützen, wenn Sie den nachstehenden Fragebogen ausfüllen. Dafür danken wir Ihnen herzlich. Bitte versäumen Sie nicht, sich für Ihre Mühe durch das kleine Buchgeschenk, das wir dafür bereithalten, entschädigen zu lassen.

Mit freundlichen Grüßen

Geschäftsleitung

(Bitte Zutreffendes ankreuzen)

1. Ich bin
   noch nicht 17 Jahre alt. ☐
   zwischen 17 und 60 Jahre alt. ☐
   über 60 Jahre alt. ☐

2. Ich kaufe hier
   regelmäßig. ☐
   gelegentlich. ☐
   zum ersten Mal. ☐

3. Ich besuche Ihre Buchhandlung, weil
   ich gerade zufällig hier vorbeikomme. ☐
   ich durch Ihre Werbung aufmerksam wurde. ☐
   mir Ihre Buchhandlung empfohlen wurde. ☐

4. Die nachfolgenden Punkte beurteile ich – nach dem Schulnotensystem – wie folgt:

		1	2	3	4	5	6	
Verkaufsräume:	freundlich	☐	☐	☐	☐	☐	☐	unfreundlich
	übersichtlich	☐	☐	☐	☐	☐	☐	unübersichtlich
Sortiment:	große Auswahl	☐	☐	☐	☐	☐	☐	kleine Auswahl
	gute Kennzeichnung	☐	☐	☐	☐	☐	☐	schlechte Kennzeichnung
	aktuelles Sortiment	☐	☐	☐	☐	☐	☐	veraltetes Sortiment
Verkaufspersonal:	freundlich	☐	☐	☐	☐	☐	☐	unfreundlich
	informiert	☐	☐	☐	☐	☐	☐	uninformiert
	bemüht	☐	☐	☐	☐	☐	☐	gleichgültig
	schnell	☐	☐	☐	☐	☐	☐	langsam
Service:	zuverlässig	☐	☐	☐	☐	☐	☐	unzuverlässig

5. Darüber hinaus hätte ich folgende Kritik anzubringen bzw. folgende Vorschläge zu machen:

_____

_____

Liegen Antworten darauf vor, kann die Werbeabteilung die Fragebögen auswerten und entsprechend die Werbeziele festlegen.

2.2 Werbeziele festlegen

Wichtige **ökonomische Werbeziele** sind z. B. Umsatzsteigerung, Erhöhung des Markt-anteils, Kostensenkung, Gewinnerhöhung.

Wichtige **außerökonomische Werbeziele** sind z. B. Aufmerksamkeit erwecken, Informa-tionen liefern, Bekanntheitsgrad steigern, Image verbessern.

Werbeziele sollen erreichbar sein. Überzogenes Wunschdenken führt meist zu teuren Fehlentscheidungen. Außerdem sollten die Ziele nachprüfbar sein. Das bedeutet, es sind eindeutige Kriterien festzulegen, an denen gemessen werden kann, ob durch die Werbe-maßnahme eine Verbesserung/Veränderung hin zu den Zielen erfolgt ist, z. B. **Steige-rung des Umsatzes** um 5 % gegenüber dem Vorjahr.

2.3 Werbeobjekte festlegen

Hier wird die Frage geklärt, wofür geworben wird. Der Einzelhändler kann für das Geschäft (**Imagewerbung**), für das Sortiment oder Teile davon (**Sortimentswerbung**), für eine Produktgruppe oder ein einzelnes Produkt (**Produktwerbung**) werben.

Werbeobjekte	
das Unternehmen 	**Imagewerbung/Firmenwerbung:** Der Name des Unternehmens wird hervorgehoben und mit bestimm-ten Leistungen verknüpft, die bei der Wahl der Einkaufsstätte aus-schlaggebend sind, z. B. Serviceleistungen, Beratungsleistungen
das Sortiment 	**Sortimentswerbung:** Eignet sich besonders, um die Sortimentskompetenz herauszustellen oder wenn das Sortiment aus vielen Produkten besteht, die nur geringe Umsatzanteile erreichen oder deren Eigenschaften werblich schwer zu vermitteln sind, z. B. Einzelstücke
ein bestimmtes Produkt 	**Produktwerbung:** Wird bevorzugt bei Eigenmarken großer Handelshäuser eingesetzt oder bei Produkten, für die ein Alleinvertriebsrecht besteht, sowie bei Produkten, die Komplementärkäufe (Zusatzverkäufe) auslösen, z. B. technische Geräte
Sonderangebote/Preise 	**Verkaufsförderungswerbung/Sonderangebots-, Preiswerbung:** Soll die Kunden auf Aktionen aufmerksam machen; dient dem kurzfristigen Abverkauf von Produkten, z. B. Lebensmittel

2.4 Zielgruppen ermitteln

Unter Werbesubjekt versteht man die **Zielgruppen**, also den **Personenkreis**, an den sich die Werbung richtet.

Der Werbetreibende muss die Zielgruppen hinsichtlich Geschlecht, Alter, Einkommen, Verhaltensweisen, Bedürfnissen usw. genau kennen, damit geklärt werden kann, wie, wo, wann und womit man diese mit der geplanten Werbemaßnahme erreichen kann. So lassen sich aufwändige **Streuverluste** vermeiden.

2.5 Streupläne erstellen

Streupläne sorgen dafür, dass die ausgewählten Werbesubjekte auch tatsächlich erreicht werden und die Werbung möglichst wirkungsvoll ist.

Ein Streuplan umfasst folgende Einzelpläne:

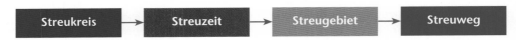

- ◆ Der **Streukreis** beschreibt die Zielgruppe (Personenkreis), die beworben werden soll, z. B. Jugendliche, Hausfrauen, Urlauber, Senioren, berufstätige Mütter, Modebewusste.

- ◆ Die **Streuzeit** bestimmt, zu welchem Zeitpunkt, wie lange und in welchen zeitlichen Abständen die Werbemaßnahme erfolgen soll.

    Beispiele:
    - Die Zeitungswerbung der Lebensmittelfilialisten erscheint montags und donnerstags, weil Hausfrauen meist zu Beginn und gegen Ende der Woche Waren des täglichen Bedarfs einkaufen.
    - Die neue Mode wird zum Beginn der Saison (z. B. Februar/März) vorgestellt und die Anzeigen einige Male wiederholt. Die Wiederholung verstärkt die Werbebotschaft. Unterbleibt weitere Werbung, geraten frühere Werbebotschaften schnell in Vergessenheit.
    - Fernseh-Werbespots erscheinen am günstigsten kurz vor den Nachrichten und erreichen deshalb besonders viele Haushalte.

- ◆ Die Planung der Streuzeit muss auch sicherstellen, dass das Werbematerial, z. B. Prospekte oder Handzettel, rechtzeitig zur Verfügung steht.

- ◆ Das **Streugebiet** kennzeichnet das Gebiet, in welchem die Werbemaßnahme durchgeführt werden soll.

    Beispiele:
    - Die Waschmittelwerbung im Fernsehen erreicht Haushalte zwischen Flensburg und Garmisch-Partenkirchen.
    - Eine regionale Tageszeitung erreicht in ihrem Verbreitungsgebiet z. B. fünf Millionen Leser.
    - Wurfsendungen eines Lebensmittel-Supermarktes werden im Haupteinzugsbereich in die Briefkästen eingeworfen.

- ◆ Der **Streuweg** wählt den Weg (Medien) aus, der für die vorgesehene Werbung besonders wirksam erscheint.

Beispiele:
- Ein Textilgeschäft wählt eine attraktive Schaufenstergestaltung und Zeitungsbeilagen.
- Ein großes Elektro-Discountgeschäft bevorzugt Anzeigen in Tageszeitungen und Rundfunkwerbung.

2.6 Werbeetat planen

Der Handel gibt hohe Summen für Werbung aus. Der **Werbeetat (das Werbebudget)** eines Unternehmens steckt den Rahmen ab, innerhalb dessen sich die Kosten für die gesamten Werbeaktivitäten bewegen können. Er bezieht sich auf einen vorher festgelegten Zeitraum, z. B. ein Jahr, ein Quartal, und umfasst alle in diesem Zeitraum anfallenden Werbeaufwendungen. Außerdem muss er Spielraum lassen, um auf Produkt- und Preisaktionen der Konkurrenz reagieren zu können.

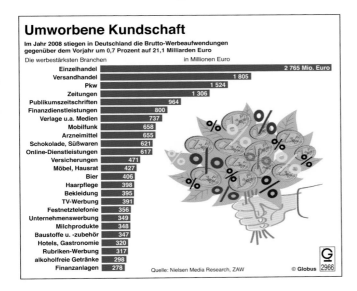

Umworbene Kundschaft

Im Jahr 2008 stiegen in Deutschland die Brutto-Werbeaufwendungen gegenüber dem Vorjahr um 0,7 Prozent auf 21,1 Milliarden Euro

Die werbestärksten Branchen — in Millionen Euro

Einzelhandel	2 765 Mio. Euro
Versandhandel	1 805
Pkw	1 524
Zeitungen	1 306
Publikumszeitschriften	964
Finanzdienstleistungen	800
Verlage u.a. Medien	737
Mobilfunk	658
Arzneimittel	655
Schokolade, Süßwaren	621
Online-Dienstleistungen	617
Versicherungen	471
Möbel, Hausrat	427
Bier	406
Haarpflege	398
Bekleidung	395
TV-Werbung	391
Festnetztelefonie	356
Unternehmenswerbung	349
Milchprodukte	348
Baustoffe u. -zubehör	347
Hotels, Gastronomie	320
Rubriken-Werbung	317
alkoholfreie Getränke	298
Finanzanlagen	278

Quelle: Nielsen Media Research, ZAW © Globus 2966

Als Orientierungsrahmen können dabei dienen:

- Größe und Art des Unternehmens,
- Umsatz,
- Werbekosten des Vorjahres,
- Konkurrenz,
- Konjunktur.

Darüber hinaus bestimmen die Werbeziele, die umworbene Zielgruppe, die einzusetzenden Werbeträger sowie die Herstellung und Gestaltung der Werbemittel den Etat.

Die Festsetzung des Werbebudgets kann nach unterschiedlichen Methoden erfolgen.

Umsatzbezogene Budgetierung

Bei diesem Verfahren wird ein **bestimmter Prozentsatz des Umsatzes** für die Werbung bereitgestellt. Dabei werden nicht nur die Umsatzerwartungen des aktuellen Werbezeitraums (Planumsatz), sondern auch die Ist-Werte vergangener Perioden herangezogen.

Werbeetat				
Ist-Umsatz Vorjahr . . . . EUR Werbekosten Vorjahr . . . . EUR Werbekosten Vorjahr in % des Umsatzes			Planumsatz . . . . EUR Werbekosten Planjahr . . . . EUR Werbekosten Planjahr in % des Umsatzes	
Monat	Werbekosten Vorjahr in EUR	Etat Planjahr in EUR Soll	Etat Planjahr in EUR Ist	Abweichungen in EUR
Januar				
Februar				
März				
April				
Mai				
Juni				

Dieses Verfahren ist einfach zu handhaben und vermeidet krasse Fehlentscheidungen. Es berücksichtigt allerdings nicht, dass Werbung die Umsatzhöhe und nicht der Umsatz die Höhe der Werbeausgaben beeinflussen soll.

In einer Zeit zurückgehenden Umsatzes sollen daher mehr Mittel für die Werbung zur Verfügung gestellt werden als in Zeiten eines florierenden Umsatzes.

Konkurrenzorientierte Budgetierung

Die Ausgaben für die Werbung richten sich auch nach dem Verhalten der Konkurrenz. Meist werden hier Branchenkennzahlen als Entscheidungshilfe herangezogen. Diese Methode eignet sich jedoch nur, um mit Werbemaßnahmen der Konkurrenz gleichzuziehen, z. B. bei Produkt- und Preisaktionen. Sie ist nicht geeignet, wenn beispielsweise Marktanteile erhöht und neue Kunden hinzugewonnen werden sollen.

2.7 Werbebotschaften verbreiten

Direktwerbung

Werden genau bestimmte Personen, z. B. Biker, Tennisspieler, Campingfreunde, Kaffeetrinker usw., oder bestimmte Personengruppen mit gleichen Interessen z. B. Ärzte, Handwerker, Vereine unmittelbar beworben, bezeichnet man diese **Art der Werbung als Direktwerbung**.

Je exakter diese Personen oder Personenkreise hinsichtlich ihrer Verhaltensweisen, Kaufwünsche, ihres Alters, Geschlechts, Berufs, Einkommens usw. ausgesucht werden, desto Erfolg versprechender ist die Werbemaßnahme.

Möglichkeiten der Direktwerbung sind beispielsweise: **Zusenden von Werbebriefen, Warenproben, Werbegeschenken, Katalogen, Preislisten. Hierher gehört auch die Telefon- und die Internetwerbung.**

Vorteile der Direktwerbung:

◆ Umworbene Personen, -gruppen werden unmittelbar angesprochen,

◆ hoher Wirksamkeitsgrad,

◆ geringe Streuverluste,

◆ flexible Durchführung der Werbeaktion,

◆ der Werbeerfolg lässt sich anhand von Bestellungen, Anforderung von Informations-material u. a. rasch erkennen.

Nachteilig sind die meist sehr **hohen Kosten** der Direktwerbung.

Massenwerbung

Richtet sich die Werbemaßnahme an die **Allgemeinheit**, handelt es sich um **Massen-werbung**. Medien für die Verbreitung der Werbebotschaft sind hier insbesondere **Zei-tungsanzeigen, Plakat-, Rundfunk-, Kino-, Fernsehwerbung, Postwurfsendungen, Handzettel, Werbung in/auf Verkehrsmitteln**.

Vorteile der Massenwerbung:

◆ großer Verbreitungskreis,

◆ hohes Image und Glaubwürdigkeit insbesondere bei Anzeigen in Zeitungen und Zeit-schriften, Rundfunk- und Fernsehwerbung,

◆ teilweise günstiger als Direktwerbung, z. B. bei Werbung mit Handzetteln, Plakatwer-bung, Werbung im Kino, Rundfunk, auf/in Verkehrsmitteln.

Nachteilig ist bei dieser Art der Werbung, dass die umworbene Zielgruppe nur teilweise erreicht wird und so **hohe Streuverluste** entstehen.

3 Werbebotschaften gestalten

3.1 Ziele der Werbegestaltung

Wirkungsvolle Werbung will

◆ zum gewünschten **Werbeziel führen**, z. B. zum Kaufabschluss,

◆ **gefallen**, d. h., dem Umworbenen auffallen, ihn anziehen, sympathisch wirken,

◆ **verständlich sein**, durch klare und nachvollziehbare Aussagen,

◆ **überzeugen** durch glaubhafte Inhalte.

Die Umworbenen können dabei

◆ **rational**, also verstandesmäßig, sachlich, informativ und/oder

◆ **emotional**, d. h. gefühlsmäßig,

◆ angesprochen werden.

Um Ziele zu erreichen, um z. B. zum Kaufabschluss zu kommen, sollte die Werbebot-schaft nach der **AIDA-Formel** aufgebaut sein:

A = Attention	I = Interest	D = Desire	A = Action
Aufmerksamkeit wecken, z. B. durch Lichteffekte, grelle Farben, große Schrift, laute Musik, originelle Abbildungen, Slogans	Interesse wecken, z. B. durch Fragen, Anregungen, Anbieten von Problemlösungen, unverbindliche Prüfung	Kaufwünsche steigern, z. B. durch anschauliche Abbildungen, Informationen über Vorteile und Nutzen, Ansprechen von Gefühlen, Träumen, Hoffnungen, Sehnsüchten	Ziel Kaufabschluss

3.2 Werbebotschaften rational bzw. emotional gestalten

Beispiel für rationale/informative Werbung:

Beispiel für emotionale Werbung:

Die informative Form eignet sich besonders für die Produktwerbung, da interessierte Empfänger gezielt nach speziellen Informationen suchen. Emotionale Werbebotschaften sind dagegen eher bei der Image- und Sortimentswerbung anzutreffen, um Wünsche, Träume, Sehnsüchte zu wecken.

Wichtig ist, dass die Werbebotschaft die Empfänger durch rationale und emotionale Reize

◆ **aktiviert**, z. B. durch Farben, Licht, Musik,

◆ **interessiert**, z. B. durch Anbieten von Problemlösungen,

◆ **Kaufwünsche** weckt,

damit das Ziel der Werbebotschaft, **Kaufabschlüsse** zu tätigen, erreicht wird.

Beispiele:

rationale Reize	emotionale Reiz
◆ „Die große Packung hilft Ihnen sparen!" ◆ „Die Schuhe sind wasserdicht!" ◆ „Der Rasenmäher verursacht keinen Lärm und ist umweltfreundlich!"	◆ „Dieses extravagante Tanzkleid sieht super aus!" ◆ „Abenteuer- und Urlaubsfreuden in ..." ◆ „Der Geschmack dieser Früchte ist unvergleichlich!" ◆ „... ein ästhetischer Körper!"

3.3 Werbebotschaften nach Werbegrundsätzen gestalten

Die Werbebotschaft darf nicht gegen die folgenden **Werbegrundsätze** verstoßen:

Soziale Verantwortung

Werbung darf nicht gegen die guten Sitten und nicht gegen ästhetische, moralische oder religiöse Empfindungen verstoßen, z. B. Werbung mit sexuellen Bezügen; Werbung, die gegen die Menschenwürde verstößt; Werbung auf Kosten von Randgruppen.

So hat beispielsweise der Bundesgerichtshof eine Anzeige von Benetton, die ein menschliches Gesäß mit dem Stempel „HIV positiv" zeigt, als einen Verstoß gegen die Menschenwürde eingestuft. Eine solche Anzeige wirke nicht auf die öffentliche Meinungsbildung ein, sondern benutze schweres Leid von Menschen als Werbethema, um Emotionen aufzurühren und auf das Unternehmen aufmerksam zu machen.

Wahrheit

Die Werbung soll in Text und Bild nichts enthalten, was geeignet ist, den Verbraucher irrezuführen, z. B. falsche Angaben über die Herstellungsart, Beschaffenheit oder Eigenschaften einer Ware.

Beispiel: Für einen Pullover aus Wolle darf nicht mit dem Begriff „Reine Schurwolle" geworben werden.

Klarheit

Die Aussagen der Werbebotschaft sollen klar und verständlich sein. Entscheidend ist die Auffassung der Umworbenen und nicht, wie der Werbende seine Aussagen verstanden haben will.

Beispiel: Eine Marmeladenwerbung mit dem Zusatz „ohne Streckungsmittel" erweckt den Anschein besonderer Vorteile, obwohl die Verwendung solcher Mittel gesetzlich verboten ist.

4 Werbeträger auswählen und Werbemittel gestalten

4.1 Werbeträger auswählen

Werbeträger dienen der Verbreitung der Werbebotschaft. Wichtige Werbeträger (**Medien**) im Einzelhandel sind:

◆ **Zeitungen und Zeitschriften, Kundenzeitschriften** weil sie täglich/wöchentlich erscheinen, aktuell sind und einen großen Streukreis erreichen. Um Streuverluste zu minimieren, muss der Werbetreibende wissen, ob und in welchem Umfang die Zeitung/Zeitschrift von seiner Zielgruppe gelesen wird. Dazu werden Daten über Auflagenhöhe, Verbreitungsgebiet, Erscheinungsweise und Leserschaft benötigt, welche die Verlage zur Verfügung stellen.

◆ **Prospekte, Beilagen, Handzettel** können als Postwurfsendung oder Direct-Mail rasch und flexibel eingesetzt werden, beispielsweise zur Bekanntgabe von Produkt-, Preis- und Imageaktionen. Durch die Möglichkeit der regionalen Abgrenzung entstehen nur geringe Streuverluste.

◆ **Plakate** erzielen durch klare, einfache Botschaften bei entsprechender Größe, Farbe, durch dreidimensionale Abbildungen sowie durch Roll- und Drehbewegungen hohe Aufmerksamkeit. Plakate eignen sich jedoch nicht für erklärungsbedürftige Produkte.

◆ **Fernseh-/Kinowerbung** weil sie bestimmte Zielgruppen, z. B. Jugendliche, direkt ansprechen kann.

Die Wirkung einer Werbemaßnahme hängt entscheidend von der Wahl des richtigen Werbeträgers ab. Entscheidungskriterien sind beispielsweise:

◆ Vorhandenes Budget,   ◆ Qualität des Werbeträgers,

◆ Werbeziele,   ◆ Platzierungsmöglichkeiten und Preise,

◆ Zielgruppe,   ◆ Wertschätzung des Werbeträgers bei den Umworbenen.

Wie sich die Werbe-Investitionen auf die einzelnen Werbeträger verteilen zeigt folgendes Schaubild:

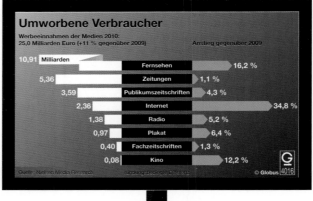

Ehe sich der Werbetreibende für einen Werbeträger entscheidet, benötigt er zuverlässige Daten darüber, wer, wann, wofür und in welchem Umfang das Medium nutzt. Dazu holt er sich von verschiedenen Medien Angaben ein über Auflagenhöhe, Einschaltquote, Verbreitungsgebiet, Empfängerstruktur und Erscheinungsweise, um dann in einem Medienvergleich entscheiden zu können, welcher Werbeträger sich am besten eignet, die ausgewählte Zielgruppe kostengünstig zu erreichen.

Seine Entscheidung trifft der Werbetreibende häufig auf der Grundlage der **Tausenderpreise**. Die Kosten für die Inanspruchnahme eines Werbeträgers werden hier ins Verhältnis gesetzt zur Leser-/Zuhörer-/Zuschauerquote und mit 1 000 multipliziert.

$$\text{Tausenderpreis} = \frac{\textbf{Preis pro Werbeträger} \cdot \textbf{1 000}}{\textbf{Auflagenhöhe, Zuhörer-/Zuschauerquote}}$$

Der Vergleich auf dieser Basis ist jedoch nur dann sinnvoll, wenn er **innerhalb einer Mediengattung**, z. B. Tageszeitung, durchgeführt wird.

Beispiel: Eine halbseitige Anzeige in der Tageszeitung A mit Verbreitungsgebiet X und Auflagenhöhe 250.000 Stück kostet 5.000,00 EUR. In der Tageszeitung B mit demselben Verbreitungsgebiet kostet eine Anzeige derselben Größe und Ausstattung 3.500,00 EUR. Die Auflagenhöhe beträgt allerdings nur 150.000 Stück.

Ermittlung der Tausenderpreise:

Tageszeitung A $\quad \dfrac{5\,000,00 \text{ EUR} \cdot 1\,000}{250\,000} = 20,00 \text{ EUR}$

Tageszeitung B $\quad \dfrac{3\,500,00 \text{ EUR} \cdot 1\,000}{150\,000} = 23,33 \text{ EUR}$

Der Preis für das Erreichen von 1 000 möglichen Kunden beträgt bei der Tageszeitung A 20,00 EUR und bei der Tageszeitung B 23,33 EUR. Eine Anzeige in der Tageszeitung A ist also günstiger.

Niedrige Tausenderpreise können jedoch nicht allein den Ausschlag geben. In die Entscheidung für ein Medium ist auch die Zielgruppennähe einzubeziehen. Dabei können die zielgruppenspezifischen Tausenderpreise durchaus höher sein als die anderen. Wegen der geringeren Streuverluste ist das zielgruppennähere Medium aber letztendlich wirtschaftlicher.

4.2 Werbemittel gestalten

Werbemittel dienen der Gestaltung der Werbebotschaft, sind also Gestaltungsmittel. Um möglichst viele Sinne des Umworbenen anzusprechen, werden optische, akustische, sensorische, geruchliche und geschmackliche Gestaltungsmittel eingesetzt:

Bild	Text	Sprache/Ton

Eine ganz besondere Wirkung entfalten „Sehen" und „Hören" der Werbebotschaft.

Sehen (80%)	Hören (14 %)	Riechen (3,5 %)	Fühlen (1,5 %)	Schmecken (1 %)
Anzeige, Plakat, Schaufenster, Präsentation, Fernsehspot, Kinowerbung	Verkaufsgespräch, Rundfunkspot, Lautsprecher-durchsage	Warenprobe, Produktpräsen-tation	Produktpräsen-tation	Verkostung

Der Einzelhandel bedient sich insbesondere folgender Werbemittel:

◆ **Anzeigen in Tageszeitungen**, weil diese viele Kunden im Streugebiet erreichen und glaubwürdig sind,

◆ **Prospekte und Zeitungsbeilagen**, weil sie die Kunden anregen, sich näher mit den speziellen Inhalten auseinanderzusetzen,

◆ **Kundenzeitschriften**, weil sie neben der Werbung auch Ratschläge, Tipps, Informationen zu Problemen des täglichen Lebens und Unterhaltung liefern,

◆ **Handzettel**, weil sie schnell und flexibel einsetzbar sind, z. B. bei Aktionen.

Die Auswahl der geeigneten **Werbemittel** hängt insbesondere ab von deren

◆ Kosten,
◆ Zielgruppenorientierung,
◆ Glaubwürdigkeit,

◆ Image,
◆ Aktualität,
◆ Darstellungsmöglichkeiten.

5 Werbesprache gestalten

Die Sprache ist das wichtigste Mittel der Verständigung und kann gezielt auf Denken, Fühlen und Handeln einwirken. Deshalb wird sie in fast allen Werbemitteln eingesetzt.

Wortwahl und Werbetexte sind	Beispiele
zielgruppenorientiert	durch Ansprache von z. B. Skatern
verständlich und umgangssprachlich	durch einfache Beschreibungen und Verwendung von Verben, z. B. bei einem Staubsauger: saugt alles, schluckt, reinigt, beseitigt
anschaulich und bildhaft	durch Lösen von alltäglichen Problemen, z. B. gründliche Teppichreinigung
kurz und einprägsam	durch das konkrete Aufzeigen von Eigenschaften und Vorteilen und Verwendung der bildlichen Darstellung
gut leserlich	durch eine entsprechende Auswahl der Schriftart und -größe sowie der Aufteilung und Gliederung des Textes

Die Sprache wird dabei eingesetzt als:

◆ geschriebener/gedruckter Text:

Beispiele: Werbebriefe, Handzettel, Prospekte, Anzeigen und Plakate, Präsentation im Internet

◆ gesprochene/gesungene Sprache:

Beispiele: Verkaufsgespräch, Diskussion, Rede, Kinowerbung, Hörfunk und Fernsehen

Die Werbesprache lebt von folgenden typischen Merkmalen:

Merkmale der Werbesprache	Beispiele
Markennamen, Warenzeichen	BOSS, Adidas, Playmobil, UHU, Coca-Cola
Wortneubildungen	kuschelweich, frühlingsfrisch, nussig mild
Übertreibungen	superbillig, ... verleiht Flügel, ... schnellstes Magazin, so sauber wie versiegelt
Slogans	„Haribo macht Kinder froh ...", „Milka, die zarteste Versuchung, seit es Schokolade gibt", „Ich bin doch nicht blöd!"
Fragesätze	„Hast du schon?" „How are you?"
Befehlssätze	„Play on", „Hol dir Kraft!"
Positive Aussagen	„Nichts ist unmöglich", „... weil du was ganz Besonderes bist", „... kompetent, innovativ"
Wortspiele	„Proper sauber, proper günstig", „O2 can do"

6 Bilder, Abbildungen und Farben in der Werbung, Internetwerbung gestalten

Bilder/Abbildungen

Bilder spielen in der Werbung eine große Rolle. Sie üben eine starke Wirkung aus, weil

◆ sie als „Blickfang" zuerst, also schneller als Texte, aufgenommen werden;

◆ der Inhalt und die Aussage des Bildes rascher als Texte erfasst werden;

◆ sie weniger „verarbeitet" werden, wobei eine gefühlsmäßige Beeinflussung beim Umworbenen leichter möglich ist.

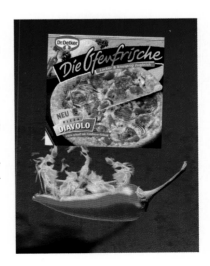

Farbe

Ein wesentliches Gestaltungselement in der Werbung ist die Farbe.

Sie ermöglicht:

◆ Gefühlswirkung und beeinflusst dadurch den Betrachter,
◆ Kontraste, welche die Aufmerksamkeit steigern,
◆ Unterscheidung von Waren anderer Hersteller.

Farben können Gefühlswirkungen ausüben.

Beispiele:

◆ Braun: männlich, warm, behaglich,
◆ Blau: still, zufrieden, kühl, nass, fern,
◆ Grün: kühlend, erfrischend, saftig, umweltfreundlich,
◆ Goldgelb: sonnig, strahlend, wärmend, anregend, leicht,
◆ Orange: lebendig, freudig, leuchtend, herzhaft,
◆ Rosa: mädchenhaft, zart, duftig, mild, süß,
◆ Rot: aktiv, erregend, warm, weiblich.

Werbeanzeigen

Neben dem Schaufenster sind Anzeigen für den Einzelhandel das wichtigste Werbemittel (vgl. Abschnitt Warenpräsentation im Schaufenster). Eine Anzeige muss verständlich sein, in kürzester Zeit eine Botschaft vermitteln, Zuneigung gewinnen und den Werbetreibenden klar erkennen lassen.

Folgende **gestalterischen Elemente** können in einer Anzeige vorkommen:

◆ Bilder, die ansprechend sind,

◆ Schlagzeilen, welche die Werbebotschaft auf den „Punkt" bringen,

◆ Texte, die informieren und animieren,

◆ Werbesprüche, die einprägsam sind,

◆ Farben, die angenehme Gefühle auslösen.

Das immer wiederkehrende Format, der Slogan, das Zeichen (Logo), die Hausfarbe, der eigene Schriftzug und die räumliche Aufteilung der Anzeige sollen für den Leser ein Erkennungszeichen sein, sich einprägen und für angenehme Erinnerung sorgen. Einheitliche Gestaltung ist demnach eine Werbekonstante.

Werbeplakate

Plakate sind typische Mittel der Außenwerbung und damit der Massenwerbung. Ein gutes Plakat erfüllt folgende Anforderungen:

Anforderungen an Plakatwerbung	Vorteile der Plakatwerbung
◆ großflächiges Bild ◆ originelle und verständliche Gestaltung ◆ knapper Text (Produktnutzen) ◆ ansprechende Farben und Schriften	◆ preiswertes Werbemittel ◆ hoher Aufmerksamkeitswert ◆ große Reichweite ◆ im Schaufenster beliebter Blickfang

Werbespots

Die von den Regionalsendern ausgestrahlten Werbespots werden immer kostengünstiger, beliebter und ergänzen andere Werbeträger. Ein kurzer Spot (bis 30 Sekunden) mit aussagestarkem Inhalt ist einprägsam und erzeugt Kaufstimmung.

Beispiel: Werbespot eines Weingeschäfts

Geräusche: Korken herausziehen, Einschenken eines Glases. *„Na, dann prost, bis bald bei Wein-Mayer in Ulm, in der Keltergasse 15 ..."* Dazu gehört die passende, beschwingte Musik.

Wir sehen, Elemente eines Werbespots setzen sich zusammen aus:

◆ Geräuschen und Effekten, z. B. Entkorken einer Flasche, Anlassen eines Motors,

◆ Musik, z. B. Werbelied, Erkennungsmelodie, Sprechgesang, Hintergrundmusik,

◆ Sprache mit Dialog und Ausrufen, z. B. „Nimm doch ...", „Mach mal Pause!".

Internetwerbung

Das Internet bietet auch für den Einzelhändler zahlreiche Werbemöglichkeiten. So kann er beispielsweise seine Kunden über Neuigkeiten, Aktionen, Sonderangebote und vieles mehr durch eine E-Mail informieren (**Direktwerbung**) oder sein Sortiment im WWW (World Wide Web) präsentieren (**Massenwerbung**). Die Kunden können dann von zu Hause aus bequem und Zeit sparend mithilfe von vorbereiteten Formularen ihre Bestellungen rund um die Uhr aufgeben.

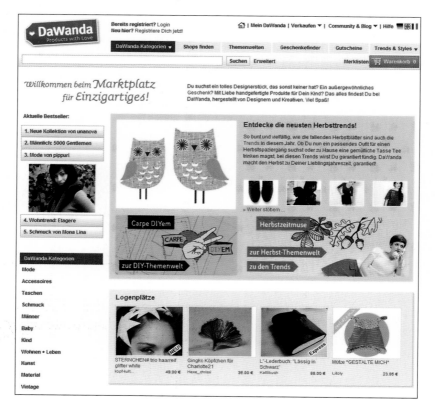

7 Werbeerfolgskontrolle

In der örtlichen Tageszeitung erscheint die unten abgebildete Anzeige. Die Geschäftsführung des werbetreibenden Unternehmens möchte wissen, wie die Werbebotschaft bei ihren Kunden angekommen ist. Dazu wird an der Hauptkasse folgender Fragebogen ausgelegt:

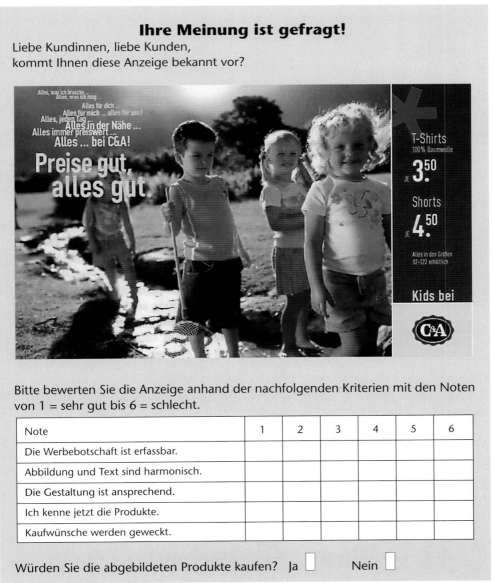

Die Einzelhändler fragen sich, ob

◆ die Werbemaßnahme das angestrebte Ziel und ggf. in welchem Umfang erreicht hat,

◆ sich die Werbemaßnahme gelohnt hat.

Eine Antwort darauf gibt die Werbeerfolgskontrolle. Sie zeigt nicht nur, wie erfolgreich die Werbemaßnahme war, sie liefert außerdem wertvolle Informationen für weitere Werbung.

Der Werbeerfolg lässt sich umso leichter messen und kontrollieren, je genauer vorher das Werbeziel festgelegt ist.

Entsprechend den Werbezielen lassen sich zwei Formen des Werbeerfolgs unterscheiden:

◆ den **ökonomischen Werbeerfolg**, er umfasst z. B. Kennzahlen zur Umsatzsteigerung, Erhöhung des Marktanteils, Erhöhung der Kundenzahl, Kostensenkung, Gewinnsteigerung,

◆ den **außerökonomischen Werbeerfolg**, er bezieht sich auf das Erreichen kommunikativer Ziele wie Weckung der Aufmerksamkeit, Änderung des Kaufverhaltens, Steigerung des Bekanntheitsgrades.

7.1 Methoden der Werbeerfolgskontrolle

Für die Messung des Werbeerfolgs stehen u. a. folgende Methoden zur Verfügung:

◆ Umsatzanalyse,
◆ Kundenfrequenzvergleich,
◆ Kundenbefragung,
◆ Kundenbeobachtung.

Bei der **Umsatzanalyse** werden die Umsätze bestimmter Produkte vor und nach der Werbung miteinander verglichen.

Beispiel: Umsatzanalyse

Ein Lebensmittel-Filialist führt eine Werbemaßnahme für Tafelschokolade der Marke A durch. Folgende Werbemittel/Preislagen wurden eingesetzt:

Tafelschokolade
Absatzentwicklung der Marke A
Handelsorganisations 1.

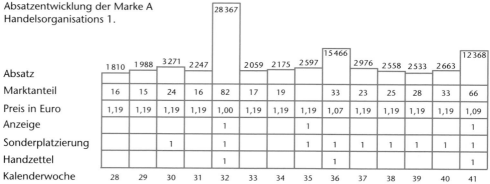

Absatz (Balken)	1810	1988	3271	2247	28367	2059	2175	2597	15466	2976	2558	2533	2663	12368
Marktanteil	16	15	24	16	82	17	19		33	23	25	28	33	66
Preis in Euro	1,19	1,19	1,19	1,19	1,00	1,19	1,19	1,19	1,07	1,19	1,19	1,19	1,19	1,09
Anzeige					1				1					1
Sonderplatzierung		1			1			1	1	1	1	1	1	1
Handzettel					1				1					1
Kalenderwoche	28	29	30	31	32	33	34	35	36	37	38	39	40	41

Die Grafik zeigt, dass

◆ die Sonderplatzierung in der 30. Woche den Umsatz (bei gleich bleibendem Verkaufspreis) steigern konnte,

◆ die kombinierten Werbemaßnahmen aus Angebotspreis, Anzeige, Sonderplatzierung und Handzettel der 32. Woche einen „Riesenerfolg" hatten,

◆ die Wiederholung dieser Werbeaktion in der 36. Woche zu einem ähnlich günstigen Angebotspreis den Umsatz nochmals kräftig ansteigen ließ,

◆ die Anzeigenwerbung (in Verbindung mit Handzetteln) den höchsten Umsatzzuwachs brachte.

Möglich geworden ist diese exakte Analyse der Umsatzsteigerung durch Scannerkassen mit artikelgenauen Informationen zum Verkaufspreis, Absatz pro Woche bzw. Tag, Umsatz pro Woche/Tag u. Ä.

Beim **Kundenfrequenzvergleich** werden die Kundenzahlen im Geschäft/in einer Abteilung vor und nach der Werbung gemessen und miteinander verglichen.

Die **Kundenbefragung** dient der Ermittlung, ob und wie die Werbemaßnahme auf die Kunden gewirkt hat. Dazu werden den Kunden Fragen gestellt wie: *„Kennen Sie das Produkt X?"* oder *„Kennen Sie die Anzeige?"*

Die **Kundenbeobachtung** dient der Feststellung des Kundenverhaltens und der Verhaltensänderungen. Das Kaufinteresse der Kunden wird beobachtet, um beispielsweise zu erfahren: Greifen sie nach dem neuen Produkt? Die Einkaufsbereitschaft kann auch durch Fragenermittelt werden, deren Antworten bereits vorgegeben sind.

Beispiel:

Frage: „Würden Sie das Produkt X im Geschäft A kaufen?"			
Bitte ankreuzen:			
Ja	☐	**Wahrscheinlich nicht**	☐
Wahrscheinlich	☐	**nein**	☐

7.2 Probleme bei der Werbeerfolgskontrolle

Die Werbeerfolgskontrolle ist häufig schwierig, weil

◆ nicht immer zentrale Datenkassen vorhanden sind,

◆ nicht mit Sicherheit gesagt werden kann, wie hoch der Umsatz ist, der auf die Werbemaßnahme zurückzuführen ist,

◆ nicht erfasst werden kann, wie viele Kunden infolge der Werbemaßnahmen einkaufen,

◆ nicht immer sofort, eventuell erst später gekauft wird.

Zur Werbeerfolgskontrolle gehört auch die **Überprüfung der Wirtschaftlichkeit** der Werbemaßnahmen. Der Unternehmer will wissen, ob sich die Werbung „gelohnt" hat.

Beispiel: Ein neu gegründetes Reisebüro wirbt für eine achttägige Reise nach Frankreich und versendet hierzu 1 000 Prospekte. Die zusätzlichen Kosten je Prospekt inklusive Porto und Nebenkosten betragen 5,00 EUR; zu den bereits vorhandenen 125 Teilnehmern kommen weitere 85 hinzu; der Gewinn je Reiseteilnehmer beträgt 60,00 EUR. Hat sich die Werbemaßnahme gelohnt?

Gesamtkosten der Werbeaktion: 1.000 · 5,00 EUR = 5 000,00 EUR
85 Anmeldungen à 60,00 EUR Gewinn je Teilnehmer = 5 100,00 EUR

Ergebnis: Durch die Werbemaßnahme erhöht sich der Gewinn um 100,00 EUR. Die Werbemaßnahme hat sich gelohnt.

8 Grenzen der Werbung einhalten

Die Gefahr des Missbrauchs der Werbung wird durch eine Reihe von Gesetzen, Verordnungen, durch freiwillige Verhaltensregeln und die Selbstdisziplin der Wirtschaft sowie durch die Aktivitäten der Verbraucherorganisationen weitgehend eingeschränkt. Diese Kontrollmöglichkeiten sorgen für einen funktionsfähigen Wettbewerb und einen wirksamen Verbraucherschutz.

Gesetzliche Regelungen		
Gesetz gegen den unlauteren Wettbewerb (UWG)	Gesetz gegen Wettbewerbsbeschränkungen (GWB)	Verbraucherschutzgesetze des Bürgerlichen Gesetzbuchs (BGB)

Das wichtigste Gesetz im Zusammenhang mit der Werbung ist für den Einzelhandel das **Gesetz gegen den unlauteren Wettbewerb (UWG)**. Dieses Gesetz dient dem Schutz der Mitbewerber, der Verbraucher und der sonstigen Marktteilnehmer vor unlauterem Wettbewerb, das sind Handlungen, die geeignet sind, den Wettbewerb zum Nachteil der genannten Personen zu verfälschen.

8.1 Verbot unlauteren Wettbewerbs (§ 3 UWG)

Unlauter sind danach beispielsweise

◆ Wettbewerbshandlungen, die geeignet sind, die Entscheidungsfreiheit der Verbraucher und der sonstigen Marktteilnehmer durch Druck oder unangemessene und unsachliche Einflüsse zu beeinträchtigen, z. B. unentgeltliches Befördern von Kunden zum eigenen Geschäft,

◆ Handlungen, welche die Unerfahrenheit insbesondere von Kindern und Jugendlichen oder die Angst und Zwangslagen von Verbrauchern ausnutzen,

◆ Preisausschreiben oder Gewinnspiele mit Werbecharakter, wenn die Teilnahmebedingungen nicht klar ersichtlich sind oder die Teilnahme vom Kauf einer Ware abhängig ist.

8.2 Irreführende Werbung (§ 5 UWG)

Werbung mit Angaben, die geeignet sind, Kunden irrezuführen, ist verboten. Irreführende Angaben sind nachprüfbare Tatsachen, also keine Werturteile oder Meinungen. Entscheidend ist, ob eine Aussage wahr ist und welche Bedeutung der Kunde dieser Aussage beimisst.

Beispiele:
◆ **Ursprung:** Eine Billiguhr aus Hongkong wird als „Schweizer Uhr" angeboten.

◆ **Herstellungsart:** Gläser, die maschinell gefertigt wurden, werden als „mundgeblasen" und „handbemalt" bezeichnet.

◆ **Auszeichnungen:** Waren werden mit Preisen, Medaillen versehen, z. B. „DLG prämiert", an einem Leistungswettbewerb wurde aber nicht teilgenommen.

Auch objektiv wahre Werbung kann unzulässig sein, wenn sie der Umworbene falsch versteht. Die gilt beispielsweise für

◆ **Werbung mit mehrdeutigen Aussagen:** Ein Händler bezeichnet einen Pkw, für den bereits ein Nachfolgemodell hergestellt wird, als **„fabrikneu"**. Diese Werbung ist nicht zulässig, weil die Kunden unter „fabrikneu" ein Fahrzeug verstehen, das noch unverändert gebaut wird und keine zu lange Lagerzeit (mehr als ein Jahr) hat.

◆ **Blickfangwerbung:**

Beispiel: Lexikon
24-bändig, 300 000 Stichwörter, 200 Abbildungen, Karten, Tabellen, Übersichten; je Band **nur 25,00 EUR**

Der Durchschnittsbetrachter registriert, was ins Auge fällt, **Lexikon nur 25,00 EUR**. Bei den Umworbenen entsteht der Eindruck, das Lexikon koste nur 25,00 EUR. Eine solche Werbung ist irreführend.

◆ **Werbung mit Mengenbeschränkungen:** Werbung mit übertrieben geringen Abnahmemengen, z. B. „Pro Kunde nur eine Packung", ist unzulässig. Die Abgabe kann aber auf bestimmte Personenkreise oder Personenzahlen begrenzt werden, z. B. „Abgabe nur in haushaltsüblichen Mengen" oder „Keine Abgabe an Wiederverkäufer". Die beworbene Ware muss mindestens zwei Tage vorrätig sein, wobei sich der Vorrat nach der Warenart richtet. Bei verderblicher Ware ist der Vorrat sicher kleiner als bei langlebigen Gebrauchsgütern.

8.3 Werbung mit Preisen

Der Einzelhändler ist - abgesehen von Verlagserzeugnissen wie Zeitungen, Zeitschriften, Büchern – in seiner Preisgestaltung grundsätzlich frei. Das UWG und die Preisangabenverordnung verlangen jedoch, dass bei der Preisangabe die Grundsätze von **Preiswahrheit** und **Preisklarheit** beachtet werden.

Preismanipulation liegt in folgenden Fällen vor:

◆ Waren werden in Zeitungsanzeigen, Schaufenstern, Katalogen zu günstigen Preisen angeboten, sind aber im Geschäft nicht vorrätig oder werden teurer verkauft.

◆ Waren werden als „Sonderangebot" bezeichnet oder mit „Sonderpreis" ausgezeichnet, obwohl der normale Preis verlangt wird.

◆ Preisunterbietung zur Verdrängung oder Vernichtung von Mitbewerbern.

◆ Preisschaukelei = kurzfristige Preisherauf- und -herabsetzungen ohne sachlichen Grund, um die Kunden zu verunsichern.

Erlaubt sind Preisgegenüberstellungen: Preisgegenüberstellungen und Preissenkungen auf Preisschildern und Werbetafeln sind grundsätzlich zulässig.

Beispiele:

früher: 120,00 EUR jetzt: 80,00 EUR	~~120,00 EUR~~ 80,00 EUR	jetzt 40,00 EUR billiger	um $33^1/_3$ % herabgesetzt

Preisgegenüberstellungen   *Preissenkungen*

Einschränkungen ergeben sich jedoch aus dem Irreführungsverbot. So darf es sich beispielsweise bei der Bezugnahme auf einen höheren alten Preis nicht um einen „**Mondpreis**" handeln. Er muss vielmehr über einen angemessenen Zeitraum hinweg tatsächlich verlangt worden sein. Eine bestimmte Mindestdauer gibt es nicht. Bei verderblicher Ware ist der Zeitraum sicher kürzer als bei langlebigen Produkten.

Irreführend sind Preisgegenüberstellungen auch dann, wenn es sich bei den reduzierten Preisen nicht um eigene Preise des Werbenden handelt, z. B. „Regulärer Preis 4,90 EUR, unser Preis nur 3,48 EUR". Der Verbraucher kann nicht erkennen, woher der höhere Bezugspreis stammt.

Erlaubt sind dagegen Vergleiche mit der „unverbindlichen Preisempfehlung" bei Markenartikeln.

8.4 Sonderveranstaltungen

Mit der Reform des Gesetzes gegen den unlauteren Wettbewerb (UWG) wurde die Reglementierung der Sonderveranstaltungen aufgehoben. Die Bestimmungen über **Schlussverkäufe, Jubiläumsverkäufe und Räumungsverkäufe fallen ganz weg**.

Der Einzelhandel kann dadurch seine Verkaufsaktionen regional und zeitlich flexibler gestalten. **Sonderverkäufe können jederzeit stattfinden**. Eine Beschränkung auf bestimmte Warengruppen findet nicht mehr statt. Aufgehoben wurden auch die Bestimmungen über die Dauer der Sonderveranstaltungen, die Sperrfristen sowie das Vor- und Nachschieben von Waren.

Der jeweilige Einzelhändler kann damit seiner Kreativität bei der Kundenwerbung freien Lauf lassen. Lediglich das **Verbot der irreführenden Werbung setzt dabei Grenzen**.

Räumungsverkäufe gelten als irreführend, wenn nicht tatsächlich die Räumung des Warenvorrats wegen einer bestimmten **Zwangslage** oder der **Geschäftsaufgabe** erfolgt.

Eine **Räumungszwangslage** kann sich ergeben durch

◆ ein unabwendbares Ereignis, z. B. Schäden durch Feuer, Wasser, Sturm oder vergleichbare Ereignisse,

◆ behördlich genehmigte Umbaumaßnahmen.

8.5 Unzumutbare Belästigungen (§ 7 UWG)

Eine unzumutbare Belästigung ist beispielsweise gegeben bei

◆ einer erkennbar unerwünschten Werbung,

◆ einer Werbung mittels Telefon, Faxgerät, elektronischer Post, automatischer Anrufmaschine, ohne Einwilligung des Adressaten,

◆ elektronischen Nachrichten (E-Mails, Spam), bei denen die Identität des Absenders verheimlicht oder verschleiert wird oder bei der keine gültige Adresse vorhanden ist, an die der Empfänger eine Aufforderung zur Einstellung richten kann.

Wer gegen § 7 des UWG verstößt, kann auf Unterlassung und Schadensersatz in Anspruch genommen werden durch

◆ Mitbewerber,

◆ Verbände (Einzelhandelsverbände, Verbraucherverbände),

◆ Industrie- und Handelskammern oder Handwerkskammern.

Erzielt ein Wettbewerber bei **vorsätzlicher Zuwiderhandlung** gegen das Verbot unlauteren Wettbewerbs auf Kosten vieler Abnehmer einen Gewinn, ist dieser an den Bundeshaushalt abzuführen.

9 Freiwillige Selbstkontrolle und Überwachung der Werbung

Die Gefahr des Missbrauchs der Werbung wird nicht nur durch Gesetze, sondern auch durch freiwillige Verhaltensregeln und die Selbstdisziplin der Wirtschaft eingeschränkt. Für einen wirksamen Verbraucherschutz und einen funktionsfähigen Wettbewerb sorgen insbesondere folgende Einrichtungen:

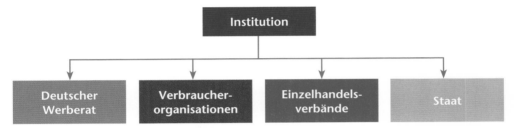

Deutscher Werberat

Er ist ein Selbstkontrollorgan der Werbewirtschaft, das sich zusammensetzt aus Vertretern der werbetreibenden Unternehmen, der Werbeagenturen und Werbeberufe sowie der Unternehmen, welche die Werbung durchführen.

Der Deutsche Werberat wird tätig aufgrund eigener Initiative oder bei Anregungen und Beschwerden, bei gesetzwidrigen oder zweifelhaften Werbemaßnahmen und bei Auswüchsen in der Werbung. Er korrigiert Fehlentscheidungen und Fehlentwicklungen auf partnerschaftlichem Wege und unterstützt vorbildliche Werbung.

Zahlreiche Verhaltensregeln, die als Leitlinien der Werbung dienen und eine verbraucherfreundliche Werbung fördern, wurden vom Deutschen Werberat entwickelt, z. B. Werbung von und mit Kindern in Funk und Fernsehen, Verhaltensregeln über die Werbung für alkoholische Getränke, Werbung mit unfallriskanten Bildmotiven, z. B. Autowerbung mit Höchstgeschwindigkeit.

Verbraucherorganisationen

Aufgabe der Verbraucherorganisationen ist es, die Interessen der Verbraucher wahrzunehmen. Sie sind berechtigt, gegen irreführende oder unrichtige Angaben in der Werbung gerichtlich vorzugehen und die Verbraucher vor Missbrauch der Werbung zu schützen. In vielfältigen Publikationen unterstützen die Verbraucherverbände den Kunden in seiner Kaufentscheidung.

Sie informieren und beraten die Verbraucher insbesondere über
- Preis- und Qualitätsunterschiede gleichartiger Waren unterschiedlicher Hersteller,
- Gesundheits- und Umweltschutz,
- gesetzliche Rechte gegenüber den Anbietern.

Einzelhandelsverbände

Diese Verbände kümmern sich um Auswüchse und Fehlverhalten ihrer Mitglieder in der Werbung. Sie beraten ihre Mitgliedsfirmen in Fragen der Werbung und geben ihnen Rechtshilfe bei gerichtlichen und außergerichtlichen Wettbewerbsstreitigkeiten.

Staatliche Verbraucheraufklärung

Der Staat wird seiner gesellschaftlichen Verantwortung nicht nur durch Gesetze und Verordnungen gegenüber dem Verbraucher gerecht, sondern auch durch zahlreiche Veröffentlichungen mit nützlichen Hinweisen für Verbraucher.

Allen Verbrauchern wohl bekannt ist die Zeitschrift „Test", die durch vergleichende Untersuchungen von Waren und Dienstleistungen dem Verbraucher wertvolle Informationen für seine Kaufentscheidung liefert.

Beispiel: Digitalkameras

✚ test Digitalkameras	Mittlerer Preis in Euro ca.	Preisspanne in Euro ca.	Bildqualität	Videosequenzen	Blitz	Monitor	Handhabung	Vielseitigkeit	✚ test-QUALITÄTS-URTEIL 10 / 2010
Gewichtung			35%	10%	10%	10%	25%	10%	100%
Canon Ixus 300 HS	330	299 bis 380	+	+	+	+	O	+	GUT (2,3)
Nikon Coolpix L110	235	217 bis 270	+	O	+	O	O	+	GUT (2,3)
Nikon Coolpix S8000	232	209 bis 269	+	O	+	O	O	+	GUT (2,4)
Panasonic Lumix DMC-FX66	243	218 bis 299	+	+	O	O	+	+	GUT (2,4)
Panasonic Lumix DMC-TZ10	305	269 bis 400	+	O	+	O	O	+	GUT (2,4)
Canon Digital Ixus 130	204	182 bis 250	+	+	+	O	O	+	GUT (2,5)
Canon Digital Ixus 210	288	273 bis 330	O	+	+	+	O	+	GUT (2,5)
Casio Exilim EX-H15	187	163 bis 299	O	O	+	O	+	+	GUT (2,5)
Casio Exilim EX-Z2000	182	150 bis 200	+	O	+	O	O	+	GUT (2,5)
Olympus SP-600UZ	176	147 bis 228	+	O	+	O	O	+	GUT (2,5)
Panasonic Lumix DMC-FS30	188	167 bis 220	+	+	+	O	O	+	GUT (2,5)
Panasonic Lumix DMC-ZX3	271	239 bis 330	+	O	O	O	+	+	GUT (2,5)
Samsung WB650	291	269 bis 350	+	O	+	O	O	+	GUT (2,5)
Canon PowerShot SX210 IS	276	251 bis 340	O	+	O	O	O	+	BEFRIED. (2,6)
Nikon Coolpix L21	70	58 bis 89	+	⊖	++	O	O	O	BEFRIED. (2,6)
Panasonic Lumix DMC-FT2	355	320 bis 400	+	O	O	O	O	+	BEFRIED. (2,6)
Canon Digital Ixus 105	160	149 bis 189	O	O	+	O	+	O	BEFRIED. (2,7)
Panasonic Lumix DMC-FS10	144	133 bis 179	+	O	+	⊖*)	+	+	BEFRIED. (2,7)
Pentax Optio W90	289	279 bis 320	O	O	+	O	O	+	BEFRIED. (2,7)
Sony Cyber-shot DSC-TX5	325	299 bis 350	O	+	O	O	O	+	BEFRIED. (2,7)
Sony Cyber-shot DSC-HX5V	315	293 bis 350	+	+	+	⊖*)	O	+	BEFRIED. (2,8)
Olympus µ Tough-6020	249			+	O	+	O	⊖	+ BEFRIED. (3,0)
Fujifilm FinePix XP10	175	169 bis 189	O	O	O	O	⊖	O	BEFRIED. (3,2)
Olympus µ Tough-3000	182	170 bis 199	+	O	+	O	⊖	O	BEFRIED. (3,2)
Olympus µ Tough-8010	294	245 bis 380	O	O	+	O	⊖	O	BEFRIED. (3,2)

www.test.de

Bewertungsschlüssel der Prüfergebnisse: ++ = Sehr gut (0,5–1,5). + = Gut (1,6–2,5). O = Befriedigend (2,6–3,5). ⊖ = Ausreichend (3,6–4,5). — = Mangelhaft (4,6–5,5). **Bei gleichem Qualitätsurteil Reihenfolge nach Alphabet.** *) Führt zur Abwertung.

10 Verkaufsförderung schafft zusätzlichen Umsatz

Angesichts des harten, teils ruinösen Wettbewerbs im Einzelhandel sind kreative Ideen gefragt, um Kunden ins Geschäft zu locken.

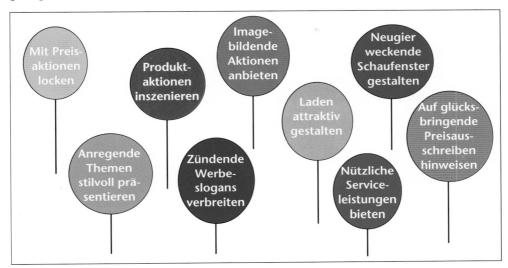

Unter **Verkaufsförderung** versteht man kurzfristige Maßnahmen am Ort des Verkaufs („Point of Sale"), um Absatz (mengenmäßig) und Umsatz (wertmäßig) zu fördern.

Neben diesem Oberziel gibt es noch weitere Ziele:

◆ neue Kunden zu gewinnen, Verweildauer beim Einkaufen zu verlängern, Kundenfrequenz und Kundenbindung zu steigern,

◆ Kaufanreize/Impulskäufe zu schaffen, insbesondere durch Preisaktionen,

◆ Sortimentskompetenz und das Image des Geschäfts zu verbessern.

10.1 Verkaufsfördernde Maßnahmen

Preisaktionen

Insbesondere im Lebensmitteleinzelhandel und zunehmend in anderen Branchen üben Preisaktionen, Sonderangebote und Rabatte eine besondere Anziehungskraft aus.

Die Werbesprache hat viele Formulierungen hervorgebracht: von sanft/seriös bis höchst preis-aggressiv und fast anstößig.

Beispiele:

Doch „Rabattschlachten" alleine bringen noch keinen Erfolg, denn „nicht der Umsatz, sondern der Gewinn bringt's"!

Produktaktionen

Wichtiges Ziel einer Produktaktion ist, Sortimentskompetenz zu zeigen und Impulskäufe auszulösen.

Beispiele:

◆ **Verkostung** von Käse, Wein, Sekt u. Ä. unter Einsatz von freundlichen Werbedamen und -herren (Direktwerbung);

◆ *Aufstellen von **Displays** („stumme Verkaufs-helfer"). Sie vermitteln durch ihre ansprechende Aufmachung Atmosphäre und rücken die Ware attraktiv ins Blickfeld, insbesondere bei Süßwaren als Zweitplatzierung und bei Tabakwaren in der Nähe der Kasse;*

◆ **Videos mit Warenvorführung** *zeigen die Anwendung von Produkten, die sich im Geschäft nicht darstellen lässt, z. B. Tipps zum Tapezieren, Reinigen eines Abflusses im Waschbecken usw.;*

◆ **fantasievolle Wareninszenierungen**, *z. B. verleihen der Jeansabteilung mittels Cola-Flaschen, Stroh-ballen, Kakteen und US-Flagge eine besonders ursprünglich wirkende Atmosphäre.*

Imageorientierte Aktionen

Hauptziel ist, das Ansehen und den guten **Ruf eines Geschäfts (Image)** in der Öffent-lichkeit zu stärken und Neukunden zu gewinnen; z. B. geben Fußballtrainer, bekannte Entertainer, Künstler usw. eine Autogrammstunde, Modenschauen werden veranstaltet etc. Beliebt sind auch Preisausschreiben/Gewinnspiele, bei denen sehr einfache Auf-gaben zu lösen sind und somit jeder an der Verlosung teilnehmen kann.

Anregende Themen präsentieren

Beispiel: „Mein erster Schultag" bietet für Schaufenster oder den Verkaufsraum anregende Gedanken. In der Mitte der Präsentation steht eine kleine Schiefertafel mit der Aufschrift: „Mein erster Schultag", daneben Ranzen, Schultaschen, Hefte, Schreibzeug, Tüte mit Süßigkeiten, eventuell mit Kinderbekleidung usw.

Weitere Themen können z. B. „Italienische Woche", „Es weihnachtet sehr", „Cityfest", „Ihre Urlaubswünsche" u. Ä. sein. Solche Aktionen und Präsentationen zeigen Bedarfsbündel, beweisen Sortimentskompetenz und fördern das Image des Geschäfts. Sie bedürfen einer langfristigen Vorbereitung und einer werblichen Unterstützung in Tageszeitungen und Prospekten.

Damit haben wir Maßnahmen angesprochen, die uns bereits aus dem Lernfeld 3, Kapitel „Ladengestaltung" (Fassade des Geschäfts, Schaufenster, Gestaltung des Verkaufsraums, Warenpräsentation und -platzierung, Visual Merchandising etc.) bekannt sind.

Weitere Maßnahmen sind:

◆ **Schilder** im Geschäft und Plakate als Deckenabhänger sind besonderer Blickfang und informieren über Waren, Preise, Aktionspreise.

◆ **Handzettel** und Werbeprospekte „flattern" in einer Vielzahl über Briefkästen oder Zeitungen den Verbrauchern zu.

◆ **Paletten und Gitterkörbe** sind an stark frequentierten Einkaufszonen auffällig platziert, zeigen Warenfülle und laden zum Zugreifen ein.

◆ **Ladenfunk/Lautsprecherdurchsagen** mit Hinweisen auf Sonderangebote und mit angenehmer Musik wirken verkaufsfördernd.

Beim Kauf von Waren des täglichen Bedarfs (Versorgungskauf) kommt es im Supermarkt, in Verbrauchermärkten u. Ä. oft zu **Impulskäufen.** Hier üben POS-Maßnahmen einen starken Einfluss auf die Kaufentscheidung aus. Folgende Tabelle zeigt den Einfluss der sechs wichtigsten Maßnahmen:

Da die Mehrheit der Versorgungskäufe ungeplant ist, kommt der **Verkaufsförderung im Verkaufsraum** (Point of Sale) eine besondere Bedeutung zu. nahmen beim Kunden wirken.

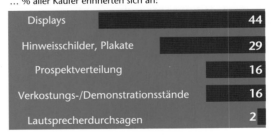

Wahrnehmung von POS-Werbung im Supermarkt
… % aller Käufer erinnerten sich an:

Displays	44
Hinweisschilder, Plakate	29
Prospektverteilung	16
Verkostungs-/Demonstrationsstände	16
Lautsprecherdurchsagen	2

10.2 Verkaufsförderung und Werbeträger

Maßnahmen zur Förderung des Verkaufs können ihre optimale Wirkung am besten in Verbindung mit geeigneten Werbeträgern entfalten. Soll z. B. Jeanskleidung beworben werden, so sollte zusätzlich zu einer interessanten Wareninszenierung die Werbebotschaft bei der gewünschten Zielgruppe, z. B. Jugendliche, ankommen. Weiter ergibt sich die Frage, welche Werbeträger besonders wirksam sind. Sind es Plakate, Prospekte, Handzettel, Rundfunk- oder Kinowerbung, Annoncen oder Zeitungsbeilagen?

Wir erkennen, Verkaufsförderungsmaßnahmen und Werbebotschaften gehören zusammen. Ideen, Erfahrung und eine gut durchdachte Werbeplanung (vgl. Abschnitt „Werbebotschaften wirksam gestalten") sind erforderlich.

Merke Professionell geplante und durchgeführte Aktionen machen Spaß und bringen Erfolg!

11 Kundenbindung will Kunden zufrieden stellen

Wussten Sie, dass

◆ Stammkunden beim Einkauf eine geringere Preisempfindlichkeit aufweisen als Neukunden, d. h., sie sind bereit, höhere Preise zu bezahlen,

◆ es fünf- bis sechsmal teurer kommt, einen neuen Kunden zu gewinnen, als einen Stammkunden zu halten?

◆ jeder zufriedene Kunde den Einzelhandelsgeschäften mindestens drei weitere Kunden bringt,

◆ ein unzufriedener Kunde sein Negativerlebnis zehn möglichen Kunden weitererzählt?

Die große Herausforderung besteht darin, Kunden möglichst dauerhaft an das Einzelhandelsgeschäft zu binden.

Merke **Ziel der Kundenbindung** ist, Kunden möglichst langfristig und profitabel an das Geschäft zu binden. Kundenzufriedenheit resultiert aus dem Vergleich der wahrgenommenen Leistungen des Geschäfts mit den Erwartungen des Kunden an das Geschäft.

11.1 Kundenzufriedenheit: Voraussetzung für Kundenbindung

Kundenzufriedenheit: der Kunde vergleicht	
die wahrgenommenen Leistungen (Ist-Leistung)	**mit seinen Erwartungen (Soll-Leistung)**
hinsichtlich	◆ Serviceleistungen
◆ subjektiver Wahrnehmung der Leistungen des Geschäfts, z. B. Freundlichkeit	◆ Auswahl an Produkten
◆ aktueller Erfahrung für individuelle Probleme	◆ Qualitäten
◆ objektiver Fakten wie Produkteigenschaften	◆ Preislagen
	◆ Beratungskompetenz

Kundenzufriedenheit lässt sich als „Barometer" darstellen:

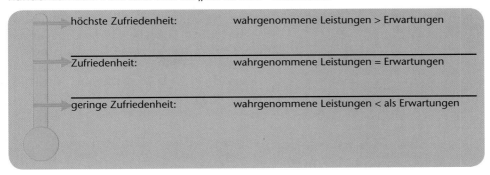

Kundenzufriedenheit ist messbar, z. B. in Fragebögen:

„Wie zufrieden sind Sie mit ..." oder *„Was stört Sie am meisten ...",* oder *„Was erwarten Sie..."*

Wir sehen: Kundenbindung ist profitabel und bringt viele Vorteile:

◆ der Kunde bleibt treu,

◆ er kommt häufig,

◆ er gibt mehr Geld aus,

◆ er ist weniger preisempfindlich,

◆ er empfiehlt das Geschäft weiter.

11.2 Kundenbindungsmaßnahmen

Wie können wir Kunden langfristig an unser Geschäft binden? Hier eine Übersicht:

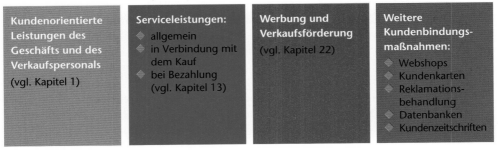

Die weiteren Kundenbindungsmaßnahmen werden im Folgenden kurz dargestellt.

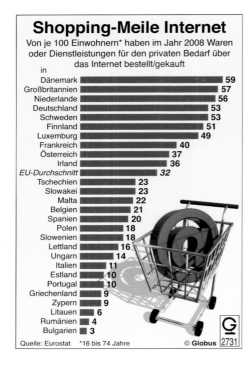

Shopping-Meile Internet

Von je 100 Einwohnern* haben im Jahr 2008 Waren oder Dienstleistungen für den privaten Bedarf über das Internet bestellt/gekauft in

Dänemark	59
Großbritannien	57
Niederlande	56
Deutschland	53
Schweden	53
Finnland	51
Luxemburg	49
Frankreich	40
Österreich	37
Irland	36
EU-Durchschnitt	*32*
Tschechien	23
Slowakei	23
Malta	22
Belgien	21
Spanien	20
Polen	18
Slowenien	18
Lettland	16
Ungarn	14
Italien	11
Estland	10
Portugal	10
Griechenland	9
Zypern	9
Litauen	6
Rumänien	4
Bulgarien	3

Quelle: Eurostat *16 bis 74 Jahre   © Globus 2731

Webshops: Tag und Nacht geöffnet

vgl.
LF

Große Handelshäuser bieten ihren Kunden neben dem klassischen Ladengeschäft auf der firmeneigenen Homepage die Möglichkeit, rund um die Uhr einzukaufen. Geboten werden hier in der Regel umfangreiche Produkt- und Preisinformationen und die Möglichkeit der Bestellung.

Kundenkarten: sehr attraktiv

vgl.
LF

Beispiel: Ein Verkäufer am Sonderstand für Kundenkarten; ein Kunde schaut neugierig.

Verkäufer: *„Kennen Sie die Paybackkarte unseres Geschäfts?"*

Kunde: *„Welche Vorteile bietet diese?"*

Verkäufer: *„Sie bietet Ihnen zwei wichtige Vorteile! Erstens: Bei allen Einkäufen hier im Haus oder in unseren Filialen erhalten Sie gegen Vorlage dieser Karte an der Kasse Punkte. Punkte bedeuten Rabatte und Teilnahme an Sonderaktionen. Zweitens: So-bald Sie mit Ihren Einkäufen 1.500 Punkte erreicht haben, können Sie Ihre Punkte bar einlösen. Alternativ bieten wir statt Rabatten auch interessante Prämien."*

Kunde: *„Und wie komme ich jetzt zu dieser Karte?"*

Verkäufer: *„Ganz einfach, ich helfe Ihnen beim Ausfüllen dieses Formulars ..."*

Kundenkarten sind eine **beliebte Maßnahme der Kundenbindung**. Wenn Kunden erkennen, **wo** und **wie** sie ihre „Belohnung" in Form von Rabatten (Payback = zahle zurück) und schönen bzw. nützlichen Prämien erhalten, z. B. geschmackvoll gestaltete Toaster u. Ä., ist diese Maßnahme Erfolg versprechend! Übrigens: **Monokundenkarten** werden von einem bestimmten größeren Handelsunternehmen, **Verbundkarten** von mehreren verschiedenen Geschäften ausgegeben und sind zurzeit besonders populäre Kundenbindungsmaßnahmen! Die gewährten Rabatte sind je nach Geschäft unterschiedlich.

vgl. LF 10,
Kap. 7
Reklamationen bieten Chancen zur Kundenbindung

Sie haben richtig gelesen: Reklamationen bieten Chancen. Erledigen wir berechtigte Reklamationen situations- und kundengerecht, also zur vollen Zufriedenheit des Kunden (vgl. Abschnitt Reklamation), dann entwickeln sich daraus Vertrauen und zukünftige Umsatzchancen. Auch so entsteht Kundenbindung!

Datenbanken „lassen grüßen"

Datenbanken „lassen grüßen": Kunden erhalten zum Geburtstag freundliche Glückwünsche; die aktuelle Mode „flattert" als Prospekt ins Haus; der Gartenfreund erhält Anregungen; Messeneuheiten werden zugesandt etc. Eine Datenbank „steuert" solche Aktionen. Das Einzelhandelsgeschäft bringt sich auf diese Weise von Zeit zu Zeit in Erinnerung, um die Kundenbindung zu erhöhen. Hierzu „füttern" Scannerkassen Datenbanken mit vielerlei Informationen, welche die Marketingabteilung analysiert und in weitere Marketingmaßnahmen (vgl. Lernfeld 12) umsetzt.

Kundenzeitschriften

Dabei kann es sich sowohl um Magazine handeln (z. B. „IKEA Room"), die man an Kiosken erwerben kann, als auch um kleine Faltblätter. Sie können schnell und preiswert verschickt werden.

12 Verpackung – Verpackungsverordnung dient dem Umweltschutz

12.1 Aufgaben der Verpackung

Die Verpackung erfüllt wichtige Aufgaben:

Schutz des Produktes	vor Schmutz, Beschädigung, Feuchtigkeit, Austrocknung, Geruchsübertragung
Information	über Warenart, Menge, Pflege, Herkunft, Gebrauch, Preis
zweckmäßiger Gebrauch	beim Öffnen, Verschließen, Entleeren, Lagern; Stapeln von Flaschen, Bechern, Kartons
Marketing	verkaufsfördernde Aufmachung und werbliche Gestaltung der Verpackung durch Farbe, Form und Material

Man erkennt: Verpackung ist notwendig. Bei ihrer Herstellung werden Rohstoffe und Energie ge- und verbraucht. Viel bzw. zu viel Verpackung wandert in den Müll und führt zu Müllbergen. Deponien und Verbrennungsanlagen führen zu Umweltbelastungen des Wassers, des Bodens und der Luft.

Der Einzelhandel ist bemüht, die Verpackungsflut so weit wie möglich zu vermeiden.

12.2 Die Verpackungsverordnung

Die **Verpackungsverordnung** (VerpackV) befasst sich mit den Arten der Verpackung und mit Maßnahmen zur Vermeidung/Beschränkung und Wiederverwertung.

Es gibt verschiedene Verpackungsarten:

◆ **Transportverpackungen** schützen die Produkte auf dem Transportweg vom Hersteller zum Händler.

Beispiele: Kisten, Säcke, Kartons, geschäumte Schalen u. Ä.

◆ **Umverpackungen** sind zusätzliche Verpackungen, die nicht zwingend notwendig sind.

Beispiele: Pappschachtel einer Zahnpastatube.

◆ **Verkaufsverpackungen** werden vom Verbraucher zum Transport oder bis zum Verbrauch der Produkte verwendet.

Beispiele: Becher, Flaschen, Dosen, Beutel, Eimer, Kanister, Kartons u. Ä.

◆ Der **Handel** hat die **Pflicht**, **Verkaufsverpackungen** zurückzunehmen und der stofflichen Wiederverwertung zuzuführen.

 Um dieser Rücknahme z. B. bei verschmutzter, unbrauchbarer Verpackung wie Dosen, Bechern zu entgehen, haben Hersteller und Handel 1990 die Organisation „Der Grüne Punkt – Duales System Deutschland GmbH" gegründet. Aufgabe des inzwischen privatwirtschaftlich organisierten Unternehmens ist die Sammlung, Sortierung und Verwertung von gebrauchten Verkaufsverpackungen. Hersteller und Vertreiber, die erstmalig Verkaufsverpackungen vertreiben, die bei privaten Endverbrauchern anfallen, sind verpflichtet, diese an einem dualen System (z. B. DSD) zu beteiligen. Derzeit nutzen zehn duale Systeme gemeinsam die Gelbe Tonne und Säcke, Blaue Tonne (Papier/Pappe/Karton) sowie die Altglascontainer zur Sammlung der gebrauchten Verkaufsverpackungen. Marktführer ist die Der Grüne Punkt – Duales System Deutschland GmbH mit dem Grünen Punkt als ihrem Markenzeichen, der geschützt ist. Seit 2009 ist jedoch die Pflicht, Verkaufsverpackungen z. B. mit dem Grünen Punkt zu kennzeichnen, weggefallen. Dafür wurden die Nachweispflichten über den Verbleib gebrauchter Verpackungen verschärft.

Der Verbraucher hat das Recht, Umverpackungen im Geschäft zurück-
zulassen. Der Handel veranlasst die Entsorgung.

Die **Verpackungsverordnung** sieht vor, dass auf alle Einweg-Getränke-
Verpackungen, die als **ökologisch nachteilig** eingestuft werden 25 Cent
Einweg-Pfand erhoben wird.

Folgende Getränke fallen unter die **Pfandpflicht**:

◆ alle bierhaltigen Getränke und Biermischgetränke,

◆ Mineralwasser, Quellwasser, Heilwasser, Tafelwasser,

◆ Erfrischungsgetränke **mit und ohne Kohlensäure**, z. B. Cola, Limonaden, Sport-
getränke, Energy-Drinks

◆ alkoholhaltige Mischgetränke, Alkoholgehalt < 15 Vol.-%, z. B. Alkopops.

Kein Pfand wird erhoben auf:

◆ Fruchtsäfte, -nektare, Gemüsesäfte, -nektare,

◆ Trinkmilch, wenn diese in Kartonverpackungen oder Schlauchbeuteln verkauft wird,
nicht jedoch in Plastikflaschen,

◆ Einweg-Verpackungen mit Dickmilch, Buttermilch und Milchmischgetränke, wenn
deren Milchanteil mindestens 50 % beträgt; darunter fällt Pfand an, es sei denn, die
Milchmischgetränke werden im umweltfreundlichen Tetra Pak angeboten,

◆ diätische Lebensmittel, wie z. B. Babynahrung im Glas,

◆ Wein- und Sektflaschen, Schnaps und andere Spirituosen.

Jeder Händler, der Plastik-, Glas- oder Einweggetränkeverpackungen verkauft, ist zur
Rücknahme verpflichtet.

Geschäfte unter 200m^2 Verkaufsfläche, Kioske und Tankstellen müssen nur die Einweg-
verpackungen mit Pfand zurücknehmen, die sie im Sortiment führen. Für beschädigte
Verpackungen gilt dies nur, wenn der EAN-Code noch lesbar ist.

Der Handel nimmt nicht nur Verpackungen, sondern auch Altwaren, z. B. Batterien,
zurück und führt sie der Wiederverwendung/-verwertung zu.

Beispiel: Handelsunternehmen, die Batterien oder Produkte mit darin eingebauten Batterien und
Akkumulatoren (Akkus) verkaufen, sind verpflichtet, gebrauchte Batterien vom Endverbraucher un-
entgeltlich zurückzunehmen. Die Rücknahme muss im Geschäft oder in unmittelbarer Nähe erfolgen.
Die Kunden sind entsprechend auf die Rücknahme hinzuweisen.

Die zurückgenommenen Batterien werden entweder einem gemeinsamen Rücknahmesystem der
Hersteller oder dem herstellereigenen Rücknahmesystem überlassen. Das Gemeinsame Rücknah-
me-System (GRS) stellt dem Handel unentgeltlich so genannte BATT-Boxen in unterschiedlichen
Größen oder Thekendisplays zur Verfügung.

Auf einen Blick

◆ Werbung begegnet uns überall. Sie will Menschen beeinflussen und zu einem Verhalten bewegen, das den Werbezielen dient.

◆ Die Ziele der Werbung können ökonomisch und außerökonomisch sein.

◆ Erfolgreiche Werbung basiert auf einem durchdachten Werbeplan. Dieser umfasst die folgenden Phasen: Situation analysieren, Werbeziele und Werbeobjekte festlegen, Zielgruppen ermitteln, Werbeetat planen, Werbebotschaft verbreiten.

◆ Die wichtigsten Formen der Werbung im Einzelhandel sind Absatzwerbung, Sales Promotion und Public Relations.

◆ Wirkungsvoll gestaltete Werbebotschaften machen auf sich aufmerksam, wecken bei den Umworbenen Interesse, verstärken den Kaufwunsch und sollen zum Kauf führen.

◆ Ob eine Werbemaßnahme erfolgreich war, kann der Werbetreibende durch Umsatzanalyse, Kundenfrequenzvergleich, Kundenbefragung und Kundenbeobachtung kontrollieren.

◆ Für eine „saubere" Werbung sorgt die Einhaltung der Werbegrundsätze: soziale Verantwortung, Wahrheit und Klarheit.

◆ Mitbewerber und Verbraucher werden außerdem durch das Gesetz gegen den unlauteren Wettbewerb (UWG) geschützt, welches insbesondere die irreführende Werbung verbietet.

◆ Wichtige verkaufsfördernde Maßnahmen sind preis-, produkt- und imagebildende Aktionen, anregende und stilvolle Themenpräsentation, attraktive Schaufenster- und Ladengestaltung, nützlicher Service u. Ä.

◆ Ziel der Kundenbindung ist, Kunden zufrieden zu stellen, sie langfristig an das Geschäft zu binden und sie als Stammkunden zu gewinnen. Neben den kundenorientierten Leistungen des Geschäfts und des Personals kommen Maßnahmen wie Kundenkarten, -zeitschriften, Webshops u. a. dazu.

◆ Die Verpackung schützt und erleichtert den zweckmäßigen Gebrauch des Produkts, informiert den Kunden über das Produkt und dient der Werbung.

◆ Die Verpackungsverordnung (VVO) enthält Maßnahmen zur Vermeidung/Beschränkung und Wiederverwertung von Verpackungen.

Waren beschaffen

Der **Geschäftsprozess Beschaffung** ist, nach seinem Beitrag zur betrieblichen Wertschöpfung, ein **Kernprozess**, der aus folgenden Teilprozessen besteht:

Beschaffung planen	→	Beschaffung durchführen	→	Beschaffung kontrollieren

Aufgabe der Beschaffung ist die Versorgung des Betriebs mit Waren in der von den Kunden gewünschten Art, Qualität, Menge und Zeit bei den am besten geeigneten Lieferanten.

Merke

1 Beschaffungsplanung – Blindflug vermeiden

Situation

Auf der wöchentlichen Montagssitzung des Führungsteams der TRIAL GmbH entwickelt sich folgendes Gespräch:

Anna Lurka
(Verkaufsleiterin):
„In letzter Zeit fragen immer wieder Kunden nach einem hochwertigen Mountainbike in der Preisklasse um 3 000,00 EUR."

Peter Gasch
(Geschäftsführer):
„Interessant! Soviel ich weiß, ist unser Trial Extrem unser bestes Modell. Wir sollten diese Kundenwünsche unbedingt ernst nehmen. Ich denke, dass das nicht zu unserem Nachteil ist. Im hochpreisigen Segment lassen sich bestimmt höhere Gewinnmargen erzielen. Wir sollten uns da mal schlau machen."

Anna Lurka:
„Ich hätte auch schon einen neuen Markennamen für dieses Modell: Trial Extrem Plus."

Lukas Reichert
(Einkaufsleiter):
„Ich werde mich mal nach Lieferanten umschauen, die bereit sind, hochpreisige Mountainbikes unter unserer Handelsmarke zu vertreiben."

Peter Gasch:
„Bei dieser Gelegenheit sollten wir auch überprüfen, für welche Artikel wir das meiste Geld ausgeben."

Lukas Reichert:
„Kein Problem, die Daten habe ich alle parat."

Peter Gasch:
„Frau Lurka und Herr Reichert, könnten Sie bis nächste Woche feststellen, mit welchen Verkaufszahlen bzw. welchem Jahresbedarf wir bei dem Trial Extrem Plus rechnen können?"

Lukas Reichert:
„Daraus könnte ich auch die Bestellmengen und Bestellzeitpunkte ermitteln."

1. Wie kann Lukas Reichert (Einkauf) vorgehen, um festzustellen, für welche Einkaufs-artikel das meiste Geld ausgegeben wird?

2. Welche Daten benötigt Lukas Reichert, um den Jahresbedarf, die richtige Bestell-menge und die richtigen Bestellzeitpunkte festzustellen?

3. Woher kann Lukas Reichert Informationen über mögliche Lieferanten für das Moun-tainbike Trial Extrem Plus bekommen?

1.1 Bedarfsplanung – Was soll bestellt werden?

Ausgangspunkt des Beschaffungsprozesses ist der Bedarf. Fehler bei der Bedarfsermitt-lung ziehen sich durch den ganzen Beschaffungsvorgang. Deshalb muss die Zusammen-setzung des Bedarfs nach Menge, Wert und Zeit genau geplant werden.

Merke

Bedarf sind die Waren (nach Art, Menge und Wert), die für einen bestimmten Zeit-raum benötigt werden.
Aufgabe der Bedarfsplanung ist die Feststellung des künftigen Jahresbedarfs für jeden Einkaufsartikel.

Die genaue Ermittlung der jährlichen Bedarfsmenge stellt sicher, dass für jeden Artikel die notwendigen Mengen rechtzeitig bereitgestellt und dabei die **Lagerhaltungskosten** (z. B. Zinsaufwand für das im Bestand und in der Lagereinrichtung gebundene Kapital, Versicherungsaufwand, Personalaufwand, Miete für die Lagerfläche) so niedrig wie mög-lich gehalten werden können. Besonders bei umweltgefährdenden Gütern (Gefahrstof-fen) ist aus **ökologischen** Gründen eine möglichst exakte Vorhersage der Bedarfsmen-gen wichtig, um unnötige Lagerung und Entsorgung mit den damit verbundenen Risiken zu vermeiden.

Im Regelfall muss sich der Einkäufer ganz auf die Planung der Absatzmengen verlassen, die er von der **Verkaufsabteilung** erhält. Die Aufgabe des Einkäufers besteht dann nur noch darin, auf dem Beschaffungsmarkt nach Liefermöglichkeiten zu suchen. Marktver-änderungen müssen sowohl auf dem Absatz- als auch auf dem Beschaffungsmarkt recht-zeitig festgestellt werden; sonst wird für den Einzelhändler folgender Ausspruch wahr: *„Wer nicht mit der Zeit geht, geht mit der Zeit!"*

Bei **Saisonwaren** liefern Statistiken über Einkauf und Verkauf in der Vergangenheit wert-volle Anhaltspunkte für den richtigen Bedarfszeitpunkt. Aus den Saisonkurven erkennt der Einkäufer, wann die Saison für die verschiedenen Warengruppen beginnt und endet und wie der Verkauf bisher verlief. Für den Einzelhändler kommt es darauf an, Saison-waren zum Saisonbeginn vollständig präsent zu haben.

Bei **Stapelwaren** ist der Verkauf gleichmäßig über das Jahr verteilt. Hier können die Bestellzeitpunkte aus der Beschaffungsplanung des Vorjahrs übernommen werden. Die Bestellzeitpunkte müssen hier nur bei starken Veränderungen im Marktvolumen (Nach-frageeinbrüche, Konsumzurückhaltung usw.) und in der Marktstruktur (z. B. Eindringen von Billiganbietern, Vormarsch ausländischer Marken) neu festgelegt werden. Bei Stapel-artikeln stehen Nachbestellungen (Wiederholungskäufe) im Vordergrund.

1.2 Mengenplanung – Wie viel soll bestellt werden?

Beispiel: Für das neu ins Sortiment aufgenommene Mountainbike TRIAL Extrem Plus überlegt Lukas Reichert, Einkaufsleiter der TRIAL GmbH, ob es wirtschaftlicher ist, den gesamten Jahresbedarf (geplant sind 36 Stück) auf einmal oder in Teilmengen zu bestellen.

Bei der Mengenplanung wird der **Zielkonflikt der Beschaffung** deutlich. Liegt die Bestellmenge **zu niedrig**, dann treten Fehlmengenkosten durch mangelnde Lieferbereitschaft auf. Teure Expresslieferungen und Kundenverluste sind die Folge. Dafür sind die Lagerhaltungskosten und das Lagerrisiko aufgrund der geringen Lagerbestände niedrig. Ist die Bestellmenge **zu hoch**, dann schlägt sich dies in hohen Lagerbeständen und den damit verbundenen hohen Lagerkosten nieder. Dafür entstehen keine Fehlmengenkosten, da die Lieferbereitschaft gesichert ist. Bei hohen Bestellmengen können zudem günstige Beschaffungspreise ausgehandelt werden.

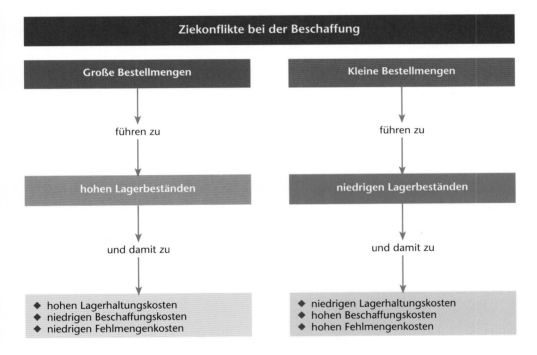

Zentraler Bestandteil der Mengenplanung ist die Bestimmung der **optimalen Bestellmenge**. Hier wird der Zielkonflikt der Beschaffung deutlich. Jeder Bestellvorgang verursacht **Bestellkosten**, z. B. Arbeitskosten für den Sachbearbeiter, Übermittlungskosten, Kosten für die Sachmittel und den Transport. Die Bestellkosten sind unabhängig von der bestellten Menge (also Fixkosten), d. h., es ist gleichgültig, ob nur ein Stück bestellt wird oder 100 Stück eines Artikels – der Bearbeitungsaufwand ist jeweils derselbe.

Weiter muss beachtet werden, dass die Ware nach dem Eingang gelagert werden muss. Je höher die bestellte Menge, desto höher sind die Lagerbestände und damit die **Lagerhaltungskosten** (z. B. Zinsaufwand für das im Bestand und in der Lagereinrichtung gebundene Kapital, Versicherungsaufwand, Personalaufwand, Miete für die Lagerfläche).

$$\text{Lagerhaltungskostensatz} = \frac{\text{Lagerhaltungskosten} \cdot 100}{\text{durchschnittlicher Lagerbestand}}$$

$$\text{Lagerhaltungskosten pro Stück} = \text{Lagerhaltungskostensatz} \cdot \text{Einstandspreis}$$

Beispiel: Bei der TRIAL GmbH betragen die Bestellkosten 300,00 EUR pro Bestellung. Mit dem Lagerhaltungskostensatz (10 %) und dem Einstandspreis (1 500,00 EUR) kann Lukas Reichert die Lagerhaltungskosten für ein gelagertes Mountainbike Extrem Plus errechnen: 1 500 · 10 % = 150,00 EUR. Weiter ist zu beachten, dass im Durchschnitt immer die halbe Bestellmenge auf Lager liegt (Annahme: gleichmäßiger Verkauf während des Jahres). Bei einem Jahresbedarf von 36 Mountainbikes ergibt sich folgende Situation:

Tabellarische Ermittlung der optimalen Bestellmenge

Bestell-menge	Bestell-häufigkeit im Jahr	Ø Lager-bestand = $^1/_2$ Bestell-menge	Lagerkosten = 150,00 EUR pro Stück	Bestell-kosten = 300,00 EUR pro Bestellung	Gesamt-kosten
4 Stück	9-mal	2 Stück	300,00 EUR	2 700,00 EUR	3 000,00 EUR
8 Stück	4,5-mal	4 Stück	600,00 EUR	1 350,00 EUR	1 950,00 EUR
12 Stück	3-mal	6 Stück	900,00 EUR	900,00 EUR	1 800,00 EUR
16 Stück	2,25-mal	8 Stück	1 200,00 EUR	675,00 EUR	1 875,00 EUR
18 Stück	2-mal	9 Stück	1 350,00 EUR	600,00 EUR	1 950,00 EUR
24 Stück	1,5-mal	12 Stück	1 800,00 EUR	450,00 EUR	2 250,00 EUR
36 Stück	1-mal	18 Stück	2 700,00 EUR	300,00 EUR	3 000,00 EUR

Optimale Bestellmenge   Lagerkosten und Bestellkosten sind gleich   Gesamtkosten sind minimal

Erläuterungen für die erste Zeile der Tabelle:
Bestellmenge = angenommene Stückzahlen (Jahresbedarf = 36 Stück)
Bestellhäufigkeit = Jahresbedarf : Bestellmenge = 36 : 4 = 9-mal
Ø Lagerbestand = Bestellmenge : 2 = 4 : 2 = 2 Stück
Lagerkosten = Ø Lagerbestand · Lagerkosten/Stück = 2 · 150 = 300,00 EUR
Bestellkosten = Bestellhäufigkeit · Bestellkosten = 9 · 300 = 2 700,00 EUR
Gesamtkosten = Lagerkosten + Bestellkosten = 300 + 2 700 = 3 000,00 EUR

Merke Die Bestellmenge ist dann optimal, wenn die Gesamtkosten minimal sind und die Lagerhaltungskosten und Bestellkosten gleich hoch sind.

Für das Mountainbike Trial Extrem Plus sind diese beiden Bedingungen bei einer Bestellmenge von zwölf Stück erfüllt. Die optimale Bestellmenge beträgt also zwölf Stück.

Grafische Ermittlung der optimalen Bestellmenge

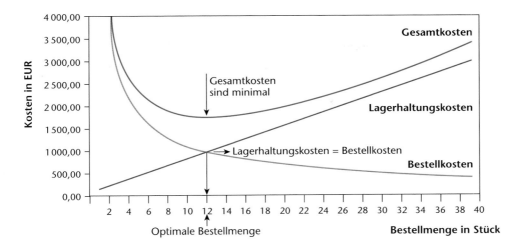

Die optimale Bestellmenge lässt sich auch mithilfe der Bestellmengenformel[1] beechnen:

$$\text{Optimale Bestellmenge} = \sqrt{\frac{200 \cdot \text{Jahresbedarf} \cdot \text{Bestellkosten}}{\text{Einstandspreis} \cdot \text{Lagerhaltungskostensatz}}}$$

Beispiel:

$$\text{Optimale Bestellmenge} = \sqrt{\frac{200 \cdot 36 \cdot 300}{1\,500 \cdot 10}} = 12 \text{ Stück}$$

1.3 Zeitplanung – Wann soll bestellt werden?

Wie die Bestellmenge trägt auch der Bestellzeitpunkt zur Lösung des Zielkonflikts der Beschaffung bei. Wird zu früh bestellt, dann bilden sich unnötige Lagerbestände und damit zu hohe Lagerkosten. Wird zu spät bestellt, dann entstehen Fehlmengen. Es kommt zu Lieferverzögerungen auf der Verkaufsseite, Kunden werden aufgrund mangelnder Lieferbereitschaft verärgert.

Der Zeitpunkt der Bestellung sollte so gewählt werden, dass mit dem vorhandenen Lagerbestand die **Beschaffungszeit** (z. B. Zeit für die Bestellabwicklung, Lieferung, Wareneingangskontrolle und Einlagerung) überbrückt werden kann, ohne dass der Sicherheitsbestand angegriffen wird.

Der **Sicherheitsbestand**[2] soll stets vorrätig sein, denn er soll folgende drei Unsicherheiten (Risiken) ausgleichen:

---

[1] Stefanic-Allmayer, Karl; Die günstigste Bestellmenge beim Einkauf; in: Sparwirtschaft, Zeitschrift für wirtschaftlichen Betrieb, Wien 1927, Seite 504 ff.
[2] andere Begriffe: Mindestbestand, eiserner Bestand

◆ Lieferunsicherheit, wenn der Lieferer den Liefertermin überschreitet,
◆ Bestandsunsicherheit, wenn der Istbestand niedriger ist als der Buchbestand (z. B. durch Diebstahl, Verderb der Ware),
◆ Nachfrageunsicherheit, wenn außer- und innerbetriebliche Kunden mehr nachfragen, als in der Bedarfsplanung vorgesehen war.

Berechnung des Sicherheitsbestands (ZE = Zeiteinheiten, z. B. Monate, Tag, Wochen):

Sicherheitsbestand = Sicherheitszuschlag in ZE · Verbrauch pro ZE

Beispiel: Sicherheitsbestand = 1 Monat · 3 Stück/Monat = **3 Stück**

Für das Mountainbike Extrem Plus geht Lukas Reichert von einem Sicherheitszuschlag von einem Monat aus. Bei einem monatlichen Verkauf von drei Stück errechnet sich ein Sicherheitsbestand von drei Stück.

Merke

Der Bestand, bei dessen Erreichen bestellt werden muss, heißt **Meldebestand** oder Bestellpunkt. Er stellt sicher, dass rechtzeitig bestellt wird, d. h., dass die Beschaffungszeit überbrückt werden kann und der Sicherheitsbestand nicht unterschritten wird.

Der Meldebestand kann rechnerisch wie folgt ermitelt werden:

Meldebestand = Beschaffungszeit · Verbrauch pro ZE + Sicherheitsbestand

Beispiel: Meldebestand = 2 Monate · 3 Stück/Monat + 3 Stück = **9 Stück**

Lukas Reichert errechnet einen Meldebestand von neun Stück. Bei diesem Lagerbestand muss bestellt werden, wenn die Beschaffungszeit überbrückt und der Sicherheitsbestand nicht unterschritten werden soll.

Grafische Darstellung der Lagerbewegung

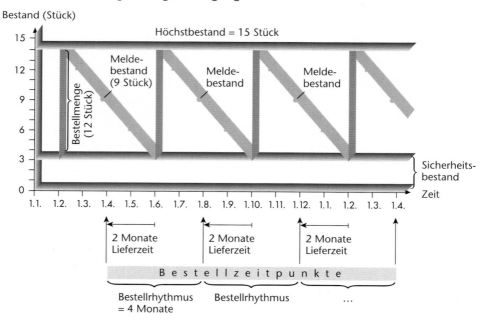

Erläuterung: Lukas Reichert muss für das Mountainbike Extrem Plus zunächst einen Sicherheitsbestand von drei Stück aufbauen. Er muss also bei der ersten Beschaffung die Bestellmenge (zwölf Stück) um drei Stück erhöhen. Der Höchstbestand beträgt nach Lieferung der Mountainbikes am 01.02. 15 Stück. Davon werden jeden Monat drei Stück verkauft, bis der Sicherheitsbestand (drei Stück) erreicht ist. Dies ist am 01.06. der Fall. Es wäre zu spät, wenn Lukas Reichert jetzt erst bestellen würde, denn die Beschaffungszeit beträgt zwei Monate. Da während dieser zwei Monate sechs Stück (2 Mo. · 3 Stück/Mo.) verkauft werden und der Sicherheitsbestand (drei Stück) nicht unterschritten werden darf, muss er zwei Monate vorher, also am 01.04. (01.06. abzüglich 2 Mo.) bzw. bei einem Meldebestand von neun Stück spätestens bestellen.

Beispiel: Aus der dargestellten Lagerbewegung kann Lukas Reichert die Bestellzeitpunkte (01.04., 01.08., 01.12.) und den Lagerbestand ablesen, bei dem bestellt werden muss (Meldebestand = neun Stück).

Das Bestellverfahren, bei dem bei Erreichen des Meldebestands bzw. Bestellpunkts bestellt wird, nennt man **Bestellpunktverfahren**. Es ist bestandsabhängig, da der Bestellzeitpunkt von der Höhe des Meldebestands abhängt.

Wenn der tatsächliche Verkauf geringer ausfällt als geplant, dann müsste, bei gleich bleibender Lieferzeit der Meldebestand gesenkt werden, um Überbestände zu vermeiden. Bei unerwartet hoher Nachfrage müsste der Meldebestand erhöht werden, damit keine Fehlmengen entstehen.

Wird die Bestellung unabhängig vom aktuellen Lagerbestand in bestimmten Zeitabständen (hier: alle vier Monate) ausgelöst, dann handelt es sich um das **Bestellrhythmusverfahren**. Das Bestellrhythmusverfahren ist zeitabhängig.

Wenn der tatsächliche Verkauf geringer ausfällt als geplant, dann müsste, bei gleich bleibender Lieferzeit die Bestellmenge verringert werden, um Überbestände zu vermeiden. Bei unerwartet hoher Nachfrage müsste die Bestellmenge erhöht werden, damit keine Fehlmengen entstehen.

Beispiel: Aus der dargestellten Lagerbewegung kann Lukas Reichert den Bestellrhythmus, also den Abstand zwischen zwei Bestellzeitpunkten (z. B. 01.08. bis 01.04.), ablesen. Der Bestellrhythmus beträgt vier Monate.

1.4 Bezugsquellenermittlung – Wo soll bestellt werden?

Beispiel: Nachdem Lukas Reichert, Einkaufsleiter der TRIAL GmbH, für das Mountainbike Trial Extrem Plus den Jahresbedarf, die optimale Bestellmenge und die Bestellzeitpunkte ermittelt hat, beauftragt er Jürgen Merkle (Einkaufssachbearbeiter), Bezugsquellen für diesen Artikel ausfindig zu machen.

Wenn es darum geht, Bezugsquellen für Artikel/Materialien zu finden, die laufend benötigt werden, dann kann auf einen im Lauf der Zeit aufgebauten Lieferantenstamm zurückgegriffen werden (innerbetriebliche bzw. **interne Bezugsquelleninformationen**). Für neue Artikel/Materialien müssen außerbetriebliche bzw. **externe Bezugsquelleninformationen** erschlossen werden. Dies empfiehlt sich auch für die laufend benötigten Teile, da immer die Möglichkeit besteht, einen noch leistungsstärkeren Lieferanten zu finden.

Innerbetriebliche Informationsquellen

Sucht der Einkäufer für einen bestimmten Artikel den Lieferanten, dann greift er zunächst auf die interne **Artikel-/Warenbezugsdatei** zurück. Sie ist nach Artikel-/Material-nummern geordnet und enthält alle zugehörigen Lieferanten, mit denen bereits Geschäftsbeziehungen bestehen.

Beispiel: Auszug aus der Artikeldatei der TRIAL GmbH

Artikel-/Warenbezugsdatei									
Artikel-Nr./Material-Nr.: 20026 Artikelbezeichnung: Mountainbike Trial Extrem									
Lieferer Nr.	Firma	Listen Preis EUR	Rabatt %	Skonto %	Barein- kaufspreis EUR	Liefer- zeit Tage	Letzte Liefe- rung	Bean- stan- dungen
171000	Bike Groha Doll	1 007,00	5 %	2 %	937,52	30	03.12.	–
171003	Interbike Paris	1 007,00	–	3 %	976,79	60	04.01.	–

Will der Einkäufer sich lediglich vergewissern, ob er den richtigen Lieferanten für ein bestimmtes Beschaffungsgut hat, dann greift er auf die **Lieferantendatei** zurück, die nach Lieferanten-Nummern geordnet ist und neben dem Lieferprogramm zahlreiche weitere Informationen (Lieferungs- und Zahlungsbedingungen, letztes Bestelldatum usw.) enthält. Die Lieferantendatei ist der „Steckbrief" des Lieferanten.

Weitere Informationsmöglichkeiten über Bezugsquellen sind Berichte der Handlungs-reisenden, Messeberichte der Einkäufer, Preis-, Einkaufs- und – vor allem im Handel – Absatzstatistiken.

Außerbetriebliche Informationsquellen

Viele Unternehmen legen sich für alle hochwertigen Materialien und Artikel ein **Bezugs-quellenverzeichnis** an, in dem sie systematisch Informationen (Prospekte, Zeitungs-berichte, Vertreterbesuche) über alle wettbewerbsfähigen Lieferanten sammeln. Im Bedarfsfall können die Einkäufer auf dieses Verzeichnis zurückgreifen, wenn für eingehen-dere Analysen nicht genügend Zeit ist.

Ein guter Einkäufer informiert sich ständig über mögliche neue Lieferanten. Wichtige außerbetriebliche Informationsquellen sind:

◆ Adressbücher und Branchenverzeichnisse („Wer liefert was?", „ABC der deutschen Wirt-schaft", „Einkaufs-1 x 1 der deutschen Industrie", „Gelbe Seiten" usw.),
◆ Messebesuche, Vertretergespräche,
◆ Berichte und Annoncen in Fachzeitschriften.

Bequemer ist die Informationsbeschaffung über das Internet.

So bietet z. B. die Hamburger „*Wer liefert was?*"-GmbH unter **http://www.wlwonline.de** den Zugriff auf eine Datenbank, in der Namen, Adressen, Produkte und Produktpreise von über 200 000 Firmen aus europäischen Ländern enthalten sind. Über ein Suchformular lässt sich die Datenbank online nach Produkt- oder Firmennamen durchsuchen. Die Suchergebnisse werden in Listenform angezeigt. Für Detailinformationen lassen sich aus den Kurzlisten mehrere Firmenprofile selektieren und ausdrucken. Per Mausklick können Angebote für ein bestimmtes Produkt angefordert werden.

Lieferanten können über ihre Homepage, über Suchmaschinen, über Firmendatenbanken sowie über **Trade-Page-Services** (Pinboards, schwarze Bretter mit Angeboten und Suchwünschen nach Produkten, z. B. www.tradeweb.com) ausfindig gemacht werden.

Informationsquellen im Internet

Web-Adresse	Erläuterungen
www.abconline.de	ABC der deutschen Wirtschaft
www.branchenbuch de	Branchenverzeichnis
www.firmendatenbank de	Deutsche Firmendatenbank (Hoppenstedt)
www.idmnet.net	Schweizerische Firmendatenbank
www.tradeweb.com	Trade-Page
www.wlwonline.de	Wer liefert was?
www.yellowmap.de	Gelbe Seiten
www.auma.de	Seite des Ausstellungs und Messe-Ausschusses der Deutschen Wirtschaft e. V. (AUMA)
www.expodatabase.de	Weltweite Messedatenbank
www.genios.de	GENIOS-Wirtschaftsdatenbank

Beispiel: Jürgen Merkle recherchiert im Internet nach passenden Lieferanten. Bei „*Wer liefert was?*" (www.wlwonline.de) wird er fündig. Gleich drei Lieferanten in der Umgebung kommen infrage: Bike Groha GmbH in Bruchsal, Interbike Paris in Hamburg und die Bernd Cotta GmbH in Wendelstein. Bike Groha und Interbike Paris gehören bereits zu den Stammlieferanten der TRIAL GmbH.

Um auf ausländische Bezugsquellen zugreifen zu können, sind oft aufwendige Recherchen im Ausland notwendig. Einen ersten Überblick bieten folgende Informationsquellen:

Informationsquellen über ausländische Lieferanten

Quelle	Erläuterungen
IHK	Auslandsabteilungen der Industrie- und Handelskammern verfügen über ausländische Geschäftsadressen. In den IHK-Mitteilungsblättern inserieren auch ausländische Anbieter.
Germany Trade and Invest (GTAI), Gesellschaft der Bundesrepublik Deutschland für Außenwirtschaft und Standortmarketing	Servicestelle des Bundesministeriums für Wirtschaft und Technologie in Berlin und Bonn. GTAI veröffentlicht aktuelle Informationen über den Außenhandel (z. B. Länderberichte, Geschäftswünsche). Kostenpflichtige Informationsdienste: ◆ schriftliche und telefonische Direktauskunft, ◆ monatlicher CD-ROM-Service, ◆ Datenbank-Recherche über das Internet. Homepage: http://www.gtai.com; viele Links zu weiteren Informationsquellen aus dem Außenhandel
Deutsche Auslandshandelskammern	Sitz in allen wichtigen Außenhandelsländern der Bundesrepublik Deutschland. Sie verfügen über Geschäftsadressen und haben besondere *„Vor-Ort-Kenntnisse"* des jeweiligen Auslandsmarktes (kostenpflichtige Serviceleistungen). Internet-Kontakt z. B. über die IHK-Homepage: http://www.ihk.de, Link *„AHK"*
Fachverbände, Informationszentren Trade-Center	Z. B. Außenhandelsverbände, international über Dachverbände organisiert (z. B. Confederation of International Trading Houses Associations – C. I. T. H. A.). Sie helfen ihren Mitgliedsunternehmen bei der Anbahnung internationaler Geschäftskontakte. Z. B. japanische Außenhandelszentrale, Düsseldorf; Korea Trade Center, Frankfurt a. M. Sie vermitteln Geschäftskontakte in das vertretene Land.

Elektronischer Marktplatz auf der Beschaffungsseite

vgl. Kap. 2.5 Immer mehr Großunternehmen drehen den Spieß um. Ihre Einkaufsabteilungen richten eigene **elektronische Marktplätze** für die Materialbeschaffung ein, auf denen sich interessierte Lieferanten über die Einkaufsbedingungen und neue Absatzmöglichkeiten informieren und Kontakt aufnehmen können.

Lieferantenaudits

Weitere Informationen über den Beschaffungsmarkt lassen sich dadurch gewinnen, dass **Selbstauskunftsfragebögen** an eine Vielzahl von Lieferanten verschickt werden.

Aufgrund der niedrigen Rücklaufquote der Selbstauskunftsfragebögen (40 % wären schon optimal) und oft mangelnder Vollständigkeit und Genauigkeit der Antworten wird die Zahl der möglichen Lieferanten bereits stark eingegrenzt. Die rechtlich unverbindlichen Anfragen beantworten die Lieferanten oft mit rechtlich verbindlichen Angeboten, deren Inhalt dann verglichen werden kann.

Durch ein **Lieferantenaudit**[1] kann anhand einer Checkliste, in der alle Kriterien und Vorgaben enthalten sind, die Eignung eines Lieferanten überprüft und beurteilt werden.

---

[1] Audit = Anhörung, Beurteilung, Bewertung

Aufgrund der Ergebnisse der Audits (Umwelt-, Qualitäts-Audits) werden Lieferanten in die innerbetriebliche Liste zugelassener Lieferanten aufgenommen oder bei mehrmaligem schlechten Abschneiden gestrichen. Die Durchführung eines Audits erfordert die **aktive Mitarbeit** des Lieferanten. Gegebenenfalls wird die Befragung durch Teilbegehungen der Betriebsstätten ergänzt. Der Zeitraum zwischen den Audits ist abhängig vom Ergebnis des vorangegangenen Audits, von der Bedeutung des Lieferanten und vom Auftragsvolumen.

1.5 Preisplanung – Zu welchen Preisen soll beschafft werden?

Die Beschaffungspreise werden maßgeblich von der Produkt- und Sortimentspolitik vgl. LF 9 beeinflusst. Die kalkulierten bzw. die am Markt erzielbaren Absatzpreise setzen hier enge Grenzen. Bei einem hochpreisigen Sortiment hat der Einkäufer mehr Spielraum bei seinen Lieferantenverhandlungen als bei so genannten Billigwaren.

Der Preisspielraum hängt zusätzlich von der Marktstellung des beschaffenden Unternehmens und den Konkurrenzverhältnissen am Absatz- bzw. Beschaffungsmarkt ab.

Bei Saisonwaren und Waren mit starken Preisschwankungen legt die Geschäfts- oder Einkaufsleitung so genannte Einkaufslimits[1] (Preis- und Mengenlimits) fest. So hat der Einkäufer bei seinen Verhandlungen mit den Lieferanten einen Rahmen, innerhalb dessen er sich bewegen kann.

1.6 Einkaufsplanung mittels Limitrechnung

Die Limitrechnung ist vor allem bei **Saisonwaren** verbreitet, bei denen mit besonderer Vorsicht bestellt werden muss. Bei der Planung des Einkaufswerts wird eine Einkaufsgrenze (Limit) festgelegt, über die die Einkaufsabteilung bzw. der einzelne Einkäufer verfügen darf. Dadurch wird erreicht, dass zu Saison- bzw. Jahresbeginn nicht zu viel Ware geordert wird.

Beispiel: Bei Textilwaren laden die Hersteller ihre Händler vor Saisonbeginn zu Mustermessen ein, auf denen sie ihre neuesten Kollektionen vorführen und Orders (Bestellungen) des Handels entgegennehmen. Je mehr Vororders die Händler ausschreiben, desto sicherer ist die Produktions- und Absatzplanung des Herstellers. Vom gesamten Saisonbedarf werden etwa zwei Drittel vorgeordert, ein Drittel bleibt als Limitreserve für die Nachorder.

Verteilung der Liefertermine für die Herbst-/Wintersaison

Bestellzeitraum	Juni	Juli	August	September	Oktober
Verteilung des Einkaufsvolumens	2 %	8 %	35 %	30 %	25 %

---

[1] Limit (engl.) = Grenze; das Wort stammt vom römischen Grenzwall (Limes) ab

Die **Limitplanung** erfolgt in mehreren Schritten:

1. Schritt: Ermittlung des Bruttolimits

Planumsatz zu Verkaufspreisen (Umsatzplanung)	100 000,00 EUR
– Kalkulationsabschlag[1], z.B. 60 %	– 60 000,00 EUR
Planumsatz zu Einstandspreisen = **Bruttolimit**	40 000,00 EUR

Der Einkauf muss Waren im Wert von 40 000,00 EUR bestellen (Wareneinsatz), sodass der Umsatz von 100 000,00 EUR erreicht werden kann.

2. Schritt: Berechnung des notwendigen Lageraufbaus bzw. Lagerabbaus

Da der Einkauf wegen der Lagerkosten nicht alle Waren auf einmal bestellt, muss er den durchschnittlichen Lagerbestand feststellen. Je höher die Lagerumschlagsgeschwindigkeit (LUG[2]) ist, desto weniger Lagerbestand ist notwendig, um den Wareneinsatz zu erreichen.

Geplanter durchschnittlicher Lagerbestand	
Planumsatz zu Einstandspreisen : LUG z.B.: 40 000,00 EUR : 5 =	8 000,00 EUR

Ausgehend vom vorhandenen Lagerbestand (Anfangsbestand am 1.1.) und dem Soll-Lagerbestand (Schlussbestand am 31.12.) kann ermittelt werden, ob das Lager aufgebaut oder abgebaut werden muss, um den für den Verkauf notwendigen durchschnittlichen Lagerbestand zu erreichen.

Soll-Lagerbestand am 31.12. (Schlussbestand)	6 000,00 EUR[3]
– **Ist-Lagerbestand** am 1.1. (Anfangsbestand)	– 10 000,00 EUR
= **Lageraufbau (+)** bzw. **Lagerabbau (–)**	– 4 000,00 EUR

3. Schritt: Ermittlung des Nettolimits und des freien Limits

Bruttolimit	40 000,00 EUR
+ **Lageraufbau** bzw. – **Lagerabbau**	– 4 000,00 EUR
Nettolimit = Gesamtlimit	**36 000,00 EUR**
– **Limitreserve** für Nachbestellungen z. B. 33⅓ %	– 12 000,00 EUR
– bereits laufende Bestellungen bei Lieferanten	– 3 000,00 EUR
Freies Limit	**21 000,00 EUR**

---

[1] Kalkulationsabschlag = (Umsatz zu Verkaufspreisen – Umsatz zu Einstandspreisen) · 100 : Umsatz zu Verkaufspreisen, siehe LF 9, Kapitel 5.4

[2] **LUG** = Lagerumschlagsgeschwindigkeit = Planumsatz zu Einstandspreisen/Ø Lagerbestand, siehe LF 7, Kapitel 5.2

[3]
$$\text{Ø Lagerbestand} = \frac{\text{Anfangsbestand} + \text{Schlussbestand}}{2}$$

$$8\,000,00\ \text{EUR} = \frac{10\,000,00\ \text{EUR} + \text{Schlussbestand (Soll-Lagerbestand)}}{2}$$

Schlussbestand = Soll-Lagerbestand = 8 000,00 EUR · 2 – 10 000,00 EUR = 6 000,00 EUR

Über das freie Limit kann der Einkauf frei verfügen. Das freie Limit wird in der Regel sofort ausgegeben **(Vororder)**. Die Limitreserve wird für Nachbestellungen während der Saison **(Nachorder)** zurückgehalten.

Werden Bestellungen (Orders) erteilt, dann wird der entsprechende Einkaufswert vom freien Limit abgezogen, sodass ein ständiger Überblick über das noch verfügbare Limit möglich wird **(Limitkontrolle)**. Hier leistet das computergestützte Warenwirtschaftssystem des Einzelhändlers wertvolle Dienste.

Limitkontrolle

Freies Limit (frei verfügbarer Einkaufswert)	21 000,00 EUR
– **Wareneinkäufe (Orders)** z. B. per Juli = 10 % des Nettolimits	– 3 600,00 EUR
Noch verfügbarer Einkaufswert **(Restlimit)**	**17 400,00 EUR**

Die Limitrechnung (Limitplanung und -kontrolle) kann für den Gesamtbetrieb (z. B. eine Filiale), für eine bestimmte Warengruppe (Abteilung) oder für einen einzelnen Artikel durchgeführt werden.

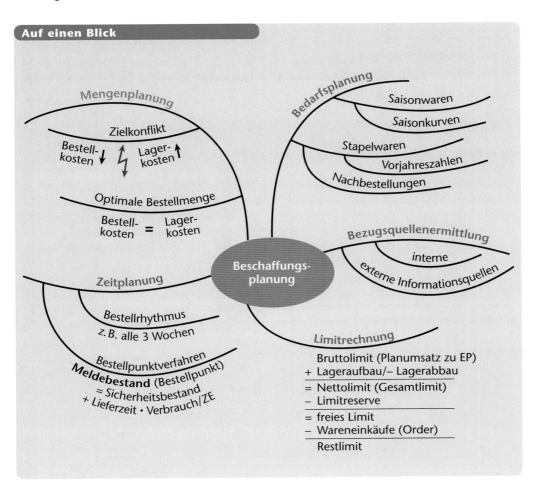

Auf einen Blick

Mengenplanung
Zielkonflikt
Bestell-kosten ↓ ⚡ Lager-kosten ↑
Optimale Bestellmenge
Bestell-kosten = Lager-kosten
Zeitplanung
Bestellrhythmus z. B. alle 3 Wochen
Bestellpunktverfahren
Meldebestand (Bestellpunkt)
= Sicherheitsbestand
+ Lieferzeit · Verbrauch/ZE

Bedarfsplanung
Saisonwaren
Saisonkurven
Stapelwaren
Vorjahreszahlen
Nachbestellungen

Beschaffungs-planung

Bezugsquellenermittlung
interne
externe Informationsquellen

Limitrechnung
Bruttolimit (Planumsatz zu EP)
+ Lageraufbau/– Lagerabbau
= Nettolimit (Gesamtlimit)
– Limitreserve
= freies Limit
– Wareneinkäufe (Order)
Restlimit

2 Beschaffungsdurchführung – bald nur noch online?

Auszug aus dem Protokoll der Abteilungsleitersitzung vom Montag:

> [...]
> Aufgrund häufiger Anfragen von Kunden soll unser Sortiment abgerundet werden. Es wurde einstimmig folgender Beschluss gefasst: Die Produktgruppe Mountainbikes wird um ein hochpreisiges Produkt erweitert, das unter unserer Handelsmarke Mountainbike Trial Extrem Plus vertrieben werden soll.
> Der Verkaufspreis soll etwa 3 000,00 EUR betragen.
> Lukas Reichert (Einkauf) erhält den Auftrag, alle notwendigen Schritte einzuleiten.

1. Stellen Sie alle notwendigen Schritte des Beschaffungsvorgangs übersichtlich auf einem Plakat dar.

2. Verfassen Sie für die Beschaffung von Trekking-Bikes eine Anfrage mithilfe eines Textverarbeitungsprogramms.

3. Erarbeiten Sie einen Kriterienkatalog für die Lieferantenauswahl.

2.1 Anfrage – unverbindliche Kontaktaufnahme

Durch eine **Kundenanfrage** soll eine Geschäftsbeziehung angebahnt oder erneuert werden. Anfragen sind daher **rechtlich völlig unverbindlich** und formlos. Es können also inhaltsgleiche Anfragen an viele infrage kommende Anbieter gerichtet werden. Die Anfrage kann sich auf das gesamte Leistungsangebot eines Lieferanten **(allgemeine Anfrage)** oder auf einen ganz bestimmten Artikel des Anbieters beziehen **(bestimmte Anfrage)**.

Beispiel: Lukas Reichert beauftragt seinen Mitarbeiter Jürgen Merkle, von den infrage kommenden drei Lieferanten Bike Groha GmbH in Bruchsal, Interbike Paris in Hamburg und Bernd Cotta GmbH in Wendelstein Angebote einzuholen.

Jürgen Merkle schickt an alle drei Lieferanten inhaltsgleiche Anfragen. Weil es schnell gehen soll, übermittelt er diese per E-Mail.

Auszug aus der E-Mail vom 4. Januar:

Betreff: Anfrage nach hochwertigen Mountainbikes

[...]
Wir beabsichtigen, unser Angebot um Premiumprodukte zu erweitern. Ihre Mountainbikes würden unser Sortiment ideal ergänzen.

[...]
Teilen Sie uns bitte mit, ob Sie bereit sind, Ihre Premiumprodukte auch unter unserer Handelsmarke Trial Extrem Plus zu vertreiben.

[...]
Bitte übersenden Sie nähere Informationen mit Angabe Ihrer Lieferungs- und Zahlungsbedingungen. Unsere Jahresabnahme wird sich auf 30 bis 40 Stück belaufen.

[...]

Am 7. Januar gehen die Angebote der drei Lieferanten mit den Preisen, Lieferungs- und Zahlungsbedingungen ein.

2.2 Angebot – verbindlich an eine bestimmte Person

Merkmale des Angebots

Das **Angebot** ist eine **verbindliche** Willenserklärung des Verkäufers an eine **bestimmte** Person, unter bestimmten Bedingungen einen Kaufvertrag abzuschließen.

Keine Angebote sind z. B. Schaufensterauslagen, Zeitungsanzeigen, da hier die Willenserklärung an die Allgemeinheit gerichtet ist.

Wenn dieselbe Ware mehreren Kunden angeboten wird, empfiehlt es sich, durch so genannte **Freizeichnungsklauseln** (z. B. *„unverbindlich"*, *„ohne Gewähr"*, *„freibleibend"*, *„solange Vorrat reicht"*) die Bindung auszuschließen.

Die Bindung an ein Angebot gilt so lange, wie **„unter regelmäßigen Umständen eine Antwort erwartet werden kann"**. Das einem Anwesenden (auch fernmündlich) gemachte Angebot kann nur sofort angenommen werden (§ 147 BGB). Die Bindung an ein Angebot erlischt, wenn es zu spät oder mit Abänderungen angenommen wird.

Ging dem Angebot eine Anfrage des Kunden voraus, dann handelt es sich um ein **verlangtes Angebot**.

In ihren Angeboten nennen die Lieferanten ihre Lieferungs- und Zahlungsbedingungen. Häufig verweist der Anbieter auf seine **„Allgemeine Geschäftsbedingungen" (AGB)**. Individuell vereinbarte Lieferungs- und Zahlungsbedingungen haben immer Vorrang vor gesetzlichen Mindestregelungen (§ 305b BGB). Die gesetzlichen Vorschriften gelten dann, wenn vertraglich nichts geregelt ist. vgl. LF 1 Kapitel 4.2

Bevor die Geschäftsbedingungen verglichen werden können, muss man ihren **Inhalt** kennen.

Beispiel: Auszug aus den Geschäftsbedingungen der TRIAL GmbH

---

1. **Kaufabschluss**
   Sämtliche Angebote sind freibleibend. Verträge kommen erst mit unserer schriftlichen Auftragsbestätigung zustande.

2. **Auslieferung und Gefahrenübergang**
   Sämtliche Preise verstehen sich grundsätzlich ab Lager. Der Versand erfolgt auf Rechnung und Gefahr des Käufers.

3. **Qualität**
   Wenn nicht anders vermerkt, liefern wir handelsübliche Qualität.

Inhalt des Angebots – Vertrag geht vor Gesetz

Es ist für den Anbieter vorteilhaft, wenn er alle Einzelheiten im Angebot so ausführlich und unmissverständlich festlegt, dass der Kunde nur noch mit *„Ja"* antworten muss. Grundsätzlich haben vertragliche Vereinbarungen (*„Individualabreden"*) Vorrang vor gesetzlichen Regelungen. Bei unklaren oder fehlenden Angebotsbedingungen greift die entsprechende Regelung des Handelsgesetzbuchs (HGB) bzw. Bürgerlichen Gesetzbuchs (BGB).

Ein ausführliches Angebot enthält folgende Angaben:
1. Art und Beschaffenheit (Güte, Qualität) der angebotenen Leistung,
2. Angebotsmenge und -preis mit allen Preisbestandteilen,
3. Lieferzeit,
4. Verpackungs- und Beförderungsbedingungen,
5. Zahlungsbedingungen,
6. Erfüllungsort und Gerichtsstand.

Art und Güte der Ware

Art	Handelsübliche Bezeichnung der Ware
Güte	Beschreibung der Qualitätsmerkmale (z. B. Gütezeichen, Handelsklassen)
Gesetzliche Regelung	Nach § 243 BGB und § 360 HGB hat der Käufer Anspruch auf Waren **mittlerer Art und Güte**. Diese Regelung gilt nur für Gattungswaren.

Menge und Preis

Menge	Die Menge sollte in handelsüblichen (z. B. Ballen, Kisten) oder gesetzlichen Bezeichnungen (z. B. m, kg) angegeben werden.
Preis	Bei zweiseitigen Handelskäufen werden **Nettopreise** (Listenpreise, ohne Umsatzsteuer) angegeben. Diese Preise ermäßigen sich durch: – **Rabatt:** Mengenrabatt · bei Abnahme einer größeren Menge, Treuerabatt · für langjährige Kunden (Stammkunden), Wiederverkäuferrabatt · für Groß- und Einzelhändler bei Preisempfehlungen und Richtpreisen, Naturalrabatt · Rabatt in Form von Warenbeigaben, Sonderrabatte · für Personal, bei Geschäftsjubiläen, – **Bonus:** Umsatzrückvergütung · für gewerbliche Kunden nachträglich am Ende des Jahres, – **Skonto:** Preisnachlass bei Bezahlung innerhalb einer bestimmten Frist.

Gesetzliche Regelung	Gegenüber Letztverbrauchern muss der Preis einschließlich Umsatzsteuer **(Bruttopreis)** die Verkaufs-/Leistungseinheit, die Gütebezeichnung und der Grundpreis (das ist der Preis pro Mengeneinheit, z. B. EUR pro kg) angegeben werden (§ 1 PAngV).

Lieferzeit

Terminkauf	*„Lieferung bis 31. März", „Lieferung innerhalb 14 Tagen"*
Fixkauf	Liefertermin ist wesentlicher Bestandteil des Kaufvertrags. *„Lieferung am 15. April, fix", „Lieferung genau am 31. März"*
Gesetzliche Regelung	Nach § 271 BGB kann der Käufer **sofortige Lieferung** verlangen, der Verkäufer kann sofort liefern. Das **Fixgeschäft** ist in § 323 BGB und § 376 HGB geregelt.

Zahlungsbedingungen

Zahlung vor der Lieferung	Vorauszahlung, Anzahlung, Zahlung bei Bestellung (bei neuen oder unzuverlässigen Kunden; Großaufträgen)
bei der Lieferung	Barzahlung *„gegen Nachnahme", „netto Kasse"* (im Einzelhandel, Versandhandel üblich)
nach der Lieferung	*„innerhalb zehn Tagen 3 % Skonto oder 30 Tage Ziel"; „zwei Monate Ziel"; „gegen sechs Monatsraten"* (bei *„guten"* Kunden, zur Beschleunigung des Kaufentschlusses)
Gesetzliche Regelung	Nach § 271 BGB kann der Gläubiger **sofortige Zahlung** verlangen. Die Kosten der Zahlung trägt der Käufer (§ 270 BGB). Bei Verbraucherdarlehensverträgen gelten besondere Schutzrechte des Verbrauchers, z. B. Angabe des effektiven Jahreszinssatzes, Widerrufsrecht innerhalb zwei Wochen, Schriftform (§§ 491 ff. BGB).

Lieferungsbedingungen

Verpackungskosten	◆ Preis netto einschließlich Verpackung: Käufer zahlt keine Verpackungskosten. ◆ Preis netto ausschließlich Verpackung: Käufer zahlt Verpackungskosten (z. B. 5,00 EUR). ◆ Preis brutto einschließlich Verpackung: Käufer zahlt das Verpackungsgewicht wie das Warengewicht (**„brutto für netto"**; b/n; bfn). Beispiel: Kiste = 2 kg; Warenpreis = 10,00 EUR pro kg; Verpackung kostet 20,00 EUR. ◆ Leihverpackung/Rücksendung mit anschließender Gutschrift[1]. ◆ Käufer stellt Verpackung selbst (er schickt Verpackung zu oder holt die Ware selbst ab).

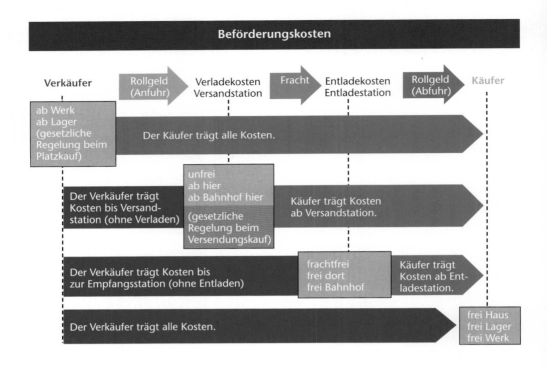

Gesetzliche Regelung	Nach § 448 BGB fallen die Kosten der Abnahme und der Versendung der Ware nach einem anderen Ort als dem Erfüllungsort dem Käufer zur Last. Haben **Käufer** und Verkäufer ihren Geschäfts- bzw. Wohnsitz am selben Ort, dann liegt ein **Platzkauf** vor. Hier holt der Käufer die Ware meist selbst ab und trägt dabei die Beförderungskosten. Ist ein **Versendungskauf** vereinbart, dann übernimmt der Verkäufer die Beförderungskosten bis zur Versandstation (hier) ohne Verladen, der gewerbliche Käufer trägt die restlichen Beförderungskosten bis zur Empfangsstation (dort) bzw. bis zu seiner Niederlassung.

---

[1] Hersteller und Händler sind verpflichtet, Transport-, Verkaufs- und Umverpackungen kostenlos zurückzunehmen bzw. dem Endverbraucher die Möglichkeit zur kostenlosen Rückgabe zu verschaffen. Dies gilt auch für den Versandhandel, der in den Katalogen auf die kostenfreie Rückgabemöglichkeit hinweisen muss (**Verpackungsverordnung** § 4).

Erfüllungsort und Gerichtsstand

Der Erfüllungsort (EO) regelt den Ort,
◆ an dem Käufer und Verkäufer ihre Leistung erbringen müssen (**Leistungsort**),
◆ an dem die Gefahr (**Risiko**) übergeht,
◆ an dem geklagt wird (**Gerichtsstand**).

Der Erfüllungsort regelt auch die **Beförderungskosten**, wenn sie nicht extra vereinbart werden.

Bis zum Erfüllungsort muss der Verkäufer als Warenschuldner für alle Schäden aufkommen, die beim Transport der Waren entstehen. Er hat auch eventuelle Lieferungsverzögerungen zu verantworten. Entsprechend hat der Käufer als Geldschuldner die Risiken im Zusammenhang mit der Übermittlung des Geldes zu tragen.

Arten des Erfüllungsorts

Natürlicher Erfüllungsort	Der Erfüllungsort ergibt sich aus der Natur (Art) des Schuldverhältnisses, z. B. die Ziegel für den Hausbau müssen zur Baustelle geliefert werden.
Vertraglicher Erfüllungsort	Der Erfüllungsort wird vertraglich vereinbart, z. B. *„Erfüllungsort für beide Teile ist Ulm“*.
Gesetzlicher Erfüllungsort	◆ Die Leistung ist dort zu erbringen, wo der Schuldner seinen Wohnsitz bzw. seine Niederlassung hat. Geld ist an den Wohnsitz des Gläubigers zu übermitteln (§§ 269, 270 BGB). Der Verkäufer (Warenschuldner) muss die Ware an seinem Ort bereitstellen (**Warenschuld ist Holschuld**). Der Käufer (Geldschuldner) muss seine Leistung an den Ort des Gläubigers übermitteln (**Geldschuld ist Schickschuld**). ◆ Bei einem **Versendungskauf** geht die Gefahr auf den Käufer über, sobald der Verkäufer die Ware dem Transportunternehmen übergeben hat.[1] Transportiert der Verkäufer die Ware **selbst** zum Käufer, dann trägt er die Gefahr bis zur Übergabe an den Käufer, die Warenschuld wird in diesem Fall zu einer **Bringschuld** (§§ 446, 447 BGB).

Der Gefahrübergang im Rahmen der **Warenschuld** auf den Käufer erfolgt mit der Aushändigung der Ware an den Käufer, wenn dieser die Ware abholt (z. B. bei einem Platzkauf). Liefert der Verkäufer die Ware mit eigenem Transportmittel, so hat er für Transportschäden oder Lieferungsverzögerungen aufzukommen. Versendet der Verkäufer die Ware mithilfe eines fremden Transportunternehmens (Versendungskauf), so gehen Transport- und Terminrisiko auf den Käufer über, wenn der Verkäufer die Ware an seinem Wohnsitz an das Transportunternehmen übergeben hat.

Auch wenn der Erfüllungsort für die **Geldschuld** der Wohnsitz des Käufers ist, trägt der Käufer das Übermittlungsrisiko, bis das Geld beim Vertragspartner eingegangen ist. Der Käufer hat rechtzeitig gezahlt, wenn er das Geld am Fälligkeitstag an seinem Wohnsitz auf den Weg gebracht hat. Das Terminrisiko des Geldtransports trägt der Vertragspartner.

---

[1] Beim **Verbrauchsgüterkauf** (Käufer ist ein Verbraucher nach BGB § 13) findet diese Regelung keine Anwendung [BGB § 474 (2)]; hier gilt der Ort der Übergabe an den Käufer als Erfüllungsort (auch im Falle des Versendungskaufs).

In **vertraglichen Vereinbarungen** über den Erfüllungsort sind Käufer und Verkäufer bestrebt, ihre Rechtssituation im Vergleich zum gesetzlichen Erfüllungsort zu verbessern. Je nach der Stärke ihrer Marktposition setzen sich Verkäufer oder Käufer mit ihren Vorstellungen durch.

Lautet die vertragliche Vereinbarung *„Erfüllungsort für beide Teile ist der Wohnsitz des Verkäufers"*, so muss der Käufer die Zahlung so rechtzeitig veranlassen, dass sie am Fälligkeitstag beim Vertragspartner eingetroffen ist. Die Geldschuld wird in diesem Fall zu einer **Bringschuld**.

Die Bedeutung des Erfüllungsorts soll an drei Beispielen gezeigt werden:

Beispiele

◆ Die TRIAL GmbH in Heidelberg (Warenschuldner) schickt Radhosen, wie vereinbart, dem Kunden Bunnybike OHG in Mühlacker per Expressdienst zu. Es liegt ein Versendungskauf vor, sodass die TRIAL GmbH mit der Übergabe der Radhosen an den Expressdienst in Heidelberg ihre Leistung (Warenschuld) erfüllt hat (Erfüllungsort = Leistungsort). Damit geht das Transportrisiko auf den Käufer über.

◆ Angenommen, der Expressdienst kann bei der Auslieferung der Radhosen in Mühlacker die Radhosen nicht mehr auffinden. Da die TRIAL GmbH ihre Leistung erbracht hat (durch Übergabe an den Expressdienst), hat sie Anspruch auf die Gegenleistung des Käufers (Bunnybike OHG), da der Käufer beim Versendungskauf das Transportrisiko trägt. Er muss seiner Zahlungspflicht nachkommen, obwohl er keine Ware erhalten hat. Würde er die Zahlung ablehnen, dann müsste die TRIAL GmbH am Ort des Geldschuldners (Mühlacker) klagen (Erfüllungsort = Klageort).

Hätte die TRIAL GmbH die Radhosen mit eigenem Fahrzeug transportiert, und die Radhosen wären bei der Übergabe an den Käufer nicht mehr auffindbar, dann hätte die TRIAL GmbH keinen Anspruch auf Zahlung, da sie die Ware nicht geliefert hat. Wenn der Verkäufer die Ware selbst transportiert, dann trägt er das Transportrisiko bis zur Übergabe an den Käufer in Mühlacker (die Warenschuld wird in diesem Fall zur Bringschuld).

◆ Die TRIAL GmbH in Heidelberg (Warenschuldner) schickt die Radhosen, wie vereinbart, der Kundin Marie Schlüter (sie verwendet die Radhosen für private Zwecke) in Ulm per Expressdienst zu. Hier liegt ein Verbrauchsgüterkauf nach § 474 (2) BGB vor, bei dem der Verkäufer seine Warenschuld erst erfüllt hat, wenn die Ware dem Käufer in Ulm übergeben wurde (Erfüllungsort = Übergabeort). Der Verkäufer trägt bei einem Verbrauchsgüterkauf das Transportrisiko auch im Falle des Versendungskaufs, d. h., wenn er die Ware nicht selbst transportiert.

2.3 Angebotsvergleich – Lieferantenauswahl

Quantitativer Angebotsvergleich – Bezugskalkulation

Zunächst muss Jürgen Merkle die unterschiedlichen Angebotsbedingungen (vgl. Situation) vergleichbar machen. Als gemeinsamer Nenner eignet sich der Einstandspreis, auch Bezugspreis genannt, der mithilfe der **Bezugskalkulation** ermittelt wird. Da hier nur in Zahlen ausdrückbare Kriterien berücksichtigt werden, spricht man von einem rechnerischen bzw. **quantitativen Angebotsvergleich**.

Zuerst ordnet Jürgen Merkle die Lieferungs- und Zahlungsbedingungen der drei Lieferanten in einer übersichtlichen Vergleichstabelle.

Vergleichstabelle mit quantitativen Daten

Anbebots-bedingungen	Lieferanten		
	Interbike Paris	**Bike Groha Doll**	**Bernd Cotta**
Einkaufspreis, netto	1 550,00 EUR	1 700,00 EUR	1 500,00 EUR
abattsatz	4 % ab 10 Stück	10 % ab 30 Stück	10 % ab 50 Stück
Zahlungsbedingungen	2 % Skonto innerhalb 14 Tagen	3 % Skonto innerhalb 10 Tagen	netto Kasse
Bezugskosten ◆ Verpackung ◆ Fracht	20,00 EUR/Stück 21,76 EUR/Stück	50,00 EUR pauschal	50,00 EUR pauschal

Bezugskalkulation

Schema	Lieferanten						
		Interbike Paris		**Bike Groha Doll**		**Bernd Cotta**	
Einkaufspreis		1 550,00 EUR		1 700,00 EUR		1 500,00 EUR	
– Liefererrabatt	4 %	62,00 EUR	10 %	170,00 EUR	0 %	0,00 EUR	
Zieleinkaufspreis		1 488,00 EUR		1 530,00 EUR		1 500,00 EUR	
– Liefererskonto	2 %	29,76 EUR	3 %	45,90 EUR	0 %	0,00 EUR	
Bareinkaufspreis		1 458,24 EUR		1 484,10 EUR		1 500,00 EUR	
+ Bezugskosten		41,76 EUR		50,00 EUR		50,00 EUR	
Einstandspreis		**1 500,00 EUR**		**1 534,10 EUR**		**1 550,00 EUR**	

Beispiel: Ergebnis des quantitativen Angebotsvergleichs

Bei einer Liefermenge von 36 Mountainbikes müsste sich Jürgen Merkle aufgrund der Ergebnisse der Bezugskalkulation für den Lieferanten Interbike Paris in Hamburg entscheiden.

Qualitativer Angebotsvergleich – Entscheidungsbewertungstabelle

Jeder weiß aus eigener Erfahrung, dass der billigste Anbieter nicht immer der beste sein muss. Was nützt es einem Unternehmen, wenn es eine Ware preisgünstig beschaffen kann, aber nie sicher ist, ob sie auch pünktlich eintrifft, wenn es sie benötigt? Umsatzausfälle aufgrund verärgerter Kunden und höhere Lagerkosten für höhere Sicherheitsvorräte können den Preisvorteil schnell wieder zunichte machen.

Wenn auch nicht in Zahlen ausdrückbare Kriterien, so genannte **qualitative Kriterien**, bei der Lieferantenauswahl berücksichtigt werden, dann spricht man von einem **qualitativen Angebotsvergleich**.

Qualitative Kriterien für die Lieferantenauswahl

Sachliche Kriterien	Qualität des Beschaffungsguts, Lieferzeit, Entfernung des Lieferanten, Zuverlässigkeit (z. B. Termintreue), Kreditwürdigkeit (Bonität), Möglichkeit von Gegengeschäften und anderen Formen der Zusammenarbeit (z. B. elektronischer Einkauf, Recyclingsystem), Serviceleistungen (z. B. Zustellservice, Montageservice, Ersatzteil- und Reparaturservice, Finanzierungshilfen), Großzügigkeit bei der Abwicklung von Leistungsstörungen (Kulanz), Durchsetzbarkeit von Sonderwünschen, ausreichende Bevorratung, Vollständigkeit des Sortiments, Bekanntheit der Marke, Image (guter Ruf), Umwelt- und Qualitätsmanagementsystem, Werbemaßnahmen, Leitbild, Größe des Unternehmens, Grad der Globalisierung usw.
Persönliche Kriterien	Persönliche Fähigkeiten des Personals, z. B. technische, fachliche, soziale Kompetenz, persönliche Beziehungen, Enge der Geschäftsbeziehung, z. B. Stammkunde, Key-Account-Kunde

Jürgen Merkle erstellt aus den Angebotsbedingungen und eigenen Recherchen (z. B. Selbstauskunft der Lieferanten) eine Vergleichsübersicht, die den Einstandspreis und wichtige qualitative Vergleichskriterien enthält.

Vergleichstabelle mit Einstandspreis und qualitativen Daten

Vergleichskriterien	Lieferanten		
	Interbike Paris	**Bike Groha Doll**	**Bernd Cotta**
Einstandspreis, netto	1 500,00 EUR	1 534,10 EUR	1 550,00 EUR
Qualität	gut	ausreichend	sehr gut
Lieferzeit	2 Wochen	2 Wochen	1 Woche
Zuverlässigkeit	meist zuverlässig	befriedigend	immer zuverlässig
Kundendienst	befriedigend	befriedigend	großzügig
Herstellergarantie	3 Jahre	8 Jahre	5 Jahre

Der qualitative Angebotsvergleich kann mithilfe der **Entscheidungsbewertungstabelle**, auch Scoringmodell genannt, durchgeführt werden.

Schritte zur Erstellung der Entscheidungsbewertungstabelle

1. Spalte	**Auflistung** aller Entscheidungskriterien
2. Spalte	**Gewichtung** der Entscheidungskriterien mit Gewichtungsziffern von unwichtig (0) bis sehr wichtig (6)
3. Spalte	**Bewertung** jedes Entscheidungskriteriums für den ersten Lieferanten anhand von Bewertungsziffern (Noten) von sehr schlecht (0) bis sehr gut (6)
4. Spalte	**Ermittlung des Punktwerts** für jedes Entscheidungskriterium für den ersten Lieferanten durch Multiplikation der Gewichtungsziffer mit der Bewertungsziffer

Weitere Spalten	Bewertung und Ermittlung des Punktwerts für jedes Entscheidungskriterium für alle weiteren Lieferanten
Summe	**Addition der Punktwerte** für jeden Lieferanten und Feststellung des maximalen Punktwerts
Auswahl	Lieferant mit dem **höchsten Punktwert** ist der beste

Bei Punktgleichheit mehrerer Lieferanten gibt das Entscheidungskriterium mit der höchsten Gewichtung den Ausschlag.

Aus den Daten der Vergleichsübersicht erstellt Jürgen Merkle die folgende Entscheidungsbewertungstabelle:

Entscheidungsbewertungstabelle

Auswahl-kriterien	Gewichtung der Kriterien	Lieferanten					
		Interbike Paris		Bike Groha Doll		Bernd Cotta	
		Note	Punkte	Note	Punkte	Note	Punkte
Einstandspreis	6	4	24	3	18	2	12
Qualität	4	5	20	2	8	6	24
Lieferzeit	3	4	12	5	15	6	18
Zuverlässigkeit	4	5	20	3	12	6	24
Kundendienst	2	3	6	3	6	5	10
Ersatzteilservice	1	2	2	5	5	4	4
Summe	**20**		**84**		**64**		**92**
Günstigster Lieferant:						**Bernd Cotta**	

Gewichtungskriterien: 0 = unwichtig bis 6 = sehr wichtig
Bewertungspunkte: 0 = sehr schlecht bis 6 = sehr gut

Beispiel: Ergebnis der Lieferantenauswahl

Auf der Grundlage des quantitativen und qualitativen Angebotsvergleichs entscheidet sich Jürgen Merkle für den Lieferanten Bernd Cotta GmbH in Wendelstein, da dieser die maximale Punktzahl erreicht hat. Bernd Cotta ist zwar nicht der preisgünstigste Lieferant, doch sehr gute Qualität, kurze Lieferzeit und absolute Zuverlässigkeit geben den Ausschlag.

Wissen plus

Nachhaltigkeit beim Einkauf

Immer mehr Einkäufer achten darauf, dass ihre Lieferanten ein **Qualitätsmanagementsystem nach ISO-Normenreihe 9000 ff.**[1] und ein **Umweltmanagementsystem nach der ISO-Norm 14000 ff.** aufgebaut haben und sich regelmäßig zertifizieren lassen. Die Erkenntnis, dass hohe Umwelt- und Qualitätsstandards das Image des Unternehmens und die Kundenzufriedenheit verbessern, setzt sich bei Einkäufern immer mehr durch.

Auf der Basis der Normenreihe DIN EN **ISO 9000** ist es möglich, das Qualitätsmanagementsystem durch eine unabhängige Organisation (z. B. TÜV, DQS) zertifizieren zu lassen. Damit bekennt ein Unternehmen, dass es nach den Grundsätzen des **Total Quality Management** (TQM) arbeiten will. TQM ist eine Managementmethode, die versucht, sämtliche Abläufe und Produkte eines Unternehmens am Maßstab Qualität auszurichten. Im Sinne der Kundenorientierung versuchen die Führung und jeder Mitarbeiter, eine ständige Verbesserung herbeizuführen. Der kontinuierliche Verbesserungsprozess beruht auf der Methode Planen-Ausführen-Kontrollieren-Optimieren (Plan-Do-Check-Act, PDCA).

Ablauf der Zertifizierung des Qualitätsmanagementsystems

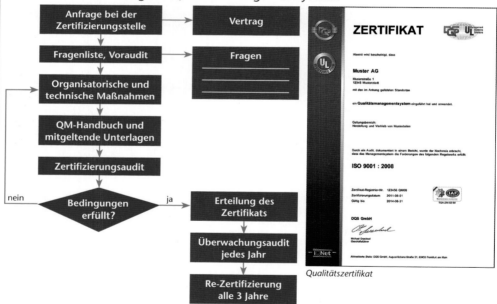

Qualitätszertifikat

vgl. LF 1
Kap. 3.2 Entsprechend dem Qualitätsmanagementsystem kann jedes Unternehmen auch ein **Umweltmanagementsystem** einführen, dokumentieren, verwirklichen, aufrechterhalten und ständig verbessern. Das Unternehmen verpflichtet sich dann, die selbst gesetzten Umweltziele zu erreichen und alle staatlichen Umweltvorschriften einzuhalten. Auch das Umweltmanagementsystem entsprechend der Normenreihe ISO 14000 ff. kann sich ein Unternehmen durch eine unabhängige Organisation (z. B. DQS) zertifizieren lassen.

---

[1] ISO = International Organization for Standardization. Die Internationale Organisation für Normung ist die internationale Vereinigung von Normungsorganisationen mit Sitz in Genf. Inzwischen sind über 150 Länder in der ISO vertreten.

Die Kundenbindung wird weiter erhöht, wenn die Produkte der Lieferanten bestimmte Qualitäts- und Umweltzeichen tragen.

Bekannte Umwelt-, Konformitätszeichen und Sozialsiegel

Mit dem staatlichen **Bio-Siegel** garantieren Erzeuger und Hersteller, dass sie die EU-Rechtsvorschriften für den ökologischen Landbau einhalten und sich den vorgeschriebenen Kontrollen unterziehen. Demnach dürfen mit dem Siegel gekennzeichnete Lebensmittel nicht radioaktiv bestrahlt, nicht durch gentechnisch veränderte Organismen (GVO) erzeugt, nicht mit Einsatz von chemisch-synthetischen Pflanzenschutzmitteln und nicht mithilfe von leicht löslichen mineralischen Düngern erzeugt werden. Tiere müssen artgerecht gehalten und mit ökologisch produzierten Futtermitteln ohne Zusatz von Antibiotika und Leistungsförderern gefüttert werden.

vgl. LF 4 Kapitel 4

Das deutsche Umweltzeichen **Blauer Engel** wird nur für Produkte vergeben, die im Vergleich zu Konkurrenzprodukten über besondere Umweltvorteile verfügen. Dies ist der Fall, wenn sie z. B. weniger Emissionen verursachen (Luftverschmutzung, Lärm, Abwasser, Gewässerbelastung), keine oder kaum Gefahrstoffe enthalten und wieder verwertbar (Recycling) bzw. aus Recyclingprodukten hergestellt und somit ressourcenschonend sind. Die Kriterien des Umweltzeichens werden jedoch nicht kontrolliert, grundsätzlich reichen Herstellererklärungen aus. Der Blaue Engel wird für jeweils drei Jahre vergeben.

Das **EU-Umweltzeichen** wird für Produkte[1] vergeben, die während ihres gesamten Lebenszyklus von der Herstellung, der Anwendung (Nutzung) bis zur Entsorgung umweltfreundlich sind. Es gilt für jeweils drei Jahre und wird von nationalen Jurys erteilt, an denen neben Vertretern der Industrie und des Handels auch Umwelt- und Verbraucherverbände beteiligt sind. Unabhängige Prüfstellen kontrollieren die Einhaltung der Umweltkriterien.

Das Fairtrade-Siegel ist ein unabhängig kontrolliertes Produktsiegel für Fairen Handel. Im Mittelpunkt stehen die Menschen im Süden, daher werden gezielt Kleinbauer und Arbeiter in den Entwicklungsländern gefördert und ihre Position auf dem Weltmarkt verbessert.

Nur Produkte, die den Anforderungen der internationalen Fairtrade-Standards entsprechen, dürfen das Fairtrade-Siegel tragen. Entwickelt werden diese Standards von Fairtrade International. Kontrolliert wird die Einhaltung der Standards durch die unabhängige FLO-Cert GmbH. Wichtige Bestandteile der Standards sind zum Beispiel:

◆ Ein fester Mindestpreis, der die Kosten einer nachhaltigen Produktion deckt
◆ Eine Fairtrade-Prämie, die von den Bauern-Kooperativen dafür verwendet werden muss Projekte zu finanzieren, die der Gemeinschaft zu Gute kommen: wie zum Beispiel den Bau einer Schule, einer Krankenstation oder auch Investitionen in die lokale Infrastruktur
◆ Das Verbot von Zwangsarbeit und illegaler Kinderarbeit
◆ Diskriminierungs-Verbot
◆ Ein Aufschlag für biologisch angebaute Produkte
◆ Umweltstandards schränken den Gebrauch von Pestiziden und Chemikalien ein und verbieten gentechnisch veränderte Saaten

In Deutschland wird das Siegel von TransFair, Verein zur Förderung des Fairen Handels mit der „Dritten Welt" e. V., vergeben.

---

[1] Ausgenommen sind Lebensmittel, Getränke, Arzneimittel und medizinisches Gerät.

2.4 Bestellung – rechtliche Wirkung beachten

Merke

Die Bestellung ist eine **verbindliche Willenserklärung** des Käufers, mit der er sich verpflichtet, eine bestimmte Ware zu den angegebenen Bedingungen zu kaufen. Die Bestellung ist **empfangsbedürftig**, d.h., sie wird erst rechtswirksam, wenn sie dem Verkäufer zugegangen ist. Ein **Widerruf** seitens des Käufers muss spätestens gleichzeitig mit der Bestellung beim Verkäufer eingehen. Die Bestellung kann in **beliebiger Form** (schriftlich, per Telefax, telefonisch) abgegeben werden.

Aufgrund des Angebotsvergleichs bestellt Jürgen Merkle die zwölf Mountainbikes Trial Extrem Plus bei dem neuen Lieferanten Bernd Cotta GmbH, Wendelstein. Er entwirft folgendes Bestellschreiben:

Bernd Cotta GmbH
Industriestraße 33
90530 Wendelstein

TRIAL GmbH

Fahrräder & Bikewear
Franz-Sigel-Str. 188 · 69111 Heidelberg

12. Januar 20..

Bestellung von Mountainbikes

Sehr geehrte Frau Steiger,

vielen Dank für Ihr ausführliches Angebot vom 7. Januar.
Bitte liefern Sie uns zunächst

12 Mountainbikes „Trial Extrem Plus"

zu den in Ihrem Angebot genannten Bedingungen:

Stückpreis:	1 500,00 EUR
Lieferzeit:	7 Tage nach Auftragseingang
Versandkosten:	50,00 EUR pro Stück pauschal
Zahlung:	netto Kasse

Mit freundlichen Grüßen

TRIAL GmbH

i. V. *Jürgen Merkle*

Bankverbindung: Badische Beamtenbank Karlsruhe, BLZ 660 908 00 (BIC: GENODE61BBB),
Konto-Nr.: 25654133 (IBAN: DE10660908000025654133)

Automatische Bestellsysteme

Jedes Warenwirtschaftssystem enthält innerhalb des Bausteins „Bestellwesen" die Möglichkeit, automatische Bestellvorschläge (pro Artikel und Lieferant) zu erstellen. Dabei greift das Programm auf die Daten des Lieferanten- und Artikelstamms und auf die Lagerdaten zurück.

Die automatische Berechnung der Bestellvorschlagsmenge wird in den einzelnen Programmen unterschiedlich gehandhabt. Bei der Ermittlung der Bestellmenge werden der Sicherheitsbestand (darf nur in Notfällen unterschritten werden), der Istbestand, der Auftragsbestand und ein möglicher Auftragsrückstand berücksichtigt.

Bestellvorschläge können in den Menüpunkt „**Bestellungen bearbeiten**" übernommen werden. Damit ist die Bestellung als Vorgang in die Bestelldatei (Auftragsdatei) aufgenommen.

Nach Bestätigung der vorgeschlagenen Bestellmenge kann die Bestellung abgespeichert oder sofort ausgedruckt und dem Lieferanten zugesandt werden. Zur Sicherheit kann vor dem Ausdruck eine Ausgabe auf dem Bildschirm („*Probedruck*") erfolgen.

Bei **automatischen Bestellsystemen** wird nach der Berechnung des Bestellvorschlags – ohne menschliches Eingreifen – die Bestellung beim Lieferanten ausgelöst. Da sowohl automatische Bestellsysteme als auch Bestellvorschlagssysteme außergewöhnliche Ereignisse nicht berücksichtigen können, muss sichergestellt werden, dass bei sprunghaften Nachfrageänderungen eine manuelle Bearbeitung erfolgen kann.

In der Praxis werden drei Stufen eines computergestützten Bestellwesens unterschieden:

◆ **Bestellschreibung und Bestelldatenverwaltung** nach manueller Bestands- und Bestelldatenermittlung;

◆ **Bestellvorschlagssysteme**, bei denen die endgültige Bestellentscheidung beim Einkäufer verbleibt;

◆ **automatische Bestellsysteme**, bei denen der Einkäufer nicht mehr eingreifen muss.

Auf der ersten Stufe wird das Warenwirtschaftssystem lediglich genutzt, um Bestellungen zu **schreiben** und die Daten zwecks späterer Verwendung (z. B. Wareneingangserfassung) zu **speichern**. Der Nutzen ist hier nur gering, da die Bestandsdaten im Lager ermittelt und manuell ins System eingegeben werden müssen. Automatische Bestellsysteme wickeln den Beschaffungsvorgang vom Bedarf bis zur Bestellung **ohne menschliches Eingreifen** ab. Sie sind kaum verbreitet (meist nur im Lebensmittelhandel), da sie unvorhergesehene Nachfrageveränderungen nicht berücksichtigen können und auf die Dauer die Produkt- und Marktkenntnisse sowie die Entscheidungsfähigkeit der Einkäufer beeinträchtigen. Eigenverbrauch, Verderb, Diebstähle und Retouren werden nur mangelhaft erfasst, sodass alle darauf aufbauenden Rechenvorgänge und Auswertungen fehlerhaft sind.

Rechtliche Wirkung einer Bestellung

vgl. LF 3 Kap. 3.3

Im Regelfall ist die Bestellung die zweite verbindliche Willenserklärung zwischen Käufer und Verkäufer. Sie ist, rechtlich gesehen, eine **Annahme** (§§ 145 ff. BGB). Ist die Bestellung die erste verbindliche Willenserklärung, dann ist sie, rechtlich gesehen, ein **Antrag**.

Die Bestellung kann sein	
eine Annahme	wenn ein **verbindliches** Angebot vorausging und Angebot und Bestellung **inhaltlich übereinstimmen** und die Bestellung **rechtzeitig** erfolgte
ein Antrag	◆ wenn **kein** Angebot vorausging ◆ wenn ein **unverbindliches** Angebot vorausging, d. h., wenn das Angebot eine Freizeichnungsklausel enthielt (z. B. *„solange Vorrat reicht"*, *„ohne Obligo"; „unverbindlich"*)
ein neuer Antrag	◆ wenn sie **zu spät** erfolgte, (d. h., der Antragende konnte die Bestellung nicht mehr erwarten) ◆ wenn die Bestellung mit dem Angebot **inhaltlich nicht übereinstimmt**

Ist die Bestellung, rechtlich gesehen, ein Antrag, dann muss ihr eine **Bestellungsannahme (Auftragsbestätigung)** folgen, damit ein Kaufvertrag zustande kommt. Ein Kaufvertrag kommt nur durch Antrag **und** Annahme zustande.

Inhaltlich muss die Bestellung mit dem vorausgegangenen Angebot übereinstimmen. Wenn kein Angebot vorausging, dann müssen in der Bestellung alle wichtigen **Geschäftsbedingungen** genannt werden (Preis, Menge, Güte, Lieferungs- und Zahlungsbedingungen des gewünschten Artikels), sodass der Empfänger problemlos antworten kann.

Die Bestellung kann auch in **elektronischer Form** erfolgen, wenn die Beteiligten ausdrücklich oder aufgrund bisheriger geschäftlicher Gepflogenheiten die **Anwendung der elektronischen Form billigen** und deshalb mit dem Zugang einer elektronischen Willenserklärung rechnen müssen. Fehlen dem Empfänger die technischen Voraussetzungen zum Lesen, dann mangelt es am Zugang der elektronischen Willenserklärung (§ 312e BGB).

Eine elektronische Willenserklärung gilt als abgegeben, wenn der Erklärende sie **an den Empfangsberechtigten abgesandt** hat. Das geschieht dadurch, dass der Erklärende den **Befehl „Senden"** im verwendeten E-Mail-Programm auslöst. Eine in elektronischer Form abgegebene Erklärung ist regelmäßig eine **Willenserklärung unter Abwesenden**, die erst wirksam wird, wenn sie dem Abwesenden zugeht (§ 130 BGB). Dies gilt auch für eine elektronische Willenserklärung, die auf einem Datenträger (z. B. CD) gespeichert und auf dem herkömmlichen Postwege versandt worden ist.

Die elektronische Willenserklärung ist zugegangen, wenn sie in den Machtbereich des Empfängers gelangt, wenn er sie zur Kenntnis nehmen und konservieren kann (z. B. ausdrucken, auf CD speichern). Er muss also über eine entsprechende Empfangsvorrichtung verfügen.

Lediglich in den Fällen, in denen die Parteien **unmittelbar „von Person zu Person"** kommunizieren (z. B. Telefon, Videokonferenz), handelt es sich um **Willenserklärungen unter Anwesenden**, die nur so lange gelten, wie das Gespräch dauert.

Überwachung der Bestelltermine

Bei computergestützter Bestellabwicklung werden alle Bestelldaten unter einer laufenden Bestellnummer in einer Bestell- oder Auftragsdatei gespeichert. Diese ermöglicht die Terminverfolgung und Bestellbestandsführung.

Der in der Bestellung angegebene Liefertermin muss überwacht werden. Es kommt häufig vor, dass zum Liefertermin noch kein Wareneingang vorliegt. Ein computergestütztes Bestellsystem bietet hier folgende Hilfen an:

◆ **Bestellrückstandsliste:** Sie enthält eine nach Lieferanten geordnete Übersicht aller Bestellungen, die bis zur aktuellen Kalenderwoche noch nicht eingegangen sind. Sie listet alle wichtigen Bestelldaten, die offene Liefermenge sowie den offenen Rechnungsbetrag auf.

◆ **Liste aller offenen Bestellungen:** Sie zeigt, nach Artikeln oder Lieferanten geordnet, die Bestellmenge und die noch offene Liefermenge mit Lieferwert an.

Der Bearbeiter kann sofort veranlassen, dass an die Lieferanten **Rückstandsmeldungen** als Liefererinnerungen ausgedruckt und versandt werden. Dabei können in Sammelrückstandsmeldungen auch Rückstände aus mehreren Bestellungen auf einem Formular ausgedruckt werden.

vgl. LF 7, Kap. 3

2.5 Elektronische Beschaffung – E-Procurement

Die elektronische Beschaffung (E-Procurement[1]) bezeichnet alle Arten des Einkaufs über geschlossene Computernetze zwischen Kunden und Lieferanten (Extranet) und über offene Computernetze (Internet).

Merke

Möglichkeiten der elektronischen Beschaffung

Die einfachste Form des elektronischen Einkaufs ist die direkte Datenverbindung zwischen Kunden und Lieferanten – **Electronic Data Interchange (EDI)** genannt. Mit EDI kann der warenbegleitende Geschäftsverkehr (Bestellungen, Lieferscheine, Rechnungen, Zahlungsbelege usw.) zwischen den Beteiligten vollautomatisch abgewickelt werden. Die Geschäftsdaten werden ohne Medienbruch übertragen. Die Daten können unabhängig von der eingesetzten Hardware und Software und den verwendeten Netzen und Übertragungsdiensten ausgetauscht werden.

Viele Lieferanten bieten ihre Waren auf ihrem **Anbieter-Portal** (Anbieter-Webseite) in einem *elektronischen Katalog* oder in einem *Onlineshop* an. Um sich einen umfassenden Überblick über das gesamte Marktangebot zu verschaffen, muss der Käufer alle Webseiten der infrage kommenden Lieferanten besuchen und ihre Preise aufwändig vergleichen. Das Gegenstück zu diesem Anbieter-Portal *(Sellside)* ist das **Nachfrager-Portal** *(Buyside)*. Hier kann der Kunde seinen Bedarf auf seiner Webseite veröffentlichen. Interessierte Lieferanten informieren sich über Details und geben ihre Angebote ab (Beispiel: Click2procure von Siemens).

Elektronische Marktplätze gehen einen Schritt weiter. Sie bringen mehrere Anbieter und Nachfrager auf der Website des Betreibers (Plattform) zusammen. Dabei wird die Ware nicht beim Betreiber der Website gekauft, sondern direkt beim Hersteller oder Anbieter. Der Betreiber tritt also nicht als Vertragspartner auf, sondern stellt nur seine WWW-Adresse zur Verfügung, damit Handel stattfinden kann.

---

[1] engl. to procure = beschaffen

Beispiel: Webseite eines Marktplatzbetreibers

Formen des Elektronischen Marktplatzes

Elektronische Marktplätze gibt es als katalog-, ausschreibungs-, auktionsbasierte Märkte und in Form des Powershopping.

Katalogbasierter Marktplatz	Der Marktpatzbetreiber fasst die Einzelkataloge verschiedener Lieferanten zu einem Gesamtkatalog zusammen. Der Einkäufer kann so unabhängig von einem Hersteller nach einem bestimmten Artikel suchen. Häufig übernimmt der Marktplatzbetreiber (z. B. merca-teo.com für Büroartikel) auch die Stellung einer Sammelrechnung und die Versandabwicklung, auch wenn die ausgesuchten Artikel verschiedene Hersteller haben.
Ausschreibungs-basierter Marktplatz	Der Marktpatzbetreiber leitet detaillierte Kaufwünsche von Einkäufern automatisch an passende Lieferantenpools weiter (z. B. bei dcidb.com für EDV-Artikel). Der Einkäufer kann auch bestimmte Lieferanten zur Angebotsabgabe auffordern. Wenn kein Pool existiert, übernimmt der Marktplatzbetreiber auch die Recherche nach geeigneten Lieferanten und holt Angebote ein (z. B. econia.de).
Auktionsbasierter Marktplatz	Am meisten verbreitet ist die klassische bzw. **englische Auktion** (Seller oder Forward Auction). Dabei werden Artikel oder Dienstleistungen von Lieferanten zum Verkauf angeboten und von Nachfragern ersteigert. Der höchste Bieter bekommt den Zuschlag. Der Auktionator (z. B. netbid.de) bestimmt das Mindestgebot, die Mindestschritte der Steigerung und den Zeitpunkt, an dem die Auktion endet. Bei der **umgekehrten Auktion** (Buyer oder Reverse Auction) sind die Rollen vertauscht. Der Käufer gibt seinen Bedarf an Waren oder Dienstleistungen auf der Marktplatz-Webseite bekannt (z. B. portum.de). Die Lieferanten geben innerhalb einer festgelegten Zeitspanne ihre Gebote ab, der günstigste bekommt den Zuschlag. Bei offenen Auktionen kann jeder registrierte Lieferant mitbieten, geschlossene Auktionen haben einen vorher zugelassenen Bieterkreis.

Powershopping (collective sourcing)	Die Bestellmengen mehrerer Einkäufer werden gebündelt (Käuferpool). Je mehr Käufer sich für eine Ware finden, desto billiger wird sie für den einzelnen. Der Marktplatzbetreiber (z. B. letsbuyit.com) trifft dazu eine entsprechende Vereinbarung mit einem Hersteller, legt die Preissenkungs-schritte fest sowie die Anzahl der dafür nachgefragten Produkte und bestimmt den Zeitpunkt, an dem die Powershopping-Aktion endet. Besondere Kundenwünsche können meist nicht akzeptiert werden.

Von diesen echten Online-Auktionen sind die **Langzeit-Online-Auktionen** bei *Internet-auktionshäusern* (z. B. ebay.de, ricardo.de) zu unterscheiden, die sich über mehrere Wochen hinziehen. Innerhalb dieses Zeitraums (z. B. zwei Wochen) können sich mögliche Käufer in ihren Preisangeboten überbieten *(Seller Auctions)*. Die typischen Merkmale einer klassischen Versteigerung (gegenseitiges Hochschaukeln der Bieter, Höchstgebotsgrundsatz, Zeitdruck, persönliche Anwesenheit von Bieter und Versteigerer in einem Raum) liegen bei Langzeit-Auktionen nur in abgeschwächter Form vor. Hinzu kommt, dass an denjenigen verkauft wird, der im Moment des Zeitablaufs (zufällig) das höchste Angebot abgegeben hat, ohne dass die anderen Bieter die Möglichkeit zum Überbieten haben. Internetauktionen sind daher keine Versteigerungen im Sinne des Gesetzes (§ 34 b GewO, § 156 BGB).

Vertragsschluss beim Kauf im Internet

Das Anbieten von Waren auf einer Website im Internet ist (ähnlich wie beim Ausstellen von Waren in einem Schaufenster) nicht an eine bestimmte Person gerichtet, stellt also keinen Antrag im rechtlichen Sinne dar. Es handelt sich lediglich um eine Aufforderung[1] an einen möglichen Käufer, selbst einen Antrag abzugeben. Der Besteller macht mit dem Klick auf den Ja-Button einen verbindlichen Antrag.

Nach anerkannter Rechtsprechung stellt der bei einem Internetauktionshaus (Langzeit-Online-Auktion) eingestellte Angebotstext ein verbindliches Angebot (vorweggenommene Annahme) des Einstellers dar. Der Kaufvertrag kommt wirksam mit dem Bieter zustande, der bei Ablauf der „Auktion" das höchste Gebot abgegeben hat.

Schadenersatz für Ebay-Bieter

Wer auf der Website von Ebay eine Ware zur Versteigerung anbietet, gibt nach einem Urteil des Oberlandesgerichts Oldenburg ein bindendes Verkaufsangebot ohne Rück-trittsrecht ab. Das Gericht sprach einem Bieter Schadenersatz zu, nachdem der Besitzer eines Autos eine Internetauktion vorzeitig ohne Zuschlag abgebrochen hatte. Für das Auto mit einem geschätzten Verkehrswert von 7 000,00 EUR hatte der Bieter bei Abbruch der Versteigerung das Höchstgebot von 4 550,00 EUR abgegeben. Der Besitzer des Wagens weigerte sich jedoch, das Auto herauszugeben. Jetzt muss er die Differenz zwischen Höchstgebot und Verkehrswert dem Bieter als Schadenersatz für entgangenen Gewinn auszahlen. Wer eine Ware bei Ebay einstelle, erkläre schon zu diesem Zeitpunkt, dass er das höchste wirksame Gebot annehme.

Quelle: AP, in: Südwestpresse, 05.08.2005, S. 7

---

[1] Rechtlicher Sprachgebrauch: invitatio ad offerendum

Gibt der Anbieter einen Mindestpreis (Mindestpreisoption) an, dann macht er klar, dass er für seinen Artikel erst ab Erreichen dieses Mindestpreises einen rechtsgültigen Kaufvertragsabschluss mit dem jeweiligen Bieter eingehen möchte.

vgl. LF 3
Kap. 4.5 Im Gegensatz zu echten Online-Auktionen gilt bei Langzeit-Online-Auktionen das zweiwöchige **Widerrufsrecht** des Verbrauchers nach § 312d (1) BGB. Das Widerrufsrecht gilt nur gegenüber gewerblichen Verkäufern, nicht gegenüber privaten Anbietern. Das Widerrufsrecht verlängert sich unbegrenzt, wenn der Händler nicht korrekt darauf hingewiesen hat. Das ist immer dann der Fall, wenn der Kunde nur über Umwege zur Widerrufsbelehrung gelangen kann.

Wissen plus

Internet-Versteigerungen – So wird's ein echtes Schnäppchen

Der kurzen Freude über *„eins, zwei, drei – meins!"* kann auch die herbe Enttäuschung folgen. Hier einige Tipps, wie man Fallen vermeidet:

- **Produktbeschreibung genau lesen.** Der Verkäufer muss nur liefern, was in der Beschreibung steht.
- **Bewertungen analysieren.** Viele Auktionshäuser haben ein Bewertungssystem, in dem sich die Vertragspartner gegenseitig beurteilen: Vorsicht bei Negativbewertungen!
- **Vorher Preisinformationen einholen und sich Obergrenzen setzen.** Wer über den Preis für das gewünschte Produkt informiert ist, weiß, wie lange er beim Ersteigern ein Schnäppchen macht und wann es Zeit wird aufzuhören.
- **Allgemeine Geschäftsbedingungen lesen.** Viele Händler bieten ihre Produkte auch über das Internet an. Hier hat der Verbraucher das Gewährleistungsrecht von zwei Jahren und das Widerspruchsrecht innerhalb 14 Tagen. Rücksendungen mangelhafter Waren sind portofrei.
- **Zusatzkosten klären.** Da der Käufer die Versandkosten trägt, können hohe Versandkosten Schnäppchen schnell zum teuren Vergnügen machen.
- **Angebote privater Verkäufer kritisch prüfen.** Private Verkäufer können die Gewährleistung ausschließen. Das kann zu Problemen führen, wenn das ersteigerte Produkt nach drei Monaten plötzlich nicht mehr funktioniert.
- **Zum richtigen Zeitpunkt bieten.** Bei einer Auktion am Anfang erst zurückhaltend sein und beobachten.
- **Vorkasse möglichst vermeiden.** Die meisten Verkäufer verlangen zwar Vorkasse, besser ist aber eine Lieferung per Nachnahme oder bei hohen Summen die Nutzung eines Treuhandkontos.
- **Beweismittel sichern.** Alle wichtigen Informationen über das Angebot, die Nebenkosten usw. auf dem Rechner speichern, damit man bei Problemen Nachweismöglichkeiten vorlegen kann.

Auf einen Blick

Beschaffungsdurchführung
Ablauf im Überblick

| Anfragen an Lieferer | Angebote der Lieferer | Angebots-vergleich | Lieferanten-auswahl | Bestellung |

Ablaufschritte im Einzelnen

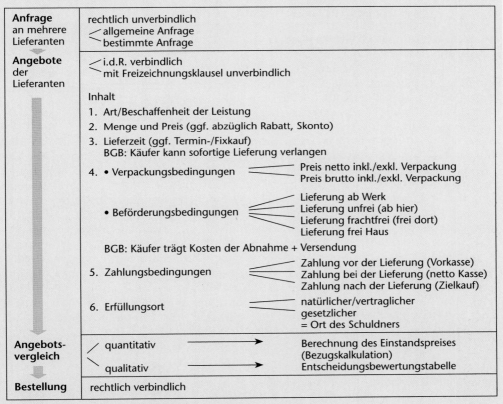

Anfrage an mehrere Lieferanten	rechtlich unverbindlich — allgemeine Anfrage — bestimmte Anfrage
Angebote der Lieferanten	— i.d.R. verbindlich — mit Freizeichnungsklausel unverbindlich Inhalt 1. Art/Beschaffenheit der Leistung 2. Menge und Preis (ggf. abzüglich Rabatt, Skonto) 3. Lieferzeit (ggf. Termin-/Fixkauf) BGB: Käufer kann sofortige Lieferung verlangen 4. • Verpackungsbedingungen —— Preis netto inkl./exkl. Verpackung Preis brutto inkl./exkl. Verpackung • Beförderungsbedingungen — Lieferung ab Werk Lieferung unfrei (ab hier) Lieferung frachtfrei (frei dort) Lieferung frei Haus BGB: Käufer trägt Kosten der Abnahme + Versendung 5. Zahlungsbedingungen — Zahlung vor der Lieferung (Vorkasse) Zahlung bei der Lieferung (netto Kasse) Zahlung nach der Lieferung (Zielkauf) 6. Erfüllungsort — natürlicher/vertraglicher gesetzlicher = Ort des Schuldners
Angebots-vergleich	/ quantitativ ——→ Berechnung des Einstandspreises (Bezugskalkulation) \ qualitativ ——→ Entscheidungsbewertungstabelle
Bestellung	rechtlich verbindlich

Elektronische Beschaffung (E-Procurement)

      EDI (Electronic Data Interchange)
   Anbieter- bzw. Nachfrager-Portale
 Elektronische Marktplätze (katalog-, ausschreibungs-, auktionsbasiert)

3 Kooperationsformen im Einkauf – Einheit macht stark

Situation

Auszug aus dem Prospekt eines Einkaufsverbandes:

Gemeinsam gegen die Großen und Starken

Die ZEG ist Europas größte Zweirad-Einkaufs-Gemeinschaft. Über 900 Zweiradfachgeschäfte sind Mitglieder des Verbundes. Sie alle nutzen die Vorteile des zentralen Einkaufs. Die dadurch erzielten Preisvorteile werden selbstverständlich direkt an den Kunden weitergegeben. Durch die Mitgliedschaft bei der ZEG (Zweirad Einkaufs-Genossenschaft) sind kleine und mittelständische Einzelhändler gegenüber den Großen der Branche wettbewerbs- und überlebensfähig. Im Zentrallager der ZEG (mit Sitz in Köln) werden auf einer Fläche von ca. 50 000 m^2 Fahrräder und Zubehörteile mithilfe modernster Lagerlogistik gelagert. Rund 100 Mitarbeiter sorgen für einen 24-Stunden-Versandservice der Waren an alle Mitgliedsfirmen.

Zum Sortiment der ZEG gehören alle führenden Hersteller und selbst entwickelte Exklusivmodelle, wie z. B. PEGASUS und BULLS. Neben der Bündelung und Abwicklung des Einkaufs für ihre Mitglieder umfasst das Leistungs- und Serviceangebot der ZEG die Durchführung zentral gesteuerter Werbekampagnen, den Zugriff auf ein EDV-gestütztes Warenwirtschaftssystem, eine umfassende betriebswirtschaftliche Beratung, Internet- und Finanzdienstleistungen, Marktforschung, Verkaufsfördermaßnahmen, Seminare und Schulungen sowie den Erfahrungsaustausch (Erfa) unter Kollegen aus der Branche.

Jürgen Merkle (Einkaufssachbearbeiter) und die Auszubildende Katja Müller unterhalten sich im Pausenraum der Trial GmbH über diesen Prospekt:

Jürgen Merkle: *„Immer mehr Fahrradgeschäfte schließen sich einer Einkaufsgemeinschaft an."*

Katja Müller: *„Wenn wir das auch machen, dann gute Nacht. Dann sind wir die längste Zeit unabhängig gewesen."*

Jürgen Merkle: *„Ich meine, es könnte uns nichts Besseres passieren. In so einer Einkaufsgemeinschaft könnten wir in Augenhöhe mit den bekannten Markenlieferanten verhandeln. Unsere Arbeitsplätze wären sicherer, da wir im Verkauf günstiger anbieten und die Konkurrenz aus dem Feld schlagen könnten."*

Katja Müller: *„Sie meinen, so eine Einkaufsgemeinschaft täte uns ganz gut? Vielleicht könnte ich mir dann auch mal ein megacooles Mountainbike leisten!"*

Erläutern Sie Vor- und Nachteile einer Einkaufsgemeinschaft.

Die Zusammenarbeit mehrerer Unternehmen *auf vertraglicher Basis* heißt **Koopera-tion**. Die beteiligten Unternehmen bleiben dabei *rechtlich und wirtschaftlich unab-hängig*.

3.1 Horizontale Kooperation im Einkauf

Arbeiten mehrere Unternehmen auf der **gleichen Wirtschaftsstufe** langfristig zusammen (z. B. Einzelhändler A mit Einzelhändler B), dann liegt eine **horizontale Kooperation** vor.

Wenn sich mehrere Fachgeschäfte derselben Branche (z. B. Textil) zu einer **Einkaufs-gemeinschaft** (z. B. Unitex) zusammentun, dann können sie ähnlich günstige Einkaufs-bedingungen (z. B. Mengenrabatte) bei ihren Lieferanten (z. B. Textilgroßhandel und -hersteller) durchsetzen wie Großbetriebe und Filialketten des Einzelhandels (z. B. Peek & Cloppenburg, H & M).

Beispiel: Einkaufsgemeinschaft als Form der horizontalen Kooperation

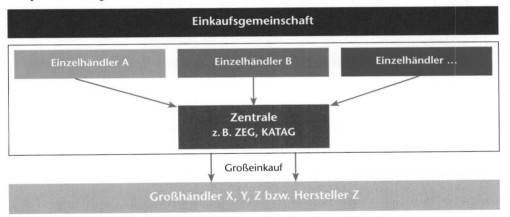

Hat die Zentrale der Einkaufsgemeinschaft die Rechtsform der Genossenschaft (eG), dann liegt eine **Einkaufsgenossenschaft** vor. Alle angeschlossenen Einzelhändler sind Gesellschafter der eG (Genossen) und gleichzeitig Kunden ihrer Genossenschaft. Als Teil-haber streben sie einen möglichst hohen Gewinn der eG an, als Kunden wollen sie mög-lichst günstig einkaufen und die Serviceleistungen der eG nutzen. Jeder Genosse hat *eine Stimme* in der Generalversammlung, unabhängig von der Höhe seines Geschäftsanteils.

Beispiele: Bekannte Einkaufsgenossenschaften

Die Verbundzentrale so genannter **Einkaufsverbände** hat die Rechtsform der KG (Kommanditgesellschaft), Gesellschaft mit beschränkter Haftung (GmbH) oder der Aktiengesellschaft (AG). Auch hier sind die angeschlossenen Einzelhändler gleichzeitig Gesellschafter der Zentrale. Ihre Stimmrechte richten sich im Gegensatz zur Rechtsform der Genossenschaft nach den Kapitalanteilen.

Beispiele: Bekannte Einkaufsverbände

EDEKA[1]

VEDES-Unternehmensgruppe[2]

Möglichkeiten des Zentraleinkaufs über die Verbundzentrale

Eigengeschäfte	Die Zentrale der Einkaufsgemeinschaft **kauft die Waren im eigenen Namen** auf eigene Rechnung, lagert diese in einem Zentrallager und veräußert sie dann an ihre angeschlossenen Einzelhändler.
Fremdgeschäfte	Die Zentrale der Einkaufsgemeinschaft **kauft die Waren im fremden Namen** für fremde Rechnung. Sie sammelt die Bestellungen der angeschlossenen Einzelhändler und handelt mit den Lieferanten die Einkaufsbedingungen aus. Die Mitglieder schließen die Kaufverträge mit den Lieferanten direkt ab. Den Rechnungsausgleich organisiert i. d. R. die Zentrale für ihre Mitglieder (Zentralregulierung). Dabei haftet die Zentrale für die Zahlungsfähigkeit ihrer Mitglieder (Delkredere). Dafür verlangt die Zentrale eine Delkrederegebühr von ihren Mitgliedern.
Empfehlungs-geschäfte	Das Einkaufskontor gibt nur eine **Einkaufsempfehlung** (Bezugsquellennachweis) an ihre Mitglieder ab. Diese bestellen dann selbst.

Neben der Bündelung und Abwicklung des Einkaufs für ihre Mitglieder enthält das **Leistungsangebot** der Zentrale der Einkaufsgemeinschaft eine umfassende betriebswirtschaftliche Beratung ihrer Mitglieder, die Durchführung zentral gesteuerter Werbekampagnen, den Zugriff auf ein EDV-gestütztes Warenwirtschaftssystem mit automatischer Bestell- und Zahlungsabwicklung und Verkaufsdatenanalysen, Hilfen beim Ladenbau und beim Aufbau von Onlineshops, Finanzdienstleistungen, Marktforschung, Verkaufsfördermaßnahmen, Seminare und Schulungen sowie den Erfahrungsaustausch *(Erfa)* unter Kollegen aus der Branche.

Zu bedenken ist, dass das Warenangebot der verbundenen Einzelhandelsgeschäfte relativ gleichförmig ist. Deshalb beziehen die Mitglieder weiterhin auch bei eigenen Lieferanten, damit sie auf spezielle Kundenwünsche eingehen können. Nach § 2 GWB[3] darf es **keinen Bezugszwang** der Verbundmitglieder geben.

---

[1] EDEKA = ursprünglich: Einkaufsgenossenschaft der Kolonialwarenhändler
[2] VEDES = ursprünglich **Ve**reinigung **D**eutscher **S**pielwarenfachhändler eG
[3] GWB = Gesetz gegen Wettbewerbsbeschränkungen

3.2 Vertikale Kooperation im Einkauf

Arbeiten mehrere Unternehmen auf **verschiedenen Wirtschaftsstufen** langfristig zusammen (z. B. Einzelhändler A mit Großhändler X), dann liegt eine **vertikale Kooperation** vor.

Merke

Vertikale Kooperationsformen im Einkauf

Freiwillige Kette	Einzelhändler arbeiten mit einem Großhändler derselben Branche zusammen, um Vorteile auf der Einkaufs- und Verkaufsseite zu nutzen. Die angeschlossenen Einzelhändler führen i. d. R. den Namen der Kette (z. B. Spar, A&O).
Rack Jobber (Regalhändler)	Lieferanten (Hersteller, Großhändler) mieten Regale oder Verkaufsflächen bei einem Einzelhändler und bewirtschaften diese selbst. Dazu zählen der Anlieferungsservice (Annahme und Auszeichnung der Waren), der Regalservice (ladeninterne Warenpflege) und der Dispositionsservice (Warenbestandskontrolle und Bestellung der Produkte). Für den Einzelhandel ergeben sich Vorteile wie wirtschaftliche Belieferung mit Randsortimenten, Risikoabwälzung durch Rückgaberecht der Waren und regelmäßiger Auffülldienst.
Kommissionär (Kommissionsvertrag)	Der Einzelhändler verkauft als Kommissionär in eigenem Namen. Er bezahlt die Ware des Kommittenten (z. B. Großhändler, Hersteller) erst nach erfolgreichem Weiterverkauf. Unverkaufte Ware nimmt der Kommittent zurück.
Partnerschaftssystem	Über vorteilhafte Konditionen (Rabatte, Provision) binden Markenhersteller Einzelhändler (z. B. Elektro-, Bekleidungsfachgeschäfte) vertraglich an sich.

vgl. LF 3
Kap. 3.7

Beispiel: Freiwillige Kette als Form der vertikalen Kooperation

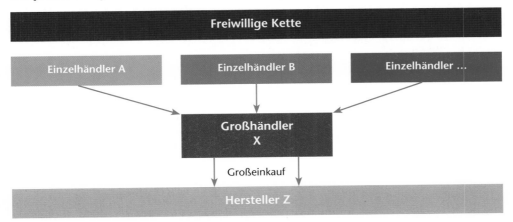

3.3 Zusammenarbeit in einer Supply Chain

Der Einzelhändler ist Kunde seiner Lieferanten. Als Kunde erwartet er von seinen Lieferanten kurze Lieferzeiten und günstige Einkaufskonditionen. Entlang der Lieferkette ist der Lieferant wiederum selbst Kunde seiner eigenen Lieferanten und erwartet ebenfalls kurze Lieferzeiten und günstige Einkaufskonditionen. Es ist leicht einzusehen, dass sich alle Beteiligten in einer solchen Lieferkette Vorteile verschaffen können, wenn sie nicht gegeneinander arbeiten, sondern miteinander.

Die engere Zusammenarbeit zwischen allen Beteiligten führt zu mehr Informationsaustausch, Offenheit und Flexibilität. Kunden und Lieferanten profitieren gleichermaßen durch niedrigere Bestände, kürzere Lieferzeiten und weniger Fehlbestände bzw. Versorgungsengpässe (Out-of-Stock-Situationen). Die Wettbewerbsfähigkeit aller Beteiligten der Lieferkette wird erhöht, weil der Endkunde die höhere Servicequalität durch mehr Nachfrage belohnt.

Der Wettbewerb findet heute nicht nur zwischen einzelnen Unternehmen statt, sondern zunehmend zwischen kompletten unternehmensübergreifenden Lieferketten (Supply Chains). Die **Supply Chain** umfasst neben den direkten Lieferanten und direkten Kunden auch die Lieferanten der Lieferanten und die Kunden der Kunden, also alle Erzeugungs- und Handelsstufen, die notwendig sind, um Kunden erfolgreich zu versorgen.

Das **Supply-Chain-Management (SCM)** umfasst die integrierte Planung, Steuerung, Kontrolle und Optimierung der Waren- und Informationsflüsse entlang der gesamten internen und unternehmensübergreifenden Wertschöpfungskette.

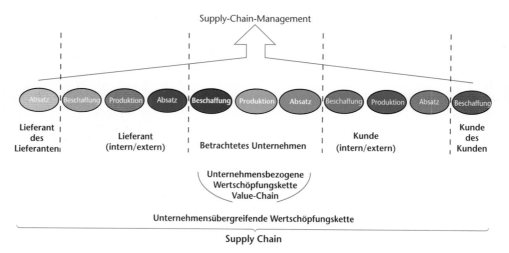

Für die Verarbeitung der unternehmensübergreifenden Prozesse innerhalb der Supply Chain wurden Electronic-Business-Lösungen entwickelt, die mit den vorhandenen computergestützten Warenwirtschaftssystemen verknüpft werden können. Damit wird ein einfacher, schneller, vernetzter, ununterbrochener elektronischer Datenaustausch entlang der gesamten Lieferkette ermöglicht.

In einer unternehmensübergreifenden Lieferkette wird der Warennachschub nicht anhand von Bestellungen des Einzelhändlers **(Pushprinzip)** gesteuert, sondern auf der

Grundlage von Verkaufs-, Bedarfs- und Bestandsdaten, die von den Kunden an den Lieferanten (z. B. Hersteller) elektronisch übermittelt werden **(Pullprinzip)**. Der Kunde (Einzelhändler) zieht die benötigte Ware gewissermaßen aus dem Lager des Lieferanten, dieser wiederum aus dem Lager seines Vorlieferanten usw.

Verbreitete Formen des Supply-Chain-Managements

Form des SCM	Erläuterungen
Continuous Replenishment Planning (CRP, kontinuierliche Warenversorgung)	Der Einzelhändler gewinnt die aktuellen Verkaufsdaten mittels Scannerkassen am Point of Sale (POS). Diese werden laufend an das EDV-System des Lieferanten (Hersteller, Großhändler) übertragen. Der Lieferant errechnet daraus die Bestände und disponiert **anhand des Bestellpunkts** den Warennachschub (Replenishment) für seine Produkte.
Vendor Managed Inventory (VMI, verkäufergesteuerte Bestandsführung)	In einem Rahmenvertrag übernimmt der Lieferant (Vendor) die Alleinbewirtschaftung seiner Produkte im Laden des Einzelhändlers. Dazu übermittelt ihm der Einzelhändler die Verkaufs-, Bedarfs- und Bestandsdaten. Der Lieferant sorgt **anhand errechneter Bestellpunkte** für den Warennachschub.
Efficient Consumer Response (ECR, wirksame Reaktion auf Kundenwünsche)	Während CRP und VMI ausschließlich den Warennachschub steuern, schließt ECR drei weitere Bereiche ein: ◆ optimale Sortimentsgestaltung (Category Management), ◆ abgestimmte Absatzförderung zwischen Handel und Hersteller und ◆ die Zusammenarbeit bei der Entwicklung und Markteinführung neuer Produkte. Dem Warennachschub liegt eine nachfrageorientierte Wiederauffüllung anhand aktueller oder prognostizierter Absatzdaten zugrunde. Die Lieferanten übernehmen die **bedarfsorientierte Versorgung** der Regional- und Zentrallager sowie Verkaufsstellen ihrer Einzelhändler.
Collaborative Planning, Forecasting and Replenishment (CPFR, gemeinsame Bedarfsplanung, -vorhersage und Warenversorgung)	CFPR steuert den Warennachschub nicht nur anhand von vergangenheitsbezogenen Daten. Lieferanten und Einzelhändler erstellen gemeinsam (collaborative) Bedarfs- und Bestellvorhersagen für die nächsten drei Monate. Diese werden regelmäßig an Nachfrageveränderungen und Händleraktionen angepasst. **Anhand der Bedarfs- und Bestellprognosen** wird die Warenversorgung gesteuert. Planungsfehler können frühzeitig identifiziert und korrigiert werden.

Zusammenarbeit zwischen Einzelhändler und Lieferant in einer Supply Chain

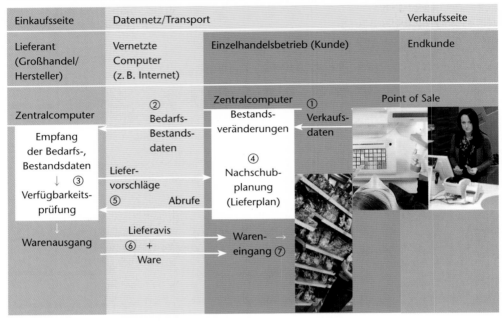

Einkaufsseite	Datennetz/Transport		Verkaufsseite
Lieferant (Großhandel/ Hersteller)	Vernetzte Computer (z. B. Internet)	Einzelhandelsbetrieb (Kunde)	Endkunde

Zentralcomputer

Empfang der Bedarfs-, Bestandsdaten ↓ ③ Verfügbarkeitsprüfung ↓ Warenausgang

② Bedarfs- Bestands- daten

Liefer- vorschläge ⑤ Abrufe

Lieferavis ⑥ + Ware

Zentralcomputer ① Bestands- veränderungen

④ Nachschub- planung (Lieferplan)

Waren- → eingang ⑦

Verkaufs- daten

Point of Sale

Kooperationsformen im Einkauf

horizontale Kooperation	vertikale Kooperation
= Zusammenarbeit auf der gleichen Wirtschaftsstufe	= Zusammenarbeit auf verschiedenen Wirtschaftsstufen
z. B. Einzelhändler A mit Einzelhändler B	z. B. Einzelhändler C mit Großhändler X
Beispiele:	**Beispiele:**
◆ Einkaufsgenossenschaften	◆ freiwillige Kette
◆ Einkaufsverbände	◆ Rack Jobber
	◆ Kommissionsvertrag

Supply-Chain-Management

Integrierte Warenwirtschaft entlang der gesamten internen und externen Wertschöpfungskette

Formen
- **CRP** (Continuous Replenishment Planning)
- **VMI** (Vendor Managed Inventory)
- **ECR** (Efficient Consumer Response)
- **CPFR** (Collaborative Planning, Forecasting and Replenishment)

Waren annehmen, lagern und pflegen

1 Abläufe im Wareneingang – Kontrolle ist besser

Situation

Aufregung im Wareneingang der Forum Warenhaus KG. Es geht um folgende Reportage der Zeitschrift „Stern":

Großhandel/Geschäftsbereich Gammelfleisch

Der Deutsche Bauernverband hat sich im Fleischskandal zu Wort gemeldet: Einige Großhändler, so der Vorwurf, hätten sich auf den Aufkauf von Gammelfleisch spezialisiert. Sie kaufen Fleisch kurz vor Ablauf des Haltbarkeitsdatums im großen Stil auf. Zu lange gelagertes Fleisch werde als Frischfleisch umetikettiert und weiterverkauft. Diese Fleischgroßhändler seien von den Behörden bislang kaum kontrolliert worden. Nach Ansicht der Verbraucherorganisation „Foodwatch" sind die jüngsten Funde nur die Spitze des Eisberges. „*Betrügereien im Fleischgeschäft sind an der Tagesordnung*", sagte „Foodwatch"-Sprecher Matthias Wolfschmidt. In der Regel würden die Schwindeleien mit verdorbenem Fleisch

Fleisch wird in Lagerhallen palettenweise gelagert – ob es verdorben ist, kann nur anhand der Etiketten erkannt werden

von den Behörden allerdings geheim gehalten. „Der Bürger erfährt so gut wie nichts davon", betont Wolfschmidt.

Quelle: DPA, AP, stern.de vom 23.11.05, unter: www.stern.de/wirtschaft/unternehmen/:Gro%DFhandel-Gesch%E4ftsbereich-Gammelfleisch/550125.html, Stand: 9.10.07

Martin Krüger (Leiter der Warenannahme):	*„Auf nichts ist mehr Verlass. Solche Leute gehören hinter Schloss und Riegel."*
Natascha Berg (Auszubildende zur Verkäuferin):	*„Woher wissen Sie, dass solches Gammelfleisch nicht auch in unseren Regalen lagert. Ekelhaft!"*

| Regina Marten (Lebensmittelkontrolleurin): | *„Im Interesse unserer Kunden sollte ich in Zukunft unsere Fleisch- und Wurstwaren genauer unter die Lupe nehmen. Verdorbenes Fleisch erkennt man leicht an Farb- und Geruchsveränderungen, und wenn die Kühlkette unterbrochen war, am Gefrierbrand."* |
| Martin Krüger: | *„Es gibt Möglichkeiten, die Waren über die gesamte Lieferkette lückenlos zurückzuverfolgen. Das ist alles eine Frage der Datenerfassung."* |

1. Weshalb sollten alle Wareneingänge sofort kontrolliert werden?

2. Beschreiben Sie den Ablauf der Warenannahme und -kontrolle in Ihrem Ausbildungsbetrieb.

1.1 Ablaufschritte bei der Warenannahme

Im Beisein des Überbringers (Lieferant selbst, Fahrer eines Transportunternehmens) wird die eingetroffene Ware einer äußeren Prüfung unterzogen.

Prüfpunkte bei der Warenannahme

1. Stimmt die **Empfängeranschrift?** ⬇	Anhand des Lieferscheins bzw. Frachtpapiers wird die Empfängeranschrift überprüft. So werden Verwechslungen vermieden, vor allem, wenn es mehrere Filialen bzw. Außenlager gibt.
2. Stimmt die **Anzahl der Frachtstücke (Colli)?** ⬇	Die Zahl der **tatsächlich angelieferten Frachtstücke** wird mit den Mengenangaben auf dem Lieferschein verglichen. Bei Abweichungen (z. B. eine Kiste fehlt) sollte der Überbringer diesen Tatbestand auf dem Lieferschein bzw. Frachtpapier bestätigen (Unterschrift und Datum nicht vergessen).
3. Wie ist der **Zustand der Versandverpackung?** 	Beim Abladen sollte der **Zustand der Versandverpackung** kontrolliert werden. Hier genügt eine Sichtprüfung durch Augenschein. Sind Beschädigungen (z. B. nasse Stellen, Einrisse) erkennbar, sollte dies auf dem Lieferschein bzw. Frachtpapier oder auf einer Tatbestandsmeldung vermerkt werden. Je genauer der Schaden beschrieben wird, desto besser ist die Beweislage bei späteren Reklamationen. Bei schweren Schäden kann die Annahme verweigert werden, da keine ordnungsgemäße Lieferung vorliegt.

1.2 Ablaufschritte bei der Warenkontrolle

Die angenommene Ware muss der gewerbliche Käufer **unverzüglich untersuchen**. Dabei festgestellte Mängel sind dem Verkäufer (Lieferant) unverzüglich anzuzeigen (§ 377 HGB, Untersuchungs- und Rügepflicht).

Prüfpunkte bei der Warenkontrolle

1. Stimmen **Art und Menge** der angelieferten Ware?	Anhand des Bestelldurchschlags bzw. der Bestellung aus der Bestelldatei wird verglichen, ob **die richtige Ware in der richtigen Menge** angeliefert wurde. Dazu muss die Ware ausgepackt werden. Das Verpackungsmaterial sollte nach Materialien getrennt gesammelt und anschließend dem Recycling zugeführt werden. Damit Abfall erst gar nicht entsteht, sollten schon bei der Bestellung Mehrwegverpackungen bevorzugt werden.
2. Stimmt die **Beschaffenheit (Qualität)** der angelieferten Ware? 	Jeder Sendung werden nach bestimmten Regeln Stichproben (Prüflose) entnommen. Diese werden mithilfe von **Funktions-, Belastungstests, chemischen Analysen** oder durch **Sichtprüfung** auf die richtige Qualität und auf die Einhaltung von zugesicherten **physikalischen Eigenschaften** (z. B. Länge, Breite, Gewicht, Dichte, Geschwindigkeit, Farbechtheit, Kochfestigkeit, Wasserdichtheit) kontrolliert. Kennzeichen an der Ware (z. B. GS-Zeichen bei Elektrogeräten, Wollsiegel) erleichtern die Kontrolle.

1.3 Notwendigkeit der Wareneingangsprüfung

Das Handelsgesetzbuch schreibt jedem Kaufmann vor, eingehende Waren unverzüglich zu überprüfen (§§ 377 ff. HGB). Nur wenn er seiner **gesetzlichen Prüf- und Rügepflicht** nachkommt, kann er Rechte aus einer Vertragsverletzung fristgerecht geltend machen.

vgl. Kap. 2

Es geht aber auch darum, **Vertrauen zu schaffen**, indem der Einzelhändler gegenüber seinen Kunden **Verantwortung** für Gesundheit und Wohlbefinden übernimmt. Hohe Qualitäts- und Umweltstandards, die den **guten Ruf** eines Unternehmens ausmachen, müssen täglich eingefordert und kontrolliert werden. Nur so werden **Reklamationen** eigener Verkaufsabteilungen (interne Kunden) und der Kundschaft (externe Kunden) von vornherein vermieden.

Die partnerschaftliche Zusammenarbeit zwischen Lieferanten und Kunden entlang der gesamten **Lieferkette** (Supply Chain) setzt voraus, dass jeder Partner seine Prozesse beherrscht und sich alle beteiligten Unternehmen aufeinander verlassen können. Mängel der angelieferten Ware oder Lieferausfälle bzw. -verzögerungen würden sich auf die gesamte Lieferkette auswirken. Jeder Lieferant muss deshalb über ein **Qualitäts- und Umweltmanagementsystem** verfügen, die er regelmäßig auditieren und zertifizieren lässt. Dadurch erübrigt sich die doppelte Qualitätsprüfung, nämlich die Warenausgangsprüfung beim Lieferanten und die Wareneingangsprüfung beim Kunden. Die Ware muss bei der Annahme nur noch auf Identität (richtige Art und Menge) geprüft werden. Die Qualitätsprüfung wird durch vereinbarte Prüfzertifikate im Rahmen des Qualitätsmanagements ersetzt.

vgl. LF 6, Kap. 2.3

1.4 Erfassung des Wareneingangs – fit durch RFID

Gab es bei der Warenkontrolle keine Beanstandungen, dann muss die Ware im Warenwirtschaftssystem erfasst werden. Erst dann darf sie eingelagert werden. Die Warenerfassung bewirkt, dass die Bestellbestände in der Bestelldatei gelöscht, die Lagerbestände des betreffenden Artikels mengen- und wertmäßig erhöht und die entsprechenden Buchungsvorgänge in der Finanzbuchhaltung ausgelöst werden.

*vgl. LF 4
Kapitel 4.2*

Quelle: Aberle Automation GmbH & Co. KG

Waren bzw. Versandeinheiten (Palette, Kiste usw.) werden im Wareneingang meist anhand von **Barcodes**[1] (Balken-, Strichcodes) identifiziert (erfasst). Vereinzelt sind noch **OCR-Schriften** gebräuchlich, die als Klarschrift sowohl von Lesegeräten (Lichtstifte) als auch vom Menschen lesbar sind. Am meisten verbreitet ist der EAN-Barcode (auch Global Trade Item Number GTIN). **EAN** steht für „Europäische Artikelnummer", die vom Hersteller in Form eines maschinenlesbaren Strichcodes an der Produktverpackung angebracht wird. Sie wird mithilfe von Scannern (Abtastern) eingelesen. Am unteren Rand der EAN wird diese in Klarschrift wiederholt, sodass sie auch vom Menschen lesbar ist.

	Abteilung	E-/S-KZ
A 8764	C > 41	N32

SG-/ZM-Nr./BPOS-Nr.	Größe	
R > 400 > 010	UY > 0	

WE	Preis
810	>>+20.00

OCR-Schrift

8 711717 075053

EAN-Barcode

Der internationale Austausch von Waren und Produkten nimmt ständig zu. Aufgrund ihrer Anfälligkeit für Umwelteinflüsse und wegen ihrer geografischen Grenzen reichen Barcodes nicht mehr aus, um **internationale Lieferketten** sicher und zuverlässig zu steuern. Die Verluste für fehlgeleitete Waren, Container, Paletten oder Gepäckstücke gehen bis in dreistellige Millionenbeträge.

Moderne Erfassungssysteme müssen in der Lage sein, mobile Objekte unterschiedlicher Art bei wechselnden Umweltbedingungen nicht nur sicher zu identifizieren, sondern darüber hinaus zu lokalisieren, mit ihnen zu kommunizieren, sie zu navigieren und zu steuern. Das alles leistet die RFID-Technologie. **RFID** (Radio Frequency Identification) steht für „Identifizierung per Funk".

Merke

RFID ist ein Funketikett, das die berührungslose automatische Identifikation, Erfassung, Verfolgung und Steuerung von Objekten entlang der Supply Chain von der Gütererzeugung bis zum Endkunden ermöglicht.

---

[1] OCR = Optical Character Recognition (optische Zeichenerkennung)

Herzstück des Funketiketts ist ein Mikrochip mit Antenne (Tag oder Transponder), der auf der Produkt- bzw. Transportverpackung angebracht ist und einen standardisierten Produktcode enthält. Sobald dieser Chip in die Nähe von festen oder mobilen Schreib- und Lesegeräten (Transceivern) gelangt, kann er berührungslos Informationen speichern bzw. preisgeben. Dabei können mehrere Tags gleichzeitig ausgelesen werden (z. B. der Inhalt eines Pakets oder alle Pakete einer Palette). Funketiketten haben eine Reichweite bis etwa 20 m.

Anhand des Produktcodes kann das Warenwirtschaftssystem dem Code jederzeit weitere Produktinformationen wie Mindesthaltbarkeitsdatum, Preis, Menge, Gewicht, Größe usw. zuordnen.

Transportdienstleister beschleunigen mit der RFID-Technologie ihre Abläufe insbesondere bei der Identifikation, Ortung und der damit möglichen lückenlosen Waren- und Sendungsverfolgung (Tracking and Tracing).

Beispiel: Prozesszeiten mit Barcode und RFID im Vergleich

Der Lieferant weiß mithilfe der Funketiketten noch besser Bescheid, wo sich die Ware gerade befindet, er kann rechtzeitig eingreifen, wenn Abweichungen gemeldet werden. Mit den Funketiketten sind die Einhaltung von Kühltemperaturen entlang der Transportkette oder Mindesthaltbarkeitsdaten kontrollierbar.

Funketiketten sorgen für eine permanente Bestandskontrolle und dokumentieren alle Warenflüsse entlang der Lieferkette, sie unterstützen damit unternehmensübergreifende Qualitätssicherungssysteme. Sie können Auftragsdaten, Montageanleitungen oder Echtheitsgarantien speichern. Sie eignen sich zur Diebstahlsicherung und Überwachung von Gefahrgütern. Neben der lückenlosen Temperatur- und Kapazitätsüberwachung kommunizieren die Bestände über ihre Funketiketten miteinander und lösen Alarm aus, wenn sie z. B. zu dicht nebeneinander gelagert werden oder Temperaturtoleranzen überschritten werden. *vgl. LF 6, Kap. 3.3*

Bei Erreichen kritischer Lagerbestände kann eine automatische Bestellung ausgelöst, d. h. die Lieferkette in Gang gesetzt werden. Ebenso können der Warenverbrauch und damit die Nachfrage artikelgenau gemessen werden.

OCR, Barcode und RFID im Vergleich

Merkmale	OCR	Barcode	RFID
Speicherkapazität	niedrig	niedrig	hoch
Kommunikationsfähigkeit	nur lesbar	nur lesbar	beschreib- und lesbar
Lesbarkeit für Menschen	einfach	möglich	unmöglich
Sichtverbindung	notwendig	notwendig	nicht notwendig
Einfluss von Schmutz, Nässe	stark	stark	kein Einfluss
Kopierbarkeit	leicht	leicht	unmöglich
Abnutzung, Verschleiß	vorhanden	vorhanden	nicht vorhanden
Investitionskosten	hoch	mittel	hoch

Immer häufiger wird das **QR-Code-Verfahren**[1] zur Produktkennzeichnung verwendet. Der QR-Code kann bis zu 256 Zeichen in verschlüsselter Form darstellen und ähnelt einem Suchbild. Erfunden hat ihn die japanische Firma Denso Wave vor allem für die Kennzeichnung von Bauteilen für die Automobilproduktion. Heute findet man die quadratische Matrix aus schwarzen und weißen Punkten in vielen Bereichen des Alltags. Um den QR-Code auszulesen benötigt man spezielles Lesegerät (Scanner) oder ein Mobiltelefon mit eingebauter Kamera und einer speziellen Software. Der QR-Code kann selbst dann noch ausgelesen werden, wenn er bis zu 30 Prozent zerstört ist.

Auf einen Blick

Abläufe im Wareneingang

Prüfpunkte bei der Warenannahme

1. Empfängeranschrift → anhand des Begleitpapiers
2. Anzahl der Frachtstücke → anhand des Begleitpapiers
   Abweichung? Bestätigung des Überbringers auf dem Begleitpapier
3. Zustand der Versandverpackung → Sichtprüfung
   Mängel? Bestätigung des Überbringers auf dem Begleitpapier

Prüfpunkte bei der Warenkontrolle

1. Art und Menge der Ware → anhand der Bestellung
   Mängel? Unverzüglich rügen
2. Beschaffenheit der Ware → anhand von Stichproben
   Mängel? Unverzüglich rügen

Erfassung des Wareneingangs

Techniken: Barcodes, OCR-Schriften, RFID (Funketikett), QR-Codes

---

[1] QR = Quick Response (= schnelle Antwort)

2 Schlechtleistung des Verkäufers – mangelhafte Lieferung

Situation

Jürgen Merkle (Einkaufsleiter der TRIAL GmbH) erhält am 7. April folgende Fehlermeldung aus dem Wareneingang:

Fehlermeldung

Lieferant:	Bikemachines KG	Bearbeitungsdatum:	20..-04-07
Bestell-Nr.:	230	Lieferschein-Nr.:	8543
Lieferdatum:	20..-04-07	Bestelldatum:	20..-03-16
		Bearbeiter/-in	*Müller*

Position	Artikelbezeichnung	Genaue Fehlerbeschreibung
1	*Mountainbike „Trial Extreme"*	*bei allen 10 Rädern: Rostflecken an der Kette, Schürfflecken am Sattel*

Bemerkungen

Die Ware befindet sich in der Wareneingangskontrolle.
Soll die Rücksendung veranlasst werden?
Was soll mit der beiliegenden Rechnung geschehen?

1. Was muss Jürgen Merkle unternehmen? Wie würden Sie vorgehen? Schlagen Sie dazu im HGB die §§ 377 ff. und im BGB die §§ 433 ff. nach.

2. Nachdem Sie einen Lösungsvorschlag erarbeitet haben, bauen Sie ein Szenenspiel für ein Telefongespräch auf.
   Szene: Jürgen Merkle (Einkaufsleiter der TRIAL GmbH) telefoniert mit Frau Steiger (Verkaufsteam Bikemachines KG).
   Führen Sie das Telefonat als Rollenspiel durch.

2.1 Voraussetzungen der Schlechtleistung

Durch den Kaufvertrag wird der Verkäufer einer Sache verpflichtet, dem Käufer die Sache **frei von Sach- und Rechtsmängeln** zu verschaffen (§ 433 BGB).

 Merke

Eine Sache ist **frei von Sachmängeln**, wenn sie **bei Gefahrübergang**[1] die **vereinbarte Beschaffenheit** hat (§ 434 BGB).

Eine Sache ist **frei von Rechtsmängeln**, wenn Dritte bezüglich der Sache keine oder nur die im Kaufvertrag übernommenen Rechte gegen den Käufer geltend machen können (§ 435 BGB).

Arten von Sachmängeln	Erläuterungen und Beispiele
Mangel in der Beschaffenheit [§ 434 (1) BGB]	◆ Die Sache ist für die vereinbarte oder für die gewöhnlich zu erwartende **Verwendung ungeeignet** (z. B. Staubsauger saugt nicht, Neuwagen fährt nicht, Lebensmittel sind verdorben, Regenschirm ist nicht wasserdicht). ◆ Die Sache hat **nicht die Eigenschaften**, die der Kunde aufgrund öffentlicher Äußerungen des Verkäufers, des Herstellers oder seines Gehilfen in der Werbung oder bei der Kennzeichnung der Sache erwarten kann (z. B. der Benzinverbrauch eines Neuwagens ist erheblich höher als in den Verkaufsprospekten angegeben; eine Ferienanlage verfügt nicht, wie im Katalog versprochen, über einen Kinderclub).
Mangel bei der Montage [§ 434 (2) BGB]	◆ Die vertraglich vereinbarte **Montage** der Sache durch den Verkäufer oder seinen Gehilfen **ist fehlerhaft** durchgeführt worden (z. B. durch einen Montagefehler funktioniert die Gangschaltung des Rennrades nicht). ◆ Der Käufer baut die Kaufsache infolge eines **Mangels der Montageanleitung** fehlerhaft zusammen.
Falschlieferung [§ 434 (3) BGB]	Der Verkäufer liefert eine andere Sache als vereinbart war (z. B. Waschlappen statt Staubtücher).
Minderlieferung [§ 434 (3) BGB]	Der Verkäufer liefert eine zu geringe Menge.

vgl. Kap. 3 Bei Falsch- oder Minderlieferung kann gleichzeitig eine Nicht-rechtzeitig-Lieferung vorliegen.

Übernimmt der Verkäufer oder ein Dritter (z. B. Hersteller) eine **Haltbarkeitsgarantie**, dann begründet ein Sachmangel, der innerhalb der Geltungsdauer der Haltbarkeitsgarantie auftritt, die Rechte aus dieser Garantie (§ 443 BGB).

---

[1] Die Gefahr des zufälligen Untergangs und der zufälligen Verschlechterung der Ware geht mit der Übergabe der Kaufsache an den Käufer über (§ 446 BGB). Siehe auch Erfüllungsort auf Seite 27 f.

2.2 Pflichten des Käufers bei Schlechtleistung

Pflichten des Käufers im Überblick

Pflichten des Käufers	Käufer ist Unternehmer[1]	Käufer ist Verbraucher[2]
Prüf-, Untersuchungspflicht	Der Käufer muss die Ware **unverzüglich** nach Ablieferung durch den Verkäufer untersuchen [§ 377 (1) HGB].	entfällt
Rüge-, Anzeigepflicht	◆ **Offener Mangel:** Stellt der Käufer bei der Untersuchung der Ware einen Mangel fest, dann muss er diesen dem Verkäufer **unverzüglich** anzeigen [§ 377 (1) HGB]. ◆ **Versteckter Mangel:** Der Käufer muss versteckte Mängel unverzüglich nach Entdeckung anzeigen [§ 377 (3) HGB], längstens innerhalb der Gewährleistungsfrist (zwei Jahre).	Der Käufer muss einen Mangel innerhalb der **Verjährungsfrist von zwei Jahren** anzeigen (§ 438 BGB). Zeigt sich innerhalb von **sechs Monaten** ein Sachmangel, dann wird vermutet, dass die Sache bereits bei Gefahrenübergang mangelhaft war (§ 476 BGB – Beweislastumkehr).
	◆ **Arglistig verschwiegene Mängel** müssen innerhalb der regelmäßigen Verjährungsfrist (drei Jahre – § 195 BGB) angezeigt werden [§ 438 (3) BGB].	
Einstweilige Aufbewahrung	Der Käufer muss die beanstandete Ware einstweilen aufbewahren. Ausnahme: Notverkauf bei verderblicher Ware (§ 379 HGB).	entfällt

Unterlässt der Käufer diese Pflichten, dann kann er keine Rechte aus Schlechtleistung geltend machen.

2.3 Rechte des Käufers bei Schlechtleistung

Ist die Sache mangelhaft, dann kann der Käufer nach § 437 BGB

◆ Nacherfüllung verlangen (§ 439 BGB),

◆ den Kaufpreis mindern (Minderung § 441 BGB),

◆ vom Vertrag zurücktreten [§§ 440, 323, 326 (1) Satz 3 BGB],

◆ Schadenersatz (§§ 440, 280, 281, 283, 311a BGB) oder

◆ Ersatz vergeblicher Aufwendungen verlangen (§ 284 BGB).

---

[1] **Unternehmer** ist eine natürliche oder juristische Person oder eine rechtsfähige Personengesellschaft, die bei Abschluss eines Rechtsgeschäfts in Ausübung ihrer gewerblichen oder selbstständigen beruflichen Tätigkeit handelt (§ 14 BGB).

[2] **Verbraucher** ist jede natürliche Person, die ein Rechtsgeschäft zu einem Zweck abschließt, der weder ihrer gewerblichen noch ihrer selbstständigen beruflichen Tätigkeit zugerechnet werden kann (§ 13 BGB).

Recht des Käufers auf Nacherfüllung

Nachbesserung (§ 439 BGB)	Die Beseitigung des Mangels durch den Verkäufer ist möglich, wenn die Ware **keine erheblichen Mängel** aufweist und die Mängelbeseitigung für den Verkäufer **zumutbar** ist.
Ersatzlieferung (§ 439 BGB)	Dieses Recht ist sinnvoll, wenn die mangelhafte Sache nicht verwendbar ist und durch eine **gleichartige mangelfreie Sache** ersetzt werden kann. Dies ist nur bei vertretbaren Sachen (Gattungssachen) möglich. Der Verkäufer kann die mangelhafte Sache zurückverlangen.

Der Käufer kann diese beiden Rechte **nach seiner Wahl verlangen**. Der Verkäufer hat die zum Zweck der Nacherfüllung erforderlichen Aufwendungen, insbesondere Transport-, Wege-, Arbeits- und Materialkosten, zu tragen (§ 439 BGB). Wenn die Nacherfüllung vom Verkäufer verweigert wird oder nach **zweimaligem Versuch** scheitert, dann kann der Käufer weitere Rechte geltend machen (§ 440 BGB).

Rechte des Käufers bei Erfüllung bestimmter Voraussetzungen

Minderung (§ 441 BGB)	Wenn die Nacherfüllung fehlgeschlagen und die Sache **noch verwendbar** ist, dann kann der Käufer den Kaufpreis durch Erklärung gegenüber dem Verkäufer mindern. Die Minderung soll dem Wertverlust entsprechen, den die Kaufsache durch den Mangel erlitten hat. Maßgebend ist der Wert zum Zeitpunkt des Vertragsschlusses.
Rücktritt vom Vertrag (§ 323 BGB)	Der Käufer kann wegen nicht oder nicht vertragsgemäß erbrachter Leistung vom Vertrag zurücktreten, wenn er dem Verkäufer zuvor **eine angemessene Frist** zur Leistung oder Nacherfüllung setzt.
Schadenersatz (§§ 280, 281 BGB)	Wenn der Verkäufer eine Pflicht aus dem Kaufvertrag verletzt, dann kann der Käufer den Ersatz des hieraus entstandenen Schadens verlangen (**Schadenersatz wegen Pflichtverletzung**, § 280 BGB), **wenn der Verkäufer die Pflichtverletzung zu vertreten hat**. Hat der Verkäufer die Pflichtverletzung zu vertreten, dann kann der Käufer **Schadenersatz statt der Leistung** verlangen, wenn er dem Verkäufer vorher **eine angemessene Frist** zur Leistung bestimmt hat und diese Frist erfolglos abgelaufen ist (§ 281 BGB). Anstelle des Schadenersatzes statt der Leistung kann der Käufer **Ersatz vergeblicher Aufwendungen** verlangen, die er im Vertrauen auf die Leistung gemacht hat (§ 284 BGB).

Die **Fristsetzung entfällt**, wenn der Verkäufer die Leistung oder beide Arten der Nacherfüllung verweigert oder die Nachbesserung fehlgeschlagen oder unzumutbar ist. Eine Nachbesserung gilt nach dem erfolglosen zweiten Versuch als fehlgeschlagen (§ 440 BGB).

vgl. LF 3
Kap. 4.1 Die Rechte des Käufers sind ausgeschlossen, wenn er den Mangel bei Vertragsschluss kennt oder infolge grober Fahrlässigkeit nicht kennt (§ 442 BGB). Mängelansprüche **verjähren in zwei Jahren**, in Zusammenhang mit einem Bauwerk in fünf Jahren (§ 438 BGB). Im Falle des Verbrauchsgüterkaufs darf die Verjährungsfrist nicht auf weniger als zwei Jahre, bei gebrauchten Sachen nicht auf weniger als ein Jahr verkürzt werden (§ 475 BGB).

Beispiel: Jürgen Merkle prüft zuerst, welche Art von Sachmangel vorliegt. Rost- und Schürfflecken sind Mängel in der Beschaffenheit. Somit liegt eine Schlechtleistung vor. Da die TRIAL GmbH die Mountainbikes für gewerbliche Zwecke (Weiterverkauf) bestellt hatte, gelten die strengeren Pflichten eines Unternehmers. Die Mountainbikes wurden unverzüglich nach Anlieferung am 7. April untersucht, die Mängel wurden der Bikemachines KG unverzüglich angezeigt und die beanstandete Ware wurde einstweilen aufbewahrt.

Zunächst hat die Trial GmbH nur das Recht auf Nacherfüllung (wahlweise Nachbesserung oder Ersatzlieferung). Jürgen Merkle entscheidet sich für die Ersatzlieferung, da die Mountainbikes durch gleichartige ersetzt werden können und er seinen Kunden keine nachgebesserten Räder zumuten möchte. Er telefoniert mit Frau Steiger (Verkaufsabteilung des Lieferanten) und setzt ihr einen Nachlieferungstermin bis 9. April. Erst wenn die Nachlieferung fehlschlagen würde, könnte Jürgen Merkle eine Preisminderung (z. B. 20 % Preisnachlass) verlangen und die Räder selbst nachbessern.

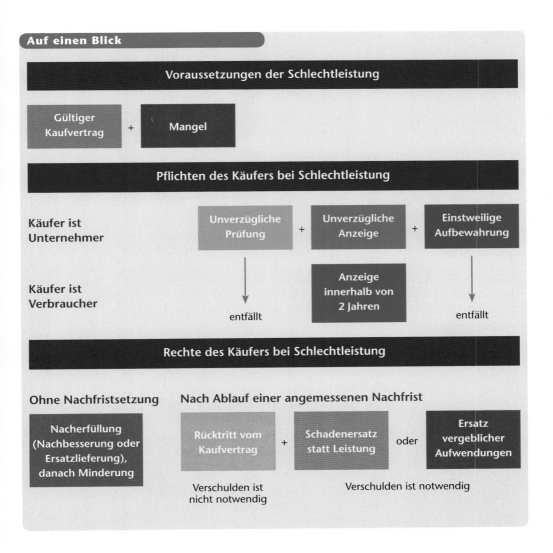

3 Nicht-rechtzeitig-Lieferung des Verkäufers – Lieferungsverzug

Situation

Jürgen Merkle (Einkaufsleiter der TRIAL GmbH) sieht, wie jeden Morgen, die Bestellrückstandsliste durch.

Auszug aus der Bestellrückstandsliste:

Datum: 3. April 20..

Bestell-nummer	Bestellung vom	vereinbarter Liefertermin	Lieferant	Artikel	offene Liefermenge
230	16.03.20..	31.03.20..	Bike machines KG	Mountain-bike „Trial Extrem"	10 Stück
...					

1. Was muss Jürgen Merkle unternehmen? Wie würden Sie vorgehen? Schlagen Sie dazu im BGB die §§ 280 bis 286 nach.

2. Nachdem Sie einen Lösungsvorschlag erarbeitet haben, bauen Sie ein Szenenspiel für ein Telefongespräch auf.
   Szene: Jürgen Merkle (Einkaufsleiter der TRIAL GmbH telefoniert mit Frau Steiger (Verkaufsteam Bikemachines KG).
   Führen Sie das Telefonat als Rollenspiel durch.

3.1 Voraussetzungen für die Nicht-rechtzeitig-Lieferung

Die Nicht-rechtzeitig-Lieferung ist ein Schuldnerverzug des Verkäufers. Damit er eintritt, müssen nach § 286 BGB drei Voraussetzungen erfüllt sein

Fälligkeit	Der Liefertermin muss eingetreten bzw. überschritten sein.
Mahnung (der Mahnung steht die Klageerhebung gleich)	Der Käufer muss den Lieferer nach Eintritt der Fälligkeit mahnen, d. h. zur Leistung auffordern. Eine Mahnung ist **nicht erforderlich**, wenn ◆ für die Leistung eine (angemessene) Zeit nach dem Kalender bestimmt ist; hier mahnt sozusagen der Kalender, z. B. „... am 10. Mai", „Lieferung im Mai", „Lieferung Ende Mai"; ◆ der Leistung ein Ereignis vorausgehen soll (z. B. Anzahlung) und die Leistungszeit so bestimmt ist, dass sie sich von dem Ereignis an nach dem Kalender berechnen lässt, z. B. „Lieferung zwei Wochen nach Anzahlung"; ◆ der Lieferer die Leistung endgültig verweigert, z. B. der Lieferer erklärt, dass er nicht liefern wird **(Selbstinverzugsetzung)**; ◆ aus besonderen Gründen unter Abwägung der Interessen beider Vertragspartner der sofortige Verzug gerechtfertigt ist, z. B. die Weihnachtsdekoration wird bis Weihnachten nicht geliefert, Fixkauf.

Verschulden	Der Schuldner hat Vorsatz und Fahrlässigkeit zu vertreten (§ 276 BGB). **Fahrlässig** handelt, wer die im Verkehr erforderliche Sorgfalt außer Acht lässt, z. B. der Lieferer übersieht den Liefertermin. Bei einfachen Massenprodukten (Gattungssachen) übernimmt der Schuldner regelmäßig das **Beschaffungsrisiko** aufgrund des Inhalts des Schuldverhältnisses, da er aus der Gattung heraus immer nachliefern kann [§ 276 (1) BGB].

Der Verkäufer wird von seiner Leistungspflicht befreit, wenn die Leistung oder Nacherfüllung für ihn oder für jedermann **unmöglich** geworden ist [§ 275 (1) BGB], z. B. ein zu liefernder Pkw wird kurz vor der Übergabe vom Firmengelände gestohlen. Hat der Verkäufer die Unmöglichkeit zu vertreten (z. B. wegen Missachtung von Sorgfaltspflichten), dann schuldet er statt der Leistung den Ersatz des eingetretenen Schadens [§§ 281 (1), 283 BGB]. Kann der Verkäufer darlegen, dass er die Nichtleistung wegen Unmöglichkeit nicht zu vertreten hat, dann entfallen der Schadenersatzanspruch [§ 275 (1) BGB] und die Gegenleistungspflicht des Käufers [§ 326 (1) BGB].

Beispiel: Jürgen Merkle, Einkaufsleiter der TRIAL GmbH, bestellte am 16. März zehn Mountainbikes der Marke „TRIAL Extrem" bei der Bikemachines KG. Diese bot die Ware am 13. März per Brief an. Da Jürgen Merkle die im Angebot genannten Bedingungen akzeptiert hat und die Bestellung rechtzeitig erfolgte (innerhalb acht Tagen), liegt ein gültiger Kaufvertrag vor.

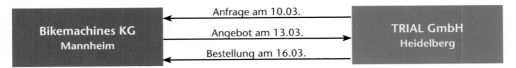

Jürgen Merkle prüft, ob alle Voraussetzungen für eine Nicht-rechtzeitig-Lieferung vorliegen:

Fälligkeit	Die Lieferung ist „zwei Wochen nach Auftragseingang" fällig. Heute ist der 3. April (siehe Bestellrückstandsliste). Die Bestellung (Auftrag) der TRIAL GmbH ging am 16. März per Post ab und müsste bei der Bikemachines KG spätestens am 17. März eingegangen sein. Damit ist die Lieferung seit dem 1. April fällig.
Mahnung	Eine Mahnung ist in diesem Fall nicht erforderlich, da sich die Leistungszeit von einem Ereignis an (Auftragseingang) nach dem Kalender bestimmen lässt.
Verschulden	Die zu liefernden Mountainbikes sind Gattungssachen, denn sie sind aus ihrer Gattung heraus jederzeit nachlieferbar. Der Lieferer trägt in diesem Fall immer das Beschaffungsrisiko.

Ergebnis: Es liegen alle drei Voraussetzungen der Nicht-rechtzeitig-Lieferung vor. Die Bikemachines KG befindet sich seit dem 1. April im Lieferungsverzug.

3.2 Rechte des Käufers bei Nicht-rechtzeitig-Lieferung

Wenn die Voraussetzungen der Nicht-rechtzeitig-Lieferung vorliegen, dann kann der Käufer seine gesetzlichen bzw. vertraglichen Rechte geltend machen.

Rechte des Käufers nach Aufforderung zur Leistung ohne Fristsetzung

Nachlieferung (§ 433 BGB)	Der Käufer besteht auf nachträglicher Erfüllung des Kaufvertrags, da die Leistungspflicht des Lieferers weiter besteht.
Schadenersatz wegen Pflichtverletzung [§ 280 (2) BGB]	Wenn der Verkäufer eine Pflicht aus dem Kaufvertrag verletzt, dann kann der Käufer den Ersatz des hieraus entstandenen Schadens verlangen, wenn der Verkäufer die Pflichtverletzung zu vertreten hat. Ein Verzugsschaden liegt vor, wenn der Schaden aufgrund der verspäteten Lieferung entstanden ist, z. B. entgangener Gewinn.

Rechte des Käufers bei Erfüllung bestimmter Voraussetzungen

Rücktritt vom Vertrag (§ 323 BGB)	Der Käufer kann wegen nicht oder nicht vertragsgemäß erbrachter Leistung vom Vertrag zurücktreten, wenn er dem Verkäufer zuvor **eine angemessene Frist** zur Leistung oder Nacherfüllung setzt.
Schadenersatz statt Leistung (§§ 281, 284 BGB)	Hat der Verkäufer die Pflichtverletzung zu vertreten, dann kann der Käufer Schadenersatz statt der Leistung (z. B. Mehrpreis eines Deckungskaufs) verlangen, wenn er dem Verkäufer vorher **eine angemessene Frist** zur Leistung bestimmt hat und diese Frist erfolglos abgelaufen ist (§ 281 BGB). Anstelle des Schadenersatzes statt der Leistung kann der Käufer **Ersatz der Aufwendungen** verlangen, die er im Vertrauen auf die Leistung gemacht hat (§ 284 BGB).

Das Schadenersatzrecht wird durch den Rücktritt nicht ausgeschlossen (§ 325 BGB).

Die **Fristsetzung entfällt**, wenn der Verkäufer die Leistung endgültig verweigert oder besondere Umstände die sofortige Geltendmachung des Schadenersatzanspruchs rechtfertigen [§ 281 (3) BGB]. Im Falle des Rücktritts entfällt die Fristsetzung zusätzlich, wenn der vereinbarte Liefertermin wesentlicher Bestandteil des Vertrags ist. Bei einem **Fixgeschäft** nach § 376 HGB und § 323 (2) BGB, bei dem eine fest bestimmte Lieferzeit bzw. Lieferfrist vereinbart ist (z. B. „… fix am 10. Mai 20..“; „genau am 10. Mai 20..“), besteht das Recht auf Rücktritt und/oder auf Schadenersatz statt der Leistung auch ohne Fristsetzung. Verlangt der Käufer von seinem Lieferer Schadenersatz, dann muss er dem Lieferer den Schaden durch eine Schadenersatzberechnung nachweisen.

◆ **Konkreter Schaden.** Hier hat der Käufer durch die Nicht-rechtzeitig-Lieferung tatsächliche Geldausgaben.

    Beispiel: Der vereinbarte Preis betrug beim ursprünglichen Lieferanten 1 000,00 EUR. Nach erfolglosem Ablauf einer Nachfrist kauft der Kunde die Ware bei einem anderen Lieferanten für 1 200,00 EUR. Der Mehrpreis dieses Deckungskaufs (1 200,00 – 1 000,00 = 200,00 EUR) ist ein konkreter Schaden.

◆ **Abstrakter Schaden.** Hier entstehen dem Käufer durch die Nicht-Rechtzeitig-Lieferung keine tatsächlichen Geldausgaben. Ihm ist jedoch ein möglicher Gewinn entgangen.

    Beispiel: Der Käufer kann aufgrund des Verzugs seines Lieferanten einen Auftrag nicht ausführen. Dadurch ist ihm der mögliche Gewinn aus diesem Auftrag entgangen. Auch nachweisliche

Kundenverluste durch die damit verbundene Imageschädigung (Ruf als ordentlicher Kaufmann ist gefährdet) sind abstrakte Schäden.

◆ **Vertragsstrafe (Konventionalstrafe).** Im Kaufvertrag wird vereinbart, dass im Falle der Nicht-rechtzeitig-Lieferung eine bestimmte Geldsumme an den Kunden zu zahlen ist. Die Höhe der Vertragsstrafe muss in einem vernünftigen Rahmen bleiben; das sind laut Rechtsprechung 0,2 bis 0,3 % der Vertragssumme pro Tag (Bundesgerichtshof, Az. VII ZR 293/79).

Beispiel: Der Lieferant muss für jeden Tag, den er in Verzug ist, z. B. 150,00 EUR Vertragsstrafe zahlen (Auftragswert: 60 000,00 EUR, Vertragsstrafe: 0,25 % · 60 000,00 EUR).

3.3 Haftung bei Nicht-rechtzeitig-Lieferung

Der Schuldner hat **während des Verzugs** jede Fahrlässigkeit zu vertreten. Er haftet wegen der Leistung auch für Zufall **(erweiterte Haftung)**, es sei denn, dass der Schaden auch bei rechtzeitiger Leistung eingetreten wäre (§ 287 BGB).

In der Regel haftet der Kaufmann nicht für **Zufall**, d. h. für Schäden, die er nicht verschuldet hat. Eine besondere Art des Zufalls ist die **höhere Gewalt**. Sie liegt dann vor, wenn ein Schaden auch nicht durch Anwendung äußerster Sorgfalt vermieden werden kann, z. B. bei Naturkatastrophen wie Überschwemmungen, Hagel und Blitzschlag, bei Streik oder Transportunfall.

Beispiel: Da kein Schaden entstanden ist, fordert Jürgen Merkle, Einkaufsleiter der TRIAL GmbH, die Bikemachines KG am 3. April in einem Telefonat mit Frau Steiger (Teammitglied im Verkaufsteam der Bikemachines KG) zur Nachlieferung auf. Frau Steiger entschuldigt sich und erklärt die Nicht-rechtzeitig-Lieferung mit Lieferschwierigkeiten ihres Vorlieferanten. Sie sichert die Nachlieferung zum 7. April zu.

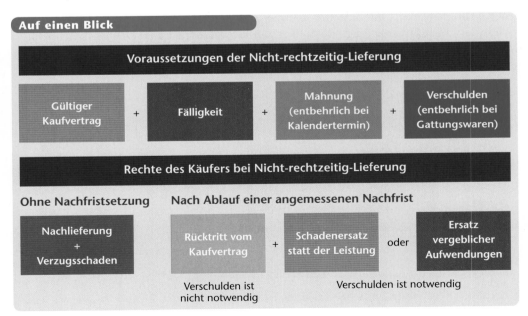

4 Warenlagerung – Ordnung ist das halbe Leben

Situation

Freitag, 12:30 Uhr: Katja Müller nutzt ihre Mittagspause, um noch schnell in das Lebensmittelgeschäft um die Ecke zu springen. Überraschend haben sich Freunde angekündigt. Es soll ein gelungener Abend werden – mit einem guten Wein und einem leckeren Mehrgängemenü, natürlich selbst gekocht. Gerade gestern hat sie eine tolle Werbung gesehen, die richtig Lust auf italienisches Essen gemacht hat und als Höhepunkt ein original italienisches Tiramisu. Und da fängt das Problem schon an – denn Katja braucht dringend noch Mascarpone. Also schnell in die Frischeabteilung und zum

Kühlregal. Aber verflixt – wo sonst die Mascarpone auf ihre Käufer wartet, nur gähnende Leere. Da haben sich wohl noch mehr durch den gelungenen Werbespot zu einem italienischen Abendessen inspirieren lassen. So ein Ärger. Und nebenan stapelt sich der Magerquark und quillt schon fast aus dem Regal.

Diese oder eine ähnliche Situation haben Sie sicherlich auch schon erlebt – entweder als Kunde oder als Verkaufskraft. Was hier im Frischemarkt der Warenhaus Forum KG zu Kundenverärgerung und Umsatzeinbußen führt, stellt auch in den Reserve- und Zentrallagern des Einzelhandels ein Problem dar. Fehlbestände (Out-of-Stock-Situationen) auf der einen Seite und Überbestände auf der anderen Seite, mit all ihren unerfreulichen Nebenerscheinungen gehören noch nicht der Vergangenheit an.

Blocklagerung in einem Reservelager

1. Beschreiben Sie einige Folgen von Fehlbeständen und Überbeständen.

2. Erläutern Sie einige Ursachen für diese Missstände. Machen Sie Vorschläge, wie Fehl- und Überbestände vermieden werden könnten.

3. Beurteilen Sie die dargestellte Blocklagerung in einem Reservelager.

4.1 Arten und Aufgaben des Lagers

Die Lagerhaltung ist die wichtigste Aufgabe des Einzelhändlers. Sie ist notwendig, weil vgl. LF 1 der Kunde die Ware im Regelfall sofort mitnehmen möchte, zwischen Ein- und Verkauf Kap. 2.1 der Ware aber eine gewisse Zeit überbrückt werden muss.

Lagerarten nach ihrer Aufgabe

Im stationären Einzelhandel ist der Verkaufsraum (Laden) mit verkaufsbereiter Ware meistens gleichzeitig das Lager **(Verkaufslager)**. Die Ladengestaltung ist je nach Betriebsform (z. B. Fachgeschäft, Discounter) bewusst aufwändig oder einfach gehalten. Das Verkaufslager dient zugleich der Warenpräsentation.

Als Nachschublager **(Reservelager)** dient meist eine Lagerfläche im Keller, auf dem Dachboden oder in Neben- bzw. Außenlagen, um teure Ladenmieten einzusparen. Dort werden Waren zwischengelagert, die in großen Mengen angeliefert werden, die sperrig sind und eine große Lagerfläche benötigen, die noch ausgezeichnet oder noch verkaufsfertig gemacht werden müssen **(Finishing)** oder die selten oder nur saisonbedingt nachgefragt werden.

Wichtige Aufgaben des Lagers

Das Lager ist der Mittelpunkt der Warenwirtschaft. Hier wird die Ware umgeschlagen, also der Beschaffungsprozess mit dem Verkaufsprozess verbunden. In Einzelhandelsgeschäften kommt der Endverbraucher selbst in das Verkaufslager (Laden). Das Verkaufslager ist damit gleichzeitig Vorratsraum für die Ware und Erlebnisraum für den Kunden. Die Ladengestaltung muss also höheren Ansprüchen genügen, als dies in Reserve- und Zentrallagern notwendig ist.

Wichtige Aufgaben des Lagers im Überblick

Herstellungszeit überbrücken	Die Zeitspanne zwischen Herstellung und Kauf der Ware wird überbrückt. Es werden stets ausreichende Mengen der Ware in der Nähe des Kunden vorrätig gehalten. Der Kunde spart Wartezeiten und zeitraubende Wege.
Einkaufsvorteile ausnutzen	Großeinkäufe lohnen sich, wenn die Ersparnisse (z. B. durch Mengenrabatte, Frei-Haus-Lieferung) die zusätzlichen Lagerkosten übersteigen. Waren können zu Zeitpunkten eingekauft werden, wenn sie günstig sind. Preisschwankungen auf der Beschaffungs- und Absatzseite können dadurch genutzt und die Endverkaufspreise stabil gehalten werden.

Verkaufsbereitschaft sichern	Kunden können sofort und bedarfsgerecht versorgt werden. Schwierigkeiten bei der Beschaffung (Lieferverzögerungen durch Produktions- und Transportprobleme beim Lieferanten, Fehldispositionen) und Schwankungen auf der Verkaufsseite (Nachfragespitzen und -flauten) werden durch die Vorratshaltung ausgeglichen.
Ware verkaufsbereit machen	Ware muss häufig noch verkaufsfertig gemacht werden („finishen"). Im Reservelager finden daher Umpack-, Umfüll-, Misch- und Sortiervorgänge statt, z. B. Bonbon-, Keks-, Nussmischungen. Viele Artikel (z. B. Fahrräder, Computer, Stereoanlagen) müssen vormontiert oder zusammengestellt, -legt werden. Manche Waren müssen **veredelt** werden (z. B. Südfrüchte nachreifen, Holz trocknen, Kaffee rösten, Mohn mahlen). Auch die **Warenauszeichnung** wird meist im Reservelager vorgenommen, um die Kunden beim Einkauf nicht zu behindern.
Umweltschutzfunktion	Im Reservelager werden zurückgenommene Einweg- und Mehrwegverpackungen und Altprodukte gesammelt und sortiert, um sie der weiteren Verwendung, Verwertung oder Entsorgung zuzuführen.

4.2 Arbeitsabläufe im Lager – Grundsätze beachten

Der Kernprozess Lagerhaltung besteht aus folgenden Teilprozessen:

Warengerechte Lagerung – Eigenschaften des Lagergutes beachten

Für die Art der Lagerung sind wirtschaftliche Gesichtspunkte und bestimmte Eigenschaften des Lagergutes (z. B. Witterungsbeständigkeit, Volumen, Wert, Gewicht, Art) ausschlaggebend. Je nach Eigenschaften sind bestimmte Lagerarten bzw. Lagereinrichtungen zum Schutz der Lagergüter notwendig.

Lagerarten nach der Eigenschaft der Lagergüter

Lagerart	Eigenschaften der Lagergüter
Offenes Lager (Freilager)	Witterungsbeständige Waren mit relativ geringem Wert, deren Volumen und/oder Gewicht eine Lagerung in Gebäuden unwirtschaftlich machen würde (z. B. Baumaterial, Steine, Sand, Betonteile); in **halboffenen Lagern** (diese sind überdacht, bieten jedoch seitlich keinen Schutz) werden Holz, Stahlrohre, Maschinen usw. aufbewahrt
Geschlossenes Lager	Witterungsempfindliche Waren oder wertvolle Waren, die vor Diebstahl geschützt werden müssen, wie z. B. Elektro-, Schreib-, Textilwaren
Speziallager	**Tanklager** für gasförmige oder flüssige Güter, **Silolager** bzw. **Schüttgutlager** für feste Schüttgüter wie Saatgut, Dünge- oder Futtermittel, **temperierte Läger** mit konstanten Temperatur- und Feuchtigkeitsbedingungen für die Aufbewahrung von Pflanzen oder **Kühl- und Tiefkühlhäuser** für Waren, die sich in der Kühlkette befinden

Lagereinrichtungen nach besonderen Schutzbedürfnissen der Lagergüter

Schutz vor	Geeignete Lagereinrichtung
Wärme	Kühleinrichtungen, z. B. Fleischwaren, Fisch, Fette, Wachs
Feuchtigkeit	Heizungs-, Lüfungsanlage, z. B. Metallwaren, Papier, Salz, Mehl
Trockenheit	Hygrometer, Verpackung, z. B. Möbel, Leder, Tabak
Sonnenlicht	Dunkle Räume, lichtgeschützte Verpackung, z. B. Papier, Bücher, Textilwaren, -Farben, Süßwaren, Konserven in Dosen
Staub	Schränke, Schutzhüllen, z. B. Kleider, Wäsche, Bücher, Schmuck, Elektro-, Schreibwaren
Geruchseinwirkung	Getrennte Lagerung von Käse, Fisch, Seife, Parfüm, Kaffee, Tabak

Für die Lagerung von Lebensmitteln sind die Vorschriften des Lebensmittel-, Bedarfs-gegenstände- und Futtermittelgesetzbuches (LFGB), für Gefahrstoffe (z. B. Säuren, Gifte) das Chemikaliengesetz und die Gefahrstoffverordnung zu beachten.

Einlagerungsgrundsätze

Das Lagergut kann nach verschiedenen Gesichtspunkten, Grundsätzen und Methoden eingelagert werden.

Merkmal	Lagergrundsatz
Art des Lagergutes	Gleiche Ware zusammen lagern
Wert des Lagergutes	Wertvolle Ware in Sichtweite, weniger wertvolle Ware weiter hinten lagern
Transport-eigenschaften	Schwere Ware am Boden bzw. unten und vorn; leichte Ware oben und hinten lagern
Zugriffshäufigkeit	Häufig verlangte Ware (Schnelldreher, „Renner") in Griffnähe (unten, vorn), selten verlangte Ware (Langsamdreher, „Penner") oben und hinten lagern
Reihenfolge der Warenausgabe	**Fifo-Methode** (first in – first out): Die zuerst eingelagerte Ware wird zuerst wieder ausgelagert („Alt vor Neu"), z. B. bei Lebensmitteln, Kosmetika **Lifo-Methode** (last in – first out): Die zuletzt eingelagerte Ware wird zuerst wieder ausgelagert; vor allem bei Schüttgütern (Kohle, Sand, Getreide usw.)

Pflege und Manipulation des Lagergutes

Zur **Warenpflege** gehört die **Sauberhaltung** der Lagerräume und des Lagergutes. Die Pflege des Lagergutes richtet sich nach dessen Eigenschaften. So müssen beispielsweise bestimmte Hölzer **gelüftet**, Sektflaschen **gewendet**, Saatgut **gelockert** werden. Das Pflegen geht bei vielen Waren mit Manipulationsvorgängen des Lagergutes Hand in Hand.

Die **Warenmanipulation** beinhaltet alle Tätigkeiten am Lagergut, die die **Verwendungs-reife herbeiführen, erhöhen oder erhalten**. Beispiele solcher Manipulationsarbeiten sind die Reifelagerung (Bananen, Cognac usw.), die Ablagerung (Holz), das Trocknen (Tabak, Gewürze), das Sortieren (landwirtschaftliche Produkte), das Mischen (Futtermittel). Zur Warenmanipulation gehören auch **verkaufsvorbereitende** Tätigkeiten wie Verpackungsvorgänge (Vorverpackung von Obst), Holzzuschnitt usw. und **verkaufsbegleitende** Arbeiten wie Aufstellen von Möbeln, Anarbeiten von Stahl (z. B. Biegen), Montage-, und Wartungstätigkeiten.

Kommissionieren – statisch oder parallel?

> **Kommissionieren** ist das Zusammenstellen von Teilmengen eines Artikels aus einer Gesamtmenge oder einem Sortiment aufgrund eines Kommissionierauftrags.

Im Verkaufslager von Selbstbedienungsgeschäften kommissioniert der Kunde selbst die Ware. Der Kommissioniervorgang findet im Einzelhandel somit nur bei Fremdbedienung oder in Reserve- und Zentrallagern statt.

Grundlage für Kommissionieraufträge sind konkrete Aufträge externer Kunden (z. B. Endverbraucher, kooperierende Einzelhändler, Handwerker) oder interner Kunden (z. B. Regional-, Auslieferungslager, angeschlossene Filialbetriebe). Der Kundenauftrag wird in der Regel in einen internen **Kommissionierauftrag** umgewandelt. Dieser enthält Angaben über die Art und Menge der zu entnehmenden Artikel und deren Lagerorte (bei systematischer Lagerplatzzuordnung).

Im Wesentlichen ist der Kommissioniervorgang ein Umsortiervorgang.

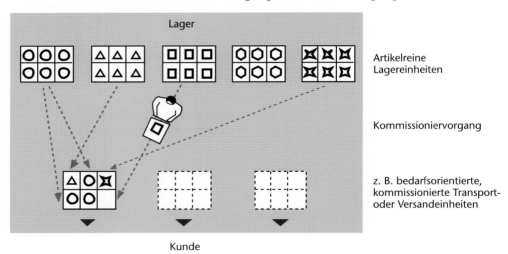

Je nach räumlicher Gestaltung und Umschlagsleistung eines Lagers haben sich in der Praxis verschiedene Sammelmethoden herausgebildet.

Statisches oder dynamisches Kommissionieren

Beim statisch-zentralen Kommissionierprinzip bewegt sich die **Person zur Ware**. Die Ware steht in einem Paletten-, Fachbodenregal oder Blocklager und muss von der Kommissionierperson entnommen werden. Die Person geht also zur Ware und entnimmt sie manuell oder mithilfe eines Kommissioniergeräts (z. B. Pickcar, Regalbediengerät, Kommissionierstapler). Das **statische Kommissionieren** ist sinnvoll, wenn geringe Artikelmengen entnommen werden und relativ kurze Wege zurückzulegen sind.

Beim **dynamisch-dezentralen Kommissionierprinzip** bewegt sich die **Ware zur Person**. Die Kommissioniereinrichtung ist so gestaltet, dass die Ware – meist Kleinteile, Ersatzteile – auf Knopfdruck (Umlauf- bzw. Paternosterlager mit automatischen Ein- und Auslagereinrichtungen) bzw. durch ein automatisiertes Fördersystem (Durchlaufkarussell, Hoch- und Durchlaufregal mit automatischen Regalförderzeugen) zur Kommissionierperson befördert wird. Es ergeben sich geringe Wegezeiten, da die Kommissionierperson ihren Arbeitsplatz nicht verlassen muss. Unter Umständen befinden sich jedoch nur wenige Artikel im direkten Zugriffsbereich der Person.

Beschickungs-, Lagerungs- und Kommissionierzonen sollten strikt getrennt werden. Nur so sind gegenseitige Behinderungen des Lager- und Kommissionierpersonals und damit verbundene Verzögerungen ausgeschlossen.

Getrennte Beschickungs-, Lagerungs- und Kommissionierzonen

Durchlaufregal

Kommissioniergut

Beschickungszone   Lagerungszone   Kommissionierzone

Sequenzielles oder paralleles Kommissionieren

Beim **sequenziellen Kommissionieren (einstufiges Kommissionieren)** sind Kunden- und Kommissionierauftrag identisch. Dabei werden alle Positionen des Auftrags **der Reihe nach** (sequenziell) abgearbeitet. Die Kommissionierperson durchläuft oder durchfährt mit ihrer Kommissionierhilfe (Sammelwagen, -box, -palette, Rollbehälter) alle Lagergänge und stellt dabei den kompletten Kundenauftrag zusammen.

Dabei legt der Mitarbeiter weite Wege zurück, da er das ganze Lager durchqueren muss. Beim **beleglosen computergesteuerten Kommissionieren** entnimmt die Kommissionierperson die Ware anhand von Leuchtanzeigen auf Displays an den Regalen oder drahtloser Auftragsübermittlung, z. B. per Kopfhöreransage – Pick-by-Voice- oder RFID-Technik.

Wenn Aufträge eine sehr große Zahl an Artikeln umfassen, die aus unterschiedlichen Lagerarten (z. B. Hoch-, Durchlaufregallager) geholt werden müssen, oder wenn lange Wege zurückzulegen sind, empfiehlt sich das **parallele Kommissionieren (zweistufiges Kommissionieren, Lagerbereichsverfahren)**. Dabei wird ein Kundenauftrag nach den

Lagerbereichen der einzelnen Artikel in mehrere Kommissionieraufträge aufgeteilt, die von mehreren Kommissionierpersonen gleichzeitig (parallel) abgearbeitet werden. Fehler, Wege- und Suchzeiten sind erheblich geringer, da sich jede Kommissionierperson in ihrem Lagerbereich gut auskennt. Vor der Auslieferung müssen die Teilaufträge jedoch wieder zusammengeführt werden. Dabei ist eine gründliche Ausgangskontrolle notwendig.

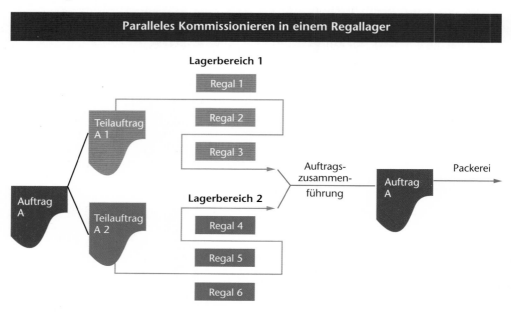

Paralleles Kommissionieren in einem Regallager

Matrix für die Wahl des Kommissionierverfahrens

	Niedrige Artikelzahl	**Hohe Artikelzahl**
Wenige Aufträge	◆ statisches Kommissionieren (Person zur Ware) ◆ sequenzielles Kommissionieren	◆ statisches Kommissionieren (Person zur Ware) ◆ paralleles Kommissionieren
Viele Aufträge	◆ statisches Kommissionieren (Person zur Ware) ◆ sequenzielles Kommissionieren	◆ dynamisches Kommissionieren (Ware zur Person) ◆ sequenzielles Kommissionieren

Auslagerung des Lagerguts – sortieren und verpacken

Nach dem Kommissionieren werden die Lagergüter, nach Aufträgen sortiert, zum Warenausgang transportiert. Die Lagergüter dürfen das Lager erst verlassen, nachdem die Warenentnahme dokumentiert wurde (z. B. durch Bestätigung auf Entnahmescheinen). Anschließend werden die ausgelagerten Güter zu bedarfsgerechten Versandeinheiten verpackt und zum Verladen bereitgestellt. Parallel dazu werden die Lieferscheine und sonstigen Transportpapiere erstellt.

Lagerkontrolle – Mengen und Wertkontrolle

Die Erfassung der Warenbestände geschieht durch folgende Verfahren:

◆ Stichtagsinventur;

◆ zeitlich verlegte Inventur;

◆ permanente Inventur.

Bei der **Stichtagsinventur** wird der gesamte Warenvorrat körperlich durch Zählen, Messen oder Wiegen aufgenommen. In der Regel erfolgt diese Inventur zeitnah zum Bilanzstichtag, höchstens zehn Tage davor oder danach [Abschnitt 30 (1) EStR]. Wenn sichergestellt ist, dass der Bestand entsprechend hochgerechnet bzw. zurückgerechnet werden kann, dann darf die Inventur auch bis zu **drei Monate vor oder zwei Monate nach** dem Bilanzstichtag [Abschnitt 30 (3) EStR] durchgeführt werden (verlegte Inventur).

Werden die Lagerbewegungen (Bestände, Zu- und Abgänge) artikel- und taggenau in Lagerdateien nachgewiesen, dann liegt eine **permanente Inventur** vor. Das Inventar kann aufgrund dieser Buchbestände aufgestellt werden, wenn die Buchbestände mindestens einmal im Jahr durch eine körperliche Aufnahme überprüft und berichtigt werden [Abschnitt 30 (2) EStR].

Inventurverfahren

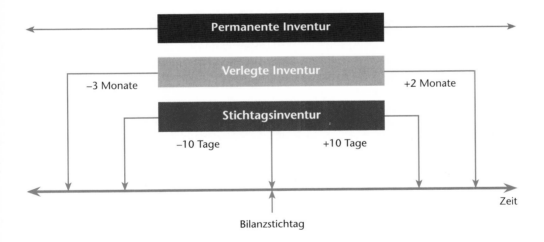

Bei Gütern, die nur mit erheblichen Schwierigkeiten erfasst werden können (z. B. Schüttgüter), ist ausnahmsweise eine **Schätzung** zulässig.

Die Durchführung der permanenten Inventur wird vollständig vom Warenwirtschaftssystem übernommen. Auch bei der Stichtagsinventur kann das Warenwirtschaftssystem die Arbeit erheblich erleichtern. Dazu werden aus der Artikel- und Bestandsdatei alle Artikelsätze in eine **Inventurdatei** übertragen. Aus dieser wird für die körperliche Lagerbestandsaufnahme eine **Zählliste** ausgedruckt. Auf dieser werden die aufgenommenen Stückzahlen artikelweise eingetragen. Danach kann eine **Inventurliste** gedruckt werden, die den aufgenommenen Lagerbestand, den Sollbestand und die mengen- und wertmäßigen **Inventurdifferenzen** für jeden Artikel ausweist.

Ursachen für und Maßnahmen gegen Inventurdifferenzen

Ursachen	Organisatorische Fehler wie unvollständige Erfassung oder Bewertung der Bestände (z. B. Nichterfassen der Retouren, Preisabschriften), unklare Anweisungen oder deren Nichtbeachtung; unzureichende Einarbeitung des Personals; Fehler bei der Inventuraufnahme oder bei der eingesetzten Soft- und Hardware (Programme, Scanner). Diebstahl/Betrug des Personals bzw. der Kunden;
Maßnahmen	Beseitigung organisatorischer Mängel (Schulung des Personals, Verbesserung der Anweisungen/Software), Sicherungsmaßnahmen gegen Diebstahl und Einbruch (Stichprobeninventur, übersichtliche Lagergestaltung und Überwachungstechnik)

Siehe hierzu auch Kap. 5 Wirtschaftlichkeit der Lagerhaltung.

4.3 Ordnungssysteme in einem Reservelager

Ordnung im Lager entsteht durch

◆ die räumliche Gestaltung des Lagers,

◆ die Zuordnung der Lagergüter auf die Lagerplätze,

◆ den Zentralisationsgrad des Lagers.

Lagerarten nach der räumlichen Gestaltung des Lagers

Je **nach räumlicher Gestaltung** des Lagers können Lagergüter auf verschiedene Weise in ihre Lagerplätze eingeordnet werden. Siehe hierzu auch offenes, geschlossenes Lager und Speziallager in Kap. 4.2 Arbeitsabläufe im Lager – Grundsätze beachten.

Wichtige Lagerarten nach der räumlichen Gestaltung

Lagerarten	Beschreibung	Einsatzmöglichkeiten
Einfaches Regallager	Ware wird auf Fachböden gelagert, die zusammengeschraubt oder -gesteckt werden. Bedienung erfolgt über Flurförderzeuge (FFZ)	Für offene, kartonierte, palettierte oder in Sonderpackformen (Fässer, Rollen, Kisten) angelieferte Stückgüter. Auf die Ware kann wahlfrei bis 12 m Höhe zugegriffen werden
Hochregallager	Regale tragen Dach und Seitenwände des eingeschossigen Lagers; die Bedienung erfolgt durch Regalbediengeräte (RBG)	Ausschließlich für die Lagerung palettierter Ware, die in einzelnen Verpackungseinheiten oder als ganze Paletten entnommen werden, wahlfreier Zugriff bis 40 m Höhe ist möglich
Durchlaufregallager	Regalständer, zwischen denen Rollenleisten oder -bahnen mit einer leichten Neigung eingehängt sind	Für rollenbahnfähige Waren, Stapelkästen, Kartons, Paletten. Die Ware rollt aufgrund der Schwerkraft von selbst durch den Fachkanal, kein wahlfreier Zugriff möglich
Blocklager	Waren oder Behälter werden direkt übereinander gestapelt	Stapelfähige Güter (z. B. Papierrollen, Baustoffe, Ballen, Fässer), Getränkepaletten und -kisten, Gitterboxpaletten, die wegen des Gewichts nicht in Regalen lagerbar sind

Durchlaufregallager eines Versandhändlers   *Hochregallager (Zentrallager)*

Lagerarten nach die Zuordnung der Lagergüter auf die Lagerplätze

Bei der Einlagerung sollte bereits an die spätere Warenentnahme gedacht werden. Unnötige Staplersuchfahrten, Umwege, versehentliches Auslagern falscher Paletten und lange Zugriffszeiten machen alleine 30 % der Handhabungskosten im manuell bedienten Lager aus und kosten Zeit und Nerven der Mitarbeiter.

Viele Einzelhandelsbetriebe ordnen deshalb jedem Lagergut einen festen Lagerplatz zu. Bei diesem **Festplatzsystem (systematische Lagerplatzzuordnung)** erhält jeder Lagerplatz eine Lagernummer (Lageradresse). Alle Lageradressen sind übersichtlich in einem Lagerplan zusammengestellt. Ein systematisches Lagernummernsystem stellt sicher, dass jeder Lagerplatz eindeutig bestimmbar ist. So können die Lagergüter identifiziert, klassifiziert und kontrolliert werden.

Beispiel: Lager-Nummernschlüssel der TRIAL GmbH

1. Nummern-Gruppe:
Bereich intern
Einstellige Ziffer oder Buchstabe. Bezeichnung des Bereichs oder andere interne Angaben. Als geografische oder innerbetriebliche Ortsangabe

3. Nummern-Gruppe:
Längsposition im Regal
Bezeichnung für die genaue Längsposition im Regal, d. h. als Angabe des einzelnen Regalplatzes in der Längsachse

5. Nummern-Gruppe:
Barcode
Für die schnelle Erfassung mit Barcodeleser sowie zur sofortigen Kontrolle

2. Nummern-Gruppe:
Regalzeilen oder Regalgänge
Nummerierung in aufsteigender, nummerischer Reihenfolge der Regalzeilen oder Regalgänge

4. Nummern-Gruppe:
Höhenposition im Regal
Bezeichnung für die genaue Höhenposition im Regal, d. h. als eine genaue Angabe des einzelnen Regalplatzes in der Höhe/Ebene

Beim **Freiplatzsystem** haben die Lagergüter keine festen Lagerplätze. Bei dieser **chaoti-schen Lagerplatzzuordnung** weist das Lagerverwaltungssystem (LVS) den einzulagern-den Artikeln den nächsten gerade freien Lagerplatz zu. Der Hauptvorteil des chaotischen Lagers liegt in der schnellen Einlagerung und der optimalen Ausnutzung der Lagerfläche. Der genutzte Anteil des Lagerraums im Verhältnis zum verfügbaren Lagerraum ist hier erheblich höher als bei der systematischen Lagerung. Das Hauptproblem der chaotischen Lagerführung ist die Abhängigkeit von der Datenverarbeitung, denn nur der Computer kennt den jeweiligen Lagerort eines Artikels. Ein manuelles Ein- und Auslagern ist meist nicht möglich, da die Lagerorte nur den vollautomatischen Transportsystemen zugäng-lich sind. Dies setzt ein einheitliches Behältersystem voraus.

Das **Lagerverwaltungssystem** steuert alle Lagerplatzänderungen und gibt Auskunft über die aktuelle Lagerbelegung und die Auslastung des Lagers. Aus den Lagerplatz-daten (z. B. vorhandene Lagerfläche) und der Lagerbelegungsdatei (freie, belegte Lager-plätze) wird der optimale Lagerplatz bestimmt und zugewiesen. Dabei werden artikel-bezogene Kriterien (Menge, Größe, Häufigkeit der Verkäufe usw.) berücksichtigt.

Lagerarten nach dem Zentralisationsgrad

Merke Werden alle Lagergüter gemeinsam an einem Ort bevorratet, dann liegt eine **zent-rale Lagerhaltung** vor. Sind gleiche Lagergüter an verschiedenen Orten unterge-bracht, dann handelt es sich um eine **dezentrale Lagerhaltung**.

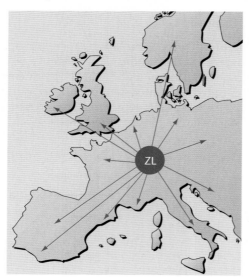 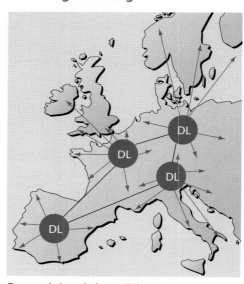

Zentrale Lagerhaltung (ZL)   *Dezentrale Lagerhaltung (DL)*

Unterhält ein Unternehmen nur ein **zentrales Lager**, dann entstehen ihm hohe Trans-portkosten für die Auslieferung der Lagergüter. Der mangelnden Kundennähe stehen relativ niedrige Lagerhaltungskosten gegenüber, da Fixkosten für Lagerpersonal und Lagergebäude bzw. -einrichtung und Zinskosten für Sicherheitsbestände nur einmal anfallen. Außerdem lohnt sich in einem großen Lager der Einsatz teurer Lager- und Kom-missioniertechniken. Die hohen Transportkosten lassen sich durch Kooperationen, früh-zeitige Informationen und Bedarfs- und Nachfrageprognosen erheblich verringern.

Oft bedingen jedoch Sicherheitsvorschriften eine **dezentrale Lagerung** (z. B. müssen Gefahrstoffe getrennt von anderen Lagergütern aufbewahrt werden) oder mangelnde Erweiterungsmöglichkeiten am bisherigen Lagerstandort. Die dezentrale Lagerung ist einer Zentrallagerung vorzuziehen, wenn sich eine Automatisierung des Lagers aufgrund der geringen Lagermengen nicht lohnt, weil Filialen in sehr kurzen Zeitabständen (z. B. mehrmals täglich) beliefert werden müssen, sei es wegen der Sortimentsstruktur (z. B. Frischwaren) oder des stark schwankenden Verkaufs.

vgl. LF 1 Kap. 2.2

Manche Großhändler oder Hersteller richten dezentrale Lager in Form eines **Kommissions- bzw. Konsignationslagers** bei Einzelhändlern ein und bewirtschaften es. Sie treten dann als Kommissionäre auf.

Großbetriebe des Einzelhandels unterhalten ein System von Zentral-, Regional- und Auslieferungslagern. Dabei dient das Zentrallager als Zielort für die Lieferanten (z. B. Hersteller). Das Zentrallager sorgt für das Nachfüllen (Replenishment) der Bestände in den Regionallagern. Die Regionallager befinden sich in der Absatzregion mehrerer Verkaufsgebiete und entlasten das Zentrallager und die Auslieferungslager. Die Auslieferungslager führen nur die regional unterschiedlichen absatzstarken Produkte und beliefern die Filialen in ihrem jeweiligen Verkaufsgebiet.

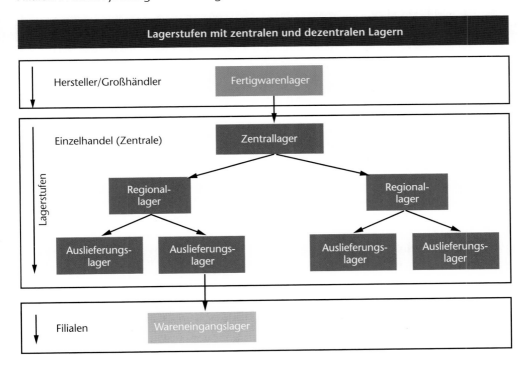

Bei der Entscheidung für oder gegen eine zentrale oder dezentrale Lagerung steht der Zielkonflikt zwischen Transportkosten und Lagerhaltungskosten im Mittelpunkt. Insgesamt sind folgende Kriterien bedeutsam:

◆ Kosten der Auslieferung (Transportkosten),

◆ Kosten der Warenbevorratung (Lagerkosten),

◆ Zusammensetzung des Sortiments (Sortimentsstruktur),

◆ Verbrauchsstruktur (Schwankungsbreite der Nachfrage),
◆ Sicherstellung der kontinuierlichen Versorgung der Kunden.

4.4 Sicherheit und Umweltschutz im Lager – sicher ist sicher

Sicherheit bei der Lagerhaltung umfasst folgende drei Bereiche:

Sicherheit vor Gesundheitsgefahren	Sicherheit vor Feuer	Sicherung gegen Diebstahl

Sicherheit vor Gesundheitsgefahren – Grundsätze der Prävention

Der **Arbeitsschutz** beinhaltet alle Maßnahmen zur **Verhütung von Unfällen**, zur **Vermeidung arbeitsbedingter Gesundheitsgefahren** und zur **menschengerechten Arbeitsgestaltung**.

Um den Arbeitsschutz zu gewährleisten, haben die **Berufsgenossenschaften** als Träger der gesetzlichen Unfallversicherung **Berufsgenossenschaftliche Vorschriften (BGV)** herausgegeben. Diese sind vom Arbeitgeber und vom Arbeitnehmer einzuhalten.

Allgemeine Vorschriften zum Arbeitsschutz finden sich in der **Berufsgenossenschaftlichen Vorschrift für Sicherheit und Gesundheit bei der Arbeit (BGV A 1)**. Danach hat der Unternehmer die erforderlichen Maßnahmen zur Verhütung von Arbeitsunfällen, Berufskrankheiten und arbeitsbedingten Gesundheitsgefahren sowie für eine wirksame erste Hilfe zu treffen. Die zu treffenden Maßnahmen sind insbesondere in staatlichen Arbeitsschutzvorschriften[1], in der BGV A 1 und in weiteren Unfallverhütungsvorschriften näher bestimmt.

Betriebe mit mehr als 20 Beschäftigten müssen **Sicherheitsbeauftragte** benennen (SGB VII § 22, BGV A1 § 19), deren Anzahl sich nach der Mitarbeiterzahl richtet. Die Sicherheitsbeauftragten haben den Unternehmer bei den Maßnahmen zur Unfallverhütung zu unterstützen (BGV A 1 § 20). Sie sollen die Versicherten auf Unfall- und Gesundheitsgefahren aufmerksam machen und sich davon überzeugen, ob die vorgeschriebenen Schutzeinrichtungen vorhanden sind und ordnungsgemäß benutzt werden.

---

[1] Arbeitsschutzgesetz, Arbeitsstätten-, Betriebssicherheits-, Lastenhandhabungs-, Bildschirmarbeits-, Baustellen-, Biostoff-, Gefahrstoff- und PSA-Benutzungsverordnung (PSA = persönliche Schutzausrüstung)

Wichtige Pflichten des Arbeitgebers nach BGV A 1:

◆ Gefährdungen und Belastungen der Arbeitnehmer bei der Arbeit beurteilen, geeignete Maßnahmen treffen, die Beurteilung dokumentieren und bei Veränderungen erneuern.

◆ Die Arbeitnehmer über Arbeitssicherheit und Gesundheitsschutz regelmäßig unterweisen und die Unterweisung dokumentieren.

◆ Bei der Vergabe von Aufträgen für Einrichtungen und Arbeitsverfahren und bei der Beschaffung von Arbeitsmitteln, Ausrüstungen oder Arbeitsstoffen auf den Arbeitsschutz zu achten.

◆ Bei der Zusammenarbeit von Beschäftigten mehrerer Unternehmen an einem Arbeitsplatz eine Person bestimmen, die zur Vermeidung einer gegenseitigen Gefährdung die Arbeiten aufeinander abstimmt.

◆ Die Befähigung eines Beschäftigten berücksichtigen, die nötig ist, um die für den Arbeitsschutz geltenden Bestimmungen einhalten zu können.

◆ Bei gefährlicher Arbeit für eine zuverlässige Aufsichtsperson sorgen.

◆ Im Falle von Mängeln an Arbeitsmitteln, Einrichtungen oder Arbeitsverfahren diese stilllegen.

◆ Eine Fachkraft für Arbeitssicherheit, einen Betriebsarzt und Sicherheitsbeauftragte bestellen.

◆ Bei unmittelbaren, erheblichen Gefahren (z. B. Brände, Explosionen, Austreten von Gefahrstoffen) besondere Abwehrmaßnahmen und Vorkehrungen zur Rettung treffen, Notfallmaßnahmen planen.

◆ Für eine unverzügliche Erste Hilfe und die Rettung aus Gefahr sorgen, Meldeeinrichtungen zum Herbeiholen von Hilfe schaffen und ausreichend Ersthelfer einsetzen (in großen Betrieben auch Betriebssanitäter).

◆ Persönliche Schutzausrüstungen zur Verfügung stellen und dafür sorgen, dass sie bestimmungsgemäß benutzt werden.

Wichtige Pflichten der Arbeitnehmer nach BGV A 1:

◆ Selber für Arbeitssicherheit und Gesundheitsschutz sorgen, auch bei den anderen Beschäftigten, die von den eigenen Handlungen betroffen sind.

◆ Sich selbst und andere nicht durch den Konsum von Alkohol oder Drogen gefährden.

◆ Den Unternehmer durch die Meldung von Mängeln und Gefahren unterstützen und im Rahmen der eigenen Aufgabe und Befähigung Mängel unverzüglich beseitigen.

◆ Einrichtungen, Arbeitsmittel, Arbeitsstoffe sowie Schutzvorrichtungen nur bestimmungsgemäß benutzen.

◆ Sich an gefährlichen Stellen nur im Rahmen der übertragenen Aufgaben aufhalten.

◆ Sich als Ersthelfer zur Verfügung stellen.

◆ Unfälle unverzüglich melden.

◆ Persönliche Schutzausrüstungen bestimmungsgemäß benutzen.

Erste-Hilfe-Regeln im Überblick

Grundsätze	Ruhe bewahren, Notruf absetzen (bzw. jemanden damit beauftragen), Unfallstelle sichern (dabei eigene Sicherheit beachten)
Notruf absetzen	1. **Wo ist es passiert** (möglichst exakte Ortsangabe)? 2. **Was ist passiert** (Verletzung, Unfall, Feuer)? 3. **Wie viele Verletzte gibt es?** 4. **Welche Verletzungen liegen vor?** (Ist jemand bewusstlos, blutet jemand stark, ist die Atmung gestört?) 5. **Warten auf Rückfragen** (Leitstelle beendet das Gespräch)

Im modernen Lager werden die Lagerarbeiten computergestützt abgewickelt. Hierbei sind gemäß **Arbeitsstätten- und Bildschirmarbeitsverordnung** zum Schutze der betroffenen Mitarbeiter bestimmte Mindeststandards für die **Gestaltung von Bildschirmarbeitsplätzen** einzuhalten. Der Arbeitgeber ist verpflichtet, eine **Analyse der Arbeitsplätze** durchzuführen, um die Sicherheits- und Gesundheitsbedingungen zu beurteilen. Er hat dabei insbesondere auf die mögliche Gefährdung des Sehvermögens sowie auf körperliche und psychische Belastungen der Arbeitnehmer zu achten und seine Mitarbeiter entsprechend zu unterrichten und zu unterweisen. Die Arbeitnehmer haben das Recht auf eine angemessene Untersuchung der Augen und des Sehvermögens durch eine qualifizierte Person.

Die manuelle Handhabung von Lasten kann für die Arbeitskräfte im Lager eine Gesundheitsgefährdung (insbesondere für die Lendenwirbelsäule) mit sich bringen. Manuelle Handhabung im Sinne der **Lastenhandhabungsverordnung** ist jedes Befördern oder Abstützen einer Last durch menschliche Kraft, insbesondere das Heben, Absetzen, Schieben, Ziehen, Tragen oder Bewegen einer Last.

Pflichten des Arbeitgebers nach der Lastenhandhabungsverordnung:

◆ Geeignete organisatorische Maßnahmen ergreifen (z. B. besondere mechanische Ausrüstung bereitstellen), die die Handhabung von Lasten erleichtern.

◆ Bei der Übertragung von Aufgaben der manuellen Handhabung von Lasten die körperliche Eignung der damit beauftragten Beschäftigten berücksichtigen.

Bei der Anschaffung von Lagergeräten ist auf die **Güte- und Prüfbestimmungen** für Lagergeräte (RAL[1]-RG 993/11 usw.) zu achten. Lagergeräte sind Hilfsmittel zum Transport, Fördern und Lagern.

---

[1] RAL = Deutsches Institut für Gütesicherung und Kennzeichnung e. V. (früher: Reichsausschuss für Lieferbedingungen und Gütesicherung); das RAL ist nach Übereinkunft der Spitzenverbände der Wirtschaft, der Verbraucher und der zuständigen Bundesministerien beauftragt, im Rahmen der Selbstverwaltung und Selbstordnung der Wirtschaft freiwillige Regelungen herbeizuführen, die der Redlichkeit im Handelsverkehr, der Qualitätsförderung und dem Verbraucherschutz dienen.

Sicherheit vor Feuer – Brandschutzmaßnahmen im Lager

In deutschen Betrieben bricht alle sieben Minuten ein Brand aus. Brand entsteht durch das Zusammentreffen von brennbaren Stoffen mit einer Zündquelle und Sauerstoff. Brandrisiken können durch die Trennung von brennbaren Stoffen und Zündquellen vermieden werden. Es ist klar, dass dort, wo brennbare Stoffe oder leicht entzündliche Stoffe (loses Papier, Holz, brennbare Flüssigkeiten) lagern, weder geraucht noch mit offenem Feuer hantiert werden darf.

Brandschutzmaßnahmen im Überblick

Vorbeugender Brandschutz	◆ Bauliche Einrichtungen (Brandschutztüren und -wände, Abtrennung von Räumen mit erhöhter Brandgefahr, Notausgänge und Rettungswege), Gipsbauplatten ◆ Brandmeldeanlagen ◆ Feuerlöscheinrichtungen (Feuerlöscher, Sprinkleranlagen) ◆ Organisatorische Maßnahmen (betrieblicher Brandschutz) wie Unterweisung des Personals über Vorschriften und Regeln zur Brandverhütung und Brandbekämpfung; Anbringung von Brandschutz- und Rettungszeichen; Feueralarmübungen
Abwehrender Brandschutz	◆ Feuerlöschmittel (Wasser, gasförmige Löschmittel) ◆ Abdecken (Feuerlöschdecken), Abtragen oder Ausbrennenlassen des Brandgutes

Gasförmige Löschmittel wie Kohlendioxid, Argon oder Inergen sind trocken und schonen kostbare Lager- und Einrichtungsgüter. Sie werden in Hochdruckflaschen gelagert, senken bei ihrer Freisetzung die Sauerstoff-Konzentration und ersticken am Brandort das Feuer schnell.

Angabe der Brandklasse auf dem Feuerlöscher

 Klasse A: Brände von nicht schmelzenden festen Stoffen, die hauptsächlich aus organischem Material bestehen (z. B. Holz, Papier, Stroh, Textilien, Kohle, nicht schmelzende Kunststoffe)

 Klasse C: Brände von Gasen (z. B. Methan, Propan, Butan, Erdgas, Wasserstoff, Acetylen)

 Klasse B: Brände von flüssigen oder schmelzenden festen Stoffen (z. B. Lösungsmittel, Öle, Lacke, Teer, schmelzende Kunststoffe)

 Klasse D: Brände von Metallen (insbesondere brennbare Leichtmetalle wie Magnesium und Aluminium sowie Natrium und Kalium)

 Brände von über ihren Brennpunkt erhitzten Speisefetten und -ölen in Frittier- und Fettbackgeräten (Löschversuche mit Wasser können zu einer Fettexplosion führen)

Sicherheit vor Diebstahl – Selbstbedienung unerwünscht

In Einzelhandelsgeschäften mit Selbstbedienungs- und Vorwahlsystem betreten die Kunden das Verkaufslager (Laden) und können auf die gelagerte Ware zugreifen. Deshalb verwundert es nicht, dass über die Hälfte des durch Inventurdifferenzen entstehenden Schadens auf die von Kunden und Profidieben verübten **Ladendiebstähle** zurückgeht.

vgl. LF 10 Kap. 9

vgl. LF 10 Über 25 % des Schadens werden von Mitarbeitern, der Rest durch Verderb, Mängel bei
Kap. 9 der Warenerfassung und -kontrolle und von Lieferanten und Boten verursacht.

Ein großes Sicherheitsproblem stellen Lagergüter dar, die auf illegalen Märkten stark nachgefragt werden, wie z. B. Haushaltsgeräte, Unterhaltungselektronik, Computer, Textilien. Für solche hochwertigen Waren sollten spezielle **Verschlusslager** eingerichtet werden, zu denen nur ausgewählte Mitarbeiter Zutritt haben. Neben solchen organisatorischen Maßnahmen muss jede Manipulationschance bei der Ein- und Auslagerung verhindert werden. Das beginnt mit der strikten **Trennung von Anlieferungs- und Abholrampen** und geht weiter mit einer lückenlosen Organisation der Retouren bis hin zu Softwaresystemen.

Im Bereich des Warenein- und -ausgangs begünstigen Unordnung und Unübersichtlichkeit, fehlende oder nachlässige Kontrollen Diebstahl und Unterschlagung. Eine **übersichtliche Lagerung und geeignete Packmittel** können Diebstähle verhindern helfen, da dadurch schnell festgestellt werden kann, ob Ware entwendet wurde.

Eine verdeckte **Videoüberwachung** ist laut Bundesarbeitsgericht (Az. 5 AZR 116/86) dann zulässig, wenn bereits im nennenswerten Umfang Warenverluste entstanden sind und der Einsatz verdeckter Kameras die einzige Möglichkeit ist, die Täter zu ermitteln. Ein allgemeiner Hinweis auf Warenverluste durch Diebstähle genügt nicht. Eine **Taschenkontrolle** ist ohne konkreten Diebstahlsverdacht nicht zulässig, da dies ein erheblicher Eingriff in das Persönlichkeitsrecht des Kunden bzw. Mitarbeiters darstellen würde.

Einzelhandel – Langfinger langen zu

In Deutschlands Einzelhandelsgeschäften wurden 2006 Waren für rund zwei Milliarden Euro gestohlen. Dagegen rüstet sich die Branche mit teurer Sicherheitstechnik.

Köln/Berlin Die Einzelhändler in Deutschland gehen mit Milliarden-Investitionen gegen Ladendiebe und organisierte Kriminalität vor. In diesem Jahr hat einer Studie zufolge mehr als jedes fünfte Handelsunternehmen seine Ausgaben zur Reduzierung der Inventurdifferenzen aufgestockt. Der deutsche Einzelhandel gebe insgesamt 1 Mrd. EUR für Kameras, Videotechnik und Warensicherung aus, teilte das EHI Retail Institute in Köln mit. Die Verluste durch Ladendiebstahl summierten sich 2006 auf etwa 2 Mrd. EUR.

Quelle: dpa, Südwestpresse, 13.06.2007, S. 7

Umweltschutz im Lager – mehr Einfälle, weniger Abfälle

In Einzelhandelsbetrieben entstehen in den Bereichen Wareneingang und Kommissionierung die meisten Rückstände. Aus der Sicht des Handels sind Rückstände nicht mehr gebrauchsfähige Produkte, Transporthilfsmittel (z. B. Paletten) und Verpackungsmaterial. Sie sind aus ökonomischer Sicht unerwünscht.

Nach § 3 Kreislaufwirtschafts- und Abfallgesetz (KrW-/AbfG) sind **Rückstände** zum Teil verwertbar **(Sekundärrohstoffe bzw. Wertstoffe)**, zum Teil nicht verwertbar **(Abfälle)**. Dabei gelten folgende Grundsätze: Vermeiden geht vor Verwerten, Verwerten geht vor Entsorgen, es ist eine möglichst hochwertige Verwertung anzustreben.

Entsorgungsmöglichkeiten von Rückständen gemäß KrW-/AbfG

Entsorgungsstrategie	Inhalt	Beispiel
Vermeidung	Auf die Entstehung von Abfällen wird von vornherein verzichtet	Wegfall von Transport- und Umverpackungen
Reduzierung ◆ quantitativ ◆ qualitativ	Einsatz von Ressourcen schonenden Alternativen	Einsatz schadstoffärmerer Lkw Schadstoffentfrachtung
Verwendung ◆ Wiederverwendung ◆ Weiterverwendung	Beibehaltung der Gestalt des Wertstoffes ◆ erneuter Einsatz des gebrauchten Produkts für den gleichen Verwendungszweck ◆ Einsatz des gebrauchten Produkts für einen anderen als den ursprünglichen Verwendungszweck	◆ Einführung von Mehrwegverpackungen ◆ Einsatz einer Glasverpackung in einem neuen Anwendungsbereich
Verwertung ◆ Wiederverwertung ◆ Weiterverwertung	Auflösung der Gestalt des Wertstoffes ◆ erneuter Einsatz des weitgehend gleichwertigen Wertstoffes in einem Produktionsprozess ◆ Einsatz in einem neuen Anwendungsbereich	◆ Altglas- und Altpapierrecycling ◆ Herstellung von Parkbänken aus Kunststoffverpackungen
Beseitigung (Entsorgung i. e. S.)	Endgültige Abfallentledigung aus betriebswirtschaftlicher (nicht gesellschaftlicher) Sicht	◆ Deponierung ◆ Verbrennung ◆ Kompostierung

Beispiel: Entsorgungs- und Abfallwirtschaftskonzept der TRIAL GmbH

Beim Auspacken werden die Verpackungs- und Abfallstoffe separat nach Sorten wie Pappe, Holzemballagen, Einwegpaletten, Kunststofffolien, Umreiferbänder, Styroporformteile und Chips, Metall und sonstige hausmüllähnliche Gewerbeabfälle gesammelt. Das erfolgt mit Sammelwagen, Gitterboxen mit eingehängten PE-Beuteln und Mülltonnen. Diese Sammelbehälter sind im Bereich des Wareneingangs, in den Kommissioniergängen und im Warenausgang verteilt und farblich je nach Abfallstoff gekennzeichnet und beschriftet.

Der Abfall wird mittels Flurförderzeugen in regelmäßigen Zeitabständen zu den Entsorgungsstationen transportiert und dort verdichtet. Wellpappen, Kunststofffolien und Umreiferbänder werden zu Ballen gepresst; Holzemballagen und Einwegpaletten werden getrennt in offenen Containern gelagert. Der Restmüll wird in Presscontainern verdichtet.

Alle Wertstoffarten werden so lange auf dem Betriebsgelände gelagert, bis wirtschaftliche Transportmengen zusammenkommen, und dann von Entsorgungs- oder Verwertungsbetrieben abgeholt und der stofflichen Wiederverwendung bzw. -verwertung zugeführt.

Paletten werden grundsätzlich dem Transporteur zurückgegeben. Dazu hat sich die TRIAL GmbH einem Palettentauschring („Bonner Palettentausch") angeschlossen.

Die Sammelbehältnisse sind entsprechend den anfallenden Wertstoffarten gekennzeichnet und am Regalende aufgestellt.

Die gepressten Pappballen auf einer Rollenbahn an der Kanalballenpresse

Nach dem **Kreislaufwirtschafts- und Abfallgesetz** besteht für den Hersteller bzw. jeden Vertreiber die Pflicht, dass er nach dem Gebrauch der Produkte diese **ordnungsgemäß entsorgt bzw. verwertet** (§ 22 KrW-/AbfG). Die Vorschriften des KrW-/AbfG gelten für die Vermeidung von Rückständen, die Verwertung von Sekundärrohstoffen und für die Entsorgung von Abfällen.

Hersteller und Vertreiber sind nach der **Verpackungsverordnung** (§ 4 VerpackV) verpflichtet, Transportverpackungen nach Gebrauch zurückzunehmen und einer erneuten Verwendung oder einer stofflichen Verwertung **außerhalb des öffentlichen Abfallentsorgungssystems** (z. B. DSD) zuzuführen.

Die **Gefahrstoffverordnung** schreibt vor, dass gefährliche Stoffe sicher verpackt und besonders gekennzeichnet werden müssen. Folgende Angaben sind vorgeschrieben: Bezeichnung des Stoffes oder der Zubereitung, Angabe gefährlicher Bestandteile einer Zubereitung, Hinweise auf besondere Risiken (z. B. „Verursacht schwere Verätzungen"), Sicherheitsratschläge (z. B. „Geeignete Schutzhandschuhe tragen"), Angaben über den Hersteller bzw. Importeur, zusätzliche Angaben bei Krebs erzeugenden, asbest- und formaldehydhaltigen Stoffen, Gefahrensymbol und Gefahrenbezeichnung.

| *entzündlich* | *brandfördernd* | *ätzend* | *reizend* | *giftig* | *explosiv* |

Viele Betriebe haben im Rahmen eines Umweltmanagement-Systems (ISO 14001) **Umweltschutzbeauftragte** benannt, die auf die Einhaltung der Umweltgesetze achten und Mitarbeiter schulen. Je nach Gefährdungsbereich gibt es Immissionsschutz-, Gewässerschutz-, Abfallwirtschafts-, Gefahrstoff-, und Brandschutzbeauftragte.

Beispiel: Gefahrstoff Tonerstaub

Auszug aus der Betriebsanweisung mit Gefahrenhinweisen und Sicherheitsratschlägen

	BETRIEBSANWEISUNG gemäß § 14 GEFSTOFFV	Stand: abgezeichnet am:
Betrieb/Gebäude		Geltungsbereich: Laser-Faxgerät, Drucker, - Kopierer

GEFAHRSTOFFBEZEICHNUNG

Produktname: Tonerstaub
Auswechseln der Tonerkassette, Entfernen von Tonerstaub

GEFAHREN FÜR MENSCH UND UMWELT

– Toner kann die Schleimhäute der Atemwege, die Bindehaut der Augen und die Haut reizen.
– Toner kann sensibilisierend wirken.
– Toner ist brennbar.

SCHUZMAßNAHMEN UND VERHALTENSREGELN

• Die Betriebsanleitung des Herstellers beachten.
• Hautkontakt vermeiden, dazu gehört:
  – Toner nicht mit den Händen berühren.
  – Tonerstaub nicht aufwirbeln (zum Beispiel durch Pusten, Luftzug).
  – Mit verschmutzten Händen nicht Mund, Nase oder Augen berühren.
• Während des Tonerwechsels und bei Reinigungsarbeiten im Gerät bereitgestellte Einweg-Handschuhe benutzen.
• Während des Tonerwechsels nicht essen, trinken oder rauchen.
• Während des Tonerwechsels Zündquellen fernhalten.

Auf einen Blick

Warenlagerung	
Lagerarten	Verkaufslager, Reservelager
Lageraufgaben	Überbrückung der Herstellungszeit Nutzung von Einkaufsvorteilen Sicherung und Herstellung der Verkaufsbereitschaft Unterstützung des Umweltschutzes

Lagerarbeiten	1. Warengerechte Einlagerung
	2. Pflege und Manipulation des Lagerguts
	3. Kommissionieren → statisch / dynamisch
	      → sequenziell / parallel
	4. Lagerkontrolle → Stichtagsinventur
	      → zeitlich verlegte Inventur
	      → permanente Inventur
	5. Auslagerung

Ordnungssysteme	Räumliche Gestaltung z. B. Regal-, Blocklager
	Lagerplatzordnung → Festplatzsystem
	      → Freiplatzsystem
	Zentralisationsgrad → zentrales Lager
	      → dezentrales Lager

Sicherheit + Umweltschutz	Sicherheit vor Gesundheitsgefahren, Feuer, Diebstahl Gefahrkennzeichnung und Gefahrenhinweise Entsorgungs- und Abfallwirtschaft

5 Wirtschaftlichkeit der Lagerhaltung

Situation

Auszug aus dem Protokoll einer Abteilungsleitersitzung bei der TRIAL GmbH:

[...] Aufgrund der stetigen Absatzrückgänge in den letzten Monaten soll künftig vorsichtiger bestellt werden, um die Lagerbestände zu senken. Eine damit einhergehende Senkung der Lagerkosten und der Kapitalbindung trägt zur Erhaltung und Verbesserung der Wettbewerbsfähigkeit der TRIAL GmbH in schwieriger werdenden Märkten bei.

Jürgen Merkle (Einkaufsleiter) soll bis zur nächsten Teamsitzung Ende der Kalenderwoche 5 (30. Januar) Vorschläge unterbreiten, wie bei den Bestellungen und bei der Lagerhaltung die Wirtschaftlichkeit verbessert werden könnte. [...]

Jürgen Merkle lässt sich vom Lagerleiter Michael Müller für den Artikel Mountainbike Trial Extrem die Lagerbewegungsstatistik des letzten Jahres geben.

Tag	Zugänge	Abgänge	Bestand		Tag	Bestand
01.01.	–	–	6		01.01.	6
18.01.		2	4		31.01.	4
08.03.	–	1	3		28.02.	4
22.03.	10	–	13		31.03.	13
03.05.	–	4	9		30.04.	13
04.06.	10	–	19		31.05.	9
15.07.	–	7	12		30.06.	19
29.07.	–	6	6		31.07.	6
04.09.	10	–	16		31.08.	6
15.11.	–	2	14		30.09.	16
29.11.	–	2	12		31.10.	16
15.12.	10	–	22		30.11.	12
31.12.	–	–	22		31.12.	22

1. Vollziehen Sie die Bestandsrechnung (linke und rechte Tabelle) nach.

2. Stellen Sie fest, wie viel Stück des Artikels Mountainbike Trial Extrem aus dem Lager insgesamt (Wareneinsatz) und im monatlichen Durchschnitt (Verbrauch pro Monat) abgegangen sind.

3. Berechnen Sie anhand des Anfangsbestands und der Monatsendbestände (rechte Tabelle) den durchschnittlichen Lagerbestand in Stück und in Euro. Der Einkaufspreis für das Mountainbike Trial Extrem beträgt 1 499,00 EUR.

4. Wie oft wurde der durchschnittliche Lagerbestand verkauft (Fachbegriff: Umschlagshäufigkeit bzw. Lagerumschlagsgeschwindigkeit)?

5. Wie viele Tage lagerte ein Mountainbike durchschnittlich, bis es verkauft wurde (Fachbegriff: durchschnittliche Lagerdauer)?

6. Nehmen Sie zu dem Verlauf der Zu- und Abgänge und zur Bestandsentwicklung Stellung.

Die Wirtschaftlichkeit der Lagerhaltung wird maßgeblich von den Lagerrisiken und -kosten, der Bestellmenge und dem Bestellverfahren bestimmt.

5.1 Lagerrisiken und Lagerkosten

Die Lagerung von Waren ist immer mit Risiken behaftet. Technischer Fortschritt, Mode- und Modellwechsel können das Lagergut zu unverkäuflichen bzw. nicht mehr verwendbaren **„Laden- oder Lagerhütern"** werden lassen. Das Lagerrisiko kann durch regelmäßige Kontrolle des Lagergutes und ein vorsichtiges Bestellverhalten begrenzt werden. Das Lagerrisiko steigt mit zunehmender Lagerdauer.

Dass hier in vielen Betrieben Handlungsbedarf besteht, beweist die Tatsache, dass in Industriebetrieben 70 bis 80 % der Durchlaufzeit eines Produkts auf Liegen, Transportieren und Lagern entfallen.

Die Lagerhaltungskosten setzen sich wie folgt zusammen:

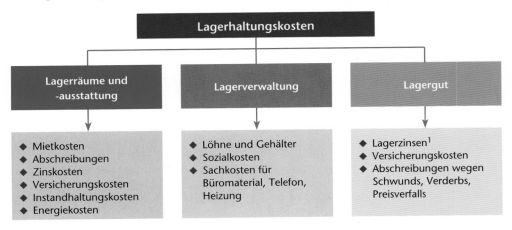

Für die Lagerhaltungskosten kann ein Lagerhaltungskostensatz ermittelt werden, wenn man die Lagerhaltungskoten in Prozent des durchschnittlichen Lagerbestands (in Euro) ausdrückt.

---
[1] Siehe hierzu die Seite 87 f.

$$\text{Lagerhaltungskostensatz} = \frac{\text{Lagerhaltungskosten} \cdot 100}{\text{durchschnittlicher Lagerbestand in Euro}}$$

Beispiel: Die TRIAL GmbH rechnet mit einem Lagerhaltungskostensatz von 10 %.

5.2 Lagerkennzahlen – Umschlag ist nicht alles

Lagerkennziffern ermöglichen die Beurteilung der Wirtschaftlichkeit des Lagers und sind Grundlage für Vergleiche mit Durchschnittszahlen der Branche.

Durchschnittlicher Lagerbestand

Der durchschnittliche Lagerbestand gibt Auskunft darüber, welche Menge bzw. welcher Wert (zu Einstandspreisen) eines Artikels oder einer Artikelgruppe im Durchschnitt eines Geschäftsjahres auf Lager liegt. Der Wert des durchschnittlichen Lagerbestandes gibt den Kapitaleinsatz bzw. die Höhe des im Lager gebundenen Kapitals an.

Bestandsrechnung anhand der Ergebnisse der Jahresinventur

$$\text{Durchschn. Lagerbestand} = \frac{\text{Anfangsbestand (1. Jan.)} + \text{Endbestand (31. Dez.)}}{2}$$

Beispiel: Mountainbike Trial Extrem

$$\frac{6 + 22}{2} = 14{,}0 \text{ Stück}$$

Bestandsrechnung bei Verwendung der monatlichen Endbestände der Lagerdatei

$$\text{Durchschn. Lagerbestand} = \frac{\text{Anfangsbestand (1. Jan.)} + \text{Summe der 12 Monatsendbestände}}{13}$$

$$\text{Durchschnittlicher Lagerwert} = \text{Menge} \cdot \text{Einstandspreis}$$

Beispiel: Mountainbike Trial Extrem

$$\frac{6 + 140}{13} = 11{,}23 \text{ Stück; beachte: Jeder Monat hat nur einen Endbestand.}$$

$11{,}23 \cdot 1\,499{,}00 \text{ EUR} = 16\,833{,}77 \text{ EUR}$

Der durchschnittliche Lagerbestand ist bei der Verwendung von Monatszahlen erheblich genauer, da hier der Saisonverlauf vollständig abgebildet wird.

Die Höhe des durchschnittlichen Lagerbestandes ist abhängig von der Bestellmenge, der Höhe des Sicherheitsbestands und dem Einstandspreis der Ware. Bei gleichmäßigen Lager-abgängen ergibt sich folgende Gleichung:

$$\text{Durchschnittlicher Lagerbestand} = \text{Sicherheitsbestand} + {}^1/_2 \text{ Bestellmenge}$$

Lagerumschlagsgeschwindigkeit (LUG)

Die **Umschlagshäufigkeit** (UH oder LUG) gibt an, wie oft der durchschnittliche Lagerbestand während eines Geschäftsjahres verwendet bzw. verkauft wurde:

$$\text{Umschlagshäufigkeit} = \frac{\text{Wareneinsatz}}{\text{durchschnittlicher Lagerbestand}}$$

Beispiel:

$$\frac{24 \text{ (Summe der Abgänge)}}{11,23} = \textbf{2,137-mal}$$

Die Lagerumschlagsgeschwindigkeit ist abhängig von der Art des Materials, der Höhe des Jahresabsatzes bzw. Jahresverbrauchs und des durchschnittlichen Lagerbestands.

Durchschnittliche Lagerdauer

Die durchschnittliche Lagerdauer gibt Auskunft darüber, wie lange sich ein Lagergut im Lager befindet, bis es weiterverarbeitet bzw. verkauft wird. Je änger ein Lagergut auf Lager liegt, umso länger muss es vorfinanziert werden.

$$\text{Durchschnittliche Lagerdauer} = \frac{360 \text{ Tage}}{\text{LUG}}$$

Beispiel:

$$\frac{360 \text{ Tage}}{2,137} = \textbf{168,46 Tage}$$

Die durchschnittliche Lagerdauer hängt also von der LUG ab.

Lagerzinsen

Die **Lagerzinsen** geben an, wie viel Zinserträge der Unternehmung **während der Lagerdauer** dadurch entgehen, dass das im Lager gebundene Kapital nicht verzinslich angelegt werden kann. Für die Berechnung der Lagerzinsen wird der Marktzinssatz für kurzfristige Kapitalanlagen verwendet. Dieser Marktzinssatz wird auf die durchschnittliche Lagerdauer umgerechnet (angepasster Zinsfuß), um den **Lagerzinssatz** zu ermitteln.

$$\text{Lagerzinssatz} = \frac{\text{Marktzinssatz} \cdot \text{durchschnittliche Lagerdauer}}{360 \text{ Tage}}$$

Beispiel:

$$\frac{12 \% \cdot 168,46 \text{ Tage}}{360 \text{ Tage}} = \textbf{5,62} \% \text{ für 168,46 Tage}$$

> **Lagerzinsen = Wert des durchschnittlichen Lagerbestandes · Lagerzinssatz**

Beispiel:

16 833,77 EUR · 5,62 % = 946,06 EUR für 168,46 Tage

Die Lagerzinsen sind also abhängig von der Höhe des Marktzinssatzes, der durchschnittlichen Lagerdauer (bzw. der LUG) und dem Wert des durchschnittlichen Lagerbestands.

Lagerreichweite

Wie lange der durchschnittliche Lagerbestand bei einem durchschnittlichen Verbrauch ausreicht, wird mit der Lagerreichweite ausgedrückt. Sie kann auch für einen bestimmten Stichtagsbestand (z. B. am 31. Oktober) berechnet werden:

$$\text{Lagerreichweite} = \frac{\text{vorhandener bzw. durchschnittlicher Lagerbestand}}{\text{durchschnittlicher Verbrauch pro Tag}}$$

Beispiel:

$$\frac{16 \ (\text{Bestand am } 31.10.)}{0,0\overline{6}} = 240 \ \text{Tage} = \textbf{8 Monate}$$

$$\text{Ø Verbrauch pro Tag} = \frac{\text{Wareneinsatz}}{\text{360 Tage}}$$

Beispiel:

$$\frac{24 \ \text{Stück}}{360 \ \text{Tage}} = 0,0\overline{6} \ \text{Stück pro Tag}$$

Die Reichweite des Lagers nimmt zu, wenn der Tagesverbrauch sinkt und/oder der Lagerbestand erhöht wird.

Kennzahlen der Lager- und Transportmittelnutzung

Der Nutzungsgrad des Lagers und der Transportmittel kann mit folgenden Kennzahlen berechnet und überwacht werden:

Kennzahlen der Lagernutzung		Kennzahlen der Transportmittelnutzung	
Flächen-nutzungsgrad	$= \dfrac{\text{genutzte Lagerfläche}}{\text{verfügbare Lagerfläche}} \cdot 100$	**Einsatzgrad**	$= \dfrac{\text{Einsatzzeit}}{\text{Arbeitszeit}} \cdot 100$
Raum-nutzungsgrad	$= \dfrac{\text{genutzter Lagerraum}}{\text{verfügbarer Lagerraum}} \cdot 100$	**Ausfallgrad**	$= \dfrac{\text{Stillstandzeit}}{\text{Einsatzzeit}} \cdot 100$

Computergestützte Lagerverwaltungssysteme ermöglichen eine laufende Beobachtung der freien und belegten Lagerplätze.

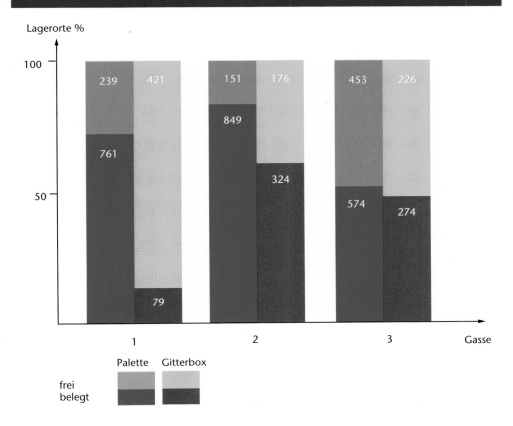

Auswertung über Lagerorte im Hochregallager

Der Nutzungsgrad des Lagers hängt auch von der **räumlichen Gestaltung** des Lagers ab.

Beispiel: Raumausnutzung bei gleicher Grundfläche

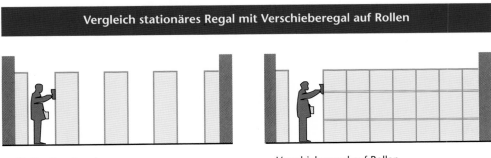

Vergleich stationäres Regal mit Verschieberegal auf Rollen

Stationäres Regal
48 laufende Meter

Verschieberegal auf Rollen
84 laufende Meter

Auswertung der Lagerkennziffern – Erhöhung des Lagerumschlags

Die Erhöhung der Umschlagshäufigkeit (LUG) hat eine Verkürzung der Lagerdauer zur Folge. Dadurch werden Zinskosten gespart, der Kapitalbedarf verringert, die Wirtschaftlichkeit erhöht und die Wettbewerbsposition verbessert.

Beispiel: Die LUG der TRIAL GmbH liegt erheblich unter dem Branchendurchschnitt von 5. Das bedeutet, dass die Mountainbikes bei der TRIAL GmbH länger auf Lager liegen als bei ihren Konkurrenten. Sie hat damit höhere Lagerzinsen. Außerdem ist, bei gleichen Handlungskosten und gleichen Lagerbeständen, ihr Jahresgewinn niedriger, da sie den Rohgewinn pro Stück (z. B. 2 499,00 – 1 499,00 = 1 000,00 EUR) nur im Durchschnitt 2,137-mal im Jahr erzielt statt 5-mal.

Rohgewinn: TRIAL GmbH: 2,137 · 11,23 Stück · 1 000,00 EUR = 23 998,51 EUR
              Branche: 5 · 11,23 Stück · 1 000,00 EUR = 56 150,00 EUR

Die LUG kann durch folgende Maßnahmen erhöht werden:

◆ im **Beschaffungsbereich** durch Kauf auf Abruf und Senkung der Bestellmengen und/oder des Sicherheitsbestands, sodass der Meldebestand und damit der Lagerbestand sinken;

◆ im **Absatzbereich** durch verstärkte Werbung, um den Abverkauf zu steigern, oder durch gezielte Bereinigung des Sortiments, indem „Penner" (Artikel mit geringer LUG) ausgemustert werden. Dadurch kann der Wareneinsatz erhöht werden.

Bei allen Maßnahmen muss jedoch beachtet werden, dass die LUG für Sortimentsentscheidungen nicht allein ausschlaggebend ist. Es muss die Kalkulation beachtet werden. Ein „**Penner**" (Artikel mit niedriger LUG) kann mehr Gewinn erwirtschaften, wenn er einen hohen **Rohgewinn** (Umsatz abzüglich Wareneinsatz) bringt, als ein „**Renner**" (Artikel mit hoher LUG).

Beispiel:

◆ Artikel A: **LUG = 6,0**; Rohgewinn = 50,00 EUR/Stück (50 %);
  (Renner)   Ø Lagerbestand: 1 000 Stück;
              Rohgewinn insgesamt: 1 000 · 6 · 50 = **300 000,00 EUR**

◆ Artikel B: **LUG = 2,0**; Rohgewinn = 200,00 EUR/Stück (200 %);
  (Penner)   Lagerbestand: 1 000 Stück;
              Rohgewinn insgesamt: 1 000 · 2 · 200 = **400 000,00 EUR**

5.3 Maßnahmen zur Verbesserung der Wirtschaftlichkeit

Unter **Wirtschaftlichkeit** versteht man das Verhältnis von Nutzen und Kosten. Eine Maßnahme ist dann wirtschaftlich, wenn der damit bewirkte Nutzen (z. B. Ertrag, Leistung) die damit verbundenen Kosten (z. B. Einsatz von Produktionsfaktoren) übersteigt. Die größte Wirkung lässt sich erzielen, wenn die Maßnahmen bei den A-Gütern ansetzen.

Ganzheitliche Maßnahmen zur Verbesserung der Wirtschaftlichkeit

Die Wirtschaftlichkeit des Lagers lässt sich mit den bereits beschriebenen ganzheitlichen Rationalisierungsmaßnahmen verbessern, wie z. B.

◆ Beschaffungsplanung (Mengen-, Zeitplanung),
◆ Entscheidung über das Warenbereitstellungsverfahren,
◆ Entscheidung über zentrale oder dezentrale Lagerung,

◆ Entscheidung über Eigen- oder Fremdlagerung,
◆ Kooperationen im Einkauf (→ siehe LF 6, Kap. 3),
◆ Aufbau eines Supply-Chain-Managements (→ siehe LF 6, Kap. 3.3),
◆ Einsatz eines integrierten Warenwirtschaftssystems (ERP-System),
◆ Einsatz moderner Informations- und Kommunikationstechniken.

Einzelmaßnahmen zur Verbesserung der Wirtschaftlichkeit

Senkung der Bestell- bzw. Abrufmengen

Über eine gezielte Mengenpolitik kann der Großhändler die Wirtschaftlichkeit seines Lagers verbessern.

Bei regelmäßig auftretendem Bedarf können die Geschäftsbeziehungen mit dem Lieferer auf eine langfristige Grundlage gestellt werden. Die **kontinuierliche Belieferung** im Rahmen eines solchen Beschaffungskonzepts

◆ senkt die Bestellmengen und damit die Lagerbestände,
◆ vermindert durch die geringere Vorratshaltung das Lagerrisiko,
◆ gewährleistet eine sichere Belieferung,
◆ führt zu Einsparungen bei der Einkaufsabwicklung,
◆ erhöht aber aufgrund der Bestellhäufigkeit die Bestellkosten und die Kosten für die Anlieferung.

In der Praxis haben sich folgende Vertragsformen herausgebildet:

◆ Rahmenvertrag,
◆ Kauf auf Abruf,
◆ Teillieferungsvertrag (Sukzessivlieferung),
◆ Spezifikationskauf,
◆ Kommissions- bzw. Konsignationslagervertrag.

In **Rahmenverträgen** werden die Preise und bestimmte Lieferungsbedingungen für einen Zeitraum oder bis zur Abnahme einer vereinbarten Gesamtmenge festgelegt. Da die Konditionen längere Zeit unverändert bleiben, ist auf diese Weise die Beschaffungsseite abgesichert. Von positiven Änderungen der Marktverhältnisse (z. B. sinkende Preise) kann der Abnehmer jedoch nicht profitieren, da er sich gebunden hat.

Beim **Kauf auf Abruf** wird die Abnahme einer bestimmten Menge innerhalb eines bestimmten Zeitraums vereinbart. Der Abnehmer kann die Ware nach seinen Erfordernissen in Teilmengen abrufen, also die Termine der Teillieferungen kurzfristig bestimmen. Er kann dadurch die Vorteile einer großen Bestellmenge nutzen und wälzt gleichzeitig die Lagerhaltung auf seinen Lieferanten ab. Erfolgen die Teillieferungen zu vorher genau vereinbarten Terminen, dann liegt ein **Teillieferungsvertrag** vor. Der Abnehmer muss bei solch einem Sukzessivkauf die Ware nicht mehr abrufen, was die Bestellabwicklung weiter vereinfacht. Er muss seinen Bedarf zeitlich genau planen und sich auf die Termintreue seines Lieferanten verlassen.

Vereinbart der Abnehmer einen **Spezifikationskauf**, dann legt er lediglich die Art und Menge der abzunehmenden Ware fest. Die genauen Formen, Größen, Farben und Maße bestimmt er erst später innerhalb eines vereinbarten Zeitraums. Unterlässt der Abnehmer die Spezifikation, dann kann der Lieferer die Ausführung selbst bestimmen und die Ware zusenden.

Im Falle des **Konsignations- bzw. Kommissionslagervertrags** richtet der Lieferant beim Kunden ein Lager ein und bewirtschaftet es.

Beispiel: Senkung des Lagerbestands durch niedrigere Bestellmengen

Annahmen: Der Jahresbedarf beträgt 1 200 Stück; der Sicherheitsbestand beträgt 100 Stück und reicht für einen Monat; kontinuierlicher Verbrauch von 100 Stück pro Monat; die Lieferung kommt pünktlich, wenn der Sicherheitsbestand erreicht ist.

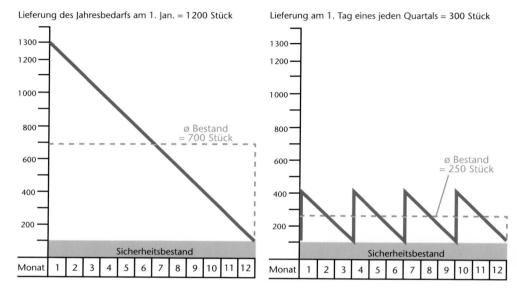

Senkung der Lagerbestände durch Streckengeschäfte

Durch Streckengeschäfte können Transport- und Lagerkosten eingespart werden, da die Ware erst gar nicht ins Lager des Großhändlers gelangt, sondern direkt vom Hersteller an die Kunden ausgeliefert wird.

Dabei ist die Gefahr groß, dass der unmittelbare Kundenkontakt verloren geht und der Einzelhändler ganz aus der Handelskette ausgeschaltet wird, da er seine Hauptaufgabe, die Lagerhaltung, nicht erbringt.

Senkung der Sicherheitsbestände

Durch die Senkung des Sicherheitsbestandes lassen sich Lagerzinsen einsparen, weil dadurch der durchschnittliche Lagerbestand und damit die Kapitalbindung reduziert werden.

Niedrigere Sicherheitsbestände müssen mit einer erhöhten Zuverlässigkeit (bezüglich Qualität und Termineinhaltung) der Lieferanten einhergehen, sonst wird die Einsparung von Lagerkosten durch höhere Fehlmengenkosten zunichte gemacht.

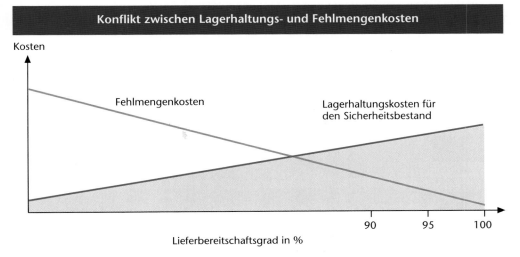

Konflikt zwischen Lagerhaltungs- und Fehlmengenkosten

Kosten

Fehlmengenkosten

Lagerhaltungskosten für den Sicherheitsbestand

90   95   100

Lieferbereitschaftsgrad in %

Bei einem hohen Service- bzw. Lieferbereitschaftsgrad (z. B. 90 % des Bedarfs kann sofort gedeckt werden) entstehen geringe Ausfall- bzw. Fehlmengenkosten (z. B. entgangene Gewinne aufgrund von Fehlbeständen, verlorenen Kunden).

Beschaffungsstrategien (Lieferantenkonzepte)

Durch die Verteilung der gesamte Beschaffungsmenge auf **viele Lieferanten (Multiple Sourcing)** kann bei Massengütern das Ausfallrisiko begrenzt werden (bei Saisonwaren sehr wichtig). Da bei jedem Lieferanten jedoch nur eine relativ geringe Menge abgenommen werden kann, sind die Einkaufskonditionen relativ ungünstig. Bei kleinen Bestellmengen muss häufiger bestellt werden, was zu höheren Bestellkosten führt.

Wird die Beschaffungsmenge auf **wenige Lieferanten (Single Sourcing)** verteilt, dann können aufgrund der stärkeren Verhandlungsposition des Abnehmers bessere Bedingungen ausgehandelt werden. Verbesserungen der Konditionen durch Mengenpolitik sind jedoch nutzlos, wenn dafür höhere Lagerbestände in Kauf genommen werden müssen. Auch hier zeigt sich der Zielkonflikt der Beschaffung.

Die Versorgungssicherheit ist eng mit der **Liefererauswahl** verbunden. Deshalb sollte bei Lieferanten verstärkt auf deren Zuverlässigkeit geachtet werden. Kosteneinsparungen durch geringere Sicherheitsbestände können Preisnachteile oft mehr als ausgleichen. Um Preiszugeständnisse bei einem Lieferanten zu erreichen, muss sich mancher Einzelhändler auf einen Exklusiv-Lieferauftrag einlassen. Auch wenn für ein solches **Einlieferanten-System (Sole Sourcing)** nur der leistungsfähigste Lieferant infrage kommt, wird der Wettbewerb auf dem Beschaffungsmarkt nicht ausgenutzt. Außerdem macht sich der Einzelhändler von einem einzigen Lieferanten abhängig; er ist diesem buchstäblich ausgeliefert. Das Fehlen von Zweit- und Drittlieferanten verringert zudem die Versorgungssicherheit.

Manche Einzelhändler gehen deshalb einen anderen Weg und beschaffen vermehrt auf ausländischen Märkten **(Global Sourcing)** zu vermeintlich günstigen Preisen. Sie handeln sich damit ein höheres Beschaffungsrisiko (Währungsrisiko, Versorgungsrisiko usw.), höhere Transportkosten und Servicenachteile ein. Diese Nachteile können nur durch eine enorme Nachfragemacht verringert werden. Die Nachfragemacht des Abnehmers kann auf den größeren globalen Märkten jedoch niemals größer sein als im Inland.

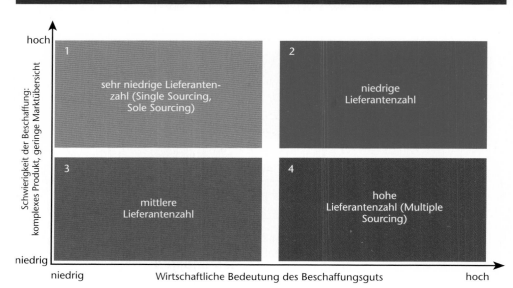

Crossdocking-Konzept – bestandsloses Kommissionieren

Beim **Crossdocking** wird die eingehende Ware sofort bedarfsgerecht aufgelöst, bereitgestellt und versendet. Der Begriff bezeichnet den Vorgang, dass Lkw auf der Wareneingangsseite eines Lagerhauses andocken und Waren anliefern, während an der gegenüberliegenden Warenausgangsseite andere Lkw mit den Lieferungen für die einzelnen Kunden beladen werden.

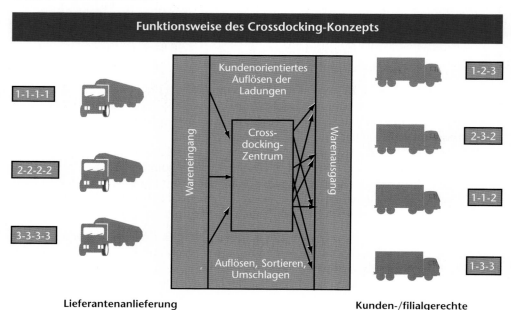

Innerhalb der Lieferkette fallen die Anlieferung der Waren am **Crossdocking-Punkt**[1] (z. B. Distributionslager der Einkaufsgemeinschaft) und die Auslieferung an die Kunden (z. B. Filialen eines bzw. verschiedener Einzelhändler) zeitlich und mengenmäßig zusammen. Typische Einlagerungs- und Kommissionierprozesse entfallen. Anstatt eine Palette an einem Lagerort einzulagern, wird diese direkt an den Endempfänger weitergeleitet.

Voraussetzung ist eine enge informationstechnische Verknüpfung der Beteiligten in der Supply Chain (z. B. VMI). Auf der Grundlage des Transportetiketts (z. B. EAN, RFID), der Nummer der Versandeinheit (NVE) und der elektronischen Lieferbestätigung (DESADV) ist der Datenfluss über die gesamte Lieferkette gewährleistet. *vgl. LF 6 Kap. 3.3*

Für den Lieferanten bzw. den Frachtführer ergibt sich der Vorteil des großen zusammengefassten Transportvolumens an dem Crossdocking-Punkt. Für die Kunden (Filialen des Einzelhandels) ergibt sich der Vorteil der einmaligen Anlieferung, was vor allem bei beengten Entlademöglichkeiten zu Handlingvorteilen führt. Großbetriebe des Einzelhandels bzw. Einkaufsgemeinschaften, die ihre Feinverteilung bisher über Auslieferungsläger durchführten, können mithilfe des Warenverteilzentrums (fast) ohne Warenbestände in der Fläche einen 24-Stunden-Service und eine Just-in-time-Belieferung von bedarfsgerechten Teilmengen direkt zu den Bedarfsorten bieten.

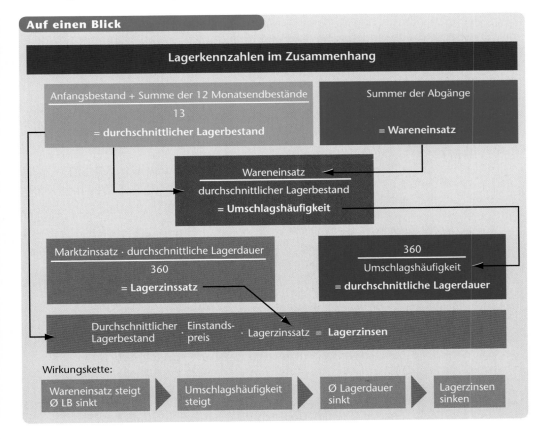

Auf einen Blick

Lagerkennzahlen im Zusammenhang

$$\frac{\text{Anfangsbestand} + \text{Summe der 12 Monatsendbestände}}{13} = \text{durchschnittlicher Lagerbestand}$$

$$\text{Summer der Abgänge} = \text{Wareneinsatz}$$

$$\frac{\text{Wareneinsatz}}{\text{durchschnittlicher Lagerbestand}} = \text{Umschlagshäufigkeit}$$

$$\frac{\text{Marktzinssatz} \cdot \text{durchschnittliche Lagerdauer}}{360} = \text{Lagerzinssatz}$$

$$\frac{360}{\text{Umschlagshäufigkeit}} = \text{durchschnittliche Lagerdauer}$$

$$\text{Durchschnittlicher Lagerbestand} \cdot \text{Einstandspreis} \cdot \text{Lagerzinssatz} = \text{Lagerzinsen}$$

Wirkungskette:

Wareneinsatz steigt Ø LB sinkt ▶ Umschlagshäufigkeit steigt ▶ Ø Lagerdauer sinkt ▶ Lagerzinsen sinken

---

[1] Konzentrations- bzw. Auflösepunkt, in der Fachsprache Warenverteilzentrum (WVZ), Transitterminal oder Transshipment genannt.

Geschäftsprozesse erfassen und kontrollieren

Lernfeld 8

1 Die Pflicht zur Buchführung im Einzelhandelsunternehmen

Situation

Markus Wildemann steht vor der Chance seines Lebens. Seit Jahren arbeitet der begeisterte Freeclimber im Outdoorshop „AdventureMountain" seines Freundes Jan Brunken mit. Inzwischen hat er sich zu einem echten Verkaufstalent entwickelt und träumt von einen Outdoorladen, in dem er sein eigener Chef ist.

Dieser Traum könnte nun Wahrheit werden: Jan Brunken, der Chef und Gründer des „AdventureMountain" will nach Neuseeland auswandern und hat Markus angeboten, seinen Laden für 500 000,00 EUR zu übernehmen. Markus Wildemann macht sich auf den Weg zur Bank, um ein Existenzgründerdarlehen zu beantragen. Leider muss Markus jedoch erkennen, dass sich der Kreditberater weniger für sein Verkaufstalent als vielmehr für seine kaufmännischen Kenntnisse interessiert.

Bankangestellter:	*„Sie haben sicherlich Ihre Inventarliste und die Bilanz der ‚AdventureMountain' GmbH mitgebracht. Dürfte ich die einmal sehen?"*
Markus Wildemann:	*„Also Papierkram habe ich jetzt nicht dabei. Ich dachte, es geht hier eher darum, dass ich Ihnen meine Ideen präsentiere. Ich habe nämlich ein völlig neues Verkaufskonzept entwickelt, mit dem ich den Umsatz bestimmt um einiges steigern kann."*
Bankangestellter:	*„Wie hat sich der Umsatz der ‚AdventureMountain' GmbH denn in den letzten Jahren entwickelt?"*
Markus Wildemann:	*„Naja, genaue Zahlen kann ich Ihnen jetzt nicht nennen, aber mein Chef war immer zufrieden, und der Laden war voll."*
Bankangestellter:	*„Herr Wildemann, Sie haben mich nicht verstanden. Ich muss Ihre Buchführungsunterlagen der letzten Jahre prüfen, bevor ich Ihnen einen Kredit geben kann. Wo sind Ihre schriftlichen Aufzeichnungen über die Ausgaben und Einnahmen Ihres Unternehmens?!"*
Markus Wildemann:	*„Tut mir leid, da muss ich mich erst mal erkundigen. Ich bin ein guter Verkäufer, aber kein Buchhalter. Wo mein Chef die Kassenabrechnungen und den Einkaufsrechnungen aufhebt, hat mich bisher nicht interessiert. Ich bin mir auch nicht sicher, ob die alle noch da sind."*
Bankangestellter:	*„Herr Wildemann, Sie möchten ein Unternehmen leiten, scheinen aber nicht darüber informiert zu sein, welche Buchführungspflichten auf Sie zukommen. Ich denke, es wäre das Beste, wenn Sie sich zunächst mal*

über diese Pflichten informieren und dann mit Ihren Buchführungs-aufzeichnungen wieder zu mir kommen. In der momentanen Situation sind mir die Hände gebunden, was die Bewilligung eines Kredits betrifft."

Verschaffen Sie sich einen Überblick über die gesetzlichen Regelungen, die ein Kaufmann im Einzelhandel beachten muss, wenn er ein Unternehmen selbstständig leiten möchte. Lesen Sie dazu das Kapital im Lehrbuch und erledigen Sie dann die Praxisaufgaben in den Arbeitsmaterialien auf S. 230 und 231.

1.1 Warum braucht man Buchführungsregeln?

Für viele Einsteiger wirken die Regelungen der Buchführung zunächst abschreckend und übertrieben. Warum muss man bei der Führung eines Einzelhandelsunternehmens so komplizierte Regeln beachten und dafür Zeit und Geld aufwenden? Weshalb kann man es nicht jedem Unternehmer selbst überlassen, wie er einen Überblick über sein Unternehmen behält?

Der Grund ist einfach: Nicht nur der Unternehmenschef und seine Angestellten wollen einen Überblick über die Geschäftslage des Einzelhandelsunternehmens haben, sondern auch Personen außerhalb des Betriebes. Zum Beispiel muss der Kreditbearbeiter einer Bank nachprüfen können, ob das Unternehmen tatsächlich so erfolgreich ist, dass er ihm einen Kredit geben kann. Der Betriebsprüfer des Finanzamtes muss prüfen können, ob das Unternehmen tatsächlich den Gewinn gemacht hat, den der Eigentümer in der Steuererklärung angegeben hat. Auch Lieferanten, Großkunden und Miteigentümer des Unternehmens haben ein Interesse daran, verlässliche und nachprüfbare Auskünfte darüber zu bekommen, wie es dem Unternehmen geht.

Einer Person wie z. B. einem Betriebsprüfer, der Jahr für Jahr viele Unternehmen prüft, ist es aber nicht zuzumuten, dass er sich bei jedem Unternehmen in ein eigenes Buchhaltungssystem eindenken muss. Deshalb hat der Gesetzgeber für alle Unternehmen einheitliche Regeln festgelegt, wie sie ihre Geschäfte aufzuzeichnen haben. So heißt es z. B. im Handelsgesetzbuch:

§ 238 Handelsgesetzbuch (HGB)

Jeder Kaufmann ist verpflichtet, Bücher zu führen und in diesen seine Handelsgeschäfte und die Lage seines Vermögens nach den **Grundsätzen ordnungsgemäßer Buchführung** ersichtlich zu machen.

1.2 Grundsätze ordnungsgemäßer Buchführung – verbindliche Regeln für alle Einzelhandelsunternehmen

Die „Grundsätze der ordnungsgemäßen Buchführung" (GoB) sind allgemein verbindliche Regeln, die vorschreiben, wie die Buchführung eines Unternehmens auszusehen hat. Diese einheitlichen Regeln sorgen dafür, dass sich jedermann schnell einen Überblick über die Geschäftslage eines ihm bisher unbekannten Unternehmens machen kann. Außerdem erschweren sie Täuschungen und Fälschungen und bewirken, dass die Buchhaltungsaufzeichnungen auch nach vielen Jahren noch bei Streitigkeiten als Beweismittel dienen können.

Die wichtigsten „Grundsätze der ordnungsgemäßen Buchführung" sind in folgender Tabelle zusammengefasst:

Grundsatz der Übersichtlichkeit	Jeder, der eine kaufmännische Ausbildung hat, sollte sich mithilfe der Buchhaltung des Unternehmens einen Überblick über die Geschäftslage machen können.
Grundsatz der Vollständigkeit	Alle Geschäftsfälle des Unternehmens müssen in der Buchhaltung erfasst werden.
Grundsatz der Zeitgerechtigkeit	Die Geschäftvorfälle müssen sofort und in der richtigen zeitlichen Reihenfolge erfasst werden.
Grundsatz der Richtigkeit	Die Geschäftsfälle müssen sachlich richtig erfasst werden. Es darf keine nachträglichen Änderungen der Eintragungen geben.
Grundsatz der Nachprüfbarkeit	Die vorgenommenen Buchungen müssen durch die zugehörigen Belege (z. B. Quittungen, Rechnungen) nachgeprüft werden könnnen. **Keine Buchung ohne Beleg!**
Grundsatz der Lesbarkeit der Daten	Alle Aufzeichnungen müssen innerhalb der gesetzlich vorgeschriebenen Aufbewahrungsfrist lesbar sein. Das gilt auch für elektronische Aufzeichnungen mit einer Unternehmenssoftware.

Die Aufbewahrungsfristen sind:
◆ zehn Jahre für Buchungsbelege, Konten, Bilanzen,
◆ sechs Jahre für Handelsbriefe (Bestellungen usw.).

1.3 Was passiert bei Nichtbeachtung der Buchführungsvorschriften?

Das Finanzamt führt in unregelmäßigen Abständen Prüfungen der Buchführungsunterlagen durch. Von Zeit zu Zeit stellen die Prüfer fest, dass ein Unternehmer sich nicht an die Grundsätze ordnungsgemäßer Buchführung hält. Meist können die Prüfer dann aufgrund fehlender Belege oder falscher bzw. fehlender Buchungen den tatsächlichen Gewinn des Unternehmens und damit die zu zahlenden Steuern nicht genau berechnen. In diesen Fällen werden die zu zahlenden Steuern vom Finanzamt geschätzt. Diese Schätzungen fallen eher hoch aus. Oft wird das Finanzamt Steuernachzahlungen fordern, die gegebenenfalls durch Säumniszuschläge und Zinsen erhöht werden können.

Bei schwerwiegenden Betrugsfällen kann es auch zu Geldstrafen oder Freiheitsstrafen von bis zu drei Jahren kommen.

Praxistipp

In den folgenden Kapiteln lernen Sie die grundlegenden Techniken der Buchführung. Die genaue Beachtung dieser Techniken hilft Ihnen in der Praxis, die Grundsätze ordnungsgemäßer Buchführung einzuhalten. Darüber hinaus verwenden Einzelhandelsunternehmen heute Softwareprogramme, wie z. B. Microsoft Dynamics NAV®. Daten und Anleitungen zu diesem Programm finden Sie im BuchPlusWeb – Angebot der Arbeitsmaterialien zu diesem Lehrbuch. So können Sie am Computer ganz praxisnah Buchhaltung lernen.

2 Die Inventur im Einzelhandelsunternehmen

Situation

Markus Wildemann möchte sein eigener Chef werden und den Outdoorshop seines Freundes Jan übernehmen. Als zukünftiger Unternehmer kennt er inzwischen seine Buchführungspflichten. Zu diesen Pflichten gehört es, mindestens einmal pro Jahr eine Inventur durchzuführen. Auch vor dem Verkauf eines Unternehmens muss eine Inventur durchgeführt werden.

Bei der Inventur müssen Markus und Jan alle Gegenstände von Wert, die dem Unternehmen gehören, zählen und in Euro bewerten. Der Gesamtwert dieser Gegenstände ist das Vermögen des Unternehmens. Allerdings ist dieses Vermögen teilweise „auf Pump" angeschafft worden. Deshalb müssen Markus und Jan noch alle Schulden des Unternehmens vom Vermögen abziehen. Als Ergebnis erhalten Sie das so genannte Reinvermögen des Unternehmens und damit den Wert der „AdventureMountain" GmbH.

Nach Geschäftsschluss machen sich Markus und Jan an die Arbeit. Sie zählen alle Warenbestände im Verkaufsraum und im Lager. Zuvor haben sie die Kommissionsware und die Demonstrationsartikel der Hersteller beiseite geräumt, denn diese Waren gehören der „AdventureMountain" GmbH nicht und dürfen folglich nicht mitgezählt werden.

Um Fehler beim Zählen zu vermeiden, kontrollieren Jan und Markus sich gegenseitig und markieren alle Regale, die bereits gezählt wurden. Die Ergebnisse der Zählung tragen sie in eine Einzelinventarliste ein.

Helfen Sie Markus und Jan bei der Inventur, und füllen Sie die Einzelinventarliste für die Warengruppe 2 und 3 in den Arbeitsmaterialien auf S. 232 und 233 aus.

Erstellen Sie mithilfe der Informationen in den Arbeitsmaterialien auf Seite 235 ein Inventar für die „AdventureMountain" GmbH.

2.1 Was ist eine Inventur?

§ 240 Handelsgesetzbuch (HGB)

Inventar

(1) Jeder Kaufmann hat zu Beginn seines Handelsgewerbes seine [...] Vermögensgegenstände genau zu verzeichnen und dabei den Wert der einzelnen Vermögensgegenstände und Schulden anzugeben.

(2) Er hat [...] für den Schluss eines jeden Geschäftsjahres ein solches Inventar aufzustellen.

Jedes Einzelhandelsunternehmen hat die Pflicht, mindestens einmal im Jahr alle Gegenstände seines Vermögens zu zählen (körperliche Erfassung aller Vermögensgegenstände). Anschließend muss der Wert der gezählten Vermögensgegenstände in Euro bestimmt werden (Bewertung aller Vermögensgegenstände). Gleichzeitig muss genau geklärt werden, welche Schulden das Unternehmen bei seine Lieferanten, bei Banken hat.

Diese Tätigkeit wird **Inventur** genannt.

◆ Erfassung aller Vermögensgegenstände ⎫
◆ Bewertung aller Vermögensgegenstände ⎬ = Inventur
◆ Erfassung aller Schulden ⎭

2.2 Was ist das Inventar?

Das Ergebnis einer Inventur ist das Inventar. Das Inventar ist ein Verzeichnis aller Vermögensgegenstände und Schulden eines Unternehmens.

Um das Inventar zusammenzustellen, fasst man die Ergebnisse aller Inventurlisten (Zähllisten) in einer kurzen Tabelle zusammen. Anschließend erstellt man auch eine Liste aller Schulden des Unternehmens.

Das folgende Beispiel zeigt eine einzelne Inventarliste der „AdventureMontain" GmbH.

Inventurliste 2	Warengruppe 2: Wanderschuhe		
aufgenommen am: Aufnahme durch	30.06.20.. Jan Bruncken		
Bezeichnung	**Stück**	**Einstandspreis EUR**	**Gesamtwert EUR**
Hanwag Alaska GTX	8	97,35	778,80
Hanwag Banks GTX	10	73,18	731,80
Hanwag Orbit GTX	11	138,49	1 523,39
Lowa Renegade GTX Mid	9	74,65	671,85
Lowa Saphir	12	78,42	941,04

Ausschnitt aus einer Inventarliste der „AdventureMontain" GmbH

In einem weiteren Schritt fasst der Einzelhandelskaufmann nun die Zählergebnisse der einzelnen Inventurlisten auf einer kürzeren Liste zusammen, sodass er den aktuellen Stand von Vermögen und Schulden des Unternehmens auf einen Blick erkennen kann. Diese Zusammenfassung der Inventurergebnisse nennt man Inventar.
Im Inventar der „AdventureMontain" GmbH werden z. B. nicht mehr alle Wanderschuhe einzeln aufgeführt. Stattdessen steht dort nur noch der Gesamtwert der Warengruppe 2 – „Wanderschuhe". So wird die Liste kürzer und übersichtlicher.

Das Inventar ist das Bestandsverzeichnis aller Vermögensgegenstände und Schulden eines Unternehmens an einem bestimmten Stichtag.

Merke

2.3 Wie ist das Inventar aufgebaut?

Für den Aufbau der Inventarliste gibt es genaue Regeln. So besteht ein Inventar immer aus den Gliederungspunkten

A.   Vermögen,
B.   Schulden,
C.   Reinvermögen (Eigenkapital des Unternehmens).

Auch innerhalb dieser Gliederungspunkte ist eine genau festgelegte Reihenfolge zu beachten.

A. Vermögen

Das Vermögen wird gegliedert in:

I. Anlagevermögen

Zum Anlagevermögen zählen alle Gegenstände, die das Unternehmen über lange Zeit nutzen möchte (z. B. Grundstücke, Ladeneinrichtung, Fuhrpark).

II. Umlaufvermögen

Zum Umlaufvermögen zählen alle Gegenstände, die nur kurz zum Eigentum des Unternehmens gehören und im laufenden Geschäftsbetrieb wieder verkauft oder verändert werden (z. B. Waren, Verpackungsmaterial, Leergut, Forderungen, Kassenbestand, Bankguthaben).

Innerhalb des Anlage- und Umlaufvermögens werden die Vermögensgegenstände nach **Liquidität** sortiert. Das heißt Vermögensteile, die das Unternehmen nur schwer und unter großem Zeitaufwand zu Bargeld machen kann, stehen oben, während liquide Vermögensteile, die leicht zu Bargeld gemacht werden können, unten stehen.

◆ Im Inventar wird das Vermögen in Anlagevermögen und Umlaufvermögen aufgeteilt.

◆ Die Vermögensgegenstände werden nach Liquidität sortiert.

B. Schulden

Nimmt ein Unternehmen bei einer Bank große Kredite auf, die über viele Jahre hinweg zurückgezahlt werden müssen, so handelt es sich um **langfristige Schulden**. Daneben hat das Unternehmen aber auch **kurzfristige Schulden**, deren Laufzeit weniger als ein Jahr beträgt. Beispielsweise räumen Lieferanten dem Einzelhändler auf ihren Rechnungen oft Zahlungsziele von 90 Tagen oder mehr ein. Der Einzelhändler kann Ware also bereits ausstellen und verkaufen, muss sie aber erst später bezahlen.

Bei den noch nicht bezahlten Lieferantenrechnungen handelt es sich um **kurzfristige Schulden** des Unternehmens, wir nennen Sie „Verbindlichkeiten aus Lieferungen und Leistungen".

Im Inventar müssen selbstverständlich alle Schulden aufgeführt werden, dabei unterscheidet man in

I. **langfristige Schulden**,
II. **kurzfristige Schulden**.

Auch innerhalb der langfristigen und kurzfristigen Schulden sortiert man die Schulden nach Laufzeit. Es gilt die Regel: Schulden mit längeren Laufzeiten stehen oben.

Im Inventar werden die Schulden in langfristige Schulden und kurzfristige Schulden aufgeteilt. Die Schulden werden nach Laufzeit sortiert.

C. Reinvermögen

Um das Reinvermögen des Unternehmens zu ermitteln, werden am Ende der Inventarliste die Summe des Vermögens und die Summe der Schulden noch einmal einander gegenübergestellt. In der letzten Zeile steht dann die Differenz zwischen Vermögen und Schulden. Diese Differenz nennt man Reinvermögen oder Eigenkapital des Unternehmens.

In der letzten Zeile des Inventars steht das Reinvermögen.
Es gilt: Vermögen – Schulden = Reinvermögen.

Beispiel:

Der Lebensmittelmarkt Ackermann stellte nach dem Abschluss seiner Inventur folgendes Inventar auf:

Inventar zum 31.12.20..
der Lebensmittelmarkt Ackermann GmbH, Danziger Str. 456,
39108 Magdeburg

A. Vermögen

I. Anlagevermögen

	1. Grundstücke und Bauten		430 400,00 EUR
	2. Ladenausstattung lt. Anlage 1		225 826,00 EUR
	3. Lagerausstattung lt. Anlage 2		86 547,00 EUR
	4. Büromaschinen lt. Anlage 3		5 890,00 EUR
	5. Kassensysteme lt. Anlage 4		48 423,00 EUR
	6. Fuhrpark		86 693,00 EUR

II. Umlaufvermögen

	1. Warenbestände		
	Frischwaren lt. Einzelinventarliste 1	685 769,00 EUR	
	Nicht verderbliche Ware lt. Einzelinventarliste 2	548 535,00 EUR	
	Non Food lt. Einzelinventarliste 3	78 547,00 EUR	1 312 851,00 EUR
	2. Forderungen a. Lief. und Leist.		1 181,00 EUR
	3. Kassenbestand		7 485,00 EUR
	4. Bankguthaben		75 262,00 EUR
	Summe des Vermögens (Rohvermögens)		2 280 558,00 EUR

B. Schulden

	1. langfristige Verbindlichkeiten		948 226,48 EUR
	2. kurzfristige Verbindlichkeiten		545 525,49 EUR
	Summe der Schulden		1 493 751,97 EUR

C. Ermittlung des Reinvermögens

	Summe des Vermögens		2 280 558,00 EUR
	– Summe der Schulden		1 493 751,97 EUR
	Reinvermögen (Eigenkapital)		786 806,03 EUR

2.4 Blick in die Praxis: Wie wird eine Inventur der Warenbestände durchgeführt?

Während der Inventur müssen alle beweglichen Gegenstände im Unternehmen möglichst fehlerlos gezählt und bewertet werden. In größeren Einzelhandelsunternehmen enthalten die Bestandslisten bis zu 50 000 Positionen. Die meisten Positionen gehören zu den Warenvorräten des Einzelhandelsunternehmens. Eine gründliche Planung und Organisation der Wareninventur sind daher wichtig. Sie helfen, Kosten zu sparen, und erhöhen die Genauigkeit der Inventur.

Vor der Inventur stellt der Inventurleiter einen Inventurplan auf, in dem genau festgelegt ist, wann welche Artikel zu zählen sind und wer für die Zählung verantwortlich ist. Die Einhaltung des Planes wird vom Inventurleiter überwacht. Die Zählungen werden durch Kontrolleure stichprobenartig überprüft.

Für die Erfassung der Inventurpositionen gibt es in der Praxis einige bewährte Vorgehensweisen, die kurz vorgestellt werden sollen.

Beispiel Elektronikfachmarkt: Körperliche Bestandsaufnahme durch Zählen

Die meisten Einzelhandelsunternehmen verkaufen verpackte Artikel, die genau abgezählt werden können. Wie das Beispiel aus einem Elektronikfachmarkt zeigt, werden die Artikel im Verkaufsregal von links nach rechts und von oben nach unten gezählt. Die Ergebnisse der Zählung werden in ein mobiles Datenerfassungsgerät (MDE-Gerät) eingegeben. Zum Schluss wird das fertig gezählte Regal mit einem roten Klebepunkt markiert, um Mehrfachzählungen zu vermeiden.

MDE-Gerät

Beispiel Supermarkt: Körperliche Bestandsaufnahme durch Wiegen

Die Käsevorräte in der Frischetheke des Supermarktes werden abgewogen. Da der Einstandspreis pro Kilogramm für jede Käsesorte bekannt ist, kann der Wert der Käsevorräte leicht berechnet werden.

Beispiel Holzzuschnitt im Baumarkt: Körperliche Bestandsaufnahme durch Messen

Bei den Pressspanplatten in der Holzzuschnittabteilung des Baumarktes werden Länge und Breite vermessen. Anschließend wird die gelagerte Gesamtfläche pro Materialsorte berechnet. Da der Einstandspreis pro Quadratmeter für jede Materialsorte bekannt ist, kann der Wert der Holzvorräte berechnet werden.

Beispiel Weinverkauf direkt vom Fass: Bestandsaufnahme durch Schätzen

Der Direktverkauf der Winzergenossenschschaft Retzenhausen vertreibt in einem alten Weinkeller Wein direkt aus dem Eichenfass. Der Füllstand im Eichenfass kann bei der Inventur nicht genau gemessen werden. Das Einzelhandelsunternehmen darf Bestände, in denen die genaue Erfassung nicht möglich oder wirtschaftlich nicht sinnvoll ist, auch schätzen.

Kosten und Zeit sparen durch Stichprobeninventur

In einem Drogeriemarkt gibt es – wie in jedem anderen Einzelhandelsunternehmen – einige besonders hochpreisige Artikel, wie z. B. komplette Schminksets, aber auch viele kleine, niedrigpreisige Artikel wie z. B. Wattestäbchen.

Die hochwertigen Artikel sollten während der Inventur in jedem Fall vollständig gezählt werden. Bei den vielen kleineren Artikeln ist es fraglich, ob es sich angesichts des geringen Wertes der Artikel überhaupt lohnt, alle Artikel einzeln zu zählen.

Um die Inventur solcher Artikel zu vereinfachen, darf der Einzelhändler auch eine Stichprobeninventur durchführen. Dabei muss per Zufall ermittelt werden, welche Artikel genau zu zählen sind (z. B. jeder 30. Artikel).

◆ Die körperliche Erfassung der Warenbestände kann durch Zählen, Wiegen, Messen oder Schätzen erfolgen.

◆ Die Stichprobeninventur kann zur Vereinfachung der Inventur bei niedrigpreisigen Artikeln eingesetzt werden.

Merke

Bewertung der gezählten Warenbestände

Bei der Bewertung der Warenvorräte in Euro werden die gezählten Artikelmengen **nicht** mit dem Ladenpreis, sondern mit dem Einstandspreis multipliziert. Das ist der Preis, zu dem der Einzelhändler die Ware einkauft.

2.5 Wie wird die Inventur des Anlagevermögens durchgeführt?

Zum Anlagevermögen zählen alle Gegenstände, die dem Unternehmen über längere Zeit dienen sollen, z. B. Registrierkassen, Warenträger, Rollwagen usw.

Für jeden körperlichen Gegenstand des Anlagevermögens führt das Einzelhandelsunternehmen eine Anlagenkarteikarte entweder in Papierform oder in der Computersoftware. Hier sind das Anschaffungsdatum, der Standort, der Anschaffungswert, die Nutzungsdauer, die jährliche Wertminderung sowie der aktuelle Wert des Anlagegegenstandes gespeichert.

Bei den unbeweglichen Teilen des Anlagevermögens, wie Grundstücke und Gebäude, können die Werte aus der Anlagenkarteikarte direkt in das Inventar übernommen werden. Die beweglichen Teile des Anlagevermögens wie z. B. Tische, Regale und Fahrzeuge müssen dagegen gesucht, begutachtet und gezählt werden (körperliche Bestandsaufnahme). Sind einzelne Gegenstände nicht mehr vorhanden oder beschädigt, so muss die Anlagenkartei berichtigt werden.

Ganz einfach verläuft die Inventur bei den nicht körperlichen, d. h. nicht mit Händen greifbaren Teilen des Anlagevermögens. Dazu gehören die Forderungen gegenüber Kunden, der Kontostand des Bankkontos und der Kassenbestand. Hier können die Angaben der Buchhaltung direkt in das Inventar übernommen werden. Dasselbe gilt für die Schulden des Unternehmens.

Merke   Alle beweglichen Teile des Anlagevermögens müssen körperlich erfasst und bewertet werden.
Für folgende Positionen genügt eine Buchinventur:

◆ **Grundstücke und Bauten,**

◆ **Forderungen,**

◆ **Kassenbestand,**

◆ **Bankguthaben,**

◆ **Schulden.**

2.6 Wann findet die Inventur statt?

Die Inventur ist vergleichbar mit einem Schnappschuss: Zu einem bestimmten Zeitpunkt soll der Geschäftsbetrieb stillstehen. Diese Zeit soll genutzt werden, um festzustellen, wie groß das Vermögen und die Schulden des Unternehmens zu diesem Datum sind. Wann ist der richtige Zeitpunkt für solch einen Schnappschuss?

Merke   Das Handelsgesetzbuch nennt in § 240 vier Zeitpunkte, zu denen der Einzelhändler eine Inventur durchführen muss:

1. bei der Gründung des Unternehmens,

2. am Ende jeden Geschäftjahres,

3. vor dem Verkauf eines Unternehmens,

4. bei der Auflösung des Unternehmens.

Würde man den Gesetzestext genau befolgen, so müssten die meisten Einzelhandelsunternehmen genau am 31.12. jeden Jahres ihre Inventur durchführen. Doch diese Zeit zählt gerade im Einzelhandel zu den umsatzstärksten und damit arbeitsreichsten Zeiten des Jahres. Deshalb haben viele Unternehmen entschieden, ihr Inventar zum 31.12. aufzustellen, aber ihre Bestände an einem anderen Tag im Jahr zu zählen.

Wie lässt sich dieser Wunsch mit dem Handelsgesetzbuch vereinbaren? Es gibt drei verschiedene Wege, die der Gesetzgeber ermöglicht hat.

1. Stichtagsinventur

Die Inventur braucht nicht genau am Ende des Geschäftsjahres (Bilanzstichtag 31.12.20..) durchgeführt zu werden. Die Inventur muss aber zeitnah, d. h. innerhalb von zehn Tagen vor oder nach dem Bilanzstichtag, stattfinden. Die Veränderungen in den Beständen zwischen dem Inventurtag und dem Bilanzstichtag müssen genau notiert werden, damit der Bestand am 31.12. berechnet und korrekt in das Inventar eingetragen werden kann.

2. vorverlegte/nachverlegte Inventur

Für Einzelhandelsunternehmen ist die enge Frist von zehn Tagen vor oder nach dem 31.12. meist zu eng. Sie würden die Inventur gern auf einen Zeitpunkt verschieben, der weniger umsatzstark ist. Deshalb entscheiden sich viele für die vorverlegte/nachverlegte Inventur.

So können sie die Inventur an einem beliebigen Tag innerhalb der letzten drei Monate vor oder der ersten zwei Monate nach dem Bilanzstichtag (31.12.20..) durchführen. Der am Inventurtag errechnete Gesamtwert des Bestandes kann dann auf den Bilanzstichtag fort- bzw. zurückgerechnet werden.

3. Permanente Inventur

Die permanente Inventur ist eine kostengünstige und zeitsparende Alternative für moderne Einzelhandelsunternehmen, die über leistungsfähige Computersoftware verfügen, aus der man die aktuellen Bestände aller Artikel jederzeit herauslesen kann. Diese Unternehmen können ihre Warenbestände am 31.12. einfach aus dem Computersystem in das Inventar übertragen. Allerdings muss das Unternehmen sicherstellen, dass die Bestände seiner Artikel in jedem Geschäftsjahr mindestens einmal durch körperliche Bestandsaufnahme geprüft werden. Wann diese Zählung erfolgt, bleibt dem Unternehmen überlassen.

Beispiel:

Auch das Möbelhaus IKEA gehört zu den Unternehmen, die die permanente Inventur nutzen. IKEA hat festgestellt, das viele seiner Artikelbestände im Laufe des Jahres ohnehin geprüft werden müssen, um Abweichungen zwischen dem Soll-Bestand im Computer und dem Ist-Bestand in den Filialen aufzudecken. Alle Bestandszählungen sind seit einigen Jahren gleichzeitig auch Teil der permanenten Inventur. So kann  IKEA die doppelte Zählung von Artikeln vermeiden und damit Zeit und Kosten sparen.

Auf einen Blick

◆ Die **Inventur** ist eine körperliche Erfassung aller Vermögensgegenstände und Schulden eines Unternehmens zu einem bestimmten Zeitpunkt.

◆ Das **Inventar** ist ein Verzeichnis aller Vermögensgegenstände und Schulden eines Unternehmens. Das Inventar ist das Ergebnis der Inventur.

◆ Gliederung des Inventars:

A. Vermögen

    I.   Anlagevermögen
    II. Umlaufvermögen

B. Schulden

    I.   langfristige Schulden
    II. kurzfristige Schulden

C. Reinvermögen (Eigenkapital des Unternehmens)

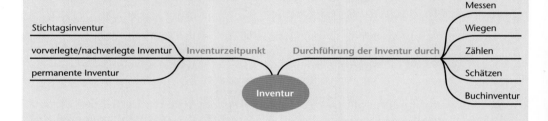

3 Die Bilanz des Einzelhandelsunternehmens

Situation

Der Verkäufer Markus Wildemann hat den Outdoorshop seines Freundes Jan Brunken übernommen. Die Tage der Firmengründung sind für ihn hart, denn er hat keine kaufmännische Ausbildung. Glücklicherweise hilft ihm sein Freund Jan in dieser Übergangszeit.

Markus Wildemann:	*„He Jan, ich lese gerade in diesen Existenzgründervorschriften, dass wir noch eine Bilanz aufstellen müssen, bevor ich mit den Geschäften beginnen kann. Weißt du, was eine Bilanz ist?"*
Jan Brunken:	*„In einer Bilanz schreibst du Vermögen und Schulden deines Unternehmens übersichtlich auf."*
Markus Wildemann:	*„Das haben wir doch schon beim Inventar gemacht! Wieso soll ich das Ganze jetzt noch mal abschreiben?"*
Jan Brunken:	*„Jetzt reg Dich nicht auf, eine Bilanz ist Ruck, Zuck fertig, wenn du ein ordentliches Inventar hast. Sie ist eine Art Kurzfassung des Inventars für alle, die sich nur mal schnell einen Überblick verschaffen sollen."*
Markus Wildemann:	*„Hier steht aber, dass man ‚beim Aufstellen der Bilanz die gesetzlichen Vorschriften beachten sollte'. Das hört sich kompliziert an."*
Jan Brunken:	*„Die Vorschriften gibt es, damit alle Bilanzen aller Unternehmen gleich aufgebaut sind und verglichen werden können. Da sollten wir keine Fehler machen, denn die Bilanz zeigst du später den Banken, wichtigen Kunden, möglichen Teilhabern usw."*
Markus Wildemann:	*„Findest du nicht, dass wir die ganzen Sachen lieber einem Steuerberater geben sollten?"*
Jan Brunken:	*„Quatsch, die Sache ist einfacher als du denkst! Alle Regeln stehen im Gesetz, du musst einfach nur nachlesen."*

Helfen Sie Markus und Jan bei der Erstellung einer Bilanz:

Lesen Sie den nachfolgenden Lehrbuchtext.

Schlagen Sie in den Arbeitsmaterialien auf S. 236 das Inventar für die „AdventureMountain" GmbH auf.

Erstellen Sie auf der Grundlage des Inventars die Bilanz der „AdventureMountain" GmbH. Nutzen Sie dafür den Vordruck in den Arbeitsmaterialien auf S. 239.

3.1 Wie wird eine Bilanz aufgestellt?

Auch die Bilanz ist wie das Inventar eine Übersicht über die Vermögensteile und die Schulden eines Unternehmens. Allerdings dient sie der Information von Interessierten außerhalb des Unternehmens, die sich nicht mit allen Details des Unternehmensvermögens beschäftigen können und wollen. Deshalb wird die Bilanz kürzer gefasst als das Inventar. Die Bilanz soll den Außenstehenden lediglich einen schnellen Überblick über die Vermögens- und Schuldensituation eines Unternehmens ermöglichen.

In § 242 des Handelsgesetzbuches ist festgelegt, dass jeder Kaufmann bei der Gründung seines Unternehmens und am Ende jedes Geschäftsjahres eine Bilanz erstellen muss. In § 266 HGB wird die äußere Form einer Bilanz sehr genau vorgeschrieben. Diese einheitlichen Vorschriften sollen es einfacher machen, die Bilanzen verschiedener Unternehmen zu vergleichen, um festzustellen, welche Unternehmen besonders erfolgreich sind.

Die nachstehende Bilanz zeigt die Gestaltungsregeln für eine Bilanz auf einen Blick. Sie ist aus dem Inventar der Firma **Lebensmittelmarkt Ackermann GmbH** (siehe Kapitel 2) abgeleitet.

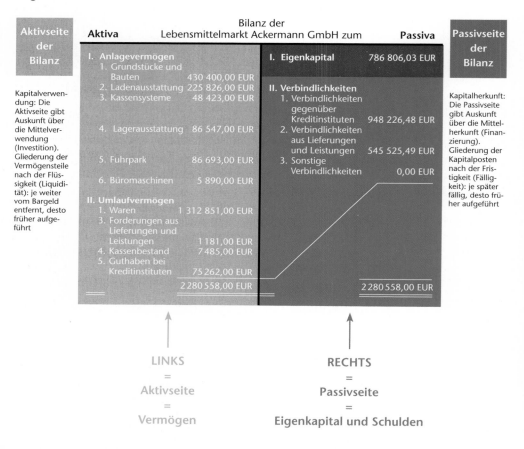

| | Bilanz der |
| **Aktiva** | Lebensmittelmarkt Ackermann GmbH zum | **Passiva** |

Aktivseite der Bilanz

Kapitalverwendung: Die Aktivseite gibt Auskunft über die Mittelverwendung (Investition). Gliederung der Vermögensteile nach der Flüssigkeit (Liquidität): je weiter vom Bargeld entfernt, desto früher aufgeführt

I. Anlagevermögen		
1. Grundstücke und Bauten	430 400,00 EUR
2. Ladenausstattung	225 826,00 EUR
3. Kassensysteme	48 423,00 EUR
4. Lagerausstattung	86 547,00 EUR
5. Fuhrpark	86 693,00 EUR
6. Büromaschinen	5 890,00 EUR
II. Umlaufvermögen	
1. Waren	1 312 851,00 EUR
3. Forderungen aus Lieferungen und Leistungen	1 181,00 EUR
4. Kassenbestand	7 485,00 EUR
5. Guthaben bei Kreditinstituten	75 262,00 EUR
	2 280 558,00 EUR

I. Eigenkapital	786 806,03 EUR
II. Verbindlichkeiten	
1. Verbindlichkeiten gegenüber Kreditinstituten	948 226,48 EUR
2. Verbindlichkeiten aus Lieferungen und Leistungen	545 525,49 EUR
3. Sonstige Verbindlichkeiten	0,00 EUR
	2 280 558,00 EUR

Passivseite der Bilanz

Kapitalherkunft: Die Passivseite gibt Auskunft über die Mittelherkunft (Finanzierung). Gliederung der Kapitalposten nach der Fristigkeit (Fälligkeit): je später fällig, desto früher aufgeführt

LINKS
=
Aktivseite
=
Vermögen

RECHTS
=
Passivseite
=
Eigenkapital und Schulden

Merke

Gesetzliche Vorschriften beim Aufstellen einer Bilanz:

1. **Eine Bilanz ist in Kontenform (zweispaltig) aufzustellen.**

2. **Die linke Seite heißt Aktivseite. Sie zeigt sich das Vermögen. Wie im Inventar wird es unterteilt in Anlage- und Umlaufvermögen.**

3. **Die rechte Seite der Bilanz heißt Passivseite. Sie zeigt die Schulden (Verbindlichkeiten) und das Eigenkapital des Unternehmens.**

4. **Das Eigenkapital auf der Passivseite der Bilanz entspricht dem Reinvermögen am Ende des Inventars.**

Prägen Sie sich genau ein, welche Bilanzpositionen zur Aktivseite der Bilanz gehören und welche Positionen auf der Passivseite zu finden sind. **Lernen Sie diese Zuordnung auswendig.** Sie vermeiden so viele Fehler, die leider bis in die Prüfungsarbeiten von Auszubildenden im Einzelhandel immer wieder gemacht werden.

3.2 Wie liest man eine Bilanz?

Das Symbol für eine Bilanz ist eine Waage im Gleichgewicht. Tatsächlich müssen die Aktivseite und Passivseite einer Bilanz immer genau gleich groß sein. Aus dieser „goldenen Bilanzregel" ergibt sich die folgende Bilanzgleichung:

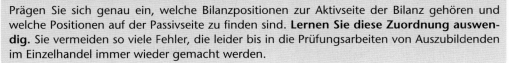

Bilanzgleichung
Aktiva = Passiva

Warum muss eine Bilanz immer im Gleichgewicht sein? Jeder Vermögensgegenstand im Unternehmen, ob die Ware in den Regalen, der Dienstwagen des Chefs oder der Kassencomputer, wurde vom Unternehmen mit Geld gekauft. Dieses Geld erhielt das Unternehmen entweder vom Unternehmer selbst (Eigenkapital) oder von fremden Kreditgebern (Fremdkapital = Schulden). Der Wert aller Vermögensgegenstände muss also der Summe aus Eigenkapital und Fremdkapital entsprechen.

Aus der Bilanz lassen sich folglich zwei Hauptinformationen lesen:

◆ Auf der Aktivseite sieht man, über welches Vermögen das Unternehmen verfügt.
◆ Auf der Passivseite erkennt man darüber hinaus, ob das Vermögen des Unternehmens vor allem „auf Pump", also mit Fremdkapital, finanziert wurde oder ob der Unternehmer das Unternehmensvermögen vor allem mit Eigenkapital finanziert hat.

Aus der obigen Bilanzgleichung lassen sich weitere Bilanzgleichungen ableiten, die ebenfalls immer gelten müssen:

Vermögen	**=**	**Kapital**
Vermögen	**=**	**Eigenkapital + Fremdkapital**
Eigenkapital	**=**	**Vermögen – Fremdkapital**

3.3 Unterschiede zwischen Inventar und Bilanz

Folgende Tabelle stellt die Unterschiede zwischen Inventar und Bilanz gegenüber:

Inventar	Bilanz
Ausführliches Bestandsverzeichnis der Vermögensteile und der Schulden eines Unternehmens → dadurch eher unübersichtlich	Zusammengefasste Gegenüberstellung des Vermögens und des Kapitals eines Unternehmens → übersichtlich
Menge und Wert (in Euro) jedes Gegenstandes werden aufgelistet.	Es wird nur der Wert (in Euro) aufgelistet.

Inventar	Bilanz
Vermögen und Schulden werden im Inventar untereinander dargestellt (Tabellenform oder Staffelform).	Vermögen und Kapital stehen in der Bilanz nebeneinander (zweispaltige Kontoform).
Keine gesetzlichen Vorschriften für die Gliederung des Inventars	Für große und mittelgroße Kapitalgesellschaften wird die Bilanzgliederung gesetzlich vorgeschrieben (§ 266 HGB).

3.4 Keine Bilanz ohne vorherige Inventur!

Die Inventur ist für den Einzelhändler nicht nur eine lästige gesetzliche Pflicht, sondern ein wichtiges Mittel zur Überprüfung der Warenbestände. Heute erfassen moderne Computersysteme automatisch Warenabgänge an der Kasse und Warenanlieferungen. Dennoch stimmen die Warenbestände im Computer häufig nicht mit den tatsächlichen Warenbeständen überein. Ursachen sind Diebstahl, Schwund oder Bruch.

Bevor die Vermögensbestände und Schulden aus dem Computersystem in die Bilanz geschrieben werden, müssen sie also zunächst geprüft werden. Das geschieht während der Inventur. Spätestens jetzt beim Nachzählen der tatsächlichen Bestände müssen diese Abweichungen aufgedeckt und korrigiert werden.

Die Inventur hat für den Einzelhandelskaufmann also eine Kontrollfunktion. So stellt er sicher, dass die Zahlen, die er in der Bilanz veröffentlicht, stimmen. Eine Bilanz ohne vorherige Inventur zu erstellen ist daher gesetzlich verboten. Die Zahlen der Bilanz müssen mit den Zahlen im Inventar übereinstimmen.

Merke Während der Inventur werden die Differenzen zwischen Ist- und Soll-Beständen des Einzelhandelsunternehmens aufgedeckt. Anschließend können die Sollwerte der Buchhaltung korrigiert werden, sodass die Bilanzzahlen immer den tatsächlichen Beständen entsprechen.

Auf einen Blick

Vorgehen beim Jahresabschluss eines Einzelhandelsunternehmens

Inventur = körperliche Bestandsaufnahme von Vermögenswerten und Schulden	ist Grundlage für	Inventar = ausführliches Bestandverzeichnis aller Vermögenswerte und Schulden in tabellarischer Form	ist Grundlage für	Bilanz = zusammengefasste Bestandsübersicht aller Vermögenswerte und Schulden in Kontenform

4 Wertveränderungen in der Bilanz durch Geschäftsvorfälle

Der Lebensmittelmarkt Ackermann GmbH in Magdeburg öffnet am 2. Januar wie üblich um 8.00 Uhr. Bereits um 7.30 Uhr treffen sich die sehr eifrige Auszubildende Lisa Mayenkamp und der Marktleiter Manfred Redwitz zur ersten Besprechung.

Lisa Mayenkamp: *„Morgen, Herr Redwitz! Sie hatten mir die Aufgabe gegeben, unsere Bilanz vom letzten Jahr aufzustellen. Ich habe sie am Abend vom 31.12. noch in den Computer eingegeben. Sieht nicht schlecht aus, finde ich... ."*

Manfred Redwitz: *„Morgen Frau Mayenkamp, zeigen Sie doch mal .... Ja stimmt, sie sieht gut aus. Aber sie stimmt schon nicht mehr."*

Lisa Mayenkamp: *„Wieso, ich habe am Silvesterabend um 22.00 Uhr die genauen Zahlen aus unserer Buchhaltung abgeschrieben!"*

Manfred Redwitz: *„ Stimmt, zu diesem Zeitpunkt lagen auch genau 7 485,00 EUR als Kassenbestand im Tresor. Davon habe ich heute morgen aber 4 000,00 EUR mit der Geldbombe zur Bank gebracht."*

Lisa Mayenkamp: *„Ach so, dann muss ich den Kassenbestand um 4 000,00 EUR senken und den Posten „Guthaben bei Kreditinstituten" entsprechend erhöhen. Moment, das mache ich sofort ... "*

Manfred Redwitz: *„Warten Sie mal. An der Rampe läd Herr Große gerade seine Bioeier aus. Die werde ich wie immer bar bezahlen. Das kostet uns 300,00 EUR."*

Lisa Mayenkamp: *„Das ist also schon der zweite Geschäftsfall heute morgen. Den arbeite ich auch gleich noch in die Bilanz ein. Dann müsste sie wieder stimmen. Das habe ich gleich ..."*

Durch die beiden Geschäftsfälle am Morgen des 2. Januars sind Änderungen in der Bilanz der Lebensmittelmarkt Ackermann GmbH notwendig geworden. Führen Sie diese Änderungen in den Arbeitsmaterialien auf S. 244 durch.

Was meinen Sie: Wie lange wird Lisas aktualisierte Bilanz aktuell bleiben? Wann müsste sie wieder abgeändert werden?

4.1 Die Bilanz als Momentaufnahme

Die Bilanz eines Unternehmens ist vergleichbar mit einem Schnappschuss. Zu einem bestimmten Zeitpunkt werden der Gesamtwert des Vermögens und die Höhe der Schulden errechnet und einander gegenübergestellt. Wie Sie gelernt haben, muss eine solche Momentaufnahme am Ende jedes Geschäftsjahres erstellt werden.

Wenn die Momentaufnahme fertig ist, geht der Alltag des Einzelhandelsunternehmens weiter: Kunden kaufen Ware und bezahlen, Ware wird angeliefert, Rechnungen werden bezahlt usw. All diese Tätigkeiten verändern die Zahlen, die in der Bilanz stehen. Beispielsweise wird der Kassenbestand erhöht, oder der Bestand an Ware sinkt. Tätigkeiten, die die Bilanz verändern, werden in der Sprache der Buchhaltung „Geschäftsfälle" genannt.

◆ Die Werte der Bilanz werden durch Geschäftsfälle ständig verändert.

◆ Als Geschäftsfall bezeichnet man alle Tätigkeiten im Unternehmensalltag, die Auswirkungen auf die Bilanz haben.

4.2 Erfassung von Wertveränderungen in der Bilanz

Jeder Einzelhandelskaufmann hat die gesetzliche Pflicht, die finanziellen Folgen jedes Geschäftsfalls aufzuschreiben und zu belegen.

Da Sie noch keine andere Möglichkeit kennen, die Auswirkungen von Geschäftsfällen zu erfassen , bleibt Ihnen nichts anderes übrig, als nach jedem Geschäftsfall, z. B. nach jedem Verkauf an der Kasse, eine neue Bilanz aufzustellen.

Jeder Geschäftsfall hat Auswirkungen auf mindestens zwei Positionen der Bilanz. Man unterscheidet dabei vier verschiedene Arten von Geschäftsfällen. Anhand der folgenden vier Beispiele werden Sie die Unterschiede erkennen können.

Der Baumarkt PacksAn GmbH hat am Ende seines Geschäftsjahres folgende Bilanz aufgestellt:

Aktiva	Bilanz der PacksAn GmbH am 31.12.20..		Passiva
I. Anlagevermögen		**I. Eigenkapital**	300 000,00 EUR
1. Betriebsgebäude	300 000,00 EUR		
2. Ladenausstattung	199 000,00 EUR		
3. Lagerausstattung	100 200,00 EUR		
4. Fuhrpark	46 000,00 EUR	**II. Fremdkapital**	
II. Umlaufvermögen		1. Verbindlichkeiten gegenüber Kredit-	
1. Waren	456 000,00 EUR	instituten (Darlehen)	813 000,00 EUR
2. Forderungen	26 000,00 EUR		
3. Kassenbestand	9 400,00 EUR	2. Verbindlichkeiten aus	
4. Bankguthaben	19 000,00 EUR	Lieferung und Leistung	42 600,00 EUR
	1 155 600,00 EUR		**1 155 600,00 EUR**

Erster Geschäftsfall im neuen Geschäftsjahr

Der Geschäftsführer des Baumarkts PacksAn GmbH entnimmt den Ladenkassen 2 000,00 EUR in bar und zahlt sie auf das Bankkonto des Unternehmens ein. Dieser Geschäftsfall wird durch folgenden Kontoauszug belegt:

Buch.-Tag	Text/Verwendungszweck	Wert	S = Lastschrift	H = Gutschrift
02.01.20..	Bareinzahlung	02.01.		2 000,00 EUR

Sparkasse Bodensee		Kontoauszug		
Herrn/Frau/Firma		Alter Kontostand	H	19 000,00 EUR
PacksAn GmbH		Neuer Kontostand	H	21 000,00 EUR
		Gesamtumsätze	H S	2 000,00 EUR

02.01.20..		255 788	0	2	1	690 500 01	
Auszug vom	Versandart	Kontonummer	Anlagen	Ausz.-Nr.	Blatt-Nr.	Bankleitzahl	Text

Um herauszufinden, welche Auswirkungen ein Geschäftsvorfall auf die Bilanz hat, stellen Sie sich die folgenden drei Fragen:

> 1. **Frage: Welche (zwei) Bilanzpositionen werden durch diesen Geschäftsfall verändert?**
> 2. **Frage: Befinden sich die veränderten Bilanzpositionen auf der Aktiv- oder der Passivseite der Bilanz?**
> 3. **Frage: Werden diese Bilanzpositionen durch den Geschäftsfall vermehrt oder vermindert?**

Bei dem ersten Geschäftsfall, einer Bargeldeinzahlung auf das Bankkonto, werden das Bankguthaben und der Kassenbestand verändert. Beide Positionen befinden sich auf der Aktivseite der Bilanz. Das Bankguthaben wurde um 2 000,00 EUR vermehrt, der Kassenbestand um 2 000,00 EUR vermindert.

Diese Art von Geschäftsfällen nennt man Aktivtausch. Bei einem Aktivtausch findet lediglich ein Austausch zwischen zwei Vermögenspositionen statt. Die Summe des Vermögens bleibt aber gleich. Deshalb verändert sich bei einem Aktivtausch die Bilanzsumme nie.

Die Bilanz sieht nach dem Geschäftsfall wie folgt aus:

Aktiva		Bilanz nach dem 1. Geschäftsfall	Passiva
I. Anlagevermögen		**I. Eigenkapital**	300 000,00 EUR
1. Betriebsgebäude	300 000,00 EUR		
2. Ladenausstattung	199 000,00 EUR		
3. Lagerausstattung	100 200,00 EUR	**II. Fremdkapital**	
4. Fuhrpark	46 000,00 EUR	1. Verbindlichkeiten gegenüber Kreditinstituten (Darlehen)	813 000,00 EUR
II. Umlaufvermögen			
1. Waren	456 000,00 EUR		
2. Forderungen	26 000,00 EUR		
3. Kassenbestand	7 400,00 EUR	2. Verbindlichkeiten aus Lieferung und Leistung	42 600,00 EUR
vorher:	*9 400,00 EUR*		
4. Bankguthaben	21 000,00 EUR		
vorher:	*19 000,00 EUR*		
	1 155 600,00 EUR		1 155 600,00 EUR

–2 000,00 EUR

+2 000,00 EUR

Zweiter Geschäftsfall im neuen Geschäftsjahr

Der Baumarkt PacksAn GmbH hat Schwierigkeiten, eine Rechnung des Lieferanten Kunststoffefurnier GmbH zu bezahlen. Deshalb bittet der Geschäftsführer Herr Arnold den Lieferanten, die Verbindlichkeit in ein Liefantendarlehen umzuwandeln, für das die PacksAn GmbH Zinsen zahlen wird. Der Lieferant stimmt zu.

Dieser Geschäftsfall wird durch folgendes Schreiben des Lieferanten belegt:

Kunststoffefurnier GmbH
Rheinstr. 128

67069 Ludwigshafen

Kf

PacksAn GmbH
Spandauer Str. 243
13581 Berlin

Tel.: 0621/1748-7221
Fax: 0621/1748-7100
E-Mail: Kunststoffefurnier.lu@lunetz.de
USt-Id-Nr. DE133476978

Ihr Zeichen	Ihr Schreiben vom:	Unsere Abteilung:	
KW	20.12.20..	FB/md	05.01.20..

Sehr geehrter Herr Arnold,

in Ihrem Schreiben vom 20.12.20.. baten Sie uns, Ihre Verbindlichkeiten in Höhe von 10 000,00 EUR in ein Darlehen umzuwandeln. Wir entsprechen gerne Ihrem Vorschlag.

Konditionen:
Laufzeit des Kredits: 2 Jahre
Verzinsung: 6,5 % p.a.
Rückzahlung: In einem Betrag, Wert 02.01.20..

Neubauer

ppa. Neubauer

Um herauszufinden, welche Auswirkungen ein Geschäftsvorfall auf die Bilanz hat, stellen Sie sich wieder die folgenden drei Fragen:

> 1. **Frage: Welche (zwei) Bilanzpositionen werden durch diesen Geschäftsfall verändert?**
> 2. **Frage: Befinden sich die veränderten Bilanzpositionen auf der Aktiv- oder der Passivseite der Bilanz?**
> 3. **Frage: Werden diese Bilanzpositionen durch den Geschäftsfall vermehrt oder vermindert?**

Diesmal werden zwei Werte auf der Passivseite der Bilanz verändert: Der Posten „Verbindlichkeiten gegenüber Kreditinstituten" nimmt um 10 000,00 EUR zu und die „Verbindlichkeiten aus Lieferung und Leistung" nehmen um den gleichen Betrag ab. Die Bilanzsumme bleibt unverändert.

Diese Art von Geschäftsfällen nennt man Passivtausch. Bei einem Passivtausch findet lediglich ein Austausch zwischen zwei Schuldenpositionen statt. Die Summe der Schulden bleibt aber gleich. Deshalb verändert sich auch bei einem Passivtausch die Bilanzsumme nie.

Die Bilanz sieht nach dem Geschäftsfall wie folgt aus:

Aktiva	Bilanz nach dem 2. Geschäftsfall		Passiva
I. Anlagevermögen		**I. Eigenkapital**	300 000,00 EUR
1. Betriebsgebäude	300 000,00 EUR		
2. Ladenausstattung	199 000,00 EUR	**II. Fremdkapital**	
3. Lagerausstattung	100 200,00 EUR	1. Verbindlichkeiten	
4. Fuhrpark	46 000,00 EUR	gegenüber	
II. Umlaufvermögen		Kreditinstituten	
1. Waren	456 000,00 EUR	(Darlehen)	823 000,00 EUR
2. Forderungen	26 000,00 EUR	*vorher:*	*813 000,00 EUR*
3. *Kassenbestand*	*7 400,00 EUR*	2. Verbindlichkeiten	
4. *Bankguthaben*	*21 000,00 EUR*	aus Lieferung	
		und Leistung	32 600,00 EUR
		vorher:	*42 600,00 EUR*
	1 155 600,00 EUR		1 155 600,00 EUR

+10 000,00 EUR

−10 000,00 EUR

Dritter Geschäftsfall im neuen Geschäftsjahr

Der Baumarkt PacksAn GmbH kauft für 3 900,00 EUR Waren ein. Er erhält ein Zahlungsziel von 60 Tagen, d. h. er hat zwei Monate Zeit, um die Rechnung zu bezahlen.

Dieser Geschäftsfall wird durch folgende Rechnung des Lieferanten belegt:

Trimmer GmbH

Kammerstr. 44, 47057 Duisburg

PacksAn GmbH
Spandauer Str. 243
13581 Berlin

Rechnung

Vermerke	Rechnungsdatum	Rechnungs-Nr.	Kunden-Nr.
Ihr Auftrag vom 28.12. ..	06.01. ..	1067	D77022

Artikelbezeichnung	Menge	Einzelpreis	Betrag
Sauna Typ Finnland	2	1 950,00 EUR	3 900,00 EUR

Summe	3 900,00	EUR
Rechnungsbetrag	**3 900,00**	**EUR**

Zahlungsbedingungen: 2 % Skonto innerhalb 10 Tagen, 60 Tage netto Kasse
Bankverbindung: Kreissparkasse Aalen, Kto Nr. 072 487, BLZ: 614 500 14
USt-IdNr. DE233441589

Dieser Geschäftsfall hat Auswirkungen sowohl auf der Aktivseite wie auch auf der Passivseite der Bilanz.

Auf der Aktivseite der Bilanz nehmen die Waren um 3 900,00 EUR zu, denn die eingekauften Waren werden sofort eingelagert. Da die PacksAn GmbH nicht sofort bezahlt, macht sie vorübergehend Schulden. Diese zinslosen Schulden gegenüber dem Lieferanten werden in dem Bilanzposten „Verbindlichkeiten aus Lieferungen und Leistungen" zusammengefasst. Dieser Bilanzposten nimmt also ebenfalls um 3 900,00 EUR zu. Da Vermögen und Schulden um 3 900,00 EUR angewachsen sind, nimmt auch die Bilanzsumme entsprechend zu.

Diese Art von Geschäftsfällen nennt man Aktiv-Passiv-Mehrung oder Bilanzverlängerung. Bei einer Aktiv-Passiv-Mehrung nehmen das Vermögen und die Schulden des Unternehmens stets um denselben Betrag zu. Deshalb vergrößert sich bei einer Aktiv-Passiv-Mehrung immer die Bilanzsumme.

Die Bilanz sieht nach dem Geschäftsfall wie folgt aus:

Aktiva		Bilanz nach dem 3. Geschäftsfall		Passiva
I. Anlagevermögen			**I. Eigenkapital**	300 000,00 EUR
1. Betriebsgebäude	300 000,00 EUR			
2. Ladenausstattung	199 000,00 EUR			
3. Lagerausstattung	100 200,00 EUR		**II. Fremdkapital**	
4. Fuhrpark	46 000,00 EUR		1. Verbindlichkeiten gegenüber	
II. Umlaufvermögen			Kreditinstituten	
1. Waren	459 900,00 EUR		(Darlehen)	823 000,00 EUR
vorher:	*456 000,00 EUR*		2. Verbindlichkeiten	
2. Forderungen	26 000,00 EUR		aus Lieferung	
3. Kassenbestand	7 400,00 EUR		und Leistung	36 500,00 EUR
4. Bankguthaben	21 000,00 EUR		*vorher:*	*32 600,00 EUR*
	1 159 500,00 EUR			1 159 500,00 EUR

–3 900,00 EUR (bei Waren)

+3 900,00 EUR (bei Verbindlichkeiten aus Lieferung und Leistung)

Vierter Geschäftsfall im neuen Geschäftsjahr

Der Baumarkt PacksAn GmbH bezahlt eine Rechnung des Lieferanten Eisen Marle GmbH in Höhe von 3 000,00 EUR durch eine Banküberweisung.

Dieser Geschäftsfall wird durch folgenden Kontoauszug belegt:

Buch.-Tag	Text/Verwendungszweck	Wert	S = Lastschrift	H = Gutschrift
07.01.20..	Überweisung Rechnungsnr. 3918, Eisen Marle GmbH	07.01.	3 000,00 EUR	

Sparkasse Bodensee		**Kontoauszug**		
Herrn/Frau/Firma	Alter Kontostand		H	21 000,00 EUR
PacksAn GmbH	Neuer Kontostand		H	18 000,00 EUR
	Gesamtumsätze		H	
			S	3 000,00 EUR

Auszug vom	Versandart	Kontonummer	Anlagen	Ausz.-Nr.	Blatt-Nr.	Bankleitzahl	Text
07.01.20..		255 788	0	3	1	690 500 01	

Dieser Geschäftsfall hat ebenfalls Auswirkungen sowohl auf der Aktivseite wie auch auf der Passivseite der Bilanz. Auf der Aktivseite der Bilanz nimmt das Bankguthaben um 3 000,00 EUR ab. Auf der Passivseite nehmen um den gleichen Betrag die „Verbindlichkeiten aus Lieferungen und Leistungen" um 3 000,00 EUR ab, denn die Schuld gegenüber dem Lieferanten ist nun beglichen. Da sowohl das Vermögen wie auch die Schulden um jeweils 3 000,00 EUR zurückgehen, verringert sich auch die Bilanzsumme entsprechend.

Diese Art von Geschäftsfällen nennt man Aktiv-Passiv-Minderung oder Bilanzverkürzung. Bei einer Aktiv-Passiv-Minderung verringern sich das Vermögen und die Schulden des Unternehmens stets um denselben Betrag. Deshalb verringert sich bei einer Aktiv-Passiv-Minderung immer die Bilanzsumme.

Die Bilanz sieht nach dem Geschäftsfall wie folgt aus:

Aktiva	Bilanz nach dem 4. Geschäftsfall		Passiva
I. Anlagevermögen		**I. Eigenkapital**	300 000,00 EUR
1. Betriebsgebäude	300 000,00 EUR		
2. Ladenausstattung	199 000,00 EUR		
3. Lagerausstattung	100 200,00 EUR	**II. Fremdkapital**	
4. Fuhrpark	46 000,00 EUR	1. Verbindlichkeiten	
II. Umlaufvermögen		gegenüber	
		Kreditinstituten	
1. Waren	459 900,00 EUR	(Darlehen)	823 000,00 EUR
2. Forderungen	26 000,00 EUR	2. Verbindlichkeiten	
3. Kassenbestand	7 400,00 EUR	aus Lieferung	
–3 000,00 EUR → 4. Bankguthaben	18 000,00 EUR	und Leistung	33 500,00 EUR
vorher:	*21 000,00 EUR*	*vorher:*	*36 500,00 EUR*
	1 156 500,00 EUR		**1 156 500,00 EUR**

+3 000,00 EUR ←

Auf einen Blick

◆ Die Zahlen der Bilanz werden durch jeden Geschäftsfall verändert. Ein Geschäftsfall verändert mindestens zwei Posten der Bilanz.

◆ Man unterscheidet vier verschiedene Arten von Geschäftsfällen:

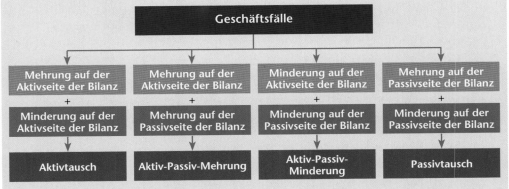

◆ Um herauszufinden, um welche Art von Geschäftsvorfall es sich handelt, folgt man diesem Frageschema:
1. Frage: Welche (zwei) Bilanzpositionen werden durch diesem Geschäftsfall verändert?
2. Frage: Befinden sich die veränderten Bilanzpositionen auf der Aktiv- oder der Passivseite der Bilanz?
3. Frage: Werden diese Bilanzpositionen durch den Geschäftsfall vermehrt oder vermindert?

5 Geschäftsfälle auf Bestandskonten buchen

5.1 Formelle Regeln beim Führen eines Bestandskontos

Situation

Markus Wildemann hat vor einigen Tagen den Outdoorladen „Adventure Mountain" übernommen. Sehr schnell muss er sich nun in seine neuen Aufgaben als Geschäftsführer einarbeiten. Besonders bei der Buchführung fällt ihm das schwer. Er beklagt sich bei seinem Kollegen Jeff.

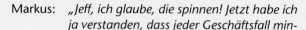

Markus: *„Jeff, ich glaube, die spinnen! Jetzt habe ich ja verstanden, dass jeder Geschäftsfall mindestens zwei Bilanzpositionen verändert und dass diese Veränderungen aufgeschrieben werden müssen. Aber ich kann doch nicht nach jeder Kassierung eine neue Bilanz erstellen! Irgendwann muss ich doch auch mal verkaufen können!"*

Jeff: *„Die Regeln sagen doch nur, dass du die Wirkungen der Geschäftsfälle aufschreiben musst. Niemand verlangt, dass du alle fünf Minuten eine neue Bilanz aufstellst."*

Markus: *„Gut, dann machen wir es jetzt einfach so: Ich nehme einen Zettel, schreibe oben drauf, wie viel Euros am Morgen in der Kasse sind, und alles was aus der Kasse rausgeht, und alles, was reingeht, schreibe ich ebenfalls auf."*

Jeff: *„Genau, und am Ende des Tages überträgst du den letzten Kassenbestand in die Bilanz."*

1. Das, was Jeff und Markus sich ausgedacht haben, wird in der kaufmännischen Fachsprache „Kassenbuch" genannt. In den Arbeitsmaterialien auf S. 251 finden Sie den Vordruck für ein solches Kassenbuch. Führen das Kassenbuch und machen Sie die folgenden Eintragungen:

   Bei der Ladeneröffnung sind 1 435,48 EUR in der Ladenkasse.

   Um 9.30 Uhr kauft der erste Kunde Waren im Wert von 43,88 EUR, danach kommt ein weiterer Kunde, der 130,45 EUR ausgibt. Gegen 11.00 Uhr kommt ein Lieferant und bringt einen Drucker fürs Büro vorbei. Der Drucker kostet 249,99 EUR und wird aus der Ladenkasse bar bezahlt. Um 13.30 und 14.15 Uhr kommen zwei Kunden und kaufen Waren im Wert von 12,88 EUR und 198,99 EUR. Kurz vor Feierabend tankt Jeff den Firmenwagen voll und nimmt sich den Betrag von 64,72 EUR aus der Ladenkasse.

2. Informieren Sie sich im folgenden Lehrbuchtext über die Formregeln, die beim Führen und beim Abschluss eines Kontos zu beachten sind, und wandeln Sie Ihr Kassenbuch in ein Kassenkonto um. Eine Vorlage dafür finden Sie in den Arbeitsmaterialien auf S. 251 unten.

3. Ermitteln Sie den Schlussbestand am Ende des Tages und schließen Sie das Kassenkonto ab.

Jeff und Markus haben Recht. Es ist tatsächlich viel zu aufwändig, nach jedem Geschäfts-fall eine neue Bilanz zu erstellen. Deshalb gibt es neben der Bilanz die Buchhaltung mit ihren Konten. Für jeden Bilanzposten wie z. B. den Kassenbestand erstellt man zu Beginn des Geschäftsjahres ein Konto, auf dem wie in einer Nebenrechnung die einzelnen Mehrungen und Minderungen notiert und miteinander verrechnet werden. Am Ende des Geschäftsjahres wird nach Verrechnung von Minderungen und Mehrungen der Jahres-endbestand des Bilanzpostens wieder in die Schlussbilanz geschrieben.

Eine solche Nebenrechnung könnte man eigentlich auf jedem Blatt Papier führen, doch in der professionellen Buchhaltung müssen strenge formelle Regeln beim Aufstellen von Konten beachtet werden.

5.1.1 Aufstellen eines Kontos

Ein Konto ist eine Tabelle mit zwei Spalten. Aufgrund seiner markanten Form spricht man auch von T-Konten. Über den beiden Spalten steht der **Kontoname**. Er entspricht dem Namen des Bilanzpostens, für den das Konto angelegt wurde.

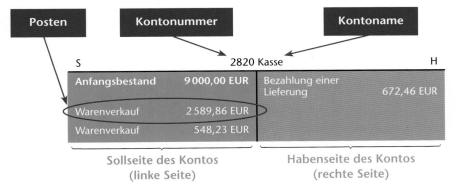

Die linke Spalte des Kontos heißt „Sollseite des Kontos" und wird mit einem „S" gekenn-zeichnet. Die rechte Spalte heißt „Habenseite des Kontos" und wird mit einem „H" benannt.

Die Zeilen auf beiden Seiten des Kontos nennt man **Posten**. Sie zeigen die Mehrungen oder Minderungen des Bilanzpostens an (hier z. B. die Einzahlungen und Auszahlungen der Kasse). Neben dem Betrag steht hier auch eine kurze Beschreibung des Geschäftsfalles.

Ein besonderer Posten ist der Anfangsbestand eines Kontos. Dieser Betrag wird aus der Eröffnungsbilanz zu Beginn des Jahres übernommen. Im Laufe des Jahres sorgen Geschäftsfälle für Mehrungen bzw. Minderungen des Kassenbestandes. Jede Mehrung und jede Minderung muss gebucht werden, d. h., sie muss als eigener Posten auf die Soll- oder die Habenseite des Kontos geschrieben werden. Beim Konto „Kasse" werden die Mehrungen (Kassenzugänge) immer auf der Sollseite gebucht, während die Minde-rungen (Kassenabgänge) immer auf der Habenseite gebucht werden.

5.1.2 Abschluss eines Bestandskontos

Auf dem folgenden Kassenkonto sehen Sie drei Posten – zwei Mehrungen und eine Min-derung. Das Konto soll nun abgeschlossen werden, um den Schlussbestand am Jahres-ende in die Schlussbilanz übertragen zu können.

S	2820 Kasse		H
Anfangsbestand	9 000,00 EUR	Bezahlung einer Lieferung	672,46 EUR
Warenverkauf	2 589,86 EUR	Schlussbestand	11 465,63 EUR
Warenverkauf	548,23 EUR		
	12 138,09 EUR		12 138,09 EUR

Beim Abschluss eines Kontos geht man in den folgenden Schritten vor:

1. Beide Seiten des Kontos einzeln aufsummieren.

2. Die beiden Seiten vergleichen: Welche hat die größere Summe?

3. Die größere Seite bestimmt die **Kontensumme**. Die Kontensumme wird auf beiden Seiten auf gleicher Höhe eingetragen und doppelt unterstrichen (siehe Abbildung).

4. Das Wort „Schlussbestand" auf der „kleineren" Seite eintragen.

5. Nun wird der Schlussbestand (SB) nach folgender Formel errechnet:

> **SB = Anfangsbestand (AB) + Mehrungen – Minderungen**

6. Prüfung: Sind die Summen beider Kontenseiten tatsächlich gleich groß?

7. Die „Buchhalternase" entwertet die Zeilen des Kontos, in denen nichts eingetragen wurde. So sind spätere Fälschungen ausgeschlossen.

Praxistipp

Prägen Sie sich die Formregeln der Buchhaltung genau ein. Sie werden sie bis zur Prüfung am Ende Ihrer Ausbildung ständig brauchen.

Auf einen Blick

◆ Checkliste für die formalen Anforderungen an die Kontoführung:

1.	Kontoseiten benennen	☑
2.	Konto (und eventuell Kontonummer) eintragen	☑
3.	Anfangsbestand eintragen	☑
4.	Schlussbestand eintragen	☑
5.	Striche über den Kontensummen ziehen	☑
6.	Kontensummen stehen auf einer Höhe	☑
7.	Kontensummen sind gleich hoch	☑
8.	Kontensummen prüfen	☑
9.	Kontensummen doppelt unterstreichen	☑
10.	Buchhalternase einzeichnen	☑

5.2 Buchen auf Bestandskonten

Situation

In den ersten Tagen des Geschäftsjahres sind bei der Aventure Mountain GmbH unter anderem die folgenden Geschäftsfälle aufgetreten. Markus Wildemann ist sich unsicher, wie er die Geschäftsfälle buchen soll.

Nummer des Geschäftsfalles	Datum	Beschreibung des Gechäftsfalles	Betrag in Euro
1	02.01.20..	Einkauf von Rucksäcken und Jacken der Marke Himalaya Trek auf Rechnung (Zahlungsziel 10 Tage)	3 500,00
2	03.01.20..	Aufnahme eines Darlehens bei der Hausbank und Gutschrift auf dem Bankkonto	10 000,00
3	08.01.20..	Abschöpfung der Tageseinnahmen aus der Kasse Einzahlung bei der Bank	10 250,00
4	12.01.20..	Bezahlung der Rucksäcke aus Geschäftsfall 1	3 500,00

Helfen Sie Markus Wildemann die Geschäftsfälle auf Konten zu buchen.

Nutzen Sie für Ihre Buchungen den folgenden Informationstext sowie die Lösungsschemen in den Arbeitsmaterialien auf S. 252 bis 256.

5.2.1 Einrichtung der Bestandskonten am Beginn des Geschäftsjahres

Aufgabe des Buchhalters ist es, die Auswirkungen der tagtäglichen Geschäftsfälle auf die Bilanz des Unternehmens aufzuschreiben.

Der Buchhalter richtet deshalb am Jahresanfang für jeden Bilanzposten ein Konto ein. In die Konten werden die Anfangsbestände aus der Eröffnungsbilanz geschrieben.

Aktiva	Eröffnungsbilanz		Passiva
Fuhrpark	80 000,00 EUR	Eigenkapital	37 500,00 EUR
Bank	40 000,00 EUR	Darlehen	65 000,00 EUR
Kasse	5 000,00 EUR	Verbindlichkeiten	22 500,00 EUR
	125 000,00 EUR		125 000,00 EUR

Aktivkonten:

S   Fuhrpark   H
AB 80 000,00 EUR |

S   Bank   H
AB 40 000,00 EUR |

S   Kasse   H
AB 5 000,00 EUR |

Passivkonten:

S   Eigenkapital   H
                    | AB 37 500,00 EUR

S   Darlehen   H
                    | AB 65 000,00 EUR

S   Verbindlichkeiten   H
                    | AB 22 500,00 EUR

Bei Aktivkonten steht der Anfangsbestand auf der Soll-Seite. Bei Passivkonten steht der Auftragsbestand auf der Haben-Seite.

Merke

Praxistipp

Unterscheiden Sie schon bei der Konteneinrichtung Aktivkonten und Passivkonten voneinander. Aktivkonten gehören zu den Bilanzposten auf der Aktivseite der Bilanz. Sie stehen auf der linken Seite Ihres Kontenblattes. Der Anfangsbestand steht hier immer auf der Sollseite.

Die Passivkonten gehören zu den Bilanzposten auf der Passivseite der Bilanz. Sie stehen auf der linken Seite Ihres Kontenblattes. Der Anfangsbestand steht hier immer auf der Habenseite.

5.2.2 Buchungsregeln beim Buchen auf Bestandskonten

Sie haben bereits gelernt, dass jeder Geschäftsfall mindestens zwei Bilanzposten verändert. Also muss nach jedem Geschäftsfall auch auf mindestens zwei Konten gebucht werden. Daher spricht man auch von doppelter Buchführung.

Buchen bedeutet, einen Posten in ein Konto zu schreiben. Der Buchhalter muss entscheiden, auf welche beiden Konten er den Geschäftsfall bucht und auf welche Seite des Kontos der neue Posten geschrieben werden soll. **Wenn Sie diese Entscheidungen sicher treffen können, beherrschen Sie bereits den Kern der Buchhaltung.**

Es hat sich bewährt, vor jeder Buchung die folgenden vier Fragen zu beantworten. Man nennt sie daher auch die vier „goldenen Fragen des Buchhalters".

1. Frage	Welche Konten sind betroffen? Schreiben Sie auf, welche Bilanzposten durch den Geschäftsfall vermehrt oder vermindert werden.
2. Frage	Um welche Art von Konten handelt es sich? Schreiben Sie auf, ob die betroffenen Konten Aktivkonten oder Passivkonten sind.
3. Frage	Werden die betroffenen Bilanzposten vermehrt oder vermindert? Schreiben Sie auf, welcher der Bilanzposten wie verändert wird.
4. Frage	Werden die betroffenen Konten auf der Soll- oder auf der Habenseite bebucht? Entscheiden Sie nun anhand der folgenden Buchungsregeln.

1. Buchungsregel: Ein Mehrung auf einem Aktivkonto wird im Soll gebucht.

2. Buchungsregel: Eine Minderung auf einem Aktivkonto wird im Haben gebucht.

3. Buchungsregel: Ein Mehrung auf einem Passivkonto wird im Haben gebucht.

4. Buchungsregel: Eine Minderung auf einem Passivkonto wird im Soll gebucht.

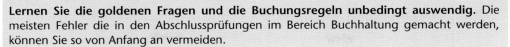

Praxistipp

Lernen Sie die goldenen Fragen und die Buchungsregeln unbedingt auswendig. Die meisten Fehler die in den Abschlussprüfungen im Bereich Buchhaltung gemacht werden, können Sie so von Anfang an vermeiden.

Eselsbrücken wie „Wenn ich etwas habe, dann muss es ja auf der Habenseite stehen ...“ sind an dieser Stelle **völlig ungeeignet.** Garantiert falsch werden Ihre Buchungen, wenn Sie versuchen, die Buchhaltung anhand Ihrer Bankauszüge zu „verstehen“. Dabei handelt es sich um Ausdrucke von Personenkonten aus Sicht der Bank – Sie werden dadurch nur verwirrt.

Es führt also kein Weg daran vorbei: **Lernen Sie die Buchungsregeln auswendig!**

5.2.3 Abschluss der Bestandskonten am Ende des Geschäftsjahres

Am Ende des Geschäftsjahres schließt der Buchhalter die Bestandskonten ab. Dabei werden die Schlussbestände der Bilanzposten errechnet. Diese werden mit den Ergebnissen der Inventur verglichen, falls nötig korrigiert und in die Schlussbilanz geschrieben.

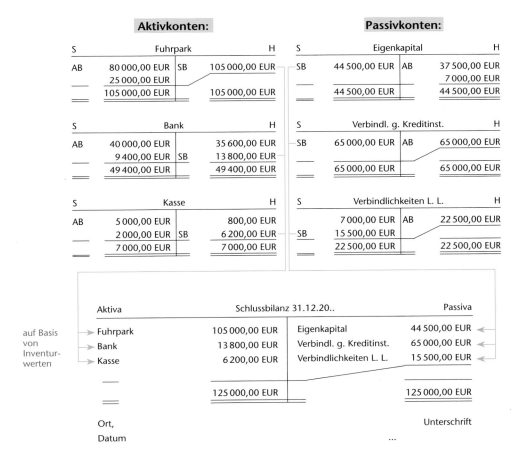

5.3 Blick in die Praxis: der Einzelhandelskontenrahmen

5.3.1 Kontenrahmen schaffen Übersichtlichkeit und Vergleichbarkeit

In den bisherigen Beispielen sahen Sie nur einen kleinen Teil der Konten, die in der Praxis verwendet werden. Wenn Sie die hintere Umschlagseite Ihres Buches aufschlagen, finden Sie dort einen Kontenrahmen, der alle Konten enthält, die Ihnen in Ihrer Ausbildung möglicherweise begegnen werden. Dieser Schulkontenrahmen basiert auf dem Einzelhandelskontenrahmen. Der Hauptverband des deutschen Einzelhandels entwickelte aus den jahrzehntelangen Erfahrungen seiner Mitglieder diese geordnete Sammlung von Konten, mit denen sich alle Geschäftsfälle des Einzelhandels dokumentieren lassen.

Kontenrahmen gibt es für verschiedene Wirtschaftszweige. Sie helfen dem Unternehmer, seine Buchführung übersichtlich zu organisieren. Da die meisten Einzelhandelsunternehmen diesen Kontenrahmen nutzen, entsteht gleichzeitig eine Einheitlichkeit der Buchführung im Einzelhandel. Unternehmensergebnisse lassen sich so leichter vergleichen, und bei einem Arbeitsplatzwechsel können Sie sich schneller in die Buchhaltung des neuen Arbeitgebers einarbeiten.

Merke Ein Kontenrahmen erleichtert die Organisation der Buchführung und schafft Einheitlichkeit und Vergleichbarkeit der Buchhaltung der Unternehmen des deutschen Einzelhandels.

5.3.2 Kontenpläne schaffen die nötige Individualität

Dem Unternehmer ist es gestattet, den Kontenrahmen seinen speziellen Bedürfnissen anzupassen und zu verändern. Auf diese Weise wird aus dem branchenweiten Kontenrahmen ein individueller Kontenplan, der auf das einzelne Unternehmen zugeschnitten ist.

5.3.3 Aufbau des Schulkontenrahmens

Der Schulkontenrahmen hat ein Ordnungssystem, das Ihnen hilft, die gesuchten Konten schneller zu finden. Die Spalten des Kontenplans werden „Kontenklassen" genannt. Im Moment können Sie sich auf die ersten vier Spalten des Kontenplanes konzentrieren. Hier sind die Bestandskonten aufgeführt.

Kontenklassen			
AKTIVA		**PASSIVA**	
Anlagevermögen	Umlaufvermögen		
0 Kontenklasse **Immaterielle Vermögensgegenstände und Sachanlagen**	2 Kontenklasse **Umlaufvermögen und aktive Rechnungsabgrenzung**	3 Kontenklasse **Eigenkapital und Rückstellungen**	4 Kontenklasse **Verbindlichkeiten und passive Rechnungsabgrenzung**

Die Einteilung in Kontenklassen hilft Ihnen, Aktivkonten und Passivkonten zu unterscheiden. Alle Konten, die in Kontenklasse 0 und 2 zu finden sind, gehören zu den Aktivkonten. Die Konten der Kontenklasse 3 und 4 sind Passivkonten.

Praxistipp

Wenn Sie den Kontenplan konsequent benutzen, werden Sie bei der Frage, ob es sich um ein Aktiv- oder Passivkonto handelt, nie wieder unsicher sein.

Jede Kontenklasse ist in Kontengruppen unterteilt. So findet sich in der Kontenklasse 2 eine Kontengruppe „28 – Flüssige Mittel". Hier finden Sie die häufig benutzten Konten „280 Bank" und „282 – Kasse".

28	Flüssige Mittel	
	280	Guthaben bei Kreditinstituten (Bank)
	282	Kasse

5.3.4 Aufbau der Kontonummern

Sie sehen, dass jedes Konto eine eigene Nummer hat, aus der man direkt ablesen kann, wo es im Kontenrahmen zu finden ist. Die Abbildung zeigt Ihnen dieses System am Beispiel des Kontos „Kasse".

Beispiel:

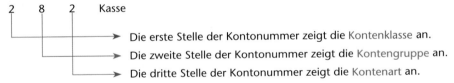

Die erste Stelle der Kontonummer zeigt die Kontenklasse an.
Die zweite Stelle der Kontonummer zeigt die Kontengruppe an.
Die dritte Stelle der Kontonummer zeigt die Kontenart an.

In den Kontenplänen der einzelnen Unternehmen finden Sie in den Kontonummern meist noch eine vierte Stelle. So kann z. B. ein Unternehmen, das zwei Bankkonten hat, in seiner Buchhaltung dafür bestimmte Unterkonten einführen.

Beispiel:

2	8	0	1	Sparkasse Saarbrücken
2	8	0	2	Volksbank Saarbrücken

Der Kontenrahmen am Ende dieses Buches wird Ihnen in Zukunft helfen, Fehler bei Ihren Buchungen zu vermeiden. Gleichzeitig werden Sie in der Lage sein, praxisnah mit den dreistelligen Kontennummern des Einzelhandelskontenrahmens zu buchen.

Auf einen Blick

◆ Die Werte der Eröffnungsbilanz ergeben die Anfangsbestände der Konten. Zu Aktivposten der Bilanz gehören Aktivkonten, zu Passivposten gehören Passivkonten.

Aktivkonten	Passivkonten
Die Anfangsbestände der Aktivkonten stehen auf der Sollseite der Konten.	Die Anfangsbestände der Passivkonten stehen auf der Habenseite der Konten.
Die Zugänge werden auf der Sollseite erfasst, weil sie die Anfangsbestände (AB) erhöhen.	Die Zugänge werden auf der Habenseite erfasst, weil sie die Anfangsbestände (AB) erhöhen.
Die Abgänge stehen auf der Habenseite.	Die Abgänge stehen auf der Sollseite.
Der Schlussbestand (SB = AB + Zugänge – Abgänge) steht auf der Habenseite.	Der Schlussbestand (SB = AB + Zugänge – Abgänge) steht auf der Sollseite.

Soll	Aktivkonto	Haben	Soll	Passivkonto	Haben
AB + Zugänge	– Abgänge SB		– Abgänge SB	AB + Zugänge	
Kontosumme	Kontosumme		Kontosumme	Kontosumme	

◆ **Kontenrahmen:** Schafft Übersichtlichkeit und Vergleichbarkeit zwischen den Buchhaltungen der Unternehmen einer Branche.

◆ **Kontenplan:** Ist auf die Bedürfnisse des einzelnen Unternehmens zugeschnitten. Basiert auf dem Kontenrahmen der Branche.

◆ **Schulkontenrahmen:** Basiert auf dem Einzelhandelskontenrahmen. Ist verbindlich für die Abschlussprüfung.

◆ **Kontonummern:** Geben auf einen Blick Auskunft über Kontenklasse (erste Stelle), Kontengruppe (zweite Stelle), Kontenart (dritte Stelle).

6 Geschäftsfälle mit Buchungssätzen beschreiben

Situation

Jessica Gerlinger hat während ihrer Ausbildung die verschiedenen Abteilungen des Möbelhauses „Mammut" kennen gelernt. Am besten gefällt es ihr an der Auskunft im Erdgeschoss. Hier werden auch viele Büroaufgaben erledigt, beispielsweise werden Rechnungen von Lieferanten und Handwerkern für die Buchung vorbereitet.

Frau Liebel, Ausbilderin: *„Jessica, was ihr in der Schule über T-Konten gelernt habt, ist ja schön und gut, doch hier bei uns im Betrieb wirst du diese Konten nie sehen. Die Buchungen macht die Zentrale für uns. Wir bereiten die Buchungen nur vor, indem wir die Rechnungen vorkontieren. Dazu schreiben wir den Buchungssatz in den Kontierungsstempel."*

Jessica: *„Von Buchungssatz und Kontierungsstempel habe ich in der Schule noch nichts gehört."*

Frau Liebel: *„Manchmal sagt man auch Buchungsstempel dazu. Er wird auf jede Rechnung und jeden anderen Beleg gedruckt. In den Stempelaufdruck tragen wir ein, auf welche Konten der Geschäftsfall gebucht werden soll. So weiß die Buchhaltungsabteilung in der Zentrale genau, wie zu buchen ist, ohne dass wir wegen jedem Beleg noch mal telefonieren müssen."*

Jessica: *„Und was ist der Buchungssatz?"*

Frau Liebel: *„So nennt man diese Tabelle – mithilfe der Tabelle kann die Buchung in einen einzigen Satz gepackt werden, z. B. ‚Wir buchen Bank an Kasse, 3 500,00 EUR'. Ich würde sagen, du machst gleich mal die Buchungssätze für die nächsten Geschäftsfälle und wir tragen sie dann in die Kontierungsstempel ein."*

Reeder Ladenbau GmbH

Reeder Ladenbau GmbH · Industriestr. 73 · 25813 Husum

Möbel Mammut GmbH
Europastraße 3
78462 Konstanz

Rechnung

Kontierungsstempel mit Buchungssatz

Konto	Soll	Haben
gebucht am:		von:

Rechnungs-Nr.:	Kunden-Nr.:	Rechnungsdatum:
25674	240455	14.01.20..

Bei allen Zahlungen und Rückfragen unbedingt angeben

Artikelnummer	Artikelbezeichnung	Menge	Betrag
236445663	Regalsystem Livorno professionell	3	6 000,00 EUR
	Warenwert		6 000,00 EUR
	Rechnungsbetrag		6 000,00 EUR

In den Arbeitsmaterialien auf S. 263 finden Sie sechs Geschäftsfälle des Möbelhauses „Mammut". Bilden Sie die Buchungssätze dazu.

Füllen Sie den Kontierungsstempel des obigen Belegs aus.

6.1 Buchungssätze vereinfachen die Arbeit

Sicherlich haben Sie festgestellt, dass es sehr aufwändig ist, für jede Buchung T-Konten zu zeichnen und die Buchungen dort zu notieren. Deshalb nutzt man im Büro eine einfachere Form, eine Buchung zu notieren – den Buchungssatz.

In jedem Buchungssatz müssen drei Kerninformationen enthalten sein:

Beispiel:

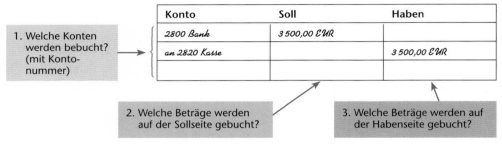

Konto	Soll	Haben
2800 Bank	3 500,00 EUR	
an 2820 Kasse		3 500,00 EUR

1. Welche Konten werden bebucht? (mit Kontonummer)

2. Welche Beträge werden auf der Sollseite gebucht?

3. Welche Beträge werden auf der Habenseite gebucht?

Jeder Kaufmann kann aus diesen drei Informationen herauslesen, um welchen Geschäftsfall es sich handelte.

Sie sollten diese Expertensprache der Kaufleute beherrschen, um bei der Vorkontierung von Belegen klare und fehlerfreie Buchungsanweisungen an die Buchhaltungsabteilung oder den Steuerberater zu geben oder frühere Geschäftsfälle aus den Aufzeichnungen der Buchhaltung nachvollziehen zu können.

Im obigen Beispiel wurde Geld aus der Ladenkasse abgeschöpft und auf das Bankkonto eingezahlt.

6.2 Formregeln bei Buchungssätzen

Erste Regel

Um Missverständnisse zu vermeiden gibt es ein ungeschriebenes Gesetz, wonach **das Konto, auf dem im Soll gebucht wird, im Buchungssatz immer zuerst genannt wird.**

Zweite Regel

Ein Buchungssatz wird immer in Form einer dreispaltigen Tabelle aufgeschrieben. Jedes Konto, das zu bebuchen ist, erhält eine eigene Zeile. So können auch fremde Personen möglicherweise Jahre später noch klar erkennen, welcher Betrag auf welches Konto auf welche Seite gebucht wurde.

Konto	Soll	Haben
Konto 1	Betrag	
an Konto 2		Betrag

Dritte Regel

Die Sollbuchung wird von der Habenbuchung durch das Wörtchen „an" getrennt. Man sagt: *„Bank an Kasse 3 500,00 EUR"*. Auch in der tabellarischen Darstellung des Buchungssatzes darf das Wort „an" nicht fehlen.

Konto	Soll	Haben
2800 Bank	*3 500,00 EUR*	
an 2820 Kasse		*3 500,00 EUR*

6.3 Vorgehen beim Erstellen von Buchungssätzen

Bevor Sie einen Buchungssatz erstellen, müssen Sie im Kopf oder auf einem Notizzettel die vier goldenen Fragen der Buchhaltung (siehe Kapitel 5) beantwortet haben.

Nachdem Sie die Fragen beantwortet haben, schreiben Sie Ihren Buchungssatz auf. Achten Sie darauf, dass Sie mit der Sollbuchung beginnen.

Prüfen Sie nun Ihre Buchung: Die Buchungen auf der Soll- und der Habenseite sollten gleich hoch sein.

6.4 Zusammengesetzte Buchungssätze

Bisher haben wir nur besonders einfache Geschäftsfälle behandelt, bei denen lediglich zwei Konten betroffen sind. Ein Geschäftsfall kann auch drei oder mehr Bilanzposten verändern. In diesem Fall besteht der Buchungssatz aus drei oder mehr Zeilen.

Beispiel:

Wir zahlen unsere neuen Kassencomputer teilweise mit Bankscheck (5 000,00 EUR) und teilweise bar (2 000,00 EUR).

	Goldene Fragen der Buchhaltung	Antworten
1.	Welche Konten sind betroffen?	280 – Bank 282 – Kasse 082 – Kassensysteme
2.	Um welche Art von Konten handelt es sich?	280 – Bank: Aktivkonto 282 – Kasse: Aktivkonto 082 – Kassensysteme: Aktivkonto
3.	Werden die betroffenen Bilanzposten vermehrt oder vermindert?	280 – Bank: Minderung 282 – Kasse: Minderung 082 – Kassensysteme: Mehrung
4.	Werden die betroffenen Konten auf der Soll- oder auf der Habenseite bebucht?	280 – Bank: Haben 282 – Kasse: Haben 082 – Kassensysteme: Soll

Nachdem die notwendigen Informationen zusammengetragen wurden, kann der Buchungssatz gebildet werden:

Dazu beachten wir die erste Formregel: Zuerst die Soll-Buchung(en), dann die Haben-Buchung(en).

Konto	Soll	Haben
082 Kassensysteme	7 000,00 EUR	
an 280 Bank		5 000,00 EUR
282 Kasse		2 000,00 EUR

Der Beispielbuchungssatz besteht aus einer Soll- und einer Habenbuchung. Wie in jedem anderen Buchungssatz gilt auch beim zusammengesetzten Buchungssatz die Regel: Das Wörtchen „an" trennt die Sollbuchung(en) von der/n Habenbuchung(en).

Auch bei zusammengesetzten Buchungssätzen gilt die Regel:

Summe aller Sollbuchungen = Summe aller Habenbuchungen

Praxistipp

Prüfen Sie die Einhaltung dieser Regel, nachdem Sie den Buchungssatz fertig gestellt haben. So könne Sie Fehler bei komplizierten Buchungssätzen vermeiden.

Auf einen Blick

◆ Der Buchungssatz dient der Vorkontierung von Geschäftsfällen und als Buchungs-anweisung.

◆ Er muss folgende **Informationen** enthalten:
1. Welche Konten sollen bebucht werden?
2. Welche Beträge werden im Soll gebucht?
3. Welche Beträge werden im Soll gebucht?

◆ Formregeln:
– **Zuerst die Soll-, dann die Habenbuchung,**
– Tabellenform,
– das Wort „an" trennt die Soll- von der Habenbuchung

◆ Prüfregel: Summe aller Sollbuchungen = Summe aller Habenbuchungen

7 Belege bearbeiten und für die Buchung vorbereiten

Situation

Katrin Stuber ist Auszubildende bei einem Modehaus in Wiesbaden. Ihre Ausbilderin ist in Urlaub gegangen und hat ihr den Auftrag gegeben, die eingehenden Belege zu bearbeiten und zur Buchung an das Steuerberaterbüro Grauer & Grauer zu senden.

Katrin möchte bei dieser verantwortungsvollen Aufgabe keinen Fehler machen und erkundigt sich genau, welche Bearbeitungsschritte bei der Bearbeitung von Belegen sie einzuhalten hat.

Beimer-Sitzmöbel GmbH

Beimer-Sitzmöbel GmbH, Boßlerstr. 25, D-01462 Dresden

Modehaus Wiegert GmbH
Faulhaberstr. 13
65184 Wiesbaden

Eingegangen
29.06.20..
Frl. _____

Büroeinrichtungen
Komplettlösungen

Boßlerstr. 25
01462 Dresden
Tel.: 0351-78 96-0
Fax.: 0351-78 96 10
E-Mail: info@beimermail.de
Home: www.rittmann-online.de

Konto	Soll	Haben
gebucht am:		von:

Rechnung

Beleg-Nr.
ER 03238

Ihre Bestellung vom 26.06.20..

Rechnungs-Nr.:	Kunden-Nr.:	Rechnungsdatum:
5465	24086	28.06.20 . .

Bei allen Zahlungen und Rückfragen unbedingt angeben

Artikel-Nr.	Bezeichnung	Menge	Einzelpreis	Gesamt
2200486	Schreibtisch Milano mit Drehsessel	2	1 250,00 EUR	2 500,00 EUR
Warenwert				2 500,00 EUR
Rechnungsbetrag				**2 500,00 EUR**
Zahlungsbedingungen: 2 % Skonto innerhalb 8 Tagen, 30 Tage netto Kasse				

1. Lesen Sie den folgenden Lehrbuchtext und notieren Sie die notwendigen Arbeitsschritte in das Lösungsschema in den Arbeitsmaterialien auf S. 270.

2. Füllen Sie den Kontierungsstempel des obigen Belegs aus.

3. Bearbeiten und kontieren Sie auch die anderen Belege in den Arbeitsmaterialien auf S. 271–276.

7.1 Warum brauchen wir Belege?

Zu Beginn dieses Lernfeldes haben Sie als einen zentralen Grundsatz der ordnungsgemäßen Buchführung den Grundsatz der Nachprüfbarkeit kennen gelernt. Jeder Geschäftsfall muss demnach durch einen Beleg nachprüfbar sein. Ohne Belege wäre der Fälschung der Buchhaltung Tür und Tor geöffnet.

Merke

Grundsatz der Nachprüfbarkeit

Die vorgenommenen Buchungen müssen durch die zugehörigen Belege (z. B. Quittungen, Rechnungen) nachgeprüft werden können. **Keine Buchung ohne Beleg!**

Belege dienen als Beweis für die Richtigkeit und Vollständigkeit unserer Buchungen. Sie müssen 10 Jahre aufbewahrt werden, um bei späteren Prüfungen zur Verfügung zu stehen.

7.2 Welche Belege unterscheidet man?

Belege können von Lieferanten, Banken und anderen Geschäftspartnern unserer Firma ausgestellt werden. Man spricht dann von Fremdbelegen. Daneben gibt es die Eigenbelege, d. h. Belege, die von unserem Unternehmen für unsere Buchhaltung und für die Buchhaltung unserer Geschäftspartner erstellt werden.

Belegarten

Fremdbelege (Belegaussteller außerhalb des Unternehmens), z. B.:	Eigenbelege (Belegaussteller innerhalb des Unternehmens), z. B.:
Bankbelege	Ausgangsrechnungen (AR)
Postbelege	Gutschriften an Kunden
Quittungen	Kassenbelege
Eingangsrechnungen (ER)	Belege für Privateinlagen und Privatentnahmen
Gutschriften von Lieferanten	Lohn- und Gehaltslisten

7.3 Wie werden Belege bearbeitet?

In einem ersten Schritt prüft man den Adressat des Belegs. Ist der Beleg tatsächlich für unsere Firma bzw. unsere Abteilung/unsere Filiale bestimmt? Anschließend wird der Belegaussteller überprüft. Handelt es sich um einen Fremd- oder einen Eigenbeleg? Wenn es sich um einen Fremdbeleg handelt, erhält er einen Eingangsstempel mit dem aktuellen Datum. Weiterhin ist zu prüfen, ob der Belegaussteller (z. B. Lieferant, Bank) bereits in der Buchhaltungssoftware erfasst ist.

Anschließend werden die Belege auf ihre sachliche Richtigkeit geprüft. In vielen Fällen müssen an dieser Stelle die Fachabteilung und die Geschäftsleitung gegenzeichnen (unterschreiben), um die inhaltliche Richtigkeit des Beleges zu bestätigen. Danach prüfen wir den Beleg rechnerisch, d.h. wir stellen sicher, dass der Belegaussteller sich nicht verrechnet hat. Im nächsten Schritt werden die Belege nach Eigen- und Fremdbelegen sortiert. Innerhalb des Stapels der Fremdbelege sind die Belege nach Bankbelegen, Postbelegen, Quittungen, Eingangsrechnungen und Gutschriften zu sortieren. Im Stapel der Eigenbelege sind die Belegarten Ausgangsrechnungen, Gutschriften an Kunden, Kassenbelege, Belege für Privateinlagen und Privatentnahmen und Lohn- und Gehaltslisten zu unterscheiden.

Anschließend erhält jeder Beleg eine Belegnummer (z. B. ER1...100 für Eingangsrechnungen, AR1...100 für Ausgangsrechnungen).

Mit einem Kontierungsstempel wird jeder Beleg vorkontiert (siehe S. 129).

Gehen die Belege zur Buchung außer Haus, so sollten zuvor Kopien erstellt und abgelegt werden.

Anschließend werden die Belege nach Belegart und Belegnummer sortiert zur Buchung weitergegeben.

Auf einen Blick

◆ Belege beweisen die Richtigkeit und Vollständigkeit der Buchhaltung. Es darf keine Buchung ohne Beleg geben.

◆ Belege müssen zehn Jahre lang aufbewahrt werden.

◆ Man unterscheidet Fremdbelege (werden von Geschäftspartnern erstellt) und Eigenbelege (werden von uns erstellt).

◆ Bei der Bearbeitung von Belegen sind folgende Schritte nötig:
  – Empfänger des Belegs prüfen
  – Prüfen, ob es sich um einen Eigen- oder Fremdbeleg handelt
  – Bei Fremdbelegen → Eingangsstempel mit Datum nötig
  – Belege auf sachliche und rechnerische Richtigkeit prüfen
  – Belege nach Eigen- und Fremdbelegen sortieren
  – Jedem Beleg eine Belegnummer zuweisen
  – Belege mit einem Buchungsstempel vorkontieren und sortiert nach Belegart und -nummer zur Buchung weitergeben.

8 Buchungen im Grund- und Hauptbuch

Situation

Frau Sluger ist Buchhalterin beim Bastel- und Kreativladen Kramer OHG in Bremen. Sie erhält einen Anruf von Herrn Kramer, Ihrem Chef, der ziemlich nervös wirkt.

Herr Kramer:	*„Frau Sluger, wir bringen doch jeden Abend unsere Tageseinnahmen auf die Bank. Ich schaue gerade die Kontoauszüge durch. Der Auszug vom 14.02. fehlt! Welche Bankeinzahlung haben wir den an diesem Tag gebucht?"*
Frau Sluger:	*„Aber Chef, das ist über einen Monat her, woher soll ich wissen, was wir damals gebucht haben?"*
Herr Kramer:	*„Aber Frau Sluger, schauen Sie doch in Ihre T-Konten. Was steht im Konto ‚Bank' am 14.02.?"*
Frau Sluger:	*„Herr Kramer, in den T-Konten stehen keine Datumsangaben. Die Konten müssen nur die Mehrungen und Minderungen der einzelnen Bilanzposten erfassen. Das Datum der Geschäftsfälle ist dafür nicht nötig."*
Herr Kramer:	*„Aber wir müssen doch anhand der Buchhaltung nachvollziehen können, an welchem Datum wir welche Geschäftsfälle gebucht haben. Dafür macht man sich doch Aufzeichnungen, oder?!"*

1. Lesen Sie den folgenden Lehrbuchtext und informieren Sie sich über das Buchen mit Grund- und Hauptbuch.

2. In den Arbeitsmaterialien finden Sie auf S. 277 und 278 Vordrucke für das Grundbuch und das Hauptbuch. Buchen Sie die Belege aus dem vorangegangenen Kapitel nun im Grundbuch und danach im Hauptbuch.

8.1 Die gesetzlich vorgeschriebenen Bücher der Buchhaltung

Das Gesetz fordert von jedem Kaufmann, dass er seine Bücher einerseits „zeitgerecht" und andererseits „(nach Bilanzposten) geordnet" führt.

§ 239 Handelsgesetzbuch (HGB) – Führung der Handelsbücher

(2) Die Eintragungen in Büchern und die sonst erforderlichen Aufzeichnungen müssen **vollständig**, **richtig**, **zeitgerecht** und **geordnet** vorgenommen werden.

Die bisher besprochenen T-Konten erfüllen aber nur die Forderung nach einer thematischen Ordnung, z. B. werden alle Geschäftsfälle, die mit Kassenein- und -auszahlungen zu tun haben, auf dem Konto „282 Kasse" gebucht, alle Schulden bei Lieferanten werden auf dem Konto „440 Verbindlichkeiten aus Lieferungen und Leistungen" gebucht usw.

Eine zeitliche Ordnung, d. h. eine Sortierung der Buchungen nach Datum, kann also mit den T-Konten allein nicht erreicht werden. Um auch diese Forderung des Gesetzgebers zu erfüllen, muss der Kaufmann eine Art „Tagebuch" führen.

Dieses Buch wird Grundbuch oder Journal genannt. Es enthält alle Geschäftsfälle und deren Buchungen nach Datum sortiert. Die bereits bekannten T-Konten befinden sich in einem zweiten Buch, dem so genannten Hauptbuch.

Die Buchhaltung eines Kaufmanns besteht aus zwei Büchern, dem Grundbuch und dem Hauptbuch. Jeder Beleg wird in beiden Büchern gebucht. Im Grundbuch findet man alle Buchungen nach Datum und im Hauptbuch nach Bilanzposten sortiert.

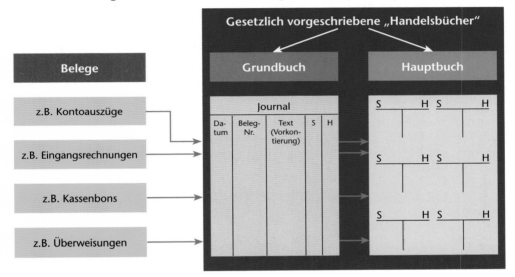

8.2 Aufbau des Grundbuchs

Das Grundbuch ist in Form einer Tabelle aufgebaut. Die erste Spalte zeigt das Buchungsdatum des Belegs, nach dieser Spalte ist das Grundbuch sortiert. Die Spalten „Beleg-Nr." und „Text" dienen der Beschreibung des Geschäftsfalls. Der eigentliche Buchungssatz steht in den letzten drei Spalten.

Beispiel:

Datum	Beleg-Nr.	Text	Konten	Soll	Haben
02.03.20..	002134	Warenlieferung Waladu GmbH	200 Waren	1 620,00 EUR	
		Lieferanten-Rechnungs-Nr.	an 440 Verbindlichkeiten a. L. u. L.		1 620,00 EUR
03.03.20..	2135	Zahlung der OBIS GmbH	280 Bank	2 986,90 EUR	
			240 Forderungen aus L. u. L.		2 986,90 EUR

Grundbuch der Kramer OHG, Bremen: Monat März, 20..

Auf einen Blick

Grundbuch	Hauptbuch
Gesetzlich vorgeschrieben	Gesetzlich vorgeschrieben
Jeder Geschäftsfall muss hier gebucht werden.	Jeder Geschäftsfall muss hier gebucht werden.
Buchungen nach Datum sortiert	Buchungen nach Bilanzposten sortiert
Tabellenform	T-Konten

9 Ergebniskonten

Situation

Markus Wildemann hat sich vor einem Monat selbstständig gemacht. Nun muss er die erste Gehaltsabrechnung für seinen angestellten Verkäufer Jeff buchen. Dabei gibt es ein Problem:

Markus: *„Hi Jeff, ich hab dir gestern dein Gehalt überwiesen. Da ist der Kontoauszug."*

Jeff: *„Sieht gut aus, eine Null mehr könnte aber nicht schaden ..."*

Markus: *„Sehr witzig, hilf mir lieber beim Buchen! Also die Überweisung mindert das Bankkonto. Das Konto ‚Bank‘ buchen wir also im Haben. Aber wo ist die Sollbuchung? Welcher Bilanzposten verändert sich, wenn ich dir dein Gehalt überweise?"*

Jeff: *„Na ein Aktivkonto kann‘s schon mal nicht sein, dein Vermögen wird ja nicht mehr, wenn du mir Gehalt zahlst."*

Markus: *„Ja, aber die Verbindlichkeiten können‘s auch nicht sein. Ich habe doch nicht plötzlich weniger Schulden, nur weil ich dein Gehalt auszahle."*

Jeff: *„Bleibt also nur noch das Eigenkapital. Klar, wenn du mir Gehalt überweist, geht das von deinem Eigenkapital als Unternehmer weg – und weil ‚Eigenkapital‘ ein Passivkonto ist, buchst du die Minderung im Soll. Dann stimmt der Buchungssatz!"*

Markus: *„Klingt gut, aber dann müsste ich ja alles Mögliche auf ‚Eigenkapital' buchen: Jede Werbeanzeige, jede Reparatur. Das wird doch ein Monsterkonto! Außerdem funktioniert deine Theorie nicht bei der anderen Überweisung auf dem Kontoauszug. Da bekomme ich Geld von unserem Untermieter. Wo buche ich das hin?"*

Aktiva	Bilanz der Adventure Mountain GmbH zum 01.01.20..		Passiva
I. Anlagevermögen		**I. Eigenkapital**	26 038,67 EUR
1. Grundstücke und Bauten	285 000,00 EUR		
2. Ladenausstattung	46 800,00 EUR		
3. Kassensysteme	3 000,00 EUR		
4. Lagerausstattung	6 750,00 EUR	**II. Verbindlichkeiten**	
5. Fuhrpark	15 000,00 EUR		
		1. Verbindlichkeiten	
II. Umlaufvermögen		gegenüber Kredit-	
1. Waren	1 312 851,00 EUR	instituten	348 400,00 EUR
2. Forderungen		2. Verbindlichkeiten aus	
aus Lieferungen		Lieferungen und Leistungen	14 443,23 EUR
und Leistungen	2 086,60 EUR		
3. Kassenbestand	2 481,93 EUR		
4. Guthaben bei			
Kreditinstituten	2 584,23 EUR		
	380 881,90 EUR		380 881,90 EUR

Lesen Sie den folgenden Lehrbuchtext und informieren Sie sich über das Buchen auf Aufwands- und Ertragskonten.

Buchen Sie die beiden Geschäftsfälle auf dem oben abgebildeten Kontoauszug im Grundbuch und danach im Hauptbuch. Nutzen Sie dafür die entsprechenden Vordrucke in den Arbeitsmaterialien auf S. 279–281.

Alle bisher behandelten Geschäftsfälle konnten Sie auf den Bestandskonten (Aktiv- und Passivkonten) verbuchen. Das Eigenkapital wurde durch diese Geschäftsvorfälle nicht verändert. Die bisherigen Geschäftsfälle hatten also keinen Einfluss auf das Ergebnis (Gewinn oder Verlust) der Adventure Mountain GmbH.

In der Praxis geben Einzelhandelsunternehmen aber tagtäglich Geld für Reparaturen, Miete, Zinsen, Löhne und Gehälter, Betriebssteuern, Reisekosten und Werbung aus. Diese Geldausgaben vermindern das Eigenkapital des Unternehmens. Man nennt Sie **Aufwendungen**.

Aufwendungen vermindern das Eigenkapital.

Auf der anderen Seite nimmt ein Einzelhändler durch Verkaufserlöse (Umsatzerlöse), aber auch durch erhaltene Zinsen, Mieten und Provisionen Geld ein. Diese Geldeinnahmen erhöhen das Eigenkapital des Unternehmens. Man nennt Sie **Erträge**.

Erträge erhöhen das Eigenkapital.

9.1 Ergebniskonten als Unterkonten des Eigenkapitalkontos

In einem mittelgroßen Unternehmen gibt es Monat für Monat Hunderte von Aufwendungen und Erträgen. Würde man diese alle auf dem Eigenkapitalkonto buchen, so würde jede Klarheit und Übersichtlichkeit des Eigenkapitalkontos verloren gehen.

Deshalb richtet man für die verschiedenen Aufwendungen und Erträge Unterkonten des Eigenkapitalkontos ein. Diese Unterkonten nennt man Aufwandskonten bzw. Ertragskonten.

Sie finden diese Konten in den Kontenklassen 5 und 6 des Kontenrahmens am Ende dieses Buches.

◆ Aufwendungen werden auf Aufwandskonten gebucht.

◆ Erträge werden auf Ertragskonten gebucht.

◆ Ertrags- und Aufwandskonten sind Unterkonten des Kontos 300 – Eigenkapital. Sie werden auch „Ergebniskonten" genannt.

5 Kontenklasse **ERTRÄGE**	**6 Kontenklasse** **BETRIEBLICHE AUFWENDUNGEN**

50 Umsatzerlöse
    500 Umsatzerlöse Warengruppe I
       5001 Erlösberechtigungen
    501 Umsatzerlöse Warengruppe II
       5011 Erlösberechtigungen
51 Sonstige Umsatzerlöse
    510 Sonstige Umsatzerlöse
    (aus Dienstleistungen)
       5101 Erlösberechtigungen
54 Sonstige betriebliche Erträge
    540 Erträge aus Vermietung und
    Verpachtung
    541 Sonstige Erlöse
    542 Unentgeltliche Wertabgaben
    543 Andere sonstige betriebliche Erträge
    548 Erträge aus der Herabsetzung
    von Rückstellungen
55 Erträge aus Beteiligungen
56 Erträge aus Wertpapieren
57 Sonstige Zinsen und ähnliche Erträge
    571 Zinsverträge
    573 Diskonterträge
58 Außerordentliche Einträge
	60 Aufwendungen für bezogene Waren
	    und Betriebsstoffe
	    600 Aufwendungen Warengruppe I
	       6001 Bezugskosten
	       6002 Preisnachlässe und Rücksendun-
	       gen
	       6003 Lieferskonti
	       6004 Lieferboni
	    601 Aufwendungen Warengruppe II
	    Untergliederung wie 600
	    604 Aufwendungen für sonstige Vorräte
	    Untergliederung wie 600
	    605 Aufwendungen für Energie und
	    Treibstoffe
	    606 Aufwendungen für Verpackungs-
	    material
	    607 Aufwendungen für Recycling/
	    Entsorgung
	    608 Aufwendungen für Leergut
	    609 Aufwendungen für Reparatur
	61 Aufwendungen für bezogenen Leistungen
	    613 Instandhaltung und Reparatur
	    614 Frachten und Fremdlager
	    615 Vertriebsprovisionen
	    617 Sonstige Aufwendungen für bezogene
	    Leistungen
	62 Löhne
	    620 Löhne für geleistete Arbeit
	    621 Sonstige Lohnaufwendungen
	63 Gehälter

9.2 Buchen auf Ergebniskonten

Das Kaufhaus Hardwig GmbH am Schweriner Marienplatz hat am 30. Januar folgende Geldbeträge eingenommen bzw. überwiesen:

1. Auszahlung der Gehälter	200 000,00 EUR
2. Zahlung einer Rechnung für Plakatwerbung	500,00 EUR
3. Zahlung von Versicherungsbeiträgen	7 000,00 EUR
4. Eingang von Provisionszahlungen vom Lieferanten Miele	40 000,00 EUR
5. Mietzahlung für die Vermietung von Geschäftsräumen	8 000,00 EUR
6. Die Bank überweist Zinsen	15 000,00 EUR

Alle Zahlungseingänge und -ausgänge liefen über das Bankkonto. Das Konto 280 – Bank ist also von jedem Geschäftsfall betroffen. Die Gegenbuchung erfolgt nicht direkt auf dem Konto Eigenkapital, sondern auf den verschiedenen Ergebniskonten des Unternehmens.

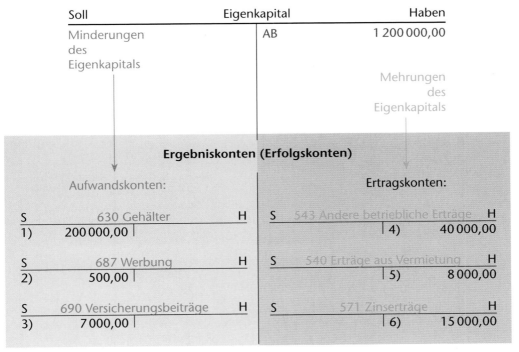

Soll	Eigenkapital	Haben
Minderungen des Eigenkapitals	AB	1 200 000,00

Mehrungen des Eigenkapitals

Ergebniskonten (Erfolgskonten)

Aufwandskonten:

S	630 Gehälter	H
1)	200 000,00	

S	687 Werbung	H
2)	500,00	

S	690 Versicherungsbeiträge	H
3)	7 000,00	

Ertragskonten:

S	543 Andere betriebliche Erträge	H
	4)	40 000,00

S	540 Erträge aus Vermietung	H
	5)	8 000,00

S	571 Zinserträge	H
	6)	15 000,00

Aktivkonto

S	280 Bank		H
AB	162 000,00	1)	200 000,00
4)	40 000,00	2)	500,00
5)	8 000,00	3)	7 000,00
6)	15 000,00	SB	17 500,00
	225 000,00		225 000,00

Buchungssätze für die Geschäftsfälle 1 bis 6 im Monat Januar:

1)

	Konto	Betrag Soll	Betrag Haben
	630 Gehälter	200 000,00	
an	280 Bank		200 000,00

2)

	Konto	Betrag Soll	Betrag Haben
	687 Werbung	500,00	
an	280 Bank		500,00

3)

	Konto	Betrag Soll	Betrag Haben
	690 Versicherungsbeiträge	7 000,00	
an	280 Bank		7 000,00

4)

	Konto	Betrag Soll	Betrag Haben
	280 Bank	40 000,00	
an	543 Andere betriebliche Erträge		40 000,00

5)

	Konto	Betrag Soll	Betrag Haben
	280 Bank	8 000,00	
an	540 Erträge aus Vermietung		8 000,00

6)

	Konto	Betrag Soll	Betrag Haben
	280 Bank	15 000,00	
an	571 Zinserträge		15 000,00

Merke

Alle Aufwendungen vermindern das Eigenkapital.
Aufwandskonten werden also immer nur im SOLL verbucht.
Alle Erträge vermehren das Eigenkapital.
Erträge werden also immer nur im HABEN verbucht.

9.3 Abschluss der Ergebniskonten

Um die Übersichtlichkeit zu bewahren werden die einzelnen Aufwendungen und Erträge eines Unternehmens auf verschiedene Unterkonten des Eigenkapitals gebucht. Doch am Ende des Geschäftsjahres muss das Unternehmen feststellen, ob es einen Gewinn oder Verlust erwirtschaftet hat. Zu diesem Zweck braucht der Unternehmer eine Gegenüberstellung aller Aufwendungen und aller Erträge des Geschäftsjahres. Aus diesem Grund gibt es das Gewinn- und Verlustkonto (GuV-Konto).

Die einzelnen Aufwands- und Ertragskonten werden abgeschlossen und ihr Saldo wird auf das GuV-Konto gebucht.

Checkliste: Wie schließe ich Ergebniskonten ab?

1. Beide Seiten des Kontos einzeln aufsummieren.

2. Die beiden Seiten vergleichen – Welche ist die größere Seite?

3. Die größere Seite bestimmt die **Kontensumme**. Die Kontensumme wird auf beiden Seiten auf gleicher Höhe eingetragen und doppelt unterstrichen.

4. Auf der kleineren Seite des Kontos wird der Saldo errechnet.

   Saldo = Kontensumme – Summe aller Posten auf der kleineren Seite des Kontos

5. **Keine Buchung ohne Gegenbuchung: Der Saldo wird anschließend im GuV-Konto gegengebucht.**

Fortsetzung des Beispiels von Seite 141: Abschluss der Ergebniskonten

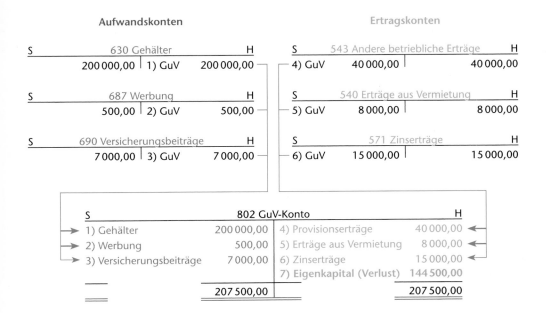

Buchungssätze für den Abschluss der Ergebniskonten

Abschluss der Aufwandskonten

1)

	Konto	Betrag Soll	Betrag Haben
	802 GuV	200 000,00	
an	630 Gehälter		200 000,00

2)

	Konto	Betrag Soll	Betrag Haben
	802 GuV	500,00	
an	687 Werbung		500,00

3)

	Konto	Betrag Soll	Betrag Haben
	802 GuV	7 000,00	
an	690 Versicherungsbeiträge		7 000,00

Abschluss der Ertragskonten

4)

	Konto	Betrag Soll	Betrag Haben
	543 Andere betriebliche Erträge	40 000,00	
an	802 GuV		40 000,00

5)

	Konto	Betrag Soll	Betrag Haben
	540 Erträge aus Vermietung	8 000,00	
an	802 GuV		8 000,00

6)

	Konto	Betrag Soll	Betrag Haben
	571 Zinserträge	15 000,00	
an	802 GuV		15 000,00

 Merke Am Ende des Geschäftsjahres werden alle Ergebniskonten abgeschlossen. Die Salden werden auf dem Gewinn- und Verlustkonto (GuV) gegengebucht.

9.4 Abschluss des Gewinn- und Verlustkontos

Durch den Abschluss der Ergebniskonten wird das GuV-Konto gefüllt, bis es eine vollständige Gegenüberstellung aller Aufwendungen und Erträge des Geschäftsjahres enthält.

Nun folgt der spannendste Moment des Geschäftsjahres: Das Unternehmensergebnis wird ermittelt. Dazu wird das GuV-Konto abgeschlossen. Erneut werden die Soll- und die Habenseite separat aufsummiert. Die größere der beiden Seiten bestimmt die Kontensumme (Im Beispiel: 207 500,00 EUR). Auf der kleineren Seite des Kontos wird der Saldo errechnet und eingetragen.

Im GuV-Konto heißt der Saldo entweder **Gewinn** (wenn er auf der Sollseite steht) oder **Verlust** (wenn er auf der Habenseite steht). Eine Buchhalternase entwertet die Zeilen des Kontos, in denen nichts eingetragen wurde. So sind spätere Manipulationen ausgeschlossen. Der Saldo wird auf dem Konto 300 – Eigenkapital gegengebucht.

Im Beispiel sind die Aufwendungen des Kaufhauses Hardwig GmbH höher als seine Erträge. Der Saldo des GuV-Kontos steht daher auf der Habenseite. Das Kaufhaus hat einen Verlust von 144 500,00 EUR gemacht. Dieser wird auf das Konto Eigenkapital gebucht. Der Endbestand des Eigenkapitals am 31.12. ist um 144 500,00 EUR geringer als der Bestand zu Beginn des Geschäftsjahres.

S	802 GuV-Konto		H
1) Gehälter	200 000,00	4) Provisionserträge	40 000,00
2) Werbung	500,00	5) Erträge aus Vermietung	8 000,00
3) Versicherungsbeiträge	7 000,00	6) Zinserträge	15 000,00
		7) **Eigenkapital (Verlust)**	**144 500,00**
	207 500,00		207 500,00

S	300 Eigenkapital		H
7) GuV (Verlust)	144 500,00	AB	1 200 000,00
SB	1 055 500,00		
	1 200 000,00		1 200 000,00

Abschluss des GuV-Kontos bei Verlustsituation:

	Konto	Betrag Soll	Betrag Haben
	300 Eigenkapital	144 500,00	
an	802 GuV		144 500,00

Auf einen Blick

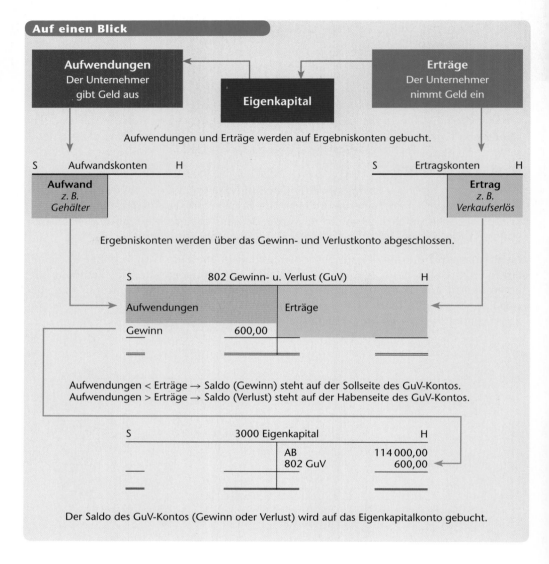

Aufwendungen
Der Unternehmer
gibt Geld aus

Eigenkapital

Erträge
Der Unternehmer
nimmt Geld ein

Aufwendungen und Erträge werden auf Ergebniskonten gebucht.

S   Aufwandskonten   H

Aufwand
z. B.
Gehälter

S   Ertragskonten   H

Ertrag
z. B.
Verkaufserlös

Ergebniskonten werden über das Gewinn- und Verlustkonto abgeschlossen.

S   802 Gewinn- u. Verlust (GuV)   H

Aufwendungen		Erträge	
Gewinn	600,00		

Aufwendungen < Erträge → Saldo (Gewinn) steht auf der Sollseite des GuV-Kontos.
Aufwendungen > Erträge → Saldo (Verlust) steht auf der Habenseite des GuV-Kontos.

S   3000 Eigenkapital   H

		AB	114 000,00
		802 GuV	600,00

Der Saldo des GuV-Kontos (Gewinn oder Verlust) wird auf das Eigenkapitalkonto gebucht.

1 Kalkulation von Verkaufspreisen

1.1 Einflussgrößen auf die Preisgestaltung des Einzelhandelsunternehmens

Situation

DIE RHEINPFALZ

Lokale Wirtschaft

Autokauf im Möbelladen?

Auszubildende der Möbel Gruner GmbH kalkulieren einen ganz neuen Artikel

Kaiserslautern: Die Auszubildenden des Kaiserslauterer Möbelhauses Gruner werden im Rahmen eines Projekts prüfen, ob das Möbelhaus in Zukunft auch Autos eines chinesischen Herstellers anbieten sollte.

„Wir gehen hier mit unseren chinesischen Partnern komplett neue Wege", sagt Geschäftsführer Werner Hausmann, „unsere Auszubildenden haben die Aufgabe, einen realistischen Verkaufspreis zu kalkulieren.

Dieses Projekt werden sie komplett eigenverantwortlich durchführen. Ich bin gespannt darauf, welchen Preis sie vorschlagen werden." [...]

Stellen Sie sich vor, sie seien Mitglied des Azubi-Teams vom Möbelhaus Gruner. Innerhalb von zwei Tagen sollen Sie gemeinsam einen Preis für den Roadster finden.

a) Sammeln Sie alle wichtigen Einflussfaktoren für den Ladenpreis eines Produktes! Schreiben Sie dafür mindestens drei Faktoren auf Karten, die bei der Festlegung des Produktpreises beachtet werden müssen. Lesen Sie dazu auch den unten stehenden Lehrbuchtext.

b) Hängen Sie alle Karten an eine Metaplanwand oder eine Tafel.

c) Fassen Sie ähnliche Ideen Ihrer Mitschüler zu Gruppen zusammen. Finden Sie Oberbegriffe für die Gruppen.

d) Diskutieren Sie in der Klasse: Haben Sie auch keinen wichtigen Einflussfaktor für den Preis vergessen?

Schreiben Sie die gefundenen Einflussfaktoren in die dafür vorgesehene Übersicht in den Arbeitsmaterialien auf S. 289.

Bei der Kalkulation, d. h. bei der Berechnung seiner Verkaufspreise, muss der Einzelhändler viele verschiedene Einflüsse im Blick behalten.

1.1.1 Innerbetriebliche Einflussgrößen des Preises

Jedes Einzelhandelsunternehmen muss darauf achten, dass seine Betriebskosten und seine Beschaffungskosten gedeckt sind und es einen ausreichenden Gewinn macht. Kostendeckung und Gewinnerzielung sind die typischen Ziele jedes Einzelhandelsunternehmens. Daneben wird der Unternehmer darauf achten, dass er seinen Marktanteil ausbaut oder zumindest beibehält, genügend Umsatz macht und stets ausreichend Geld (Liquidität) hat, um seine Rechnungen bezahlen zu können.

1.1.2 Außerbetriebliche Einflussgrößen des Preises

Bei seiner Preisgestaltung wird der Einzelhandelsunternehmer das Verhalten der Käufer und das Verhalten der Konkurrenz stets genau beobachten. Aber auch andere außerbetriebliche Einflussgrößen werden bei der Kalkulation zu beachten sein. Direkten Einfluss auf den Preis nehmen Hersteller mit ihren Preisempfehlungen. Aber auch staatliche Vorgaben wie z. B. die Kassierung der Umsatzsteuer müssen vom Einzelhändler beachtet werden.

Besonders anspruchsvoll ist die richtige Preisreaktion auf Veränderungen der gesamtwirtschaftlichen Nachfrage im Wechsel der Jahreszeiten und bei wirtschaftlichen Aufschwüngen oder Wirtschaftskrisen.

Einige dieser außerbetrieblichen Einflussgrößen sollen im Folgenden etwas genauer beschrieben werden.

a) Preisempfehlungen der Hersteller

Die **unverbindliche Preisempfehlung** (**UPE** oder **UVP**) ist der Preis, der dem Einzelhandel vom Hersteller oder Großhändler empfohlen wird. Diese Empfehlung ist für den Einzelhändler nicht bindend. In der Praxis bildet dieser meist die obere Preisschranke.

b) Käuferverhalten

Das Verhalten der Käufer eines Produktes lässt sich am einfachsten in folgendem Diagramm darstellen:

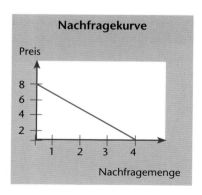

Die Nachfragekurve zeigt die unterschiedlich hohen Zahlungsbereitschaften verschiedener Käufer. Je tiefer der Preis des Gutes sinkt, desto mehr Menschen kaufen das Produkt, da der Preis ihrer Zahlungsbereitschaft entspricht oder sogar darunter liegt.

Gesetz der Nachfrage: Die gesamte Nachfragemenge nach einem Produkt steigt, wenn der Preis sinkt. Die Nachfragemenge nach einem Produkt sinkt, wenn der Preis steigt.

Beispiel:

Handys konnte man bereits in den 80er Jahren kaufen. Damals konnten Handys aber nur an Geschäftsleute oder sehr wohlhabende Kunden verkauft werden, denn die Geräte und die Verbindungskosten waren sehr teuer. Auszubildende oder einfache Angestellte hatten zwar auch ein Bedürfnis nach Mobiltelefonen, doch ihre Zahlungsbereitschaft lag unter dem damaligen Preis. Erst als der Preis in den 90er Jahren sank, stieg die Nachfragemenge schnell an, denn nun lag der Preis unterhalb der Zahlungsbereitschaft der meisten Menschen.

c) Knappheit eines Produktes

Die Knappheit eines Produktes lässt sich an dem Verhältnis von Käufernachfrage und angebotener Menge ablesen. Ein Einzelhändler, der Veränderungen in der Knappheit früh erkennt und seine Preisgestaltung danach ausrichtet, kann seine Gewinnaussichten steigern. Veränderungen in der Knappheit lassen sich z. B. im Lebensmittelbereich oft beobachten.

Beispiele:

1. Fall: Während der Bedarf an Tomaten im Speiseplan der Käufer das ganze Jahr über annähernd gleich ist, steigt die angebotene Menge in der Entezeit sprunghaft. Die angebotene Menge ist nun höher als die nachgefragte Menge, man spricht von einem Angebotsüberhang oder einem Käufermarkt. Auf einem Käufermarkt ist mit sinkenden Preisen zu rechnen. Der Einzelhändler muss diese Preisentwicklung schnell erkennen und mitziehen, sonst wird er auf seinen Produkten sitzen bleiben.

2. Fall: Aufgrund eines extrem trockenen Sommers fällt die Getreideernte mager aus. Die angebotene Menge an Getreide und Mehl sinkt daher. Die Käufer möchten aber nach wie vor dieselbe Menge Brot kaufen. Die nachgefragte Menge ist nun höher als die angebotene Menge, man spricht von einem Nachfrageüberhang oder einem Verkäufermarkt. Auf einem Verkäufermarkt ist mit steigenden Preisen zu rechnen. Wenn der Einzelhändler diese Preisentwicklung erkennt, wird er seine gestiegenen Einkaufspreise ohne Zögern an die Kunden weitergeben und seine Verkaufspreise ebenfalls erhöhen. So kann er seine Gewinnspannen erhalten.

Käufermarkt: Nachfrage kleiner als Angebot → fallende Preise
Verkäufermarkt: Nachfrage größer als Angebot → steigende Preise

d) Konkurrenzsituation auf dem Markt

Die meisten Produkte werden von vielen Nachfragern gekauft und von vielen Anbietern verkauft. In solchen Fällen spricht man von einem Konkurrenzmarkt. Auf einem Konkurrenzmarkt hat der einzelne Anbieter nur wenig oder gar keinen Einfluss auf den Preis.

Beispiel: Ein Anbieter von DVD-Rohlingen kann den Preis fast nicht beeinflussen, da es auf dem Markt viele andere Anbieter von DVD-Rohlingen gibt, die das gleiche Gut anbieten, und der Käufer jederzeit zu einem anderen Anbieter gehen kann.

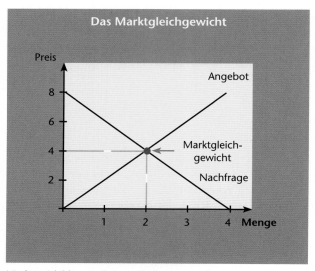

Marktpreisbildung auf einem Konkurrenzmarkt

Der Einzelhändler auf einen Konkurrenzmarkt muss wohl oder übel den allgemeinen Marktpreis übernehmen. Seine wichtigste Aufgabe ist es, den Marktpreis genau zu beobachten, um Marktpreisschwankungen nicht zu verpassen. Läge sein Preis über dem Marktpreis, so würde er schnell Kunden verlieren. Läge sein Preis unter dem Marktpreis, so würde er unfreiwillig auf einen Teil der Gewinnspanne verzichten.

 Merke Auf einen Konkurrenzmarkt mit vielen Nachfragern und vielen Anbietern sind die Spielräume für die Preisgestaltung sehr eng. Der Einzelhändler muss sich nach dem Marktpreis richten.

Mehr Möglichkeiten zur Preisgestaltung gibt es bei Produkten, die nur von wenigen oder nur von einem Anbieter auf den Markt gebracht werden (Oligopol- bzw. Monopolmärkte). Auf Oligopolmärkten ist der Preis des/der Konkurrenten die wichtigste Einflussgröße bei der Festlegung des eigenen Preises.

Beispiele:

◆ Ein Kunsthändler hat sich das Recht gesichert, als Einziger die Werke eines bekannten Künstlers zu verkaufen. Er kann mit den Nachfragern einen hohen Preis aushandeln, da die Käufer keinen anderen Anbieter finden werden (Monopolmarkt)

◆ Drei Tankstellen versorgen die Bevölkerung einer Kleinstadt mit Benzin. Sie können die Preise gemeinsam hochsetzen. Senkt aber nur einer der Konkurrenten den Preis ab, so sind die anderen gezwungen, schnell nachzuziehen, um keine Kunden zu verlieren (Oligopolmarkt).

Monopolmärkte oder Oligopolmärkte bieten dem Einzelhandelsunternehmen einen Spielraum für eine eigene Preisgestaltung. Dabei muss auf die Zahlungsbereitschaft der Kunden und das Verhalten der Konkurrenten geachtet werden.

e) Gesamtwirtschaftliche Situation

Die gesamte Nachfrage aller Kunden in einem Land ist nicht immer gleich hoch, sondern schwankt in einem Zeitraum von vier bis acht Jahren erheblich. Diese Schwankungen beruhen auf den Schwankungen des Wirtschaftswachstums, der so genannten Konjunktur.

Vereinfacht lassen sich diese Schwankungen als eine wellenförmige Kurve darstellen (rote Linie in der Abbildung). Diese Kurve wird als Konjunkturzyklus bezeichnet. Gäbe es keine Konjunkturschwankungen, würden wir uns auf der blauen Linie (langfristiger Wachstumspfad) bewegen.

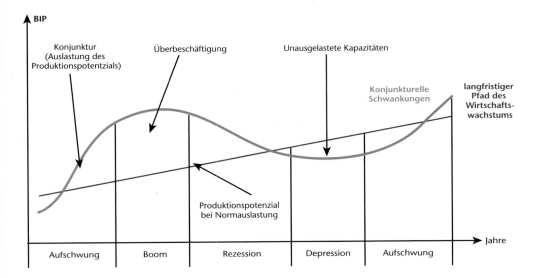

Die einzelnen Phasen der Konjunktur sollte der Einzelhändler in seiner Preisgestaltung berücksichtigen:

Aufschwung und Boom

Eine positive Konsumentenstimmung kurbelt die Nachfrage an, wodurch Umsätze und Gewinne der Unternehmen steigen. Um die steigende Nachfrage zu befriedigen, werden zunehmend neue Arbeitskräfte eingestellt und die Arbeitslosigkeit sinkt. Optimismus und steigende Einkommen der Käufer ermöglichen dem Einzelhandel Absatzsteigerungen selbst bei steigenden Preisen.

Rezession (Konjunkturabschwung) und Depression

Die Konsumenten sind pessimistisch und die Unternehmen stoppen ihre Investitionen. Aufgrund der schwachen Nachfrage können die Maschinen und Arbeiter nicht mit genügend Aufträgen versorgt werden. Dies führt zu steigender Arbeitslosigkeit. Durch die Angst vor dem Verlust des Arbeitsplatzes sparen die Konsumenten und verschieben größere Anschaffungen. Preissenkungen und Sonderangebote werden gern angenommen, die Preise sinken schließlich in der gesamten Wirtschaft.

Merke

Die Gesamtnachfrage in einer Volkswirtschaft schwankt in einem Zeitraum von vier bis acht Jahren aufgrund der Konjunktur.

Aufschwung und Boom → Preise werden tendenziell steigen
Rezession und Depression → Preise werden tendenziell sinken

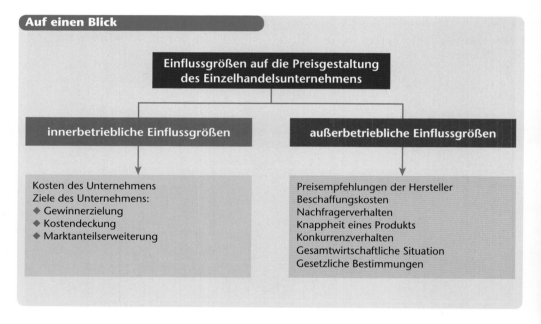

Auf einen Blick

Einflussgrößen auf die Preisgestaltung des Einzelhandelsunternehmens

innerbetriebliche Einflussgrößen

Kosten des Unternehmens
Ziele des Unternehmens:
◆ Gewinnerzielung
◆ Kostendeckung
◆ Marktanteilserweiterung

außerbetriebliche Einflussgrößen

Preisempfehlungen der Hersteller
Beschaffungskosten
Nachfragerverhalten
Knappheit eines Produkts
Konkurrenzverhalten
Gesamtwirtschaftliche Situation
Gesetzliche Bestimmungen

2 Vorwärtskalkulation

Situation

Die Auszubildenden des Kaiserslauterer Möbelhauses Gruner haben von Ihrem Chef Herrn Hausmann den Auftrag erhalten, im Rahmen eines Projekts zu prüfen, ob das Möbelhaus in Zukunft auch Autos eines chinesischen Herstellers anbieten sollte.

Frank und Andrea haben mit dem Importeur der Autos telefoniert und um ein Angebot gebeten. Dieses Angebot ist die Grundlage für die Kalkulation des Verkaufspreises. Herr Hausmann hat vorgegeben, dass in den Verkaufspreis mindestens 8 % Gewinn einkalkuliert werden müssen. Außerdem müssen die Auszubildenden einen Handlungskostenzuschlag von 25 % berücksichtigen. Damit sollen die Kosten des Möbelhauses gedeckt werden.

Chinaauto GmbH

China-Auto GmbH, Weltstraße 29, 81776 München

Möbelhaus Gruner GmbH
Im Industriegebiet. 58
67657 Kaiserslautern

Datum: 28.03.20..
Tel.: 089/82 08 44-0
Fax.: 089/82 08 44-0
E-Mail: info@china-auto.de
Home: www.china-auto.de

Angebot

Ihre Anfrage vom 26.03.20..
Sehr geehrte Damen und Herren,

vielen Dank für Ihr Interesse an einer Vertriebspartnerschaft für die von uns importierten Automobile. Bei einer Mindestabnahmemenge von 60 Fahrzeugen pro Jahr können wir Ihnen folgende Konditionen anbieten:

Beschreibung		Listenpreis	Gesamt
Roadster „Sunfun"		11 400,00 EUR	11 400,00 EUR
	Händlerrabatt	20 %	2 280,00 EUR
			9 120,00 EUR
	Umsatzsteuer	19 %	1 732,80 EUR
			10 852,80 EUR

Zahlung innerhalb von 90 Tagen.
Bei einer Bezahlung innerhalb von 30 Tagen ist ein Skontoabzug von 3 % möglich.

Für die Auslieferung von Bremerhafen bis nach Kaiserslautern wird Ihnen der Spediteur 490,00 EUR in Rechnung stellen.

Wir würden uns freuen, Sie als Vertriebspartner begrüßen zu können.

Mit freundlichen Grüßen

China-Auto GmbH

Julia Frederici

Kalkulieren Sie den Verkaufspreis eines Autos mithilfe des Kalkulationsschemas in den Arbeitsmaterialien auf S. 292. Machen Sie sich vorher mit den Fachbegriffen und den Rechenwegen vertraut. Im folgenden Lehrbuchtext finden Sie Erläuterungen und eine genaue Rechenanleitung dafür.

Bei der Kalkulation des Verkaufspreises konzentriert sich der Kaufmann zunächst auf die betriebsinternen Einflussgrößen des Verkaufspreises. Ziel ist es also, einen Preis zu errechnen, mit dem die Kosten des Unternehmens gedeckt werden und der angestrebte Gewinn erzielt wird.

In der Praxis hat sich ein bewährtes Rechenschema entwickelt. Um dieses Rechenschema richtig anwenden zu können, sollte man die Prozentrechnung sicher beherrschen.

2.1 Vom Listenpreis des Lieferanten zum Einstandspreis

Lassen Sie sich nicht täuschen! Der Preis in der Preisliste Ihres Lieferanten hat oft nur wenig mit dem Betrag zu tun, den Sie schließlich für die Ware überweisen müssen. Bevor Sie das Angebot eines Lieferanten bewerten, sollten Sie deshalb zunächst den **Einstandspreis** berechnen. Er wird auch Bezugspreis genannt, da er angibt, welchen Preis Sie bezahlt haben werden, bis die Ware verkaufsbereit in Ihrem Verkaufsraum steht.

Der **Einstandspreis** (Bezugspreis) ist der Preis, den die Ware gekostet hat, bis sie zum Verkauf bereitsteht.

1. Schritt: Aufgabe analysieren

Vor der Kalkulation des Einstandspreises schauen Sie sich das Angebot des Lieferanten genau an und notieren sie die gegebenen Größen.

> Der Netto-(!)Listenpreis des Herstellers wird im Kalkulationsschema „**Einkaufspreis**" genannt.

> Der **Rabatt** ist ein Prozentabzug vom Einkaufspreis.

Beschreibung	Listenpreis	Gesamt
Roadster „Sunfun"	11 400,00 EUR	11 400,00 EUR
Händlerrabatt	20 %	2 280,00 EUR
		9 120,00 EUR
Umsatzsteuer	19 %	1 732,80 EUR
		10 852,80 EUR

Zahlung innerhalb von 90 Tagen.
Bei einer Zahlung innerhalb von 30 Tagen ist ein Skontoabzug von 3 % möglich.
Für die Auslieferung von Bremerhafen bis nach Kaiserslautern wird Ihnen der Spediteur 490,00 EUR in Rechnung stellen.

> Die **Bezugskosten** können aus Verpackungskosten, Transportkosten usw. bestehen.

> Der **Skonto** darf nur abgezogen werden, wenn die spätere Rechnung schnell bezahlt wird. Wir gehen davon aus, dass dies geschehen wird.

Situation

Die an den Lieferanten gezahlte Umsatzsteuer wird in Einstandspreiskalkulationen nicht berücksichtigt, da ein Einzelhandelsunternehmen sie vom Finanzamt zurückerhält.

Was ist gegeben?

◆ Einkaufspreis = 11 400,00 EUR
◆ Rabatt in Prozent = 20 %
◆ Skonto in Prozent = 3 %
◆ Bezugskosten = 490,00 EUR

2. Schritt: Kalkulationsschema aufstellen

Das Kalkulationsschema ist ein immer gleiches Rechenschema, das Sie auswendig kennen sollten. Schreiben Sie das Kalkulationsschema auf und tragen Sie die gegebenen Größen ein.

Einkaufspreis		11 400,00 EUR
− Liefererrabatt	20,0 %	
= Zieleinkaufspreis		
− Liefererskonto	3,0 %	
= Bareinkaufspreis		
+ Bezugskosten		490,00 EUR
= Einstandspreis		

3. Schritt: Kalkulationsschema schrittweise ausfüllen

Die Kalkulation ist eine Anwendung der Prozentrechnung. Die Berechnung erfolgt schrittweise von oben nach unten mithilfe von Dreisätzen.

Zunächst wird der Liefererrabatt berechnet und vom Einkaufspreis abgezogen. Diese Rechnung führt zum Zieleinkaufspreis.

Danach wird der Liefererskonto als prozentualer Anteil vom Zieleinkaufspreis berechnet. Diese Rechnung führt zum Bareinkaufspreis.

Nun werden die Bezugskosten addiert, und man gelangt zum Einstandspreis (Bezugspreis).

Die folgende Abbildung veranschaulicht den Rechenweg.

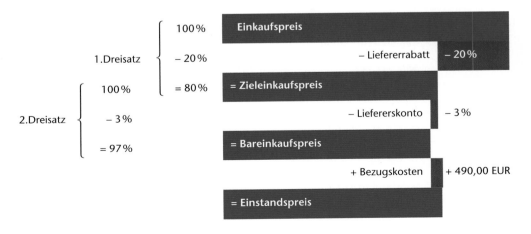

2.2 Vom Einstandspreis des Lieferanten zum Bruttoverkaufspreis

Der Einstandspreis ist der Preis, den wir als Einzelhändler für die Ware bezahlen müssen. Bei der Berechnung des Verkaufspreises müssen nun noch unsere Kosten und ein Gewinnaufschlag einkalkuliert werden.

1. Schritt: Berechnung des Handlungskostenzuschlagssatzes

Während der Lagerung der Ware und beim Verkauf entstehen eine Reihe von Kosten, die **Handlungskosten** genannt werden. Die Verkaufspreise der Waren müssen hoch genug sein, um diese Handlungskosten decken zu können, damit das Unternehmen keinen Verlust macht. Bei der Kalkulation der einzelnen Artikel werden die Handlungskosten mithilfe eines Prozentzuschlages auf den Einstandspreis einkalkuliert. Man nennt diesen Prozentzuschlag **Handlungskostenzuschlag** oder abgekürzt **HKZ**.

Oft ist der Handlungskostenzuschlagssatz bereits in der Aufgabenstellung gegeben. Wenn dies nicht der Fall ist, kann er leicht berechnet werden.

Beispiel: Ein Herrenausstatter plant im laufenden Jahr mit Handlungskosten in Höhe von 240 000,00 EUR für Gehälter der Angestellten, Miete, Energiekosten usw. Die Summe der Einstandspreise aller Waren, die im laufenden Jahr bestellt wurden, beträgt 960 000,00 EUR.

Wie hoch ist der Handlungskostenzuschlagsatz?

Lösung mit dem Dreisatz:

$$960\,000 \triangleq 100\,\%$$
$$240\,000 \triangleq p\,\%$$
$$p = \frac{240\,000 \cdot 100}{960\,000}$$
$$p = 25\,\%$$

Der Herrenausstatter sollte bei der Kalkulation aller Artikel einen Handlungskostenzuschlag von 25 % einkalkulieren, um seine Betriebskosten decken zu können.

Bei der Berechnung des Handlungskostenzuschlagsatzes kann man folgende Formel einsetzen:

$$\text{Handlungskostenzuschlagssatz} = \frac{\text{Handlungskosten} \cdot 100}{\text{Summe der Einstandpreise der verkauften Waren}}$$

2. Schritt: Berechnung des Gewinnzuschlags

Jeder Unternehmer möchte **Gewinn** erzielen, denn der Gewinn ist der Lohn des Unternehmers für die Arbeitskraft, die er in das Unternehmen gesteckt hat. In das Unternehmen wurde aber auch viel Geld investiert. Jeder der Geldgeber hat das Recht auf eine Verzinsung des investierten Kapitals, die mindestens dem Zinssatz entsprechen sollte, der ihm von der Bank angeboten wird. In ein Unternehmen ohne Gewinn würde niemand sein Geld investeren.

Die Verkaufspreise der Waren sollten so hoch sein, dass das Unternehmen am Ende des Jahres den nötigen Gewinn abwirft. Bei der Kalkulation jedes Artikels wird der Gewinn mithilfe eines Prozentzuschlages auf die Selbstkosten einkalkuliert. Man nennt diesen Zuschlag den „Gewinnzuschlag". Als Selbstkosten bezeichnet man die Summe aus Einstandpreis und Handlungskosten.

Oft ist der Gewinnzuschlagssatz bereits in der Aufgabenstellung gegeben. Wenn dies nicht der Fall ist, kann er mit der folgenden Formel leicht berechnet werden.

$$\text{Gewinnzuschlagssatz} = \frac{\text{erwarteter Jahresgewinn} \cdot 100}{\text{Summe der Selbstkosten der verkauften Waren}}$$

3. Schritt: Kalkulationsschema aufstellen

Bisher haben Sie nur den ersten Teil des Kalkulationsschemas bis zum Einstandpreis kennen gelernt. Nun erweitern Sie das Kalkulationsschema bis zum Bruttoverkaufspreis und fügen den Handlungskostenzuschlagssatz und den Gewinnzuschlagssatz aus der Aufgabenstellung ein.

Einkaufspreis		
− Liefererrabatt	20,0 %	
= Zieleinkaufspreis		
− Liefererskonto	3,0 %	
= Bareinkaufspreis		
+ Bezugskosten		
= Einstandspreis		490,00 EUR
+ Handlungskostenzuschlag	25,0 %	
= Selbstkosten		
+ Gewinnzuschlag	8,0 %	
= Nettoverkaufspreis		
+ Umsatzsteuer	19,0 %	
= Bruttoverkaufspreis		

Praxistipp

Lernen Sie das Kalkulationsschema auswendig und notieren Sie alle gegebenen Zahlen in das Schema, <u>bevor</u> Sie mit dem Rechnen beginnen.

4. Schritt: Kalkulationsschema schrittweise ausfüllen

Die Berechnung des Bruttoverkaufspreises (Ladenpreis) erfolgt im Kalkulationsschema schrittweise von oben nach unten mithilfe von Dreisätzen.

Zunächst wird der Handlungskostenzuschlag als prozentualer Aufschlag auf den Einstandspreis berechnet. Diese Rechnung führt zu den Selbstkosten als Zwischenergebnis.

Danach wird der Gewinnzuschlag als prozentualer Anteil der Selbstkosten berechnet. Nun sind Sie beim Nettoverkaufspreis angelangt.

Danach berechnen Sie die Umsatzsteuer als prozentualen Aufschlag auf den Nettoverkaufspreis. Diese Rechnung führt zum Bruttoverkaufspreis, den der Kunde zahlen muss.

Die folgende Abbildung veranschaulicht den gesamten Rechenweg noch einmal.

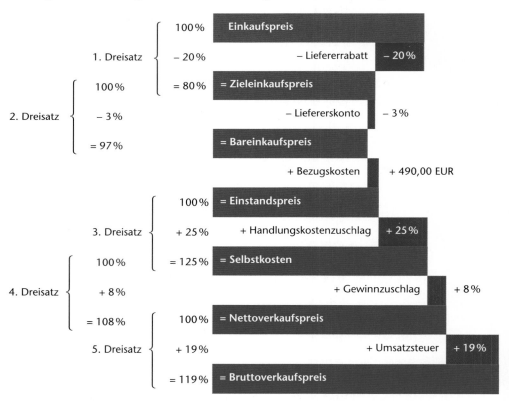

Auf einen Blick

Bei der Kalkulation des Bruttoverkaufspreises gehen Sie wie folgt vor:

1. Stellen Sie das Kalkulationsschema auf.

2. Notieren Sie die gegebenen Größen in das Kalkulationsschema
   - Einkaufspreis
   - Rabatt in Prozent
   - Skonto in Prozent
   - Bezugskosten
   - Handlungskostenzuschlagssatz
   - Gewinnzuschlagssatz
   - Umsatzsteuersatz

3. Berechnen Sie schrittweise mithilfe von Dreisätzen die Abzüge und Zuschläge in EUR.

4. Tragen Sie Zieleinkaufspreis, Bareinkaufspreis, Einstandspreis, Selbstkosten und Nettoverkaufspreis in das Kalkulationsschema ein.

5. Berechnen Sie den Bruttoverkaufspreis.

3 Kalkulation des Bruttoverkaufspreises unter Berücksichtigung von Preisnachlässen an die Kunden

Situation

Frank Werneke leitet ein Antiqutätengeschäft in der Hamburger Erichstraße. Kaum ein Artikel geht bei ihm ohne vorherige Preisverhandlungen über den Ladentisch. So wie Herr Dossow möchten alle Kunden handeln.

Herr Dossow:	*„Also, der alte Schrank da hinten, aus dem könnte ich vielleicht noch etwas machen, bei meinem Bastlergeschick. Was soll der denn kosten?"*
Frank Werneke:	*„Sie meinen das sehr gut erhaltene hanseatische Möbelstück dort vorn am Fenster? Der ist tiptop renoviert. Er kostet 2 499,99 EUR."*
Herr Dossow:	*„Waaas? Ist das Ihr Ernst? So kriegen Sie den doch nie los! Da ziehen Sie mal noch 30 % ab, dann kommen wir ins Geschäft."*
Frank Werneke:	*„30 % sind ein bisschen viel. Schließlich muss ich ja auch noch leben können. Aber 10 % – darüber lasse ich mit mir reden."*
Herr Dossow:	*„20 % – Das ist mein letztes Wort!"*
Frank Werneke:	*„Also gut, weil Sie es sind ..."*
Herr Dossow:	(feixt und reicht ihm die Hand) *„Ich wusste, mit Ihnen kann man Geschäfte machen! Morgen komme ich und hole ihn ab!"* (geht)

Gabi Streese, Frank Wernekes Freundin, hörte das Gespräch mit und macht sich Sorgen.

Gabi Streese: *„He, Frank, 20 % Kundenrabatt – das kannst du doch nicht machen! Machst du dann überhaupt noch Gewinn? Bei Barzahlung zieht der noch mal 3 % Skonto ab. Wie willst du so jemals aus den roten Zahlen rauskommen?!"*

Frank Werneke: (grinst) *„Keine Sorge, ich habe bei meiner Kalkulation 30 % Rabatt eingeplant. Der Dossow hat aber nur 20 % rausgehandelt. War doch ein gutes Geschäft, oder?"*

Herr Werneke hat den Schrank zum Preis von 1 000,00 EUR zuzüglich 32,40 EUR Bezugskosten, 2 % Liefererskonto und 10 % Liefererrabatt eingekauft. Er kalkuliert mit einem HKZ von 30 % und 20 % Gewinnzuschlag. Welchen Verkaufspreis muss er auf das Preisschild schreiben, wenn der Kunde 30 % Rabatt auf den Ladenpreis heraushandelt und anschließend bei der Zahlung der Rechnung noch 3 % Skonto abzieht?

Lesen Sie den Informationstext und führen Sie die Kalkulation mithilfe des Kalkulationsschemas in den Arbeitsmaterialien auf S. 298 durch.

Das Gewähren von Preisnachlässen und von Rabatten ist ein bewährtes Instrument zur Kundengewinnung und Kundenbindung im Einzelhandel. Auch die Gewährung von zusätzlichen Preisnachlässen bei Barzahlung (Skonto) wird im Einzelhandel angewendet, um das Risiko von Zahlungsausfällen zu verringern.

Damit diese Preisnachlässe den Gewinn des Einzelhändlers nicht schmälern, werden sie von vornherein bei der Verkaufspreiskalkulation eingeplant. Die Idee ist einfach: Das, was der Kunde an Rabatt und Skonto abziehen wird, schlägt der Kaufmann zuvor auf den Barverkaufspreis auf.

Beispiel: Ein Computerhändler kauft einen Computer zum Einkaufspreis von 252,00 EUR ein und erhält vom Lieferanten 25 % Rabatt und 2 % Skonto. Die Versandkosten pro Gerät betragen 8,91 EUR. Er kalkuliert mit 20 % HKZ und 12,5 % Gewinnaufschlag.

Der Computerhändler weiß aus Erfahrung, dass seine Kunden im Durchschnitt 5 % Rabatt aushandeln und bei Barzahlung noch einmal 2 % Skonto abziehen. Er erhöht den Nettoverkaufspreis folglich um diese Prozentsätze.

Die Erweiterung des Kalkulationsschemas ist in der folgenden Abbildung veranschaulicht:

Auf den Barverkaufspreis wird zunächst der Kundenskonto (im Beispiel: 2 %) aufgeschlagen. Diese Rechnung führt zum Zielverkaufspreis. Anschließend wird der Kundenrabatt hinzuaddiert (im Beispiel: 5 %). Erst dann gelangt der Kaufmann zum Nettoverkaufspreis, auf den wie zuvor die Umsatzsteuer aufgeschlagen wird.

Warum wird im Kalkulationsschema zuerst der Kundenskonto und dann der Kundenrabatt aufgeschlagen? Um das zu beantworten, müssen wir aus der Sicht des Kunden denken. Der Kunde zieht vom Nettoverkaufspreis zunächst seinen Kundenrabatt ab und kommt zum Barverkaufspreis.

Bei seiner Kalkulation geht der Kaufmann diesen Rechenweg des Kunden in umgekehrter Richtung durch und berechnet die Aufschläge genau so, dass trotz der Preisnachlässe der Barverkaufspreis genauso hoch bleibt, wie er von Anfang an kalkuliert worden war.

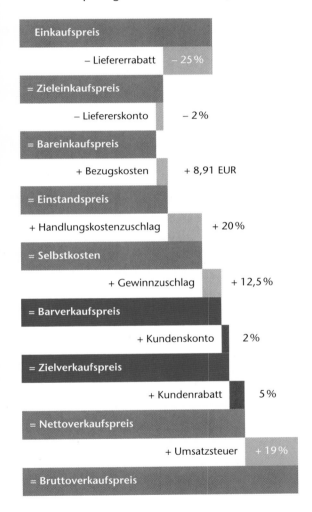

Bei der Einrechnung von Kundenskonto und Kundenrabatt muss der Kaufmann also aus der Sicht des Kunden denken. Nur dann wird er genau die richtigen Beträge auf den Barverkaufspreis aufschlagen.

Das Denken aus der Sicht des Kunden führt zur zweiten Schwierigkeit bei der Erweiterung der Kalkulation. Bisher haben Sie gelernt, dass prozentuale Aufschläge wie Handlungskostenzuschlag oder Gewinnzuschlag im Hundert zu berechnen sind. Das ändert sich bei der Berechnung von Kundenrabatt und Kundenskonto, wie die folgende Abbildung zeigt:

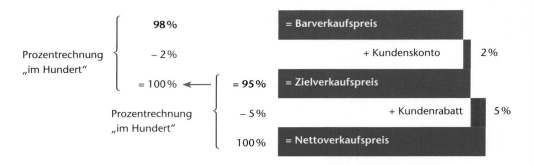

Der Kunde nutzt bei der Berechnung des Kundenrabatts den Nettoverkaufspreis als Grundwert. Folglich muss der Kaufmann bei der Berechnung des Kundenrabatts ebenfalls den Zielverkaufspreis nicht gleich 100 setzen, sondern ihn um den Prozentsatz des Kundenrabatts verringern. Er rechnet also mit einem verminderten Grundwert „im Hundert". Dasselbe gilt auch für die Berechnung des Kundenskontos.

Merke **Kundenskonto und Kundenrabatt müssen mit vermindertem Grundwert berechnet werden.**

Zurück zum Beispiel: Der Computerhändler kalkuliert einen Barverkaufspreis von 262,08 EUR. Nun berechnet er den Zielverkaufspreis und den Nettoverkaufspreis.

Die Berechnung erfolgt mithilfe des Dreisatzes:

Was ist gegeben?

Barverkaufspreis: = 262,08 EUR
Kundenskonto in Prozent = 2,0 %
Kundenrabatt in Prozent = 5,0 %

1. Berechnung des Kundenskontos in EUR:

$$98\,\% \triangleq 262,08$$
$$2\,\% \triangleq x$$

$$x = \frac{2 \cdot 262,08}{98}$$

$$x = 5,35$$

2. Berechnung des Zielverkaufspreises in EUR:
Barverkaufspreis + Kundenskonto = 292,08 + 5,35 = 267,43

3. Berechnung des Kundenrabatts in EUR:

$$95\,\% \triangleq 267,43$$
$$5\,\% \triangleq x$$

$$x = \frac{5 \cdot 267,43}{95}$$

$$x = 14,08$$

Die gesamte Kalkulation des Computerhändlers im Überblick:

	100 %	Einkaufspreis		252,00 EUR
	− 25 %	− Liefererrabatt	25,0 %	63,00 EUR
100 %	= 75 %	= Zieleinkaufspreis		189,00 EUR
− 2 %		− Liefererskonto	2,0 %	3,78 EUR
= 98 %		= Bareinkaufspreis		185,22 EUR
		+ Bezugskosten		8,91 EUR
	100 %	= Einstandspreis		194,13 EUR
	+ 20 %	+ Handlungskostenzuschlag	20,0 %	38,83 EUR
100 %	= 120 %	= Selbstkosten		232,96 EUR
+ 12,5 %		+ Gewinnzuschlag	12,5 %	29,12 EUR
= 112,5 %	98 %	= Barverkaufspreis		262,08 EUR
	+ 2 %	+ Kundenskonto	2,0 %	5,35 EUR
95 %	= 100 %	= Zielverkaufspreis		267,43 EUR
+ 5 %		+ Kundenrabatt	5,0 %	14,08 EUR
= 100 %	100 %	= Nettoverkaufspreis		281,51 EUR
	+ 19 %	+ Umsatzsteuer	19,0 %	53,49 EUR
	= 119 %	= Bruttoverkaufspreis		335,00 EUR

Auf einen Blick

Bei der Kalkulation unter Berücksichtigung von Preisnachlässen gehen Sie wie folgt vor:

1. Stellen Sie das Kalkulationsschema auf.

2. Notieren Sie die gegebenen Größen in das Kalkulationsschema.

3. Berechnen Sie schrittweise mithilfe von Dreisätzen die Abzüge und Zuschläge in EUR. Tragen Sie Zieleinkaufspreis, Bareinkaufspreis, Einstandspreis, Selbstkosten und Barverkaufspreis in das Kalkulationsschema ein.

4. Berechnen Sie nun den Kundenskonto, den Zielverkaufspreis und den Kundenrabatt mit vermindertem Grundwert (im Hundert). Notieren Sie sich in jedem Fall die Prozentsätze, die Sie bei der Aufstellung der Dreisätze verwendet haben, neben das Kalkulationsschema. Sie vermeiden so häufig gemachte Fehler!

5. Berechnen Sie den Nettoverkaufspreis und den Bruttoverkaufspreis.

4 Rückwärtskalkulation

Situation

Katrin Kieser führt bereits seit zehn Jahren ein Schuh-Fachgeschäft in Torgau an der Elbe. Jedes Quartal erhält sie Besuch vom Handelsvertreter der Marke „Peter Blau", Herrn Hofmann.

Herr Hofmann:	*„Hallo Frau Kieser, na, wie läuft das Geschäft?"*
Katrin Kieser:	*„Ach fragen Sie lieber nicht, seit gegenüber die Filiale von ‚BilligSchuh' aufgemacht hat, bleiben die Kunden weg."*
Herr Hofmann:	*„Wieso denn das?"*
Katrin Kieser:	*„Ganz einfach – Schauen Sie sich mal diese Pumps an. Bei mir kosten die 129,00 EUR, dort drüben bekommen*

99,00 EUR

Sie dasselbe Modell für 99,00 EUR. So geht's nicht weiter. Entweder ich bekomme von Ihnen dieselben niedrigen Einkaufspreise wie die Billig-Kette oder ich kann dichtmachen!"

Herr Hofmann:	*„Gut, bleiben wir doch mal bei diesen Pumps. Welchen Einkaufspreis hatten Sie sich denn vorgestellt?"*
Katrin Kieser:	*„Naja, eben so niedrig, dass ich das Modell auch für 99,00 EUR anbieten kann."*
Herr Hofmann:	*„Und konkret in Zahlen?"*
Katrin Kieser:	*„Puhhh, da erwischen Sie mich jetzt auf dem falschen Fuß. Da muss ich mal nachrechnen …"*

Helfen Sie Katrin Kieser bei der Berechnung des Einkaufspreises unter der Vorgabe, dass der Bruttoverkaufspreis 99,00 EUR betragen soll. Nutzen Sie dafür die Vordrucke in den Arbeitsmaterialien auf S. 302.

Frau Kieser erhält den festen Händlerrabatt von 30 %. Außerdem darf sie die Rechnung unter Abzug von 2 % Skonto bezahlen. Als Verpackungs- und Versandpauschale zahlt sie pro Schuhpaar pauschal 0,79 EUR.

Bei einem Blick in die Zahlen des Rechnungswesens stellt Frau Kieser fest, dass sie mit einem HKZ von 20 % und einem Gewinnaufschlag von 12 % rechnen sollte.

Da die Kundschaft von Zeit zu Zeit gern Preisnachlässe heraushandelt, plant sie einen Kundenrabatt von 5 % und 3 % Kundenskonto ein.

In der Praxis lässt der scharfe Wettbewerb oft eine völlig eigenständige Kalkulation des Bruttoverkaufspreises gar nicht zu. Stattdessen muss sich der Einzelhändler nach den Preisen der Konkurrenzbetriebe richten, weil die Kunden sonst abwandern würden.

Aber auch die Preisempfehlungen der Hersteller von Markenartikeln oder staatlich festgelegte Preise wie z. B. bei Büchern sorgen dafür, dass der Bruttoverkaufspreis dem Einzelhandelsunternehmen oft fest vorgegeben ist.

In der Praxis steht der Einzelhändler also oft vor der Aufgabe, von einem **gegebenen Bruttoverkaufspreis** auf den gerade noch akzeptablen Einkaufspreis zurückzurechnen. Dieser Einkaufspreis ist die Grundlage für seine Preisverhandlungen mit den Lieferanten.

In der Rückwärtskalkulation ist der Bruttoverkaufspreis gegeben. Der Einkaufspreis ist die gesuchte Größe.

Merke

Beispiel: Alle Fahrradhändler einer Stadt verkaufen das Mountain Bike „SuperiorRide" für 799,00 EUR. Der Fahrradhändler „Zweirad-Walter" kalkuliert mit einem HKZ von 30 % und einem Gewinnzuschlag von 15 %. Er kalkuliert einen Kundenrabatt von 10 % und einen Kundenskonto von 3 % ein. Der Lieferant gewährt einen Wiederverkäuferrabatt von 20 % und einen Skonto von 3 %. Die Bezugskosten betragen 23,97 EUR.

Wie hoch darf der Einkaufspreis des Fahrradhändlers „Zweirad-Walter" höchstens sein, wenn er bei dem Verkaufspreis der Konkurrenz mithalten will?

1. Schritt: Aufgabe analysieren

Vor der Kalkulation des Einkaufspreises schauen Sie sich die Aufgabenstellung genau an und notieren die gegebenen Größen.

Was ist gegeben?

Liefererrabatt	= 20 %
Liefererskonto	= 3 %
Bezugskosten	= 23,97 EUR
Handlungskostenzuschlagssatz	= 30 %
Gewinnzuschlagssatz	= 15 %
Kundenrabatt	= 10 %
Kundenskonto	= 3 %
Bruttoverkaufspreis	= 799,00 EUR

2. Schritt: Kalkulationsschema aufstellen

Das Kalkulationsschema ist dasselbe wie bei der Vorwärtskalkulation. Sie schreiben es wie gewohnt von oben nach unten auf und tragen die gegebenen Zahlen ein.

3. Schritt: Kalkulationsschema schrittweise ausfüllen

Die Berechnung erfolgt schrittweise **von unten nach oben** mithilfe von Dreisätzen. Zunächst wird der Bruttoverkaufspreis eingetragen und dann der Umsatzsteuerbetrag berechnet. Anschließend folgen Kundenrabatt und Kundenskonto usw. Die Rechenrichtung von unten nach oben erfordert einiges Umdenken. Um keine Fehler zu machen überlegen Sie vor jedem Dreisatz genau, ob Sie auf Hundert (z. B. bei der Umsatzsteuer), vom Hundert (z. B. bei Kundenrabatt und Kundenskonto) oder im Hundert (beim Liefererskonto und Liefererrabatt) rechnen müssen.

Praxistipp

Spätestens bei der Rückwärtskalkulation ist es unerlässlich, die Prozentsätze, die Sie in den Dreisätzen verwenden wollen, in den Zeilen des Kalkulationsschemas zu notieren. Durch diese einfache Rechenhilfe können Sie eine Vielzahl von Fehlern vermeiden, die auch in Prüfungsaufgaben immer wieder zu finden sind.

Die folgende Abbildung veranschaulicht den Rechenweg der Rückwärtskalkulation:

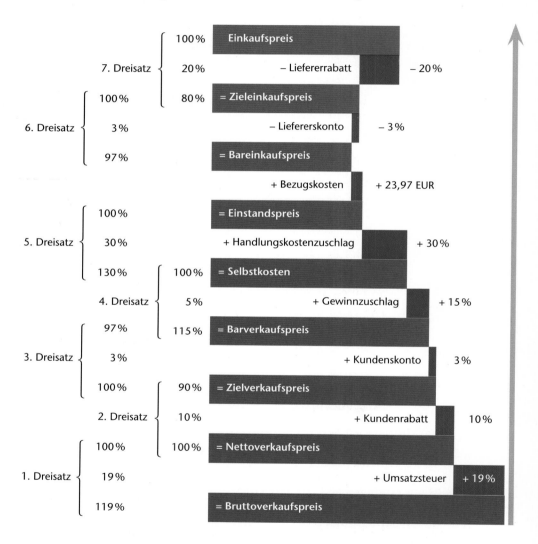

Das Kalkulationsschema auf der folgenden Seite zeigt die gesamte Kalkulation des Fahrradhändlers im Überblick. Der Einkaufspreis darf maximal 480,00 EUR betragen.

Rückwärtskalkulation bis zum Einkaufspreis				
	100 %	Einkaufspreis		480,00 EUR
	– 20 %	– Liefererrabatt	20,00 %	96,00 EUR
100 %	= 80 %	= Zieleinkaufspreis (im Hundert rechnen)		384,00 EUR
3 %		– Liefererskonto	3,00 %	15,89 EUR
= 97 %		= Bareinkaufspreis (im Hundert rechnen)		368,11 EUR
		+ Bezugskosten		23,97 EUR
	100 %	= Einstandspreis		392,08 EUR
	30 %	+ Handlungskostenzuschlag (auf Hundert rechnen)	30,00 %	117,62 EUR
100 %	130 %	= Selbstkosten		509,70 EUR
15 %		+ Gewinnzuschlag (auf Hundert rechnen)	15,00 %	76,46 EUR
115 %	97 %	= Barverkaufspreis		586,16 EUR
	3 %	+ Kundenskonto (vom Hundert rechnen)	3,00 %	18,13 EUR
90 %	100 %	= Zielverkaufspreis		604,29 EUR
10 %		+ Kundenrabatt (vom Hundert rechnen)	10,00 %	67,14 EUR
100 %	100 %	= Nettoverkaufspreis		671,43 EUR
	19 %	+ Umsatzsteuer (auf Hundert rechnen)	19,00 %	127,57 EUR
	119 %	= Bruttoverkaufspreis		799,00 EUR

Auf einen Blick

Bei der Rückwärtskalkulation gehen Sie wie folgt vor:

1. Stellen Sie das Kalkulationsschema von oben nach unten auf.

2. Notieren Sie die gegebenen Größen in das Kalkulationsschema.

3. Notieren Sie sich die Prozentsätze, die Sie bei der Aufstellung der Dreisätze verwenden werden, neben das Kalkulationsschema. Sie vermeiden so häufig gemachte Fehler!

4. Tragen Sie nun den Bruttoverkaufspreis ein und berechnen Sie *von unten nach oben* schrittweise die Abzüge und Zuschläge in EUR. Beginnen Sie mit der Umsatzsteuer dem Kundenrabatt, dem Kundenskonto usw.

5. Tragen Sieden Nettoverkaufspreis, den Zielverkaufspreis, den Barverkaufspreis usw. in das Kalkulationsschema ein.

6. Berechnen Sie den gerade noch akzeptablen Einkaufspreis.

5 Verkürzte Kalkulationsverfahren

5.1 Kalkulationszuschlag – Zuschlagssätze gegeben

Situation

Henry Plate, Filialleiter beim Baumarkt „Hammerfest", möchte in seiner Rostocker Filiale eine neue Abteilung mit Autozubehör eröffnen. Die Ware für die neue Abteilung ist inzwischen eingetroffen. Anhand der Eingangsrechnungen hat Herr Plate die Einstandspreise errechnet. Nun muss er noch die Bruttoverkaufspreise (Ladenpreise) kalkulieren:

Herr Plate kalkuliert alle Artikel der Abteilung „Autozubehör" mit einem Handlungskostenzuschlag von 25 %, einem Gewinnzuschlag von 20 %, einem Kundenskonto von 2 %, einem Kundenrabatt von 5 % und einer Umsatzsteuer von 19 %.

Artikel	Einstands-preis	Bruttover-kaufspreis	Artikel	Einstands-preis	Bruttover-kaufspreis
Kindersitz „Solution"	100,00	?	Autoradio D 334	75,00	?
Sitzbezüge Blau	43,00	?	Subwoofer Dub 200	88,00	?

a) Es ist bereits 19.30 Uhr, d. h. eine halbe Stunde vor Ladenschluss. Herr Plate möchte pünktlich nach Hause gehen, doch es gibt noch viele Produkte zu kalkulieren.
Wie könnte Herr Plate die Kalkulation der anderen Artikel der Abteilung „Autozubehör" abkürzen? Entwickeln Sie ein verkürztes Rechenverfahren!

b) Kalkulieren Sie mithilfe des neuen Verfahrens die Bruttoverkaufspreise aller Artikel! Nutzen Sie für Ihre Berechnungen den folgenden Lehrbuchtext sowie das Lösungsschema in den Arbeitsmaterialien auf S. 307.

Der Einzelhändler vereinfacht in der Praxis seine Kalkulation, indem er den Handlungs-kostenzuschlag, den Gewinnzuschlag, den Kundenskonto, den Kundenrabatt und die Umsatzsteuer zu einem Gesamtprozentsatz zusammenfasst. Dieser prozentuale Zuschlag auf den Einstandspreis wird Kalkulationszuschlag (KZ) genannt. Bei der Berechnung des Kalkulationszuschlages müssen entweder die einzelnen Zuschlagssätze bekannt sein oder man muss den Einstandspreis und den Bruttoverkaufspreis eines Artikels kennen.

Henry Plate sind bei der Berechnung des Kalkulationszuschlages nur die Zuschlagssätze bekannt. Er muss daher einen der Artikel mit den gegebenen Zuschlagssätzen durchkal-kulieren. Am besten eignet sich dafür der Kindersitz, denn dessen Einstandspreis beträgt genau 100,00 EUR.

Vorwärtskalkulation für den Kindersitz *Solution*	
Einstandspreis	100,00 EUR
+ HKZ 25 %	25,00 EUR
Selbstkosten	125,00 EUR
+ Gewinnzuschlag 20 % v. H.	25,00 EUR
Barverkaufspreis	150,00 EUR
+ Kundenskonto 2 % i. H.	3,06 EUR
Zielverkaufspreis	153,06 EUR
+ Kundenrabatt 5 % i. H.	8,06 EUR
Nettoverkaufspreis	161,12 EUR
+ Umsatzsteuer 19 % v. H.	30,61 EUR
Bruttoverkaufspreis	191,73 EUR

Differenz zwischen Einstandspreis und Bruttoverkaufspreis

91,73 EUR

Diese Rechnung soll nun verkürzt werden, indem alle Zuschlagssätze zu einem prozen-tualen Zuschlag zusammengefasst werden.

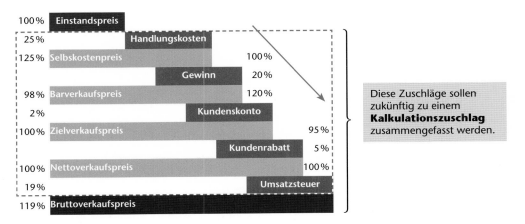

Diese Zuschläge sollen zukünftig zu einem **Kalkulationszuschlag** zusammengefasst werden.

Da der Einstandspreis im obigen Beispiel genau 100,00 EUR beträgt, lässt sich der Kalku-lationszuschlag ohne Rechnung direkt ablesen. Er entspricht der Differenz zwischen Ein-standspreis (im Beispiel 100,00 EUR) und Bruttoverkaufspreis (im Beispiel 91,73 %).

Merke

Wenn der Einstandspreis genau 100,00 EUR beträgt, gilt folgender Satz:
Der Kalkulationszuschlag entspricht der Differenz zwischen Einstandspreis (100,00 EUR) und Bruttoverkaufspreis.

Der Bruttoverkaufspreis aller anderen Güter, die mit denselben Zuschlagssätzen kalkuliert werden sollen, lässt sich nun mit einem einfachen Dreisatz berechnen:

Dreisatz:

Gleiche Einheiten stehen untereinander.
Die gesuchte Größe steht immer rechts (hier: der Bruttoverkaufspreis).

Bedingungssatz:		100 %	≙	Einstandspreis

Fragesatz:	(100 + Kalkulationszuschlag) %		≙	x (Bruttoverkaufspreis)

Faustregel: Multiplikation der Werte in der Diagonalen und Division durch den dritten Wert.

$$\text{Bruchsatz: Bruttoverkaufspreis} = \frac{(100 + \text{Kalkulationszuschlag}) \cdot \text{Einstandspreis}}{100}$$

Auf einen Blick

Aus dem Erlernten lässt sich folgende **Rechenschrittfolge für die Praxis** ableiten:

1. Legen Sie die Zuschlagssätze (HKZ, Gewinnzuschlag, Kundenrabatt usw.) für Ihr Unternehmen bzw. für die zu kalkulierende Warengruppe fest.

2. Setzen Sie den Einstandspreis eines (erdachten) Artikels gleich 100,00 EUR.

3. Berechnen Sie mithilfe der Vorwärtskalkulation den Bruttoverkaufspreis dieses Artikels.

4. Ziehen Sie vom Bruttoverkaufspreis den Einstandspreis ab. Sie erhalten dann den Kalkulationszuschlag in Prozent, weil Sie von einem Einstandspreis von 100,00 EUR ausgegangen sind.

Kalkulationszuschlag = Bruttoverkaufspreis – Einstandspreis (100,00 EUR)

5. Der ermittelte Kalkulationszuschlag gilt für alle Artikel, die mit denselben Zuschlagssätzen kalkuliert werden sollen. Berechnen Sie deren Bruttoverkaufspreis zukünftig sehr schnell mit dieser einfachen Formel:

$$\text{Bruttoverkaufspreis} = \frac{(100,00 \text{ EUR} + \text{Kalkulationszuschlag}) \cdot \text{Einstandspreis}}{100,00 \text{ EUR}}$$

5.2 Kalkulationszuschlag – Bruttoverkaufspreis und Einstandspreis gegeben

Anika Müller hat einen kleinen Sportladen eröffnet und sitzt nun an der Kalkulation der Laufschuhe. Sie möchte alle Schuhe mit demselben Kalkulationszuschlag kalkulieren, hat aber keine Erfahrungen, wie hoch dieser sein sollte.

Sie weiß, dass Ihre Konkurrenz das Modell SX-420 zum Ladenpreis von 129,99 EUR verkauft. Der Hersteller verkauft das Modell zu einem Einstandspreis von 60,00 EUR an die Fachgeschäfte.

Wie hoch ist der Kalkulationszuschlag der Konkurrenz?

Berechnen Sie den Kalkulationszuschlag der Konkurrenz mithilfe des Dreisatzes.

Nutzen Sie für Ihre Berechnungen den folgenden Lehrbuchtext sowie das Lösungsschema in den Arbeitsmaterialien auf S. 308.

Sind der Bruttoverkaufspreis und der Einstandspreis eines Artikels bekannt, so lässt sich der Kalkulationszuschlag wie folgt berechnen:

1. Schritt: Differenz zwischen Bruttoverkaufspreis und Einstandspreis berechnen.

2. Schritt: Mit einem Dreisatz den Kalkulationszuschlag berechnen.

Bedingungssatz:	Einstandspreis	≙	100 %

Fragesatz:	(Bruttoverkaufspreis – Einstandspreis)	≙	x (Kalkulationszuschlag in %)

Faustregel: Multiplikation der Werte in der Diagonalen und Division durch den dritten Wert.

$$\text{Bruchsatz: Kalkulationszuschlag} = \frac{(\text{Bruttoverkaufspreis} - \text{Einstandspreis}) \cdot 100}{\text{Einstandspreis}}$$

Anschließend können mithilfe des Kalkulationszuschlags die Bruttoverkaufspreise aller Artikel, die mit denselben Zuschlagssätzen kalkuliert werden sollen, schnell errechnet werden.

Auf einen Blick

Sind der Bruttoverkaufspreis und der Einstandspreis eines Artikels bekannt, so lässt sich der Kalkulationszuschlag nach folgender Forel berechnen:

$$\text{Kalkulationszuschlag} = \frac{(\text{Bruttoverkaufspreis} - \text{Einstandspreis}) \cdot 100}{\text{Einstandspreis}}$$

5.3 Kalkulationsfaktor

Die Einzelhändler können anstelle des Kalkulationszuschlages mit einer Vervielfältigungszahl rechnen, d. h. mit einer Zahl, mit der man den Einstandspreis multipliziert, um den Bruttoverkaufspreis zu berechnen. Diese Zahl nennt man **Kalkulatiosfaktor (KF)**.

$$\text{Kalkulationsfaktor} = \frac{\text{Bruttoverkaufspreis}}{\text{Einstandspreis}}$$

Beispiel: Wie hoch ist der Kalkulationsfaktor bei einem Einstandspreis von 65,00 EUR und einem Ladenpreis von 119,39 EUR?

Lösung:

$$\text{Kalkulationsfaktor} = \frac{119,39}{65,00} = 1,8368; \text{ Probe: } 65 \cdot 1,8368 = 119,36 \text{ EUR}$$

Anschließend können mithilfe des Kalkulationsfaktors die Bruttoverkaufspreise aller Artikel, die mit denselben Zuschlagssätzen kalkuliert werden sollen, errechnet werden, indem man den Einstandspreis einfach mit dem Kalkulationsfaktor multipliziert.

Auf einen Blick

Sind der Bruttoverkaufspreis und der Einstandspreis eines Artikels bekannt, so lässt sich der Kalkulationsfaktor nach folgender Forel berechnen:

$$\text{Kalkulationsfaktor} = \frac{\text{Bruttoverkaufspreis}}{\text{Einstandspreis}}$$

5.4 Kalkulationsabschlag – Zuschlagssätze gegeben

Situation

Chef, es ist 19.45 Uhr!

25 Artikel kalkulieren, und zwar noch heute!

Jens Steiner ist Auszubildender bei der Betten Fuchs GmbH, einem großen Betten- und Matratzenfachgeschäft in der Innenstadt von Koblenz. Kurz vor Feierabend kommt der Inhaber Herr Fuchs völlig gestresst auf ihn zu.

Herr Fuchs:	*„Das hatte ich ganz vergessen – morgen früh haben wir das Jahresgespräch unserem Hauptlieferanten ‚Schlafstar'. Dafür brauche ich noch 25 Preiskalkulationen von Ihnen."*
Jens Steiner:	*„Chef, es ist 19.45 Uhr!"*
Herr Fuchs:	*„Herr Steiner, hier geht es um das Überleben unserer Firma, nicht um den Feierabend! Wir müssen die Einstandspreise von ‚Schlafstar' drücken, sonst können wir zumachen. Hier habe ich eine Liste mit den Ladenpreisen der neuen Discounter im Industriegebiet. Da müssen wir in Zukunft mithalten können!"*
Jens Steiner:	*„Verstehe, aber was habe ich damit zu tun?"*
Herr Fuchs:	*„Sie errechnen die Einstandspreise, die wir gerade noch akzeptieren können, wenn wir in Zukunft mithalten wollen. Ich brauche diese Liste für die Preisverhandlungen morgen früh!"*
Jens Steiner:	(Zu sich) *„Jetzt muss ich schnell sein. Für 21.00 Uhr habe ich Kinokarten."*

Artikel	Bruttoverkaufspreis	Einstandspreis
Kinderbett-Set „Königskinder"	100,00 EUR	?
Antischnarchkissen	39,00 EUR	?

Artikel	Bruttoverkaufspreis	Einstandspreis
 Sieben-Zonen-Latex-Matratze	399,00 EUR	?
 Nackenstützkissen	29,00 EUR	?

a) Eine Kalkulation von 25 Einstandspreisen mit der klassischen Rückwärtskalkulation braucht sehr viel Zeit. Wie könnte Jens Steiner die Kalkulation der Einstandspreise abkürzen? Entwickeln Sie ein mögliches Rechenverfahren.

b) Kalkulieren Sie die Einstandspreise der angegebenen Artikel mit Ihrem Schnellverfahren.

Hinweis: Die Betten Fuchs GmbH kalkuliert mit einem Handlungskostenzuschlag von 20 %, einem Gewinnzuschlag von 10 %, einem Kundenskonto von 2 %, einem Kundenrabatt von 10 % und einer Umsatzsteuer von 19 %.

Nutzen Sie für Ihre Berechnungen den folgenden Lehrbuchtext sowie das Lösungsschema in den Arbeitsmaterialien auf S. 313.

In der Praxis ist es dem Einzelhändler oft nicht möglich, einen Bruttoverkaufspreis frei zu bestimmen. Die Konkurrenzpreise oder die Empfehlungen der Hersteller diktieren nicht selten die Ladenpreise.

In diesen Fällen ist es das Ziel der Kalkulation herauszufinden, welchen Einstandspreis der Einzelhändler aushandeln muss, um den festliegenden Bruttoverkaufspreis halten zu können.

Der klassische Weg, um diese Frage zu beantworten, ist die schrittweise Rückwärtskalkulation mithilfe des Kalkulationsschemas.

Rückwärtskalkulation für Kinderbett-Set „Königskinder":

Rückwärtskalkulation für Kinderbett-Set „Königskinder"	
Bruttoverkaufspreis	100,00 EUR
+ Umsatzsteuer 19 % v. H.	15,97 EUR
Nettoverkaufspreis	84,03 EUR
+ Kundenrabatt 10 % i. H.	8,40 EUR
Zielverkaufspreis	75,63 EUR
+ Kundenskonto 2 % i. H.	1,51 EUR
Barverkaufspreis	74,12 EUR
+ Gewinnzuschlag 10 % a. H.	6,74 EUR
Selbstkosten	67,38 EUR
+ HKZ 20 % a. H.	11,23 EUR
Einstandspreis	56,15 EUR

Differenz zwischen Einstandspreis und Bruttoverkaufspreis

43,85 EUR

Der Einzelhändler vereinfacht in der Praxis diese Kalkulation, indem er den Handlungskostenzuschlag, den Gewinnzuschlag, den Kundenskonto, den Kundenrabatt und die Umsatzsteuer zu einem Gesamtprozentsatz zusammenfasst. Dieser prozentuale Abzug vom Bruttoverkaufspreis auf den Einstandspreis wird Kalkulationsabschlag (KA) genannt. Bei der Berechnung des Kalkulationsabschlages müssen entweder die einzelnen Zuschlagssätze bekannt sein oder man muss den Einstandspreis und den Bruttoverkaufspreis eines Artikels kennen.

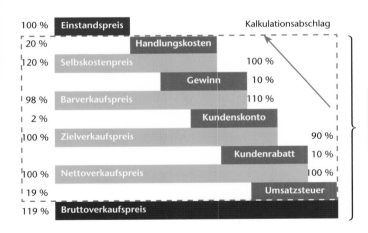

Diese Abschläge sollen zukünftig zu einem **Kalkulationsabschlag** zusammengefasst werden.

Da der Bruttoverkaufspreis im obigen Beispiel genau 100,00 EUR beträgt, lässt sich der Kalkulationsabschlag ohne Rechnung direkt ablesen. Er entspricht der Differenz zwischen Bruttoverkaufspreis (im Beispiel 100,00 EUR) und Einstandspreis (im Beispiel: 43,85 %).

Wenn der Bruttoverkaufspreis = 100,00 EUR beträgt, gilt folgender Satz:
Der Kalkulationsabschlag entspricht der Differenz zwischen Bruttoverkaufspreis (100,00 EUR) und Einstandspreis.

Merke

Nachdem der Kalkulationsabschlag ermittelt ist, lässt sich mit folgendem Dreisatz der Einstandspreis aller anderen Güter, die mit denselben Zuschlagssätzen kalkuliert werden sollen, berechnen:

Dreisatz:

Gleiche Einheiten stehen untereinander.
Die gesuchte Größe steht immer rechts (hier: der Einstandspreis).

Bedingungssatz:	100 %	≙	Bruttoverkaufspreis

Fragesatz:	(100 – Kalkulationsabschlag) %	≙	x (Einstandspreis)

Faustregel: Multiplikation der Werte in der Diagonalen und Division durch den dritten Wert.

$$\text{Bruchsatz: Einstandspreis} = \frac{(100 - \text{Kalkulationsabschlag}) \cdot \text{Bruttoverkaufspreis}}{100}$$

Auf einen Blick

Aus dem Erlernten lässt sich folgende **Rechenschrittfolge für die Praxis** ableiten:

1. Legen Sie die Zuschlagssätze (HKZ, Gewinnzuschlag, Kundenrabatt usw.) für Ihr Unternehmen bzw. für die zu kalkulierende Warengruppe fest.

2. Setzen Sie den Bruttoverkaufspreis eines (erdachten) Artikels gleich 100,00 EUR.

3. Berechnen Sie mithilfe der Rückwärtskalkulation den Einstandspreis.

4. Ziehen Sie vom Bruttoverkaufspreis (100,00 EUR) den Einstandspreis ab. Sie erhalten dann den Kalkulationsabschlag in Prozent, weil Sie von einem Bruttoverkaufspreis von 100,00 EUR augegangen sind.

Kalkulationsabschlag = Bruttoverkaufspreis (100,00 EUR) – Einstandspreis

5. Der ermittelte Kalkulationsabschlag gilt für alle Artikel, die mit denselben Zuschlagssätzen kalkuliert werden sollen. Berechnen Sie deren Einstandspreis mit folgender Formel:

$$\text{Einstandspreis} = \frac{(100{,}00 \text{ EUR} - \text{Kalkulationsabschlag}) \cdot \text{Bruttoverkaufspreis}}{100{,}00 \text{ EUR}}$$

5.5 Kalkulationsabschlag – Bruttoverkaufspreis und Einstandspreis gegeben

Sie kennen Anika Müller, die Gründerin eines Sport-Fachgeschäftes, bereits aus Kapitel 5.2. Nehmen Sie an, die Hersteller der Markenschuhe geben die Verkaufspreise der Fachgeschäfte mithilfe ihrer unverbindlichen Richtpreise vor.

Der Hersteller empfiehlt für das Modell SX-420 einen Ladenpreis von 129,99 EUR. Der Hersteller verkauft das Modell zu einem Einstandspreis von 60,00 EUR an die Händler.

Wie hoch ist der Kalkulationsabschlag?

Berechnen Sie den Kalkulationsabschlag mithilfe des Dreisatzes.

Nutzen Sie für Ihre Berechnungen den folgenden Lehrbuchtext sowie das Lösungsschema in den Arbeitsmaterialien auf S. 314.

Sind der Bruttoverkaufspreis und der Einstandspreis eines Artikels bekannt, so lässt sich der Kalkulationsabschlag wie folgt berechnen.

1. Schritt: Differenz zwischen Bruttoverkaufspreis und Einstandspreis berechnen.

2. Schritt: Mithilfe des Dreisatzes den Kalkulationsabschlag berechnen.

Bedingungssatz:	Bruttoverkaufspreis	$\triangleq$	100 %

Fragesatz:	(Bruttoverkaufspreis – Einstandspreis)	$\triangleq$	x (Kalkulationsabschlag in %)

Faustregel: Multiplikation der Werte in der Diagonalen und Division durch den dritten Wert.

$$\text{Bruchsatz: Kalkulationsabschlag} = \frac{(\text{Bruttoverkaufspreis} - \text{Einstandspreis}) \cdot 100}{\text{Bruttoverkaufspreis}}$$

Anschließend können mithilfe des Kalkulationsabschlags die Einstandspreise aller Artikel, die mit denselben Zuschlagssätzen kalkuliert werden sollen, errechnet werden.

Sind der Bruttoverkaufspreis und der Einstandspreis eines Artikels bekannt, so lässt sich der Kalkulationsabschlag nach folgender Fomel berechnen:

$$\text{Kalkulationsabschlag} = \frac{(\text{Bruttoverkaufspreis} - \text{Einstandspreis}) \cdot 100}{\text{Bruttoverkaufspreis}}$$

5.6 Handelsspanne – Zuschlagssätze gegeben

Situation

Im Frischemarkt Bauer in Saarbrücken benutzt man den Kalkulationsabschlag, um die gerade noch akzeptablen Einstandspreise zu berechnen, doch der Abteilungsleiter Herr Krause ist unzufrieden damit.

Herr Krause, Abteilungsleiter: *„Der Kalkulationsabschlag ist eine praktische Sache, doch im Lebensmittelbereich schwankt der Mehrwertsteuersatz ständig zwischen 19 % und 7 %. Zum Beispiel Äpfel werden mit 7 % Mehrwertsteuer kalkuliert, der Apfelsaft aber mit 19 %."*

Andrea Lieber, Azubine: *„Also müssen die beiden Artikel auch verschiedene Kalkulationsabschläge haben, oder?"*

Herr Krause: *„Genau, und so entstehen immer wieder Fehler! Wir brauchen einen Abschlagssatz, der für alle Artikel unserer Abteilung gleich ist."*

Andrea Lieber: *„Kein Problem, auf unserer Artikelliste stehen doch die Nettoverkaufspreise aller Artikel drauf."*

Herr Krause: *„Ja und?"*

Artikel	Bruttoverkaufs-preis in EUR	MwSt-Satz in Prozent	Nettoverkaufs-preis in EUR	Einstandspreis in EUR
Äpfel Braeburn, 1 kg	2,95	7,0	2,76	?
Erdbeeren, 500 g	3,30	7,0	3,08	?

Artikel	Bruttoverkaufs- preis in EUR	MwSt-Satz in Prozent	Nettoverkaufs- preis in EUR	Einstandspreis in EUR
Gemüsesaft, 0,7l	2,99	19,0	2,51	?
Früchte-Müsli- Riegel	2,49	19,0	2,09	?

1. Schlagen Sie einen Abschlagssatz vor, den Herr Krause für jeden Artikel seiner Abteilung benutzen kann.

2. Kalkulieren Sie die Einstandspreise der abgebildeten Produkte.

Vergleichen Sie Kalkulationszuschlag und Handelsspanne anhand von Aufgabe 4 auf Seite 317 in den Arbeitsmaterialien.

In der Praxis ist die Handelsspanne (HSp) weit gebräuchlicher als der Kalkulationsabschlag. Die Handelsspanne gibt an, wie viel Prozent der Einzelhändler vom **Netto**verkaufspreis eines Artikels abziehen muss, um den Einstandspreis zu erhalten.

Die Handelsspanne lässt also die Umsatzsteuer außer Acht und fasst lediglich den Handlungskostenzuschlagssatz, den Gewinnzuschlag sowie Kundenskonto und Kundenrabatt zu einem einzigen Prozentsatz zusammen. Dieser Prozentsatz, bezieht sich auf den **Netto**verkaufspreis.

Bei der Berechnung der Handelsspanne müssen entweder die einzelnen Zuschlagssätze bekannt sein, oder man muss den Einstandspreis und den Nettoverkaufspreis einer Ware kennen.

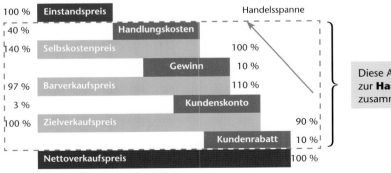

Bei der Berechnung der Handelsspanne gehen Sie ganz ähnlich wie beim Kalkulationsabschlag vor. Zunächst kalkulieren Sie für ein erdachtes Produkt, dessen Nettoverkaufspreis genau 100,00 EUR beträgt, mit der Rückwärtskalkulation den Einstandspreis. Danach berechnen Sie die Differenz zwischen **Netto**verkaufspreis und Einstandspreis.

 Merke Wenn der Nettoverkaufspreis 100,00 EUR beträgt, gilt folgender Satz:
Der Kalkulationsabschlag entspricht der Differenz zwischen Nettoverkaufspreis (100,00 EUR) und Einstandspreis.

Nachdem die Handelsspanne ermittelt ist, lässt sich mit folgendem Dreisatz der Einstandspreis aller anderen Güter, die mit denselben Zuschlagssätzen kalkuliert werden sollen, berechnen:

Dreisatz

Gleiche Einheiten stehen untereinander.
Die gesuchte Größe steht immer rechts (hier: der Einstandspreis).

Bedingungssatz:	100 %	≙	Nettoverkaufspreis

Fragesatz:	(100 – Handelsspanne) %	≙	x (Einstandspreis)

Faustregel: Multiplikation der Werte in der Diagonalen und Division durch den dritten Wert.

$$\text{Bruchsatz: Einstandspreis} = \frac{(100 - \text{Handelsspanne}) \cdot \text{Nettoverkaufspreis}}{100}$$

Auf einen Blick

Aus dem Erlernten lässt sich folgende **Rechenschrittfolge für die Praxis** ableiten:

1. Legen Sie die Zuschlagssätze (HKZ, Gewinnzuschlag, Kundenrabatt usw.) für Ihr Unternehmen bzw. für die zu kalkulierende Warengruppe fest.
2. Setzen Sie den Nettoverkaufspreis eines (erdachten) Artikels gleich 100,00 EUR.
3. Berechnen Sie mithilfe der Rückwärtskalkulation den Einstandspreis.
4. Ziehen Sie vom Nettoverkaufspreis (100,00 EUR) den Einstandspreis ab. Sie erhalten dann die Handelsspanne in Prozent, weil Sie von einem Nettoverkaufspreis von 100,00 EUR au gegangen sind.

Handelsspanne = Nettoverkaufspreis (100,00 EUR) – Einstandspreis

5. Der ermittelte Kalkulationsabschlag gilt für alle Artikel, die mit denselben Zuschlagssätzen kalkuliert werden sollen. Berechnen Sie deren Einstandspreis mit folgender Formel:

$$\text{Einstandspreis} = \frac{(100,00 \text{ EUR} - \text{Handelsspanne}) \cdot \text{Nettoverkaufspreis}}{100}$$

5.7 Handelsspanne – Nettoverkaufspreis und Einstandspreis gegeben

Situation

Eine Artikelkarte Ihres Warenwirtschaftssystems zeigt folgendes Bild:

220257 Kinderboot - Artikelkarte

| Allgemein | Fakturierung | Bestellung | Produktion |

EK-Preis (neuester)   64,30

Einstandspreis   65,00

Einstandspreis (durchschn.)   0,00

Verkaufspreis   102,92

Berechnen Sie die Handelsspanne dieses Artikels mithilfe des Dreisatzes.

Nutzen Sie für Ihre Berechnungen den folgenden Informationstext sowie das Lösungsschema in den Arbeitsmaterialien.

Sind der Bruttoverkaufspreis und der Einstandspreis eines Artikels bekannt, so lässt sich die Handelsspanne wie folgt berechnen:

1. Schritt: Differenz zwischen Nettoverkaufspreis und Einstandspreis berechnen.

2. Schritt: Berechnung der Handelsspanne mit dem Dreisatz.

Bedingungssatz:	Nettoverkaufspreis	≙	100 %

Fragesatz:	(Nettoverkaufspreis – Einstandspreis)	≙	x (Handelsspanne in %)

$$\text{Bruchsatz: Handelsspanne} = \frac{(\text{Nettoverkaufspreis} - \text{Einstandspreis}) \cdot 100}{\text{Nettoverkaufspreis}}$$

Anschließend können mithilfe der Handelsspanne die Einstandspreise aller Artikel, die mit denselben Zuschlagssätzen kalkuliert werden sollen, errechnet werden.

Auf einen Blick

Sind der Nettoverkaufspreis und der Einstandspreis eines Artikels bekannt, so lässt sich **die Handelsspanne** nach folgender Fomel berechnen:

$$\text{Handelsspanne} = \frac{(\text{Nettoverkaufspreis} - \text{Einstandspreis}) \cdot 100}{\text{Nettoverkaufspreis}}$$

5.8 Formelsammlung zum Kapitel „Verkürzte Kalkulationsverfahren"

Die verkürzten Kalkulationsverfahren helfen Ihnen, in der Praxis viele Artikel in kurzer Zeit zu kalkulieren. Diese Übersicht zeigt Ihnen, welches Verfahren Sie wann anwenden können.

Ich möchte ...	Kalkulationsverfahren	Formel
vom Einstandspreis zum Bruttoverkaufspreis	Kalkulationszuschlag	$\dfrac{(\text{Bruttoverkaufspreis} - \text{Einstandspreis}) \cdot 100}{\text{Einstandspreis}}$
vom Einstandspreis zum Bruttoverkaufspreis	Kalkulationsfaktor	$\dfrac{\text{Bruttoverkaufspreis}}{\text{Einstandspreis}}$
vom Bruttoverkaufspreis zum Einstandspreis	Kalkulationsabschlag	$\dfrac{(\text{Bruttoverkaufspreis} - \text{Einstandspreis}) \cdot 100}{\text{Bruttoverkaufspreis}}$
vom Nettoverkaufspreis zum Einstandspreis	Handelsspanne	$\dfrac{(\text{Nettoverkaufspreis} - \text{Einstandspreis}) \cdot 100}{\text{Nettoverkaufspreis}}$

Besondere Verkaufssituationen bewältigen

1 Auf unterschiedliches Kundenverhalten richtig reagieren

Situation 1

1. Halten Sie die Kundin auf dem Foto für geizig, misstrauisch oder arrogant?

2. Woran erkennen Sie die jeweiligen Verhaltensweisen?

3. Wie würden Sie auf diese Verhaltensweisen reagieren?

Situation 2

Ein Verkäufer behauptet:

◆ „Schon auf den ersten Blick erkenne ich, ob es sich um redselige, misstrauische oder arrogante Typen handelt!"
◆ „Frauen lassen sich beim Einkauf vom Gefühl, Männer vom Verstand leiten."
◆ „Bei Regenwetter haben Kunden schlechte Laune."
◆ „Senioren sind arme, bedürfnislose Leute!"
◆ „Ausländische Kunden kaufen nur preiswerte Waren!"

1. Überprüfen Sie diese Aussagen auf ihren Wahrheitsgehalt. Zu welchem Ergebnis kommen Sie?

2. Angenommen, Verkäufer gehen wirklich davon aus, dass z. B. „Senioren arme, bedürfnislose Leute" sind. Wie würde sich diese Annahme, wenn Senioren zum Einkaufen kommen, auswirken?

1.1 Kundentypen und -gruppen

Sind unsere Kunden wirklich sparsam, arrogant, rechthaberisch, luxusorientiert ...? Mag sein, doch aufgepasst, wir könnten deren Verhaltensweisen falsch einschätzen:

◆ *„Arrogante Type, sieht man doch gleich, aber dem werde ich es zeigen ..."*
◆ *„Die scheint Geld zu haben, so wie die aussieht, deshalb gleich teure Artikel zeigen!"*

Solche Aussagen oder gar nur ein einziges Verhaltensmerkmal dürfen uns nicht veranlassen, den Kunden zu einem „Typ" abzustempeln. Der Kunde will nicht als „Typ", sondern als Individuum behandelt werden. Kunden zeigen bestimmte Verhaltensweisen (von Psychologen als „Rollenverhalten" bezeichnet). **Die „Rolle" des Kunden** ist somit eine ganz bestimmte Verhaltensweise in einer ganz bestimmten Situation. Doch Vorsicht, während des Verkaufsgesprächs kann sich die Rolle des Kunden ändern, worauf auch wir Verkäufer uns verschieden einstellen sollten.

Kundentypen	Gruppenzugehörigkeit des Kunden hinsichtlich:			
nach dem Verhalten:	**Alter**	**Geschlecht**	**Herkunft**	**Häufigkeit des Einkaufs**
redselig, unentschlossen, misstrauisch, anmaßend (arrogant), sparsam, . sachverständig, rechthaberisch usw	Kinder (Kids), Jugendliche, Erwachsene, Senioren	männlich, weiblich	Inländer, Ausländer	Stamm-, Laufkunden

1.2 Wir stellen uns auf unterschiedliches Kundenverhalten ein

Die folgenden Bilder zeigen unterschiedliche Verhaltensweisen wie bissig, besserwisserisch, schüchtern.

Wenn wir uns fragen, auf welche Weise wir uns auf **verschiedenes Kundenverhalten** einstellen können, gibt uns die **Typologie** (Lehre von verschiedenen Kundentypen) eine grobe und brauchbare Orientierung.

Der Kunde ist redselig

Kennzeichen: Der Kunde erzählt gern und viel, er lässt den Verkäufer kaum zu Wort kommen.

Behandlung: Den Kunden zunächst reden lassen, dann feststellen, welche Aussagen für das Verkaufsgespräch nützlich sind, und in einer Sprechpause daran anknüpfen.

Beispiele:
◆ *„Schauen Sie doch bitte, gerade in diesem Punkt …"*
◆ *„Sie haben recht, wenn Sie …"*

Aus Klatsch und Tratsch halten wir uns heraus. Wir stellen keine neugierigen und bohrenden Fragen, diese können den Kunden zum Weiterreden veranlassen.

Der Kunde ist unentschlossen

Mögliche Ursachen sind mangelnde Erfahrung (*„Wer die Wahl hat, hat die Qual"*), dem Kunden fehlt es an Entschlusskraft, er glaubt ein günstigeres Angebot zu finden.

Kennzeichen: Kunde zeigt hilfesuchenden, ratlosen Gesichtsausdruck, seine Fragen und Aussagen lassen auf Unentschlossenheit schließen, z. B.:

◆ *„Ich möchte mir den Kauf nochmals in Ruhe überlegen!"*
◆ *„Ich weiß nicht, wozu ich mich entscheiden soll!"*
◆ *„Zu was würden Sie mir raten?"*

Behandlung: Öffnende (offene) Fragen helfen uns, die Ursache für das Kaufhindernis zu erkennen, z. B.:

◆ *„Bitte sagen Sie, was Ihnen an dem Artikel nicht gefällt!"*
◆ *„Welche Wünsche und Vorstellungen haben Sie?"*

vgl. LF 2
Kap. 5

Folgende Möglichkeiten können die Kaufentscheidung des Kunden positiv beeinflussen: anschauliche Warendemonstration, nutzenbezogene Verkaufsargumente, Empfehlungen mit entsprechender Begründung, Auswahlsendung, Umtausch, Kauf auf Probe.

Der Kunde ist misstrauisch

Der Kunde hat schlechte Erfahrungen mit der Ware oder dem Verkäufer gemacht, weil das Produkt nicht gehalten hat, was versprochen wurde. Auf Enttäuschung folgt Unsicherheit, häufig sogar Ablehnung.

Kennzeichen: Kunde prüft das Produkt, zeigt skeptischen Blick und verhält sich abwartend und wortkarg, stellt vielleicht Fragen wie: *„Sind Sie auch ganz sicher, dass …?"*

Behandlung: Verständnis zeigen, nicht drängen, Zeit lassen, dem Kunden möglichst das Produkt in die Hand geben, ausprobieren, prüfen, fühlen lassen, damit er sich selbst von den nützlichen Eigenschaften und vom Aussehen der Ware überzeugen kann. Zur Bekräftigung wichtige Argumente wiederholen, Hinweis auf Herstellergarantie geben u. Ä.

Der Kunde ist überheblich (arrogant)

Kennzeichen: Der Kunde ist von seiner Person, seinem Wesen, Aussehen, Wissen usw. eingenommen; er ist der Schönste, Beste, Tüchtigste. Dies will er anderen mitteilen bzw. es sie spüren lassen.

Behandlung: Kunden nicht „erziehen" wollen, sondern Lob und Anerkennung aussprechen. Gegensätzliche Auffassungen behalten wir für uns, um keinen Widerspruch herauszufordern. Wir vermitteln dem Kunden das Gefühl, dass wir ihn voll anerkennen. Wenn das Gute nicht gut genug ist, dann das Beste, Exklusivste, Teuerste, Einmalige, die Spitzenqualität anbieten u. Ä.

Der Kunde ist sparsam

vgl. LF 2
Kap. 11 **Kennzeichen:** Der Kunde muss „mit dem Geld rechnen", setzt sich eine Preisobergrenze und will für den verlangten Preis einen möglichst hohen Gegenwert (viele nützliche Eigenschaften) oder glaubt, in einem anderen Geschäft denselben Artikel preiswerter kaufen zu können.

Behandlung: Verständnis zeigen, wenn der Kunde nicht so viel Geld ausgeben kann oder will. Preis mit vorteilhaften Eigenschaften des Produkts begründen, also Wertvorstellungen für den Artikel schaffen, auf preiswertere Alternativangebote, preisreduzierte Artikel wie Restposten, Einzelteile, Waren mit kleinen, unerheblichen Fehlern, auf Ratenkauf oder mögliche spätere Ergänzung hinweisen u. Ä.

Der Kunde ist sachverständig

Kennzeichen: Der Kunde hat klare Wünsche, verwendet Fachausdrücke und geht fachmännisch mit der Ware um bzw. stellt fachkundige Fragen.

Behandlung: Keine Selbstverständlichkeiten zum Produkt sagen, sondern nur knappe, präzise Aussagen ohne eigene Wertung machen. Der Kunde interessiert sich hauptsächlich für das Sortiment und für Neuigkeiten, die wir zeigen, u. Ä.

Der Kunde ist rechthaberisch

Kennzeichen: Kunde ist auf bestimmte Meinung festgelegt, leicht reizbar, tritt energisch auf.

Behandlung: Möglichst viel Zustimmung geben; Belehrungen unterlassen und nicht den Fachmann „heraushängen", sondern sich anerkennend über seine klare Meinung und Überzeugung äußern: *„Sie haben Recht, wenn Sie auf … Wert legen!"* *„Gut, dass Sie …"*

Der Kunde ist bösartig/aggressiv

Kennzeichen: Bösartige und aggressive Kunden sind selten. Doch wenn solche Verkaufsstörungen passieren …

Kunde: *„Sie haben leider keine Ahnung!"* *„Ihr Produkt taugt nichts, es …"*
Verkäufer: *„Ich verbitte mir solche Beschuldigungen!"* *„Das stimmt doch gar nicht!"*

Behandlung: Sollten wir auf solche taktlosen und verletzenden Aussagen ähnlich antworten? **Wir verzichten auf solche negativen Du-Aussagen und verwenden positive Ich-Aussagen.** Sie teilen Kunden unsere Gefühle und Gedanken mit und legen das angesprochene Problem offen.

Beispiele:

negative Du-Aussage des Kunden:	positive Ich-Aussage als Antwort des Verkäufers:
„Sie haben keine Ahnung."	*„Es kränkt mich, dass Sie mich für ahnungslos halten. Darf ich Ihnen erklären, dass ich hier ..."*
„Ihr Produkt taugt nichts."	*„Das Urteil ist hart und trifft mich. Sehen Sie bitte ..."*

Wir erkennen: **Die Ich-Aussage ist positiv,**

◆ sie ermöglicht zu sagen, was wir fühlen und denken, und bedeutet deshalb nicht Nachgeben bzw. Kleinbeigeben,

◆ sie bringt das Gespräch von der negativen emotionalen Ebene ins „ruhigere Fahrwasser",

◆ sie signalisiert streitlustigen Kunden einen „vernünftigen" Fortgang des Gesprächs. Dem können sich Kunden nur schwer entziehen. Meist schließt sich ein weiterführender Satz an, z. B. *„Bitte bedenken Sie, ..."* (vgl. hierzu Kapitel 6: Konflikte im Verkaufsgespräch).

1.3 Wichtige Kundengruppen: Ausländer, Kinder und Senioren

Verschiedene Kundengruppen wie Ausländer, Kinder und Senioren zeigen jeweils ein typisches Einkaufsverhalten; für den einzelnen Kunden ist aber das gruppentypische Verhalten keineswegs zwingend. Die folgenden **Orientierungshilfen** sind nur sinnvoll und nützlich, wenn der Kunde solches Verhalten zeigt.

Ausländer als Kunden

Grundsätzliches

Ausländische Arbeitnehmer und Touristen stoßen häufig auf **Schwierigkeiten:** Oft fehlt die gemeinsame Sprache, das inländische Warenangebot ist ihnen nicht genügend bekannt, sie suchen vergeblich nach Waren, die ihnen aus ihrer Heimat vertraut sind. Manche möchten bewusst sparsamer wirtschaften und suchen nach günstigen Einkaufsmöglichkeiten.

In der Gruppe fühlen sich viele Ausländer, ebenso wie wir, wenn wir unseren Urlaub im Ausland verbringen, wohler und geborgener. Deshalb treten ausländische Käufer auch in Gruppen auf.

Orientierung für die Behandlung von Ausländern und Touristen

◆ Verständnis für ihre Situation zeigen, sie in ihrer von Mentalität, Tradition und Religion beeinflussten Verhaltensweise respektieren. Sich deshalb über sie lustig zu machen, geringschätzig, herablassend oder überheblich zu sein bedeutet Respektlosigkeit und vertreibt Kunden.

◆ Wir sprechen langsam, verständlich, in kurzen Sätzen, in einwandfreiem (nicht gebrochenem) Deutsch.

◆ Bei erklärungsbedürftigen Artikeln möglichst häufig „die Ware sprechen lassen", also alle Möglichkeiten einer Warendemonstration ausschöpfen.

◆ Auf Pflegekennzeichen, Gütezeichen, Marken-, Warenzeichen, Preisetiketten hinweisen.

◆ Liegt das Motiv Sparsamkeit vor, auf preisgünstige Produkte hinweisen.

Kinder: stets willkommen

Grundsätzliches

Ein kleiner Junge berichtet, warum er so gern zum Einkaufen geht:

◆ *„Die Verkäuferin schenkt mir immer etwas!"*
◆ *„Am liebsten gehe ich zu ..., die haben eine Spielecke!"*
◆ *„Die Verkäuferinnen helfen mir immer etwas Schönes auszusuchen, wenn ich vom eigenen Geld kaufe!"*

Mit ihren vielen Wünschen können Kinder schon heute unsere Stammkunden sein und nicht erst **„Kunden von morgen"**. Es liegt an uns, ob wir Kindern ein positives Einkaufserlebnis verschaffen, sie für unser Geschäft gewinnen und damit eine dauerhafte Kundenbindung erreichen.

Orientierung für die Behandlung von Kindern

◆ Kinder grüßen wir genauso freundlich wie Erwachsene, möglichst mit Vornamen. Durch den namentlichen Gruß bauen wir Hemmungen und Ängste ab und schaffen Kontakt.

◆ Wir bedienen bzw. beraten Kinder in der Reihenfolge der ankommenden Kunden. Dies gebietet die Fairness und der ausgeprägte Gerechtigkeitssinn der Kinder.

◆ Sympathie und Vertrauen lassen sich gewinnen, indem wir das Kind in seiner Lebens- und Erlebniswelt ansprechen:
  – *„Mit was spielst du gerne?"*
  – *„Hast du aber ein schnelles Auto mitgebracht!"*
  – *„Wie heißt denn deine Puppe?"*
  – *„Du möchtest doch bestimmt auf diesem Elefanten reiten, wenn deine Mutti jetzt einkauft!"*

◆ Kassenbon und Wechselgeld geben wir dem Kind so mit, dass bei unfreiwilligem Sturz nichts verloren geht.

◆ Eine sorgfältige Verpackung der Ware hilft, dass Wurst, Käse u. Ä. nicht „offen" zu Hause ankommen.

◆ Wir loben das Kind für seine Selbstständigkeit. Dadurch vertiefen wir das Vertrauen und stärken das Selbstbewusstsein des Kindes.

◆ „Kleine Geschenke erhalten die Freundschaft!" Nicht der Wert ist entscheidend, sondern dass das Kind eine Kleinigkeit erhält. Geschenke sind Ausdruck der Freude, Zuneigung und Anerkennung; Süßigkeiten sind dabei sehr beliebt!

Spezielle Einkaufsanlässe erfordern bestimmte Verhaltensweisen

Für folgende vier Anlässe soll eine kurze Orientierung für die Behandlung gegeben werden:

Anlass: das Kind ...	Orientierung für die Behandlung:
◆ macht eine Besorgung	– Nichts Minderwertiges, Fehlerhaftes, Teures „andrehen". – Wenn das gewünschte Produkt nicht vorrätig ist: ggf. anrufen oder durch das Kind rückfragen lassen, ob und welches Alternativangebot in Frage kommt.
◆ begleitet seine Eltern beim Einkauf	– Wir versuchen das Kind sinnvoll zu beschäftigen (Bücher, Bleistifte, Papier, Kugelbahn). Vielleicht unterstützt uns dabei eine Kollegin, die gerade frei ist.
◆ ist Kunde, begleitet von seinen Eltern	– Das Produkt muss auch den Wünschen des Kindes entsprechen. – Bei Meinungsverschiedenheiten zwischen Eltern und Kind gegebenenfalls vermitteln. – Dem Kind kommt es erfahrungsgemäß auf Details an, z. B. Pulli mit einem ganz bestimmten Tiermotiv.
◆ kommt allein und kauft für sich vom Taschengeld	– Kinder kennen weniger das Sortiment, deshalb anschaulich altersgemäße Artikel vorlegen und vorführen, verständlich und geduldig argumentieren.

Senioren: Es lohnt sich, diese Käufergruppe zu umwerben

Grundsätzliches

In der Bundesrepublik Deutschland leben mehr als zwanzig Millionen Menschen über 60 Jahre. Dies entspricht ca. einem Viertel unserer Bevölkerung. Diese Gruppe nimmt ständig zu. Senioren können sich, weil viele ein gesichertes Renteneinkommen beziehen, keine Kredite mehr abzahlen müssen und über beachtliche Sparbeträge verfügen, eine Menge leisten. Sie zu umwerben und sich ihnen zuzuwenden ist für Handel und Senioren gleichermaßen lohnend. Mit zunehmendem Alter nehmen Sehvermö-

gen, Hörfähigkeit, körperliche Belastbarkeit und die Fähigkeit, Informationen aufzunehmen und zu verarbeiten, ab. Manche Senioren wirken unsicher, sind schwer zu beeinflussen und misstrauisch, andere sind sehr vital und ohne erkennbare körperliche und geistige Beeinträchtigung.

Welche Bedeutung das Einkaufen für viele Senioren hat, zeigen folgende Äußerungen:

– *„Einkaufen bedeutet für mich Kontakte mit der Umwelt aufzunehmen, es bietet Ablenkung und Unterhaltung!"*
– *„Unter Menschen zu kommen, aktiv am Leben teilzuhaben, das genieße ich beim täglichen Einkauf! Ich habe eine ‚schöne' Rente und lebe gesundheitsbewusst!"*

Behandlung von Senioren

◆ Senioren wollen nicht als „alt" angesehen oder als „Alte" behandelt werden.

◆ Senioren fühlen sich in den Einzelhandelsgeschäften wohl, wenn wir sie namentlich ansprechen, nette Worte, Verständnis, Entgegenkommen, Geduld und Zeit für sie finden. Herrscht Hochbetrieb, sagen wir freundlich, dass wir ein anderes Mal mehr Zeit für ein persönliches Gespräch finden.

◆ Sicherheit, Gesundheit, soziales Mitgefühl (Geschenke für die Großfamilie), Wunsch nach Bewährtem, Bequemlichkeit sind wichtige Motive, während Geltungsbedürfnis (Prestige) und Wunsch nach Neuigkeiten (Motiv: Entdeckung) bei Senioren an Bedeutung verlieren. Sehr viele ältere Menschen sind aktiv und wollen sich etwas gönnen.

◆ Kleinere Mengen und Kleinpackungen sind für Seniorenhaushalte verbrauchergerecht.

◆ Wir bieten Serviceleistungen an, z. B. telefonische Bestellungsannahme, Zustellung, Auswahl, Umtausch. Zuvorkommende Behandlung zeigt sich auch im Abnehmen von schweren Taschen, des Schirms, Anbieten einer Sitzgelegenheit, Begleitung zum Fahrstuhl usw.

 Merke Gelingt es uns, Senioren für unser Geschäft zu gewinnen, vergrößert sich der Kreis der Stammkunden, wir erreichen Kundenbindung!

1.4 Konsumententypen und ihr Konsumverhalten

Kunden haben individuelle Bedürfnisse, die durch Bildung, Beruf, Einkommen, Herkunft, Gewohnheiten, Mode, Kultur, Freizeit usw. geprägt sind. Trotz aller Verschiedenheit ihrer Bedürfnisse lassen sich im Kundenverhalten ähnliche bzw. typische Eigenschaften und Merkmale feststellen.

 Merke **Konsumententypen** sind somit Kunden, welche bestimmte, typische Merkmale und Eigenschaften beim Einkaufen zeigen.

Konsumententypen	
◆ Freizeitorientierte Kunden	◆ Genuss- und luxusorientierte Kunden
◆ Erlebnisorientierte Kunden	◆ Die Zwei-Klassengesellschaft und ihre Kunden
◆ Gesundheitsbewusste Kunden	◆ Ältere, aktive Kunden
◆ Fitness- und wellnessorientierte Kunden	◆ Umweltorientierte Kunden
◆ Bequemlichkeitsorientierte Kunden	

Der erfolgreiche Einzelhändler beobachtet und erforscht das Einkaufsverhalten seiner Kunden, um sich gezielt mit seinem Sortiment, der Qualität seiner Produkte, dem entsprechenden Preis, in der Art der Warendarbietung, in der Beratung und im Service auf die Konsumententypen seines Geschäfts einzustellen.

Freizeitorientierte Kunden

Nicht allzu lange Wochenarbeitszeit, längerer Urlaub, frühere Beendigung des Arbeitslebens schaffen ideale Voraussetzungen für Freizeitaktivitäten, die vielfältige Produktwünsche/Ausstattungen auslösen. Hier die „Tops" der Freizeitaktivitäten der Erwachsenen und Jugendlichen (Kids):

Freizeit-Aktivitäten: Erwachsene Top 15 Auf die Frage, was sie in ihrer Freizeit besonders gerne tun, antworteten so viel Prozent der Befragten			
Musik hören	42 %	Rad fahren	17 %
Tageszeitung lesen	**37 %**	**Gartenarbeit**	**13 %**
Fernsehen	35 %	Sport treiben	13 %
Essen gehen	**32 %**	**Ausgehen**	**13 %**
Mit Freunden zusammen sein	25 %	Videofilme sehen	12 %
Zeitschriften lesen	**22 %**	**Stammtisch**	**12 %**
Bücher lesen	21 %	Wandern	11 %
Auto fahren	**19 %**		

Quelle: Verbraucheranalyse

Freizeit-Aktivitäten: Kids Top 10			
Mit Freunden zusammen sein	94,4 %	**Malen, Zeichnen**	**72,3 %**
Musik hören	**91,3 %**	Bücher lesen	69,8 %
Radio hören	81,0 %	**Ins Kino gehen**	**66,1 %**
Videofilme ansehen	**78,6 %**	Hörspielkassetten hören	55,8 %
Gesellschaftsspiele	73,7 %	**Basteln, Werken**	**47,4 %**

Quelle: Kids-Verbraucheranalyse

Erlebnisorientierte Kunden

Shopping bedeutet für viele Menschen, insbesondere für Frauen/Mütter, aus dem Alltag herauszutreten und Langweile zu vertreiben. Dabei sollen Lebensfreude, -lust und Fantasie gefühlsmäßig positiv angesprochen werden.

Beispiele: Die Spirituosenabteilung ist als Weinkeller gestaltet, es finden regelmäßige Ausstellungen bzw. Modenschauen, Signierstunden, Konzerte u. Ä. statt.

So verbinden sich Einkauf und Erlebnis auf ideale Weise. Gerade dem Erlebniseinkauf werden für die Zukunft höhere Wachstumschancen als dem Versorgungseinkauf vorausgesagt.

Gesundheitsbewusste Kunden

Diese Kunden

- achten verstärkt auf Gesundheit, Wohlbefinden und Fitness,
- besitzen ein sensibles Ernährungsbewusstsein,
- suchen verstärkt frische Lebensmittel aus biologisch kontrolliertem Anbau,
- bevorzugen Gebrauchsgüter wie z. B. Textilien, Möbel, die umweltgerecht hergestellt sind,
- brauchen glaubwürdige und verlässliche Informationen über die Herkunft der Waren, z. B. Fleisch vom Ökobauern,
- sind bereit höhere Preise zu zahlen.

Fitness- und wellnessorientierte Kunden

Jung und Alt werden von diesem Trend erfasst; in den nächsten Jahren dürfte er sich noch weiter verstärken, insbesondere dann, wenn er mit Spaß (Fun) verbunden ist. Der Sport kann dieses Gefühl von Fitness und Wellness (sich wohlfühlen) besonders vermitteln. Vor allem die Jugend prägt den Trend:

erst: Fußball, Leichtathletik, Schwimmen, Golfen
dann: Tennisboom
jetzt: Surfing, Skating, Snowboarding, Fitness-Studio, Aerobic, Radsport

Eine umfangreiche, funktionelle und hübsch gestaltete, individuelle Produktausstattung umfasst diverse zusammenpassende bzw. -gehörende Produkte.

Bequemlichkeitsorientierte Kunden

Insbesondere **berufstätige Frauen und Single-Haushalte**

◆ erwarten Bequemlichkeit, um ihre Freizeit besser nutzen zu können,
◆ wollen zeitraubende Routine-Einkäufe möglichst schnell erledigen,
◆ fragen nach Gebrauchsgütern, z. B. technischen Geräten, die ihnen Arbeit abnehmen,
◆ suchen nach Lebensmitteln, die bereits verpackt sind, z. B. Obst, Fleisch, bzw. schon zubereitet sind, z. B. tiefgefrorenes Gemüse **(Convenience-Produkte)**.

Genuss- und luxusorientierte Kunden

Es gibt eine zunehmende Zahl gut verdienender Kunden, die Freude an schönen Dingen haben, die **das Leben genießen** wollen und dies ungeniert zeigen. Es sind vor allem Genussmittel und exklusive Uhren, Parfums, Designerkleidung, Luxusautos u. Ä., von denen der Kunde glaubt, dass sie Geltung, Prestige und Anerkennung verleihen.

Die Zwei-Klassengesellschaft und ihre Kunden

◆ Die eine Gruppe verfügt über ein hohes Einkommen und ist an höherwertigen Gebrauchsgütern (z. B. Möbeln, Autos) und Luxusgütern (z. B. teurem Schmuck, Textilien), interessiert, sie stellt hohe Ansprüche an die Ware,
◆ die andere Gruppe verfügt über ein geringes Einkommen und kauft preisbewusst, z. B. „Schnäppchen", Sonderangebote u. Ä. in Dauer-Niedrigpreisgeschäften, Discountern usw.

vgl.
S. 495

Ältere, aktive Konsumenten

Diese Kunden

◆ sind eine starke Bevölkerungsgruppe mit teilweise hohem verfügbarem Einkommen,

◆ zeigen eine relativ hohe Aktivität, Vitalität, Marken- und Betriebstreue (Stammkunden),

◆ bevorzugen solide, herkömmliche Markenqualität und qualifizierte Beratung,

◆ investieren viel Geld für die Erhaltung der Gesundheit.

Umweltorientierte Kunden

Diese Kunden

◆ erkennen, dass die Umwelt nicht weiter belastbar ist,

◆ interessieren sich für Öko- und Bioinformationen,

◆ bekunden Interesse an umweltfreundlichen Produkten hinsichtlich Herstellung, Verwendung und Entsorgung,

◆ wünschen ökologisch orientierte, qualifizierte Beratung,

◆ geben für Ökoprodukte mehr Geld aus als für herkömmliche.

Auf einen Blick

◆ Ein situationsgerechtes, kundenorientiertes Verkaufen verlangt, dass wir gegenüber Kunden frei von Vorurteilen sind. Jeder Kunde ist ein Individualist, auf den und auf dessen Verhalten wir uns einstellen.

◆ Bestimmte Kundengruppen wie Kinder, Senioren, Männer, Frauen, Ausländer, zeigen in der jeweiligen Gruppe gewisse Ähnlichkeiten im Verhalten. Diese Verhaltensweise muss jedoch beim einzelnen Kunden nicht zwingend vorliegen. Auch hier kann die für die einzelne Gruppe vorgeschlagene Behandlung lediglich Orientierungshilfe sein.

◆ Konsumententypen sind somit Kunden, welche bestimmte, typische Merkmale und Eigenschaften beim Einkaufen zeigen. Der erfolgreiche Einzelhändler beobachtet und erforscht das Einkaufsverhalten seiner Kunden und stellt sich darauf ein.

2 Konflikte im Verkaufsgespräch rechtzeitig erkennen und richtig reagieren

Situation

Als Verkäufer besitzen Sie viel Erfahrung im Umgang mit Menschen. Doch überall wo Menschen sind, gibt es Konflikte oder es „drohen" solche.

1. Beschreiben Sie, was die Darstellung zeigt.

2. Angenommen, ein Konflikt „schwelt" zwischen Kunde und Verkäufer. Mit welchen „milden Waffen" könnten

   a) Kunden agieren,
   b) Verkäufer agieren?

3. Wie würde sich vermutlich ein möglicher Konflikt auf den Erfolg des Geschäfts auswirken?

4. Welche Wege/Strategien kennen Sie, um Konflikten auszuweichen?

2.1 Konflikte und Konfliktursachen

Wir Menschen sind hinsichtlich unserer Bedürfnisse, Interessen, Meinungen, Gefühle, Einstellungen, Erfahrungen, Temperamente, Mentalitäten, Traditionen, Ziele usw. unterschiedlich. Treffen diese Unterschiede z.B. im Verkaufsgespräch aufeinander, kann es schnell zu **offenen oder verdeckten** Konflikten kommen. Sie „**blockieren**" das Verkaufsgespräch, beeinträchtigen die Gesprächsatmosphäre bzw. verhindern einen Abschluss.

Konflikte beruhen meist auf zwei unterschiedlichen oder miteinander verwobenen Ebenen: Betroffen ist entweder die **sachliche Ebene** und/oder die **emotionale Ebene**. Es ist dabei unerheblich, von wem der Konflikt **ausgelöst** wird, ob von **Kunden** oder von **Verkäufern**.

Beispiele für Konflikte, *die vom Kunden ausgelöst sind:*

Sachliche Ebene Beispiele für Kundenaussagen	Emotionale Ebene Beispiele für Kundenaussagen
„Ich sagte Ihnen schon einmal, ich brauche kein Handy mit Flatrate!"	*„Sie sehen das völlig falsch! Sie wollen nicht kapieren, dass ich keine Flatrate will!"*
„Auch diese Schuhe sind mir zu wenig elegant. Führen Sie überhaupt elegante Schuhe? Und dieses Geschäft will Fachgeschäft sein?"	*„Können Sie mich überhaupt individuell entsprechend meinen Wünschen beraten?"*

Wie sehr Verkäufer auch Grund dazu hätten, sich über solche und andere Äußerungen der Kunden zu ärgern, die Erregung würde zur „Blockade" des Verkaufsgesprächs bzw. zum „Crash" führen, und damit wären die Ziele der Kunden und der Verkäufer unerreichbar.

Ziele des Kunden im Beratungskauf	Ziele des Verkäufers im Beratungsverkauf
Er möchte durch eine individuelle, situationsgerechte Beratung eine Lösung seines Einkaufsproblems.	Er möchte Kunden nicht überreden, sondern vertrauensvoll, fair und sachkundig von der besten Lösung hinsichtlich eines Waren- oder Dienstleistungsangebots überzeugen.

2.2 Wege und Strategien, um Konflikten auszuweichen bzw. diese zu bewältigen

Da sich Konflikte nicht von alleine lösen, ist es wichtig, einen verhängnisvollen „Crash" abzuwenden. Die „richtige „Reaktion" ist gefragt. Um rechtzeitig Konflikte zu erkennen und richtig darauf reagieren zu können, sollten wir uns **in Kunden einfühlen** können. Dies gelingt uns, wenn wir folgende Gesichtspunkte beachten:

1. Alle Menschen streben danach, ihre Bedürfnisse zu befriedigen. Deshalb versuchen wir, die Bedürfnisse unserer Kunden zu erkennen.

2. Hinter jedem Konflikt steckt ein Bedürfnis, das es wahrzunehmen gilt.

3. Wir Menschen sind soziale Wesen, d. h., wir brauchen einander und wir haben die Fähigkeit, uns in andere hineinzudenken, hineinzufühlen und richtig zu reagieren.

Um bei Konflikten richtig zu reagieren bzw. diese gar nicht erst aufkommen zu lassen, sollten die folgenden neun Gesprächsregeln stets beachtet werden.

1. Wir vermeiden Gesprächsstörer.

Gesprächsstörer	Beispiele
◆ Killerphrasen	– „Blödsinn, Quatsch, Käse ..., was Sie da sagen!" – „Was verstehen Sie denn von der Sache!"
◆ Befehlen	– „Sie müssen noch einen Augenblick warten, Sie sehen doch, dass ...!" – „Mischen Sie sich nicht ein!"
◆ Überreden	– „Nehmen Sie doch diese wunderschöne Handtasche!" – „An Ihrer Stelle würde ich nicht zögern, sondern sofort zugreifen."
◆ Vorwürfe machen	– „Das habe ich mir gleich gedacht, das Sie damit ..." – „Wären Sie gleich gekommen, dann hätten wir ..."
◆ Kundenerwartungen dämpfen	– Ein Kunde sucht ein Geschenk Verkäufer: „Oh je, das ist natürlich schwierig!" – Der Verkäufer findet nicht die richtige Ware für den Kunden. Verkäufer: „... da habe ich höchstens noch ...!"

Wir vermeiden Formulierungen, die in Kunden negative Beurteilungen, Bewertungen, Vermutungen, Gefühle, Beleidigungen u. Ä. auslösen können.

2. Im Kontakt mit Kunden setzen wir möglichst viele **Gesprächsförderer** (vgl. Abschnitt Gesprächsförderer in LF 2, Kap. 3.5) ein.

   Beispiele:
   - ◆ Sie hören interessiert zu und erfahren dadurch Wünsche, Vorstellungen, Meinungen, Einwände usw.

     Ihre Verhaltensweisen sind z. B. weit geöffnete Augen, Blickkontakt, „Jaaa", „hm", „interessant"
   - ◆ Sie geben dem Kunden das Gefühl der Zustimmung, Anerkennung durch z. B. „ja", „richtig", „jawohl", „gerne", „ich kann Sie gut verstehen", …
   - ◆ Sie fragen nach, wenn Sie etwas nicht verstanden haben, z. B.: „Wie haben Sie das gemeint mit der individuellen Beratung?"

3. **Wir verzichten auf** unberechtigte Vorwürfe in der **negativen „Du-Aussage"** und antworten besser mit der positiven „Ich-Aussage".

   Beispiel:

   Kunde: „Das Gerät taugt nicht die Bohne! Ich glaube, Sie als Verkäufer haben keine Ahnung!"

   Verkäufer: „Ich bin von dieser Aussage sehr betroffen." Darf ich Ihnen erklären, warum ..." (positive „Ich-Aussage")
   „Sie werfen mir Unwissenheit vor" (negative „Du-Aussage" = konfliktfördernde Aussage)

4. **Mit unserer positiven Einstellung nehmen wir jeden Kunden ernst**, wir respektieren ihn in seinen Bedürfnissen und seiner Meinung, ohne in die Rolle des „Weltverbesserers" zu schlüpfen. Wir akzeptieren jeden Kunden, wir behandeln ihn als mündigen, gleichwertigen Partner.

5. **Wir suchen nach Lösungen**, die den Interessen unseres Kunden entsprechen.

Beispiel:

„In welcher Hinsicht entspricht das gewünschte Produkt noch nicht Ihren Vorstellungen?"

6. **Wir lenken das Gespräch**, sofern Meinungsverschiedenheiten/Konflikte erkennbar werden, weg von der gefährlichen und meist verletzenden emotionalen Ebene auf die Sachebene.

Beispiel:

Kunde: *„Sie als Verkäufer wollen nicht kapieren, dass ich unnützen Schrott, welches dieses Handy bietet, nicht teuer bezahlen will und deshalb ablehne!"*

Verkäufer: *„Wir waren uns einig, dass das Handy auch Kamerafunktion und integrierten MP3-Player enthalten sollte. Gut, dass Sie nochmals darauf hinweisen, auf welche Bestandteile Sie verzichten möchten!"*

7. **Wir heben Punkte hervor, über die Sie mit Kunden einig sind**, denn oft gibt es in Konfliktsituationen mehr Einigkeit als Differenzen. Dies entspannt die Situation und führt dazu, bei einem einzigen strittigen Punkt leichter Einigung zu finden. Beispiel siehe oben.

8. Wir beziehen **keine Machtposition**, die Kunden als Verlierer „abstempeln".

Beispiel:

„Mir als Fachmann können Sie keine Märchen erzählen, Sie aber haben keine Ahnung, wie …"

vgl. LF 2, Kap. 4 9. Jeder **Gesprächspartner soll ausreden** können, ohne unterbrochen zu werden. Eine ruhige Sprechweise, unterstützt durch eine positiv gestaltete, nicht aggressiv wirkende Körpersprache, ist hilfreich.

Auf einen Blick

◆ Konfliktursachen können sehr vielfältig sein: Gesprächsstörer, unterschiedliche Bedürfnisse, Interessen, Einstellungen, Traditionen usw. von Kunden und Verkäufern.

◆ Konflikte entstammen entweder der Sachebene oder der emotionalen Ebene.

◆ Konfliktverursacher im Verkaufsgespräch sind Kunden und/oder Verkäufer.

◆ „Schwelende" bzw. „offene" Konflikte behindern bzw. blockieren verkaufsfördernde Kundengespräche.

◆ Besonders „gefährlich" sind Konflikte, die aus der emotionalen Ebene stammen, den Gesprächspartner persönlich angreifen und ihn „verletzen".

◆ Es gibt Wege/Strategien, um Konflikten auszuweichen bzw. diese zu bewältigen und so zu einem erfolgreichen Verkaufsgespräch zu kommen.

3 Erfolgreich verkaufen bei Hochbetrieb

Situation

Frau Wölpert bedient seit einer Viertelstunde eine Kundin. Eine weitere Kundin kommt in die Abteilung, sieht sich kurz um und wartet jetzt ungeduldig auf ihre Bedienung. Plötzlich wendet sie sich an Frau Wölpert:

„Entschuldigung, können Sie mir nicht zwischendurch schnell helfen?"

„Tut mir leid, ich habe auch nur zwei Hände!", erwidert Frau Wölpert gereizt.

Die zweite Kundin verlässt daraufhin verärgert die Abteilung.

1. Was machte Frau Wölpert falsch?
2. Wie hätten Sie sich in dieser Situation verhalten?
3. Können verschiedene Kunden gleichzeitig bedient werden? Begründen Sie Ihre Meinung.

3.1 Wir bereiten uns auf den Kundenandrang vor

Viele Dienstleistungsbetriebe, z. B. Friseure, sind dazu übergegangen, ihre Kunden zu bestimmten Terminen zu bestellen, um Wartezeiten zu vermeiden. Unsere Kunden dagegen können sich aussuchen, wann sie während der Ladenöffnungszeiten unsere Dienste in Anspruch nehmen wollen.

Dies führt immer wieder dazu, dass Kunden zu ganz bestimmten Tageszeiten, z. B. über Mittag oder kurz vor Ladenschluss, vor Sonn- und Feiertagen sowie bei Aktionen, vermehrt unser Geschäft aufsuchen.

Gedränge, Wartezeiten, nervöses Verkaufspersonal, fehlende Ware wecken Unmut und verderben die Kaufstimmung. Solche Situationen sind zu vermeiden, denn Kunden schätzen eine angenehme Einkaufsatmosphäre. Durch gezielte Maßnahmen sorgen wir vor.

Maßnahmen des Geschäfts	Maßnahmen des Verkäufers
◆ zusätzliches Personal beschäftigen ◆ weitere Kassen öffnen ◆ (mehr) Möglichkeiten der Vorwahl und Selbstbedienung schaffen	◆ rechtzeitig Regale auffüllen ◆ für genügend Verpackungsmaterial sorgen ◆ ausreichend Wechselgeld beschaffen

3.2 Unser Verhalten während des Hochbetriebs

Während des Hochbetriebs stellen wir alle Tätigkeiten ein, die nicht unmittelbar der Verkaufshandlung dienen, und konzentrieren uns ganz auf die Kunden. Trotz des Andrangs nehmen wir uns für die Bedienung so viel Zeit, dass die Kunden nicht das Gefühl haben, abgefertigt zu werden oder etwas aufgedrängt zu bekommen.

Negatives Verhalten stört die Kunden	Positives Verhalten fördert die Kauflust
Kunden stört: ◆ Nicht-Beachtung, auch der Reihenfolge ◆ langatmige Beratung ◆ Unfreundlichkeit des Verkaufspersonals ◆ „Plauderstündchen" mit Kunden oder Kollegen	**Kunden gefällt:** ◆ Beachtung der richtigen Reihenfolge ◆ ruhiges und umsichtiges Bedienen/Beraten ◆ korrektes Verhalten ◆ kein unnötiges Wartenlassen

3.3 Wir bedienen mehrere Kunden gleichzeitig

Grundsätzlich sind Kunden einzeln und der Reihe nach zu bedienen. Wartende Kunden werden aber leicht ungeduldig, fühlen sich nicht genug beachtet, reagieren unter Umständen ärgerlich, stören das Verkaufsgespräch oder verlassen das Geschäft.

Möchte z. B. ein wartender Kunde nur eine Auskunft, würde er sicher verärgert reagieren, wenn wir auf „stur" schalten, seine Frage einfach überhören und das begonnene Verkaufsgespräch unbeirrt fortsetzen. In dieser Situation bitten wir den Kunden, den wir gerade bedienen, die gewünschte Auskunft geben zu dürfen: *„Gestatten Sie, dass ich kurz*

Auskunft gebe?" oder *„Erlauben Sie, dass ich rasch antworte?"*. Diese Bitte wird uns üblicherweise kein Kunde abschlagen.

Praxistipp

Erlaubt es das Kundenverhalten, dass wir einen weiteren **Kunden gleichzeitig bedienen**, nutzen wir diese Gelegenheit. Solche Situationen ergeben sich beispielsweise, wenn

- sich ein Kunde mit seinem Begleiter beraten will,
- der Kunde sich zur Anprobe in die Umkleidekabine begibt,
- ein Kunde verschiedene Artikel in Ruhe miteinander vergleichen will,
- Kunden Artikel selbst ausprobieren, „testen" möchten, z. B. CDs anhören, Kurzfilme ansehen, Musikinstrumente spielen.

Selbstverständlich bitten wir den gerade zu bedienenden Kunden um Erlaubnis, uns einem weiteren Kunden zuwenden zu dürfen. Haben wir den zweiten Kunden „versorgt", wenden wir uns wieder dem ersten zu, danken ihm für sein Verständnis und führen das Verkaufsgespräch weiter.

Trotz höflich vorgetragener Bitte wird es uns nicht immer gelingen, die Zustimmung zur Bedienung weiterer Kunden zu bekommen. In diesem Fall bitten wir die wartenden Kunden um etwas Geduld, weisen sie auf Sitzgelegenheiten, Zeitschriften oder andere „Annehmlichkeiten" hin, um ihnen die Wartezeit angenehm zu verkürzen.

Auf einen Blick

- ◆ Kundenandrang herrscht insbesondere über Mittag, kurz vor Ladenschluss, an Samstagen oder bei Sonderveranstaltungen sowie vor Feiertagen und in der Vorweihnachtszeit.

- ◆ Geschäft und Verkäufer stellen sich auf diese Verkaufssituation durch vorausschauende Planung, vorbeugende Maßnahmen und umsichtiges Handeln ein.

- ◆ Positives Verhalten des Verkaufspersonals während des Hochbetriebs erhält und fördert die Kauflust der Kunden und sorgt für „störungsfreie" Verkaufsgespräche.

- ◆ Durch die gleichzeitige Bedienung verschiedener Kunden – wenn möglich – kann der Andrang wirksam abgebaut werden.

4 Kunden bringen Begleitpersonen mit

Ein Paar lässt sich beim gemeinsamen Einkauf im Warenhaus beraten.

1. Manche Verkäufer sind der Meinung, Begleitpersonen stören nur die Verkaufshandlung. Wie denken Sie darüber?

2. Zeigen Sie an unterschiedlichen Beispielen, wie man Begleitpersonen in die Verkaufshandlung einbeziehen kann.

3. Was kann man als Verkäufer tun, wenn eine Begleitperson zu verstehen gibt, dass sie nicht am Verkaufsgespräch interessiert ist? Begründen Sie Ihre Meinung.

4. Wie reagieren Sie, wenn während des Verkaufsgesprächs Meinungsverschiedenheiten zwischen Kunde und Begleitperson auftreten?

4.1 Warum Kunden Begleitpersonen mitbringen

Es gibt zahlreiche Gründe, warum Kunden nicht gerne allein einkaufen.

Beispiele:

◆ Junge Paare kaufen häufig gemeinsam. Einkaufen bereitet Freude, die sie miteinander teilen wollen.

◆ Ängstliche und misstrauische Kunden fürchten, dass ihnen etwas aufgedrängt wird, was sie gar nicht wollen.

◆ Sachverständige Begleiter sollen mit Rat und Tat zur Seite stehen.

◆ Familien kaufen gemeinsam ein, wenn es um langlebige und hochwertige Gebrauchsgüter geht, z. B. Möbel, Autos, Fernseher, die allen gefallen sollen.

4.2 Die Rollen der Begleiter und wie wir darauf richtig reagieren

So unterschiedlich die Gründe sind, Begleiter zum Einkauf mitzubringen, so verschieden sind auch deren Rollen. Soll die Verkaufshandlung erfolgreich verlaufen, müssen wir herausfinden, welche Rolle die Begleitperson spielt.

Rolle der Begleitpersonen:

Aktivität	Fachwissen	Einfluss
Die Begleitperson	Die Begleitperson	Die Begleitperson
◆ ist aktiv, ◆ ist passiv.	◆ hat Fachwissen, ◆ ist nicht fachkundig.	◆ beeinflusst positiv, ◆ übt kaufhemmenden Einfluss aus.

Die Begleitperson ist aktiv

Interessierte Begleiter schalten sich meist selbst in das Verkaufsgeschehen ein. Sie kennen die Wünsche und Vorstellungen des Kunden, stellen Fragen, geben Anregungen, erteilen Ratschläge und versuchen, zusammen mit dem Kunden das Beste auszuwählen. Diese Unterstützung nehmen wir gerne an und behandeln die Begleitperson als willkommenen Partner.

Die Begleitperson ist passiv

Eine uninteressierte Begleitperson beteiligt sich nicht am Verkaufsgespräch und versucht auch nicht, den Kunden durch Mimik oder Gestik zu beeinflussen. Wir brauchen uns wenig um sie zu kümmern. Dauert das Verkaufsgespräch mit dem Kunden länger, z. B. bei beratungsintensiven Produkten, bieten wir der Begleitperson eine Sitzgelegenheit an, legen ihr Zeitungen, Zeitschriften, Prospekte vor oder weisen sie auf weitere Annehmlichkeiten unseres Geschäfts hin, beispielsweise auf eine vorhandene Cafeteria. Wir verkürzen ihr so die Wartezeit und verhindern, dass sie durch ungeduldiges Verhalten den Kunden ablenkt.

Eltern mit Kindern zeigen wir unsere Spielecke oder beschäftigen die Kinder sinnvoll. Wissen die Eltern ihre Sprösslinge gut versorgt, kaufen sie unbeschwerter ein.

Die fachkundige Begleitperson

Wer fachkundig ist,

- kennt die Produkte, bedient, handhabt, behandelt sie richtig,
- versteht und verwendet Fachausdrücke,
- sucht selbst nach geeigneter Ware für den Kunden,
- prüft eingehend die vorgelegte Ware und vergleicht sie mit anderer,
- fragt nach notwendigem Zubehör,
- erläutert dem Kunden Vor- und Nachteile,
- schützt vor Fehlkäufen.

> **Praxistipp**
>
> **Fachkundige Begleitpersonen beziehen wir unterstützend in die Verkaufshandlung ein und geben ihnen die Gelegenheit, ihre Kenntnisse anzuwenden.** Auf diese Weise fühlt sich der Kunde in der Wahl seines fachkundigen Beraters bestätigt.

Die unkundige Begleitperson

Ist es um die Fachkenntnisse der Begleitperson nicht so gut bestellt, berichtigen wir ihre Aussagen, ohne sie bloßzustellen. Der Kunde vertraut auf seine Begleitung, sonst hätte er sie nicht mitgebracht. Dieses Vertrauensverhältnis dürfen wir nicht zerstören.

Beispiel:

Begleitperson:	*„Ich weiß aus eigener Erfahrung, Blusen aus Viskose sind nicht waschbar."*
Verkäufer:	*„Sie haben recht, früher war das so. Inzwischen sind solche Blusen waschbar. Bitte sehen Sie hier die Pflegeanleitung."*

Die einflussreiche Begleitperson

Einflussreiche Begleitpersonen unterstützen den Kunden mit ihren Argumenten, lenken das Interesse des Kunden auf bestimmte Produkte, lehnen unsere Vorschläge ab oder raten dem Kunden zum Kauf. Unsere Aufmerksamkeit gilt hier zwar vornehmlich dem vermutlich ausschlaggebenden Begleiter, doch dürfen wir den Kunden, für den das Produkt bestimmt ist und der ja letztendlich bezahlen muss, nicht vernachlässigen.

Merke Beide, Kunde und Begleiter, gilt es zufrieden zu stellen.

Der Begleiter beeinflusst den Kunden positiv

Übt die Begleitperson einen positiven, kauffördernden Einfluss aus, ist dies für uns eine wertvolle Unterstützung. Wir stimmen ihr zu, bestätigen ihre Fachkenntnisse, loben ihren guten Geschmack und stellen uns bei der Präsentation auf ihre Wünsche und Vorstellungen ein.

Der Begleiter übt einen kaufhemmenden Einfluss aus

Sind Kunde und Begleiter unterschiedlicher Meinung, und übt der Begleiter einen kaufhemmenden Einfluss aus, der den Kauf in Frage stellen kann, versuchen wir,

◆ mit wirkungsvollen Argumenten zu überzeugen,
◆ zwischen Kunde und Begleiter zu vermitteln,
◆ die Begleitperson positiv zu beeinflussen.

Beispiel: Mutter und Tochter kommen zum Einkauf. Die Tochter will eine Jacke und hat bereits großen Gefallen an einem modischen Modell gefunden. Die Mutter „bremst". Sie legt mehr Wert auf praktische Gebrauchseigenschaften wie haltbar, wasserabweisend, wärmender Futterstoff usw.

Wirkungsvolle Argumente überzeugen:

Beispiel:

◆ *„Bitte prüfen Sie selbst, wie strapazierfähig der Stoff ist!"*
◆ *„Bitte probieren Sie die Jacke doch an und stellen Sie fest, wie angenehm diese sich trägt!"*
◆ *„Vom Schnitt her ist die Jacke ganz aktuell. Hinzu kommen die vorteilhaften Gebrauchseigenschaften, z. B. ..."*

Wir vermitteln zwischen Kunde und Begleiter:

Dabei machen wir auf Gemeinsamkeiten aufmerksam:

Beispiel: *„Beim Kauf einer Jacke sind beide Gesichtspunkte wichtig: Das schicke Aussehen, auf das Sie (Verkäufer wendet sich an die Tochter) Wert legen, und die praktischen Gebrauchseigenschaften wie wasserabweisend, wärmehaltend, pflegeleicht (Verkäufer wendet sich an die Mutter)!"*

Wir sollten auch an Alternativangebote denken, die beiden Interessen gerecht werden:

Beispiel: *„Diese Jacke hier ist vom Schnitt und den vielen Details ganz aktuell und hat gleichzeitig praktische Vorteile, z. B. imprägnierten Oberstoff und ein wärmendes Flanellfutter!"*

Wir beeinflussen den Begleiter positiv:

Beispiele:

◆ durch Denkanstöße: *„Haben Sie bedacht, dass eine Jacke, die Ihrer Tochter gefällt, auch gerne von ihr getragen wird?"*

◆ durch Suggestivfragen: *„Sie sind doch auch der Meinung, dass eine Jacke modisch sein soll, wie diese hier, und gleichzeitig nützliche Eigenschaften haben muss?"*

Auf einen Blick

◆ Kunden bringen aus vielerlei Gründen Begleitpersonen zum Einkaufen mit. Entscheidend ist, dass wir die Rolle der Begleitperson richtig erkennen.

◆ Ist eine Begleitperson passiv, schenken wir ihr trotzdem Beachtung und versuchen, ihr den Aufenthalt in unserem Geschäft so angenehm wie möglich zu gestalten.

◆ Aktive, fachkundige Begleitpersonen beziehen wir in das Verkaufsgespräch ein und nutzen ihr Interesse, ihr Wissen und ihren positiven Einfluss auf den Kunden.

◆ Begleitpersonen, die einen kaufhemmenden Einfluss auf den Kunden ausüben, versuchen wir durch wirkungsvolle Argumente zu überzeugen oder durch Denkanstöße und Suggestivfragen positiv zu beeinflussen. Passende Alternativangebote helfen uns, zwischen Kunde und Begleiter zu vermitteln.

5 Verkaufen kurz vor Ladenschluss

Situation

1. Verhalten sich die Verkäufer situationsgerecht?

2. Welche Gründe können Kunden veranlassen, kurz vor Ladenschluss Einkäufe zu tätigen?

3. Wie verhalten Sie sich, wenn Kunden kurz vor Ladenschluss Ihr Geschäft betreten und noch bedient werden wollen?

4. Welche Auswirkungen auf den Kunden, das Verkaufspersonal und das Geschäft hätten Öffnungszeiten rund um die Uhr?

5.1 Warum kaufen Kunden kurz vor Ladenschluss ein?

Es gibt zahlreiche Gründe, die Kunden veranlassen kurz vor Ladenschluss einzukaufen. Da ist z. B. der Berufstätige, der seine Einkäufe nur während der Arbeitspausen oder nach Arbeitsschluss tätigen kann. Manchmal verspäten sich Kunden auch bei anderen Einkäufen, werden durch Verkehrsstaus aufgehalten oder haben ganz einfach etwas vergessen, was sie am Abend noch dringend benötigen. Vielleicht hat sich überraschend Besuch angekündigt und man ist nicht darauf vorbereitet. Andere denken einfach nicht an den Ladenschluss.

5.2 Wir zeigen Verständnis und nutzen Verkaufschancen

Wir zeigen Verständnis für die Situation der Kunden und **ermöglichen** ihnen trotz der fortgeschrittenen Zeit den **Einkauf**.

Kunden, die kurz vor Ladenschluss kommen und es eilig haben oder dringend etwas benötigen, nehmen unsere Hinweise und Empfehlungen gerne an, achten nicht so sehr auf den Preis und entschließen sich schneller zum Kauf. Daraus ergeben sich Verkaufschancen, die wir nutzen, um zu einem Verkaufsabschluss zu kommen.

Praxistipp

Berufstätigen können wir den gewünschten Einkauf erleichtern, indem wir auf telefonische Bestellung oder E-Mail hinweisen. Wir richten dann die Ware her; der Kunde braucht diese am Abend nur noch abzuholen. Besteht die Möglichkeit, die Ware ins Haus zu liefern, bieten wir diesen Service an (Kundenbindung).

5.3 Kunden kommen ohne zwingenden Grund kurz vor Ladenschluss

Manchmal kommen Kunden kurz vor Ladenschluss und wollen sich noch lange und ausführlich beraten lassen. Diese Kunden weisen wir auf den bevorstehenden Ladenschluss und die verkürzte Beratung hin:

Beispiel: *„Es ist leider schon sehr spät. Wir schließen um 20:00 Uhr. Bitte haben Sie Verständnis dafür, dass ich Ihnen nur das Wesentliche zeigen kann. Falls sich noch Fragen ergeben sollten, können wir diese zu den üblichen Geschäftszeiten beantworten. Kommen Sie am besten vormittags zwischen 8:30 und 11:00 Uhr oder nachmittags zwischen 14:00 und 16:00 Uhr."*

Tauchen dieselben Kunden immer wieder kurz vor Ladenschluss auf, um uns noch lange hinzuhalten, ohne etwas zu kaufen, können wir folgendermaßen reagieren:

Beispiel: *„Tut mir leid, Frau Müller, wir schließen jetzt. Ich kann Sie nicht mehr bedienen. Unser Geschäft ist morgen wieder von 8:30 bis 20:00 Uhr geöffnet!"*

5.4 Feierabend – wir bedienen weiter

Kommt es vor, dass Kunden, die bereits längere Zeit vor Ladenschluss unser Geschäft betreten haben, zur Ladenschlusszeit noch beraten werden, erwarten diese, dass wir sie weiter bedienen und beraten. Diesen Service bieten wir unseren Kunden. Müssen wir am Abend unbedingt pünktlich sein (Bus, Bahn), oder haben wir etwas Wichtiges vor, bitten wir einen Kollegen, den Kunden weiter zu beraten. Wir weisen den Kollegen in die Verkaufssituation ein und entschuldigen uns beim Kunden:

Beispiel: *„Ich kann Sie leider nicht weiter bedienen, da ich heute Abend einen wichtigen Termin wahrnehmen muss. Bitte haben Sie Verständnis dafür, Herr Maier wird Sie weiter bedienen!"*

5.5 Ladenöffnungszeiten

Die Ladenöffnungszeiten werden von den Bundesländern festgelegt. In den meisten Bundesländern dürfen die Läden an Werktagen rund um die Uhr offen bleiben. An Sonn- und Feiertagen können die Läden nur in Ausnahmefällen geöffnet werden.

Besondere Öffnungsregelungen gelten für Apotheken, Tankstellen, Personenbahnhöfe, Flug-, Fährhäfen und Häfen sowie für den Verkauf in Kur-, Erholungs- und Ausflugsorten, auf Messen, Märkten und Festen.

Ausnahmeregelungen gelten auch für den Verkauf bestimmter Warengruppen, wie Milchprodukte, Back- und Konditorwaren, landwirtschaftliche Produkte, Blumen, Zeitungen und Zeitschriften.

Die festgelegten bzw. geplanten Ladenöffnungszeiten in den einzelnen Bundesländern zeigt folgendes Schaubild:

Auf einen Blick

◆ Zahlreiche Gründe veranlassen Kunden, kurz vor Ladenschluss einzukaufen.

◆ Wir zeigen Verständnis für die Situation der Kunden und ermöglichen ihnen trotz der fortgeschrittenen Zeit den Einkauf.

◆ „Spätkunden" sind unseren Empfehlungen gegenüber aufgeschlossen, schätzen unsere Beratung und achten weniger auf den Preis.

◆ Berufstätige Kunden weisen wir auf Einkaufserleichterungen hin.

◆ Wir brechen Verkaufsgespräche bei Ladenschluss nicht ab, sondern beraten und bedienen die im Geschäft befindlichen Kunden bis zum Kaufabschluss.

◆ Sind wir selbst einmal in Eile, sorgen wir für eine entsprechende Verkaufsablösung.

6 Kunden kaufen gerne Geschenke

Situation

Auf der Suche nach einem passenden Geschenk für seine Freundin hat ein junger Mann bereits mehrere Abteilungen eines Geschäfts durchstreift. Hilfesuchend wendet er sich jetzt an einen Verkäufer in der Haushaltswarenabteilung.

Kunde: *„Entschuldigen Sie bitte, ich suche ein Geschenk für meine Freundin. Leider habe ich bisher nicht das Richtige gefunden. Würden Sie mir helfen?"*

Verkäufer: *„Haben Sie schon eine bestimmte Vorstellung?"*

Kunde: *„Vielleicht eine Glasschale?"*

Verkäufer: *„Glasschalen führen wir in reicher Auswahl. Sie stehen dort hinten in den Regalen. Bitte sehen Sie sich dort doch einmal um!"* Der Kunde schaut neugierig die Regale durch, nimmt da und dort eine Schale heraus und stellt diese dann wieder zurück.

Verkäufer: (kommt auf den Kunden zu) *„Na, haben Sie schon etwas gefunden?"*

Kunde: *„Nein, leider nicht!"*

Verkäufer: *„Ja, da kann ich Ihnen auch nicht helfen. Sie müssen schon selbst wissen, was Sie wollen!"*

Kunde: *„Ich versuche es lieber einmal woanders!"*

Verkäufer: (schnippisch) *„Aber bitte!"*

1. Hat sich der Verkäufer richtig verhalten? Begründen Sie Ihre Auffassung.

2. Mit welchen Worten hätten Sie auf die Bitte des Kunden reagiert, ihm bei der Suche nach einem passenden Geschenk zu helfen?

3. Welche Informationen benötigen Sie als Verkäufer, um einen Kunden, der ein Geschenk sucht, wirkungsvoll zu unterstützen?

4. Wie können Sie einem unentschlossenen Kunden die Kaufentscheidung für ein Geschenk erleichtern?

6.1 Der Kunde möchte ein bestimmtes Geschenk

Kunden, die Geschenke kaufen, wollen anderen eine Freude bereiten. Das gelingt ihnen umso mehr, je eher das Geschenk den Wünschen und Vorstellungen des Empfängers entspricht.

Viele Kunden wissen genau, was sie als Geschenk kaufen wollen. Diese Kunden machen uns die Bedienung leicht. Andere dagegen erwarten, dass wir ihnen helfen, ein passendes Geschenk zu finden. Dazu sind viel Geduld, Einfühlungsvermögen und verkäuferisches Geschick erforderlich.

Äußert der Kunde einen bestimmten Geschenkwunsch, führen wir ihm den entsprechenden Artikel vor. Je nach Art des Produktes heben wir dabei den Nutzen oder die Wirkung hervor.

Beispiele:

◆ *„Mit diesem Schnellkochtopf gart Ihre Frau die Speisen sehr viel schneller und spart Zeit und Energie!"*

◆ *„Das ist keine alltägliche Uhr. Dieses Präzisionsmodell ist mit kratzfestem Mineralglas ausgestattet. Die Uhr ist wasserdicht bis 100 m und hält extreme Erschütterungen und Temperaturwechsel aus. Ihr Freund wird begeistert sein!"*

Praxistipp

Verlangt ein Kunde einen Artikel, den wir nicht führen oder im Augenblick nicht vorrätig haben, unterbreiten wir ihm Geschenkvorschläge, die seinen Wünschen und Vorstellungen nahekommen, oder bieten ihm an, eine Sonderbestellung durchzuführen.

6.2 Der Kunde weiß nicht, was er schenken soll

Diese Kunden brauchen oft unseren fachlichen Rat; sie sind gegenüber Empfehlungen aufgeschlossen. Gelingt es uns, die Kunden von unseren Vorschlägen zu überzeugen, sind sie bereit, auch etwas mehr auszugeben, als sie sich ursprünglich vorgenommen hatten.

Erste Anhaltspunkte für ein passendes Geschenk entnehmen wir den Äußerungen des Kunden.

Beispiele:

Kunde: *„Ich suche ein Geschenk zum Geburtstag meiner Freundin!"*

Aus der Aussage des Kunden erfahren wir den Anlass und für wen das Geschenk bestimmt ist. Mit dieser Information können wir bereits konkrete Geschenkvorschläge unterbreiten:

◆ *„Wir führen eine reiche Auswahl origineller Geschenke, z. B. diese Handarbeitstasche, die Ihre Freundin effektvoll besticken kann!"*

◆ *„Wenn Ihre Freundin an Handarbeiten Freude hat, empfehle ich Ihnen diesen dekorativen Wandbehang zum Knüpfen!"*

Der Kunde gibt sehr rasch zu erkennen, ob unsere Vorschläge passend sind und ob wir die richtige Preisklasse getroffen haben. Finden wir beim Kunden Zustimmung, unterbreiten wir keine weiteren Vorschläge.

Lehnt der Kunde unseren Vorschlag ab oder ist er nicht ganz sicher, ob der vorgeschlagene Artikel dem Empfänger gefällt, benötigen wir weitere Informationen, z. B. über Alter, Beruf, Hobbys, Interessen und Neigungen des Geschenkempfängers. Dabei überhäufen wir den Kunden nicht mit Fragen. Viel besser ist es, dem Kunden unsere Produkte zu zeigen, um weitere Informationen zu erhalten (vgl. Abschnitt „Indirekte Bedarfsermittlung" in LF 2, Kap. 8.3).

Beispiele:

◆ *„Wenn Ihre Bekannten gerne Einladungen geben, sind diese Partygläser ein attraktives Geschenk."*

◆ *„Einem technisch interessierten Jungen bereitet dieser Experimentierkasten viel Freude. Damit kann er viele lehrreiche Versuche durchführen!"*

Die Reaktionen des Kunden geben uns dann weitere Hinweise auf das geeignete Geschenk. Die Frage nach dem Preis, z. B. *„Was wollen Sie denn ausgeben?"*, kann ebenfalls Anhaltspunkte geben, engt aber den Verkaufsspielraum ein.

6.3 Unser Geschenkservice erleichtert dem Kunden die Kaufentscheidung

Zögert der Kunde mit seiner Kaufentscheidung, weil er nicht weiß, ob der Empfänger den vorgeschlagenen Artikel schon besitzt oder ob er ihm gefällt, sichern wir das **Umtauschrecht** zu oder geben eine **Auswahl** mit. Dadurch erleichtern wir dem Kunden die Entscheidung.

Findet der Kunde nichts Geeignetes, und hält er auch nichts von der angebotenen Umtauschmöglichkeit oder Auswahl, weisen wir ihn auf einen **Geschenkgutschein** hin. Der Empfänger kann dann Produkte nach seinem Bedarf und Geschmack aussuchen.

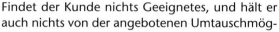
Praxistipp

Selbstverständlich bieten wir dem Kunden an, den gekauften Artikel als Geschenk zu verpacken. Vor dem Verpacken entfernen wir das Preisetikett. Wir bitten den Kunden, den Kassenzettel sorgfältig aufzubewahren, damit er bei einem möglichen Umtausch vorgelegt werden kann. Wünscht der Kunde die Zustellung des Geschenks, übernehmen wir diesen Service.

Auf einen Blick

◆ Geschenkverkäufe sind überwiegend anspruchsvolle Beratungsverkäufe, die gute Sortiments- und Produktkenntnisse, Einfühlungsvermögen und verkäuferisches Können verlangen.

◆ Wir beschaffen uns Informationen über Alter, Hobbys, Interessen usw. des Empfängers und können dann konkrete Geschenkvorschläge unterbreiten.

◆ Unschlüssigen Kunden können wir die Kaufentscheidung erleichtern, indem wir ihnen das Umtauschrecht zusichern oder eine Auswahl verschiedener Produkte mitgeben.

◆ Finden wir kein geeignetes Geschenk, bieten wir dem Kunden einen Geschenkgutschein an.

◆ Entscheidet sich der Kunde für ein Produkt, entfernen wir das Preisetikett und verpacken die Ware/den Artikel auf Wunsch des Kunden als Geschenk.

7 Reklamationen richtig behandeln

Situation

Die Speise- und Getränkekarte eines Restaurants enthält unter anderem folgenden Text:

Sehr geehrter Gast!

Wir geben uns viel Mühe, Ihren Aufenthalt hier so angenehm wie möglich zu gestalten. Die von Ihnen ausgewählten Speisen bereiten wir mit großer Sorgfalt zu. Sollte es trotzdem einmal vorkommen, dass Sie etwas zu beanstanden haben, wenden Sie sich bitte gleich an uns! Wir wollen den Fehler so schnell wie möglich beheben, damit Sie nicht nur zufrieden sind, sondern sich gerne an uns und unser gastliches Haus erinnern!

1. Der Text vermeidet den Ausdruck „reklamieren" und ersetzt ihn durch einen freundlicheren. Suchen Sie diesen und weitere gleichbedeutende (hier nicht genannte) Ausdrücke.

2. Wie will sich das Restaurant mit seinen Mitarbeitern gegenüber dem Gast verhalten, wenn dieser einmal eine Reklamation vorbringt?

3. Wie beurteilen Sie die Einstellung des Restaurants zu Beanstandungen? Stellen Sie sich vor, Sie selbst sind der reklamierende Gast.

4. Weshalb ist es sinnvoll, wenn z. B. auch Einzelhandelsgeschäfte und ihre Verkäufer diese oder eine ähnliche Einstellung bei der Erledigung von Reklamationen haben?

7.1 Reklamationsgründe

Unter dem Begriff **Reklamationen** versteht man **Beanstandungen, Beschwerden, Klagen, Einsprüche.** Diese ergeben sich, nachdem der Kunde das Produkt gekauft hat.

Häufige **Gründe** für Reklamationen sind:

◆ **fehlerhafte Ware**, z. B. Webfehler, Materialfehler,
◆ **falsche Behandlung des Produktes** durch den Kunden, z. B. in der Bedienung, Pflege;
◆ **falsche oder ungenügende Beratung** des Verkäufers, z. B. unzutreffende Angaben über das Material, den Einsatz, die Behandlung des Produkts.

Jeder Kunde hat das Recht, Beanstandungen vorzubringen. Er hält seine Reklamation für wichtig, daher ist sie schnellstens zu erledigen. Nach dem BGB (vgl. § 437 ff.) sind solche Reklamationen berechtigt, für deren Ursache der Verkäufer, das Geschäft oder der Hersteller verantwortlich sind.

7.2 Was durch die Behandlung von Reklamationen erreicht werden soll

Bei der Behandlung von Reklamationen hat der Verkäufer die Rolle des „Mittlers" zwischen Hersteller und Geschäft einerseits und Verbraucher andererseits zu übernehmen.

Erwartungen des Kunden	Ziele des Geschäfts (und Herstellers)
Er möchte	
◆ nicht um sein Recht kämpfen müssen,	◆ Fehlerursache wenn möglich abstellen,
◆ faire Behandlung ohne zusätzlichen Ärger, Unmut, Enttäuschung,	◆ weiteren Ärger, Unannehmlichkeit, Unmut dem Kunden ersparen,
◆ situationsgerechte, individuelle Hilfe, die ihn zufrieden stellt.	◆ lieber durch **großzügige Hilfe**, ggf. einen einmaligen Verlust hinnehmen, als den Kunden für immer zu verlieren.

7.3 Wir erledigen Reklamationen

Die **Gesprächsatmosphäre** bei Reklamationen kann unterschiedlich sein: Einige Kunden sind unsicher und schüchtern, andere kühl und berechnend, wieder andere enttäuscht und unzufrieden, die nächsten verärgert, gereizt und aggressiv. Hinzu kommt die Angst des Verkäufers: Kommen unliebsame Auseinandersetzungen auf mich zu, gelingt es **eine zufrieden stellende Lösung** für alle Beteiligten zu finden, bleibt der Kunde unserem Geschäft treu usw.?

Die folgenden Ausführungen sind **Grundregeln** für die erfolgreiche Behandlung von Reklamationen. Sie lassen genügend Spielraum, um im konkreten Fall individuell auf den Kunden einzugehen.

Hier die einzelnen Schritte im Überblick:

Verständnis zeigen → aufmerksam zuhören → Fehler besichtigen und notieren → entschuldigen und bedanken → Hilfe anbieten

Verständnis für die Reklamation zeigen

Wir suchen einen **Platz außerhalb der Kundenzone**, wo wir ungestört sind. Dadurch ist es anderen Kunden unmöglich, mitzuhören und sich einzumischen. *„Darf ich Sie bitten mitzukommen, damit wir Ihr Problem in Ruhe besprechen können?"*

Wir vermeiden möglichst die Wörter „Reklamation" und „Beanstandung", „Klage", „Beschwerde". Sprechen wir dagegen von „Ihrem Problem", „Ihrer Frage", „Ihrem Anliegen", so nehmen wir den Wörtern ihre Schärfe und Härte.

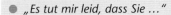
Praxistipp

Verständnisvolle und einfühlsame Worte verbessern das Gesprächsklima und wirken beruhigend:

- *„Es tut mir leid, dass Sie …"*
- *„Gut, dass Sie gleich gekommen sind, wir wollen die Angelegenheit so schnell wie möglich in Ordnung bringen!"*
- *„Ich bedaure, dass Sie Unannehmlichkeiten hatten!"*

Aufmerksam zuhören

Ist der Kunde verärgert, gereizt, aggressiv, dann will er seinen Unmut und Groll loswerden. Wir dürfen ihm die Gelegenheit, sich abzureagieren, nicht nehmen. Deshalb unterbrechen wir ihn nicht! **Persönliche und unsachliche Angriffe überhören** wir. So verlagern wir das Gespräch von der unerfreulichen emotionalen auf die sachliche Ebene.

Fehler besichtigen und notieren

Wir besichtigen den Fehler in Anwesenheit des Kunden und vergleichen den geschilderten Sachverhalt mit dem tatsächlichen. Unsere Feststellung, die wir ggf. schriftlich aufnehmen, macht dem Kunden deutlich, dass wir sein Anliegen verstanden haben und es ernst nehmen. Dies führt zu mehr Sachlichkeit und Vertrauen.

Entschuldigen und bedanken

Bei berechtigten Reklamationen **entschuldigen** wir uns für den Fehler: *„Ich entschuldige mich bei Ihnen für …"* Dies gilt auch dann, wenn Kollegen oder Lieferanten für den Fehler verantwortlich sind. Wer den Fehler begangen hat, ist dem Kunden gleichgültig.

Ein Dank kann sich darauf beziehen, dass der Kunde z. B. gleich gekommen ist und uns dadurch vor weiterem Schaden (z. B. bei verdorbenen Waren) und vor Unannehmlichkeiten bewahrt hat.

Hilfe anbieten

Wir korrigieren den Fehler und bemühen uns um freundliche, zügige und situationsgerechte Hilfe:

◆ **Nachbesserung:** Hat der Händler eine eigene Werkstatt, z. B. der Elektrohändler, nimmt er die Beseitigung des Mangels vor. Manche Hersteller sind im Rahmen der **Produkthaftung** auch dazu bereit, wenn dies nicht mit unverhältnismäßig hohen Kosten verbunden ist.

◆ **Neulieferung/Umtausch:** Der Kunde erhält für sein Geld den gleichen Artikel oder einen gleichwertigen in fehlerfreier Ausführung.

◆ **Minderung/Preisnachlass:** Ist der Fehler unerheblich, und will der Kunde das fehlerhafte Produkt behalten, erhält er einen Preisnachlass.

◆ **Rücktritt vom Vertrag:** Kommt keine der vorgenannten Möglichkeiten in Betracht, erhält der Kunde sein Geld zurück. Ist der Kunde einverstanden, können wir ihm auch einen Gutschein anbieten. Damit geht der Umsatz nicht verloren.

Großzügigkeit, Entgegenkommen (Kulanz) sind zwar aufwändig, ersparen aber allen Beteiligten Ärger und kommen dem Ziel, uns den Kunden zu erhalten, am nächsten. Wenn wir den Kunden fragen, ob er mit der angebotenen Lösung zufrieden ist, und er bejaht dies, ist die Reklamation erfolgreich erledigt.

7.4 Die Reklamation ist nicht berechtigt

Beispiele für unberechtigte Reklamationen:

◆ Der Pullover ist infolge falscher Behandlung eingelaufen.

◆ Die hellen Schuhe haben beim ersten Tragen im Regenwetter sofort Flecken bekommen, weil der Kunde die Schuhe vorher trotz Hinweises des Verkäufers nicht imprägniert hat.

◆ Das Dekor des Geschirrs verblasst, weil der Kunde fälschlicherweise das Geschirr in die Spülmaschine gegeben hat.

Bei unberechtigten Reklamationen führen wir das Gespräch so, dass der Kunde den **Behandlungsfehler** selbst erkennt und damit seine Beschwerde als gegenstandslos betrachtet.

Wir erreichen dies durch geeignete Fragen.

Beispiele:

◆ *„Könnten Sie bitte schildern, auf welche Weise Sie den Pullover gewaschen haben?"*

◆ *„Welche Schuhpflege haben Sie vor dem Tragen gegen Wasserflecken vorgenommen?"*

◆ *„Haben Sie die Schuhe vor dem Tragen gegen Feuchtigkeit imprägniert?"*

In Kleinigkeiten sollten wir **dem Kunden großzügig entgegenkommen** und als Service **Kulanz** zeigen. Bei größerem „Streitwert", wenn wir uns nicht einigen können, bieten wir dem Kunden an, den Lieferer oder unabhängige Prüf- und Schiedsstellen untersuchen zu lassen, wer für den Fehler verantwortlich ist. Die Kosten übernehmen wir, wenn kein Behandlungsfehler vorliegt und die Reklamation berechtigt ist. Liegt ein Verschulden des Kunden vor, so übernimmt er die Kosten.

Auf einen Blick

◆ Reklamation ist das Fremdwort für Beanstandung, Beschwerde, Klage, Einspruch.

◆ Jeder Kunde hat das Recht, einen Fehler zu reklamieren. Er möchte nicht um sein Recht kämpfen müssen, sondern erwartet trotz Unzufriedenheit, Gereiztheit, Verärgerung und Aggression eine faire Behandlung.

◆ Der Verkäufer als Mittler zwischen Verbraucher und Hersteller muss sich bei berechtigten Beschwerden für seinen Kunden einsetzen und zugleich die Interessen des Geschäfts wahren.

◆ Zur erfolgreichen Erledigung von Reklamationen gehört, Verständnis zu zeigen, aufmerksam zuzuhören, den Fehler zu berichtigen, ihn ggf. schriftlich aufzunehmen, sich zu entschuldigen und sich zu bedanken.

◆ Aus den möglichen Hilfen wie Nachbesserung, Neulieferung, Umtausch, Preisnachlass, Gutschein, Rücktritt vom Vertrag suchen wir die individuelle und situationsgerechte für den Kunden aus.

◆ Durch Großzügigkeit und Entgegenkommen (Kulanz), soweit dies möglich ist, gelingt es uns, den Kunden zu erhalten, vielleicht sogar ihn noch stärker an unser Geschäft zu binden.

◆ Unberechtigte Reklamationen ergeben sich vielfach durch falsche Behandlung von Produkten. Bei Kleinigkeiten verfahren wir großzügig, bei großem Streitwert, falls keine Einigung möglich ist, können unabhängige Prüf- oder Schiedsstellen eine Klärung herbeiführen.

8 Umtausch aus Kulanz und als Service für den Kunden

In folgenden Situationen wünschen Kunden unter Vorlage ihres Kassenbons die folgenden Artikel umzutauschen:

1. Schon beim ersten Tragen gefällt der neue Bikini der jungen Kundin und ihrem Freund nicht mehr.

2. Das Geburtstagskind besitzt bereits ein funkferngesteuertes Rennauto und hätte Freude an einem funkgesteuerten Geländewagen. Ein Umtausch wurde nicht vereinbart.

3. Die Auflagen zu den Gartenstühlen sind nicht waschmaschinenfest, obwohl der Verkäufer die Waschmaschinenbeständigkeit ausdrücklich zusicherte.

4. Das superleichte Nylon-Hauszelt hat infolge eines Webfehlers ein faustgroßes Loch.

5. Die Kundin hat für ihre Tochter einen Pullover gekauft, der eine Nummer zu klein ist. Die Tochter kommt am folgenden Tag mit und probiert die nächste Größe, die passt und gleich viel kostet.

1. Welche Gründe liegen jeweils für den gewünschten Umtausch vor?

2. In welchem Fallbeispiel müssen wir umtauschen, weil
   a) die Ware einen Fehler hat (Reklamation),
   b) die Ware nicht die vom Verkäufer zugesicherte Eigenschaft besitzt?

3. Es gibt Waren, die wir nicht umtauschen dürfen, auch dann nicht, wenn diese fehlerfrei sind.
   a) Welche hier vorkommenden und welche Ihnen weiter bekannten Produkte sind davon betroffen?
   b) Wie könnten Sie bei diesen Warengruppen dem Kunden die Ablehnung eines Umtausches verständlich machen?

4. Besteht keine Verpflichtung zum Umtausch, versucht der verständnisvolle Verkäufer bei fehlerfreier Ware seinem Kunden entgegenzukommen.
   a) Worin könnte das Entgegenkommen bestehen?
   b) Welche Vor- und Nachteile ergeben sich daraus?
   c) Bei welchem Fallbeispiel halten Sie ein Entgegenkommen für sinnvoll?

8.1 Umtauschgründe und Voraussetzungen für einen Umtausch

Dem Wunsch des Kunden, ein übereilt gekauftes Produkt oder eine Ware, die ihm nicht mehr gefällt, schnell und ohne Nachteile loszuwerden, sind Grenzen gesetzt! Weshalb will sich der Kunde vom gekauften Produkt trennen?

Mögliche Umtauschgründe

Ware gefällt nicht (mehr)	Ware passt nicht (Größe, Umgebung u. Ä)	Kunde fühlt sich zum Kauf gedrängt	Ware ist schon vorhanden

Umtauschpflicht besteht nur, wenn die Ware fehlerhaft ist (vgl. „Reklamationen richtig behandeln" in LF 10, Kap. 7), eine zugesicherte Eigenschaft fehlt und bei Geschenkartikeln mit vereinbartem Umtauschrecht.

Wollen wir dem Kunden entgegenkommen und auch dann umtauschen, wenn keine rechtliche Verpflichtung dazu besteht, geschieht dies aus **Kulanz und bedeutet Service**. Voraussetzungen hierfür sind, dass

◆ die **Ware** immer noch **fehlerfrei**, unbeschädigt, nicht benutzt und nicht getragen ist. Eine Anprobe, z.B. bei Textilien, bedeutet noch keinen Gebrauch. Sie ist notwendig, um festzustellen, ob das Kleidungsstück überhaupt passt;
◆ der **Kassenbon** o. Ä. als Nachweis für die in unserem Geschäft gekaufte Ware vorliegt;
◆ die Ware innerhalb der betrieblich vereinbarten **Frist** (siehe Kassenbon) umgetauscht wird.

8.2 Vom Umtausch ausgeschlossene Waren und typische Umtauschwaren

Vom Umtausch ausgeschlossene Waren

Wie würde wohl eine Kundin reagieren, die in unserem Sortiment einen umgetauschten, bereits gebrauchten Lippenstift findet? Aus hygienischen und anderen Gründen sind deshalb bestimmte Warengruppen vom Umtausch ausgeschlossen:

◆ hygienische Artikel, z.B. Wäsche, Badebekleidung, Zahnbürsten, Miederwaren, kosmetische Artikel,
◆ offene Lebensmittel,
◆ Schnittwaren, z.B. Stoffe, Blumen, Draht,
◆ preisreduzierte Waren von Räumungsverkäufen, Sonderangebote,
◆ Waren, deren Gebrauch man nicht erkennt, z.B. Batterien, CDs u. Ä.

Ausnahme: Die Waren sind noch original verpackt bzw. „versiegelt".

Typische Umtauschwaren

Produkte, die Kunden häufig umtauschen möchten, sind:

◆ **Geschenkartikel**, der Kauf ist risikoloser, wenn Umtauschrecht vereinbart ist,
◆ **geschmacksabhängige Waren**, z.B. Textilien, Schmuck, Lederwaren, Kleinmöbel,
◆ **umgebungsabhängige Waren**, also solche, die zueinander passen müssen, z.B. Teppiche, Lampen.

8.3 Grundregeln für die Verhaltensweisen beim Umtausch

Einige Grundregeln dienen als Orientierung für die bessere Bewältigung eines Umtauschs, lassen aber genügend Spielraum, uns individuell auf den jeweiligen Kunden und die entsprechende Situation einzustellen.

Zuhören, um den Umtauschgrund zu erfahren

Wir **hören gut zu**, um zu erfahren, wo den Kunden der „Schuh drückt", halten Augenkontakt ohne ihn anzustarren, nicken mit dem Kopf. Dies signalisiert Offenheit, Zuwendung und Interesse.

Verständnis zeigen

Folgende und ähnliche Sätze **schaffen Kontakt** zum Kunden und bewirken Verständnis für sein Anliegen.

◆ *„Worin liegt das Problem?"*
◆ *„Wir möchten, dass Sie sich an der gekauften Ware freuen können!"*
◆ *„Sie sollen ganz zufrieden sein."*

Situation klären

Um sicherzugehen, **was der Kunde will**, wenden wir öffnende Fragen an.

Beispiele:

◆ *„In welcher Hinsicht erfüllt die Ware nicht Ihre Wünsche?"*
◆ *„Sind Sie mit der Ware noch nicht so ganz zufrieden?"*
◆ *„Was gefällt Ihnen an der Ware nicht?"*

Die Antworten hierauf geben uns Auskunft über die Umtauschgründe und über die Erwartungen des Kunden.

Aus Kulanz umtauschen

Umtausch ist Kundendienst. Nur wenige Kunden versuchen, diesen Service zu missbrauchen, z. B. ein getragenes Tanzkleid umzutauschen. Sie erkennen diese Leistung an, sie wirkt verkaufsfördernd. Wie weit das **Entgegenkommen** geht und wer darüber entscheidet, liegt im Ermessen der Geschäftsleitung.

Folgende Umtauschmaßnahmen können wir anbieten:

◆ **andere Produkte** mit ähnlichen Eigenschaften (Alternativangebot), ggf. mit Aufpreis oder Rückerstattung der Preisdifferenz,
◆ **Gutschrift**, wenn der Kunde nichts Passendes findet,
◆ **Erstattung des Geldbetrages** als großzügigste Hilfe, wenn andere Hilfen nicht mehr in Betracht kommen.

Ebenso ist es kulant, dann noch umzutauschen, wenn die Umtauschfrist abgelaufen oder der Kassenbon verloren gegangen ist.

Den Umtausch mit stichhaltigen Gründen ablehnen

Einem guten Kunden die Bitte auf **Umtausch abzuschlagen** ist eine schwierige Aufgabe, die vielfach Abteilungsleitern oder erfahrenen Sachbearbeitern zufällt. Das Verständnis für die Ablehnung nimmt bei stichhaltigen Gründen zu.

Beispiel:

Kundin: *„Der Bikini passt nicht richtig, ich habe ihn nur einmal getragen!"*

Verkäufer: *„Wir sind sonst großzügig und wollen unseren Kunden behilflich sein, wo immer dies möglich ist. Bitte haben Sie dafür Verständnis, dass wir den Bikini aus hygienischen Gründen im Interesse anderer Käufer nicht umtauschen können!"*

Einem **Wunsch auf Umtausch** können wir dadurch **entgegenwirken**, dass wir Kunden

◆ über Vorteile, Eigenschaften der Ware, ihren Einsatz informieren und eingehend beraten sowie Einwände ausräumen,

◆ durch unsere Kontrollfragen die Vorteile der Ware bestätigen lassen,

◆ ggf. darauf hinweisen, dass der betreffende Artikel vom Umtausch ausgeschlossen ist,

◆ als Berater darauf hinweisen, dass ggf. das gewünschte Produkt für ihn ungeeignet ist und seine Probleme nicht löst.

Auf einen Blick

◆ Umtauschpflicht besteht nur, wenn die Ware Fehler hat, eine zugesicherte Eigenschaft fehlt oder ein Kauf mit vereinbartem Umtauschrecht vorliegt.

◆ Dem Kunden auch dann entgegenzukommen, wenn er selbst für den Fehlkauf verantwortlich ist, geschieht aus Kulanz und ist Kundendienst. Das setzt aber voraus, dass die Ware nicht vom Umtausch ausgeschlossen, einwandfrei ist und sich verkaufen lässt.

◆ Unsere Verhaltensweisen wie zuhören, um den Umtauschgrund zu erfahren, Verständnis zeigen, Sachverhalt klären, großzügiges Entgegenkommen zielen darauf ab, Kunden zufrieden zu stellen und sie dem Geschäft zu erhalten (Servicepolitik).

◆ Je besser die Beratung, desto geringer ist die Umtauschquote, umso seltener die unangenehme Situation, den Umtausch ablehnen zu müssen.

9 Verhalten gegenüber Ladendieben

Der größten Wertschätzung der Ladendiebe „erfreuen" sich nach wie vor Parfümerie- und Sportartikel, CDs und Videos, Schreib- und Spielwaren sowie Schmuck, Mode und technische Artikel. In Textilkaufhäusern und -fachgeschäften überwiegen die Ladendiebstähle in den Bereichen Lederbekleidung, Jeans, modische Markenartikel und Kleinartikel wie Wäsche, Krawatten, Accessoires.

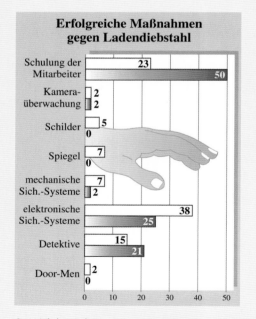

Erfolgreiche Maßnahmen gegen Ladendiebstahl

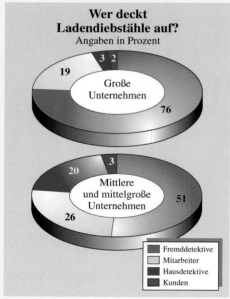

Wer deckt Ladendiebstähle auf?
Angaben in Prozent

1. Welche Erkenntnisse ziehen Sie aus den obigen Darstellungen für Ihr Geschäft?
   a) Wer deckt Ladendiebstähle auf?
   b) Welche Maßnahmen gegen Ladendiebstahl sind besonders erfolgreich?

2. Gibt es in Ihrem Geschäft Artikel, die bevorzugt gestohlen werden?

Die Zahl der Ladendiebe steigt von Jahr zu Jahr. Der **Schaden**, der dadurch angerichtet wird, liegt zwischen 3 und 4 Mrd. EUR, was dem Wert von über 400 000 Pkws entspricht. Jedes Jahr werden Hunderttausende beim Ladendiebstahl ertappt. Wahrscheinlich wird nur jeder 20. Ladendieb gefasst. Ganz im Dunkeln liegt der entstandene Schaden durch Mitarbeiter-Diebstähle! Den Gesamtschaden bringt die Inventur an den Tag.

9.1 Ladendiebe: wer, was, wann stiehlt

Es stehlen Schüler, Heranwachsende und Studenten, Ärzte, Rechtsanwälte, Hausfrauen, Erwerbslose und Rentner. Mindestens ein Drittel der Diebstähle wird von Kindern und Jugendlichen begangen. Dabei ist interessant, dass die meisten Diebe nicht aus wirtschaftlicher Not stehlen.

Solche unliebsamen „Kunden" kommen **zu jeder Geschäftszeit**, insbesondere aber bei Hochbetrieb, in der Mittagszeit oder nach Büroschluss. Auch das Gedränge, z. B. bei Räumungsverkäufen, bietet dem Dieb besondere Gelegenheit.

Gestohlen werden seidene Teppiche, feine Wäsche, edle Parfüms, Delikatessen usw. Das „Beute-Lager" der Diebe zeigt ein breites Sortiment, d. h., Diebstähle passieren überall und jederzeit bei den unterschiedlichsten Artikeln. **Ergebnis:** Jeder kann es gewesen sein.

9.2 Methoden der Ladendiebe

Wer die **Methoden** der Ladendiebe kennt, hat gute Chancen, Ladendiebstähle zu verringern.

Beispiele:

◆ Ist es nicht eigenartig, wenn der Kunde an einem Sonnentag mit Schirm eine Parfümerie betritt und sich bei Parfüms zu schaffen macht?

◆ Ist es nicht seltsam, wenn der Kunde mit einem aufgeknöpften, weit geschnittenen Mantel in die Abteilung kommt?

◆ Ist es nicht auffallend, wenn sich Kunden besonders lange in der Abteilung aufhalten und tote Winkel ausnutzen?

Wir richten unser **Augenmerk** auch auf solche Kunden, die mit Kartons, großen Taschen oder Armschlingen kommen (ideales Versteck für „kostenlose Ware"). Dreiste Ladendiebe nehmen die Ware unter den Arm und verdrücken sich; ganz Unerschrockene nehmen sogar herumliegende Preisauszeichnungsgeräte zur Hand und machen die Preise selbst. Falls Sie Textilien verkaufen, ist es ratsam, dem Kunden nicht zu viele Einzelteile in die Kabine mitzugeben und die Anzahl beim Verlassen unauffällig zu überprüfen. Manche Kunden „spezialisieren" sich darauf, mehrere Kleidungsstücke übereinander anzuziehen.

In Lebensmittelabteilungen findet man häufig geöffnete Kartons, Schokoladenpapier und leere Flaschen, die auf einen „guten Schluck" oder eine „kostenlose Mahlzeit" schließen lassen.

9.3 Verhalten, wenn sich jemand verdächtig macht

Vergl. hierzu die Empfehlungen der Industrie- und Handelskammern, siehe Arbeitsmaterialien Kap. 9.

Verdachtsmomente

Manche „Kunden" fallen dadurch auf, dass sie sich ungewöhnlich lange in der Abteilung aufhalten, aufgeregt hin und her laufen, sich öfters umschauen, insbesondere, wenn sie **gerade beobachtet** werden, im toten Winkel dem Verkäufer den Rücken zukehren sowie nervös und unsicher reagieren. Kommen „Hilfsmittel" wie große Taschen, Kartons, Schirme usw. hinzu, sind besondere Wachsamkeit und weitere Beobachtung erforderlich. Arbeiten die Ladendiebe als Team, hat eine Person meist die Aufgabe, Verkäufer abzulenken oder ein Zeichen zu geben, wenn sich ein Verkäufer nähert.

Verhaltensweise

Aufgrund des bloßen Verdachts dürfen wir keinen Kunden beschuldigen, sonst beschuldigt er uns. Wir beobachten weiter, gehen auf ihn zu und sprechen ihn an.

Beispiele:

◆ *„Haben Sie Schwierigkeiten beim Auffinden gewünschter Ware?"*
◆ *„Ich sehe, Sie suchen nach irgendetwas. Kann ich Ihnen weiterhelfen?"*

Folgt jetzt eine ungewöhnliche Reaktion, z. B. wenn sich der Kunde fluchtartig unserem Ansprechen entzieht oder verstört bzw. schnippisch antwortet, dann verstärken sich die Verdachtsmomente. **Überführen können wir den „Dieb" erst nach Verlassen der Abteilung bzw. nach der Kasse.** Bis dort hat er die Chance, die Ware zu bezahlen. Danach liegt der Tatbestand des Ladendiebstahls vor.

9.4 Verhaltensweise, wenn der Dieb auf frischer Tat ertappt wird

Sind wir absolut sicher, dass ein Ladendiebstahl vorliegt, weil wir z. B. das Wegstecken der Ware **beobachtet** haben bzw. die akustische Alarmanlage dies signalisiert, sprechen wir den Dieb an.

Beispiele:

◆ *„Entschuldigung, wir möchten mit Ihnen eine Unstimmigkeit im Büro klären!"* oder
◆ *„Entschuldigen Sie bitte, wir haben das Sicherheits-Etikett noch nicht entfernt. Bitte kommen Sie ins Büro!"*

Die überwiegende Mehrheit der Diebe folgt dieser ruhigen und sachlichen Aufforderung. Das Gespräch mit dem Dieb im Büro sollte im Beisein einer dritten Person erfolgen. Spätere Anschuldigungen des Ladendiebes, z. B. wegen eines erzwungenen Geständnisses, werden somit unterbunden.

Wird die **Taschenkontrolle** verweigert, können wir die Polizei herbeirufen, um die Kontrolle vornehmen zu lassen, körperliche Durchsuchungen sind nicht erlaubt. Versucht der Dieb zu fliehen, halten wir ihn bis zum Eintreffen der Polizei fest. Hat er sich aber ausgewiesen (Personalausweis, Führerschein oder Reisepass), müssen wir ihn gehen lassen.

„Fangprämien" (Ergreifungsprämien), z. B. 25,00 EUR oder 10 % des Warenwerts je Diebstahl, sind zulässig, wenn das Geschäft durch Hinweisschilder auf die Ergreifungsprämie hinweist (BGH-Urteil). **Maßnahmen** gegenüber dem Dieb sind **Anzeige** und **Hausverbot**.

Werden **Kinder** oder Jugendliche als Diebe ertappt, sollen statt der Polizei besser die Eltern benachrichtigt werden, weil nicht die Strafe, sondern die Unterlassung und Reue anzustreben sind.

9.5 Erhöhtes Risiko schreckt ab

Ladendiebe sind besonders aktiv, wenn sie nicht bzw. nur wenig beobachtet werden. Deshalb muss der potenzielle Dieb das Gefühl haben: „Vorsicht, hier besteht ein hohes **Risiko**, ertappt und bestraft zu werden!"

Ein sehr einfaches, aber wirkungsvolles Mittel besteht darin, Kunden verbal oder nonverbal zu begrüßen, auch wenn noch bedient oder beraten wird. Dadurch signalisieren wir, dass wir den Kunden wahrgenommen haben und ihn **im Auge behalten**. Zusammen mit einem Ladendiebstahlplakat wie abgebildet nimmt die Bereitschaft zum Diebstahl ab.

Beispiel eines Ladendiebstahlplakates:

 Im Interesse unserer ehrlichen Kunden:

- zeigen wir jeden Ladendiebstahl an,
- fordern wir von jedem Ladendieb Schadenersatz,
- erteilen wir jedem Ladendieb Hausverbot.

Eine wirksame **Abschreckung** besteht in einer Kombination aus zweckmäßiger Ladeneinrichtung, aufmerksamen Mitarbeitern und verlässlichen Sicherungsanlagen. Um Ladendiebstähle zu bekämpfen, sind nach einer Umfrage bei Einzelhändlern drei Maßnahmen besonders erfolgreich: Schulung der Mitarbeiter, elektronische und mechanische Sicherungssysteme.

Ladeneinrichtung	Mitarbeiter	Sicherungsanlagen
<ul><li>Warnschilder und Spiegel für tote Winkel</li><li>abgeschlossene Vitrinen (bei Uhren, Schmuck u.Ä.)</li><li>Einrichtungen, die Übersichtlichkeit und Ordnung ermöglichen</li><li>nicht zu hohe Regale</li><li>abschließbare Oberbekleidungsständer, z.B. für Pelzbekleidung</li></ul>	<ul><li>aufmerksam sein</li><li>nicht zu viel Ware vorlegen</li><li>keine Taschen oder Waren in den Verkaufsraum mitnehmen lassen (bei Selbstbedienung)</li><li>Ware dem Kunden nur verpackt mitgeben</li><li>mit Kollegen Verkaufsablösung und Überwachung absprechen</li><li>Ware erst einpacken, wenn sie bezahlt ist</li><li>Verhaltenstraining – im Verdachtsfall – im Ernstfall – in kritischen Situationen, z.B. Gewalt</li><li>Detektive und uniformierte Wachleute („Doormen")</li></ul>	<ul><li>Ketten, Seile und elektronische Leinensicherungssysteme, z.B. für Pelze, Computer</li><li>wieder verwendbare Plastik-Hartetiketten, z.B. für Textilien</li><li>elektronische Artikelsicherungssysteme für Massenartikel mittlerer Preislage – Hochfrequenz – akustisch-magnetisches – elektromagnetisches System</li><li>„Quellensicherung" enthält eine nicht erkennbare Sicherung, z.B. im Buchrücken, im Absatz eines Schuhs.</li></ul>

Auf einen Blick

◆ Ladendiebe gibt es in allen Bevölkerungsschichten, es wird zu allen Ladenöffnungszeiten aus allen Produktbereichen gestohlen.

◆ Ladendiebe stehlen mit und ohne Hilfsmittel (z. B. Schirme, Kleidung usw.).

◆ Diebstähle können wir durch entsprechende Ladeneinrichtung, durch unsere Aufmerksamkeit und durch Sicherungsanlagen erschweren bzw. verringern.

◆ Diebe machen sich durch ihre Verhaltensweisen verdächtig und müssen von uns angesprochen werden.

◆ Ertappen wir einen Dieb auf frischer Tat, nehmen wir die Personalien auf, überstellen ihn der Polizei, erstatten ggf. Anzeige, verlangen Ergreifungsprämie (bei vorhandenem Hinweisschild) und/oder erteilen Hausverbot.

1 Abwicklung von Geschäftsprozessen in der Warenwirtschaft mithilfe einer integrierten Unternehmenssoftware

Situation

Die Firma „PELIKANO BÜROBEDARF GmbH" in Konstanz hat sich in den wenigen Jahren seit ihrer Gründung einen beachtlichen Marktanteil erkämpft. Firmengründer und Geschäftsführer Andreas Härter hat inzwischen sein Geschäft erweitert und drei Filialen in Friedrichshafen, Singen und Rottweil eröffnet. Die Lokalzeitung „Konstanzer Allgemeine Zeitung" hat Herrn Härter um ein Interview gebeten. Sie möchte sein Erfolgsrezept in einer Beilage zum Thema „Existenzgründungen in Konstanz" beschreiben.

1. Lesen Sie das Interview und finden Sie heraus, was die PELIKANO BÜROBEDARF GmbH so erfolgreich macht.

2. Diskutieren Sie die Vorteile einer integrierten Unternehmenssoftware für ein Einzelhandelsunternehmen.

3. Vergleichen Sie die Beschreibungen von Andreas Härter mit der Praxis in Ihrem Betrieb. Benutzt Ihr Ausbildungsbetrieb ebenfalls eine integrierte Unternehmenssoftware?

Konstanzer Allgemeine Zeitung

Jahrgang 76, Nr. 124	Lokale Wirtschaft	Freitag, 19.08.20..

Kostenvorteile durch den Einsatz integrierter Unternehmenssoftware

Gründer und Geschäftsführer Andreas Härter zum Erfolgsrezept
der PELIKANO BÜROBEDARF GmbH

Konstanzer Allgemeine: Herr Härter, Sie sind ein äußerst erfolgreicher Existenzgründer. Sie haben nach Ihrer Ausbildung zum Kaufmann im Einzelhandel einen kleinen Laden für Bürobedarf und Computertechnik eröffnet. Das war vor zehn Jahren. Heute gehört Ihnen ein Unternehmen mit insgesamt vier Verkaufsstandorten. Die PELIKANO BÜROBEDARF GmbH gehört zu den größten Handels-

Andreas Härter, Gründer und Geschäftsführer der PELIKANO BÜROBEDARF GmbH

unternehmen für Bürobedarf in der Region. Was ist ihr Erfolgsrezept?

Andreas Härter: Ganz einfach: Unser Unternehmen ist erfolgreich, weil wir Markenware zu günstigeren Preisen anbieten können als die Konkurrenz. Und das ist möglich, weil unsere Kosten geringer sind als die Kosten der Konkurrenz.

Konstanzer Allgemeine: Das heißt, Sie sparen beim Personal ...

Andreas Härter: Nein, bei uns werden die Kunden genauso kompetent beraten, wie sie es von einem Fachhändler erwarten. Unsere Kosteneinsparungen erreichen wir durch effiziente Geschäftsprozesse, das heißt schnelle Einkaufsabwicklung, schlanke Verwaltung, kleinere Lagerbestände usw.

Konstanzer Allgemeine: Das heißt ihre Kunden müssen auch einmal längere Wartezeiten in Kauf nehmen, wenn die Ware gerade mal nicht vorrätig ist.

Andreas Härter: Nein, wenn wir Kunden warten lassen, dann verlieren wir sie. Die Kunst besteht also darin, die Lagerbestände so klein wie möglich zu halten, ohne auch nur einen Kunden auf seine Ware warten zu lassen. Um dieses Kunststück meistern zu können, muss ich jederzeit wissen, welcher Artikel in welcher Filiale gerade verkauft worden ist und nachbestellt werden muss.

Konstanzer Allgemeine: Das heißt in jeder Filiale müssen Listen über die Abverkäufe geführt werden. Wer kümmert sich um diese Listen? Erzeugt das nicht hohe Personalkosten?

Andreas Härter: Nein, für diese Arbeit brauchen wir gar kein Personal. Das macht bei uns der Computer.

Konstanzer Allgemeine: Das müssen Sie mal genauer erklären ...

Andreas Härter: Vor fünf Jahren haben wir uns entschieden eine integrierte Unternehmenssoftware zu kaufen. Seitdem sind alle Kassen in unseren Filialen per Datenleitung mit unserem Server in Konstanz verbunden. Wenn Sie heute in unserer Singener Filiale einen Drucker kaufen, wird die Artikelnummer des Geräts an der Kasse eingescannt. Sobald Sie bezahlt haben, meldet die Kasse den Abverkauf an den Zentralcomputer in Konstanz.

Konstanzer Allgemeine: ... und der Zentralrechner bestellt den Drucker sofort beim Lieferanten nach ...

Andreas Härter: Nicht ganz, solche Einzelbestellungen wären zu teuer. Aber der Zentralcomputer in Konstanz kennt ja auch die Abverkäufe in den anderen Filialen unserer Firma. Er schlägt automatisch Sammelbestellungen für alle Filialen vor. Wir können diese Bestellvorschläge überprüfen und dann auf Knopfdruck die Bestellungen für unsere Lieferanten ausdrucken.

Konstanzer Allgemeine: Das bedeutet, der Computer übernimmt die Arbeit und die Mitarbeiter drücken nur noch Knöpfe und tragen Bestellungen an die Lieferanten zum Briefkasten?

Andreas Härter: *[lacht]* Nein, ganz so ist es nicht. Aber der Computer entlastet uns von Routineaufgaben, die früher viele Stunden Arbeitszeit gekostet haben: Warenbestände zählen, Bestellungen schreiben, Preise aufkleben, ... In dieser Zeit können sich meine Mitarbeiter um die Kunden kümmern.

Konstanzer Allgemeine: Das heißt, Ihre Unternehmenssoftware ist Warenwirtschaftsprogramm und Buchhaltungsprogramm in einem?

Andreas Härter: Richtig, und sie ist gleichzeitig Personalverwaltungsprogramm, Marketingprogramm, Webshopdatenbank und so weiter.

Konstanzer Allgemeine: Herr Härter, wir danken Ihnen für diese Worte zu Ihrem Erfolgsgeheimnis. Gerne würden wir auf einem Rundgang noch mehr über die Arbeit mit dieser Unternehmenssoftware erfahren.

Andreas Härter: Dazu sind Sie herzlich eingeladen.

1.1 Von Software-Insellösungen zur integrierten Unternehmenssoftware

Der Gründer der PELIKANO BÜROBEDARF GmbH Andreas Härter setzt seit ca. fünf Jahren in seiner Firma die integrierte Unternehmenssoftware Microsoft Dynamics NAV® ein. Diese Software, so sagt er, sei der Schlüssel zum Erfolg seiner Firma. Was aber ist eine integrierte Unternehmenssoftware (abgekürzt: IUS) genau und wie unterscheidet sie sich von anderer Computersoftware?

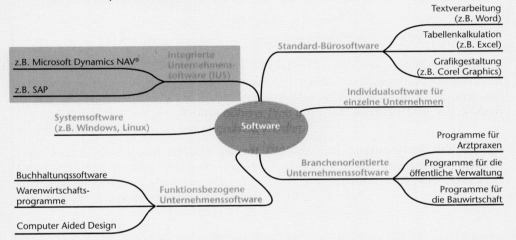

Die obige Abbildung zeigt einen Überblick über die verschiedenen Arten von Software, die in Unternehmen eingesetzt werden können.

Lesen Sie die folgenden Erläuterungen und ordnen Sie anschließend die Computerprogramme, die vor der Einführung der integrierten Unternehmenssoftware bei der PELIKANO BÜROBEDARF GmbH eingesetzt wurden, den Softwarearten aus der Abb. oben zu!

Vor der Einführung der integrierten Unternehmenssoftware schrieb der Geschäftsführer Herr Härter die Bestellungen an die Lieferanten mit dem Textverarbeitungsprogramm „Microsoft Word".

Vor der Einführung der integrierten Unternehmenssoftware kassierte Frau Haberer an der Kasse mit der speziellen Kassensoftware „PELICAN-Sales", die von einem Schulfreund von Herrn Härter speziell für die PELIKANO BÜROBEDARF GmbH programmiert wurde.

Vor der Einführung der integrierten Unternehmenssoftware verwaltete Herr Richter, der Lagerverwalter in Konstanz, die Wareneingänge und die Warenabgänge mit dem Lagerverwaltungsprogramm „easystock", das von einem Softwarehersteller speziell für Einzelhandelsbetriebe im Nonfood-Bereich entwickelt wurde.

Vor der Einführung der integrierten Unternehmenssoftware buchte die Buchhalterin Frau Setzer Rechnungen, Kassenbons und andere Belege mithilfe des Buchhaltungsprogramms „FIBU", das in der Buchhaltung vieler Unternehmen eingesetzt wird.

Standardbürosoftware

Standard-Bürosoftware ist auf fast jedem Personalcomputer im Bürobereich eines Einzelhandelsunternehmens vorhanden. Die Standard-Bürosoftware unterstützt den einzelnen Mitarbeiter beim Erstellen von Textdokumenten (z. B. Briefen), Tabellen (z. B. Preiskalkulationstabellen) oder bei der Bearbeitung von Fotos und Grafiken.

Diese Standardprogramme sind jedoch weniger geeignet, um spezielle Aufgaben im Unternehmen, wie z.B. die Verwaltung eines Lagers oder die Buchhaltung, zu unterstützen.

Individualsoftware für einzelne Unternehmen

Zu Beginn des Computerzeitalters war es üblich, dass jedes Unternehmen eine eigene, auf seine speziellen Bedürfnisse zugeschnittene Software programmieren ließ. Diese Software-Maßanzüge werden als Individualsoftware bezeichnet.

Da die Kosten für Individualsoftware sehr hoch sind, findet man sie heute nur noch in wenigen Unternehmen.

Funktionsbezogene Unternehmenssoftware

Es gibt betriebswirtschaftliche Aufgaben, die in jedem Unternehmen erledigt werden müssen, ganz gleich ob es sich um einen Einzelhändler, einen Industrie- oder einen Handwerksbetrieb handelt. Um solche Standardaufgaben zu unterstützen, setzen viele Unternehmen sogenannte funktionsorientierte Standardsoftware ein. Solche Software „von der Stange" ist relativ preisgünstig, kann aber nur für eine einzelne Aufgabe (wie z. B. die Buchhaltung) im Unternehmen eingesetzt werden.

Branchenorientierte Software

Branchenorientierte Software dient der Bearbeitung von Aufgaben, die nur in Betrieben einer bestimmten Branche anfallen. So muss z. B. ein Einzelhandelsunternehmen einen Überblick über die Wareneingänge und Warenausgänge in seinen Filialen behalten, während eine Arztpraxis ärztliche Leistungen mit der kassenärztlichen Vereinigung abrechnen können muss. Für solche speziellen Tätigkeiten bieten Softwarehersteller so genannte branchenorientierte Software an.

Für die Einzelhandelsbranche gibt es beispielsweise eine Vielzahl von Warenwirtschaftssystemen, die die Mitarbeiter der Unternehmen bei der Überwachung und Steuerung von Warenein- und -abgängen unterstützen. Diese klassischen Warenwirtschaftssysteme sind nicht mit einer integrierten Unternehmenssoftware zu verwechseln. Sie unterstützen lediglich die Überwachung von Wareneinkauf und Warenverkauf, unterstützen aber andere wichtige Unternehmensfunktionen wie z. B. das Rechnungswesen oder die Personalverwaltung nicht.

Bei der PELIKANO BÜROBEDARF GmbH wurden noch vor fünf Jahren ganz verschiedene Softwareprogramme eingesetzt. Jedes Programm war auf eine Teilaufgabe in der Firma spezialisiert. Da die Programme von unterschiedlichen Herstellern programmiert worden waren, konnten sie nicht zusammenarbeiten und Daten untereinander austauschen. Es handelte sich um sogenannte Software-Insellösungen.

Insellösungen ohne Datenaustausch: Die Softwaresituation bei der PELIKANO BÜROBEDARF GmbH vor Einführung der integrierten Unternehmenssoftware

Software-Insellösungen haben erhebliche Nachteile für das Einzelhandelsunternehmen, seine Mitarbeiter und Kunden. Ursache hierfür ist, dass Daten immer wieder aus einem Programm herausgelesen und in ein anderes Programm eingegeben werden müssen. Bei jeder dieser Datenübertragungen besteht die **Gefahr von Eingabefehlern**, die oft erst entdeckt werden, nachdem Kunden verärgert wurden oder auf andere Weise ein Schaden für das Unternehmen entstanden ist. Nicht zu unterschätzen ist auch der erhebliche Zeitaufwand und die damit verbundenen **hohen Personalkosten** für das Unternehmen.

Ein zweites Problem besteht in dem hohen **Aktualisierungsaufwand**. Die Mitarbeiter eines Unternehmens mit Software-Insellösungen müssen sehr sorgfältig darauf achten, die Daten in allen genutzten Programmen immer auf dem neuesten Stand zu halten. Vernachlässigen Sie diese Aktualisierungen vorübergehend z. B. aufgrund des hohen Zeitdrucks im Weihnachtsgeschäft, so besteht die Gefahr, dass z. B. die Preise für einzelne Artikel in den verschiedenen genutzten Programmen nicht mehr übereinstimmen. Auch diese Fehler bleiben oft unbemerkt, bis sie erheblichen Schaden für das Unternehmen anrichten.

Schließlich verhindert die Speicherung von Daten in verschiedenen Softwareprogrammen auch eine schnelle Auswertung der Unternehmensdaten. Wichtige Informationen zu Warenbewegungen, Lieferkonditionen oder Abverkäufen stehen der Unternehmensleitung entweder gar nicht zur Verfügung oder müssen erst unter großem Zeitaufwand zusammengetragen werden. Die Folge sind entweder **zu lange Entscheidungszeiträume** oder **Entscheidungen „aus dem Bauch heraus"**, d. h. ohne Kenntnis der für eine gute Entscheidung notwendigen Informationen.

Die PELIKANO BÜROBEDARF GmbH hat sich aus diesen Gründen entschieden, die Insellösungen abzuschaffen und durch eine Unternehmenssoftware „aus einem Guss" zu ersetzen – Die integrierte Unternehmenssoftware Microsoft Dynamics NAV®.

1.2 Merkmale einer integrierten Unternehmenssoftware

1.2.1 Eine zentrale Datenbank – alle Unternehmensdaten an einem Ort

Das Herz einer integrierten Unternehmenssoftware ist eine zentrale Datenbank, in der **alle** Unternehmensdaten abgespeichert sind. Alle Computer des Unternehmens greifen auf die Daten der zentralen Datenbank zu – wenn nötig auch über Datenfernübertragung über viele hundert Kilometer hinweg.

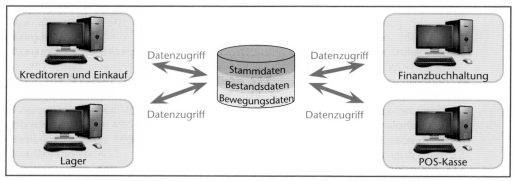

Die Computer der integrierten Unternehmenssoftware greifen ständig auf die zentrale Datenbank zu. Werden Daten verändert, so ist dies sofort in allen Modulen sichtbar.

Beispiel: Die zentrale Datenbank der PELIKANO BÜROBEDARF GmbH liegt auf der Festplatte eines besonders leistungsfähigen Computers (in der Fachsprache „Server" genannt) im Konstanzer Stammhaus. Es ist eine Datei in der Größe von ca. 200 Megabyte.

Die Datenbankdatei auf der Festplatte des Servers der PELIKANO BÜROBEDARF GmbH

Voraussetzung für den Einsatz einer integrierten Unternehmenssoftware in einem Einzelhandelsunternehmen ist folglich, dass alle Computer des Unternehmens – auch sämtliche Kassen – mit einem zentralen Computer verbunden sind. So arbeiten die Mitarbeiter in den verschiedenen Abteilungen und Standorten eines Unternehmens zur selben Zeit mit denselben Daten. Sollte ein Mitarbeiter Daten verändern, so ist diese Änderung sofort für alle anderen Mitarbeiter sichtbar.

Beispiel: Herr Härter hat sich entschieden, den Tintenstrahldrucker PH 210 als Sonderangebot zu einem um 30,00 EUR reduzierten Preis anzubieten.

Früher musste er diese Preisänderung an jeder Kasse in allen Filialen des Unternehmens von Hand eingeben. Außerdem hätte der Verkaufspreis im Lagerverwaltungsprogramm von Herrn Richter, im

Buchhaltungsprogramm und in den Dateien der Bürosoftware neu eingegeben (aktualisiert) werden müssen.

Diese zeitraubende Routinearbeit fällt dank der neuen integrierten Unternehmenssoftware vollständig weg. Herr Härter ändert nun ein einziges Mal den Preis des Tintenstrahldruckers PH 210 in der zentralen Datenbank der PELIKANO BÜROBEDARF GmbH.

Da sämtliche Module der integrierten Unternehmenssoftware auf diese Datenbank zugreifen, wird schon auf dem nächsten Kassenbon, der in einer der Filialen gedruckt wird, der reduzierte Preis ausgegeben.

Quelle: HP

Auch die Übergabe von Daten zwischen den verschiedenen Computern eines Unternehmens stellt beim Einsatz einer integrierten Unternehmenssoftware kein Problem mehr dar. Da alle Daten ohnehin in einer gemeinsamen Datenbank abgespeichert werden, kann beispielsweise der Computer der Buchhaltung problemlos und jederzeit auf die Verkaufsdaten der Kassen zugreifen um diese zu buchen. Auch der Computer des Geschäftsführers kann jederzeit auf die Lagerdaten zugreifen, um Auswertungen wie z. B. Renner-Penner-Listen zu erstellen. Verfügt das Unternehmen nicht über eine integrierte Unternehmenssoftware, so sind diese Datenübergaben sehr zeitraubend und eine häufige Fehlerquelle.

1.2.2 Mächtigkeit – eine Software für alles

Eine integrierte Unternehmenssoftware ersetzt die vielen verschiedenen Software-Insellösungen eines Unternehmens. Sie ist so mächtig, dass alle für den Geschäftsbetrieb wichtigen Tätigkeiten mit ihrer Hilfe erledigt werden können.

Beispiel: Für die PELIKANO BÜROBEDARF GmbH bedeutet der Einsatz einer integrierten Unternehmenssoftware Microsoft Dynamics NAV®, dass alle bisher verwendeten Softwareprogramme, von der Kassensoftware „PELICANSales" über das Lagerverwaltungsprogramm „easystock" bis zum Buchhaltungsprogramm „FIBU", nicht länger benötigt werden. Die Lagerverwaltung, die Kassierung, die Buchhaltung, die Beschaffung von Waren, aber auch die Personalverwaltung, der Zahlungsverkehr und sogar das Marketing werden von der neuen Software unterstützt. Lediglich die Büro-Standardsoftware auf dem PC des Geschäftsführers Herrn Härter wird weiterhin benutzt, um Briefe zu schreiben oder kleinere Berechnungen durchzuführen.

1.2.3 Modularer Aufbau – eine Software mit vielen Gesichtern

Die Mächtigkeit und Vielseitigkeit einer integrierten Unternehmenssoftware macht sie auch unübersichtlich und schwierig zu handhaben. Daher teilen die Hersteller von integrierter Unternehmenssoftware ihre riesigen Programme in überschaubare Module auf. Jedes Modul unterstützt die Mitarbeiter bei einer bestimmten Tätigkeit und ist – ähnlich wie die früheren Spezialprogramme – genau auf deren Bedürfnisse zugeschnitten.

Beispiel: Frau Haberer kassiert heute in der Filiale Konstanz der PELIKANO BÜROBEDARF GmbH mit dem Modul „POS-Kasse" der integrierten Unternehmenssoftware Microsoft Business Solutions – Navision. Die Bildschirmoberfläche ist einfach gehalten, um ihr ein schnelles Kassieren zu ermöglichen. Bei ihrer täglichen Arbeit bemerkt Frau Haberer nicht, wie mächtig und komplex die Unternehmenssoftware ist. Die Bedienung des Moduls „POS-Kasse" unterscheidet sich kaum von anderen Kassenprogrammen.

Herr Richter, der Lagerverwalter der Filiale Konstanz arbeitet mit dem Modul „Lager" der Unternehmenssoftware Microsoft Dynamics NAV®. Seine Bildschirmoberfläche unterscheidet sich stark von der Oberfläche des Kassenmoduls. Sie ist auf die Aufgaben eines Lageristen abgestimmt.

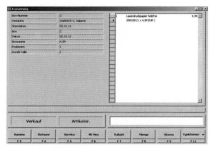

Bildschirmoberfläche des Moduls „POS-Kasse" *Bildschirmoberfläche des Moduls „Lager"*

Exkurs: Datentypen in der zentralen Datenbank eines Unternehmens

In der zentralen Datenbank einer integrierten Unternehmenssoftware werden sehr unterschiedliche Daten abgespeichert. Man unterscheidet zwischen drei Datentypen: Stammdaten, Bestandsdaten und Bewegungsdaten.

Stammdaten	Zu den Stammdaten eines Unternehmens zählen z. B. die Namen und Adressen der Filialen, die Daten der Mitarbeiter, die Daten der Lieferanten sowie die Artikelliste mit den dazugehörigen Einkaufs- und Verkaufspreisen. Die Stammdaten werden nur relativ selten und mit großer Sorgfalt verändert, denn sie sind die Grundlage der zentralen Datenbank einer integrierten Unternehmenssoftware.
Bestandsdaten	Zu den Bestandsdaten eines Unternehmens gehören z. B. die Lagerbestände der verschiedenen Artikel, die Bestände auf den Konten der Finanzbuchhaltung oder die aufgelaufene Zahl der Überstunden eines Mitarbeiters. Bestandsdaten ändern sich im tagtäglichen Geschäftsbetrieb ständig.
Bewegungsdaten	Zu den Bewegungsdaten eines Unternehmens zählen die aktuellen Abverkaufszahlen der einzelnen Artikel, die Wareneingangsdaten, die Höhe der Tageseinnahmen an den Kassen oder die Zahl der geleisteten Überstunden eines Mitarbeiters an einem Arbeitstag. Bewegungsdaten verändern die Bestandsdaten und Stammdaten des Unternehmens.

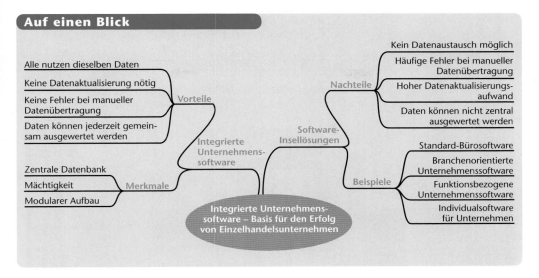

Auf einen Blick

Integrierte Unternehmenssoftware

Vorteile
- Alle nutzen dieselben Daten
- Keine Datenaktualisierung nötig
- Keine Fehler bei manueller Datenübertragung
- Daten können jederzeit gemeinsam ausgewertet werden

Merkmale
- Zentrale Datenbank
- Mächtigkeit
- Modularer Aufbau

Software-Insellösungen

Nachteile
- Kein Datenaustausch möglich
- Häufige Fehler bei manueller Datenübertragung
- Hoher Datenaktualisierungsaufwand
- Daten können nicht zentral ausgewertet werden

Beispiele
- Standard-Bürosoftware
- Branchenorientierte Unternehmenssoftware
- Funktionsbezogene Unternehmenssoftware
- Individualsoftware für Unternehmen

Integrierte Unternehmenssoftware – Basis für den Erfolg von Einzelhandelsunternehmen

1.3 Vernetzte Kassensysteme – Voraussetzung für den Einsatz einer integrierten Unternehmenssoftware

Die Aufgaben einer Registrierkasse im Einzelhandelsunternehmen beschränkten sich viele Jahrzehnte auf

◆ die Registrierung von Verkaufserlösen,
◆ die Anzeige der Bonsumme,
◆ die Aufbewahrung von Erlösen und Wechselgeld,
◆ das Drucken von Kassenbons.

Diese Aufgaben konnten jahrzehntelang ohne Datenkabel und Computerchips, ja sogar ohne elektrischen Strom erfüllt werden.

Kundenbeleg   interner Beleg

Die moderneren elektronischen Registrierkassen der Achtziger- und Neunzigerjahre (ECR-Kassen[1]) unterschieden sich in ihren Funktionen nur wenig von ihren mechanischen Vorgängern. Wie in der Abbildung erkennbar ist, werden auch hier alle Kassenbonpositionen gleichzeitig auf zwei Papierrollen gedruckt und damit registriert. Eine Bonrolle wird nach außen geführt und kann abgerissen und dem Kunden übergeben werden. Die zweite Papierrolle mit den Kopien der Kassenbons dient als Beleg für die spätere Verbuchung der Bargeschäfte in der Finanzbuchhaltung.

Erst die Einführung von computergestützten Softwaresystemen zur Unterstützung der Warenwirtschaft im Einzelhandelsunternehmen hat die Kassensysteme grundlegend verändert.

Zu den oben genannten traditionellen Aufgaben einer Kasse ist seitdem die Anforderung der *Systemfähigkeit* hinzugekommen. Die Kassen sollen sich nun in das Computersystem

---

[1] electronic cash register

des Unternehmens einbinden lassen und mit anderen Computern Daten austauschen können. Systemfähige, vernetzte Kassen werden auch als *Datenkassen* bezeichnet.

Vor allem in den mittelständischen Unternehmen des Einzelhandels handelt es sich bei den Datenkassen oft um handelsübliche Personalcomputer, an die verschiedene Peripheriegeräte, d. h. Geräte zur Eingabe und Ausgabe von Daten, angeschlossen werden. Die folgende Abbildung zeigt die im Einzelhandel notwendigen Peripheriegeräte auf einen Blick.

Der Datenaustausch des Kassencomputers mit anderen Computern des Unternehmens erfolgt über das Datennetzwerk der Firma. Der Netzwerkanschluss jeder Kasse per Datenkabel ist die technische Voraussetzung für die Einführung einer integrierten Unternehmenssoftware in einem Einzelhandelsunternehmen.

In der Praxis sind die Kassen einer Filiale zunächst mit dem Personalcomputer im Büro der Filiale verbunden. Dieser Computer steht wiederum über ein Modem mit einem übergeordneten Computer, dem Server, im Stammhaus des Unternehmens in Verbindung. So kann jede Kasse auf die Datenbank auf dem zentralen Server zugreifen. Gleichzeitig kann jede Kasse von jedem Computer des Unternehmens aus mit Daten versorgt, überwacht oder gewartet werden.

Viele Unternehmen verzichten noch auf eine ständige Datenverbindung zwischen den Kassen und dem zentralen Server. Das geschieht zum einen um Kosten für die Onlineverbindung über die öffentlichen Datenfernübertragungskabel zu sparen. Zum anderen ist es nicht auszuschließen, dass die Verbindung zwischen Kasse und Server von Zeit zu Zeit aus technischen Gründen unterbrochen ist. In diesem Fall muss die Kasse auch ohne die Datenverbindung kassieren können. Daher nehmen viele Datenkassen nur 1- bis 2-mal pro Tag Verbindung mit dem Server auf, um die aktuellen Artikelstammdaten, insbesondere die Preisliste, vom Server herunterzuladen und die Abverkaufsdaten in die zentrale Datenbank zu schreiben.

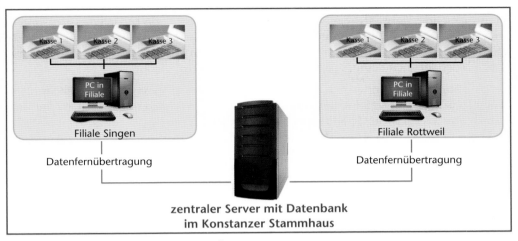

Das Unternehmensnetzwerk der PELIKANO BÜROBEDARF GmbH in Ausschnitten

1.4 Abwicklung der Kerngeschäftsprozesse im Einzelhandelsunternehmen mit einer integrierten Unternehmenssoftware

Vergleicht man die Arbeitsabläufe in verschiedenen Einzelhandelsunternehmen, so stößt man schnell auf Gemeinsamkeiten. Es gibt eine typische Abfolge von Tätigkeiten, die sich, wenn auch in vielen Varianten, in jedem Unternehmen der Einzelhandelsbranche wiederfindet.

Solche typischen Abläufe in Unternehmen nennt man „Geschäftsprozesse". Man unterscheidet dabei zwischen Kerngeschäftsprozessen und Unterstützungsprozessen.

Der typische Kerngeschäftsprozess in einem Einzelhandelsunternehmen ist ein geschlossener Kreislauf, der in unterschiedlicher Geschwindigkeit immer wieder durchschritten wird.

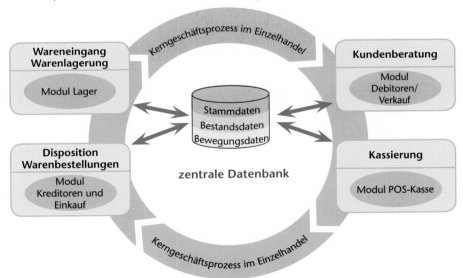

Der Ablauf des zirkulären Kerngeschäftsprozesses im Einzelhandelsunternehmen:
Jeder Prozessschritt wird von einem darauf spezialisierten Modul der Unternehmenssoftware unterstützt.
Dabei greifen die Kassen und Personalcomputer der Mitarbeiter auf eine gemeinsame Datenbank zu.

Jeder Teilschritt dieses Kreislaufs wird von einem oder mehreren Modulen der integrierten Unternehmenssoftware unterstützt. Um den Mitarbeitern im Einzelhandel die Arbeit zu erleichtern, kann die Unternehmenssoftware auf die speziellen Anforderungen des oben beschriebenen Kerngeschäftsprozesses angepasst werden.

In der Unternehmenssoftware Microsoft Dynamics NAV®, die von der PELIKANO BÜRO-BEDARF GmbH genutzt wird, geschieht diese Anpassung, sobald sich ein Mitarbeiter mit der Benutzer ID „EH" anmeldet.

Nach der Anmeldung öffnet sich das auf den Kerngeschäftsprozess im auf die Einzelhandelsbranche zugeschnittenen Hauptmenü der Unternehmenssoftware. Das Hauptmenü ist sehr übersichtlich, denn es sind nur die Module enthalten, die bei der PELIKANO BÜROBEDARF GmbH tatsächlich benutzt werden.

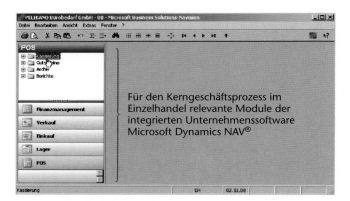

Für den Kerngeschäftsprozess im Einzelhandel relevante Module der integrierten Unternehmenssoftware Microsoft Dynamics NAV®

Situation

Die Journalistin Frau Schwarz von der Konstanzer Allgemeinen Zeitung hat den Geschäftsführer der PELIKANO BÜROBEDARF GmbH, Herrn Härter, gebeten, auf einem Rundgang durch die Firma noch genauer zu erfahren, wie die Einführung der integrierten Unternehmenssoftware Microsoft Dynamics NAV® die Arbeit in der Firma verändert hat.

Sie hat sich mit Herrn Härter an einem Montagmorgen in der Konstanzer Filiale der PELIKANO BÜROBEDARF GmbH verabredet. Auf einem Rundgang durch die Filiale wird sie die Mitarbeiter bei der Arbeit beobachten und zu den Vorteilen der Unternehmenssoftware interviewen.

Um 08.00 Uhr morgens vor Geschäftsöffnung wird sie von Herrn Härter empfangen. Vor dem Rundgang stellt Herr Härter ihr zunächst das Sortiment der Firma vor.

Begleiten Sie Frau Schwarz und Herrn Härter auf dem Rundgang durch die Firma und vollziehen Sie den Geschäftsprozess mithilfe der Bildschirmausschnitte nach.

Führen Sie anschließend am Computer den Geschäftsprozess bei der PELIKANO BÜRO-BEDARF GmbH selbst durch. Nutzen Sie dazu die ausführlichen Anleitungen in den Arbeitsmaterialien im Anhang zur integrierten Unternehmenssoftware.

Herr Härter

Artikelstammdaten

Stammdaten
Bestandsdaten
Bewegungsdaten

„Unsere Firma verkauft ca. 2 300 verschiedene Artikel. Am Anfang fällt es schwer, eine solche Menge von Artikeln zu überblicken. Deshalb beschränken wir uns heute auf acht Artikel, die wir genauer beobachten wollen, davon

◆ *vier Artikel aus unserer Warengruppe 1 (Allgemeine Büroartikel) und*
◆ *vier Artikel aus unserer Warengruppe 2 (Büro- und Computertechnik).*

Ich zeige Ihnen die Artikelstammdaten der acht ausgewählten Artikel schon mal vorab im Computer. Dazu benutze ich das Modul ‚Lager' und darin den Menüpunkt ‚Artikel'.

Nr.	Beschreibung	Lagerbestand	VK-Preis
200100	Laserdruckpapier holzfrei	103	4,19
200101	Prospekthüllen	21	0,41
200102	Kugelschreiber C30	120	0,83
200103	Blockklemme	2	6,714
200104	Aktenvernichter OD 100	8	193,27
200105	Faxgerät T 90	15	151,25
200106	Tintenstrahldrucker PH 210	22	84,025
200107	Kopierer PZ 300	1	586,23

Allgemeine Büroartikel

Büro- und Computertechnik

1.4.1 Prozessschritt 1: Kassierung

Frau Haberer

Prozessschritt 1

– Kassierung –

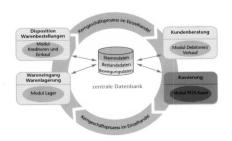

„Guten Morgen, ich bin Frau Haberer. Ich arbeite seit acht Jahren bei der PELIKANO BÜROBE-DARF GmbH an der Kasse.

Die Einführung von Microsoft Dynamics NAV® in unserer Firma hat meinen Arbeitsplatz ganz praktisch verändert. Vorher stand hier eine ziemlich große Registrierkasse. Damals hatten alle Artikel im Laden noch Preisaufkleber. Diese Preise habe ich in die Registrierkasse eingetippt.

Heute ist meine Kasse eigentlich ein ganz normaler Personalcomputer, wie er auch in jedem Büro stehen könnte. Meine Kassenschublade, der Bondrucker und der Handscanner sind mit Kabeln daran angeschlossen. Auf dem Kassen-PC läuft unsere Unternehmenssoftware. Zum Kassieren benutze ich das Softwaremodul ‚POS-Kasse'.

Beim Kassieren brauche ich heute keine Preisaufkleber mehr. Ich scanne einfach den Barcode ein, der auf jedem Artikel aufgedruckt ist. In dem Barcode ist nicht der Preis, sondern die Global Trade Item Number (GTIN) des Produkts maschinenlesbar verschlüsselt. Es ist dieselbe Nummer, die unter dem Barcode noch einmal in Ziffern steht.

Hier sehen Sie zum Beispiel die EAN, die der Hersteller unseres Laserdruckerpapiers auf die Packungen druckt. Jedes Produkt hat seine eigene einmalige Internationale Artikelnummer. Unsere Software kennt die GTIN jedes Produkts aus unserem Sortiment. Ich habe sie selbst in das Programm eingegeben. Ich zeige sie Ihnen ...

Im Modul ‚Lager' der Unternehmenssoftware befindet sich die Artikelkarte des Artikels ‚200100 – Laserdruckpapier holzfrei'.

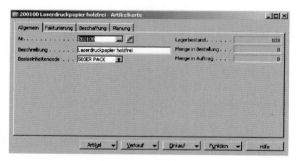

Nun öffne ich ein Untermenü der Artikelkarte, das man nicht sofort sehen kann. Es heißt ‚Artikelreferenzen':

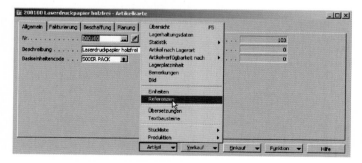

Hier steht die EAN für das Laserdruckerpapier. Es ist dieselbe Nummer, die unter dem Barcode auf der Packung steht.

Nun öffne ich das Modul ‚POS-Kasse', melde mich als Kassiererin an und kassiere zur Probe eine Packung Laserdrucker-papier[1].

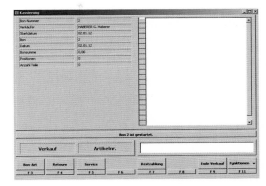

Ich scanne den Barcode auf der Packung ein, und der Scanner schreibt die eingelesene EAN automatisch in das Fenster ‚Artikelnummer'.

Wenn der Scanner den Barcode nicht lesen kann, dann kann ich ihn auch von Hand eintippen.

Barcode und Scanner sind also nur Hilfs-mittel, damit die Kassierung schneller geht.

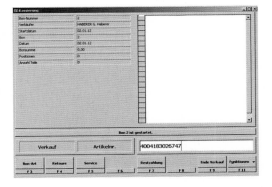

Der Kassencomputer nimmt nun über das Datenkabel Verbindung mit der zentralen Datenbank auf dem Server in Herrn Härters Büro auf und gibt die soeben eingescannte GTIN weiter.

---

[1] Eine Anleitung, wie Sie selbst mit der Software Microsoft Dynamics NAV® kassieren können finden Sie im Lernfeld 3

Die Datenbank vergleicht die eingescannte EAN mit den dort hinterlegten EANs.

Hat die Datenbank einen passenden Artikel gefunden, so schickt sie den aktuellen Nettoverkaufspreis dieses Artikels sowie den Mehrwertsteuersatz an den Kassencomputer.

Der Kassencomputer rechnet den Bruttoverkaufspreis aus und gibt ihn auf dem Kassenbon und dem Kundendisplay aus. Das alles braucht nur wenige Zehntelsekunden.

Anschließend wird der Bon abgeschlossen und der Kunde bezahlt.

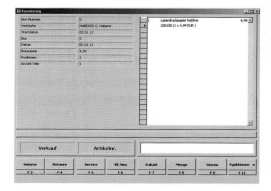

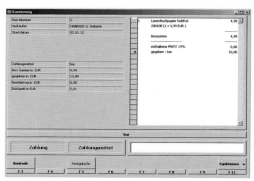

Nun nimmt der Kassencomputer ein weiteres Mal Kontakt mit dem Server auf und gibt die Bewegungsdaten, d.h. den Lagerabgang einer Packung Laserdruckerpapier und das eingenommene Bargeld sowie das Rückgeld, an die zentrale Datenbank weiter.

Das Ergebnis sehen Sie, wenn Sie jetzt noch einmal die Artikelübersicht im Modul ‚Lager' aufrufen: Das Modul Lager greift auf die Daten in der zentralen Datenbank zu und zeigt einen verminderten Lagerbestand beim Artikel ‚200100 – Laserdruckpapier holzfrei' an.“

Artikelübersicht _ □ ×

Nr.	Beschreibung	Lagerbestand
200100	Laserdruckpapier holzfrei	102
200101	Prospekthüllen	21
200102	Kugelschreiber C30	120
200103	Blockklemme	2
200104	Aktenvernichter OD 100	8
200105	Faxgerät T 90	15
200106	Tintenstrahldrucker PH 210	22
200107	Kopierer PZ 300	1

1.4.2 Prozessschritt 2: Bedarfsermittlung, Disposition und Warenbestellung

Herr Richter

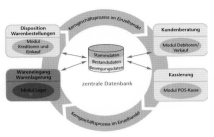

„Guten Tag, mein Name ist Richter. Ich bin schon seit den Gründungstagen bei der PELI-KANO BÜROBEDARF GmbH beschäftigt und habe mich schon immer um die Warenbeschaf-fung gekümmert. Meine Aufgabe ist es festzulegen, wann welcher Artikel in welcher Menge bei unseren Lieferanten nachbestellt wird. Sie haben ja schon gehört, dass unser Chef größten Wert auf geringe Lagerkosten legt. Ich muss den Lagerbestand also so niedrig wie möglich halten. Gleichzeitig bekomme ich Ärger, wenn die Artikel ausverkauft sind und wir die Kunden nicht sofort bedienen können.

Sie sehen, das ist kein einfacher Job, aber unsere Unternehmenssoftware hilft mir dabei beträchtlich. Früher bin ich jeden Abend mit Papier und Bleistift durch den Laden gelaufen und habe die Warenbestände nachgezählt. Das war ein Riesenaufwand. Inzwischen haben wir ja Standorte in vier verschiedenen Städten und führen 2 300 verschiedene Artikel. Da wäre es ganz unmöglich, den Bestellbedarf von Hand zu ermitteln.

Da wir aber inzwischen alle Kassen in allen Filialen mit einer zentralen Datenbank verbunden haben, kann ich ständig die aktuellen Lagerbestände der einzelnen Artikel überwachen.

Es ist jetzt 16:20 Uhr. Lassen Sie uns mal überprüfen, in welchen Mengen die acht Artikel, die Herr Härter Ihnen heute Morgen gezeigt hat, bis jetzt verkauft worden sind:

Artikelübersicht um 16:20 Uhr

Nr.	Beschreibung	Lagerbestand	VK-Preis
200100	Laserdruckpapier holzfrei	87	4,19
200101	Prospekthüllen	16	0,41
200102	Kugelschreiber C30	108	0,83
200103	Blockklemme	1	6,714
200104	Aktenvernichter OD 100	7	193,27
200105	Faxgerät T 90	13	151,25
200106	Tintenstrahldrucker PH 210	14	84,025
200107	Kopierer PZ 300	1	588,23

zum Vergleich: Artikelübersicht heute morgen um 08:30 Uhr

Nr.	Beschreibung	Lagerbestand	VK-Preis
200100	Laserdruckpapier holzfrei	103	4,19
200101	Prospekthüllen	21	0,41
200102	Kugelschreiber C30	120	0,83
200103	Blockklemme	2	6,714
200104	Aktenvernichter OD 100	8	193,27
200105	Faxgerät T 90	15	151,25
200106	Tintenstrahldrucker PH 210	22	84,025
200107	Kopierer PZ 300	1	588,23

OK | Abbrechen | Artikel ▼ | Verkauf ▼ | Einkauf ▼ | Funktion ▼ | Hilfe

„Offensichtlich läuft das Geschäft heute gut. Die Lagerbestände einiger Artikel haben in den wenigen Stunden erheblich abgenommen. Es ist Zeit, sich um die Nachbestellungen zu kümmern."

Situation

Seit wir die integrierte Unternehmenssoftware benutzen, bestellen wir nur noch nach dem Bestellpunktverfahren. Ich habe die Beschaffungsdauer, Meldebestand, Sicherheitsbestand und die Bestellmenge in den Artikelstammdaten der zentralen Datenbank hinterlegt. Diese Daten sind die Grundlage unserer vollautomatischen Bedarfsermittlung.

	Artikelnr.	Beschreibung	Lagerbestand	Meldebestand	Sicherheitsbestand	Optimale Bestellmenge
	200100	Laserdruckpapier holzfrei	87	90	30	500
	200101	Prospekthüllen	16	15	5	500
	200102	Kugelschreiber C30	108	75	25	200
	200103	Blockklemme	1	2	1	10
	200104	Aktenvernichter OD 100	7	6	2	20
	200105	Faxgerät T 90	13	16	4	100
	200106	Tintenstrahldrucker PH 210	14	20	5	40
▶	200107	Kopierer PZ 300	1	2	1	3

Lagerhaltungsdatenübersicht

Bestimmen Sie nach dem Bestellpunktverfahren, welche Artikel Herr Richter in welcher Menge bestellen sollte. Notieren Sie sich Ihr Ergebnis und vergleichen Sie es anschließend mit dem Bestellvorschlag der Software.

„Ich lasse die Software zweimal täglich prüfen, bei welchen Artikeln der Meldebestand unterschritten wurde.

Dazu öffne ich das Modul ‚Einkauf' und wähle den Menüpunkt ‚Bestellvorschläge'.

Es öffnet sich ein Fenster ‚Bestellvorschlag', das zunächst leer ist.

Die Berechnung der Bestellvorschläge stoße ich über die Schaltfläche ‚Funktion' und den Befehl ‚Planung berechnen' an.

Bevor die Planung berechnet wird, öffnet sich das Fenster ‚Planung berechnen'.

Hier muss ich im Kartenreiter ‚Optionen' eingeben, für welchen Zeitraum der Computer Bestellvorschläge berechnen soll.

Da mich nur die heute zu erledigenden Bestellungen interessieren, gebe ich das heutige Datum ein.

Nach kurzer Rechenzeit gibt der Computer einen Bestellvorschlag aus.

In ähnlich kurzer Zeit berechnet mir der Computer auch die Bestellvorschläge für alle 2300 Artikel.

Früher war ich den halben Arbeitstag mit dieser Aufgabe beschäftigt.

Den Bestellvorschlag des Computers kann ich nun prüfen und verändern.

Anschließend lasse ich über die Schaltfläche ‚Funktion' und den Befehl ‚Ergebnismeldung durchführen' automatisch Bestellungen an die Lieferanten erzeugen.

Nachdem die Bestellungen erzeugt sind, wird der Bestellvorschlag automatisch gelöscht.

Die automatisch erstellten Bestellungen finde ich im Hauptmenü unter dem Menüpunkt ‚Bestellungen' wieder.

In den Artikelstammdaten ist jedem Artikel ein Lieferant zugeordnet, bei dem der Artikel normalerweise nachbestellt wird.

Zu den Stammdaten in der zentralen Datenbank gehören auch die Daten der Lieferanten (Kreditoren).

Durch die Kombination dieser Stammdaten mit den Ergebnissen der Bestellvorschläge kann der Computer vollkommen selbstständig Bestellungen erzeugen.

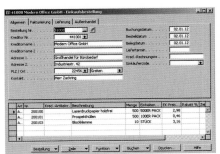

In unserem Fall wurden zwei verschiedene Bestellschreiben erzeugt, da Artikel von zwei verschiedenen Lieferanten bezogen werden.

Die Bestellschreiben können ausgedruckt oder per E-Mail verschickt werden. Das Aufsetzen eines Schreibens mithilfe einer Bürosoftware ist also nicht mehr nötig.

Beispiel für eine automatisch generierte Bestellung

	PELIKANO BÜROBEDARF
	Bürobedarf und Bürotechnik

PELIKANO BÜROBEDARF GmbH * Wessenbergstr. 63 * 78460 Konstanz

Modern Office GmbH
Herr Zackring
Großhandel für Bürobedarf
Industriestr. 42
22456 Greken
Deutschland

Name:	
Telefon:	07531/765483
Telefax:	07531/765484
E-Mail:	info@Pelikano-Bürobedarf.de
Internet:	www.Pelikano-Bürobedarf.de
Bank:	Sparkasse Bodensee
BLZ:	690 500 01
Konto:	26 08 47 67
IBAN:	
SWIFT:	

Bestellung Nr. 41008

Datum: 02.01.2012

Sehr geehrte Damen und Herren,

aus Ihrem Sortiment bestellen wir folgende Artikel:

Artikel-Nr.	Unsere Art.-Nr.	Bezeichnung	Menge	Einheit	Preis	Rabatt %	MwSt %	Betrag
	200100	Laserdruckpapier holzfrei	500	500 Blatt	2,98		19	1.490,00
	200101	Prospekthüllen	500	100 Stück	0,46		19	230,00
	200103	Blockklemme	10	Stück	3,16		19	31,60

Netto-Betrag EUR	1.751,60
19% MwSt.	332,80
Brutto-Betrag EUR	2.084,40

Zahlungsbedingungen: 10 Tage/3% Skonto/30 Tage Ziel
Lieferbedingung: frei Haus
Liefertermin:

Für eine rasche Lieferung der bestellten Artikel bedanken wir uns.

Mit freundlichen Grüßen

PELIKANO BÜROBEDARF GmbH

i.A.

Gerichtsstand: Konstanz	Geschäftsleitung	Finanzamt Konstanz
Handelsregister:	Andreas Härter	Steuer-Nr.: 40573/00861
Geschäftszeiten: Mo-Sa: 10.00–19.00 Uhr		UST-ID-Nr.: DE 178578923

Die integrierte Unternehmenssoftware Microsoft Dynamics NAV® hat die Tätigkeit bei der Warendisposition und Warenbestellung radikal vereinfacht und beschleunigt. Dennoch muss ich die Bestellvorschläge der Software noch sehr oft nacharbeiten, weil die Software bisher noch nicht saisonale Schwankungen der Nachfrage nach bestimmten Produkten vorhersehen kann.

Beispielsweise muss ich vor Schuljahresbeginn regelmäßig die Bestellvorschlagsmengen für Schulhefte, Stifte usw. von Hand erhöhen, da die Software dieses Ereignis nicht einkalkuliert.

Derzeit denken wir darüber nach, ein so genanntes ‚Prognosemodul' zu kaufen und nachträglich in unsere Software einzufügen. Mit einem solchen Prognosemodul würden die Verkaufszahlen in den vergangenen Jahren bei der Bedarfsermittlung berücksichtigt. So wäre die Software z. B. in der Lage, den plötzlichen Anstieg der Nachfrage nach Schulbedarf in den ersten Septembertagen ‚vorherzusehen' und die Bestellmengen automatisch zu erhöhen."

1.4.3 Prozessschritt 3: Wareneingang, Warenlagerung

Herr Anders

„Hallo, ich heiße Matthias Anders. Ich bin morgens meist der erste in der Firma und nehme die angelieferte Ware in Empfang. Meine wichtigste Aufgabe ist die Prüfung der Ware. Wenn ich diese auspacke, schaue ich mir zuerst den Lieferschein an, der jeder Warensendung beiliegen muss. Ich zähle nach, ob die Menge und die Art der gelieferten Artikel mit den Angaben auf dem Lieferschein übereinstimmen.

Beispiel für einen Lieferschein:

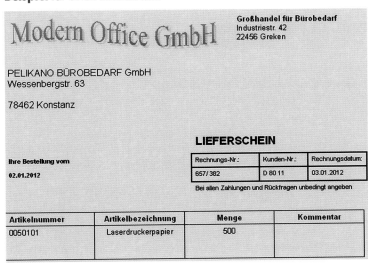

Wenn die Angaben auf den Lieferscheinen korrekt sind, schaue ich in unserer Unternehmens-software nach, ob Herr Richter eine entsprechende Bestellung an die Lieferanten geschickt hat.

Wenn ich die Bestellung gefunden habe, vergleiche ich die Artikeldaten und die Mengen-angaben auf dem Lieferschein und der Rechnung.

Wenn die Daten nicht übereinstimmen oder die Ware fehlerhaft ist, dann notiere ich das auf einem Reklamationsschein und gebe den Schein an Frau Setzer im Büro weiter. Sie ruft dann den Lieferanten an und reklamiert die Lieferung.

Nur wenn ich sicher bin, dass die Lieferung korrekt und die Ware mangelfrei ist, buche ich den Wareneingang direkt hier im Lager.

Zum Buchen des Wareneingangs öffne ich das Modul ‚Einkauf' und wähle den Menü-punkt ‚Bestellungen'. Die Buchung starte ich über die Schaltfläche ‚Buchen' und den nochmaligen Befehl ‚Buchen'.

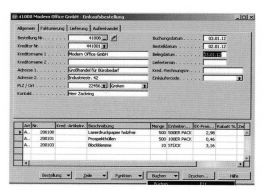

Sobald ich die Bestellung gebucht habe, erhöhen sich auch die Lagerbestände im Modul Lager und die gelieferte Menge.

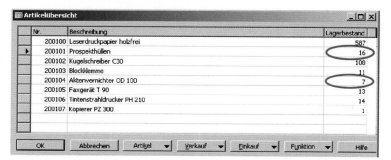

Wie die meisten Einzelhandelsunternehmen hat die PELIKANO BÜROBEDARF GmbH nur ein sehr kleines Wareneingangslager. Deshalb werden die Waren sofort nach dem Buchen des Wareneingangs auf die Filialen verteilt und dort in die Verkaufsregale einsortiert. Dort stehen sie zum Verkauf bereit."

1.4.4   Prozessschritt 4: Kundenberatung

Frau Rührig

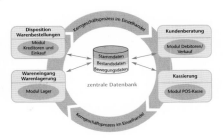

„Hallo, ich bin Andrea Rührig. Seit etwa einem Jahr arbeite ich als Verkaufsberaterin bei der PELIKANO BÜROBEDARF GmbH. Ich würde nicht behaupten, dass mein Erfolg beim Verkauf vor allem von unserer Unternehmenssoftware abhängt. Im Verkaufsraum sind eher Persönlichkeit und Auftreten entscheidend.

Aber die Software ist auch für mich sehr hilfreich. Zum Beispiel kommt es trotz aller Sorgfalt immer wieder mal vor, dass ein Artikel in unserer Filiale gerade nicht vorrätig ist. Früher musste ich die Kunden in so einem Fall auf unbestimmte Zeit vertrösten, nach der Art ‚Kommen Sie nächste Woche wieder …'. Aber welcher Kunde macht das schon.

Heute genügt ein Blick in den Computer und ich sehe genau, wann der Artikel in welcher Menge angeliefert wird.

Dazu öffne ich das Modul ‚Lager' und wähle den Menüpunkt ‚Artikel'.

Aus der Artikelübersicht wähle ich den gewünschten Artikel aus, z. B. den Kopierer PZ 300, mit dem es heute Probleme gab.

In den Stammdaten des Artikels kann ich erkennen, dass der Lagerbestand zurzeit bei Null liegt.

Wenn ich auf den kleinen Pfeil neben dem Lagerbestand klicke, werden mir die Abverkaufsdaten des Artikels angezeigt.

Um herauszufinden, wann wir eine neue Lieferung des Kopierers erwarten, öffne ich in den Artikeldaten das Feld ‚Menge in Bestellung'.

Wie man sieht, hat Herr Richter heute Morgen bereits reagiert und eine Bestellung an unseren Lieferanten Bürotec GmbH geschickt. Ich kann dem Kunden also mit Sicherheit sagen, dass wir am 03.01. seinen Kopierer wieder vorrätig haben.

Noch wichtiger ist unsere Unternehmenssoftware beim Verkauf an unsere Firmenkunden hier in der Region. Mit diesen wichtigen Kunden kommuniziere ich nur per Mail oder Fax. Das Modul ‚Verkauf' bietet mir die Möglichkeit, Angebote und Auftragsbestätigungen automatisch zu erstellen und unterstützt mich beim Schreiben und Buchen von Ausgangsrechnungen, Lieferscheinen und Gutschriften für unsere Kunden."

1.4.5   Prozessschritt 5: Auswertung und Analyse von erfolgswirksamen Geschäftsprozessen

Herr Härter

„Sie haben die integrierte Unternehmenssoftware der PELIKANO BÜROBEDARF GmbH nun kennengelernt und beobachtet, wie sie die tägliche Arbeit im Betrieb unterstützt. Dank der zentralen Speicherung aller Unternehmensdaten kann die Software aber auch die Unternehmensleitung bei der Vorbereitung von Entscheidungen zur Sortimentspflege unterstützen.

Dazu dienen die vielfältigen Datenauswertungen, die Microsoft Dynamics NAV® auf Knopfdruck erstellen kann. Die Abverkaufsmengen des heutigen Tages können beispielsweise in der Auswertung ‚Bonreport' im Modul ‚POS-Kasse' abgerufen werden, die unten abgebildet ist. Deutlich zu erkennen sind die hohen Verkaufszahlen des Laserdruckerpapiers. Kann man aber daraus bereits folgern, dass dieser Artikel der ‚Renner des Tages' war?

Beispiel für einen Bonreport der Unternehmenssoftware

Bonreport   2. Januar 2012
PELIKANO Bürobedarf GmbH – 01   Seite 1
                                                                     EH

Bon	Datum	Bezeichnung	Größe	Menge	Preis	
1	02.01.12 00:46:01 LADEN	Normalbon				
				0	0,00	Anmelden
			Bonsumme		0,00	
2	02.01.12 00:53:00 LADEN	Gunnar Horn Normalbon				
200100		Laserdruckpapier holzfrei		1	4,99	Verkauf
4004183026747		Laserdruckpapier holzfrei		1	4,99	Verkauf
4086126100685		Kugelschreiber C30		5	0,99	Verkauf
1		bar		− 1	15,00	Zahlung
1		Wechselgeld		− 1	− 0,07	Zahlung
			Bonsumme		14,93	
3	02.01.12 01:01:00 LADEN	Gunnar Horn Normalbon				
200100		Laserdruckpapier holzfrei		3	4,99	Verkauf
200101		Prospekthüllen		3	0,49	Verkauf
200102		Kugelschreiber C30		2	0,99	Verkauf
200103		Blockklemme		1	7,99	Verkauf
200106		Tintenstrahldrucker PH 210		2	99,99	Verkauf
1		bar		− 1	250,00	Zahlung
1		Wechselgeld		− 1	− 23,61	Zahlung
			Bonsumme		226,39	
4	02.01.12 14:03:53 LADEN	Gunnar Horn Normalbon				
200100		Laserdruckpapier holzfrei		10	4,99	Verkauf
200101		Prospekthüllen		2	0,49	Verkauf
200104		Aktenvernichter OD 100		1	229,99	Verkauf
200105		Faxgerät T 90		1	179,99	Verkauf
200106		Tintenstrahldrucker PH 210		4	99,99	Verkauf
1		bar		− 1	900,00	Zahlung
1		Wechselgeld		− 1	− 39,18	Zahlung
			Bonsumme		860,82	
5	02.01.12 14:05:29 LADEN	Gunnar Horn Normalbon				
200100		Laserdruckpapier holzfrei		1	4,99	Verkauf
200102		Kugelschreiber C30		5	0,99	Verkauf
200105		Faxgerät T 90		1	179,99	Verkauf
200106		Tintenstrahldrucker PH 210		1	99,99	Verkauf
1		bar		− 1	300,00	Zahlung
1		Wechselgeld		− 1	− 10,08	Zahlung
			Bonsumme		289,92	
6	02.01.12 14:06:03 LADEN	Gunnar Horn Normalbon				
200106		Tintenstrahldrucker PH 210		1	99,99	Verkauf
1		bar		− 1	100,00	Zahlung
1		Wechselgeld		− 1	− 0,01	Zahlung
			Bonsumme		99,99	
			Gesamtsumme		1.492,05	

Ein ganz anderes Bild ergibt sich aus der Auswertung ,Artikel Top 10 Liste', in der die Artikel nach Nettoumsatz sortiert werden.

Artikel - Top 10 Liste
Periode:
PELIKANO Bürobedarf GmbH - 02

Sortiert nach maximum Verkauf EUR

Rang	Nr.	Beschreibung	Verkauf EUR	Verkauf Menge	Lager Bestand	Anteil von Verkauf EUR
1	200106	Tintenstrahldrucker PH 210	672,21	8,00	14	•••
2	200105	Faxgerät T 90	302,50	3,00	13	••••••••••••••••••••
3	200104	Aktenvernichter OD 100	193,27	1,00	7	•••••••••••••
4	200100	Laserdruckpapier holzfrei	67,08	17,00	587	••••
5	200102	Kugelschreiber C30	9,98	12,00	108	•
6	200103	Blockklemme	6,71	1,00	11	
7	200101	Prospekthüllen	2,06	5,00	16	

Nettoumsatz

Gesamt	**1.253,81**	
Total Verkauf	1.253,81	
% von Total Verkauf	100,00	

Es wird deutlich, dass die Bürotechnikartikel besonders viel zum Umsatz beigetragen haben, obwohl sie in relativ geringer Stückzahl verkauft wurden. Grund dafür ist der hohe Stückpreis dieser Artikel. Dagegen haben die allgemeinen Büroartikel trotz ihrer hohen Verkaufsstückzahlen nur einen geringen Anteil am Gesamtumsatz.

Ein hoher Umsatz allein ist aber noch keine ausreichend genaue Kennzahl für den Erfolg eines Artikels, denn das Ziel des Einzelhandelsunternehmers ist nicht die Maximierung des Umsatzes, sondern die Erzielung von Gewinn.

Eine wichtige Kennziffer ist daher der Rohgewinn, also die Differenz zwischen Nettoverkaufspreis und Nettoeinkaufspreis eines Artikels. Diese Kennzahl wird in der Auswertung ,Lager EK/ VK Preisliste' angezeigt. Der Rohgewinn wird unter der Bezeichnung ,DB' aufgeführt.

Lager - EK-/VK-Preisliste
PELIKANO Bürobedarf GmbH - 02

Nr.		Beschreibung	Stü	Basis	Einstandspr (durchschn.)	Einstandspr (fest)	EK-Preis (neuester)	VK-Preis	DB %	DB
	200100	Laserdruckpapier holzfrei	Nei	500ER	3,61	0,00	2,98	4,19	13,7	0,58
	200101	Prospekthüllen	Nei	100ER	0,00	0,00	0,46	0,41	-12,2	-0,05
	200102	Kugelschreiber C30	Nei	STÜC	0,00	0,00	0,56	0,83	32,5	0,27
	200103	Blockklemme	Nei	STÜC	3,86	0,00	3,16	6,714	42,5	2,85
	200104	Aktenvernichter OD 100	Nei	STÜC	0,00	0,00	152,68	193,27	21,0	40,59
	200105	Faxgerät T 90	Nei	STÜC	0,00	0,00	114,95	151,25	24,0	36,30
	200106	Tintenstrahldrucker PH 210	Nei	STÜC	0,00	0,00	83,02	84,025	1,2	1,01
	200107	Kopierer PZ 300	Nei	STÜC	0,00	0,00	491,17	588,23	16,5	97,06

Diese Auswertung lässt erkennen, dass der Rohgewinn bei den Prospekthüllen negativ ist, d. h. der Verkaufspreis liegt unter dem Einstandspreis. Ebenfalls auffallend schlecht schneidet der ‚Tintenstrahldrucker PH 210' ab. Bei diesen beiden Artikeln muss die Preiskalkulation dringend überdacht werden. Sollte kein höherer Preis am Markt durchzusetzen sein, so muss an eine Auslistung aus dem Sortiment gedacht werden.

Positiv können dagegen die Artikel ‚Faxgerät T90', der ‚Aktenvernichter 0D100' und der ‚Kopierer PZ 300' hervorgehoben werden, denn sie sind nicht nur beim Umsatz, sondern auch beim Rohgewinn in der Spitze. Hier handelt es sich um wirkliche ‚Renner'-Artikel, die zum Erfolg der PELIKANO BÜROBEDARF GmbH erheblich beitragen. "

Bildquellenverzeichnis

Umschlag:
www.fotolia.com: Photosani (links), diego cervo (rechts)

Innenteil:
Aberle Automatic GmbH & Co. KG, Leingarten: S. 358_1
ACD Gruppe, Achstetten: S. 410_2
akg-images GmbH, Berlin, S. 64_2
Amazon.de GmbH, München: S. 28_2
Apple Inc., Cupertino, CA, USA: S. 83, 281
AWEK C-POS GmbH, Barsbüttel/Hamburg: S. 265_7

Bayrisches Staatsministerium für Ernährung, Landwirtschaft und Forsten- www.food-from-bavaria.de, München: S. 306
Become Europe GmbH, Karlsruhe: S. 237
Beiersdorf AG, Hamburg: S. 268_1
Bergmoser + Höller Verlag AG, Aachen: S. 61, 62
BG BAU – Berufsgenossenschaft der Bauwirtschaft, Berlin: S. 411_1
BilderBox, Thening, S. 90, 418
Bildungsverlag EINS GmbH, Köln: S. 175_2 (HOT-Grafik), 262–264, 340, 360, 370_2, 371_2, 374, 375, 526_1, 526_2
Binder-Optik AG, Böblingen: S. 280_5
Biokreis e.V. , Verband für ökologischen Landbau und gesunde Ernährung: S. 270_4
BuB GmbH Elektronischer Großhandel, Zweibrücken: S. 410_1
Bundesanstalt für Landwirtschaft und Ernährung, Bonn: S. 248_1, 271_1, 339_1, 500_3
Bundesumweltministerium, Berlin: S. 270_1, 339_2, 500_5
Büroring eG, Haan: S. 349_1

C&A Mode KG, Düsseldorf: S. 297
Canon Deutschland GmbH, Krefeld: S. 82_1
Coop Genossenschaft, Basel: S. 112_1

Daimler AG, Stuttgart: S. 207
Datalogic Scanning GmbH, Darmstadt: S. 274_4
DaWanda GmbH, Berlin: S. 296, 344
DEICHMANN SE, Essen: S. 270_2
DEKRA e.V., Stuttgart: S. 268_12
Demeter e.V., Darmstadt: S. 270_3
Der Grüne Punkt-Duales System Deutschland GmbH, Köln: S. 312_3
Deutsche Energie-Agentur GmbH, Berlin: S. 269_5
Deutsche Lufthansa AG, Frankfurt: S. 30
Deutsche Post AG, Bonn: S. 295
DG Verlag, Wiesbaden: S. 179_2
dm-drogerie markt GmbH & Co. KG, Karlsruhe: S. 163_3
DQS GmbH, Frankfurt a.M.: S. 338
Dr. August Oetker Nahrungsmittel KG, Bielefeld: S. 293
Dr. Kurt Wolff GmbH & Co. KG, Bielefeld: S. 288_1

Ecovin Bundesverband Ökologischer Weinbau e.V., Oppenheim: S. 270_6
EDEKA Zentrale AG & Co. KG, Hamburg: S. 350_1
Epson Deutschland GmbH, Meerbusch: S. 166_2, 170_1

EURO Kartensysteme GmbH, Frankfurt a. M.: S. 179_3, 180_1, 182
Europäische Union: S. 248_2, 270_2, 339_3

Foto Stephan – Behrla Nöhrbaß GbR/BV1, Köln: S. 24, 72, 81_1, 87_4, 89_2, 104, 105, 107_1, 108, 142, 143, 148, 152, 163_1, 250_1, 267_1, 267_3, 267_4, 419, 511, 518, 522, 526_1

Gäa e.V.- Vereinigung ökologischer Landbau, Dresden: S. 270_5
Galeria Kaufhof GmbH, Köln: S. 28_1, 163_2, 243, 249, 250_1, 255, 256_1, 257–260, 265_1–265_6, 310_2
Gesamtverband der Deutschen Versicherungswirtschaft e.V. (GDV), Berlin: S. 272_1–272_3
GINETEX Germany, Köln: S. 270_8–270_13
GollinHarris, Frankfurt a. Main: S. 179_1

Hamm Reno Group GmbH, Osnabrück: S. 280_3
Henkel AG & Co. KGaA, Düsseldorf: S. 153, 268_3, 312_2
Hewlett-Packard GmbH, Böblingen: S. 168_1, 537_1

Inter IKEA Systems B.V.: S. 413
Intermec, Düsseldorf: S. 274_5
Intersport Deutschland eG, Heilbronn: S. 349_3

Karstadt Warenhaus GmbH, Essen: S. 252, 253
KBS Industrieelektronik GmbH, Freiburg: S. 375_2
KIK Textilien und non-Food GmbH, Bönen: S. 280_4
Kodak GmbH, Stuttgart: S. 268_2

Landesvereinigung der Bayrischen Milchwirtschaft, München: S. 280_1

MAEURER & WIRTZ GmbH & Co. KG, Stolberg: S. 268_4
MARC PICARD, Altenbusch: S. 280_ 6
Marlene Pohle/BV1: S. 501
Metro AG, Düsseldorf: S. 217, 236, 256_2, 266_2, 280_7, 283, 354_2, 356, 359
MEV Verlag GmbH, Augsburg: S. 15, 17, 21, 46, 64_1, 73_1, 74_2, 75, 78, 80, 81_3, 86, 87_3, 89_1, 92, 94, 106, 112_2, 112_4, 113, 118, 119, 128, 129, 131_1, 132_2, 136, 141, 157, 164_2, 168_2, 171, 174, 176_1, 180_2, 191, 197, 198, 201, 211, 214, 224, 231, 267_2, 315, 354_1, 370_1, 379_2, 380, 402, 411_2, 415, 442, 453, 455, 456, 466, 471, 474_1, 477_2, 479_1, 479_2, 484_3, 484_4, 491, 494, 495, 498_1, 498_3, 500, 502, 505, 510, 513, 531, 533_1, 543_1, 554

Nadine Dilly, Bottrop/BV1, S. 52, 57
Naturland- Verband für ökologischen Landbau e.V., Gräfelfing: S. 271_2
Nestlé Deutschland AG, Frankfurt a. M.: S. 312_1, 485_2
Netto Marken-Discount AG & Co. KG, Maxhütte-Haidhof: S. 251

OEKO-TEX Association, Zürich: S. 248_3, 270_3, 500_4
Osann GmbH, Gottmadingen: S. 120
Otto Group, Hamburg: S. 500_2

PAYBACK GmbH, München: S. 163_2, 163_3
picture alliance/Cultura: S. 103_1
picture-alliance/dpa: S. 55, 266_1
picture-alliance/dpa-infografik: S. 33, 56, 68, 175_1, 177_1, 277, 285, 290, 310_1
Praktiker AG, Kirkel: S. 138_1, 222
Project Photos GmbH & Co. KG, Augsburg: S. 81_2, 112_3, 176_2, 194, 355, 357, 358_2, 426, 484_2, 485_1, 533_2, 533_3, 534, 537_2, 543_2, 547, 551, 553

Sachwortverzeichnis